Helke Rausch
Wissensspeicher in der Bundesrepublik

Helke Rausch

Wissensspeicher in der Bundesrepublik

Die Deutsche Bibliothek in Frankfurt am Main
1945 – 1990

Wallstein Verlag

Diese Studie wurde durch die finanzielle Unterstützung der
Deutschen Nationalbibliothek Leipzig/Frankfurt am Main
ermöglicht

Bibliografische Information der Deutschen Nationalbibliothek

Die Deutsche Nationalbibliothek verzeichnet diese Publikation
in der Deutschen Nationalbibliografie; detaillierte bibliografische Daten sind im
Internet über http://dnb.d-nb.de abrufbar.

© Wallstein Verlag, Göttingen 2023
www.wallstein-verlag.de
Vom Verlag gesetzt aus der Stempel Garamond und der Thesis
Umschlaggestaltung: Qart, Hamburg
Umschlagbilder: Deutsche Bibliothek Frankfurt a. M. 1960. Foto: Egon Steiner.
BArch B 145 Bild-F008754-0002
Untermainkai 15 (Rothschild-Palais) ca. 1948. Standort der Deutschen Bibliothek
1946-1959. Foto: Eva Tiedemann. ADNBF Bildarchiv B
Druck und Verarbeitung: Hubert & Co, Göttingen
ISBN 978-3-8353-5487-6

Inhalt

Einleitung 9
    Zeitgeschichte der Deutschen Bibliothek 14
    Sichtachsen: Akteure, Orte/Räume, Zeiten 18
    Material und Argument 25

1.   Gnade der späten Geburt?
    Frankfurter Buchwelten vor 1945 31

2.   Die ausgehandelte Bibliothek
    (1946/47) 47

2.1 Der Börsenverein und die Amerikaner 47
    Angeschlagene Größe 47
    Transatlantische Verhandlungen und Rekonvaleszenz 51

2.2 Gründung 60
    Einfädeln 60
    Angekommen im Dazwischen:
    Die Deutsche Bibliothek im Rothschild-Palais 64

3.   Die Wissensordner.
    Ersthelfer/Pioniere 71

3.1 Hürde 1945? 71

3.2 Eppelsheimer und Eppelsheimers Leute 77

3.3 Typen westdeutscher Bibliotharseliten nach 1945 85

3.4 Im bibliothekarischen Feld 92
    Konservative Professionalisierungsroutinen 93
    Internationale Horizonte nach 1945? 98
    Bibliothekarische Visionen – Eppelsheimer in den Zunft-
    und Zukunftsgesprächen der 1950er Jahre 102

4. Sammlungsanfänge im Frankfurter Wissensspeicher ... 107

4.1 Amerikanische Weichen für die Frankfurter Kulturvorräte
1945-1949 ... 107
Der amerikanische Faktor: Stippvisite mit Visitenkarte ... 107
Publikationskontrolle und/oder Demokratie ... 111

4.2 Welches Wissen sammelt die Deutsche Bibliothek?
Bestände als Seismographen oder die Bibliothek als Spiegelsaal 115

4.3 Bestandsdynamiken ... 125

4.4 Im Außenspiegel: Amerikanische Alternativen ... 131

5. Anfang ohne Zauber. Etablierungen ... 143

5.1 Fluch des Provisoriums – Bibliothek ohne Etat ... 143
Ramponierte Ambitionen ... 145
Zögerliches Land ... 150

5.2 Provisorische Konsolidierung 1952 ... 153
Die Deutsche Bibliothek im bundespolitischen Echoraum ... 155
Politisierung als Fundraiser: Rhetoriken des Kalten Kriegs ... 157

5.3 Erfolg aus Pragmatismus
oder: Dauerbaustelle Bibliothek 1959 ... 167
Innehalten und plurale Deutungen ... 167
Neubau im Nachkriegsmodus ... 171
Permanentes Provisorium ... 175

6. Exil im westdeutschen Wissensspeicher ... 179

6.1 Das Frankfurter Projekt ... 180
Erinnerungskonkurrenz 1947 ... 180
Eppelsheimer, ungereimt ... 183

6.2 Ander(e)s Sammeln?: die Exilanten ... 187
Motivlagen ... 188
Sammelnetzwerke ... 194
Grenzen ... 200

6.3 Sammeln als politischer Akt. 203

Distanzen 203
Ostexpertisen 209
Sammeln als Selbstdemokratisierung 1965/70:
Das Frankfurter Programm 214
Resonanzen 217
Rezeptionshürden und enge Echoräume 220
Mehr als Nachklänge? Auswärtige Ausstellungspolitik 225

6.4 Frankfurter Exil-Expertise. 230

Platzierung im Wartestand 230
Vertiefung 234
Verwissenschaftlichung 239

6.5 Im Außenspiegel:
Nationalbibliothek und Exil in Österreich 246

7. Musik-Kultur 257

7.1 Ambivalentes Klangerbe 258

Entlastende Klassik? 258
Der Berlin-Faktor 265

7.2 Sammeln in der akustischen Erweiterung 268

Tonangeber 269
Tonträger 274
Plurale Musikkultur 279

8. »Angekommen«?
Die Deutsche Bibliothek um 1969 287

9. Die gesetzte Bibliothek 299

9.1 Planung und Rationalisierung nach dem Boom. 299

9.2 Full Circle? Die neue alte deutsch-deutsche Beziehungsfrage . 307

Deutsch-deutsche Erwartungen seit den 1970er Jahren 307
Deutsch-deutsche Bibliotheks-Kontakte, eine unstete Diachronie:
Bibliothekare, westdeutsche Verleger und (k)eine Achse
Frankfurt–Leipzig 311
Internationale Ersatzbühnen 320

9.3 Wissensspeicher in der Bundesrepublik 326

10. Unvorhergesehen. Ausblick auf 1990 335

10.1 Fusion 335

10.2 Problemlagen 340

Eine Bilanz 349

Anhang

Abkürzungen 361

Abbildungen und Bildnachweise 362

Bibliographie 363

Sachregister 425

Personenregister 428

Einleitung

1946 entstand die Deutsche Bibliothek in Frankfurt am Main (1946-1990) als Kollateralschaden des Zweiten Weltkriegs und der absehbaren deutschen Teilung. Zur Bibliotheksgründung verabredet hatten sich ein amerikanisch mobilisierter Westableger des ehemaligen Leipziger Börsenvereins und die Stadt Frankfurt am Main. Die amerikanische Besatzungsmacht winkte sie durch und ein nach den Zeitmaßstäben politisch weitgehend unverbrauchter leitender Bibliothekar stellte sich ihr zur Verfügung. So entschied man, sobald sich abzeichnete, dass die Deutsche Bücherei in Leipzig (1912-1990), bis dahin bibliographische Leitinstanz und selbsterklärte »Nationalbibliothek« Deutschlands, der sowjetischen Besatzungszone zugewiesen würde. Damit drohte in den westlichen Zonen jeder Zugriff auf wichtige bibliothekarische und verlegerische Infrastrukturen verloren zu gehen. Die neue Deutsche Bibliothek würde dem von Frankfurt aus entgegenwirken. Dazu platzierte sie sich in der Westzone respektive nach 1949 in der Bundesrepublik als eine möglichst vollständige Sammlung sämtlicher Publikationen im gesamten Deutschland.[1]

Über 40 Jahre später stand die Deutsche Bibliothek großen Universalbibliotheken wie allen voran den Staatsbibliotheken in Berlin und in München bestandsmäßig immer noch deutlich nach. Noch 1989 fehlte ihren Sammlungen ab 1945 bzw. 1933 vor allem die historische Tiefendimension, die diese Häuser ausmachte. Gleichwohl hatte man eine Etablierungsgeschichte vorzuweisen. Den Frankfurtern war weitgehend gelungen, sich als »bibliographisches Zentrum«[2]

---

1 Thomas Bille, Der Börsenverein der Deutschen Buchhändler zu Leipzig 1945-1948. Aspekte der Verlagspolitik in der sowjetischen Besatzungszone, in: Leipziger Jahrbuch zur Buchgeschichte 2 (1992), S. 165-209; Gottfried Rost, Tradition auf dem Prüfstand. Die Deutsche Bücherei in den Jahren der DDR, in: Peter Vodosek, Konrad Marwinski (Hgg.), Geschichte des Bibliothekswesens in der DDR, Wiesbaden 1999, S. 133-143; Helke Rausch, Bibliotheksgeschichte nach dem Zweiten Weltkrieg: der amerikanische Faktor in Frankfurt am Main um 1947, in: Zeitschrift für Bibliothekswesen und Bibliographie 68.6 (2021), S. 350-357.

2 Rudolf Blum, Die Deutsche Bibliothek in Frankfurt am Main als bibliographisches Zentrum, in: Börsenblatt für den Deutschen Buchhandel, 9.9.1957, S. 15-18.

und gesamtdeutsche Instanz zu behaupten, die inzwischen nicht nur sämtliche Veröffentlichungen in Deutschland und Deutschsprachiges aus dem Ausland einlagerte, sondern auch fremdsprachige Übersetzungen deutscher Originale, fremdsprachige Publikationen über Deutschland (Germanica), Exilliteratur aus der Zeit zwischen 1933 und 1945 und Musiknotenausgaben samt Klangspeichermedien und Abspielgeräten. Zugleich machte sie diese Bestände in einem breiten Sortiment an unterschiedlichen bibliographischen Verzeichnissen verfügbar, seit den 1960er Jahren auch mit immer moderneren digitalen Datensystemen nutzbar. Mit diesem Leistungsprofil hatte sie im weitesten Sinne zu allen funktionalen Merkmalen aufgeschlossen, die andernorts in Europa und der Welt »Nationalbibliotheken« als privilegierte Sammelzentren »nationaler« Werke erfüllten.[3]

Als »Nationalbibliothek« titulierten sich die Frankfurter selber angesichts der deutschen Teilung aber lange Jahre kaum. Eher war dazu der Börsenverein geneigt, wenn er rhetorisch und strategisch schweres Geschütz auffuhr, um dem Haus finanzielle Unterstützung zu sichern oder die ministeriellen Geldgeber, wenn sie ihre Investitionen in das Haus begründeten.[4] Selbst als die Sammelbestände über die Jahrzehnte anwuchsen und man sich langsam fester verankerte, firmierte das Frankfurter Haus in der westdeutschen Öffentlichkeit lange Jahre nur ab und an als »Nationalbibliothek«.[5] Dem Presse- und Informationsdienst der Bundesregierung rutschte der Titel »Nationalbibliothek« 1959 wie aus Versehen in die Überschrift, als er ausführlich über die Neubaueinweihung berichtete, für die dieser Status an sich keine Rolle spielte.[6]

3 Matthias Middell, La bibliothèque nationale. L'expérience allemande, in: Christophe Charle, Daniel Roche (Hgg.), Capitales culturelles, capitales symboliques. Paris et les expériences européennes: XVIIIe-XXe siècles, Paris 1999, S. 249-262.

4 Vermerk des Direktors des Bundrats Albert Pfitzer vom 19.9.1960, HHStAW 504 Nr. 6901, Bl. 151; Börsenblatt für den Deutschen Buchhandel, 22.5.1959, S. 1-2 (Die Einweihung der neuen Deutschen Bibliothek), ADNBF Zeitungsausschnitte, Bl. 128; Egon Hölder, Zur kulturpolitischen Bedeutung der Deutschen Bibliothek in Frankfurt am Main, in: Günther Pflug, Brita Eckert, Heinz Friesenhahn (Hgg.), Bibliothek – Buch – Geschichte, Frankfurt a.M. 1977, S. 15-23.

5 Münchner Merkur, 21.4.1959 (Sechs Stockwerke warten auf Autoren), ADNBF (Archiv der Deutsche Nationalbibliothek, Frankfurt am Main) Zeitungsausschnitte, Bl. 185; anders: Nürnberger Nachrichten, 22.4.1959 (Der neue »Bücherturm« in Frankfurt. Ein Parallelinstitut der im Jahre 1913 gegründeten »Deutschen Bücherei« in Leipzig, ADNBF ebd., Bl. 184; Neue Presse Buenos Aires, 23.4.1959 (»Deutsche Bibliothek« in Frankfurt), ADNBF ebd.

6 Die Deutsche Nationalbibliothek in Frankfurt am Main. Westdeutschlands Nationalbibliothek – Der Bücherturm reicht bis zum Jahr 2000, in: Bulletin des Presse- und Informationsdienstes der Bundesregierung, 11. Mai 1959, ADNBF Zeitungsausschnitte, Bl. 137.

Die Frankfurter selbst definierten sich stattdessen bevorzugt als »Archiv-Bibliothek,«[7] die uneingeschränkt alles seit 1945 in Deutschland Erscheinende einlagerte, auch Publikationen außerhalb des Buchhandels, Eigenverlagswerke oder Druckschriften von Behörden, Institutionen und Vereinen, eine ungeschliffen breite Masse an Veröffentlichungen vom Wissenschaftlichen bis zum Trivialen. Im Neologismus »Archivbibliothek« griff man die gemeinsame historische Wurzel beider Sammlungsinstanzen auf. Gleichzeitig lag darin eine Grundspannung, weil Archiv und Bibliothek mindestens in der transatlantischen Welt und allemal in Europa spätestens seit dem 19. Jahrhundert ganz unterschiedlich aufgefasst wurden – als international angereichertes, universelles Nationsgedächtnis im einen und als »Überrest von Verwaltungshandeln« im andern Fall.[8] Dass man jedenfalls die Materialmassen akribisch erschloss und damit öffentlich dokumentierte und vor Ort verfügbar machte, empfand man als die entscheidende Frankfurter Selbstberechtigung.[9]

7 Hanns Wilhelm Eppelsheimer an den Bundesminister des Innern am 12.1.1951, ADNBF, DBB 1946-52; Eppelsheimer, Vermittlung deutschen Geistes an die Welt, in: Das literarische Deutschland. Zeitung der Deutschen Akademie für Sprache und Dichtung, 5.9.1951, S. 6, ADNBF Zeitungsausschnitte; Eppelsheimer, Die Bedeutung der Deutschen Bibliothek, ADNBF ebd. und HHStAW 504 Nr. 6897 Bl. 72; Eppelsheimer, Programm zu einem geschlossenen Ideenwettbewerb für die Planung eines Neubaus der »Deutschen Bibliothek«, 31.12.1952, HHStAW 504 Nr. 6898b, Bl. 385-388, hier Bl. 385; Referent der Kulturabteilung des Bundesministeriums des Innern Heinrich Kipp an die Kultusminister der Länder, 28.7.1953, HHStAW 504 Nr. 6898b, Bl. 407-8, hier Bl. 407; Kurt Köster an die Public Affairs Division of Cultural Affairs, 24.7.1953, ADNBF DBB 1953-65 A; Erläuterungen zum Gesetz über die Deutsche Bibliothek vom 31.3.1969, S. 8, ADNBF, Gesetz und Erläuterungen zum Gesetz über die Deutsche Bibliothek; Georg Ramseger, Bücher fanden eine Heimat, in: Die Welt, 16.2.1951, ADNBF Zeitungsausschnitte; Mitteilungen Industrie- und Handelskammer, 15.9.1953 (Die Deutsche Bibliothek in Frankfurt, ADNBF, Bl. 251; FAZ, 12.12.1953, S. 25 (Zuschüsse für die Deutsche Bibliothek); FAZ, 3.4.1959, S. 10 (Die Deutsche Bibliothek); FAZ, 20.4.1959, S. 12 (Die Deutsche Bibliothek); FAZ, 17.11.1978, S. 49 (Beschluß in Bonn zum Bibliotheks-Neubau).
8 Jürgen Osterhammel, Die Verwandlung der Welt. Eine Geschichte des 19. Jahrhunderts, München ²2009, S. 31-36, hier S. 32; Dietmar Schenk, Getrennte Welten? Über Literaturarchive und Archivwissenschaft, in: Petra-Maria Dallinger, Georg Hofer, Bernhard Judex (Hgg.), Archive für Literatur: Der Nachlass und seine Ordnungen, Berlin, Boston 2018, S. 13-30; Sigrid Weigel, Vor dem Archiv. Inkorporation, Verschwinden und Wiederkehr von Sammlungen und Bibliotheken im Archiv: die Fälle Szeemann, Cohen und Benjamin, in: Falko Schmieder, Daniel Weidner (Hgg.), Ränder des Archivs. Kulturwissenschaftliche Perspektiven auf das Entstehen und Vergehen von Archiven, Berlin 2016, S. 177-204.
9 Blum, Die Deutsche Bibliothek als bibliographisches Zentrum.

Damit griff die Deutsche Bibliothek zwar den universalistischen Sammelanspruch der Nationalbibliotheken auf, verschrieb sich der großen Idee vom Archiv der Kultur und ihres Wissens. Die politischen Realitäten des Nachkriegs und der Umstand, dass man als provisorisches Westpendant zur Deutschen Bücherei in Leipzig arbeitete, desillusionierten die Frankfurter allerdings in einem wesentlichen Punkt: Krieg und deutsche Teilung raubten ihnen das Pathos nationaler Überzeitlichkeit ihrer Vorräte quer über alle Epochen und Räume, das Nationalbibliotheken andernorts vor sich her trugen.[10] Stattdessen erarbeitete man sich in Frankfurt auch aus öffentlicher Sicht »eine einzigartige Informationsquelle« der zeitgenössischen Jetztzeit ab 1945.[11] Das war, in der zeitgeschichtlichen Rückschau betrachtet, das neue »Unbewusste der Bibliothek«:[12] dass sie verwahrte, was der Nachkrieg an Neuerscheinungen hergab, aufbewahrte, was nach dem gerade beendeten Weltkrieg und dem Holocaust veröffentlicht wurde. So bewegte man sich bis zur Gründung der Bundesrepublik 1949 im besatzungspolitisch regulierten Sagbarkeitsregime. Und man blieb in der angestrengten Verdrängungsschleife, in die sich die Deutschen anfangs mehrheitlich begaben, bis, erst deutlich in den 1960er Jahren, die Spielräume für das Publizieren und Sammeln im Weststaat wuchsen.[13]

Die Deutsche Bibliothek firmierte auch immer wieder als zentraler Ort »im deutschen Kulturleben«.[14] Mit einer emphatischen Idee von Kultur ging man lange Jahre aber nicht an den Sammelstart. Es gab gelegentlich Anflüge eines fast verschämten Pathos. Dann sollte die Frankfurter Bibliothek der »Vermittlung deutschen Geistes an die Welt« dienen,[15] ein »Schatzhaus des deutschen Geistes« bilden.[16] Handfeste Ernüchterung schwang mit: Die Bibliothek als »Organ

---

10 Michel Foucault, Die Heterotopien. Der utopische Körper. Zwei Radiovorträge, Frankfurt a.M. 2005, S. 16.

11 FAZ, 2.1.1950, S. 9 (Über 45.000 Bücher seit Kriegsende).

12 Jacques Derrida, Genesen, Genealogien, Genres und das Genie. Das Geheimnis des Archivs, Wien 2006; Knut Ebeling, Das Unbewusste einer Bibliothek. Epistemologie, Apriori und Latenz des Literaturarchivs, in: Dallinger, Hofer, Judex, Archive, S. 103-119; Carlo Brune, Vergessen und Verschieben. Die Bibliothek als »Krypta des Vergessens« bei Platon, Nietzsche, Derrida und Barthes, in: Barbara Sabel (Hg.), Text und Zeit: Wiederholung, Variante und Serie als Konstituenten literarischer Transmission, Würzburg 2004, S. 73-98.

13 Vgl. Kapitel 4.2.

14 Notiz aus dem Hessischen Kultusministerium an den Bundesminister des Innern vom März 1952, HHStAW 54 Nr. 6897, Bl. 135.

15 Eppelsheimer, Vermittlung deutschen Geistes an die Welt, in: Das literarische Deutschland. Zeitung der Deutschen Akademie für Sprache und Dichtung, 5.9.1951, S. 6, ADNBF Zeitungsausschnitte.

16 Georg Ramseger, Bücher fanden eine Heimat, in: Die Welt, 16.2.1951, ADNB Zeitungsausschnitte.

deutscher Kultur« auszuweisen trug dem Haus lange Zeit wenig Unterstützung ein. Zwischenzeitlich schien eher geraten, es innenpolitisch zu bewerben oder als Wirtschaftsfaktor, als Werbeträger für den deutschen Buchmarkt und für das Exportprodukt Buch in Stellung zu bringen.[17]

In der Regel gab man sich ohnehin pragmatischer als Wissensspeicher des modernen Nachkriegsstaats: als Vorrat für »Wissenschaft und Praxis«, für den »Buchhändler«, »Bibliothekar« und »Gelehrten«, den »Verwaltungsbeamten« und »Techniker« im »Inland« und »Ausland«:[18] »In der bibliographischen Auswertung, in der Ordnung und Sichtbarmachung dessen, was gedruckt wurde«, erkannte in der Regel auch die westdeutsche Öffentlichkeit die »Hauptaufgabe des Instituts«.[19] Die »Nation« lief lange nur adjektivisch mit, eingeschmolzen auf die »nationale Bibliographie« als dem permanenten Frankfurter Meisterstück. Hierin dokumentierte man das Wissensarsenal und machte es zugänglich.[20] Und genau das hatte, so ließ es der erste Direktor des Hauses, Hanns Wilhelm Eppelsheimer, gerne mitschwingen, politisches Potenzial: »Wer [die Bibliographie] in der Hand hat, kann ganze Sektoren der Meinungsäußerung und der Forschung um ihre Stimme bringen«.[21] So las sich die seit den 1950er Jahren bald typische offizielle Frankfurter Selbstdeutung, gebaut auf einen kräftigen Seitenhieb gegen die Deutsche Bücherei in Leipzig, von der man sich aus Gründen demokratischer Redlichkeit habe entkoppeln müssen, weil sie sich, staatssozialistisch korrumpiert und zensiert, anders als die Frankfurter ihrer authentischen, uneingeschränkten Sammlungsverantwortung begab.[22]

Zwischen 1946 und 1989 lag, gemessen an den wachsenden Beständen und der immer besseren gesetzlichen Absicherung des Hauses bis hin zur Bundesinstitution ab 1969, eine Etablierungsgeschichte – teils den politischen und kulturpolitischen Zeitläuften dieser Jahre geschuldet, teils gestaltet von der Deutschen Bibliothek und ihrem nahen politischen Umfeld. Das allerdings war der provisorischen Gründung nicht an die Wiege gesungen. Sie hatte bald ein gehöriges Maß an föderalem Misstrauen und bundespolitischer Abstinenz gegen sich. Es geht aber auch gar nicht darum, diese Bibliotheks- als Erfolgsgeschichte zu dokumentieren, so gut sie zu vielem passt, was die historische Forschung über die

---

17 Eppelsheimer am 23.5.1950 an den Minister für Erziehung und Volksbildung, HHStAW 504 Nr. 6897, Bl. 83; Protokoll der Sitzung des Beirats der Deutschen Bibliothek am 12.8.1950, HHStAW 504 Nr. 6897, Bl. 107-114, hier Bl. 109.

18 Eppelsheimer, Vermittlung.

19 Kurt Heinz, 115000 Bücher in acht Jahren. Die »Deutsche Bibliothek« in Frankfurt sammelt alle deutschsprachigen Publikationen, in: Mannheimer Morgen, 19.2.1953, ADNBF Zeitungsausschnitte, Bl. 259.

20 Eppelsheimer, Vermittlung.

21 Eppelsheimer, ebd.

22 Vgl. Kapitel 5.2.

settlement-Geschichte der Bundesrepublik zu sagen weiß.[23] Zu erkunden ist vielmehr, wie genau die Deutsche Bibliothek so kurz nach Ende des Zweiten Weltkriegs in der parallel wachsenden kulturellen und Wissensinfrastruktur der jungen und reifenden Bundesrepublik ankommen konnte. Waren doch die ungünstigen Startbedingungen seit 1946 mit zunächst wenig Ressourcen und einer Menge politischem Widerpart kein Sonderproblem der Deutschen Bibliothek, sondern standen auch für das Unselbstverständliche, in mancherlei Hinsicht Mühselige, das die westdeutschen Nachkriegsanfänge kennzeichnete.

Dass 1989/90 die deutsche Wiedervereinigung auch die Deutsche Bibliothek in Frankfurt und die Deutsche Bücherei in Leipzig langfristig unter ein Institutionendach bringen würde, konnte den Frankfurtern bis Ende der 1980er Jahre nicht wirklich vor Augen stehen. Diese Fusionsgeschichte ist daher auch gar nicht mehr Teil der Darstellung, denn hier schlugen weltpolitische und deutsch-deutsche Dynamiken zu Buche, die separat zu untersuchen sind. Die heutige Deutsche Nationalbibliothek mit ihren beiden Standorten in Leipzig und Frankfurt am Main (zuvor Die Deutsche Bibliothek 1990-2006), die ihren Institutionennamen per Bundesgesetz 2006 erhielt,[24] ist damit auch nicht der versteckte Zielpunkt dieses Buchs.

Zeitgeschichte der Deutschen Bibliothek

Der Zeitgeschichte ist die Bibliothek wenig vertraut – anders als den Buch- und Bibliothekswissenschaften, die ihren Gegenstand erst gar nicht begründen müssen.[25] Gelegentlich haben Historiker auf »Nationalbibliotheken« seit dem europäischen 18. und 19. Jahrhundert geachtet. Die erscheinen als symptomatische Bestandteile des kulturpolitischen *nation building*. Erst fürstlich, dann staatlich, buchhändlerisch-privat oder städtisch angestoßen und finanziert, sollten die großen Bibliotheken die jeweilige »Nation« als gedachte Kultur- und Erinnerungs-

---

23 Axel Schildt, Fünf Möglichkeiten, die Geschichte der Bundesrepublik zu erzählen, in: Frank Bajohr u.a. (Hgg.), Mehr als eine Erzählung. Zeitgeschichtliche Perspektiven auf die Bundesrepublik, Göttingen 2016, S. 15-25.

24 Deutscher Bundestag, 16. Wahlperiode, Drucksache 16/322, Gesetzentwurf der Bundesregierung, Entwurf eines Gesetzes über die Deutsche Nationalbibliothek (DNBG), 23.12.2005, S. 1-20.

25 Elmar Mittler, Von der Bibliotheksgeschichte zur Bibliothek als Geschichte: Bibliothekshistorische Forschung nach dem Cultural Turn, in: Michael Knoche (Hg.), Die Zukunft des Sammelns an wissenschaftlichen Bibliotheken, Wiesbaden 2017, S. 139-147; ders., Historische Bibliotheksforschung. Anthropologisch-kulturwissenschaftliche Ansätze und Methoden. Die digitale Wende, in: Konrad Umlauf, Simone Fühles-Ubach, Michael Seadle (Hgg.), Handbuch Methoden der Bibliotheks- und Informationswissenschaft, Berlin, Boston 2013, S. 483-524.

gemeinschaft mit wettbewerbsfähigen, als modern geltenden Wissenspotenzialen abbilden. Deutschland gilt in solchen Skizzen regelmäßig als *latecomer*, wo selbst im späten Nationalstaat ab 1871 ausgeprägte föderale Binnenkräfte lange keine Zentralinstanz mit Pflichtexemplarrecht entstehen ließen.[26] Tatsächlich bestand diese Problematik nach 1945 angesichts der doppelten deutschen Staatsgründungen verdoppelt fort. Pflichtexemplarrechte garantierten der Deutschen Bücherei in Leipzig 1955 und der Deutschen Bibliothek in Frankfurt 1969 Sammelansprüche stets nur partiell, innerhalb ostdeutscher Staatsgrenzen im einen Fall, innerhalb westdeutscher im anderen. Publikationen aus dem jeweils anderen deutschen Staat wurden – leidlich diszipliniert und ständig beklagt – freiwillig zugeliefert und doppelt in der Leipziger Nationalbibliographie und der Deutschen Bibliographie in Frankfurt verzeichnet. So blieb die Nationalbibliothek bis 2006 im Grunde auch eine doppelt schwebende Anwartschaft.

Damit sind freilich höchstens Eckpunkte einer Entwicklungsstrecke benannt. Denn erstens fehlt bis auf wenige erste Ansätze ein breiteres historisches Panorama nicht nur westdeutscher, sondern auch europäischer Bibliotheken im 20. Jahrhundert, in das diese deutsche Szene einzuordnen wäre.[27] Auf diesem Weg würde unter anderem in den Blick kommen, wie unspektakulär das deutsche Arrangement einer kooperativen Verteilung nationalbibliothekarischer Funktionen auf mehrere große Häuser nach 1945 tatsächlich war.[28] Zweitens und gleichzeitig würde kla-

26 Osterhammel, Verwandlung, S. 584; Jörn Leonhard, Bücher der Nation: Die Entstehung europäischer Nationalbibliotheken als Orte lokalisierter Erinnerung, in: Kirstin Buchinger, Claire Gantet, Jakob Vogel (Hgg.), Europäische Erinnerungsräume, Frankfurt a. M., New York 2009, S. 72-87; Matthias Middell, Wissen und Raum. Zur Stilisierung nationaler Wertezentren – Wertezentren und das Spiel mit den Maßstäben, in: Detlef Altenburg, Lothar Ehrlich, Jürgen John (Hgg.), Im Herzen Europas. Nationale Identitäten und Erinnerungskulturen, Köln 2008, S. 121-149; Engelbert Plassmann, Eine »Reichsbibliothek«?: Öffentlicher Vortrag, 13.1.1998, Berlin 1998; Bernhard Fabian, Der Staats als Sammler nationalen Schrifttums, in: ders. (Hg.), Buchhandel, Bibliothek, Nationalbibliothek, Wiesbaden 1997, S. 21-52; Michael P. Olson, The Odyssey of a German National Library: A Short History of the Bayerische Staatsbibliothek, the Staatsbibliothek zu Berlin, die Deutsche Bücherei, and the Deutsche Bibliothek, Wiesbaden 1996; Rudolf Blum, Nationalbibliographie und Nationalbibliothek. Die Verzeichnung und Sammlung der nationalen Buchproduktion, besonders der deutschen, von den Anfängen bis zum Zweiten Weltkrieg, Frankfurt a. M. 1990.
27 Klaus Kempf, Sven Kuttner (Hgg.), Buch und Bibliothek im Wirtschaftswunder. Entwicklungslinien, Kontinuitäten und Brüche in Deutschland und Italien während der Nachkriegszeit (1949-1965), Wiesbaden 2018; Catherine Minter, Academic Library Reform and the Ideal of the Librarian in England, France, and Germany in the Long Nineteenth Century, in: Library and Information History 29.1 (2013), S. 19-37.
28 National Libraries: their Problems and Prospects. Symposium on National Libraries in Europe, Vienna, 8-27 September 1958, Paris 1960.

rer, dass das *latecomer*-Narrativ die deutsche Entwicklung – dabei ungewollt die zeitgenössische Rhetorik kopierend[29] – auf die »Nationalbibliothek« wie auf ein naturgesetzliches bibliothekarisches Endziel hin ausrichtet.

Dieses Buch argumentiert weniger teleologisch. Stattdessen nimmt es sich vor, die historische Eigenzeit der Deutschen Bibliothek in der Bundesrepublik anders zu bestimmen, ohne die deutsch-deutsche Sichtachse zu ignorieren. Die gesamtdeutsche Frage und damit der politische Möglichkeitsraum für eine deutsche Nationalbibliothek lief für die Frankfurter zwar immer mit. Aber sie standen immer auch vor einer anderen Herausforderung: Die Deutsche Bibliothek musste sich letztlich in der kulturpolitischen Infrastruktur des entstehenden Weststaats und am Ende eben auch in der westdeutschen Demokratie platzieren. Wie und wo man sich aufstellte, wurde zeitgenössisch kaum programmatisch besprochen. Es lässt sich aber aus einer Summe von Sammlungspolitiken und politischer Rhetorik nachzeichnen.

Bleiben Bibliotheksgeschichten in der historischen Forschung selten, kann eine Geschichte der Deutschen Bibliothek in Frankfurt auf große Studien zur Geschichte der Deutschen Bücherei in Leipzig seit 1912 aufsatteln.[30] Zum einen ist erkennbar, dass die Gründung der Deutschen Bibliothek in Frankfurt in manchem parallel verlief mit der weit zurückliegenden Leipziger Frühgeschichte seit 1912. Denn in beiden Fällen gründeten mangels politischer Initiativen der private Buchhandel und kulturpolitisch ambitionierte Städte die Bibliotheken, die schnell föderalen Misshelligkeiten ausgesetzt waren und lange um staatliche Anerkennung buhlen mussten. Im Detail freilich unterscheiden sich die Logiken und Dynamiken um 1912 und um 1946, die solche Entwicklungen vordergründig ähnlich erscheinen ließen, deutlich. Zum anderen illustriert die Geschichte der Deutschen Bücherei in Leipzig seit 1945, wie die engen deutsch-deutschen Verflechtungen Frankfurt ebenso zum geschmähten wie, vor allem später, gesuchten Alter Ego der Leipziger machten.[31] Aus der Warte der Frankfurter

---

29 Uwe Wittstock, Von der Vollständigkeit der Titel oder Die Kraft der Archive. Auf dem Weg zu neuen deutsch-deutschen Gemeinsamkeiten: Die Nationalbibliotheken in Leipzig und Frankfurt kommen einander näher, in: FAZ, 16.8.1988, S. 23.

30 Sören Flachowsky, »Zeughaus für die Schwerter des Geistes«. Die Deutsche Bücherei in Leipzig 1912-1945, Göttingen 2018, 2 Bände; Christian Rau, »Nationalbibliothek« im geteilten Land. Die Deutsche Bücherei 1945-1990, Göttingen 2018; Tonia Sophie Müller, »Minderwertige« Literatur und nationale Integration: die Deutsche Bücherei Leipzig als Projekt des Bürgertums im Kaiserreich und in der Weimarer Republik, Göttingen 2019.

31 Rau, Nationalbibliothek; ders., Bibliotheksgeschichte als Zeitgeschichte: Die Deutsche Bibliothek seit 1946, in: Dialog mit Bibliotheken 30.2 (2018), S. 16-26; Arnd Bauerkämper, Verflechtung in der Abgrenzung. Ein Paradox als Perspektive der historischen DDR-Forschung, in: Ulrich Mählert (Hg.), Die DDR als Chance. Neue Perspektiven auf ein altes Thema, Berlin 2016, S. 71-78; Bernd Faulenbach,

Bibliothek seit 1946 drehte sich die Perspektive nun um: Die Leipziger Bücherei war vor allem in den frühen 1950er Jahren der *elephant in the room*. Freilich galt das nicht für die gesamte Frankfurter Nachkiegsentwicklung. Insbesondere seit den 1960er Jahren, so argumentiert dieses Buch, arbeitete sich die Deutsche Bibliothek – vor allem im Spiegel ihres Exilarchivs – als dezidiert westdeutsche Instanz voran. Sie begann vergangenheitspolitisch sensibler zu agieren und politisierte sich diskret in der westdeutschen und allmählich auch europäischen Öffentlichkeit.

Es gibt zeithistorische Zugriffe, die der Bibliotheksanalyse weiterhelfen. Impulse liefert vor allem die aktuelle Institutionen- und Behördengeschichte, die die deutsch-deutsche Ministerienlandschaft des 20. Jahrhunderts inzwischen fast flächendeckend vermisst.[32] Von hier aus lässt sich auch für die erst 1946 gegründete Frankfurter Deutsche Bibliothek nach der Kontinuität zwischen NS-Diktatur und deutsch-deutschen Neuanfängen nach 1945 fragen. Wichtig sind besonders neuere selbstreflexive Forschungsbeiträge auf diesem Feld, die »Kontinuitäten« und »Belastungen« für klärungsbedürftige Befunde halten. Das gilt auch für die Bibliothekare und Mitarbeiter in Frankfurt nach 1945, von denen einige, vor allem auf Leitungsebene, definitiv für einen Neustart standen, andere schon in den Diktaturjahren tätig waren, ohne gleich zur Speerspitze einschlägiger NS-Bibliothekare zu zählen.

Auch Beiträge aus dem breiten Feld der Wissens- und Wissenschaftsgeschichte können den Blick auf die Frankfurter Nachkriegsbibliothekare schärfen. Sie helfen, zu klären, dass auch die selbsterklärt unpolitischsten Professionen im NS – denen sich die Bibliothekare gerne zurechneten – nicht in apolitischen Nischen unterkamen. Von der engen Ressourcenbeziehung zwischen Politik

Franz-Josef Jelich (Hgg.), »Asymmetrisch verflochtene Parallelgeschichte«? Die Geschichte der Bundesrepublik und der DDR in Ausstellungen, Museen und Gedenkstätten, Essen 2005.

32 Frieder Günther, Die verwaltete Teilung. Behördengeschichte in deutsch-deutscher Perspektive, in: VfZ 69 (2021), S. 321-331; Marcus Böick, Marcel Schmeer (Hgg.), Im Kreuzfeuer der Kritik. Umstrittene Organisationen im 20. Jahrhundert, Frankfurt a.M., New York 2020; Eckart Conze, Annette Weinke, Krisenhaftes Lernen? Formen der Demokratisierung in deutschen Behörden und Ministerien, in: Tim Schanetzky u.a. (Hgg.), Demokratisierung der Deutschen. Errungenschaften und Anfechtungen eines Projekts, Göttingen 2020, S. 87-101; Mathias Beer, Melanie Güttler, Jan Ruhkopf, Behördenforschung und NS-Belastung. Vermessung eines Forschungsfeldes, in: Zeitschrift für Geschichtswissenschaft 68.7/8 (2020), S. 632-651; Frank Bösch, Andreas Wirsching (Hgg.), Hüter der Ordnung: die Innenministerien in Bonn und Ost-Berlin nach dem Nationalsozialismus, Göttingen 2018; Stefan Creuzberger, Dominik Geppert (Hgg.), Die Ämter und ihre Vergangenheit. Ministerien und Behörden im geteilten Deutschland 1949-1972, Paderborn u.a. 2018.

und Professionen wollte das Gros der Bibliotheken und Bibliothekare in der frühen Bundesrepublik freilich nichts mehr wissen. Hier liegen Parallelen nahe zu Wissenschaftsförderern, Akademikern und Intellektuellen nach 1945.[33] Eine politische Geschichte der heterogenen bibliothekarischen Profession, für die es Ansätze im mittlerweile sehr durchlässig gewordenen Grenzbereich zwischen Bibliotheks-, Institutionen- und Wissenschaftsgeschichte gibt, fehlt allerdings.[34]

Sichtachsen: Akteure, Orte/Räume, Zeiten

Die Geschichte der Deutschen Bibliothek zwischen 1945 und 1989/90 lässt sich, gestützt auf historische Forschung und einen breiten Quellenfundus, kaum anders als chronologisch erzählen. Hinzu kommen drei problemgeschichtliche Sichtachsen. So entsteht eine eigene Geschichte des Hauses, die gleichzeitig eng eingebettet bleibt in die Zeitgeschichte des mittleren und späteren 20. Jahrhunderts.

33 Sören Flachowsky, Rüdiger Hachtmann, Florian Schmaltz (Hgg.), Ressourcenmobilisierung: Wissenschaftspolitik und Forschungspraxis im NS-Herrschaftssystem, Göttingen 2016; Dirk Schumann (Hg.), Forschen im »Zeitalter der Extreme«: Akademien und andere Forschungseinrichtungen im Nationalsozialismus und nach 1945, Göttingen 2020; Patrick Wagner, Notgemeinschaften der Wissenschaft: die Deutsche Forschungsgemeinschaft (DFG) in drei politischen Systemen, 1920 bis 1973, Stuttgart 2021; Axel Schildt, Medien-Intellektuelle in der Bundesrepublik, hg. v. Gabriele Kandzora, Detlef Siegfried, Göttingen 2020; Andrea Albrecht u.a. (Hgg.), Internationale Wissenschaftskommunikation und Nationalsozialismus: akademischer Austausch, Konferenzen und Reisen in Geistes- und Kulturwissenschaften 1933 bis 1945, Berlin, Boston 2022; Gangolf Hübinger (Hg.), Europäische Wissenschaftskulturen und politische Ordnungen in der Moderne (1890-1970), München 2014; Lutz Raphael, Ordnungsmuster und Deutungskämpfe: Wissenspraktiken im Europa des 20. Jahrhunderts, Göttingen 2018.

34 Jürgen Babendreier, Kollektives Schweigen? Die Aufarbeitung der NS-Geschichte im deutschen Bibliothekswesen, in: Sven Kuttner, Bernd Reifenberg (Hgg.), Das bibliothekarische Gedächtnis. Aspekte der Erinnerungskultur an braune Zeiten im deutschen Bibliothekswesen, Marburg 2004, S. 23-53; ders., Nationalsozialismus und bibliothekarische Erinnerungskultur, Wiesbaden 2013; Michael Knoche, Wolfgang Schmitz (Hg.), Wissenschaftliche Bibliothekare im Nationalsozialismus. Handlungsspielräume, Kontinuitäten, Deutungsmuster, Wiesbaden 2011; Sven Kuttner, Der weiß-blaue Kreis. Das Sozialprofil des höheren Bibliotheksdienstes der Universitätsbibliothek München im 20. Jahrhundert in: Bibliotheksdienst 44.1 (2010), S. 16-24; ders., Peter Vodosek (Hgg.), Volksbibliothekare im Nationalsozialismus. Handlungsspielräume, Kontinuitäten, Deutungsmuster, Wiesbaden 2017; Sören Flachowsky, Die Bibliothek der Berliner Universität während der Zeit des Nationalsozialismus, Berlin 2000.

1. Die Bibliotheks- als politische Zeitgeschichte kennt viele *Akteure*. Im Fall der Deutschen Bibliothek kommt eine recht heterogene Gruppe von Gründern und Unterstützern zusammen. In den frühen Jahren war der Börsenverein des deutschen Buchhandels zentral, in dem sich Verleger, Zwischen- und Einzelbuchhandlung zu einem Wirtschaftsverband zusammengeschlossen hatten.[35] Denn er ermöglichte es den Frankfurtern überhaupt erst, einen Bestand aufzubauen, indem er seine Verleger dazu anhielt, die Deutsche Bibliothek mit unentgeltlichen Belegexemplaren sämtlicher Neuerscheinungen zu beliefern. An sich seit 1925 als Börsenverein des deutschen Buchhandels in Leipzig und Hauptgründer der Deutschen Bücherei in Leipzig 1912 eine traditionsreiche Lobbygröße, war der Börsenverein 1945 allerdings angezählt – gezeichnet von den Spuren des NS ebenso wie von den erzwungenen Neuanfängen in Frankfurt, wohin man unter amerikanischer Regie abgewandert war. Daneben trat zumindest bis in die 1960er Jahre die Stadtverwaltung der Mainmetropole, die der frühen Bibliothek Quartier gab und ihr aus stadtpolitischem Kalkül heraus lange gewogen blieb. Dazu kam später und sporadischer die Ebene hessischer Landespolitik, zu deren föderalen Strategien das Frankfurter Haus freilich nur bedingt passte, weil sie sich für die überregionalen Belange der Deutschen Bibliothek nicht zuständig sah. Seit den frühen 1950er Jahren betrat der Bund in Gestalt der Kulturabteilung des Bundesministeriums des Innern die bibliothekspolitische Bühne.[36] Dass der Bund die Deutsche Bibliothek ab 1952 offiziell mitunterstützte und ab 1969 ihr alleiniger Träger wurde, erarbeitete sich am ehesten die Bibliothek selber mit einer zähen Selbstpolitisierungskampagne und mit einem geschickten Appell an politische Grundstimmungen in der Kulturabteilung des Bundesinnenministeriums, die die Deutsche Bibliothek politisch ernst zu nehmen begann. Zuletzt half auch staatlicher Planungs- und Interventionsehrgeiz noch mit.

Die Deutsche Bibliothek in Frankfurt am Main selber erscheint aus zeitgeschichtlicher Sicht als sperriger Akteur. Ihre Bibliothekare und Mitarbeiter begegnen mit ganz unterschiedlicher Belegdichte in den Quellen, aber die Geschichte lässt sich nicht flächendeckend von dieser Seite her sezieren. Für eine Kollektivbiographie fehlte nicht nur das dichte Material, sie ist auch nicht das Ziel der Darstellung. Den Ort der deutschen Bibliothek im Westdeutschland

35 Monika Estermann, Der Börsenverein in den Westzonen und der Bundesrepublik Deutschland, in: Stephan Füssel, Georg Jäger, Hermann Staub (Hgg.), Der Börsenverein des Deutschen Buchhandels 1825-2000. Ein geschichtlicher Aufriss, Frankfurt a.M. 2000, S. 161-191.

36 Werner Bendix, Die Hauptstadt des Wirtschaftswunders: Frankfurt am Main 1945-1956, Frankfurt a.M. 2002; Patricia Fedler, Anfänge der staatlichen Kulturpolitik in Hessen nach dem Zweiten Weltkrieg (1945-1955): Schule, Erwachsenenbildung, Kunst und Theater im Spannungsfeld zwischen amerikanischer Reeducationpolitik und deutscher Kulturtradition, Wiesbaden 1993; Bösch, Wirsching, Hüter der Ordnung.

der zweiten Jahrhunderthälfte bestimmten letztlich Schlüsselakteure wie allemal Hanns Wilhelm Eppelsheimer als erster Direktor bis 1959. Solche führenden Bibliothekare »machten« nicht die Deutsche Bibliothek. Aber sie kamen voran, indem sie sich geschickt in Beziehungsnetzwerken bewegten und einschlägige Rhetoriken benutzten, die der Bibliothek Zuspruch sicherten.[37] In der Gesamtschau auf das Haus wird Biographisches daher eingeblendet, wo es mit darüber entschied, wie die Deutsche Bibliothek sich aufstellte. Solche Nahaufnahmen und biographischen Vignetten sind allemal nötig, um zu erkennen, wie nah oder fern die ersten Frankfurter Bibliotheksmitarbeiter der gerade erst beendeten NS-Diktatur standen. Dass es von wichtigen Probebohrungen abgesehen[38] bisher keine historische Gesamtschau auf die Rolle der deutschen Bibliothekare im 20. Jahrhundert vor allem an den Umbruchstellen 1933 und 1945 gibt, lässt sich nicht einfach kompensieren. Umso hilfreicher sind dann Beobachtungen zur Kontinuitätsfrage bei deutschen Beamten in der oben genannten Institutionen- und Behördenforschung, bei Akteursgruppen wie Wissenschaftlern und Intellektuellen und im Blick auf die unmittelbar benachbarte Zunft der Archivare, die schon auf aggregiertem Niveau deutsch-deutsch verflochten untersucht werden.[39] Parallel dazu läuft die Kontinuitätsfrage punktuell auch für Verantwortliche in Stadt, Land, Bund und Börsenverein mit, sofern sie die Geschicke der Bibliothek in die eine oder andere Richtung trieben.

Mit den beiden großen Spezialabteilungen des Frankfurter Hauses, dem Exilarchiv und dem Musikarchiv, stießen gleichzeitig noch einmal neue Akteursgruppen zur Bibliotheksgeschichte. Als die Frankfurter Bibliothek seit den späten 1940er Jahren Exilliteratur zu sammeln begann, wurde der transnationale Kontakt mit Emigranten wichtig. Damit zählten zum Akteurspanorama früh auch jüdische und andere im NS Verfemte. Ihre Rolle blieb überschaubar, zumal die Exilsammlung über viele Jahre nur langsam aufwuchs und erst in den späteren 1960er Jahren national und international öffentlichkeitswirksam zu werden begann. Sie wies aber deutlich auf viele Chancen und manche Grenzen eines symbolischen und faktischen Neuanfangs der Deutschen Bibliothek.[40] Über die Planungen zum Musikarchiv während der späten 1960er Jahre weitete sich der

37 Franz Fischer, Harro Kieser (Hgg.), Hanns W. Eppelsheimer (1890-1972): Bibliothekar, Literaturwissenschaftler, Homme de lettres; eine Ausstellung der Deutschen Bibliothek und der Stadt- und Universitätsbibliothek Frankfurt, Frankfurt a.M. 1990.
38 Wilfried Enderle, Kontinuität der Krise, Krise der Kontinuität? – Zur Geschichte wissenschaftlicher Bibliotheken im Nationalsozialismus, in: Bibliothek. Forschung und Praxis 41.3 (2017), S. 330-352, Flachowsky, Zeughaus.
39 Peter Ulrich Weiß, Deutsche Zentralarchive in den Systemumbrüchen nach 1933 und 1945, Göttingen 2022.
40 Stefanie Fischer, Nathanael Riemer, Stefanie Schüler-Springorum (Hgg.), Juden und Nichtjuden nach der Shoah: Begegnungen in Deutschland, Berlin, Boston 2019.

Akteursradius der Bibliotheksgeschichte außerdem in Richtung westdeutscher Musikkultur. Hinter dem Vorhaben standen vor allem mit dem Musikrat und Vertretern der Musikwissenschaft Instanzen und Personal mit einer Selbstwahrnehmung, in der manches aus den Jahren vor 1945 nachhallte. Über solche Erwartungshaltungen setzte sich die Deutsche Bibliothek allerdings mit nüchternem Sammlungspragmatismus hinweg.

2. Aus zeitgeschichtlicher Sicht hatte die Deutsche Bibliothek zwischen 1945 und 1990 eine zweifache *Raum*dimension. Erstens bezog sie in Frankfurt am Main auf eine sehr symbolträchtige Weise ein Behelfsquartier in der amerikanischen Westzone: Im Umfeld des Rothschild-Palais zeigten sich die Zerstörungsspuren von Krieg und Diktatur noch sehr deutlich und prägten den bibliothekarischen Anfang mit. Erst 1959 bezog die Deutsche Bibliothek einen eigenen, bald wieder überlasteten Neubau. Von daher erweisen sich beide Bibliothekssitze auch als Orte des Unfertigen, auch wenn man von hier aus bibliothekarisches Terrain zu sichern begann. Platzieren musste sich die Deutsche Bibliothek parallel dazu nicht zuletzt gegenüber Bibliotheken und Sammlungseinrichtungen wie den großen Staatsbibliotheken in München und der lange in Marburg exilierten Staatsbibliothek Westberlin. Von ihnen waren viele anders als die Frankfurter nicht nach 1945 neu entstanden und brachten eine Art kulturpolitisches Reservatrecht mit, zu dem sich die Deutschen Bibliothek verhalten musste und der ihren Ansprüchen klare Grenzen wies.[41]

Zweitens stellte sich die Deutsche Bibliothek zwar in erster Linie in der amerikanischen Westzone und der Bundesrepublik auf. Gleichzeitig stand man unter deutsch-deutscher Dauerspannung. Denn die Deutsche Bibliothek kam zustande, indem man sie, vor allem unter amerikanischer Anleitung, provisorisch oder auch nicht, 1946/47 als Westdépendance der Deutschen Bücherei in Leipzig ausgründete. Das weitete die Raumdimensionen entscheidend und machte die Geschichte der Deutschen Bibliothek an manchen Stellen gesamtdeutscher, als es ihr westdeutscher Status nahelegt.[42]

Freilich galt das nicht zu allen Zeiten in gleichem Maße. Der deutsch-deutsche Raumhorizont prägte die Deutsche Bibliothek vor allem in den frühen 1950er Jahren. Den Frankfurtern erschien er als Last und Chance in einem. Einerseits

---

41 Werner Schochow (Hg.), Die Berliner Staatsbibliothek und ihr Umfeld, Frankfurt a. M. 2005; Franz Georg Kaltwasser, Die Bibliothek als Museum: von der Renaissance bis heute, dargestellt am Beispiel der Bayerischen Staatsbibliothek, Wiesbaden 1999.

42 Frank Bösch (Hg.), Geteilte Geschichte. Ost- und Westdeutschland 1970-2000, Göttingen 2015; Detlev Brunner, Udo Grashoff, Andreas Kötzing (Hgg.), Asymmetrisch verflochten? Neue Forschungen zur gesamtdeutschen Nachkriegsgeschichte, Berlin 2013; Hermann Wentker, Udo Wengst (Hgg.), Das doppelte Deutschland. 40 Jahre Systemkonkurrenz, Berlin 2008.

warf Leipzig einen einschüchternden professionellen Schatten. Die Deutsche Bibliothek, die ohne jeden Grundbestand startete, fand sich zum Nachzügler herabgestuft. Andererseits lernte man in Frankfurt, eigenen Ansprüchen politisches Gehör zu verschaffen, indem man die Rivalität mit Leipzig nutzte. Die deutsch-deutsche Raumdimension taugte von daher als Legitimationsressource eigener Art. Leipzig okkupierte die Frankfurter aber nicht unentwegt. Die provisorischen Anfänge im halbzerstörten Ausweichquartier beanspruchten sie deutlich mehr als die Frage, wie parallel zu ihnen die Leipziger durch ihre sowjetische Besatzungszeit kamen. Und allemal in den 1960er Jahren entwickelte man ein Profil, das mehr mit dem Blick auf die deutsche Kulturvergangenheit als mit Ostdeutschland zu tun hatte.

Mit dem Musikarchiv, das 1970 in Berlin faktisch als modernisierte Neuauflage der Musikphonothek von 1960 zustandekam, erhielt die Frankfurter Bibliothek eine zusätzliche Kulturdépendence in Westberlin als der gesamtdeutschen Hauptstadt im Wartestand. Westberliner Inzenierungsstrategien gegenüber dem Osten spielten auf dem Weg kurz eine Rolle, traten in Entspannungsphasen aber wieder in den Hintergrund.

Europäische und transatlantische Raumbezüge liefen über sämtliche Jahre ständig mit, ohne dass sich eine konzise auswärtige Bibliothekspolitik beobachten ließe. Zwar war die Deutsche Bibliothek Mitglied der Ligue de Bibliothèques Européennes de Recherche (LIBER) aus europäischen Forschungsbibliotheken, die der Europarat 1971 ins Leben gerufen hatte.[43] Zur gleichen Zeit ordneten sich die Frankfurter auf Anfrage durchaus auch der gerade erst von der sozialliberalen Koalition entworfenen sogenannten »auswärtigen Kulturpolitik« zu. Man füllte den Begriff oft reichlich unilateral, als Einwirkungs- und Informationskanal, durch den die Deutsche Bibliothek mit ihrem bibliographischen Leistungsprofil und vor allem der seit 1950 herausgegebenen Auswahlbibliographie »Das Deutsche Buch« im Ausland sichtbar werden sollte.[44] Dagegen wies Bibliotheksdirektor Pflug die Initiative von etwa 20 Abgeordneten des Europaparlaments zurück, die Ende Oktober 1982 versuchten, eine europäische »Gemeinschaftsbibliothek« zu schaffen. Pflug fürchtete zunächst einen supranationalen Handstreich gegen die Nationalbibliotheken, bis sich klar abzeichnete, dass es stattdessen darum gehen sollte, die europäischen Bibliotheken informationspolitisch enger zu vernetzen.[45]

43 Die Deutsche Bibliothek (Selbstdarstellung, 1971), Anlage zu einem Schreiben von Köster an den Bundestagsabgeordneten Berthold Martin, 30.6.1971, S. 6, BArch B 275/25.

44 Die Deutsche Bibliothek (Selbstdarstellung, 1971), S. 7, BArch B 275/25; Ein Sonderproblem der Deutschen Bibliothek: Die Herausgabe des Auslandsbulletins »Das Deutsche Buch«, BArch ebd.

45 Bericht über die Schaffung einer Europäischen Bibliothek, Europäische Gemeinschaften. Europäisches Parlament. Sitzungsdokumente 1983-84, 26.3.1984, ADNBF

Gleichwohl blieb Europa für sporadische Kooperationen und als kompetitiver Referenzrahmen für die Frankfurter wichtig. Als Ende der 1980er Jahre eine dezidiert europäische, kooperative Bibliothekspolitik auf den Weg kam, war die Deutsche Bibliothek involviert.[46] Ähnlich pflegten die Frankfurter im Rahmen der Buchbeschaffung früh weltweite Kontakte, aber die blieben in der Regel sporadisch und unverbindlich, ohne Netzwerkqualität zu erreichen, und erschöpften sich häufig im bibliographischen Informationsaustausch.[47]

Die bibliothekarischen Alltagsroutinen ließen die Frankfurter ab den 1960er Jahren zur Internationale der Standardisierer und Katalogisierer aufschließen. Zugleich tat sich hier gelegentlich eine Ersatzbühne für deutsch-deutsche Kontakte auf. Europa hatte die Deutsche Bibliothek durchaus im Blick, aber eher als professionell herausfordernde Messgröße. Denn hier befanden sich die großen Häuser, denen die Frankfurter in der eher geduckten Haltung des Nachzüglers als nicht ganz vollwertige »Nationalbibliothek« begegneten und deren Anerkennung man mitunter suchte.

3. Besonders an drei Stellen ist eine *Zeit*achse in der Geschichte der Deutschen Bibliothek anzulegen. Erstens schreibt sich die Geschichte des Hauses in gängige Periodisierungen der international informierten Zeitgeschichte ein. Zentrale Momente oder Phasen westdeutscher, deutsch-deutscher oder internationaler Geschichte schlugen mitunter auch auf das Frankfurter Haus durch. Das galt allem voran für das Kriegsende 1945 und die Phase der amerikanischen Besatzungsherrschaft. Vom Rückgriff auf eine Rhetorik des Kalten Krieges im Blick auf Leipzig war schon die Rede. In den Bemühungen um das Frankfurter Exilarchiv

Externe Gremien. G/Libraries Projekt; Pflug an den Sachbearbeiter beim Vorsitzenden des Verwaltungsrats der Deutschen Bibliothek Bernd Beckmann, 11.1.1983, ADNBF BMI, Allgemeines 1981 f.; Stellungnahme zum Entschliessungsantrag über die Gründung einer Europäischen Bibliothek, 21.12.1982, ADNBF ebd.; Patel, Kooperation.

46 Towards an European Library. Results of Discussion, Questions, Recommendations, CENIL-Meeting vom 16.-17.10.1989, ADNBF, Europäische Zusammenarbeit CENIL 1986-1990; Referent für Literatur und Grundsatzangelegenheiten im Kulturdezernat der Stadt Frankfurt Felix Semmelroth, Protokoll der Sitzung vom 12.9.1990 »Europäische Bibliothek«, ADNBF Externe Gremien. Europabibliothek; Klaus-Dieter Lehmann, Vermerk zum Projekt »Europäische Bibliothek«, ADNBF ebd.

47 Statistische Angaben über die Entwicklung und Arbeiten der Deutschen Bibliothek im Jahre 1955. Tauschstelle, HHStAW 504 Nr. 6899a; Gästeprogramm der Bundesrepublik, Gästegruppen aus USA, Persönlicher Referent des Hessischen Kultusministers an Köster, 25.9.1963, ADNBF DBB 1953-65, Wiesbaden; Ablauf des Besuches der Gästegruppe »Wissenschaftliche Bibliothekare« aus Goßbritannien in Frankfurt a.M., 22.11.-25.11.1964, ADNBF DDB Ausländische Besucher der DB.

schlugen sich bis deutlich in die 1960er Jahre hinein immer auch Konjunkturen vergangenheitspolitischer Diskurse in der Bundesrepublik nieder. Planungsdenken und Krisenerwartungen seit den späten 1960er Jahren und zuletzt die Transformation ab den späten 1980er Jahren stehen stichwortartig für politische und kulturpolitische Befindlichkeitskonjunkturen, die die Belange und Spielräume der Deutschen Bibliothek mit betrafen.[48]

Zweitens zeichnen sich daneben spezielle Eigenzeiten ab. Die gaben der Geschichte der Frankfurter Deutschen Bibliothek, so sehr sie an die Nachkriegsgeschichte gekoppelt blieb, ihr Gepräge. So wurde das Haus 1946/47 als private Einrichtung des Buchhandels und der Stadt Frankfurt verabredet, bevor die Bundesrepublik gegründet war. Der Bund trat erst 1952 zusammen mit dem Börsenverein als Unterhaltsträger der Bibliothek in Erscheinung, die jetzt als öffentlich-rechtliche Stiftung nach hessischem Landesrecht von der Stadt Frankfurt und dem Land Hessen eingerichtet wurde. Die Eigendynamiken prägte der verschleppende Föderalismus genauso mit aus wie bundespolitisches Taktieren aus deutsch-deutscher Rücksicht auf die Deutsche Bücherei in Leipzig. 1969 profitierte die Deutsche Bibliothek schließlich vom Steuerungselan der Großen Koalition und durchaus auch der bibliothekarischen Profession. Jetzt wurde sie rechtsfähige bundesunmittelbare Anstalt des öffentlichen Rechts. Ein offizielles Pflichtexemplarrecht sicherte ihr seither sämtliche Neuerscheinungen.

Drittens hatten auch die Frankfurter Bestände eine Zeitdimension. Denn es gab besondere Frankfurter Speicherzeiten. Eingelagert wurden Publikationen ab dem 8. Mai 1945. Dieses Zeitregime der Sammlung war eng mit den Alliierten abgestimmt und atmete ganz den Geist der Denazifizierung und Umerziehung. Verglichen mit großen Sammeladressen wie den Münchner und Berliner Staatsbibliotheken brachte der späte Startpunkt die Frankfurter in die vielzitierte Nachzügler-Rolle. Umgekehrt hatte man in Frankfurt anders als in Berlin und München keine Bestandsaltlasten auszusortieren. Heterogen blieb der Frankfurter Bestand dennoch.

An einer Stelle definierten die Frankfurter ihre Speicherzeiten aber auffällig in Eigenregie. Als sich Ende der 1940er Jahre abzeichnete, dass sie ab 1950 Exilliteratur sammeln würde, datierte die Bibliothek den Sammelstart für dieses spezielle Kulturwissen über das Exil auf die Phase zwischen 1933 und 1945. Es ging

---

48 Ulrich Herbert, Geschichte Deutschlands im 20. Jahrhundert, München 2014; Stefan Creuzberger, Dierk Hoffmann (Hgg.), »Geistige Gefahr« und Immunisierung der Gesellschaft. Antikommunismus und politische Kultur in der frühen Bundesrepublik, München 2014; Axel Schildt, Detlef Siegfried, Karl Christian Lammers (Hgg.), Dynamische Zeiten. Die beiden deutschen Gesellschaften in den 60er Jahren, Hamburg 2003; Anselm Doering-Manteuffel, Lutz Raphael, Thomas Schlemmer (Hgg.), Vorgeschichte der Gegenwart. Dimensionen des Strukturbruchs nach dem Boom, Göttingen 2015; Ulrich Herbert (Hg.), Wandlungsprozesse in Westdeutschland. Belastung, Integration, Liberalisierung 1945-1980, Göttingen 2002.

dabei um eine dezent vermittelte, aber in den 1960er Jahren allmählich immer politischere Geste, die das Ansammeln gegen die prinzipielle, dem NS geschuldete Bestandslücke zu einem Frankfurter Markenzeichen ausbaute.

Material und Argument

1. Für diese Geschichte der Deutschen Bibliothek steht ein breites *Quellenkorpus* zur Verfügung. Im für die Forschung frei zugänglichen Hausarchiv der Deutschen Nationalbibliothek in Frankfurt am Main lagert ein sehr umfangreicher, grob vorgeordneter Bestand. Er reicht von extensiven Zeugnissen dichter Briefkommunikation über interne Memoranden, Gremienprotokolle und Finanzierungspläne bis hin zu offiziellen Selbstdarstellungen des Hauses. Enthalten sind hier zahlreiche Korrespondenzen mit deutschen und internationalen Bibliotheken und anderen Kultureinrichtungen, mit der Stadt Frankfurt, den hessischen Ministerien und dem Bund. Die nicht-interne Gegenüberlieferung ist ähnlich üppig. Dokumente aus dem Bundesarchiv Koblenz spiegeln die Sichtweise vor allem des Bundesministeriums des Innern in Bonn wider, im Hessischen Hauptstaatsarchiv liegt Material aus dem Hessischen Ministerium für Kultur und Bildungswesen, vor allem für die Jahre zwischen 1952 und 1969. Hinzu kommen reiche Bestände aus dem Institut für Stadtgeschichte in Frankfurt am Main, wo sich erstens die Akten des städtischen Kulturamts und des Magistrats und zweitens der gesamte Schriftverkehr des Frankfurter Börsenvereins greifen lassen. Manche Archivbestände liefern Biographisches zum Personal, für die Leitungsebene u. a. Personalakten des Universitätsarchivs Frankfurt am Main. Die US-amerikanische Perspektive ist über OMGUS-Dokumente aus den National Archives in Washington, D.C. und einzelne Schriftstücke im Bundesarchiv und im Staatsarchiv Darmstadt erschließbar. Hinzu kommen eine ganze Reihe zeitgenössischer Voten in Texten vor allem des leitenden Bibliothekspersonals, die auf einer breiten Skala zwischen Selbstvermarktung des Frankfurter Hauses und, im ergiebigsten Falle, bibliothekspolitischer Reflexion angesiedelt sind. Ergänzt wurden entweder über die genannten Archivorte oder flankierend recherchiert zeitgenössische Artikel aus der westdeutschen Tagespresse und zahlreiche andere selbständige Publikationen, in denen aufscheint, wie die Deutsche Bibliothek außerhalb der eigenen Mauern öffentlich wahrgenommen wurde.

2. Aus diesen unterschiedlichen Quellen entwickeln die folgenden Kapitel das *Argument* dieses Buchs. Sein Ausgangspunkt ist eine systematische Überlegung: Das bibliothekarische Kerngeschäft der Deutschen Bibliothek war und blieb das Sammeln und bibliographische Verzeichnen. Ihr Sammelauftrag verpflichtete sie nicht nur auf sämtliche Veröffentlichungen, die in Deutschland ab dem 8. Mai 1945 erschienen. 1952 wurde sie auch für deutschsprachige Literatur des

Auslands zuständig. 1969 schloss sie rückwirkend fremdsprachige Literatur mit Deutschlandbezug (Germanica) ein, verankerte den Sammelstatus der Exilliteratur ab 1933 offiziell im Profil und nahm Musikalien und Tonträger neu in ihre Zuständigkeit auf. Und mit genau dieser Agenda schloss die Deutsche Bibliothek funktional zu den traditionellen Nationalbibliotheken ihrer Tage und lange vor ihrer Zeit auf. Nun gab es manches, worüber die Frankfurter Bibliothekare sich seit Gründung der Deutschen Bibliothek verständigten. Über das Sammeln an sich aber sprach man wenig. Das mochte auch daran liegen, dass die Niederungen der Sammel-Ebene in jeder Hinsicht mühselig blieben.[49] Tatsächlich ist die zeitgenössische Klage Frankfurter Bibliothekare über die Widrigkeiten dieses Geschäfts viel häufiger zu finden als jedes Räsonnement darüber, was man sammelnd eigentlich tat.

Dabei war es nicht wenig. Man trug, selbst wenn Lücken blieben, systematisch ganz heterogene Wissensarsenale unterschiedslos in ihrer ganzen Breite zusammen. Denn nur systematisch verzeichnet und abgelegt waren die Publikationen auffindbar. Der Wissensspeicher konnte Staub ansetzen, Buchwissen abtauchen, aber Wiederentdeckungen, womöglich neue Prominenz, blieb eine Option. Das lag, auch in der Frankfurter Präsenzbibliothek, im Auge des Nutzers. Das Frankfurter Haus bündelte, wie vergleichbare Häuser in Deutschland und andernorts, emphatisch gesprochen, jederzeit Evidenz und Gegenbeweis, Ratio und Spekulation, These und Antithese. Das galt auch dann, wenn die ständig aufgerufene »Vollständigkeit« nie erreicht werden konnte.[50]

Das Sammeln jenseits seiner technischen Herausforderungen und Erfordernisse thematisierten die Bibliothekare dennoch selten. Man brach es oft auf Alltagsroutinen herunter und auf den Bedarf an einem beständigen Etat, der die Speicherarbeiten erst erlaubte.[51] Hier lebte der angestrengte Gestus des Unpolitischen weiter, den sich die Frankfurter nicht anders als weite Teile der bib-

---

49 Eberhard Günther, Die Sammlung des deutschsprachigen Schrifttums durch die Deutsche Bibliothek. Probleme und Methoden, in: Kurt Köster, Die Deutsche Bibliothek 1945-1965, Frankfurt a.M. 1966, S. 81-83.

50 Reiner Nägele, Die Ordnung der Dinge des Wissens. Bibliothekarische Reflexionen, in: Klaus Ceynowa, Martin Hermann (Hgg.), Bibliotheken: Innovation aus Tradition, München 2015, S. 685-693; Klaus Ceynowa, Von der Skandalosität des Sammelns: Bibliothek und »Wahrheit«, in: Bibliotheksmagazin 10.30 (2015), S. 50-55; Kirsten Dickhaut, Das Paradox der Bibliothek. Metapher, Gedächtnisort, Heterotopie, in: Günter Oesterle (Hg.), Erinnerung, Gedächtnis, Wissen, Göttingen 2005, S. 297-331; Wolfgang Frühwald, Wie viel Wissen brauchen wir? Politik, Geld und Bildung, Berlin 2007, hier S. 103; Brune, Vergessen.

51 Michael Knoche, Bibliotheken als Sammlungen, in: Monika Estermann, Ernst Fischer, Reinhard Wittmann (Hgg.), Parallelwelten des Buches. Beiträge zu Buchpolitik, Verlagsgeschichte, Bibliophilie und Buchkunst, Wiesbaden 2008, S. 467-472.

liothekarischen Profession angeeignet hatten. Das zeitgenössische Material legt regelmäßig nahe, dass man als Bibliothek verhalten in der westdeutschen Nachkriegsordnung stand.

Dabei konnte man das Sammeln nach 1945 eigentlich einlässlicher durchdenken – gerade in Frankfurt: Erstens musste allemal der älteren Generation noch die Erfahrung von »Säuberung«, Zensur, Buchraub und Bücherverbrennung im NS vor Augen stehen. Zweitens – das betonte man in deutsch-deutschen Konfliktphasen schon eher – lag es nahe, von Frankfurt aus nach Osten zu sehen auf die staatssozialistische Zensur in der DDR. Und drittens machten die Frankfurter wie alle Westdeutschen ihre ganz eigenen Erfahrungen mit dem restriktiven Lizenzregime der US-Amerikaner bis 1949. Von daher gab es in der Deutschen Bibliothek allen Anlass, sich zur neuen Demokratie ins Verhältnis zu setzen oder hellhörig auf alles zu achten, was zumindest die Gefahr barg, das Prinzip freien Publizierens und Sammelns und damit im Grunde auch die erstrebte »Vollständigkeit« zu korrumpieren.[52] In vielen westdeutschen öffentlichen Bibliotheken der 1960er Jahre jedenfalls war diese Sorte Selbstpolitisierung auch zu beobachten.[53] Wie sich allerdings die Deutsche Bibliothek nach 1945 in dieser Hinsicht aufstellte, wurde bisher noch nie gefragt und tritt auch gar nicht umstandslos zutage.

Und so ist dieses Buch an vielen Stellen damit befasst, die ganz verstreuten und eher verdeckten Indizien für jene Momente und Konstellationen zusammenzutragen, in denen man in der Deutschen Bibliothek nicht umhinkam, sich in der Bundesrepublik zu verorten. Denn bei Quellenlicht besehen kamen die Frankfurter aus dem apolitisch gedachten Bibliotheksgehäuse durchaus auch heraus. Ein versteckter politischer Akteur ist die Deutsche Bibliothek nicht geworden. Das entsprach nicht ihrem Selbstverständnis als umfassende Informationszentrale, als »vollständig«-filterloser Wissensspeicher. Aber sie entwickelte vor allem in Gestalt ihres führenden Personals und in Verbindung mit ihren vielen zivilgesellschaftlichen und politischen Partnern ein Sensorium dafür, wie sie ihre Funktionen im demokratischen Kontext wahrnehmen konnte.

Diese Punkte und Dynamiken steuern die Kapitel an und entwickeln so das Argument. Als Nachkriegsgründung von 1946/47 musste sich die Deutsche Bibliothek in eine hochgradig zerstörte und kulturpolitisch vorbelastete Bibliothekswelt in Frankfurt und der US-Besatzungszone einordnen (1). In der frü-

52 H. W. Eppelsheimer, Freie Aussprache. »Bevormundung, wohin man blickt« (Replik auf einen Leserbrief), Frankfurter Rundschau, 20.4.1955, ADNBF Zeitungsausschnitte, Bl. 236.

53 Wolfram Henning, Die »68er Generation« im Bibliothekswesen: neue Ideen und Konzpte, in: Peter Vodosek, Werner Arnhold (Hgg.), Auf dem Weg in die Informationsgesellschaft. Bibliotheken in den 70er und 80er Jahren des 20. Jahrhunderts, Wolfenbüttel 2008, S. 11-26; Jürgen Mittelstraß, Ulrich Rüdiger (Hgg.), Die Zukunft der Wissensspeicher: Forschen, Sammeln und Vermitteln im 21. Jahrhundert, Konstanz 2016.

hen Deutschen Bibliothek bündelten sich zahlreiche Interessen. Die Amerikaner wollten den Publikationsmarkt kontrollieren, die Verleger im Börsenverein ihr ramponiertes Profil aufbessern und der Planwirtschaft entkommen, die Stadt Frankfurt ein neues kulturpolitisches Image aufbauen und Eppelsheimer die Bühne bespielen, die sich ihm als nach Zeitmaßstäben unverbrauchtem, entscheidungsfrohem leitenden Bibliothekar bot (2). Dabei blieben die Startbedingungen im bibliothekarischen Nachkriegskosmos schwierig, das Gesamtklima weithin konservativ verschlossen und oft genug larmoyant-defensiv. Eppelsheimer hob sich ab, ohne sich allzusehr zu exponieren. Die ersten Frankfurter Mitarbeiter kamen mit Vergangenheit, in der Regel aber ohne schwerwiegende Belastung im Nachkrieg an und fixierten sich auf die bibliothearische Routine (3). Im Speicher der Frankfurter Bibliothek landete wie in einem Spiegelsaal früher Nachkriegskultur bis 1949 in erster Line an, was der von den westlichen Alliierten lizensierte Publikationsmarkt an gedeckelter Meinungsvielfalt hergab, aber seit Gründung der Bundesrepublik wurde der Kultur- und Wissensspeicher pluraler (4). Bis deutlich in die 1950er Jahre hinein behielt die Deutsche Bibliothek ein massives Etatproblem, das sie erst löste, als vor allem Eppelsheimer den deutschdeutschen Gegensatz zur Deutschen Bücherei in Leipzig als Legitimationsspender und Fundraiser erster Güte entdeckte (5).

Wenn Eppelsheimer im konservativen Zunftkontext der späten 1940er Jahre die Bibliothek vorsichtig auf die »Demokratie« bezog und man sich, deutlich kantiger, in den 1950er Jahren auch schon mal als Kalter Kulturkrieger gab, profilierte sich die Deutsche Bibliothek am klarsten in den 1960er und frühen 1970er Jahren. Ihre gesellschaftspolitische Visitenkarte gaben die Frankfurter mit der Exilschriftensammlung ab. Hier rang man sich, schleppend flankiert von einem gewandelten politischen Diskurs über den NS in der westdeutschen Öffentlichkeit, zu einer Art Selbstpolitisierung in demokratischer Absicht durch (6). Per Musikarchiv expandierte man daneben erstmals auch in Richtung der populären Musikkultur in der westdeutschen Massendemokratie (7).

In diesem Sinne war das Bundesgesetz von 1969 keine vordergründige Konsolidierung. Die Bibliothek war inzwischen zumindest mehr in der Bundesrepublik angekommen als je zuvor (8). Die Planungseuphorien der 1960er Jahre verpassten die Frankfurter bis auf die durchschlagende Technifizierung ihrer Arbeitsverfahren dagegen knapp, bevor der Ernüchterungsschock seit den frühen 1970er Jahren ihre Erwartungen dämpfte. Weil man sich, wenn auch inzwischen auf unterschiedlichen Entwicklungsniveaus, vor ähnlichen Herausforderungen sah wie die Leipziger, und weil die Entspannungs- und Ostpolitik Rückenwind erzeugten wurde die deutsch-deutsche Konstellation wieder bedeutsamer (9), ohne dass man bis Ende der 1980er Jahre auch nur ansatzweise mit Wiedervereinigung und Bibliotheksfusion gerechnet hätte (10).

In die Darstellung eingeflossen sind aus dem reichen Arsenal von zeitgenössischen Dokumenten naturgemäß vor allem die Quellen, die versprechen, quer gelesen zur aktuellen historischen Forschung, die Leitfrage dieses Buches nach dem Ort der Deutschen Bibliothek in der Bundesrepublik zu beantworten. Es wird Seitenblicke auf andere Bibliotheken und auf Personal außerhalb des Frankfurter Orbits geben, um der Deutschen Bibliothek an zentralen Punkten die nötigen historischen Außenkonturen zu geben und ihre politischen Wirkräume zu erschließen. Einiges muss rechts und links der Strecke liegenbleiben, wenn es wegführt vom zentralen Argument. Um das zu entwickeln und zu belegen, arbeitet sich das Buch mal zu symptomatischen Momenten und Verdichtungen vor, mal bleibt es kursorischer, um die Sicht weg vom Einzelfall zu weiten.

Die Deutsche Nationalbibliothek hat die Studie ohne jede Einmischung großzügig gefördert und dankenswerterweise auch über die Corona-Phase hinweg kompromisslos unterstützt. Dass aus den Fördergeldern genau dieses Buch geworden ist, verantwortet allein die Autorin. Jörn Leonhard und Ulrich Herbert danke ich dafür, dass sich das Projekt sehr gut am Historischen Seminar der Universität Freiburg umsetzen ließ und Marius Rositzka dafür, dass er als Wissenschaftliche Hilfskraft von Anfang bis Ende verlässlich mitzog. Zahlreich Kolleginnen und Kollegen haben in Kolloquien und im Gespräch ihre Überlegungen zur Bibliothek mit mir geteilt und dem Buch so vorangeholfen. Hajo Gevers vom Wallstein Verlag hat den Band wohltuend entspannt und professionell betreut. Christof und Luise bin ich unter anderem dafür sehr verbunden, dass sie irgendwie mit mir durch die Manuskriptphase gekommen sind.

1. Gnade der späten Geburt?

Frankfurter Buchwelten vor 1945

Die Deutsche Bibliothek entstand 1946 als Provisorium. Sie war als westlicher Zweig der Deutschen Bücherei in Leipzig auf Zeit gedacht, solange die westlichen Besatzungszonen von der östlichen zunehmend separiert schienen. Der Bibliotheksneuling musste sich dennoch im westdeutschen Nachkrieg positionieren. Dazu blieb ihm in jeder Hinsicht wenig Raum: Anfangs fand die Deutsche Bibliothek behelfsmäßig Unterschlupf in einem Trakt der kriegsversehrten Frankfurter Rothschild-Bibliothek am Untermainkai.

Institutionell gesehen blieb die Deutsche Bibliothek immer ein separater Gast im Rothschild-Haus. Ihre bibliothekarische und kulturpolitische Mission leitete sich nie von dort her, sondern von der Leipziger Deutschen Bücherei. Gleichzeitig behielt die Deutsche Bibliothek zum Rothschild-Haus in ihrer ersten Dekade eine für die Nachkriegszeit symptomatisch enge Bindung. Dass sie hier symbolisch eingebettet war, entsprang der Nachkriegsnot. Aber die beiden Häuser waren eben auch verklammert. Denn mit Hanns W. Eppelsheimer stand der traditionsreichen Stadt- und Universitätsbibliothek Frankfurt, die ebenfalls im Rothschild-Haus Notquartier nahm,[1] und der neu gegründeten Deutschen Bibliothek ein gemeinsamer Rektor vor. Eppelsheimer, nach 1945 letztlich über alle Zweifel an seiner politischen Integrität erhaben, ließ also über lange Nachkriegsjahre hinweg von Anfang Januar 1947 bis Ende Oktober 1958 gleichzeitig die Frankfurter Stadt- und Universitätsbibliothek im Nachkrieg ankommen und zeichnete für die parallele Neugründung der Deutschen Bibliothek verantwortlich. Eppelsheimer selber trennte die Belange beider Häuser in der Regel strikt.

Das Rothschild-Haus zeugte davon, wie üppig die Frankfurter Bibliothekslandschaft vor 1945 gediehen war. Die private Bibliothek der jüdischen Stifterfamilie Rothschild, schon Ende der 1880er Jahre gegründet, war 1928 als Abteilung im funktionalen Verbund der Städtischen und Universitätsbibliotheken

---

[1] Jochen Stollberg (Red.), Die Rothschild'sche Bibliothek in Frankfurt am Main, Frankfurt a. M. 1988; Klaus-Dieter Lehmann (Hg.), Bibliotheca Publica Francofurtensis: 500 Jahre Stadt- u. Universitätsbibliothek (Textband), Frankfurt am Main, Frankfurt a. M. 1984.

Frankfurt aufgegangen. Man hatte sie kommunalisiert, um ihren Bestand durch die Inflationsjahre zu retten. Zugleich konnte die Frankfurter Stadtverwaltung so die versprengte Frankfurter Bibliothekslandschaft stärker zusammenbinden.[2] Mit Richard Oehler (1878-1948) stand der Direktor der Städtischen und Universitätsbibliotheken auch an der Spitze der Rothschild-Bibliothek. Symptom für den starken Frankfurter Standort war Oehler damit, eingerechnet die Rothschild'schen Bestände, 1930 Sachwalter über etwa 957.000 Publikationen in fünf Frankfurter Bibliotheken, davon bis 1930 deutlich über 600.000 Bände allein in der wissenschaftlichen Stadtbibliothek. Gemessen an ihrem Bestandsvolumen lagen Oehlers Frankfurter Häuser im damaligen Reichsdurchschnitt, wenn auch mit deutlichem Abstand, auf dem dritten Platz hinter der Staatsbibliothek Berlin mit zeitgleich etwa 2,4 Tausend Bänden und der Staatsbibliothek München mit 1,7 Tausend Bänden. Auch mit ihren über 80 Mitarbeitern schlossen sie zu den größten deutschen Universitätsbibliotheken auf.[3]

Der Regimewechsel zur NS-Diktatur im April 1933 hatte auf die Frankfurter Bibliotheksebene genauso wie in ganz Deutschland zügig durchgeschlagen.[4] Das lag auch unmittelbar am kommunalpolitischen Umfeld. Die Frankfurter Nationalsozialisten waren bisweilen übereifrig. Der systemkonforme Frankfurter Oberbürgermeister und Jurist Friedrich Krebs[5] griff der antisemitischen Ge-

---

2 Michael Lenarz, Das Rothschild-Palais. Ein jüdischer Ort im 19. und 20. Jahrhundert, in: Mirjam Wenzel, Sabine Kößling, Fritz Backhaus (Hgg.), Jüdisches Frankfurt. Von der Aufklärung bis zur Gegenwart, München 2020, S. 48-55; Franz Fischer, Die Freiherrlich Carl von Rothschildsche Bibliothek (Bibliothek für neuere Sprachen und Musik) 1928-1945, in: Die Rothschild'sche Bibliothek in Frankfurt am Main, Frankfurt a.M. 1988, S. 68-100; Rachel Heuberger, Die Familie Rothschild in Frankfurt am Main als Mäzene par excellence – Das Beispiel zweier unterschiedlicher Bibliothekstypen, in: Koordinierungsstelle für Kulturgutverluste Magdeburg (Hg.), Sammeln. Stiften. Fördern. Jüdische Mäzene in der deutschen Gesellschaft, Magdeburg 2008, S. 197-222.

3 Hartmut Schäfer, Die Stadtbibliothek von 1884-1942, in: Lehmann, Bibliotheca Publica, S. 119-204, hier S. 135-140.

4 Manfred Komorowski, Peter Vodosek (Hgg.), Bibliotheken während des Nationalsozialismus I, Wiesbaden 1989; Hans-Gerd Happel, Das wissenschaftliche Bibliothekswesen im Nationalsozialismus unter besonderer Berücksichtigung der Universitätsbibliotheken, München u.a. 1989; Ulrich Hohoff, Wissenschaftliche Bibliothekarinnen und Bibliothekare als Opfer der NS-Diktatur. Eine Übersicht über 250 Lebensläufe seit dem Jahr 1933. Teil 1: Die Entlassungen, in: o-bib 2.2 (2015), S. 1-32 http://dx.doi.org/10.5282/o-bib/2015H2S1-32; Enderle, Kontinuität.

5 Friedrich Krebs, Frankfurt am Main, die Stadt des deutschen Handwerks und ihre Leistungen seit der nationalen Erhebung (Haushaltsrede des Oberbürgermeisters und preuß. Staatsr., geh. am 24. Febr. 1937), Frankfurt 1937; Heike Drummer, Friedrich Krebs, Nationalsozialistischer Oberbürgermeister in Frankfurt am Main; Rekonstruktion eines politischen Lebens, in: Hessisches Jahrbuch für Landesgeschichte

setzgebung, die schnell reichsweit gelten sollte, sogar vor: Noch bevor das sogenannte »Gesetz zur Wiederherstellung des Berufsbeamtentums« vom 7. April
1933 die Steilvorlage dafür bot, jüdisches und politisch missliebiges Personal aus
dem öffentlichen Dienst zu entlassen, begann Krebs bereits, mit einer entsprechenden Verordnung vom 28. März des Jahres, jüdische Beamte und Angestellte
aus dem städtischen Dienst in Frankfurt zu entfernen.[6] So rückte die Frankfurter
Bibliothekslandschaft zügig mit nach rechts.

Auch Bibliotheksdirektor Oehler positionierte sich an der Spitze der Städtischen und Universitätsbibliothek nach 1933 regimekonform und relegierte alle
Mitarbeiter, denen man eine sogenannte jüdische oder halbjüdische Abstam-
mung vorhielt.[7] Oehlers Elan mochte ein gutes Stück weit revanchistischen Af-
fekten geschuldet sein: Zwischen 1920 und 1925 hatte er nämlich eine besondere
Buchmission begleitet. Gemäß Versailler Vertrag war er beauftragt, als Staats-
kommissar für die Wiederherstellung der Universitätsbibliothek Löwen deren
Bestände wiederaufzubauen.[8] Deutsches Militär hatte die reichen Bibliotheks-
schätze im August 1914 niedergebrannt. In der antideutschen Propaganda der
Ententestaaten galt die Bibliothekszerstörung noch lange über das Ende des Ersten Weltkrieges hinaus als Zeichen für ein enthemmtes deutsches Barbarentum.
Deshalb setzten die ehemaligen Alliierten nach 1918 die Löwener Bibliothek
demonstrativ vor allem mit US-amerikanischen Spendengeldern wieder instand.
Die Deutschen verpflichteten sie, den zerstörten Buchschatz als Hort westlicher Zivilisation wiederzubeschaffen.[9] Letztlich ging es um ein internationales
Großprojekt der Rekonstruktion. Aber Oehler hatte sich, auch wenn man sich
taktisch zurückhielt, in Löwen kulturpolitische Sühnearbeit verrichten sehen.[10]

42 (1992), S. 219-253; Monica Kingreen, Raubzüge einer Stadtverwaltung. Frankfurt
  am Main und die Aneignung »jüdischen Besitzes«, in: Armin Nolzen, Wolf Gruner
  (Hgg.), Bürokratien, Initiative und Effizienz, Berlin 2001, S. 17-50.

6 Bettina Tüffers, Der Braune Magistrat. Personalstruktur und Machtverhältnisse in
  der Frankfurter Stadtregierung 1933-1945, Frankfurt a. M. 2004.

7 Hans Richter, Die Bibliographierung des nationalsozialistischen Schrifttums, in:
  Börsenblatt für den Deutschen Buchhandel 100.127 vom 3.6.1933, S. 401; Happel,
  Bibliothekswesen, S. 51-54.

8 Personalnachrichten, in: Börsenblatt für den Deutschen Buchhandel 105.50 vom
  1.3.1938, S. 171.

9 Wolfgang Schivelbusch, Eine Ruine im Krieg der Geister. Die Bibliothek von Löwen August 1914 bis Mai 1940, München, Wien 1988, S. 61-92; Helke Rausch, Akademische Vernetzung als politische Intervention in Europa. Internationalismus-
  Strategien US-amerikanischer Stiftungen in den 1920er Jahren, in: Jahrbuch für
  Universitätsgeschichte 18 (2015), 165-188, hier S. 178-189.

10 Richard Oehler, Drei Jahre bibliothekarischer Kriegsarbeit in Belgien, in: Zentralblatt für Bibliothekswesen 35 (1918), 154-163; Alfons Maria Arns, Oehler, Richard,

Der Machtwechsel von 1933 gab Oehler als Bibliotheksleiter in Frankfurt eine andere Rolle. Er musste jetzt nicht mehr für den deutschen Kriegsschuldigen die Buchkultur des ehemaligen belgischen Feindstaates restituieren, sondern in Frankfurt Buchbestände für eine triumphale »deutsche Kultur« sammeln, aus der alles Jüdische herausdefiniert würde.[11] Zu den bibliothekarischen Opfern dieser Haltung zählte unter anderem der Bibliotheksrat der Frankfurter Stadtbibliothek, Edgar Breitenbach (1903-1977), der sich, in Frankfurt zwangssuspendiert, über Zwischenstationen in Basel und London ins amerikanische Exil absetzen musste.[12] Auf gleichem Weg wurden der langjährige jüdische Bibliothekar, Leiter der Hebraica- und Judaica-Sammlung und Mitglied im Vorstand der Israelitischen Gemeinde in Frankfurt, Aron Freimann (1871-1948), mit Hausverbot belegt und in den Ruhestand zwangsversetzt. Freimann floh vor den Drangsalierungen 1938 in die USA.[13] Genauso zwangen die Frankfurter Nationalsozialisten den promovierten Historiker, altgedienten Bibliothekar und zwischenzeitlich kommissarischen Direktor der Rothschild-Bibliothek Otto Schiff in den Ruhestand.[14] Seit Erlass der sogenannten Nürnberger Rassegesetze 1935 spitzte sich die Lage noch einmal zu. Inzwischen richtete sich die NS-»Säuberungs«-Kampagne auch gegen Juden, die als Veteranen des Ersten Weltkriegs bis dahin noch öffentliche Ämter bekleiden durften. So relegierte man 1935 den Bibliothekar und Romanisten Ulrich Leo, der seit 1938 über Zwischenstationen in Venezuela und den USA nach Kanada emigrierte.[15] 1937 entließen die NS-Behörden mit Walter Schürmeyer (1889-1976) »aus politischen Gründen« einen weiteren

in: Frankfurter Personenlexikon (Onlineausgabe), https://frankfurter-personenlexikon.de/node/5046.

11 Richard Oehler (Hg.), Führer durch die kulturellen Einrichtungen der Stadt Frankfurt, Frankfurt a.M. 1937; Arns, Oehler.

12 Cornelia Briel, Beschlagnahmt, erpresst, erbeutet: NS-Raubgut, Reichstauschstelle und Preußische Staatsbibliothek zwischen 1933 und 1945, Berlin 2013, S. 44; Anna Bohn, »Innerlich frischer und wachstumsfähiger Nachwuchs«. Aby Warburg, Edgar Breitenbach und die Netzwerke zu Beginn einer Bibliothekskarriere in der späten Weimarer Republik, in: Bibliothek – Forschung und Praxis 44.2 (2020), S. 250-271.

13 Rachel Heuberger, Aron Freimann und die Wissenschaft des Judentums, Tübingen 2004, S. 80-81; Hartmut Schäfer, Die Stadtbibliothek von 1884-1942, in: Lehmann, Bibliotheca Publica, S. 119-204, hier S. 176.

14 Otto Schiff, Frankfurter Bibliothekenführer: Kleine Ausgabe. Die elf wichtigsten Bibliotheken von Frankfurt a.M., Frankfurt a.M. 1913; ders., Schlagwort-Register zum Realkatalog. Freiherrlich C. von Rothschildsche öffentliche Bibliothek Frankfurt a.M., Frankfurt a.M. 1926. Im Lexikon der wissenschaftlichen Bibliothekare hat Schiff keinen Eintrag, vgl. aber Hohoff, Bibliothekarinnen, Teil 1, S. 5.

15 Alexandra Habermann, Reiner Klemmt, Frauke Siefkes (Bearb.), Lexikon deutscher wissenschaftlicher Bibliothekare 1925-1980, Frankfurt a.M. 1985, S. 191.

2Direktor aus der Gesamtverwaltung der Frankfurter Bibliotheken.[16] Zahlen-mäßig mochte der erzwungene Mitarbeiterschwund in den Frankfurter Städti-schen und Universitätsbibliotheken kaum auffallen, zumal in der Regel auf die frei gewordenen Posten gleich systemkonformes Personal nachrückte. Zwischen 1930 und 1942 verlor man sechs Mitarbeiter, blieb aber mit einem Gesamtstand von 77 Arbeitskräften zeitgenössisch auf Augenhöhe mit so großen Universi-tätsbibliotheken wie der in Berlin.[17]

Der gewaltsame Schwund jüdischer Bibliothekare an der Stadt- und Univer-sitätsbibliothek Frankfurt war allerdings paradigmatisch. Zum Zeitpunkt der sogenanten Machtergreifung 1933 waren rund 100 jüdische Bibliothekare in Deutschland tätig, davon 73 Männer und 23 Frauen, etwa Dreiviertel von ihnen promovierte Wissenschaftler. Mehr als die Hälfte aller jüdischen Bibliothekare waren in wissenschaftlichen Einrichtungen beschäftigt gewesen und nur etwa 10 Prozent an öffentlichen Bibliotheken, die übrigen eher an Bibliotheken der isra-elitischen Kultusgemeinden. Das sogenannte Beamtengesetz vom 7. April 1933 belegte fast 60 Prozent aller jüdischen Bibliothekare mit Berufsverbot und trieb etwa die Hälfte von ihnen bis 1935 bevorzugt ins US-amerikanische Exil, nach Palästina oder Großbritannien, von wo maximal 20 Prozent nach 1945 wieder zurückkehren sollten.[18] Spätestens bis 1938 griff für die, die Deutschland bis da-hin nicht verlassen hatten, die immer rabiatere Verfolgungs- und zuletzt Ver-nichtungspolitik des NS.[19]

Damit war die Frankfurter Entwicklung durchaus repräsentativ für die Dis-kriminierungspolitik, die NS-Stellen auch sonst zwischen 1933 und 1945 gegen jüdische Menschen oder politisch Missliebige richteten. Man drangsalierte sie ge-nauso in der nahen Frankfurter Stadtverwaltung[20] wie landesweit und in anderen Bibliotheken. Auch an der Preußischen Staatsbibliothek beispielsweise setzte man jüdischen Mitarbeitern schon seit Februar 1933 zu und relegierte knapp fünf Prozent der Belegschaft.[21] Wo immer erklärte Feinde des NS und insbesondere

16 Eppelsheimer, Walter Schürmeyer 60 Jahre alt, in: Nachrichten für wissenschaft-liche Bibliotheken 2.11 (1949), S. 163-164.

17 Schäfer, Die Stadtbibliothek, S. 145; Heuberger, Freimann, S. 86.

18 Alwin Müller-Jerina, Zwischen Ausgrenzung und Vernichtung. Jüdische Bibliothe-kare im Dritten Reich, in: Komorowski, Vodosek, Bibliotheken, Teil 2, S. 227-242, hier S. 242.

19 Ebd., S. 229, 231, 234-235, 237.

20 Michael Bermejo, Die Opfer der Diktatur. Frankfurter Stadtverordnete und Magis-tratsmitglieder als Verfolgte des NS-Staates, Frankfurt a.M. 2006.

21 Klaus G. Saur, Diskriminierung, Verfolgung und Exil unter den Bibliothekarin-nen und Bibliothekaren der Preußischen Staatsbibliothek, in: Klaus G. Saur, Mar-tin Hollender (Hgg.), Selbstbehauptung – Anpassung – Gleichschaltung – Ver-strickung. Die Preußische Staatsbibliothek und das deutsche Bibliothekswesen 1933-1945, Frankfurt a.M. 2014, S. 151-158.

Juden auch andernorts im NS-Deutschland aus dem Bibliotheksdienst entfernt wurden, schien das Ergebnis für die Drangsalierten gleich. Sie verloren, von allem sonstigen alltäglichen Diffamierungsdruck ganz abgesehen, jede ökonomische Basis für ein Leben im Land. Dabei bekam die Geschichte der verfemten Bibliothekare fast so viele individuelle Gesichter und Verläufe, wie es Verfolgte gab. Weder verfuhren die nazifizierten Bibliotheken und selbstnazifzierten Bibliothekare und Behörden quer durch Deutschland immer gleich, noch nahm das Berufsverbot für die Entlassenen anschließend strukturell gleiche Lebensläufe vorweg. Teils beugten sich Bibliotheksdirektoren und andere Vorgesetzte, Parteimitglieder oder nicht, dem Druck der Nationalsozialisten, teils gaben sie ihm nur allzu gerne nach oder halfen – wie im Fall der Frankfurter Städtischen und Universitätsbibliotheken – in vorauseilendem Eifer mit, die Bibliothek zu »säubern«. Die ausgegrenzten Bibliothekare wiederum drohten teils an den Diffamierungen und Entrechtungen zu zerbrechen, teils konnten sie sich allein oder mit Unterstützernetzwerken auf unterschiedlichsten Kanälen und mit Zwischenstationen ins westeuropäische Ausland oder die USA ins Exil retten. Weit mehr als die knapp 250 Biographien verfolgter deutschsprachiger Bibliothekare, die sich bisher rekonstruieren lassen, hinterließen keine Spuren. Einige absolvierten im Exil noch Karrieren, darunter auch in Palästina, ganz wenige sollten nach Kriegsende 1945 remigrieren.[22] Die vielen Verfolgungsgeschichten der Bibliothekare unterschieden sich von Ort zu Ort, von Bibliothek zu Bibliothek, aber nirgendwo blieben Verfolgte geschützt oder ließen Verfolger ab. So lagen die Frankfurter Städtischen und Universitätsbibliotheken zwischen 1933 und 1945 in einem trüben Trend.

Immer offenbarte dies aber, was sich auch in Frankfurt abzeichnete: dass es nach 1933 in deutschen Bibliotheken für die, die dort arbeiteten, genauso wie für die, denen das verwehrt war, keine bibliothekarischen Nischen gab, in denen sich unbehelligt vom NS bürokratisch-geschäftig weitersammeln, weiterverzeichnen und weitererwerben ließ.

Nun drangsalierten nationalsozialistische Funktionsträger seit der Machtergreifung in Frankfurt wie in ganz Deutschland nicht nur potenzielle Regimegegner und rassisch Unerwünschte. Der NS-Furor richtete sich von Beginn an auch gegen deren materielles und geistiges Eigentum. So ließ der Frankfurter NS-Studentenbund im Frühjahr 1933 »jüdisches«, »marxistisches« oder »bolschewistisches« Schrifttum im Hauptgebäude der Universität sammeln, um die Frankfurter Bibliotheken von »undeutscher Kultur« zu »säubern«. Mit den theatralisch

---

22 Felicitas Grützmann, Jüdische Bibliophilie und deutscher Ordnungssinn. Der Beitrag deutsch-jüdischer Emigranten zum Aufbau eines Archiv- und Bibliothekswesens in Palästina/Israel, in: Elke-Vera Kotowski (Hg.), Das Kulturerbe deutschsprachiger Juden: Eine Spurensuche in den Ursprungs-, Transit- und Emigrationsländern, Berlin, München, Boston 2015, S. 328-336.

inszenierten Bücherverbrennungen vom 10. Mai 1933 auf dem Frankfurter Römerberg mitten im Stadtzentrum diente sich – nicht anders als im gesamten Reich – die organisierte Studentenschaft mit martialischem Gestus dem neuen Regime an.[23] Besonders öffentliche Volksbüchereien und ihre Bestände gerieten ins Visier. Sie wurden geplündert und ideologisch stromlinienförmig bestückt. Ihre Bestände überwachte seit 1935 eine Reichsstelle für volkstümliches Büchereiwesen zentral.[24] Was sich nach 1945 als massiver bibliothekarischer Flurschaden herausstellte, sollte Hanns Wilhelm Eppelsheimer übrigens nach Kriegsende miterben, als er zum 1. Januar 1946 Direktor nicht nur der Städtischen und Universitätsbibliotheken, sondern auch der Volksbüchereien und wenig später eben auch der dann neu gegründeten Deutschen Bibliothek wurde.[25]

Zu solchen Fanalen für den Anti-Intellektualismus des NS kamen andere. Die Frankfurter Bücher brannten im gleichen Frühjahr, in dem sich die deutsche Sektion des PEN-Clubs im April 1933 selbst gleichschaltete und der Schriftstellerverband sich mit einer übereifrigen Indexpolitik auf die »völkische« Ideologie des NS verpflichtete. Auch war die Bücherasche in Frankfurt noch nicht zerstoben, als der Börsenverein der deutschen Buchhändler tags darauf, am 11. Mai 1933, den Buchhandel per Vorstandserlass dazu anhielt, »rassenfremde« Literatur auf »Schwarze Listen« zu setzen. Er half mit, die Kampagne der Buchaussonderung in Buchhandlungen und Bibliotheken weit über das inszenierte Autodafé hinaus zu verlängern.[26]

23 Lutz Becht, Frankfurt, in: Julius H. Schoeps, Werner Treß (Hgg.), Orte der Bücherverbrennungen in Deutschland 1933, Hildesheim, Zürich 2008, S. 335-350; Notker Hammerstein, Die Johann Wolfgang Goethe-Universität Frankfurt am Main Bd. 1, Neuwied, Frankfurt a.M. 1989, S. 274-277; Jan-Pieter Barbian, Literaturpolitik im NS-Staat: von der Gleichschaltung bis zum Ruin, Frankfurt a.M. 2010, S. 54-59; Richard Pohlmann, Erfüllungsgehilfen? Die Rolle der Bibliotheken im Rahmen der Bücherverbrennungen 1933, in: Perspektive Bibliothek, 1.2 (2012), S. 193-221; Richard Ovenden, Burning the Books. A History of Knowledge under Attack, London 2020; Mark Glickman, Stolen Words, The Nazi Plunder of Jewish Books, Philadelphia 2016.

24 Gunzelin Schmid Noerr, Frankfurter Geschichten 1933 – Aus den Akten eines Gleichschalters: das Institut für Sozialforschung und die Frankfurter Volksbüchereien als Horte der »jüdisch-marxistischen Zersetzung«, in: Leviathan. Zeitschrift für Sozialwissenschaft 23.1 (1995), S. 13-26; Peter Vodosek, Volksbibliothekare im Nationalsozialismus in Darstellungen und Selbstzeugnissen, in: Kuttner, Vodosek, Volksbibliothekare, S. 11-36.

25 Vgl. Kapitel 3.

26 Klaus Schönhoven, Fanal der Barbarei: die Bücherverbrennung im Mai 1933, Heidelberg 2003, S. 19-20; Stefanie Endlich, »Vernichtung«, »Giftschrank«, »zweifelhafte Fälle«: Vorgeschichte und Folgen der Bücherverbrennung für jüdische Autoren, Verleger, Buchhändler und Bibliothekare, Berlin 2007; Julius H. Schoeps, Werner Treß (Hgg.), Verfemt und verboten: Vorgeschichte und Folgen der Bücher-

Die NS-Zensur kannte viele Varianten. In Frankfurt durchkämmten, wie im gesamten Reich, NS-Dienststellen die Einrichtung linker Parteien, Gewerkschaften und jüdischer und anderer Religionsgemeinschaften oder private Buchsammlungen und horteten nach Belieben.[27] Zu den Profiteuren gehörten mitunter die auf Linie gebrachten beziehungsweise kooperationswilligen wissenschaftlichen Bibliotheken. Denn dort als jüdisch und kommunistisch oder marxistisch qualifizierte Literatur wurde nicht vernichtet. Stattdessen ließen die Nationalsozialisten solche Bestände oft separat einlagern und entzogen sie dem öffentlichen Zugriff. Was als Buchwissen der rassischen und politischen Feinde galt, sollte zur ideologischen Feindanalyse gehortet werden. Auch die zu diesem Zeitpunkt mindestens europaweit bedeutendste Judaica- und Hebraica-Sammlung der Frankfurter Städtischen und Universitätsbibliotheken mit etwa 40.000 Bänden wurde separiert und Anfang 1937 gesperrt. Zerstört wurde sie nicht. Sie blieb mit Ausnahme der Kriegsverluste unangetastet.[28] Daneben gelangte kurzzeitig auch der Buchbestand des Instituts für Sozialforschung in die Rothschild'sche Bibliothek.[29] So bediente man sich gängigen NS-Vokabulars und arbeitete den schnell perfektionierten NS-Routinen des Buchraubs zu.[30]

So viele Buchbestände also dem Vernichtungswahn der Bücherverbrenner zum Opfer fielen, so viele andere verdankten dem nationalsozialistischen Kalkül ironischerweise ihre Bewahrung. Der Frankfurter Fall erschien allerdings als Ausnahme. In ganz Europa jagten die Nationalsozialisten hinter etwa vier Millionen Bänden an Judaica und Hebraica her, von denen, konservativ geschätzt, mindestens die Hälfte bis Kriegsende zerstört worden sein dürfte.[31] Dass es

verbrennungen 1933, Hildesheim, Zürich 2010; Werner Treß (Hg.), »Wider den undeutschen Geist«. Bücherverbrennung 1933, Berlin 2003, S. 167-170.

27 Briel, Beschlagnahmt; Barbian, Literaturpolitik, S. 60-66.

28 Heuberger, Freimann, S. 92-95; Schäfer, Stadtbibliothek, S. 142.

29 Fischer, Rothschildsche Bibliothek, S. 82.

30 Schmid Noerr, Geschichten; Briel, Beschlagnahmt, S. 193; Zarin Aschrafi, Jörg Später, Knotenpunkt Offenbach. Oskar Negt, Detlev Claussen, Dan Diner und das Denken nach Auschwitz, in: Mittelweg 36. Zeitschrift des Hamburger Instituts für Sozialforschung 30.3 (2021), S. 41-64.

31 Dov Schidorsky, Das Schicksal jüdischer Bibliotheken im Dritten Reich, in: Vodosek, Komorowski, Bibliotheken, Teil 2, S. 189-222; hier S. 190-191; 210; Markus Kirchhoff, Looted Texts: Restituting Jewish Libraries, in: Dan Diner, Gotthart Wunberg (Hgg.), Restitution and Memory: Material Restoration in Europe, New York, Oxford 2007, S. 161-188; The Commission on European Jewish Cultural Reconstruction, Tentative List of Jewish Cultural Treasures in Axis-Occupied Countries, in: Jewish Social Studies 8.1 (1946), S. 1-103; The Commission on European Jewish Cultural Reconstruction, Addenda and Corrigenda to Tentative List of Jewish Cultural Treasures in Axis-Occupied Countries (Supplement to Jewish Social Studies, VIII.1, 1946), in: Jewish Social Studies 10.1 (1948), S. 1-16.

einer Gruppe von Juden im lettischen Vilnius Anfang der 1940er Jahre gelang, am doppelten Vernichtungsfuror erst der Nationalsozialisten und dann der So-wjets vorbei größere jüdische Buchbestände in Sicherheit zu bringen, blieb eine eindrückliche Ausnahme.[32]

In der Frankfurter Bibliothekslandschaft liefen bis 1945 viele nationalsozialis-tische Fäden zusammen. Die Judaica und Hebraica in der Frankfurter Stadt- und Universitätsbibliothek wirkten regelrecht als Magnet für die wissenschaftliche NS-Feind-Propaganda. Sie lockten Alfred Rosenbergs »Institut zur Erforschung der Judenfrage« mit ihrem gewaltsam zusammengeplünderten Beutebestand von etwa 360.000 Bänden im März 1941 nach Frankfurt.[33] Das Institut stand ähn-lich wie zahlreiche andere NS-Gründungen, allen voran das Berliner »Institut zum Studium der Judenfrage« von 1935 oder das 1936 gegründete »Reichsin-stitut für Geschichte des neuen Deutschlands« in München, für eine vom NS forcierte Buch-gestützte sogenannte »Judenforschung«: NS-affine Geistes-, So-zial- und Kulturwissenschaftler erforschten die rassistisch als »Judentum« um-grenzte »Feindpopulation« unter konsequent antisemitischen Vorzeichen. So sollten und wollten sie mithelfen, den immer gewalttätigeren Antisemitismus des NS propagandistisch zu rechtfertigen. Am Bücher-Standort Frankfurt wurde in den 1940er Jahren die ganze Paradoxie dieses Unterfangens anschaulich. Man begründete die Raubzüge durch den privaten Buchbesitz von Emigranten und durch die Buchvorräte jüdischer Einrichtungen einschlägig und eingängig. Zum einen war man demzufolge hinter einem weltverschwörerisch-gefährlichen, in-tellektuell perfiden Judentum her. Zum anderen galten jüdische Buchkultur und das Wissen, das sie barg, als nichtig. Eigentlich widersprachen sich beide Affekte: Jüdische Bücher erschienen als eine Art monströse Makulatur. Die geraubten Bücher hortete das Frankfurter »Institut zur Erforschung der Judenfrage« halb alarmiert von ihrem geistigen Gewicht und halb bemüht, sie als wertlos aus der Geschichte auszusondern, wie man die Juden selbst zu vernichten trachtete.[34]

Es gab seit 1933 intellektuelle und dezidiert wissenschaftliche Konter gegen solche »Judenforschung«, gegen die Denkfiguren und Vorannahmen deutscher und weltweiter Antisemiten.[35] Aber dass jüdische Intellektuelle vom Exil in den USA aus den Komplex der Judenfeindschaft wissenschaftlich zu untersuchen begannen und darüber Bücher schrieben, blieb im NS-Deutschland naturgemäß

32 David E. Fishman, The Book Smugglers: Partisans, Poets, and the Race to Save Jew-ish Treasures from the Nazis, Lebanon, N.H. 2017.

33 Schäfer, Stadtbibliothek, S. 142, 173, 176-177.

34 Dirk Rupnow, Judenforschung im Dritten Reich. Wissenschaft zwischen Politik, Propaganda und Ideologie, Baden-Baden 2011, S. 85-100.

35 Elisabeth Gallas, Theoriebildung und Abwehrkampf während der Katastrophe. Es-says on Antisemitism, New York 1942, in: Hans-Joachim Hahn, Olaf Kistenmacher (Hgg.), Beschreibungsversuche der Judenfeindschaft: Zur Geschichte der Antisemi-tismusforschung vor 1944, Berlin 2015, S. 404-425.

mißachtet. In Deutschland und Frankfurt konnte unterdessen Anfang der 1940er Jahre kein nationalsozialistischer Bücherplünderer und kein »Judenforscher« ahnen, dass ausgerechnet die NS-Strategie, jüdische Bücher und Bibliotheken zur Feindforschung in Rosenbergs Frankfurter Institut und in der Frankfurter Städtischen und Universitätsbibliotheken einzulagern, zumindest das jüdische Buchwissen der Frankfurter Hebraica und Judaica über das Kriegsende hinaus sichern sollte.

Die Separierungstaktik der NS-Dienststellen bewahrte aber nicht automatisch politisch missliebiges Buchwissen. Gekaperte Bestände wurden auch immer wieder auseinandergerissen. Nachdem die Nationalsozialisten das als »staatsfeindlich« deklarierte linksintellektuelle Institut für Sozialforschung in Frankfurt am 13. März 1933 geschlossen hatten, konnten sich zwar die meisten seiner international namhaften Mitarbeiter wie Max Horkheimer und Theodor Adorno samt Stiftungsvermögen und Geschäftsstelle 1934 an die New Yorker Columbia Universität ins Exil absetzen.[36] Anders als im Falle der Frankfurter Hebraica und Judaica trug Oehler nun aber handgreiflich dazu bei, dass die konfiszierte Instituts-Bibliothek weiter versprengt wurde. Vermeintlich »unbedenkliches« Schrifttum teilte er diversen Instituten der Universität Frankfurt zu. Anfang 1937 wurden die bis dahin womöglich schon um die Hälfte reduzierten Teile des Bestands in der Berliner Staatsbibliothek eingelagert oder von der Zentralbibliothek des Sicherheitsdienstes der SS in München und später Berlin beansprucht, die mit der Staatsbibliothek um Raubgut konkurrierte.[37] Im Blick auf die Bibliothek des Instituts für Sozialforschung zeigt sich beispielhaft, wie eng auch die Bibliothekare der Frankfurter Stadt- und Universitätsbibliothek bei alledem in einen routinierten Kreislauf von Enteignung, politisch definierter Selektion legitimen Wissens und Selbstversorgungspolitik Frankfurter und anderer deutscher Bibliothekare im NS verstrickt waren.

Bereicherung gehörte nach 1933 zum bibliothekarischen Frankfurter Tagesgeschäft. Gemeinsam mit den Städtischen und Universitätsbibliotheken bekam die ehemalige Rothschild-Bibliothek unter anderem auch zwangsenteignete Bücher aus Privatbesitz. Darunter fielen sogenannte »Schenkungen« etwa aus dem Bestand des seit 1785 über viele Generationen hinweg in Frankfurt ansässigen Antiquariats Joseph Abraham Baer & Co.[38] Lange Jahre hatte die Frankfurter Stadtbibliothek von Antiquariatsinhaber Edwin Baer vor allem ausländische wissenschaftliche Literatur erworben. Typisch für die rassistische NS-Kultur- und Literaturpolitik schränkten die NS-Behörden seit dem »Machtwechsel« vom Januar 1933 die Importgeschäfte des jüdischen Antiquars abrupt ein und

36 Rolf Wiggershaus, Die Frankfurter Schule, München, Wien 1986.
37 Michaela Scheibe, Vernichtung durch Verteilung: Zum Schicksal geraubter Büchersammlungen, in: Saur, Hollender, Selbstbehauptung, S. 219-235, hier S. 227-228.
38 Fischer, Rothschild-Bibliothek, S. 82 ohne weitere Information zum Antiquariat.

untersagten den Frankfurter Bibliotheken, Bücher von Baer zu beziehen. Den Antiquariatsinhabern schoben sie angebliche Devisendelikte unter, um sie zu kriminalisieren. Als Baer vor Boykott und Schikanen Ende 1933 nach Genf floh, griffen staatliche NS-Behörden und parteiamtliche Dienststellen zu. Bis Sommer 1934 schlossen sie Baer aus dem selbst gleichgeschalteten Börsenverein der Deutschen Buchhändler aus und liquidierten die Traditionsfirma.[39] Davon profitierten neben der Frankfurter Buchhandlung F. B. Auffahrt, die große Antiquariatsanteile erwarb, auch einige kleinere nichtjüdische Antiquariate.[40] Die Städtische und Universitätsbibliothek Frankfurt profitierte 1934 ebenfalls, als sie wohl bis zu 100.000 Bände aus dem enteigneten Antiquariatsbestand Baer übernahm.[41] Diffamierungen und Zwangsenteignungen jüdischer Antiquare waren seit 1933 in NS-Deutschland und spätestens ab 1938 im zwangsangeschlossenen Österreich Legion.[42] Im genannten Fall und wohl auch in anderen Fällen schrieb sich die Unrechtsgeschichte des NS unmittelbar in den Bestand der Frankfurter Bibliotheken ein.[43]

An der Hatz auf jüdisches Buchgut als willkommener Sekundäreffekt der Judenverfolgung und -ermordung beteiligte man sich wie überall auch in Frank-

39 Werner Schroeder, Die ›Arisierung‹ jüdischer Antiquariate zwischen 1933 und 1942, in: Aus dem Antiquariat N.F. 7.5 (2009), S. 295-320, hier S. 300; Frank Bajohr, »Arisierung« und wirtschaftliche Existenzvernichtung im Nationalsozialismus, in: Andrea Bambi, Axel Drecoll (Hgg.), Alfred Flechtheim, Raubkunst und Restitution, Berlin, München, Boston 2015, S. 29-36.

40 Schroeder, Arisierung; Heuberger, Freimann, S. 84 mit Anm. 156; Börsenblatt für den Deutschen Buchhandel 15 (16.08. 1934), Umschlagseite; Ernst Fischer, Verleger, Buchhändler und Antiquare aus Deutschland und Österreich in der Emigration nach 1933. Ein biographisches Handbuch, Stuttgart 2011, S. 29-30; Bernhard Koßmann, Die Bestandsentwicklung 1943-1984, in: Lehmann, Bibliotheca Publica, S. 283-326, hier S. 295; Fischer, Rothschild-Bibliothek, S. 82.

41 Schroeder, Arisierung, S. 301.

42 Ernst Fischer, Die Emigration der Verleger, Buchhändler und Antiquare aus Deutschland und Österreich nach 1933. Eine Vertreibung und ihre Folgen, in: ders., Verleger, Buchhändler & Antiquare aus Deutschland und Österreich in der Emigration nach 1933: ein biographisches Handbuch, Berlin ²2020, S. 361-394; Walter Mentzel, Wiener NS-Antiquariate und ihre Rolle im Bücherraub. Oder: Wie Antiquariate von der Judenvefolgung profitierten. Ein Forschungsbericht, in: Bruno Bauer, Christina Köstner-Pemsel, Markus Stumpf (Hgg.), NS-Provenienzforschung an österreichischen Bibliotheken: Anspruch und Wirklichkeit, Graz-Feldkirch 2011, S. 65-82.

43 Stefanie Mahrer, Salman Schocken. Topographie eines Lebens, Berlin 2021, S. 191-262; Markus Krah, Ein transnationaler jüdischer Kanon als Verlagsprogramm. Salman Schockens Verlage in Berlin und New York, in: Kerstin Schoor, Werner Treß (Hgg.), Juden und ihre Nachbarn: Die Wissenschaft des Judentums im Kontext von Diaspora und Migration, Berlin, Boston 2022, S. 193-212.

furt.[44] Die Bibliothekare waren mitunter ganz unmittelbar in die Bereicherungsstrukturen eingebunden. Oehler trat seit Mai 1939 als ministeriell bestellter »Spezialsachverständiger für Bibliotheksgut« auf, neben ähnlich für »Kunst« und »Schriftgut« befugten Direktorenkollegen wie dem Leiter des Frankfurter Städel.[45] Seit August 1941 gehörte Oehler auch der »Ankaufstelle für jüdisches Kulturgut« an, die das NS-Erziehungsministerium einrichtete.[46]

Was auf Frankfurter Bibliotheksparkett geschah, vollzog sich zeitgleich genauso an vielen anderen, auch den zeitgenössisch renommiertesten Bibliotheksstandorten in NS-Deutschland. Genau wie in Frankfurt ließ sich in Berlin die Preußische Staatsbibliothek vom NS-Reichsministerium für Wissenschaft, Erziehung und Volksbildung dazu auffordern, »Sachverständige« zu benennen, die dafür sorgen sollten, dass ihr Haus nicht zu kurz kam, wenn jüdischer Kulturbesitz gesichtet und »verwertet« wurde.[47]

Frankfurter Bibliothekare waren für »Säuberungen« und eine Weiterverwertung dieser Art ebenso zahlreich zu gewinnen wie im gesamten Reich. Als Leiter der Städtischen und Universitätsbibliotheken und überzeugter Anhänger des neuen Regimes trug namentlich Oehler, vielfach engagiert als NSDAP-Mitglied, im betont anti-modernen NS-Kampfbund für Deutsche Kultur und in der NS-Vereinigung Deutscher Bibliothekare die NS-Maßnahmen entschlossen mit.[48] Ob das auch für andere Parteimitglieder in der Bibliothek galt, scheint offen.

Der neue Abteilungsdirektor der Rothschild-Bibliothek, Joachim Kirchner (1890-1978), jedenfalls, der im November 1928 aus der Preußischen Staatsbibliothek nach Frankfurt gewechselt war, ging ähnlich wie Oehler mit dem NS konform. Der promovierte Philologe und habilitierte Bibliothekswissenschaftler begrüßte auf dem 29. Bibliothekartag in Darmstadt im Mai 1933 »im Braunhemd« das neue Regime.[49] In Frankfurt benannte er unter anderem die Carl

---

44 Christiane Hoffrath, Provenienzforschung und Provenienzerschließung in Bibliotheken: ein Rück- und Ausblick, in: Bibliotheksdienst 54.10-11 (2020), S. 820-832.

45 Kingreen, Raubzüge.

46 Arns, Oehler.

47 Krüss in einem Schreiben an den Minister vom 27.2.1941, zitiert nach Briel, Beschlagnahmt, S. 225.

48 Richard Oehler, Die Organisation des Frankfurter Bibliothekswesens, in: Frankfurter Universitätskalender 1934/35, S. 63-65, und ebd., 1936/37, S. 76-78; Oehler, Führer S. 121-128; Heuberger, Freimann, S. 82.

49 Joachim Kirchner, Schrifttum und wissenschaftliche Bibliotheken im nationalsozialistischen Deutschland, in: Zentralblatt für Bibliothekswesen 50. 8-9 (1933), S. 514-525; Hans Praesent, Der 29. Deutsche Bibliothekartag: Gleichschaltung des Vereins Deutscher Bibliothekare, in: Börsenblatt für den Deutschen Buchhandel 100.168 vom 22.7.1933, S. 536-537; Georg Leyh, Bericht über die 29. Versammlung des Vereins Deutscher Bibliothekare in Darmstadt am 8. und 9. Juni 1933, in: Zentralblatt für Bibliothekswesen 50 (1933), S. 501-504; Michael Labach, Der Verein Deutscher

von Rothschild-Bibliothek 1933 entsprechend ihrem Sammlungsschwerpunkt um in »Bibliothek für neuere Sprachen und Musik«. So sollte jede Reminiszenz an das jüdische Mäzenatentum getilgt werden, dem sie sich ursprünglich verdankte. Jahre später sollte Kirchner im Oktober 1940 auf massive Fürsprache Rosenbergs hin den Karrieresprung in das Direktorat der Universitätsbibliothek München schaffen.[50] Zu dieser Bibliothekspolitik und solchem Personal gab es zahllose Parallelen, namentlich an der Deutschen Bibliothek in Leipzig oder der Staatsbibliothek München.[51]

Was sich an Enteignung und Bereicherung im Mikrokosmos der Frankfurter Städtischen und Universitätsbibliotheken beobachten ließ, spiegelte stellvertretend die unzähligen massiven Rechtsverletzungen und Eigentumsdelikte wider, die die Nationalsozialisten gegen Juden und politisch Missliebige verübten – in den Reihen der Gestapo genauso wie in der Frankfurter Stadtverwaltung, in benachbarten Bibliotheken genauso wie in anderen Kultureinrichtungen. Parallel dazu verleibten sich beispielsweise auch Vertreter des Frankfurter Städel Kunstsammlungen aus jüdischem Besitz ein.[52] Mit den »Nürnberger Rassegesetzen« 1935, dem Novemberpogrom 1938 und im Krieg mit der Besetzung West- und

Bibliothekare während des Nationalsozialismus, in: Vodosek, Komorowski, Bibliotheken, Teil 2, S. 151-168.

50 Sven Kuttner, Der Bibliothekar, die Universität und die Vergangenheit: Joachim Kirchner und die Universitätsbibliothek München, in: ders., Reifenberg, Gedächtnis, S. 84-96; Andreas Lütjen, Auf dem Bibliothekartag im Braunhemd, in der Bibliotheksleitung unauffällig? Kirchner und die UB München im Nationalsozialismus, in: Sven Kuttner (Hg.), »Die verspätete Bibliothek«: zehn Beiträge zur Geschichte der Universitätsbibliothek der Ludwig-Maximilians-Universität München im 20. Jahrhundert, Wiesbaden 2021, S. 45-55.

51 Christian Oesterheld, Selbsthauptung, Anpassung, Gleichschaltung, Verstrickung: Die Preußische Staatsbibliothek und das deutsche Bibliothekswesen 1933-1945, in: Saur, Hollender, Selbstbehauptung, S. 9-34; Fridolin Dressler, Die Bayerische Staatsbibliothek im Dritten Reich, in: Rupert Hacker (Hg.), Beiträge zur Geschichte der Bayerischen Staatsbibliothek, München 2000, S. 285-308; Knoche, Schmitz, Bibliothekare; Cornelia Briel, Hugo Andres Krüß – preußischer Beamter im NS-Staat, in: Saur, Hollender, Selbstbehauptung, S. 97-120; Susanne Wanninger, Gefragter Bibliothekar oder gefragter Nationalsozialist? Rudolf Buttmann – Generaldirektor der Bayerischen Staatsbibliothek und Bibliotheksfunktionär, in: Saur, Hollender, Selbstbehauptung, S. 121-142; Yorck Alexander Haase, Die Bibliothekartage in der Zeit des Nationalsozialismus, in: Engelbert Plassmann, Ludger Syré (Hgg.), Verein Deutscher Bibliothekare 1900-2000, Wiesbaden 2000, S. 81-100; Georg Leyh, Bericht über die 29. Versammlung des VDB in Darmstadt am 8. und 9.6.1933, in: ZfB 50 (1933), S. 501; ders., Bericht über die Versammlung des VDB in Dresden am 6.6.1936, in: ZfB 53 (1936), S. 529-596.

52 Uwe Fleckner, Max Hollein, Museum im Widerspruch: Das Städel und der Nationalsozialismus, Berlin 2010.

Osteuropas und der Sowjetunion ab 1940/41 boten sich den Nationalsozialisten und entsprechend genordeten Bibliothekaren nicht nur in Frankfurt am Main, sondern genauso unter anderem auch an der Deutschen Bücherei in Leipzig, der Preußischen Staatsbibliothek in Berlin und der Staatsbibliothek in München immer neue, ständig totalere Bereicherungsoptionen.[53]

In Frankfurt enteignete man jüdische Bürger selbst in den Momenten, in denen über 30.000 von ihnen schubweise deportiert wurden. Noch als sie seit dem 19. Oktober 1941 und bis Mitte Februar 1945 von der Frankfurter Großmarkthalle aus in Konzentrations- und Vernichtungslager nach Lodz, Minsk, Majdanek und viele andere Ort der Massentötung geschickt wurden und kaum 200 überlebten, setzten nationalpolitisch ambitionierte Bibliothekare den Büchern der Opfer nach. Sie requirierten »deutsches Kulturgut« vom kleinsten Besitzstück bis zur Großimmobilie für die »Volksgemeinschaft«.[54]

Die vielen Spielarten von Nähe und Halbdistanz zum NS, die es an deutschen Bibliotheken gab, zum Teil unterschiedlich ausgeprägt innerhalb desselben Hauses, sind noch nicht systematisch verglichen worden. Ob auch Mitglieder der Stadt- und Universitätsbibliotheken Anfang der 1940er Jahre gezielt in den besetzten Gebieten begehrte Bücher von Verfolgten und Ermordeten aufspürten und kassierten, klärt die aktuelle historische Provenienzforschung.[55] Wo Personal der Stadt- und Universitätsbibliotheken Bücher beschlagnahmte, raubte und vernichtete oder sich an solchen Aktionen beteiligte, vervollständigte man jedenfalls von Frankfurt aus das dunkle Bild flächendeckender »Arisierung« jüdischen Besitzes und des Eigentums auch anderer Regimeopfer des NS in ganz Deutschland. Das schloss Leipzig mit ein, wo im näheren und ferneren Umfeld der Deutschen Bücherei vergleichbare Wellen der rassistischen Umschichtung von Buchwissen aufliefen.[56]

Durch die Kriegsjahre kamen die Frankfurter wissenschaftlichen Bibliotheken dann zunächst vergleichsweise lange ohne schwere Schäden. Noch 1942 lagen die Frankfurter Städtischen und Universitätsbibliotheken mit einem Ge-

---

53 Flachowsky, Schwerter.
54 Raphael Gross, Felix Semmelroth (Hgg.), Erinnerungsstätte an der Frankfurter Großmarkthalle. Die Deportation der Juden 1941-1945, München, London, New York 2016; Monica Kingreen (Hg.), »Nach der Kristallnacht«. Jüdisches Leben und antijüdische Politik in Frankfurt am Main 1938-1945, Frankfurt a.M., New York 1999; Angelika Rieber, Till Lieberz-Gross (Hgg.), Rettet wenigstens die Kinder. Kindertransporte aus Frankfurt am Main – Lebenswege geretteter Kinder, Frankfurt a.M. 2018.
55 Zur heutigen Deutschen Nationalbibliothek in Frankfurt a.M. und Leipzig: Emily Löffler, Provenienzforschung an der Deutschen Nationalbibliothek Leipzig, in: Deutsches Zentrum Kulturgutverluste (Hg.), Bibliotheken, Dresden 2021, S. 44-48.
56 Steffen Held, Die Leipziger Stadtverwaltung und die Deportation der Juden im NS-Staat, Leipzig 2008; Flachowsky, Zeughaus.

samtbestand von etwa 1,3 Mio. Bänden an dritter Stelle hinter den Staatsbibliotheken von Berlin (etwa 3 Mio.) und München (etwa 2,2 Mio.).[57] Die massiven amerikanischen Luftangriffe seit Anfang Oktober 1943 trafen allerdings erstmals auch Frankfurter Bibliotheksgebäude und ihren Bestand schwer. Die Stadtbibliothek brannte bei einem Fliegerangriff auf Frankfurt im Dezember 1943 und Anfang 1944 bis auf den Porticus nieder. Es war nicht abzusehen, dass die Rothschild- ebenso wie die Senckenbergische Bibliothek bis Kriegsende fast unversehrt bleiben würden. Daher lagerte man ab September 1943 Bücher in die Provinz aus.

Damit tat sich, und diese Personalie interessiert, weil sich dieser Bibliothekar nach dem Krieg zu den Ereignissen noch einmal aufschlussreich äußern sollte, Friedrich Knorr (1904-1978) hervor. Im Mai 1941 war er Kirchner als Abteilungsdirektor der Rothschild-Bibliothek gefolgt und seit Oktober 1942 und bis 1945 auch stellvertretender Direktor der Städtischen und Universitätsbibliotheken an Oehlers Seite.[58] Ein Wasserschloss im oberfränkischen Mitwitz nahe Coburg und weitere private Schlösser und Dorfwirtshäuser im umliegenden Coburger Land und Thüringen schienen hinreichend weit entfernt von Großstädten und Industrieanlagen, die die alliierten Bomber ins Visier nahmen.[59] Bis Winter 1944 brachte man Bücher und Kataloge hierher, auch unterstützt von Hilfskräften aus dem NS-Reichsarbeitsdienst, zu dem seit Kriegsbeginn auch Frauen zwangsverpflichtet waren. Rund 60 Hilfsarbeiterinnen zog man wohl für die Katalogarbeiten in Mitwitz heran.[60] Bis Sommer 1944 komprimierten Frankfurter Bibliothekare und zwangsrekrutiertes Personal die Restbestände der Frankfurter wissenschaftlichen Bibliotheken.[61]

Das waren die – allmählich entnazifizierten – Bestände, die Hanns Wilhelm Eppelsheimer vorfinden sollte, als er zum 1. Januar 1946 seine Stelle als Direktor der Stadt- und Universitätsbibliothek antrat und damit nominell Oehlers Amtsnachfolge antrat, noch bevor er mithalf, die Deutsche Bibliothek zu

---

57 Schäfer, Stadtbibliothek, S. 145.
58 Habermann, Klemmt, Siefkes, Lexikon, S. 16; Johanna [eigentlich: Hanni, HR] Binder, Die Stadtbibliothek 1939-1950, in: Lehmann (Hg.), Bibliotheca Publica, S. 209-217; Franz Fischer, Kontinuität und Neubeginn. Die Entwicklung der Stadt- und Universitätsbibliothek Frankfurt am Main 1945-1965 in: Joachim-Felix Leonhard, Peter Vodosek (Hgg.), Die Entwicklung des Bibliothekswesens in Deutschland 1945-1965, Wiesbaden 1993, S. 31-126, hier S. 33.
59 Friedrich Knorr, Die Frankfurter Bibliotheken in Oberfranken, in: Jahrbuch der Coburger Landesstiftung 15 (1970), S. 161-178, Fischer, Kontinuität, S. 33; Binder, Stadtbibliothek, S. 212.
60 Knorr, Bibliotheken, S. 170-171; Fischer, Kontinuität, S. 34; Fischer, Rothschild-Bibliothek, S. 92-93; Binder, Stadtbibliothek, S. 214.
61 Fischer, Kontinuität, S. 33.

gründen.[62] Überhaupt gehörten die bibliothekarischen Zeitläufte in Frankfurt zur unmittelbaren zeittypischen Negativfolie, vor der sich die Deutsche Bibliothek bei ihrer Gründung 1946 abhob. Auch bezog Eppelsheimer mit dem vergleichsweise wenig versehrten Rothschild-Palais als Dienstwohnung und erstem Arbeitsraum einen Kernkomplex der alten Stadt- und Universitätsbibliothek, in der nur wenige Monate zuvor bis Kriegsende noch völlig andere Bedingungen geherrscht hatten.[63] Die Deutsche Bibliothek barg ein neues Potenzial jenseits der NS-Diktatur, aber es blieb unklar, ob sie es nutzen wollte und konnte.

Räumlich und personell war der neue kleine Ort der Deutschen Bibliothek am Untermainkai entsprechend voraussetzungsreich. Während die Deutsche Bibliothek sich als völlig neue Sammlung ohne Grundstock positionieren sollte, stand eine Tür weiter die Aufgabe an, die Stadt- und Universitätsbibliothek den NS-Jahren zu entwinden. Schon allein auf diesem Weg rückte die Deutsche Bibliothek dichter an die historisch gewachsene und durch den NS transformierte Frankfurter Bibliothekslandschaft heran, als ihr Gründungsdatum 1946/47 zunächst nahelegen mochte. Sie konnte so zügig nach Kriegsende und in dieser speziellen Nachbarschaft keine Gründung ohne Geschichte bleiben. Man hatte im kriegsversehrten Untermainkai die allerjüngste Vergangenheit täglich vor Augen. Die Frage, wie man sich zur gerade erst kollabierten NS-Diktatur verhalten würde, erledigte sich auch für die junge Deutsche Bibliothek nicht mit dem Bibliotheksgründungsjahr 1946.

62 Gisela Becker, Die heutige Stadt- und Universitätsbibliothek Frankfurt a.M. seit der Gründung der Universität im Jahre 1914. Entwicklung – Aufgabenstellung – Verwaltungsorganisation, Köln 1968, S. 36; Eppelsheimer an Praeger, 11.2.1958, und Vernichtung nazistischer Literatur, Frederick A Praeger an Eppelsheimer, 16.2.1948, beide HStAD Q 4 Nr. 8/172-1/6.

63 Franz Fischer, Eppelsheimer als Bibliothekar in Darmstadt 1945 und an der Stadt- und Universitätsbibliothek Frankfurt (1946–1958), in: ders., Kieser, Eppelsheimer, S. 33-43, hier S. 33-34.

2. Die ausgehandelte Bibliothek (1946/47)

2.1 Der Börsenverein und die Amerikaner

Angeschlagene Größe

Wenn es auf deutscher Seite eine Instanz gab, die nach Kriegsende 1945 deutschen Bibliotheken und Büchern einen zentralen Ort in der Nachkriegskultur und -politik geben wollte, so war dies allen voran der Börsenverein der deutschen Buchhändler. Er repräsentierte von jeher die traditionsreiche professionelle Lobbyorganisation des deutschen Buchhandels. Über die langen Jahre seit seiner eigenen Gründung 1825 war er eine erstrangige Koordinationsgröße für den deutschen Buchmarkt geworden. Tendenziell konservativ und deutschnational, hatte dieser älteste deutsche Wirtschaftsverband über zahllose historische Dynamiken hinweg beharrlich für Verlags- und Urheberrechte eingestanden. Er bewarb das Buch als Leitmedium auf einem seit dem frühen 20. Jahrhundert immer kompetitiveren Kommunikationsmarkt. Seine innere Verwaltung hatte er stetig professionalisiert und zentrale Dienstleistungsfunktionen für die gesamte Branche übernommen. Bei alledem kalibrierte er ständig auseinanderstrebende Interessen aus, brachte, weltweit besonders, den herstellenden Verlagsbuchhandel, den verbreitenden Buchgroßhandel und den lokalen Sortimentbuchhandel unter ein gemeinsames Aushandlungsdach.[1]

Einen Gipfelpunkt der professionellen Modernisierung hatten führende Vertreter des Börsenvereins 1912 erreicht, als sie die Deutsche Bücherei in Leipzig als zentrales Bucharchiv Deutschlands etablierten und damit ein schon seit dem späten 19. Jahrhundert betriebenes Projekt erfolgreich abschlossen.[2] Dabei lagen die Hürden einigermaßen hoch. Zwar waren die kulturpolitischen Ambitionen

1 Füssel, Jäger, Staub, Börsenverein.
2 Deutsche Bücherei des Börsenvereins der Deutschen Buchhändler zu Leipzig, Leipzig 1912.

in Deutschland mit der Reichsgründung 1871 gestiegen. Die späte Nation sollte, so das häufigste zeitgenössische Argument, wenigstens nachträglich mit schon lange renommierten Nationalbibliotheken Europas konkurrieren können. Die föderalen Realitäten hatten die Idee aber ständig ausgebremst. Vor allem die Königliche bzw. Preußische Staatsbibliothek in Berlin beanspruchte notorisch, einzige Zentralinstanz zu bleiben, obschon sie faktisch nur aus Preußen Pflichtstücke bezog.[3] Den Knoten hatte der Börsenverein schließlich durchschlagen, indem er selbst als Träger der geplanten Bibliothek auftrat, Reichsregierung und Preußische Regierung umging und stattdessen den Staat Sachsen und die Stadt Leipzig als Ko-Financiers ins Boot holte. Als unselbständiger privater Verein hatte die Deutsche Bücherei gleichwohl einen schweren Stand und blieb von den erstrebten vollständigen Bibliographien und Sammlungen weit enfernt. Auch war politische Kontur schwer zu gewinnen. 1913 etwa mühte man sich vergeblich darum, von den patriotischen Wallungen im Umfeld des Leipziger Völkerschlachtdenkmals zu profitieren.[4]

Nach dem Ersten Weltkrieg verbuchte die Bücherei Anerkennungserfolge, engagierte sich die Reichsregierung immerhin symbolisch im Bibliotheksetat.[5] Das politische Bild der Deutschen Bücherei in den 1920er Jahre schillerte. In vielem sah man sie im nationalkonservativen Fahrwasser ihres seit 1924 langjährigen Direktors Heinrich Uhlendahl.[6] Umgekehrt exerzierte sie Mitte der 1920er Jahre die »Schmutz- und Schundliteratur«-Kampagnen konservativer Strömungen nicht einfach durch: Indexierte Titel erfasste und sammelte sie dennoch, weil »vollständige« Sammlungen keine Selektion vertrugen. Emphase für unreglementiertes Wissen spielte ebenso in diese Haltung hinein wie die Ambition, ein Sammelprinzip zu sichern, mit dem man sich an den europäischen Nationalbibliotheken orientierte.[7] Zudem spülte just das »vollständige« Sammeln in den Weimarer Jahren gleichzeitig einen beträchtlichen Teil dezidiert reaktionärer und rassistischer Literatur und Fachliteratur in die Regale und bibliographischen Verzeichnisse der Leipziger.[8]

3 Paul Schwenke, Eine »Reichsbibliothek«?, in: Zentralblatt für Bibliothekswesen 28 (1911), S. 263-266.

4 Flachowsky, Zeughaus, S. 115-116.

5 Flachowsky, Zeughaus; Rau, Nationalbibliothek, S. 35-66.

6 Gideon Reuveni, Die Deutsche Nationalbibliothek und die Juden. Anstellungspolitik und Katalogisierung der Deutschen Bücherei in Leipzig als Barometer für den Antisemitismus in der Weimarer Republik, in: Stephan Wendehorst (Hg.), Bausteine zu einer Jüdischen Geschichte der Universität Leipzig, Leipzig 2006, S. 541-561.

7 Tonia Sophie Müller, »Minderwertige« Literatur und nationale Integration: die Deutsche Bücherei Leipzig als Projekt des Bürgertums im Kaiserreich und in der Weimarer Republik, Göttingen 2019.

8 Wiebke Wiede, Rasse im Buch. Antisemitische und rassistische Publikationen in Verlagsprogrammen der Weimarer Republik, München 2011.

Die Bilanz des Börsenvereins als Gründer der Deutschen Bücherei trübte sich im Rückblick seit dem Machtwechsel. Jetzt wirkten in Leipzig totalitäre Gewichte, die das Haus beschwerten und die es gleichzeitig selbst mitstemmte.[9] Die Nationalsozialisten instrumentalisierten das Haus, um ideologische Publikationskontrolle und totale Zensur zu sichern. Unbotmäßiges wurde nicht angezeigt und damit aus dem Kulturspeicher verstoßen. Umgekehrt trug der langjährige Direktor der Deutschen Bücherei Heinrich Uhlendahl, trugen aber auch viele seiner Mitarbeiter auf nachgeordneten Stellen die NS-Schrifttumpolitik und das gesamte Arsenal an rassistischer Diffamierung und Nordung mit, das sich zeitgleich zwischen 1933 und 1945 auch in Frankfurter Bibliotheken beobachten ließ. Die Bibliothek profitierte davon, dass seit dem Spätsommer 1935 alle Mitglieder der NS-Reichskulturkammer Pflichtexemplare nach Leipzig abzugeben hatten. Sicherheitsdienststellen und eine ehrgeizige Propagandaabteilung durchsetzten die Deutsche Bücherei in Leipzig, die 1940 als Anstalt öffentlichen Rechts definitiv zur staatlichen Verfügungsmasse geworden war. Sie half unter anderem mit, Indexlisten mit verbotenen Schriften und Autoren zu erstellen, und machte sich an der Seite führender NS-Stellen zum Profiteur gewaltsamer Bucherwerbungen.[10]

Von 1945 aus mit amerikanischen Augen betrachtet, war damit vom Profil der wichtigsten Schöpfung des Börsenvereins 1945 wenig geblieben, selbst wenn die Entwicklung des Hauses den Amerikanern 1945 noch gar nicht in vollem Umfang klar sein konnte. Ausgerechnet die Deutsche Nationalbibliographie der Leipziger Bücherei, die für die Amerikaner attraktiv erscheinen konnte, musste entwertet erscheinen, weil sie lediglich den durchherrschten Buchmarkt der Diktaturjahre spiegelte.

Hinzu kam, dass auch der Börsenverein 1945 angeschlagen war. Denn er war durch die Diktaturjahre nur mit schweren Blessuren hindurchgekommen. 1933 hatte er rasch seine privatrechtliche Eigenständigkeit und 1940 seine Eigentumsrechte an der Leipziger Deutschen Bücherei eingebüßt.[11] Teils absorbierte ihn, gleich 1933, die staatliche Reichsschrifttumskammer als Körperschaft öffentlichen Rechts, später die Schrifttumsabteilung des NS-Propagandaministeriums. Teils setzten die Vereinsmitglieder die rassistischen Regimestandards, die ihnen diktiert wurden, nach innen durch. Der Börsenverein selbst mutierte damit nicht unmittelbar zu einer NS-Agentur. Von Beginn an waren die ideologischen Prämissen des NS unter den verschiedenen Börsenvereinsmitgliedern aus Verlagen und Buchhandel nicht überall sofort und flächendeckend geteilt worden. So hatte es etwa die einen oder anderen Anläufe dazu gegeben, diskriminierte Kollegen

---

9 Flachowsky, Zeughaus.

10 Ebd.

11 Die Deutsche Bücherei – Anstalt des öffentlichen Rechts, in: Börsenblatt für den Deutschen Buchhandel, 25.4.1940, S. 1, ISG FFM Börsenverein W2-7 Nr. 683.

in den Verlagshäusern weiterzubeschäftigen oder die totalitären Vorgaben auf anderen Wegen nicht vollends durchzuexerzieren.[12] Widerständige Verlagshäuser blieben freilich die große Ausnahme, allen voran solche wie der Berliner S. Fischer Verlag, der teils ins Exil auswich, teils, observiert und schikaniert, von Peter Suhrkamp bis zu dessen Gestapo-Haft 1944 verantwortet wurde.[13]

Die allermeisten Verlagsleitungen, die je nach Verlagsprogramm den Vorgaben des NS in ganz unterschiedlichem Maße ausgesetzt waren, hatten die zensurpolitischen Rahmenvorgaben letztlich übernommen. Sie diskreditierten jüdische und politisch missliebige Kollegen mit und halfen, Verlagslandschaft und Buchhandel entlang dem Index der NS-Reichsschrifttumskammer zu »entjuden« und »arisieren«. Die Verlage handelten einerseits unter massivem Existenzdruck und fügten sich, um nicht selbst zensiert und relegiert zu werden. Wo die rassistische Verdrängung Wettbewerbsvorteile verschaffte, nahm man sie billigend an.[14] Jüdische und oppositionelle Verleger und Buchhändler unter den Mitgliedern des Börsenvereins setzten sich bestenfalls ins – oftmals amerikanische – Exil ab. Insgesamt entzogen sich, auch über die Reichweite des Börsenvereins hinaus, wohl etwa 1500 jüdische oder politisch oppositionelle Verleger, Buchhändler und Antiquare dem Zugriff des NS, neben den etwa 2500 Exilschriftstellern, die seit 1933 flohen. Von den insgesamt etwa 600, meist sehr kleinen Exilverlagshäusern gelang es nur einem Bruchteil von etwa 20 Verlegern, wie dem jüdischen Schwiegersohn Samuel Fischers, Gottfried Bermann Fischer, von ihren Exilorten aus etwa 3000 in NS-Deutschland verbotene Titel erscheinen zu lassen.[15]

Als die Kriegsvorbereitungen und Kriegswirtschaft seit Ende der 1930er Jahre die Verlagsunternehmen belasteten, weil Rohstoff-Rationalisierung, Papierzuteilungen und der Arbeitskräfteschwund ihnen die Hände banden, konnte der Börsenverein nichts tun. Einzelne Mitglieder profitierten mit »kriegswichtigen« oder propagandistisch-populären Titeln vom Frontbuchhandel. Manche setzten zwangsverpflichtete Kriegsgefangene und KZ-Häftlinge bei der Buchproduktion ein.[16] Nahm der Börsenverein bei alledem bereits Schaden, zer-

12 Klaus G. Saur (Hg.), Verlage im »Dritten Reich«, Frankfurt a. M. 2013.

13 Peter Suhrkamp, Über das Verhalten in der Gefahr: Essays, hg. von Raimund Fellinger, Jonathan Landgrebe, Berlin 2020.

14 Jan-Pieter Barbian, Der Börsenverein in den Jahren 1933 bis 1945, in: Füssel, Jäger, Staub, Börsenverein, S. 91-117; ders., Literaturpolitik, S. 407-459; Ernst Fischer, Reinhard Wittmann, Jan-Pieter Barbian, Geschichte des deutschen Buchhandels im 19. und 20. Jahrhundert. Bd. 3.1 (Drittes Reich), Berlin u. a. 2015; Wiede, Rasse.

15 Fischer, Verleger; Klaus G. Saur, Deutsche Verlage im Exil 1933 bis 1945, in: Estermann, Fischer, Wittmann, Parallelwelten, S. 211-232, hier S. 212.

16 Hans-Eugen Bühler, Edelgard Bühler (Hgg.), Der Frontbuchhandel 1939-1945. Organisationen, Kompetenzen, Verlage, Bücher, Frankfurt a. M. 2002; Ulrike Hollender, Un havre de paix: die Kriegsgefangenen französischen Offiziere an der Preußischen Staatsbibliothek in Berlin 1941-1945, Wiesbaden 2002.

störte der Krieg ihn auch physisch. Als die britische Royal Air Force Anfang Dezember 1943 Leipzig bombardierte, blieben vom Deutschen Buchhändlerhaus als seinem angestammten Sitz genauso wie von weiten Teilen des Buchgewerbe-Kosmos im Graphischen Viertel kaum mehr als Trümmer. Über 60 Prozent der Buchfirmen waren völlig zerstört.[17] Als der ehemalige Börsenvereinsvorsteher und Nationalsozialist Wilhelm Baur[18] 1945 Selbstmord beging, war der Börsenverein in Leipzig buchpolitisch zunächst einmal kollabiert. Der alten Rolle aus den Jahren vor 1933, in denen der Börsenverein ehedem optimale Konditionen für einen florierenden Buchmarkt zu sichern versucht, hatte man sich ohnedies schon lange begeben.[19]

Aus dem Diktaturschatten traten die Mitglieder des Börsenvereins, die 1945 in Leipzig auf die Amerikaner trafen, nicht so sehr, weil sie schadlos geblieben waren. Eher profitierte man davon, dass die Alliierten dem Börsenverein in diesem zunächst engen Handlungsrahmen eine gewisse funktionale Respektabilität zuerkannten. Bewegen konnte man sich zunächst kaum aus eigener Kraft. Es galten die alliierten Weisungen. Dass sich die Entwicklung in Ost-West-Richtung verzweigen würde, zeichnete sich dabei schnell ab.[20]

Transatlantische Verhandlungen und Rekonvaleszenz

Nach Kriegsende fiel die Innensicht des Börsenvereins zunächst freilich anders aus, als es seine Konstitution hätte nahelegen können. Die Vereinsvertreter näherten sich den Besatzungsmächten erst einmal selbstbewusst. Viele Verleger hatten Kriegsverluste hinnehmen müssen, aber sie hofften auf eine schnelle Rekonvaleszenz der alten Funktionsnetzwerke vor Ort und setzten ganz auf Kontinuität. Entsprechend forderten sie, den Börsenverein wiederherzustellen und es

---

17 Barbian, Börsenverein, S. 92.

18 Völkischer Beobachter Nr. 223, 11.8.1937 (Der neue Vizepräsident der Reichsschrifttumskammer), Pressearchiv des Hamburgischen Welt-Wirtschafts-Archivs HWWA, Pesseartikel 00003 https://pm20.zbw.eu/folder/pe/0012xx/001205/about.de.html.

19 Olaf Blaschke, Der 8. Mai 1945 – Stunde Null des Buchhandels? Ergänzende Befunde zur ersten Leserfrage, in: IASLonline-Diskussionsforum: Hans Altenhein, Leserfragen an eine Geschichte des Buchhandels in Deutschland nach dem Zweiten Weltkrieg file:///C:/Users/User/Downloads/Altenhein_Fragen-1.pdf.

20 Reimar Riese, Der Leipziger Börsenverein und die Entwicklung von Verlags- und Buchhandelsstrukturen in der SBZ, in: Christoph Links, Siegfried Lokatis, Klaus G. Saur (Hgg.), Geschichte des Deutschen Buchhandels im 19. und 20. Jahrhundert. Deutsche Demokratische Republik, Teil 1: SBZ, Institutionen, Verlage 1, Teilband 2, Berlin, Boston 2022, S. 69-106.

Verlagen und Buchhändlern zu ermöglichen, ihre Aktivitäten zügig wiederaufzunehmen. Man brachte sich als kulturelle Stabilisierungshilfe ins Gespräch.[21]

Die amerikanischen Erwartungen an den Börsenverein gingen allerdings im Rahmen der Reeducation-Strategie in eine völlig andere Richtung als vom Börsenverein erhofft und waren vergleichsweise hoch. Das galt allemal für die Publication Control Branch mit Douglas Waples (1893-1978) an ihrer Spitze.[22] Waples verkörperte ein professionelles Selbstverständnis und eine auswärtige U.S.-Bibliothekspolitik, die sich von den deutschen Verhältnissen deutlich unterschieden. Der renommierte US-Bibliothekar leitete seit Ende der 1920er Jahre die University of Chicago Graduate Library School und hatte von dort aus die akademische Professionalisierung seiner Branche geprägt.[23] Sein Renommé reichte über den bibliothekarischen Mikrokosmos aber zugleich deutlich hinaus. Für seine Bibliothekarschule hatte er über lange Jahre hinweg beträchtliche Fördersummen großer Stiftungen wie der Carnegie und der Rockefeller Foundation eingeworben. Und die US-Philanthropen hatten den Ruf, ihre Gelder grundsätzlich nur dort zu investieren, wo sie sich davon handfeste politische Effekte versprachen.[24] Diese Erwartung bediente Waples nach Kräften: Er rückte die US-Bibliothekare in die Nähe von Sozial- und Kommunikationswissenschaftlern. Auch ihre Expertise konnte demnach helfen, die US-Gesellschaft gebildeter und moderner zu machen. Denn Bibliothekare hatten nicht nur im Blick, welche Inhalte und Wissenssparten beim potenziellen Leserpublikum gefragt waren. Als Wissensverwalter konnten und sollten sie auch die Lesepräferenzen entlang gesellschaftspolitischer Strategien mitsteuern.[25]

In den 1920er und frühen 1930er Jahren hatte Waples bei solchen Überlegungen wie viele in seiner Zunft den Blick noch respektvoll nach Europa gerichtet. Von der anderen Atlantikseite aus beobachtete er nämlich, wie die europäischen und besonders die deutschen Forschungsbibliotheken Bildungswissen anhäuf-

21 Monika Estermann, Börsenverein in den Westzonen, S. 161-191.

22 Thomas R. Barcus, Verner W. Clapp, Collecting in the National Interest, in: Library Trends 3.4 (1955), S. 337-355; Bernard Berelson, Douglas Waples, 1893-1978, in: The Library Quarterly 49 (1979), S. 1-2; John V. Richardson, Douglas Waples (1893-1978), in: Journal of Library History 15.1 (1980), S. 76-83.

23 Barcus, Clapp, Collecting; Charles I. Terbille, Competing Models of Library Science: Waples-Berelson and Butler, in: Libraries & Culture 27.3 (1992), S. 296-319.

24 Helke Rausch, Akademische Vernetzung als politische Intervention in Europa. Internationalismus-Strategien US-amerikanischer Stiftungen in den 1920er Jahren, in: Jahrbuch für Universitätsgeschichte 18 (2015), S. 165-188.

25 New York Times, 6.5.1978, S. 26 (Douglas Waples guided Chicago Library School); W. A. MacDonald, Viewpoint on Education, in: New York Times, 5.11.1939, S. 57; New York Times, 2.3.1941, S. BR33 (What reading does to people); Douglas Waples, Bernard Berelson, Franklyn Bradshaw, What reading does to People, Chicago 1940/1942.

ten, das durchaus auf die drängenden Problemlagen in Politik und Wirtschaft anwendbar war.[26] Die zunehmend ambivalenten Beziehungen zu NS-Deutschland, der Kriegsausbruch 1939 und der amerikanische Kiegseintritt 1941 hatten die Perspektive aber auch für Waples deutlich verschoben. Jetzt standen die Zeichen auf antifaschistische Mobilisierung. U.S.-Bibliothekare wie er empfahlen sich ihrer Regierung zusammen mit anderen Sozial- und Geisteswissenschaftlern als Kommunikations- und Propagandaexperten, die Amerika im Krieg helfen konnten, die NS-Propaganda in einschlägigen Veröffentlichungen wissenschaftlich zu untersuchen und eine amerikanische Gegenwehr vorzubereiten.[27]

In der Information Control Division war Waples zudem umringt von deutschlandaffinem Personal wie dem amerikanischen Musikwissenschaftler Otto Edwin Albrecht. Symptom transatlantischer Austauschdynamiken vor Kriegsausbruch, hatte Albrecht in den 1930er Jahren von der University of Pennsylvania aus enge Kontakte nach Deutschland und Europa gepflegt und war nach 1945 als Sachverständiger zur US-Militärregierung in Hessen hinzugezogen worden.[28] Wie bei Waples hallte auch in Albrechts Anweisungen an die Frankfurter eine Art ungebrochene Vertrautheit mit der deutschen Szene nach. Die amerikanische Kontrollambition, mit der man letztlich die Absprachen über die Frankfurter Bibliothek begleitete, bestimmte den Ton aber deutlich.[29]

Dass die meisten im Leipziger Börsenverein organisierten Verleger NS-belastet waren, stand den Amerikanern deutlich vor Augen. Umgekehrt lag ihnen erstens viel daran, größtmögliche Teile der ramponierten Infrastruktur von Verlagen und Buchdruck aus Leipzig abzuziehen, bevor die russische Besatzungsmacht das Terrain im Juli 1945 übernahm. Dass der Buchmarkt und die Vertriebsnetzwerke auf absehbare Zeit zerrissen würden, trieb die Amerikaner zur Eile. Zweitens spekulierten sie darauf, den Börsenverein als dezidiert westzonale, demokratisch organisierte Interessenvertretung in ihre buchpolitischen Maßnahmen einzubinden. Erst einmal installiert, würde sich der Literaturmarkt

26 Douglas Waples, Harold D. Lasswell, National Libraries and Foreign Scholarship, Chicago 1936; Eunice Barnard, In the Classroom and On the Campus, in: New York Times 24.4.1932, S. E7; New York Times, 21.9.1932, S. 6 (Survey of the Bowery Shows 80 % Readers).

27 Douglas Waples (Hg.), Print, Radio, and Film in a Democracy, Chicago, Ill. 1942; vgl. auch Kapitel 4.1.

28 University of Pennsylvania, Kislak Center for Special Collections, Rare Books and Manuscripts, Otto Albrecht Papers Ms. Coll. 1106 https://findingaids.library.upenn.edu/records/UPENN_RBML_PUSP.MS.COLL.1106.

29 Chief Publications Branch Otto Edwin Albrecht aus Wiesbaden an die Information Control Division OMGUS am 19.6.1947, NARA RG 260 Records of US Occupation Headquarters World War II. (Department of State) Entry A1 259 Records relating to Publication Control 1945-50 Box 258 Folder 26 Deutsche Bibliothek Fankfurt Main (shipping list number 15/154-1(26).

von da aus gut kontrollieren und die gesamte Buchhandels-Infrastruktur Nach-kriegsdeutschlands ansprechen lassen.[30]

Diesem Doppelkalkül ordneten sich im Sommer 1945 alle amerikanischen Avancen in Richtung Börsenverein unter. Spiegel der politischen Gewichtver-teilung, folgten noch im Juni 1945 Offerte und Vollzug. Kaum hatte Waples vorgeschlagen, den vormaligen Börsenverein unter Vorbehalt nach Wiesbaden, den Sitz des US-amerikanischen Hauptquartiers, zu ziehen und neben dieser »Zweigstelle« des Leipziger Börsenvereins auch Filialen von Verlagen zu er-öffnen, deren Stammhäuser in Leipzig angesiedelt blieben, quartierte sich am 22. Juni schon die sogenannte Frankfurter Buchhändler-Vereinigung im unzer-störten Pariser Hof in Wiesbaden ein.[31]

Den Amerikanern spielte in die Hände, dass der Leipziger Börsenverein, auch wenn der es sich ungerne eingestand, als ehedem stolzer und traditionsreicher Gründer der Deutschen Bücherei nach 1945 lädiert dastand. Gleichzeitig suchte man nach Kontaktleuten ohne erkennbare Regimeaffinität. Umgekehrt waren sich Verleger und Buchhandel darüber im Klaren, dass die Alliierten Kontroll-kalküle hatten, für die sie den Börsenverein als Schnittstelle im Publikations-sektor brauchten. Von daher gab es Verhandlungsmasse. Dass man sie auf Bör-senvereinseite nicht ausreizte, hatte vor allem damit zu tun, dass es genügend Leipziger Verleger gab, die sich von der transatlantischen Allianz Handlungs-optionen versprachen.

Der Leiter der Dietrich'schen Verlagsbuchhandlung, Wilhelm Klemm (1881-1968), etwa, seit den 1920er Jahren einem Traditionshaus aus dem späten 18. Jahr-hundert vorstehend, das seit der Jahrhundertwende in Leipzig angesiedelt war, stach aus amerikanischer Sicht politisch heraus: 1937 hatte man ihn für etwa zwei Jahre aus der NS-Reichsschrifttumskammer ausgeschlossen, weil er jüdi-sche Autoren nicht komplett aus seinem Verlagsangebot herausnahm.[32] Gemes-sen daran störte sie nicht, dass Klemm an der Spitze des Alfred Kröner Verlags noch bis kurz vor der Machtergreifung u.a. eine Edition der Frühschriften von

30 Estermann, Börsenverein in den Westzonen, S. 161-162; Douglas Waples, 8.10.1946 (Frankfurter Bibliothek), BArch OMGUS Shipment 15 Box 154-1 Folder 26; Ernst Umlauff, Der Wiederaufbau des Buchhandels: Beiträge zur Geschichte des Bücher-marktes in Westdeutschland nach 1945, Frankfurt a.M. 1978, Sp. 149-164.

31 Protokoll über die Errichtung einer Sammelbibliothek der Neuerscheinungen seit 8.5.1945 in den drei Westzonen in der American Library, Frankfurt am Main vom 12.9.1946, NARA RG 260 Entry A1 259 und BArch OMGUS Shipment 15 Box 154-1 Folder 26; Max Niedermayer, Pariser Hof: 1945-1965, Wiesbaden 1965; Anna-Maria Seemann, Parallelverlage im geteilten Deutschland. Entstehung, Bezie-hungen und Strategien am Beispiel ausgewählter Wissenschaftsverlage, Berlin 2017; Ingrid Sonntag (Hg.), An den Grenzen des Möglichen. Reclam Leipzig 1945-1991, Berlin 2017.

32 Barbian, Literaturpolitik, S. 293.

Karl Marx verlegt hatte. Umgekehrt nahm Klemm selbst die amerikanische Offerte als wichtige Option wahr. Er stand sinnbildlich für die tiefen Schneisen, die die alliierten Luftangriffe im Krieg in das Graphische Viertel in Leipzig geschlagen hatten, seit 1943 vor den Trümmern seines Verlagsgebäudes.[33] So war Klemm bereit, die amerikanischen Planungen mitzutragen, und empfahl sich als nächster Geschäftsführer des Börsenvereins in der amerikanischen Zone.

Auf die US-Avancen ansprechbar war auch der Kunsthistoriker und Verlagsbuchhändler Georg Kurt Schauer (1899-1984). Von der Warte der alliierten »Säuberer« aus gesehen war seine Vita unauffällig. Bis Mitte der 1930er Jahre hatte er unter anderem im S.(amuel) Fischer Verlag in Berlin gearbeitet, der die NS-Jahre einesteils im österreichischen Exil, andernteils ständig angefeindet und seit 1938 zwangsumbenannt als Peter Suhrkamp-Verlag in NS-Deutschland weitergearbeitet hatte.[34] Für einen kurzen Moment war Schauer Ende der 1930er Jahre der NS-Kulturpropaganda näher gerückt, als er mithalf, eine ambitionierte »Gutenberg-Reichsausstellung« in Leipzig zu konzipieren. Die große Weltausstellung hat freilich nie stattgefunden; sie war erst im massiven Kompetenzchaos und schließlich im Krieg versackt.[35] Die Amerikaner sahen im stark kriegsversehrten Schauer einen verlässlichen Kontaktmann, dessen Ehe mit der jüdischstämmigen Lene Goltermann einmal mehr seine ideologische Distanz zum NS-Regime nahelegte.[36]

Für die transatlantische Vermittlung hatte man also Personal. Die Börsenvereinsmitglieder selbst wiederum operierten ständig in einem Spannungsfeld gegensätzlicher Erwartungen. Viele hofften auf einen zentralen gesamtdeutschen Verein und eine entsprechende Archivbibliothek, die beide mittelfristig, sobald es die deutsch-deutsche Lage erlaubte, mit gesamtdeutscher Reichweite verankert würden. Die Ausgründung in Wiesbaden und Frankfurt verstanden sie als vorübergehende Dépendance.[37]

---

33 Grit Stegmann, Die Sammlung Dieterich und ihr Herausgeber Rudolf Marx, in: Siegfried Lokatis, Ingrid Sonntag (Hg.), 100 Jahre Kiepenheuer-Verlage, Berlin 2011, S. 300-308; Gerd Schulz, Klemm, Wilhelm in: Neue Deutsche Biographie 12 (1979), S. 33; Dieter Hoffmann, »Alle Bücher der Welt in Schnitzel gerissen«. Über den Dichter und Verleger Wilhelm Klemm, in: Marginalien. Zeitschrift für Buchkunst und Bibliophilie 212.4 (2013), S. 40-50; Michael Friedrich, In memoriam Wilhelm Klemm, in: Börsenblatt für den Deutschen Buchhandel 24 (1968), S. 419-421.

34 Saur, Verlage im Dritten Reich, S. 9.

35 Erhart Kästner, Die Gutenberg-Reichsausstellung Leipzig 1940: ein Vorbericht, in: Leipziger Jahrbuch 1939, S. 29-36.

36 Monika Estermann, Schauer, Georg Kurt, in: Neue Deutsche Biographie 22 (2005), S. 588-589.

37 Georg Kurt Schauer, Memorandum, Über eine Zweigstelle der Deutschen Bücherei, 19.7.1945, ADNBF, Generaldirektion, II, und ders., Über eine Deutsche Bücherei des Westens in Frankfurt a. M., HHStAW 504 Nr. 6897, Bl. 26-28.

Andere allerdings erkannten offenkundig im amerikanischen Angebot die Chance, sich ebenso zügig in die neuen politischen Koordinaten der Nachkriegsphase einzufügen. Nach Wiesbaden mit gingen im Juni 1945 zunächst nur fünf Verleger, neben Klemms Dietrich'scher Verlagsbuchhandlung der Insel-Verlag Anton Kippenberg, Breitkopf & Härtel, A. Brockhaus auch der später nach Stuttgart weitergewanderte Medizin- und naturwissenschaftliche Verlag von Georg Thieme, später gefolgt von Philipp Reclam und anderen. Dass sie in den Westen mitkamen, sicherte ihnen nicht automatisch kontinuierliche Verlagsgeschäfte, aber angesichts der Enteignungen im SED-Staat Anfang der 1950er Jahre war der Gang in den Westen in der Regel die zukunfsträchtigere Option.[38]

Zu den deutschen Verlegerpersönlichkeiten, die sich, obschon sie lange an einer gesamtdeutschen Perspektive festhielten, den Amerikanern auf Frankfurter Seite empfahlen, zählte mit Vittorio Klostermann (1901-1977) ein Vorstandsmitglied der Hessischen Buchhändler-Vereinigung, der 1948/49 als Vorstand des neuen Frankfurter Börsenvereins unübersehbar werden sollte.[39] Klostermann hatte in den 1920er Jahren noch im Sortiment und Antiquariat bei Friedrich Cohen in Bonn gelernt und 1928 dessen renommierten geisteswissenschaftlichen Verlag geleitet.[40] Als die Wirtschaftskrise die Geschäfte versunsicherte, hatte sich Klostermann abgesetzt und Anfang Oktober 1930 in Frankfurt am Main seinen eigenen Verlag samt Antiquariat gegründet. Enge Autorenkontakte aus seiner Zeit bei Cohen wie den zu Hanns Wilhelm Eppelsheimer, dessen »Handbuch der Weltliteratur« Klostermann 1938 herausbrachte, nutzte er für die eigenständige Verlegertätigkeit.[41]

Mit den neuen Bedingungen, unter denen Publikationen, Buchmarkt und Verlegertum im NS funktionierten, hatte sich Klostermann ab 1933 weitgehend zu arrangieren. Zunächst hielt er an Autoren wie dem Althistoriker und Diplomaten Kurt Riezler fest, der, nach 1933 mit Repressalien überzogen, seinen Posten als Kurator an der Stiftungsuniversität Frankfurt entzogen bekam.[42]

---

38 Monika Estermann, Börsenverein in den Westzonen, S. 161; Thomas Frenzel (Hg.), Breitkopf & Härtel. 300 Jahre europäische Musik- und Kulturgeschichte, Wiesbaden 2019, S. 383-394.

39 Vittorio E. Klostermann (Hg.), Vittorio Klostermann. Frankfurt am Main 1930-2000. Verlagsgeschichte und Bibliographie, Frankfurt a.M. 2000; Leipzig – Wiesbaden – Frankfurt. Ein Gespräch mit Professor Dr. Georg Kurt Schauer über die Anfänge des Frankfurter Börsenblattes, in: Börsenblatt für den Deutschen Buchhandel, Frankfurter Ausgabe 60 (1974), S. 1238-1241; Georg Kurt Schauer, Memorandum, Über eine Zweigstelle der Deutschen Bücherei, 19.7.1945, ADNBF, Generaldirektion II.

40 Jubiläumsfeier, in: Börsenblatt für den Deutschen Buchhandel 96.257 vom 5.11.1929, S. 1183.

41 Börsenblatt für den Deutschen Buchhandel 36 vom 12.Februar 1938, S. 128.

42 Kurt Riezler, Parmenides, Frankfurt a.M. 1934; ders., Traktat vom Schönen: zur Ontologie der Kunst, Frankfurt a.M. 1935.

Bald druckte Klostermann wie die meisten deutschen Verlage zwischen 1933 und 1945 daneben Autoren, die sich mit der allergrößten Mehrheit ihrer Kollegen zumindest nominell zum Hitlerregime bekannten,[43] darunter 1939 auch eine Schrift, die im Rahmen der ab 1939 vom Reichsführer der SS Heinrich Himmler vertretenen NS-»Ahnenerbe«-Forschung erschien.[44] Im Dezember 1937 gehörte er zu den Frankfurter Verlegern auf einer Gaukulturwoche Hessen und Nassau, die die Gaupropagandaleitung der NSDAP orchestrierte.[45] Ob er davon angetan war, dass die Stadt Frankfurt Hitler im April 1939 einen im Klostermann-Verlag erschienenen Band über »Marmorbildwerke« zum Geburtstag übereignete, muss offenbleiben.[46] Im Börsenverein blieb Klostermann aktiv und war noch 1942 stellvertretender Leiter der Fachgruppe Philosophie und Religion.[47]

Um gleich ab 1945, sobald sein Verlag lizenziert war, wieder verlegerisch aktiv werden zu können, nutzte Klostermann seine Kontakte aus den Kriegsjahren. Jetzt hatte er aber nach den Regeln der alliierten Lizenzierungspolitik zu spielen. Die Essayistik Ernst Jüngers beispielsweise, den die französische Administration in ihrer Zone gewähren ließ, konnte Klostermann in Frankfurt erst mit dem Ende des amerikanischen Lizenzierungsregimes drucken.[48] Autoren der sogenannten inneren Emigration bot Klostermann so eine publizistische Bühne. Das schloss freilich ein, dass er sie auch für zeitgenössische Kritik exponierte: Man warf dem rechtskonservativen Gegner der Weimarer Republik Jünger vor, er ziehe sich angestrengt kontemplativ zurück und vermeide es, biographisch und politisch mit dem NS abzurechnen.[49] Klostermann reichte den umstrittenen Autor in die Bundesrepublik durch, half ihm, sein Publikum zu finden, und ermöglichte zugleich,

43 U.a. Otto Friedrich Bollnow, Das neue Bild des Menschen und die pädagogische Aufgabe, Frankfurt a.M. 1934; Theodor Hetzer, Tizian: Geschichte seiner Farbe, Frankfurt a.M. 1935; Börsenblatt für den Deutschen Buchhandel Nr. 131 vom 8.6.1934, S. 2486, und Sonderausgabe des Börsenblatts für den deutschen Buchhandel vom 20.10.1935, S. 280; Saur, Verlage im Dritten Reich, S. 11.

44 Franz Altheim, Die Soldatenkaiser, Frankfurt a.M. 1939.

45 Börsenblatt für den Deutschen Buchhandel 104.285 vom 9.12.1937, S. 991; Walter Beckmann, Gaukulturwoche Hessen und Nassau 1937, in: Börsenblatt 104.285 vom 9.12.1937, S. 991.

46 Börsenblatt für den Deutschen Buchhandel 106.97 vom 27.4.1939, S. 340.

47 Börsenblatt für den Deutschen Buchhandel 109.69/79 vom 2.4.1942, S. 66.

48 Ernst Jünger, Sprache und Körperbau, Frankfurt a.M. 1949 (erweiterte Ausgabe des 1947 beim Züricher Verlag Die Arche erschienenen Bands); Frederick A. Praeger an Landesbibliothek Darmstadt, 3.12.1947, Anlage um Brief vom 3. Dezember, HStAD Q 4 Nr. 8/172-1/6; Daniel Morat, Die Entpolitisierung des Politischen. Ernst Jüngers Essayistik der 1950er Jahre, in: Matthias Schöning, Ingo Stöckmann, (Hgg.), Ernst Jünger und die Bundesrepublik: Ästhetik – Politik – Zeitgeschichte, Berlin, Boston 2012, S. 163-184.

49 Daniel Morat, Von der Tat zur Gelassenheit. Konservatives Denken bei Martin Heidegger, Ernst Jünger, Friedrich Georg Jünger 1920-1960, Göttingen 2007.

dass sich nach 1945 auch Skeptiker des westdeutschen Systems im Stile Jüngers publizistisch der Nachkriegswelt stellten. Freilich überantwortete Klostermann Jünger einer Medienöffentlichkeit, die erst noch plural werden musste. Unter öffentlichen Liberalisierungsdruck geriet Jünger dabei nicht.

Mit dem westdeutschen Börsenverein, der sich direkt nach Kriegsende bis 1948 schrittweise konstituierte, hatte die Frankfurter Bibliotheksgründung also einen traditionsbewussten, aber zunächst stark vom Krieg gezeichneten Akteur auf ihrer Seite. Er stand für eine Art nachholende Modernisierung des Buchhandels und spiegelte den starken Strukturwandel bei der Herstellung und dem Vertrieb von Büchern wider, der die Nachkriegszeit prägte.[50] Freilich musste sich der Börsenverein in der westlichen Zone erst selbst installieren und kam nur allmählich auf die Füße. Die Rahmendaten dafür lieferten einmal mehr die Amerikaner, die das Dezentralisierungsgebot lockerten und überregionale Zusammenschlüsse erlaubten.

Erst gingen die Landesverbände der Buchhändler in der amerikanischen und britischen Besatzungszone 1948 unter Vittorio Klostermann zu einer Arbeitsgemeinschaft Deutscher Verleger- und Buchhändler-Verbände in Frankfurt a.M. zusammen.[51] Seit Oktober 1948 ausdrücklich in Börsenverein Deutscher Verleger- und Buchhändlerverbände umbenannt, traten im September 1949 zuerst die Verleger und Buchhändler der französischen Zone und dann im März 1950 auch die der Berliner Westsektoren bei. Der Verweis auf den Leipziger Börsenverein blieb intern umstritten, weil der Eindruck einer westdeutschen Parallel- oder Gegengründung zunächst vermieden werden sollte.[52]

Auf Leitungsebene gaben lizenzierte Altverleger dem Börsenverein ein erstes Profil. Carl Hanser (1901-1985) etwa hatte seinen Verlag durch den Krieg gebracht, indem er das belletristische Programm aussetzte und ausschließlich Fachwissenschaftliches veröffentlichte.[53] Josef Knecht (1897-1980), der den Bör-

50 Hanns Wilhelm Eppelsheimer, Entschließung der Direktorenkonferenz vom 22.10.1948 in Frankfurt, in: Nachrichten für wissenschaftliche Bibliotheken 1.3 (1948), S. 35-36; Monika Estermann, Nachrichten aus dem Zwischenreich. Das Neue Buch. Ein Ausstellungskatalog von 1947, in: Estermann, Fischer, Wittmann, Parallelwelten, S. 241-276; Estermann, Börsenverein.

51 Vittorio Klostermann, Bericht des Vorsitzenden des Verlegerausschusses, Herrn Vittorio Klostermann, in: Börsenblatt für den Deutschen Buchhandel 5.76 (1949), S. 266-267; ders., Versammlung der Mitglieder der Landesverbände am Sonntag, den 24.9.1950, in der Paulskirche. Bericht des Vorsitzenden des Verleger-Ausschusses, Herrn Vittorio Klostermann, in: ebd. 6.79 (1950), S. 339-340.

52 Vittorio Klostermann, Denkschrift über die Lage der Deutschen Bibliothek in Frankfurt a.M., 16.2.1949, HHStAW 504 Nr. 6897, Bl. 50-52 und ADNBF DBB 1946-52; Umlauff, Wiederaufbau, Sp. 274-331, Estermann, Börsenverein, S. 161-162.

53 Reinhard Wittmann: Der Carl Hanser Verlag 1928-2003. Eine Verlagsgeschichte, 2005; Saur, Verlage im Dritten Reich, S. 10-11.

senverein ab 1951 leitete, war als Linkskatholik 1934 vorübergehend inhaftiert, hatte sich nach 1933 im Freiburger Herder-Verlag halten können und war 1946 von der französischen Besatzungsbehörden lizensiert worden.[54] Mit solchem Personal bemühte sich der Börsenverein des Deutschen Buchhandels (ab 1955) im Buchhändlerhaus im Frankfurter Großen Hirschgraben um westdeutsche Statur.[55] Bis Mitte der 1950er Jahre fand er Rückhalt bei knapp 2700 Einzelmitgliedern[56] und arbeitete sich erneut zur Interessenvertretung für den herstellenden, verbreitenden und Zwischenbuchhandel vor.

Für die Deutsche Bibliothek war die Rekonvaleszenz des Börsenvereins als zentraler Mitgründer des Hauses wichtig. Dabei blieben die meisten Verleger im Frankfurter Börsenverein mindestens in den späten 1940er Jahren der Deutschen Bücherei in Leipzig aus traditionellen und professionellen Gründen überaus gewogen. Vor allem wollten sie die Nationalbibliographie zügig wieder erscheinen sehen, die sie als wirtschaftliches Rückgrat des Buchhandels dringend benötigten. Konkurrenzgebaren passte nicht in die Szene.[57] Das galt selbst dann, wenn die Deutsche Bibliothek in Frankfurt ab 1946/47 begann, ihre eigene Deutsche Bibliographie zu produzieren. Auf die Verzeichnisressourcen im Osten wollte man dennoch nicht verzichten.

Es entsprach der politischen Gewichtsverteilung im frühen Nachkrieg, dass sich das amerikanische Kalkül durchsetzte, den Börsenverein nach Wiesbaden beziehungsweise Frankfurt in die US-Besatzungszone zu ziehen. Zugleich zeichnete sich ab, dass die Amerikaner versuchten, sich einvernehmlich abzusprechen. Denn im Börsenverein erkannten sie eine wichtige Koordinierungsgröße für den Buchmarkt und wussten, dass die bibliographischen Verzeichnisse, auf die der Börsenverein bis dahin in der Deutschen Bücherei in Leipzig drängte, auch für die US-Kontrollpolitik hilfreich waren. Für den Börsenverein bargen die amerikanischen

---

54 Josef Knecht, Die Wahrheit und der Friede: 3 Ansprachen anlässlich d. Verleihung d. Friedenspreises des Deutschen Buchhandels an Romano Guardini am 24.9.1952 in der Paulskirche zu Frankfurt a.M., Frankfurt a.M. 1952; Bericht über die Stiftungsurkunde und über die Arbeit der Deutschen Bibliothek, Börsenblatt für den Deutschen Buchhandel 96, 30.11.1951, ADNBF Zeitungsausschnitte, Bl. 303; Erinnerungen des Altvorstehers Josef Knecht, in: Börsenblatt für den Deutschen Buchhandel 33.90 (1977), S. 81-82.

55 Frankfurter Rundschau, 20.4.1952 (Im Hirschgraben: Haus des Deutschen Buchhandels), ADNBF Zeitungsausschnitte Bl. 293; Satzung des Börsenvereins des Deutschen Buchhandels (vom 12.5.1955). Mit den in der außerordentlichen Hauptversammlung Cantate 1959, in der 8. Hauptversammlung am 22.9.1962 und in der 10. Hauptversammlung am 19. September 1964 beschlossenen Änderungen. Nebst Wahlordnung und Geschäftsordnung. Frankfurt a.M. 1964.

56 Umlauff, Wiederaufbau, Sp. 394.

57 Vorsitzender des Hessischen Buchhändler-Verbands Alfred Grade an den Hessischen Minister für Kultus und Unterricht, 2.7.1947, HHStAW 54 Nr. 6897, Bl. 37.

Offerten umgekehrt die Chance, als eigentlich angeschlagene Größe zügig wieder handlungsfähig zu werden. Jedenfalls wuchs bei nicht wenigen Verlegern und Buchhändlern das Interesse an Buchmarktbedingungen, wie sie das westliche System eher bieten konnte als die östliche Planwirtschaft.

2.2 Gründung

Einfädeln

Die Deutsche Bibliothek war schon seit Frühjahr 1946 im Gespräch, bevor sie in zwei Anläufen im November 1946 und Mai 1947 gegründet wurde. Sie war eine verabredete, ausgehandelte Bibliothek und blieb es bis Anfang der 1950er Jahre.

Mitte Februar 1946 verständigten sich die Landesvertreter des Buchhandels in der amerikanischen Zone darauf, von Frankfurt aus eine eigene Bibliographie parallel zu Leipzig zu lancieren. Um die Ansiedlung der Bibliothek hatte sich unter anderem auch der Oberbürgermeister der Stadt Köln, Konrad Adenauer, beworben. Die Buchhändler spekulierten aber auf die »zentrale Lage« Frankfurts und seine Tradition als Buch- und Messestadt.[58]

Sobald sich zwischen Februar und März 1946 Landesverbände der Buchhändler in der amerikanischen, britischen und französischen Zone zusammengeschlossen hatten, war im Grunde schon eine wesentliche Vorentscheidung für die Gründung der Deutschen Bibliothek in Frankfurt gefallen. Selbst diejenigen, die hofften, die Westofferte könnte noch Spielraum dafür lassen, einen gesamtdeutschen Börsenverein ins Leben zu rufen, drängten letztlich darauf, schnellstmöglich eine zentrale Bibliographie samt Präsenzbibliothek einzurichten, in der sämtliche bibliographisch verzeichneten Publikationen hinterlegt würden. Denn Verleger und Buchhandel trieb die Sorge um, ohne eigenständige Nationalbibliographie im Westen die Übersicht über den Markt zu verlieren.[59]

In diese Szene hinein platzierten deutsche Verleger und Börsenvereinsmitglieder in Frankfurt, allen voran der Leiter des Hessischen Landesverbands der Buchhändler und Vertraute der Amerikaner, Schauer, im Mai 1946 das Projekt einer »Deutschen Bücherei des Westens« als »zweite Sammelstelle«. Hier wollte Schauer die Neuerscheinungen in den drei Westzonen seit Kriegsende systematisch erfassen und ein zweites Pflichtexemplar für Leipzig hinterlegen lassen. Im

---

58 Kurt Georg Schauer, Über eine Deutsche Bücherei des Westens in Frankfurt a.M, in: Börsenblatt für den Deutschen Buchhandel 113.9 (1946), S. 73-74 und HHStAW 504 Nr. 6897. Die Landesvertreter tagten am 16. und 17.2. des Jahres.

59 Fredrick A. Praegr, Chief Publication Branch, 19.03.1948, HStAD Q 4 Nr. 8/154-2/2.

Rothschild-Palais am Untermainkai sollte sie gemeinsam mit der Stadt- und Universitätsbibliothek Frankfurt unterkommen, die Hanns Wilhelm Eppelsheimer seit 1945 leitete. »Geldmittel, Räume und Arbeitskräfte« sagte die Stadt Frankfurt zu. Es ging, so argumentierte man, darum, die Bearbeitungsrückstände aufzuholen, in die die Leipziger Bücherei durch Kriegsschäden und Besatzung gekommen war, ohne die Nationalbibliographie zu teilen, die man von Leipzig weiter erwartete.[60]

Aus Sicht der westdeutschen Buchhändler und Verleger um Schauer war Rivalität mit Leipzig im Spiel. Die sowjetische Besatzungsmacht hatte dem Direktor der Leipziger Bücherei, Uhlendahl, schon im November 1945 gestattet, die Leipziger Nationalbibliographie wiederaufzunehmen, die seit August 1946 erschien. Und der Leipziger Börsenverein beanspruchte seit Frühjahr 1946 gesamtdeutsche Geltung.[61]

Unter diesen Voraussetzungen verabredeten Eppelsheimer, Schauer und Klostermann mit dem amerikanischen Bevollmächtigten William Cecil Headrick von der Information Control Division am 12. September 1946, eine »Sammelbibliothek« am Untermainkai 15 in Frankufurt einzurichten.[62] Von sämtlichen seit dem 8. Mai 1945 veröffentlichten Publikationen, die man ab jetzt am Main verzeichnete, sollten lizenzierte Verleger je zwei Exemplare abliefern, um eines davon in den neuen Sammlungsgrundstock in Frankfurt einzuspeisen. Mit einem weiteren sollte demonstrativ der laufende gesamtdeutsche Sammlungsauftrag in Leipzig unterstützt werden. Man verwahrte die Zweitexemplare zunächst am

60 Georg Kurt Schauer, Über eine Deutsche Bücherei des Westens in Frankfurt a.M., in: Börsenblatt für den Deutschen Buchhandel 113.9 1946), S. 73-74, auch HHStAW 504 Nr. 6897 Bl. 26-28 sowie ISG FFM Kulturamt A.41 Nr. 1423; Oberbürgermeister der Stadt Frankfurt Kolb an den Rat der Stadt Leipzig am 21.8.1946, ISG FFM Kulturamt A.41 Nr. 1423.

61 Börsenblatt des Deutschen Buchhandels 113.20-21 (11.11.1946), S. 205; Bille, Börsenverein, S. 183.

62 Börsenblatt des Deutschen Buchhandels 113.20-21 (11.11.1946), S. 206; Protokoll über die Errichtung einer Sammelbibliothek der Neuerscheinungen seit 8.5.1945 in den drei Westzonen in der American Library, Frankfurt am Main vom 12.9.1946, ISBG FFM Kulturamt A.41 Nr. 1423 und NARA RG 260 Entry A1 259 Box 258; Important Dates Information Control Division, HStAD Q 4 Nr. 8/154-2/2; Eppelsheimer an das Kulturamt der Stadt Frankfurt a.M., 16.9.1946, ISG FFM Kulturamt A.41 Nr. 1423; Frankfurt Detachment. Publication Branch, Information Control Division: permission to purchase literature […], ISG FFM Kulturamt A.41 Nr. 1423; Eppelsheimer an den Oberbürgermeister der Stadt Frankfurt am 25.11.1946, ISG FFM Kulturamt ebd.; Eppelsheimer an das Kulturamt am 16.12. 1946, ISG FFM Kulturamt ebd.; Douglas Waples am 8.10.1946 (Frankfurter Bibliothek), BArch OMGUS Shipment 15 Box 154-1 Folder 26; Satzung der Deutschen Bibliothek vom 31.7.1952, ADNBF, ebd.; Stiftungsurkunde vom 31.7.1952 (Abschrift), ADNBF, Stifterurkunde und ISG FFM Börsenverein W2-7 Nr. 683.

Main, um sie unter günstigeren zonenpolitischen Bedingungen weiterzugeben. Dass die britische und französische Zone in diese Regelung einbezogen würden, wie es bis Sommer 1947 tatsächlich geschah, konnte zunächst nur in Aussicht gestellt werden. Von Leipzig erwartete man dem Protokoll von 1946 zufolge im Gegenzug Belegexemplare aller Veröffentlichungen in der »Ostzone«. Den provisorischen Charakter der Regelung sollte unterstreichen, dass die Fankfurter zwar auf eine eigene Bibliographie verzichten wollten. Eine Frankfurter Bibliographie war aber laut Protokoll nur zu verhindern, wenn die Leipziger die eingehenden Westveröffentlichungen sofort in ihrer Nationalbibliographie sichtbar machten.[63]

Der amerikanische Soziologe und Anthropologe Headrick, der im Protokoll die Information Control Division vertrat, traf diese initiale Verabredung mit den Deutschen just in der Amerikahausbibliothek, die seit September 1945 von Bad Homburg nach Frankfurt verlagert worden war. Das sprach besatzungspolitische Bände: Headrick stand eigentlich für eine amerikanische Bibliotheksvision für Nachkriegsdeutschland, die mit der geplanten Archiv- und Präsenzbibliothek wenig gemein hatte. Er trat für die später noch charakterisierten Bibliotheken in den Amerikahäusern ein, die den Deutschen handverlesene Veröffentlichungen präsentierten, um die Demokratie zu vermitteln.[64] Hier schlug im Grunde das Kontroll- und Erziehungsherz vieler Amerikaner, denen die Frankfurter in der Gründungsphase begegneten. Dass die Amerikaner vor allem solche Bibliotheksmodelle im Kopf hatten, erklärte wohl auch, warum sie die Deutsche Bibliothek nicht selbst subventionierten. Die Deutsche Bibliothek war ihnen wichtig genug, aber als Medium der Kontrolle über den aktuellen Publikationsmarkt hing ihre Halbwertszeit einmal mehr an der Besatzungsphase bis 1949. Anfangs vor allem von deutscher Seite ins Spiel gebracht, passte der Plan ab Spätjahr 1946 also stetig besser in das US-amerikanische Besatzungskalkül. Bibliographie und Bibliothek zusammen erschienen den Amerikanern jetzt als günstige informationspolitische Infrastruktur, mit der sich der Publikationsmarkt systematisch beobachten ließ.[65]

63 Vittorio Klostermann, Protokoll über die Errichtung einer Sammelbibliothek der Neuerscheinungen seit 8.5.1945 in den drei Westzonen in der American Library, Frankfurt a.M., 12.9.1946, BArch OMGUS Shipment 15 Box 154-1 Folder 26; Protokoll über die Errichtung einer Sammelbibliothek, in: Börsenblatt des Deutschen Buchhandels, 113.20-21 (11.11.1946), S. 199.

64 William Cecil Headrick, Occupation of Germany, in: Current History 7.40 (1944), S. 460-467; Maritta Hein-Kremer, Die amerikanische Kulturoffensive. Gründung und Entwicklung der amerikanischen Information-Centers in Westdeutschland und West-Berlin 1945-1955. Köln u.a. 1996, hier S. 147-148, 167. Vgl. Kapitel 4.4.

65 Memo des Chief of Publications Control Branch Douglas Waples am 8.10.1946, NARA RG 260 Box 25; Memo des Director of Information Control Gordon E. Textor am 1.9.1947 (Completion of Work on the »Deutsche Bibliothek« (German

Ab 4.11.1946 operierte die verabredete Bibliothek schließlich als private Stiftung von Börsenverein und der Stadt Frankfurt unter dem offiziellen Label Deutsche Bibliothek.[66] Über die Wintermonate hinweg konferierten Vertreter des Buchhandels, Eppelsheimer als designierter Bibliotheksleiter mit US-Bevollmächtigten aus der Information Control Division und der Stadt Frankfurt darüber, wie die Bibliothek aufzustellen war. Dazu sollten Eppelsheimer, Klostermann, der umtriebige Frankfurter Buchhändler Heinrich Cobet (1904-1994) und ein Vertreter des Frankfurter Magistrats eine Satzung ausarbeiten.[67] Am 19. Mai 1947 wurde die Deutsche Bibliothek nominell zu einer Einrichtung der Stadt Frankfurt und der wenige Tage zuvor am 16. Mai 1947 offiziell gegründeten »Buchhändler-Vereinigung GmbH« erklärt.[68] Über einen eigenen Etat verfügte das Haus damit aber nicht. Die Stadt Frankfurt bewilligte neben einem bescheiden Arbeitsraum wenige Mitarbeiter, die Eppelsheimer nach Bedarf aus der Stadt- und Universitätsbibliothek bereitstellen konnte.[69] Damit war die Deutsche Bibliothek erst verabredet und dann unspektakulär gegründet.

Library), ebd.; Textor am 19.9.1947 an den Wirtschaftsrat der Bizone in Frankfurt, ebd.

66 Börsenblatt des Deutschen Buchhandels 113.20-21 (11.11.1946), S. 199; George L. Fraenkel, Publications Control Officer Frankfurt Outpost für das Office of Military Government for Greater Hesse, ICD, Publication Control Branch, am 4.11.1946, NARA RG 260 Box 258.

67 Chief of ICD Anthony F. Kleitz, 15.11.1946, NARA RG 260 Box 258; Eppelsheimer, Bericht über die Verwaltung der Deutschen Bibliothek für die Zeit vom 1.1.1947 bis 30.6.1950, ADNBF DBB 1946-52; Publications Control Offcier George L. Frenkel, Inspection of the »Deutsche Bibliothek«, Frankfurt a.M., 20.1.1947, NARA RG 260 Box 258; Heinrich Cobet, Frankfurt, HHStAW 507 Nr. 11971 Hessisches Wirtschaftsministerium. Politische Überprüfung, Hessischer Buchhändlerverband.

68 Eppelsheimer, Bericht, ADNBF DBB ebd.; Herbert Haag, Bericht über die Prüfung der Rechnungslegung für die Zeit vom 1.7.1947-31.12.1950 der Deutschen Bibliothek, S. 5, ISG FFM Kulturamt A.41 Nr. 1423. Vertrag zwischen der Stadt Frankfurt am Main, vertreten durch den Magistrat-Kulturamt, und der Buchhändlervereinigung GmbH in Frankfurt vom 19.5.1947, ISG FFM Börsenverein W2-7 Nr. 683.

69 Eppelsheimer an den Oberbürgermeister der Stadt Frankfurt Kolb am 11.4.1947, HHStaW 504 Nr. 6897, Bl. 14; Satzung für die »Deutsche Bibliothek« der Buchhändler-Vereinigung G.m.b.H. zu Frankfurt a.M. (Abschrift), HHStAW ebd., Bl. 31-33; Kommissions-Vertrag zwischen dem Verlag des Börsenblattes, Frankfurt a.M., Schaumainkai 101 [...] und der Deutschen Bibliothek vom 24.3.1947 (Abschrift), ebd., Bl. 34-35.

Angekommen im Dazwischen:
Die Deutsche Bibliothek im Rothschild-Palais

Im Nachkriegs-Frankfurt einen Ort für die Deutsche Bibliothek zu finden, war nicht einfach. Der Zustand vieler Bibliotheken war so deplorabel wie die Stadt zerstört. Mit seinen kriegsgeschädigten Bibliotheken stand Frankfurt am Main freilich nicht allein. Schon die wissenschaftlichen Sammlungen in Deutschland hatten bis 1945 grob geschätzt mit etwa 25 Millionen Bänden etwa ein Drittel ihrer Bestände im Krieg verloren, von denen viele nicht zu ersetzen waren und aus dem deutschen Kulturwissen ersatzlos verschwanden. Dabei gehörte die Deutsche Bücherei in Leipzig anders als stark dezimierte Sammlungen in großen Universitätbibliotheken wie in Hamburg, Kiel oder Münster zu den Häusern, in denen die Schäden unter dem Durchschnitt lagen und einigermaßen überschaubar geblieben waren.[70] In den Staatsbibliotheken in München und Berlin hingegen verzeichnete man desaströse Verluste. Was vor allem nach 1939 nicht ausgelagert worden war, hatte den Krieg selten überstanden. Jüdische Bibliotheken und Bücher hatten die Diktatur und die Massenvernichtung ihrer jüdischen Besitzer ohnehin nur überdauert, wenn es entweder noch gelungen war, sie vor den Plünderungen außerhalb des NS-Machtbereichs an verschiedenen Exilorten unterzubringen oder wenn sie nach 1933 zu den selektierten Sondersammlungen wie den Frankfurter Judaica gehört hatten. Nach rassistischen Sammlungskriterien eingelagert, war solches Buchgut jetzt der Nachkriegskultur sicher.[71]

Spiegelbildlich zum globalen Kriegsgeschehen von Hitlers Deutschland aus erstreckte sich die bibliothekarische Schadensbilanz weit über Deutschland hinaus. In den besetzten Ländern vor allem Osteuropas waren Bibliotheken im Zuge der nationalsozialistischen »Buchexpeditionen« des Amts Rosenbergs oder des Reichssicherheitshauptamts zerstört und geplündert worden. Verwüstungsspuren reichten auch nach Westeuropa, wo selbst britische Bibliotheken Schaden genommen hatten.[72]

---

70 Rau, Nationalbibliothek.

71 Georg Leyh, Die deutschen wissenschaftlichen Bibliotheken nach dem Krieg, Tübingen 1947; Manfred Komorowski, Die Auseinandersetzung mit dem nationalsozialistischen Erbe im wissenschaftlichen Bibliothekswesen nach 1945, in: Vodosek, Komorowski, Bibliotheken, Teil 2, Wiesbaden 1992, S. 273-295, hier S. 273-274.

72 New York Times, 4.4.1945, S. 12 (Library Pillaging by Nazis Surveyed); Theodore Besterman, International Library Rehabilitation and Planning, in: Journal of Documentation 2.1 (1946), S. 174-180; Leslie Irlyn Poste, Books go Home From the Wars, in: Library Journal 73.21 (1948), S. 1699-1704, hier S. 1704; Jacqueline Borin, Embers of the Soul: The Destruction of Jewish Books and Libraries in Poland during World War II, in: Libraries & Culture 28.4 (1993), S. 445-460; Eileen Brown, War Damage, 1939-1945, and Post-war Reconstruction in Libraries of the Federal German Republic and England: a comparison, in: Journal of Librarianship

Die Frankfurter Buchzerstörungen nach 1945 lagen so gesehen eher am ge-
mäßigten Ende der gewaltigen Schadensbilanz. Und zumindest blieb die Frankfurter Bibliothekslandschaft von einem Bücherschwund verschont, der mitunter
auch nach 1945 noch entstand, wenn die Alliierten ganze Sammlungen als Nach-
kriegsbeute abzogen.[73]

In dieser Szene um 1945/46 war an mehr als räumlichen Notbehelf für die
Deutsche Bibliothek zunächst nicht zu denken. So konnten sich der Börsenverein, die Stadt Frankfurt und der Bibliothekar Hanns Wilhelm Eppelsheimer
darauf einigen, die Deutsche Bibliothek 1946 im Rothschild-Palais am Untermainkai anzusiedeln. Denn hier richtete sich auch die Stadt- und Universitätsbibliothek ein, die ihr erster Nachkriegsdirektor seit 1945, Eppelsheimer, aus
kriegsgeschädigten Frankfurter Gebäuden in das Rothschild-Haus verlagert
hatte. Zu diesem Zeitpunkt konnte niemandem klar sein, dass die Deutsche Bibliothek erst 1959 einen Neubau und auch die Stadt- und Universitätsbibliothek
erst 1964 ein eigenes Gebäude beziehen würden.[74] Man teilte das Provisorium
auf viele Jahre.

Nach 1945 campierte die Deutsche Bibliothek also auf kleinstem Raum am
Untermainkai in Büroräumen der nur teilweise zerstörten Rothschild-Biblio-
thek. Das Rothschild-Haus war 1945/46, bevor und während man die Deutsche
Bibliothek dort installierte, in vielfacher Hinsicht ein eigentümlicher und hoch-

7.4 (1975), S. 292-318; Michel Vermote, Patricia Kennedy Grimsted, Documenting
Nazi Library Plunder in Occupied Belgium and Limited Postwar Retrieval, 2021
file:///C:/Users/User/Downloads/looted_libraries_be_Part1_Appendix; Elisabeth
Gallas, »Das Leichenhaus der Bücher«. Kulturrestitution und jüdisches Geschichtsdenken nach 1945, 2. durchges. Aufl., Göttingen 2016.

73 Karl Heinz Roth, Karsten Linne, Searching for Lost Archives. New documentation
on the pillage of trade union archives and libraries by the Deutsche Arbeitsfront
(1938-1941) and on the fate of trade union documents in the postwar era, in: International Review of Social History 38 (1993), S. 163-207; Astrid M. Eckert, Kampf
um die Akten. Die Westalliierten und die Rückgabe von deutschem Archivgut nach
dem Zweiten Weltkrieg, Stuttgart 2004.

74 Hanns W. Eppelsheimer, Die Deutsche Bibliothek. Erinnerungen an eine Gründung, in: Börsenverein des Deutschen Buchhandels (Hg.), Bibliographie und Buchhandel. Festschrift zur Einweihung des Neubaus der Deutschen Bibliothek Frankfurt am Main, Frankfurt a. M. 1959, S. 13-28; Klaus-Dieter Lehmann, Die Stadt- und
Universitätsbibliothek 1950-1984, in: ders., Bibliotheca Publica, S. 227-282; Fischer,
Kontinuität, S. 35; Berndt Dugall, Dagmar Gärtner, Das dezentrale Bibliothekssystem der Goethe-Universität, in: Konstanze Söllner, Wilfried Sühl-Strohmenger
(Hgg.), Handbuch der Hochschulbibliothekssysteme. Leistungsfähige Informationsstrukturen für Wissenschaft und Studium, Berlin, Boston 2014, S. 249-260.

symbolischer Ort, um in den Frankfurter Bücher- und Wissensordnungen nach 1945 anzukommen.

Symbolisch erschien erstens eine dringliche Restitution: Die Freiherrlich Carl von Rothschild'sche öffentliche Bibliothek von 1895, die Ende der 1920er Jahre der Stadt Frankfurt als Stiftung übertragen worden war, hatten die Nationalsozialisten 1933 umbenannt, um den jüdischen Stifternamen 1933 zu tilgen.[75] Noch im August 1945 erhielt die Bibliothek nun ihren ursprünglichen Namen wieder zuerkannt. Die rassistische Intervention, die am Untermainkai vor 1945 stattgefunden hatte, war damit kompensiert.[76]

Zweitens requirierte die Monuments Fine Arts and Archives-Einheit der US-Armee die Rothschild-Bibliothek am Untermainkai 15 und nutzte sie seit dem 11. Juli 1945 bis Ende des Jahres als Rothschild Library Collecting Point. Neben den Collecting Points für Kunstwerke etwa im Staatsarchiv Marburg oder im Landesmuseum von Wiesbaden zählte der Untermainkai damit zunächst zu den zentralen Büchersammelstellen, von denen aus die US-Militäradministration einen Kraftakt der internationalen Buch-Restitution startete. Von hier aus sollte v. a. das Raubgut aus den widerrechtlich beschlagnahmten jüdischen Bibliotheken an seine Eigentümer zurückverteilt werden, die sich Rosenbergs Frankfurter »Institut zur Erforschung der Judenfrage« in Deutschland und den okkupierten Gebieten angeeignet und in der Bockenheimer Landstraße 68 gehortet hatte. Etwa 130.000 Bücher aus den Raubbeständen des Frankfurter NS-Instituts und ständig mehr Raubgut aus dem hessischen Umland brachten die Amerikaner hier 1945 unter.[77]

Damit verkörperte das Rothschild-Haus 1945 einen historischen Moment lang den Kurs der US-amerikanische Buchpolitik. Die US-Stellen intervenierten, um just in der von den Nationalsozialisten durchforsteten Rothschild-Bibliothek sämtliche zwischen 1933 und 1945 vom NS erzwungenen Regeln im Umgang mit geraubtem Bibliotheksgut wieder außer Kraft zu setzen. Damit entlarvten die Amerikaner gleichzeitig, wie paradox die Prämissen nationalso-

---

75 Vgl. Kapitel 2.2.

76 Fischer, Rothschild-Bibliothek, S. 94.

77 Gallas, Leichenhaus, S. 36-37; Poste, Books go Home; ders., The Development of U.S. Protection of Libraries and Archives in Europe During World War II, Diss. University of Chicago 1958, u.a. S. 336; Fritz J. Hoogewoud, The Nazi Looting of Books and Its American ›Antithesis‹. Selected Pictures from the Offenbach Archival Depot's Photographic History and Its Supplement, in: Studia Rosenthaliana 26.1/2 (1992), S. 158-192, hier S. 167; Robert G. Waite, Returning Jewish Cultural Property: The Handling of Books Looted by the Nazis in the American Zone of Occupation, 1945 to 1952, in: Libraries & Culture 37.3 (2002), S. 213-228, hier S. 214; Emily Löffler, Kunstschutz im besetzten Deutschland: Restitution und Kulturpolitik in der französischen und amerikanischen Besatzungszone (1944-1953), Wien, Köln, Weimar 2019.

Abb. 1   Untermainkai 15 (Rothschild-Palais) etwa 1948. Foto: Eva Tiedemann

zialistischer Buchpolitik geblieben waren: Die Nationalsozialisten waren sozialistischen, kommunistischen und vor allem jüdischen Veröffentlichungen in
Frankfurt und andernorts zuleibe gerückt, weil man den nonkonformen Büchern selbst in der Diktatur Wirkmacht zutraute. Im offiziellen NS-Jargon
schien das jüdische oder NS-kritische Buch imstande, den arischen Volksgeist
zu zersetzen und den NS-Staat zu gefährden. Selbst seit Kriegsbeginn und noch
parallel zum Genozid setzten die NS-Parteibibliothekare allerdings nicht nur
darauf, gehortete jüdische Sammlungen komplett zu vernichten. Stattdessen ließ
man beflissene Bibliothekare in den geraubten Buchmassen nach eventuell doch
lohnendem »Kulturgut« stöbern. Auch in der Stadt- und Universitätsbibliothek
Frankfurt begünstigte das Bereicherungs- und Schacherkreisläufe bibliothekarische Profiteure, die dort die Raubbestände endgültig zerfledderten. Es sei denn,
man schloss Raubgut wie die Judaica und Hebraica in der Rothschild-Bibliothek
hochsicherheitstraktartig weg. Als scheute man vor einem numinosen Jüdischen
zurück, mit dem man sich im geschützten Separé würde auseinandersetzen müssen, um sein Potenzial zu brechen.[78]

Von dieser Selektions- und Zerstörungspraxis der NS-Stellen grenzte sich die
amerikanische Besatzungspolitik in Frankfurt demonstrativ ab. Der Collection
Point in der Rothschild-Bibliothek und an anderen Sammelstellen und Kultur-

78 Vgl. Kapitel 1.

gut-Depots in Deutschland nach 1945 verstand sich als Fanal dezidiert demokratischer Sammel- und Buchkultur. Die Restitution bestand nicht nur darin, den diktatorischen Rechtsbruch und die Enteignungsdelikte des NS rückgängig zu machen. Bücher und Kulturgegenstände jüdischer Provenienz trugen die Amerikaner auch zusammen, um die Biographien der Bücher und mit ihr die der Besitzer namhaft zu machen und mit den Büchern auch ihren Besitzern oder deren Hinterbliebenen eine individuelle Dignität zurückzugeben. Aus Platzgründen begannen die Amerikaner im Herbst 1945 den Collection Point aus dem Rothschild-Haus in ein IG Farben-Gebäude in die Mainstraße in Offenbach zu verlagern. In diesem Offenbach Archival Depot nahmen die Amerikaner seit März 1946 tausende Tonnen ausgesonderter Bücher auch von außerhalb der amerikanischen Zone auf und verzeichneten sie, um sie zu restituieren. 1946/47 arbeiteten dort zwischenzeitlich über 170 deutsche und weitere neun ausländische Mitarbeiter. Bis Juni 1949 restituierte man von hier aus deutlich über 1,5 Millionen Bücher vor allem an westeuropäische, aber auch an russische und osteuropäische öffentliche und private Bibliotheken oder verlagerte sie unter anderem an den Collecting Point Wiesbaden.[79]

Noch lange nach 1945 setzte man sich in den USA öffentlich mit solchen kriegsbedingten transatlantischen Wissens- und Buchtransfers auseinander. Dass die Amerikaner das Restitutionsprogramm 1947 früh abwickelten, weil es zur Antikommunismus-Priorität nicht mehr passte, wurde jetzt kritisiert. Auch achtete man inzwischen mehr auf die mitunter eigenwillige Rolle, die selbsternannte Kunst- und Buchmissionare gespielt hatten, wenn sie Material aus Deutschland in den USA horteten und von dort aus nicht immer vollständig zurückverteilten.[80] Auch die Library of Congress beispielsweise hatte Agenten nach Europa entsandt, die Forschungsbibliotheken nach wichtigen deutschen Veröffent-

79 Offenbach Archival Depot. Offices of Military Government. Greater Hesse. Economics Division. Festschrift aus Anlass des Einjährigen Bestehens. März 1946-März 1947, Offenbach 1947; Geplanter Umzug des Offenbachers Archiv nach Wiesbaden, Bericht, Mai 1948, HStAD, Q 4, 8/128-2/15 Offenbacher Archiv Mai 1948 bis Juni 1949; Gabriele Hauschke-Wiklaus, Angelika Amborn-Morgenstern, Erika Jacobs, Fast vergessen: das amerikanische Bücherdepot in Offenbach am Main von 1945 bis 1949, Offenbach am Main 2011; Jürgen Babendreier, Die Textur der Diaspora – Zerstreutes Sammeln, Gesammeltes zerstreuen, in: Mitteilungen der VÖB 72.2 (2019), S. 555-571; Elisabeth Gallas, Anna Holzer-Kawalko, Caroline Jessen, Yfaat Weiss (Hgg.), Contested Heritage. Jewish Cultural Property after 1945, Göttingen 2020; Constantin Goschler, Josè Brunner (Hgg.), Die Praxis der Wiedergutmachung. Geschichte, Erfahrung und Wirkung in Deutschland und Israel, Göttingen 2009.
80 Michael Salter, A Critical Assessment of US Intelligence's Investigation of Nazi Art Looting, in: Journal of International Criminal Justice 13 (2015), S. 257-280; Rüdiger Zimmermann, Berlin-Offenbach-Washington-Bonn: Das Offenbach Archival De-

lichungen absuchten und damit die Sammelschwerpunkte US-amerikanischer Bibliotheken ausstatten wollten.[81]

Ende der 1990er Jahre begannen im Zuge einer Diskussion über in den USA untergetauchte ehemalige Nationalsozialisten Gerüchte zu kursieren, die Kongressbibliothek habe womöglich nicht alle in Deutschland und andernorts nach 1945 eingezogenen Bücher vollständig restituiert. Die US-Regierung reagierte und beauftragte demonstrativ eine Studie zu den Buchmissionen. Die gab Entwarnung. Im Nachkriegseuropa und -deutschland konfiszierte Bücher waren ihr zufolge nur in der Library of Congress verblieben, wenn sich die rechtmäßigen Eigentümer nicht ermitteln ließen. Nur die nicht zuzuordnenden Bücher übergab man der Jewish Cultural Reconstruction Inc., und erst über sie gelangten knapp 5700 der ursprünglich etwa 158.000 Bücher, die die JCR verteilte, wieder in die Library of Congress.[82]

Als das Archival Depot Ende der 1940er Jahre Bücher zurückbehielt, kamen nicht in der Deutschen Bibliothek in Frankfurt, wohl aber in Eppelsheimers Stadt- und Universitätsbibliothek Bücher an, die sich nicht hatten restituieren lassen und die die aktuelle historische Provenienzforschung nach Unregelmäßigkeiten absucht.[83]

Selbst nachdem die amerikanische Buchsammelstelle Ende 1946 aus der Rothschild-Bibliothek weg nach Offenbach verlegt worden war, atmete der Untermainkai, der seit Januar 1946 zum neuen Standort der kaum gegründeten Deutschen Bibliothek werden sollte, an vielen Stellen noch ganz den Geist von Regimebrüchen und Krieg.

pot und die Gewerkschaftsbestände der Bibliothek der Friedrich-Ebert-Stiftung, in: AKMB-News: Informationen zu Kunst, Museum und Bibliothek 8.2 (2002), S. 11-17.

81 New York Times 7.3. 1946, S. 15 (U.S. Agents getting books in Germany); Robert G. Waite, The handling of looted books in the American Zone of Occupation, 1944-1951, Washington 1997.

82 Michael Dobbs, Epilogue to a Story of Nazi-Looted Books. Library of Congress Trove of War Propaganda included many stolen Jewish Books, in: Washington Post, 5.1.2000, S. C1; Robert G. Waite, Returning Jewish Cultural Property: The Handling of Books Looted by the Nazis in the American Zone of Occupation, 1945 to 1952, in: Libraries & Culture 37.3 (2002), S. 213-228; Plunder and Restitution: The U.S. and Holocaust Victims' Assets. Report to the President of the Presidential Advisory Commission on Holocaust Assets in the United States and Staff Report, Washington 2000, S. 13-14.

83 Eppelsheimer an das Hessische Staatsministerium am 24.5.1948, HHStAW 504 Nr. 6894; Binder, Stadtbibliothek, S. 225-226; Eva-Maria Magel, Nazi-Beute in den Regalen, in: FAZ, 23.06.2020, S. 32; Ira Kasperowski, Claudia Martin-Konle (Hgg.), NS-Raubgut in hessischen Bibliotheken, Gießen 2014; Andreas Göller, NS-Raubgut in Darmstädter Bibliotheken vor und nach 1945, in: Aschkenas: Zeitschrift für Geschichte und Kultur der Juden 26.1 (2016), S. 233-250.

Drittens schließlich ließ Eppelsheimer gleich nach Kriegsende in das Rothschild-Haus und in mehrere vormalige NS-Luftschutzbunker in der Schmick-
straße und in der Wittelsbacher Allee auch die Bücher der Stadt- und Universitätsbibliothek zurücktransportieren, die vor 1945 ausgelagert worden waren.[84]
Solche Aktionen prägten nicht nur die Frankfurter Bibliothekslandschaft. Krieg
und Kriegsende lösten landes- und europaweit eine eigenwillige Transferdyna-
mik der Bücher aus. Buchtransporte fanden nach 1945 in den unterschiedlichsten Varianten in sämtlichen Besatzungszonen genauso wie in Österreich statt.[85]
Noch ohne eigenen Bestand, war die Deutsche Bibliothek 1946 davon nicht
selbst betroffen, aber man kam 1946 zu einem Zeitpunkt an, zu dem sich die
Stadt- und Universitätsbibliothek im gleichen Gebäude in jeder Hinsicht erst in
den Nachkrieg einsortierte.

In diesem Umfeld von Teilzerstörung, behelfsmäßigen Arrangements und
Vorläufigkeiten, Restitution und Buchtransfers hatte sich die Deutsche Bibliothek zu platzieren. Die Frankfurter Anfänge waren damit besonders kärglich. Sie
passten allerdings in die gemessen an der Vorkriegsentwicklung entbehrungsrei-
chen Bedingungen, unter denen sich seit Kriegsende in Deutschland nicht nur
wissenschaftliche, sondern auch öffentliche Bibliotheken neu aufzustellen versuchten.[86] Die Deutsche Bibliothek musste versuchen, in einer Bibliothekslan-
schaft Wurzeln zu schlagen, die nicht nur die NS-Politik bis 1945 in vielfacher
Hinsicht geschädigt, sondern auch der Krieg zerfurcht und ramponiert hatte.

84 Binder, Stadtbibliothek.
85 Muray G. Hall, Christina Köstner-Pemsel, Kriegsbergungen der großen Wiener Bibliotheken. Die Nationalbibliothek Wien und die Universitätsbibliothek Wien, in:
Pia Schölnberger, Sabine Loitfellner (Hgg.), Bergung von Kulturgut im Nationalsozialismus. Mythen – Hintergründe – Auswirkungen, Wien, Köln, Weimar 2016,
S. 307-329.
86 Wolf von Both, Stand und Probleme des Neuaufbaues bei den zerstörten Bibliotheken in Hessen, in: Nachrichten für wissenschaftliche Bibliotheken Beiheft 1: Bibliotheksprobleme der Gegenwart. Vorträge auf dem Bibliothekartag des Vereins
Deutscher Bibliothekare anläßlich seines 50jährigen Bestehens in Marburg/Lahn
vom 30.5.bis 2.6.1950 (Frankfurt a.M. 1951), S. 38-45.

3. Die Wissensordner

Ersthelfer/Pioniere

3.1 Hürde 1945?

Die Deutsche Bibliothek konnte, 1946 gegründet, nominell zunächst einmal kein Kontinuitätsproblem haben. Das sah aufs Ganze gesehen bei nicht neu gegründeten Bibliotheken in den westlichen Besatzungszonen und der Bundesrepublik anders aus.

Als sich die Deutsche Bibliothek ab 1946 als Institution zu konstituieren begann, blieb sie eng eingebunden in die zwiespältige Rekonstruktion von Verwaltung, Bürokratie und öffentlichem Dienst in der Bundesrepublik seit den späten 1940er Jahren. Zwischen nominellem Bruch mit dem NS und seiner gedanklichen und handfesten sozialen und politischen Kontinuität bis weit in die ersten drei Dekaden der Bundesrepublik hinein lag ein weites Feld. Die Eckdaten der Entwicklung gaben die Alliierten vor, aber die westdeutschen Entscheidungsspielräume wuchsen zusehends. Heraus kam ein ambivalentes Gemisch aus demokratisch gemeinter Infrastruktur und gravierenden Kompromissen. Dieser Effekt betraf nicht nur die Deutsche Bibliothek, sondern mit dem Börsenverein, der Frankfurter Stadtverwaltung, der Hessischen Regierung und dem Landesparlament und schließlich auch dem Bund und dem Bundesministerium des Innern praktisch alle Kontakte, die die Bibliothek in Frankfurt und weit darüber hinaus in der Bundesrepublik aufnahm. Schon in dieser Hinsicht war die Deutsche Bibliothek selber und waren ihre Handlungsoptionen zutiefst westdeutsch, geprägt davon, wie der junge Weststaat nach 1945 sich auf den Weg in die Demokratie begab.

Die Rahmendaten dafür setzte die Entnazifizierungspolitik. Dass der Nationalsozialismus delegitimiert war, erklärten die Alliierten spätestens im Februar

1945 in Jalta und begründeten so ihr Besatzungsregime. Die Infrastruktur des NS sollte zerstört und seine Ideen sollten verbannt werden.[1] Zusätzlich zum Rückbau der Industrie und des Militärs sollten die Deutschen nicht mehr zur Diktatur zurückkehren können. Bekräftigt in Potsdam im Sommer 1945, hoffte man, die führenden aktiven Nationalsozialisten aus dem NS-Apparat wie schon während des Krieges abzuschöpfen, indem man sie internierte.[2] Ihre Direktiven setzten die Alliierten in den verschiedenen Besatzungszonen freilich sehr unterschiedlich um.[3] In den Westzonen wurden zu Kriegsende zunächst etwa 250.000 als NS-nah ausgemachte Deutsche inhaftiert, bis 1948 noch ungefähr 40.000. Parallel dazu setzten die westlichen Besatzungsmächte darauf, die alten Eliten mit einer Serie von zusätzlichen Säuberungsinstrumenten zu neutralisieren – mit militärischen und Zivilprozessen, Spruchkammer- und Entnazifizierungsverfahren, auch mit Bußinstrumenten wie den Berufsverboten.[4]

Seit Frühling 1946 involvierten die Amerikaner per Befreiungsgesetz verstärkt deutsche Stellen in das Spruchkammer-Prozedere.[5] Als allerdings die Entnazifizierungsmaschine 1947/48 binnen kürzester Zeit angehalten wurde, weil es vor allem den Amerikanern im neuen Kalten Krieg inzwischen mehr um antikommunistische als um antifaschistische Abwehr ging, waren die Kollateralschäden enorm. Die Strafverfolger, die sich bis dahin zuerst auf die besser abzuarbeitenden leichteren Fälle konzentriert hatten, schlossen nun ausgerechnet die besonders eklatanten Belastungsfälle entweder eilig mit unverhältnismäßig niedrigem Strafmaß ab oder verhandelten sie gar nicht mehr. Es war vor allem diese massive rechtliche Schieflage, die weite Teile der Nachkriegsgesellschaft der teils alli-

1 Bericht über die Konferenz von Jalta (Krimkonferenz) (4.-11.2.1945), Amtsblatt des Kontrollrats in Deutschland, Ergänzungsblatt Nr. 1, Berlin 1946, S. 4-5, zit. nach: Theo Stammen (Hg.), Einigkeit und Recht und Freiheit: westdeutsche Innenpolitik 1945-1955, München 1965, S. 24-26.
2 Andrew H. Beattie, Allied Internment Camps in Occupied Germany. Extrajudicial Detention in the Name of Denazification, 1945-1950, Cambridge, New York 2020.
3 Clemens Vollnhals, Entnazifizierung. Politische Säuberung und Rehabilitierung in den vier Besatzungszonen 1945-1949, München 1991; Cornelia Rauh-Kühne, Die Entnazifizierung und die deutsche Gesellschaft, in: Archiv für Sozialgeschichte 35 (1995), S. 35-70.
4 Ulrich Herbert, NS-Eliten in der Bundesrepublik, in: ders., Wer waren die Nationalsozialisten?, München 2021, S. 241-261; ders., Geschichte Deutschlands im 20. Jahrhundert, München 2014; Norbert Frei; Vergangenheitspolitik. Die Anfänge der Bundesrepublik und die NS-Vergangenheit, München 2012; Bernd Weisbrod, Die ›Vergangenheitsbewältigung‹ der NS-Prozesse: Gerichtskultur und Öffentlichkeit, in: Eva Schumann (Hg.), Kontinuitäten und Zäsuren. Rechtswissenschaft und Justiz im »Dritten Reich« und in der Nachkriegszeit, Göttingen 2008, S. 247-270.
5 Gesetz zur Befreiung von Nationalsozialismus und Militarismus vom 5.3.1946, in: Gesetz- und Verordnungsblatt für Groß-Hessen Nr. 7-8, 15.3. 1946, S. 57-72.

ierten, teils westdeutschen Entnazifizierungsbürokratie ankreideten. Gleichzeitig fand man hier die Steilvorlage zur Selbstviktimisierung und für ein Lamento über die vorgebliche »Siegerjustiz«, das vom eigentlichen Problem ablenkte: viele Westdeutsche stellten sich nicht der Einsicht, dass die Demokratie nicht zur politischen Tagesordnung übergehen konnte, sondern die Mittäterschaft, die die Massenverbrechen des NS erst ermöglicht hatte, strafrechtlich anzugehen hatte.[6]

Spätestens sobald die Bundesrepublik 1949 gegründet war, griff eine konzertierte »Vergangenheitspolitik«. Erkleckliche Teile der deutschen Politik nutzten parteiübergreifend ihre wachsenden Gestaltungsspielräume dazu, die Ergebnisse der Entnazifizierungsmaßnahmen und der alliierten Nürnberger Völkerstrafrechtsverfahren mit Amnestiegesetzen außer Kraft zu setzen. Zwar galt die Direktive des Alliierten Kontrollrats vom 12. Januar 1946, wonach Nationalsozialisten und alle, die offen mit ihnen sympathisierten, aus ihren Ämtern zu entlassen waren. Aber 1951 holte die Bundesrepublik per Art. 131 GG die von den Alliierten entlassenen Beamten in den öffentlichen Dienst zurück. Gleich 1949 und erneut fünf Jahre später annullierten Amnestiegesetze zahllose Schuldurteile. Auf diesem Weg konnten sich – mit Ausnahme weniger ganz besonders exponierter NS-Eliten – viele ehemalige Parteimitglieder in den neuen westdeutschen Behörden platzieren. Sie drangen vor in die Ministerialbürokratie von Justiz, Verwaltung und Außenpolitik, nur auf Staatssekretärsebene exponierten sie sich nicht. Vielen ehemaligen Nationalsozialisten räumte man so, je höher ihr Rang gewesen war, komfortable Nischen ein. Unterschiedlich tief im NS verankert und für die Regimeverbrechen verantwortlich, sollten sie mindestens formal in die neue demokratische Ordnung integriert werden.[7]

Die geschichtsblinden Auswüchse dieser westdeutschen Volte reichten weit. Ehemaliges NS-Spitzenpersonal sollte, selbst wenn es nachweislich für NS-Verbrechen verantwortlich zeichnete, noch lange Jahre bürgerliche »Normal«-Karrieren verfolgen können, teils diskret getarnt, teils gestützt von einer breit geteilten Entlastungserzählung, wonach man noch im Angesicht von Terror und

---

6 Andreas Eichmüller, Keine Generalamnestie: Die Strafverfolgung von NS-Verbrechen in der frühen Bundesrepublik, München 2012; ders., Die Strafverfolgung von NS-Verbrechen durch westdeutsche Justizbehörden seit 1945 – eine Zahlenbilanz, in: VfZ 56 (2008), S. 621-640; Norbert Frei (Hg.), Nach der Tat. Die Ahndung deutscher Kriegs- und NS-Verbrechen in Europa – eine Bilanz, in: ders. (Hg.): Transnationale Vergangenheitspolitik. Der Umgang mit deutschen Kriegsverbrechern in Europa nach dem Zweiten Weltkrieg, Göttingen 2006, S. 7-36.

7 Annette Weinke, Transnationale »Übergangsjustiz« und nationale »Vergangenheitsbewältigung«. Strafverfolgung und Liberalisierungsprozesse in Westdeutschland nach 1945, in: Nach Krieg, Gewalt und Repression. Vom schwierigen Umgang mit der Vergangenheit, S. 113-130; Edith Raum, Justiz zwischen Diktatur und Demokratie: Wiederaufbau und Ahndung von NS-Verbrechen in Westdeutschland 1945-1949.

Vernichtung immer »anständig« geblieben sei.[8] Der junge Weststaat verweigerte bis in die 1960er Jahre mehrheitlich die Auseinandersetzung mit den nationalsozialistischen Massenmorden. Solche Umtriebe belasteten die Anfänge der Bundesrepublik moralisch enorm.

Erst seit den späten 1950er Jahren begannen v.a. die zentrale Vorermittlungsstelle in Ludwigsburg und der Frankfurter Generalstaatsanwalt Fritz Bauer mit den großen öffentlichen Aufarbeitungsprozessen um den Massenmörder Eichmann und den Holocaust in Auschwitz öffentlich aufzudecken, welche nationalsozialistischen Altlasten man bis dahin mit breitem Konsens weitergeschleppt hatte. Gleichwohl wurden die NS-Verbrechen lange Jahre nur halbherzig geahndet.[9] Das mehrheitlich defensive Diskursklima dieser Jahre in der Bundesrepublik bekam die Deutsche Bibliothek, wie später noch ausführlich zu zeigen ist, unmittelbar zu spüren, als sie Anfang der 1960er Jahre mit ihrer Exilliteratursammlung und ihren Ausstellungen das Exilthema öffentlich ansprach.[10]

Erst nach Kriegsende zustandegekommen, blieb der Deutschen Bibliothek in Frankfurt vor allem erspart, Leitungspersonal aus Diktaturzeiten in ihren Reihen mitschleppen zu müssen. Generell kamen im Bibliothekssektor aller Besatzungszonen die Entnazifizierungsmaßnahmen an. Von den 38 Direktoren an Universitäts- und Staatsbibliotheken in Deutschland waren 37 Prozent NSDAP-Mitglieder gewesen. Damit lag ihr Anteil unter dem Schnitt, der sonst im öffentlichen Dienst zu beobachten war.[11] Dennoch blieben zwischen 13 und 23 Prozent der Direktoren über das Jahr 1945 hinweg im Amt.[12] Heinrich Uhlendahl,

---

8 Ulrich Herbert, NS-Eliten, S. 257.

9 Jan Eckel, Claudia Moisel, Nachgeschichte und Gegenwart des Nationalsozialismus in internationaler Perspektive, in: Dietmar Süß, Winfried Süß (Hgg.), Das »Dritte Reich«. Eine Einführung, München 2008, S. 333-353; Stefan Creuzberger, Dierk Hoffmann, Antikommunismus und politische Kultur in der Bundesrepublik Deutschland: Einleitende Vorbemerkungen, in: Creuzberger, Hoffmann, Gefahr, S. 1-28.

10 Vgl. Kapitel 6.

11 Hans-Gerd Happel, Das wissenschaftliche Bibliothekswesen im Nationalsozialismus. Unter besonderer Berücksichtigung der Universitätsbibliotheken, München u.a. 1989, S. 28; Michael Knoche, »Es ist doch einfach grotesk, dass wir für die Katastrophe mitverantwortlich gemacht werden« – Die Einstellung von deutschen wissenschaftlichen Bibliothekaren zu ihrer Vergangenheit im Nationalsozialismus, in: Klaus Kempf, Sven Kuttner (Hgg.), Das deutsche und italienische Bibliothekswesen im Nationalsozialismus und Faschismus. Versuch einer vergleichenden Bilanz, Wiesbaden 2013, S. 203-220, hier S. 205; Komorowski, Auseinandersetzung, S. 273-295.

12 Knoche, Einstellung, S. 205; Sigrid Amedick, »Macht die wissenschaftlichen Bibliotheken zu sozialistischen Einrichtungen!« Bibliotheken, Bibliothekare und Politik in der SBZ und DDR 1945 bis 1965, in: Bibliothek und Wissenschaft 31 (1998) S. 1-127.

seit 1924 und bis 1954 an der Spitze der Deutschen Bücherei in Leipzig, zählte insofern zu einer Minderheit von acht kontinuierlichen Amtsinhabern. Seine Professionalität und internationale Vernetzung dürfte dabei eine wichtige Rolle gespielt haben. Außer Uhlendahl konnten sich auch Josef Rest an der Universitätsbibliothek Freiburg, Wilhelm Gülich am Institut für Weltwirtschaft in Kiel, Alfons Ruppel am Gutenberg-Museum Mainz, Fritz Rohde an der Universitätsbibliothek Marburg und Paul Gehring an der Bibliothek der Technischen Hochschule Stuttgart halten. In der britischen Zone blieben mit Karl Julius Hartmann, der an die Universitätsbibliothek Göttingen ging, und Hermann Corsten, der zur Universitäts- und Stadtbibliothek Köln wechselte, zwei ehemalige Parteimitglieder auf der Leitungsebene. Der Direktor der UB Tübingen, Georg Leyh, wurde 1947 regelrecht pensioniert.[13]

In den großen Universalbibliotheken gab es demgegenüber auf den allerhöchsten Leitungsstufen keine Kontinuitäten: Der Generaldirektor der Bayerischen Staatsbibliothek München seit 1935, Rudolf Buttmann, seit 1925 NSDAP-Mitglied, wurde im Mai 1945 in der amerikanischen Zone interniert.[14] Der Generaldirektor der Preußischen Staatsbibliothek zu Berlin, Hugo Andreas Krüß, auch er Parteimitglied seit 1941 und in die Bereicherungskampagne des Einsatzstabs Reichsleiter Rosenberg involviert, beging im Frühjahr 1945 ebenso Selbstmord[15] wie der linientreue Generaldirektor der Österreichischen Nationalbibliothek, Paul Heigl.[16]

Bei den wissenschaftlichen Bibliothekaren in Deutschland insgesamt war der Einschnitt von 1945 ebenfalls unübersehbar, auch wenn die genauen Zahlen dazu schwanken. Von den schätzungsweise 414 wissenschaftlichen Bibliothekaren, die man grob gesprochen zwischen 1945 und 1950 an deutschen Einrichtungen sah, waren mit 140 Amtsinhabern etwa 34 Prozent über das Kriegsende hin-

13 Knoche, Einstellung, S. 205; Enderle; Kontinuität; Notes and Communications, in: Libri 1 (1950), S. 283; Christiane Hoffrath, Bibliotheksdirektor im Nationalsozialismus: Hermann Corsten und die Universitäts- und Stadtbibliothek Köln, Köln 2012; Lothar Poethe, Die Deutsche Bücherei, ein »… schlagkräftiges Instrument für die Erfüllung der satzungsmäßigen Aufgaben und der ihr vom Ministerium erteilten Aufträge …«. Heinrich Uhlendahl in Leipzig, in: Knoche, Schmitz (Hgg.), Wissenschaftliche Bibliothekare im Nationalsozialismus. Handlungsspielräume, Kontinuitäten, Deutungsmuster, Wiesbaden 2011, S. 243-288.

14 Susanne Wanninger, »Herr Hitler, ich erkläre meine Bereitwilligkeit zur Mitarbeit«: Rudolf Buttmann (1885-1947), Politiker und Bibliothekar zwischen bürgerlicher Tradition und Nationalsozialismus, Wiesbaden 2014.

15 Werner Schochow, Hugo Andres Krüß – Generaldirektor von 1925 bis 1945, in: ders. (Hg.), Die Berliner Staatsbibliothek und ihr Umfeld, Frankfurt a.M. 2005, S. 191-218.

16 Christina Köstner, Paul Heigl (1887-1945), in: Karel Hruza, Österreichische Historiker 1900-1945, Wien 2008, S. 569-595.

weg an den gleichen Bibliotheken beschäftigt geblieben.[17] Am deplorabelsten war die Bilanz, die nicht die Selbstviktimisierer, sondern die tatsächlichen Diktaturopfer betraf: Von sämtlichen jüdischen Bibliothekaren, die nach 1933 aus Deutschland geflohen waren, kamen nach 1945 mutmaßlich höchstens 20 Prozent zurück.[18]

Auf der Frankfurter Bühne schließlich gab es auch in der unmittelbarsten Nachbarschaft der Deutschen Bibliothek von 1946 einen klaren Kontinuitätsbruch an der Spitze der großen Stadt- und Universitätsbibliothek im Rothschild-Palais. Die im NS aktive bisherige Führungsriege wurde dort 1945 komplett abgewickelt. Noch Anfang März zum Volkssturm eingezogen, wurde der Leiter der Rothschild-Bibliothek seit 1941, Friedrich Knorr, im Sommer 1945 von der amerikanischen Militärregierung entlassen.[19] Das Gleiche galt zunächst für dessen Vorgänger seit 1928, Joachim Kirchner. Im Spruchkammerverfahren kam Kirchner Anfang März 1946 in die Gruppe der Minderbelasteten. Sein Revisionsantrag verfing, so dass er Anfang Januar 1949 als Mitläufer kategorisiert wurde. Massiver Fürsprache der von den zuständigen besatzungspolitischen Stellen politisch geprüften neuen Direktoren der Universitätsbibliothek München hatte Kirchner zu verdanken, dass er mit anteiligen Versorgungsbezügen in den Ruhestand versetzt wurde und später noch als Dozent für Zeitungswissenschaften an der Universität bleiben konnte.[20] Bei alledem schlug zu Buche, dass man Kirchner aller ausdrücklichen Sympathien mit dem NS zum Trotz nicht nachweisen konnte, mit seinem Haus unmittelbar in Münchner Raubaktionen involviert gewesen zu sein oder sich sonst einschlägig im NS engagiert zu haben. Stattdessen wurde honoriert, dass es Kirchner gelungen war, große Teile der Münchner Bibliotheksbestände im Krieg erfolgreich auszulagern und vor weiterer Kriegszerstörung zu bewahren. Am meisten kam Kirchner zugute, dass er geltend machte, verfolgte Mitarbeiter der Universitätsbibliothek geschützt zu haben und überhaupt im Laufe der Jahre vom NS enttäuscht gewesen zu sein. In den Verein Deutscher Bibliothekare, der freilich selber den Umbruch von 1945 erst noch zu bewerkstelligen hatte,[21] nahmen seine Kollegen ihn dennoch nicht mehr auf.[22]

Vom Dienst entbunden wurde im Sommer 1945 auch der Direktor der gesamten Frankfurter Städtischen und Universitätsbibliotheken, Richard Oehler. Dabei hatte sich Oehler angestrengt, den Umbruch durchzustehen. Noch im Sommer des Jahres hatte er sich in die Frankfurter Diskussion um die Bi-

---

17 Knoche, Einstellung, S. 205; Enderle, Kontinuität.
18 Müller-Jerina, S. 241-242.
19 Fischer, Rothschild-Bibliothek, S. 76; Binder, Stadtbibliothek, S. 215.
20 Knoche, Einstellung, S. 204.
21 Plassmann, Syré, Verein Deutscher Bibliothekare.
22 Lütjen, Bibliothekartag, S. 123-125.

bliographie eingemischt, die er in den westlichen Besatzungszonen erscheinen sehen wollte, damit der Buchmarkt kontrollierbar würde.[23] Die Zunft schien Oehler noch lange nach 1945 milde zu begegnen. Ähnlich wie im Falle Kirchners kompensierte das Bestandsargument im Rückblick offenbar vieles. Den »Ausbau des Buchbestandes der Stadtbibliothek von 486.000 auf über 738.000 Bände« hielt man Oehler in einer scheinbar politikfernen Leistungsbilanz auch nach 1945 noch zugute, ohne die Erwerbspraxis in den späten Kriegsjahren zu durchleuchten.[24]

Daneben konnten sich einige Bibliothekare auf nachgeordneten Rangstufen über das Kriegsendjahr 1945 hinweg halten. Das galt in Frankfurt namentlich für die Diplom-Volkswirtin und Bibliothekarin Hanni Binder (1907-1999),[25] für Robert Diehl und Wolfgang Schmieder, die an der Stadt- und Universitätsbibliothek blieben. Sie gehörten damit zur oben genannten Population der schätzungsweise etwa 140 von deutlich über 400 Bibliothekaren, die nach 1945 an der Bibliothek weiterarbeiten konnten, an der sie bereits vor 1945 angestellt waren.[26] Wer aber in den Führungsetagen der Städtischen und Universitätsbibliotheken federführend den rassistischen Jargon geteilt, jüdische Kollegen entlassen, der Rothschild-Bibliothek ihren jüdischen Namen verwehrt und sich am antijüdischen Buchschacher beteiligt hatte, hatte im Namen der alliierten Nachkriegsordnung jeden Einfluss verloren.

3.2 Eppelsheimer und Eppelsheimers Leute

Die Deutsche Bibliothek hatte ein Stück weit die Gnade der späten Geburt auf ihrer Seite. Sie war 1946/47 eine Nachkriegsgründung mit nach zeitgenössischen Maßstäben im weitesten Sinne politisch integrem Leitungspersonal. Dass Hanns Wilhelm Eppelsheimer (1890-1972) 1946 der erste Direktor der neuen Deutschen Bibliothek werden und es bis Ende April 1959 bleiben würde, schien regelrecht vorhersehbar. Denn im Moment des zu Ende gegangenen Kriegs und

---

23 Fischer, Kontinuität, S. 71; Richard Oehler an Georg Schauer, 26.7.1945, ISG Magisterakten, 2.357, o.P., zitiert nach Rau, Nationalbibliothek, S. 193.

24 Arns, Oehler. Der gebürtige Philosoph und Direktor der naturwissenschaftlich und medizinisch ausgerichteten Senckenbergischen Bibliothek seit 1916, Walter Georg Heinrich Rauschenberger, schied 1947 aus. Eine Studie zu Rauschenberger steht aus. Ohne Hinweise zur NS-Zeit Walter Rauschenberger, in: Habermann, Klemmt, Siefkes, Lexikon, S. 265.

25 Binder, Stadtbibliothek, S. 220.

26 Knoche, Einstellung, S. 216-217.

inmitten einer von Kriegsschäden, Unübersichtlichkeiten und berstenden Aufgabenlisten geprägten Zeit stand Eppelsheimer als längst ausgewiesener bibliothekarischer Experte bereit. Im ramponierten Kosmos der Bibliotheken konnte er sich leicht abheben. Wiewohl kein Bibliothekar, war er als Student der Rechtswissenschaft, Nationalökonomie und promovierter Germanist qualifiziert. Dass ihn die Reichsschrifttumskammer 1939 mit einer Art Publikationsverbot belegt und ihn das Sondergericht Stuttgart im Spätjahr 1942 wegen »Heimtücke« zu einer Geldstrafe verurteilt hatte, waren nach 1945 positive Stigmata und Kredibilitätsnachweise ersten Ranges.[27] Gemessen daran fiel nach 1945 weniger ins Gewicht, dass Eppelsheimer zwischen 1937 und 1944 der Massenorganisation »NS-Volkswohlfahrt« angehört hatte, die der rassistischen »Rassehygiene« verpflichtet war. Genauso wenig interessierte, dass er zwischen Mitte Juni 1940 und Mitte Juli 1942 die Stelle des zum Kriegsdienst einberufenen Bibliothekars am Deutschen Ausland-Institut in Stuttgart vertrat,[28] das sich während der NS-Jahre selbst gleichgeschaltet hatte. Eppelsheimer verschwieg diese Tätigkeit nicht, eher profitierte er davon, dass es dem Stuttgarter Haus noch lange Jahre nach Kriegsende gelang, sich unbelastet darzustellen.[29] Um nach Kriegsende Wiedergutmachung zu beantragen, wies Eppelsheimer solche Umstände im Einzelnen nach, kam darauf später aber nicht mehr zurück.[30]

Und so durchlief er serienweise neue Karrierestationen. Gleich am 6. April 1945 amtierte er wieder als Direktor der Hessischen Landesbibliothek in Darmstadt.[31]

27 Mitteilung der Stadtverwaltung Frankfurt, 22.10.1955: Verleihung der Goethe-Plakette der Stadt Frankfurt an Eppelsheimer am 17.10.1955, UAF 134, 122 Prof. Dr. Hanns Wilhelm Eppelsheimer 1946-1970, Bl. 22.

28 Hanns Wilhelm Eppelsheimer, Lebenslauf, UAF 4, 408 Prof. Dr. Hanns Wilhelm Eppelsheimer 1945-1972, Bl. 1.

29 Ernst Ritter, Das Deutsche Ausland-Institut in Stuttgart 1917-1945. Ein Beispiel deutscher Volkstumsarbeit zwischen den Weltkriegen, Wiesbaden 1976, S. 150-152.

30 Eppelsheimer an den Hessischen Minister des Innern am 25.9.1951 mit Anlage: Antrag auf Grund des Gesetzes zur Wiedergutmachung nationalsozialistischen Unrechts vom 28.2.1947, HHStAW 518 Nr. 74353 Eppelsheimer, Hanns Wilhelm (1951-1960); Bescheid über Kapitalentschädigung für Schaden im wirtschaftlichen Fortkommen des hessischen Regierungspräsidenten an Eppelsheimer vom 21.2.1957, HStAW ebd.; Präsident der Reichsschrifttumskammer an Eppelsheimer am 1.2.1939 und am 9.3.1939, HHStAW ebd.; Entnazifizierungsbescheid vom 28.2.1947, HHStAW ebd.; Hanns Wilhelm Eppelsheimer, Lebenslauf, UAF 4, 408 Prof. Dr. Hanns Wilhelm Eppelsheimer 1945-1972, Bl. 1. Diese Details fehlen bei Eva Tiedemann, Hanns Wilhelm Eppelsheimer, Curriculum Vitae und Biographischer Bericht, in: Köster, Bibliothek, S. 9-19; Fischer, Eppelsheimer als Bibliothekar, S. 33-43, und Habermann, Klemmt, Siefkes, Lexikon, S. 69-71.

31 Fischer, Eppelsheimer als Bibliothekar, S. 33; Polizeiliche Registrierung Eppelsheimer, Hanns Wilhelm, HStAD H 3 Darmstadt Nr. 2307; Verfügung der Militärregierung Darmstadt vom 7.11.1945, UAF 4, 408, Bl. 9.

Damit nahm er die Funktion auf, die er am 26. September 1933 verloren hatte, als er nach den Kriterien des sogenannten NS-Berufsbeamtengesetzes vom 7. April 1933 als »politisch unzuverlässig« entlassen worden war. Dafür hatte ausgereicht, dass Eppelsheimer seit 1922 mit der Jüdin Maria Elisabeth Albert verheiratet war.[32] Die Diskriminierung von einst war jetzt eine Aufstiegsgarantie. Eppelsheimer galt, auch wenn er aus Emigrantenkreisen zunächst Kritik auf sich zog, nach den neuen demokratischen Spielregeln im westlichen Nachkriegsdeutschland für politisch zuverlässig. Von Darmstadt warb ihn die Stadt Frankfurt mit amerikanischem Zuspruch an den Main. Im Sommer 1945 zeichnete sich ab, dass Eppelsheimer zum Direktor der Stadt- und Universitätsbibliothek Frankfurt mitsamt der 12 verbliebenen städtischen Volksbüchereien ernannt werden würde. Dorthin wechselte er zum 1. Januar 1946 und sollte bis 1958 bleiben.[33] Eine Honorarprofessur für Bibliothekswissenschaft an der Universität Frankfurt lief mit.[34] Als routinierter Gesprächspartner der Stadt Frankfurt, des Börsenvereins und der US-amerikanischen Bevollmächtigten vor Ort war im Grunde auch klar, dass man Eppelsheimer 1946/47 die Leitung der Deutschen Bibliothek anvertrauen würde.

In den ersten Jahren wurde Eppelsheimer gelegentlich vorgeworfen, nach seiner Entlassung 1933 bis Kriegsende allzu diskret geblieben zu sein – u.a. 1937 aus seinem literaturwissenschaftlichen Handbuch die Exilliteratur weggelassen zu haben, um unanstößig zu bleiben.[35] Aber nichts deutet darauf hin, dass Eppelsheimer nach 1945 eine Bibliothekspolitik oder einen professionellen Stil pflegte, der dem NS in irgendeiner Form zugetan gewesen wäre. Gleichwohl hat Eppelsheimer nach der gängigen Logik seiner Zeit Kontinuitäten geduldet und Mitarbeiter aus der vor 1933 aktiven Stadt- und Universitätsbibliothek in diesem Haus und auch für die Neugründung der Deutschen Bibliothek angenommen.

Auf den zunächst nur sehr wenigen nachgeordneten Stellen jenseits von Eppelsheimers Direktorenposition in der sehr eingeschränkt funktionsfähigen Deutschen Bibliothek der frühen Jahre war das Bild zeittypisch durchwachsener. Die Personallage war 1946/47 und deutlich darüber hinaus, vom Notbehelf

32 Fischer, Bibliothekar in Mainz, in: Eppelsheimer 1890-1972, Frankfurt a.M. 1990, S. 14-22, hier S. 22; Maximilian Strnad, Privileg Mischehe? Handlungsräume »jüdisch versippter« Familien 1933-1949, Göttingen 2021, S. 37-38, 45-56.

33 Rektor der Universität Frankfurt Georg Hohmann am 18.1.1946 an den Minister für Kultur und Unterricht, HHStAW 504 6894; Besetzung der Direktorenstelle der Stadt- und Universitätsbibliothek durch Prof. Dr. Hanns Eppelsheimer, ISG FFM A.41 Nr.330; Fischer, Eppelsheimer als Bibliothekar, S. 34-35; Bewilligungsbescheid der US-Militärregierung vom 4.3.1946 (Abschrift) zu Eppelsheimers Einstellung als Leiter der Städtischen und Universitätsbibliothek, UAF 4, 408, Bl. 8.

34 Tiedemann, H.W. Eppelsheimer, Curriculum, S. 9.

35 Kulturamt am 8.11.1946, betr. Zuschrift des Chefs der Staatskanzlei beim Ministerpräsidenten des Landes Gross-Hessen an Oberbürgermeister vom 28.9.46 über die Bibliothek des Westens und ihre Leitung, ISG FFM, Kulturamt A.41 Nr. 1423.

geprägt. Im Winter 1946 kam Eppelsheimer daher mit der Stadt Frankfurt überein, drei Mitarbeiter von der Stadt- und Universitätsbibliothek aus zur Deutschen Bibliothek abzuordnen. In dieser Personalausstattung während der 1940er Jahre auf engstem Raum spiegelten sich kulturpolitische Halbherzigkeiten wider, die den Bibliotheksgründern um Eppelsheimer bis deutlich in die 1950er Jahre hinein entgegenschlagen sollten. Den ersten Mitarbeitern der Deutschen Bibliothek gestand man gerade ein Tabakzimmer in der Rothschild'schen Bibliothek zu.[36] Für die Verzeichnisse stand anfangs genau eine geliehene Schreibmaschine parat, so dass man sich vielfach auf handbeschriebene Karteikarten verlegte.[37] Bis 1950 verbesserte sich die Personalsituation merklich, aber die Deutsche Bibliothek blieb eine kleine Institution. Seit 1950 standen den inzwischen knapp 30 und schließlich 1952 etwa 50 Mitarbeitern immerhin fünf Räume für Verzeichnisarbeiten und Kataloge im inzwischen sanierten oberen Stockwerk am Untermainkai 14 zur Verfügung.[38]

Wer nun 1946 mit anfing, im Rothschild-Palais unter Eppelsheimers Leitung für die Deutsche Bibliothek zu arbeiten, hatte, biographisch unvermeidlich, eine NS-Vergangenheit. Historisch gesehen trägt dieser Befund freilich wenig weit. Denn was dies bedeutete, konnte im Einzelfall ganz unterschiedlich sein.[39] Zu den bibliothekarischen Mitarbeitern, die die Deutsche Bibliothek direkt aus der Stadt- und Universitätsbibliothek Frankfurt in die Nachkriegsjahre übernahm, zählte unter anderem der gebürtige Rheinländer Heinz Friesenhahn (1903-1985). Nach einem Studium der Geisteswissenschaften und Theologie hatte Friesenhahn seine Frankfurter Stelle als Diplombibliothekar 1934 angetreten und schaffte es, seither lückenlos im Bibliotheksdienst, bis 1948 auf eine Inspektoren-Stelle. Inzwischen weiter aufgestiegen, wurde Friesenhahn zum Bibliotheksrat und 1964 zum Oberrat befördert.[40] Bei alledem hielt sich Friesenhahn eher unauffällig. Seine bibliographischen Ressourcen in der Deutschen Bibliothek nutzte er dazu, gemeinam mit dem Literaturwissenschaftler, Übersetzer und bis 1944 auch Bibliothekar der Leipziger Deutschen Bücherei, Arthur Luther (1876-1955), ein Literaturlexikon herauszugeben, dessen Neuauflage er lapidar als geraffte Titelsammlung verstanden wissen wollte, ohne die gemessen an früheren

---

36 Eppelsheimer, Bericht; Binder, Stadtbibliothek, S. 223-224.

37 Estermann, Börsenverein, S. 166.

38 Köster, Bibliothek, S. 30-32.

39 Hanne Leßau, Janosch Steuwer, »Wer ist ein Nazi? Woran erkannt man ihn? Zur Unterscheidung von Nationalsozialisten und anderen Deutschen«, in: Mittelweg 36.1 (2014), S. 30-51.

40 Habermann, Klemmt, Siefkes, Lexikon, S. 48; Verhandlungen über Beförderung HHStAW 527 Nr. II 13320 Friesenhahn, Heinz, geb. 12.2.1903, Bibliotheksrat. Fallakte (1946-1986).

Auflagen fällig gewordene Entnazifizierung der Liste zu erwähnen.[41] Der Deutschen Bibliothek blieb Friesenhahn eng verbunden; noch nach seiner Pensionierung 1968 gab er, der sonst selten publizierte, 1977 eine Jubiläumsschrift für Eppelsheimers Nachfolger Kurt Köster mit heraus. Anders als seine Kollegen trat er aber nicht mit einem eigenen Beitrag in Erscheinung und beteiligte sich damit auch nicht an den Deutungen der Bibliothek, die sonst im Band mitschwangen.[42]

Auf nachgeordneten Stellen fiel in der frühen Deutschen Bibliothek, sofern sich biographische Spuren überhaupt abzeichnen, die Bibliothekarin an der Städtischen Bücherei in Wiesbaden, Rosel Häuser, auf. Von 1933 bis 1936 Mitglied der parteiamtlichen NS-Mädchenorganisation »Bund Deutscher Mädel« und seit 1934 Scharführerin, war sie außerdem seit 1938 Mitglied der NS-»Volkswohlfahrt« und seit 1937 der Reichskulturkammer gewesen. Daher wurde sie zunächst als belastet eingestuft, nach weiterer Prüfung aber der »Bewährungsgruppe« zugeordnet. Im Entnazifizierungsverfahren gab Häuser an, »lediglich unter politischem Druck« und als Angehörige des öffentlichen Dienstes Ämter übernommen und auch nur deshalb noch 1943 eine Mitgliedschaft in der NSDAP beantragt zu haben, die im September 1944 bewilligt worden war. Auch konnte sie Entlastungszeugen beibringen, die ihr eidesstattlich bescheinigten, sich mit dem NS nicht identifiziert zu haben. Unter diesen Bedingungen profitierte Häuser von der sogenannten »Weihnachtsamnestie« in Hessen von Anfang Februar 1947, die gemeinsam mit einer Jugendamnestie dafür sorgte, dass etwa 85 Prozent der laufenden Verfahren niedergeschlagen wurden.[43] Auch Häusers Verfahren wurde am 5.2.1947 eingestellt.[44] Mitte September 1948 stellte die Deutschen Bibliothek sie ein; Häuser stieg später zur Oberinspektorin auf und blieb im Haus bis 1962.[45] Mit welcher »Last« genau sie zur Deutschen Bibliothek kam, ob und wie sie gegebenenfalls, anders als zur

---

41 Heinz Friesenhahn, Vorwort, in: Arthur Luther, Heinz Friesenhahn, Land und Leute in deutscher Erzählung. Ein bibliographisches Literaturlexikon, Stuttgart 1954, o.P.; Heinz Friesenhahn, Über die Aufnahme literarischer Schallplatten in der Deutschen Bibliographie, in: Börsenblatt für den Deutschen Buchhandel 64 (1959), S. 945.

42 Brita Eckert, Heinz Friesenhahn, Günther Pflug (Hg.), Bibliothek, Buch, Geschichte, Frankfurt a. M. 1977.

43 Armin Schuster, Die Entnazifizierung in Hessen 1945-1954. Vergangenheitspolitik in der Nachkriegszeit, Wiesbaden 1999, S. 127-131.

44 Spruchkammer Wiesbaden, 5.3.1948, HHStAW 520/38 Nr. 20837 Häuser, Rosel, Wiesbaden (1946-1949), geb. 1914-06-24 Spruchkammer Wiesbaden; Rosel Häuser am 17.6.1947 an die Spruchkammer in Wiesbaden; ebd., Bl. 3; Rosel Häuser, Politischer Werdegang, 5.11.1947; ebd.; Klageschrift vom 19.1.1948, ebd.; Ermittlungsprotokoll vom 17.1.1948, ebd.; Klageschrift des Hessischen Staatsministeriums, Minister für politische Befreiung, 19.1.1948, ebd.

45 HHStAW 504 Nr. 11674 Kultusministerium. Personalangelegenheiten. Bibliotheken und Archive. Fallakte Häuser, Rosel, (1956-61), Bib. Oberinspektor, Deutsche Bibliothek Frankfurt a. M.

Entlastung angegeben, ihr bibliothekarisches Ethos vor 1945 am NS orientierte, scheint kaum ermittelbar. Anhaltspunkte dafür, mit welcher Haltung sie seit Ende der 1940er Jahre ihre Profession in Frankfurt betrieb, fehlen hier genauso, wie bei den allermeisten Mitarbeitern selbst dann, wenn sich vage Spuren finden.[46] Von den frühen Mitarbeitern der Deutschen Bibliothek, die schon vor 1945 an anderen Häusern tätig waren, äußerte sich niemand ausführlich darüber, mit welcher privaten und professionellen Haltung genau man nach 1945 die Anfänge der lange sehr kleinen Deutschen Bibliothek in Frankfurt erlebte oder mitgestaltete. Für den fehlenden Originalton gibt es letztlich auch keinen Ersatz.[47]

Eppelsheimer beurteilte das Frankfurter Personal im Blick auf dessen »Vergangenheit« wohl nachsichtig. Das legen zumindest parallele Bewertungen andernorts nahe. 1948 von hessischen Ministerialen auf den Leiter der Abteilung für Zeitdokumentarisches Schrifttum an der Deutschen Bücherei in Leipzig, Erich Mehne, angesprochen, uteilte Eppelsheimer milde. Mehne habe sich selbst 1941-42 in dieser Eigenschaft »jedenfalls keine nazistischen Gesichtspunkte« zu eigen gemacht.[48] So bewertete Eppelsheimer Mehnes Profil mitten im Krieg an der Spitze einer seit 1939 aktiven Leipziger Abteilung, die einer von Goebbels initiierten »Kommission zur Bewahrung von Zeitdokumenten« in Berlin zuarbeitete, um dort eine Art authentisches Archiv von NS-Publikationen anzulegen.[49] Dass Eppelsheimer das Personal in Frankfurt nach grundsätzlich anderen Maßstäben beurteilte, war eher unwahrscheinlich.

Auch deshalb ergeben die punktuellen Nahaufnahmen vom Personal der Deutschen Bibliothek in den ersten Nachkriegsdekaden höchstens ein Tendenzbild. Personal mit sogenannter NS-»Belastung«[50] sparte man in Frankfurt weder aus, noch suchte man es gezielt oder schien die Bibliothek für diese Gruppe besonders attraktiv. In dieser Hinsicht war das Haus weit über den Tellerrand der Bibliotheken hinaus eine zeittypisch ›normale‹ Einrichtung, in der sich Berufsbiographien aus den Vor- und Nachkriegsjahren mischten.[51]

Die viel entscheidenderen Fragen, die mit der vordergründigen Kontinuitätsdiagnose noch gar nicht beantwortet sind, lassen sich demgegenüber schwe-

---

46 FAZ, 7.9.1968, ISG FFM S2 Nr. 6337 S2. Eva Tiedemann. Bibliothekarin, Leiterin der Auskunftsabteilung der Deutschen Bibliothek.

47 Constantin Goschler, NS-Altlasten in den Nachkriegsparlamenten – Überlegungen zum Umgang mit der personellen Kontinuitätsfrage, in: Norbert Kartmann (Hg.), Andreas Hedwig (Red.), NS-Vergangenheit ehemaliger hessischer Landtagsabgeordneter, Wiesbaden, Marburg 2014, S. 79-86.

48 Eppelsheimer an den Minister für Kultus und Unterricht im Hessischen Staatsministerium am 22.1.1948, HHStAW 504 Nr. 6890.

49 Flachowsky, Schwerter, S. 1065-1066.

50 Frank Bösch, Andreas Wirsching, Erfahrene Männer. Das Personal der Innenministerien in Bonn und Ost-Berlin, in: Creuzberger, Geppert, Ämter, S. 163-181, hier S. 165f.

51 Bösch, Wirsching (Hgg.), Hüter der Ordnung.

rer klären. War, erstens, wer schon vor 1945 Bibliothekar, Magazinarbeiter oder ähnliches gewesen war, in das NS-Buchregime zwischen 1933 und 1945 in Frankfurt, Leipzig oder an anderer Stelle aktiv involviert? Für die oberste Leitungsebene nach 1945 lässt sich das in Frankfurt weitgehend ausschließen. Die oben präsentierten exemplarischen Befunde legen nahe, dass flächendeckende prosopographische Gruppenerhebungen des gesamten Mitarbeiterstabs für die Jahre zwischen 1946 bis in die 1970er Jahre noch andere relevante Kontinuitätsfälle zutage fördern könnten, sofern Aktenmaterial greifbar ist.

Noch schwieriger zu beantworten ist zweitens die Frage nach dem professionellen Selbstbild der frühen Frankfurter Belegschaft. Nahm man die Profession am Untermainkai unter NS-Prämissen wieder auf, offen oder latent vom Buch-Rassismus genordet und noch nachträglich einverstanden, oder war man distanziert mindestens zum bibliothekarischen Unrechtsregime des NS? Wie die ersten Mitarbeiter der Deutschen Bibliothek in dieser Hinsicht auf die Stadt- und Universitätsbibliothek Frankfurt sahen, mit der man das Gebäude unmittelbar teilte, und wie auf die Deutsche Bücherei in Leipzig, auf deren Sammeltradition man sich letztlich eng bezog, wäre dafür aufschlussreich. Es ist auch nicht zu erkennen, ob es in Frankfurt Fälle von gegenseitiger Denunziation oder andere politisch motivierte Verwerfungen gab. Viel spricht dafür, dass man, im Gegenteil und dem bundesrepublikanischen Gesamttrend folgend, die Vorkriegsjahre still beschwieg, dezent überging, absichtsvoll überlagte mit emsiger bibliothekarischer Geschäftigkeit in den beengten Räumen der frühen Jahre. Formalkriterien aus den Akten helfen, aber individuelle Selbstaussagen fehlen allzu oft, selbst im höheren Dienst.

Bisher lässt sich die frühe Frankfurter Personalszene ab 1946 aber in kein größeres bibliothekshistorisches Vergleichsbild einpassen, denn dazu fehlen flächendeckende Daten für andere Bibliotheken. Profile und mögliche NS-Aktivitäten, Entnazifizierungsverfahren oder politische Selbsterklärungen von Bibliothekaren nach 1945 in den maßgeblichen westdeutschen Häusern gibt es inzwischen in wichtigen Einzelaufnahmen. Aber für ganze Bibliotheksstandorte, allen voran für die bis in die 1960er und 70er Jahre in Marburg ausgelagerte ehemalige Preußische Staatsbibliothek zu Berlin oder die Bayerische Staatsbibliothek München sind sie nicht untersucht. So hängt die Bilanz zum politischen Zustand der frühen Frankfurter Belegschaft der Deutschen Bibliothek notgedrungen noch in der mentalitätsgeschichtlichen Luft. Aber selbst die Lückenaufnahme legt ein bundesrepublikanisches Tendenzbild nahe, wonach man intern im Mitarbeiterstab die Frage nach der individuellen Verantwortung im NS in erster Linie nicht besprach. Für einen anderen personalpolitischen Lackmustest reichen die Quellen ebenfalls nicht aus: ob und wann sich jüdische Mitarbeiter bei der Deutschen Bibliothek bewarben und dort eingestellt wurden, ist nicht zu ermitteln.[52]

---

52 Cilly Kugelmann, Befreiung – und dann? Zur Situation der Juden in Frankfurt am Main im Jahr 1945, in: Kingreen, Kristallnacht, S. 435-456.

Die Frage nach dem politischen Profil der frühen Frankfurter Bibliothek stellte sich naturgemäß auch gegenüber der Deutschen Bücherei in Leipzig, von der her sich die Frankfurter mit amerikanischer Schützenhilfe definierten. Ganz entgegen der noch viel vollmundiger propagierten Entnazifizierung und dem an einigen Stellen auch härter durchexerzierten Antifaschismus in der sowjetischen Zone zeichneten sich dort genauso Kontinuitäten und Kompromisse ab. Das Bild erschien hier ohnehin viel eindrücklicher, weil die Leipziger Mitarbeiterstärke selbst in besten Frankfurter Zeiten bis 1949 mindestens um zwei Drittel höher lag. Von den zu Kriegsende immerhin noch 153 Leipziger Mitarbeitern waren nach den wechselnden Regularien der sowjetischen Entnazifizierungsrichtlinien in Sachsen zuletzt insgesamt 95 Belastete ausgemacht worden, davon 64 Parteimitglieder, von denen elf bereits vor 1933 beigetreten waren. Bis Sommer 1946 wurden 80 Bibliothekare entlassen; aus elf Leitungspositionen fielen zunächst sechs aus, konnten aber mehrheitlich zurückkehren, spätestens seit die Entnazifizierung im Frühjahr 1948 stoppte. Der Direktor der Leipziger Bücherei, Uhlendahl, saß seit Ende November 1945 fest im Amtssattel.[53] In solche Kontinuitätseffekte mischte sich, nicht anders als im Westen, das taktische Gespür mancher Leipziger, eine vermeintlich unpolitische Fachexpertise zur Schau zu tragen, mit dem Impetus sowjetischer Besatzungsstellen, die Wissensinfrastrukturen schnell und im besten Fall prestigeförderlich instandzusetzen. Ähnlich wie in westlichen Bibliotheken, die über die Hürde von 1945 kommen wollten, obwaltete zudem eine rege Persilscheinpraxis, mit der man sich in ost- wie in westdeutschen Bibliothekszirkeln gegenseitig an den alliierten Entnazifizierungsforderungen vorbei entlastete.[54]

Zugleich unterschied sich die Lage in der Leipziger Bücherei von Frankfurt substanziell. Das hatte nicht nur damit zu tun, dass die Leipziger allen Kriegsschäden zum Trotz ihre bibliothekarische Grundsubstanz und professionelle Routinen über den Krieg hatten retten können. Vor allem galten, je länger die Besatzungszeit andauerte, in Leipzig zusehends andere gesellschaftspolitische Standards. Publikations- und Meinungskontrollen, die in den Besatzungsjahren auch für die Frankfurter galten, mochten sich vor 1949 gleichen, indem sie den Deutschen hier wie da neue, in der Sache freilich sehr unterschiedliche Sagbarkeitsregeln vorgaben. Womöglich untergrub, wer es darauf anlegte, die westalliierten Auflagen in Frankfurt einfacher als die sowjetischen in Leipzig. Die bibliothekarischen Alltagswelten in der Deutschen Bücherei und der Deutschen Bibliothek waren allerdings politisch immer unterschiedlicher gerahmt, je mehr sich die Zonentrennung in West- und Ostareale durchsetzte und vollends, seit 1949 die beiden deutschen Staaten gegründet wurden. Wer 1949 an der Deutschen Bücherei in Leipzig verblieb, wurde, auch wenn die Bibliotheksleitung

---

53 Rau, Nationalbibliothek, S. 115-132.
54 Rau, Nationalbibliothek, ebd. und S. 133-153.

das gelegentlich abfederte, bald vom Sächsischen Ministerium für Volksbildung sozialistisch geschult und politisiert.[55] Von anderen Abgängen aus der Leipziger Bücherei ganz abgesehen sollte immerhin fast eine Handvoll Leipziger Bibliothekare genau aus diesem Grund in den 1950er Jahren der Deutschen Bücherei den Rücken kehren und an die Deutsche Bibliothek an den Main übersiedeln.[56]

Von den politischen Ambivalenzen, die seit Gründung der Deutschen Bibliothek in Frankfurt ab 1946 – selbst bei einer ungleich kleineren und deutlich schlechter ausstaffierten Mitarbeitergruppe – mitschwangen, muss das nicht ablenken. Die gelegentlich zwiespältige westdeutsche Rekonstitution in den westlichen Besatzungszonen nach 1945 und der Bundesrepublik seit 1949 gehörte ein Stück weit auch zur frühen Geschichte der Deutschen Bibliothek, und mindestens genauso zur Geschichte ihrer Träger und deutschen Verhandlungspartner.

3.3 Typen westdeutscher Bibliothekarseliten nach 1945

Auch nach 1945 machten Männer weder Geschichte noch Bibliotheken. An der raumgreifenden Gründerfigur Hanns Wilhelm Eppelsheimer, der die Deutsche Bibliothek bis 1959 leiten sollte, war trotzdem in den späten 1940er und 50er Jahren schwer vorbeizukommen.[57] Das sahen vor allem die Amerikaner so. Und damit war viel entschieden. Sein Kapital war, wie im Personalprofil gesehen, die anerkannte politische Distanz zum NS-Regime und sein vehementer Ehrgeiz, die Frankfurter, hessische und durchaus auch die überregionale Bibliothekswelt zu gestalten.

Für die Deutsche Bibliothek war Eppelsheimer ein politischer Glücksfall. Seine professionelle Vita erschien freilich in den westlichen Besatzungszonen nach 1945 und in der frühen Bundesrepublik alles andere als repräsentativ. Das zeigen schon die oben gelisteten Zahlen über Formalbelastungen, Berufskontinuitäten und Neueinstellungen leitender Bibliothekare nach 1945. Wie die Deutsche Bibliothek mit Eppelsheimer seit 1946 dastand, wird aber noch viel deutlicher in einer typologischen Skizze von westdeutschen Bibliothekaren nach

---

55 Joris Vorstius, Die Ausbildung der Anwärter des höheren Dienstes an der Öffentlichen Wissenschaftlichen Bibliothek in Berlin, in: Zentralblatt für Bibliothekswesen 63.3-4 (1949), S. 79-83; Jung, Bibliothekarische Ausbildung, S. 211-213; Alexander Gregulez, Der Beginn der stalinistischen Weichenstellung für das DDR-Bibliothekswesen. Legende und Realität 1945-1949, in: Leonhard, Vodosek, Entwicklung, S. 221-247.
56 Vgl. Kapitel 6.3.
57 Fischer, Kieser, Eppelsheimer.

1945. Als Gegenpart zu Eppelsheimer bietet sich zum einen der Typus des verstockten Belasteten an. Für ihn soll hier der ehemalige Leiter der Frankfurter Stadt- und Universitätsbibliothek bis 1945, Friedrich Knorr (1904-1978), stehen. Als Kontrastvignette und dritter Typus kommt danach kurz die bibliothekarische Biographie Wilhelm Gülichs (1895-1960) ins Visier. Denn hier kam ein leitender Bibliothekar nach 1945 in der Bundesrepublik an, der sich weder verstockt zeigte noch in der Gangart des widerstrebend-geduckten Opportunismus verharrte. Er verkörperte einen Kontinuitätsbibliothekar, der sich nach 1945 auch deshalb im demokratischen Milieu bewegen konnte, weil er Expertisen aus den Weimarer Jahren reaktivierte und auf dem Weg mindestens symbolisch im bibliothekarischen Parlamentarismus ankam.

Den einstigen Leiter der Frankfurter Stadt- und Universitätsbibliothek bis 1945, Friedrich Knorr, hatten die amerikanischen Militärbehörden gleich Anfang Mai 1945 vom Dienst entbunden und durch Eppelsheimer ersetzt.[58] Danach war Knorr freilich nicht von der bibliothekarischen Bildfläche verschwunden, sondern tauchte 1949 als Wissenschaftlicher Angestellter an der Staatsbibliothek München wieder auf, 1953 zum Bibliotheksrat befördert und bis 1957 im Dienst.[59] Er stand für die Kontinuität bibliothekarischer Laufbahnen nach 1945, wenn auch mit deutlichem Karriereknick. Knorr gehörte nie zur Deutschen Bibliothek und nach Kriegsende auch nicht mehr zu Eppelsheimers Stadt- und Universitätsbibliothek. Knorr stand aber für einen Bibliothekarstypus, der im unmittelbaren Umfeld in Frankfurt mit der Figur Eppelsheimer kontrastierte.

1970 veröffentlichte Knorr einen Bericht über seine Tätigkeit im Krieg und die Buchevakuierung aus der Frankfurter Städtischen und Universitätsbibliotheken nach Mitwitz.[60] Was durch seine Einlassungen schimmerte, war der Typus des uneinsichtig belasteten Bibliothekars. Die Rückschau des teilrehabilitierten Ehemaligen auf die Bibliothekspraktiken vor 1945 sprach Bände. Als Knorr 1970 berichtete, konnte er vom NS noch deutlich mehr wissen als ohnehin schon zum Zeitpunkt seiner bibliothekarischen Kriegsaktivitäten. Dennoch zog er sich auf eine verkapselte Sichtweise zurück. Der Krieg loderte am Rand seiner Erzählung als unangenehmes Störfeuer für die beflissen-dienstbaren Bibliothekare. Das NS-Regime im Oberfränkischen schmolz jenseits der unwirtlichen Evakuierungsbedingungen zur unbequemen Begleiterscheinung. Stattdessen protokollierte Knorr noch 1970, er habe in den frühen 1940er Jahren nurmehr »die Grundlagen für eine Wiederaufnahme [der] gewohnten Arbeit« gesucht,[61] und

---

58 Fischer, Kontinuität, S. 71.
59 Habermann, Klemmt, Siefkes, Lexikon, S. 163.
60 Friedrich Knorr, Die Frankfurter Bibliotheken in Oberfranken, in: Jahrbuch der Coburger Landesstiftung 15 (1970), S. 161-178.
61 Ebd., S. 170.

pflegte damit rückblickend eine Utopie des Normalen mitten im deutlich vorangeschrittenen Krieg.

Knorr erwähnte auch Bucherwerbungen in den 1940er Jahren, ohne deren Herkunft und die genauen Umstände seiner Käufe offenzulegen. Ob an dieser Stelle Raubgut in den Bestand der späteren Frankfurter Stadt- und Universitätsbibliothek einging, half Knorr nicht zu klären.[62] Dass die Bibliothekare in Frankfurt anders als vor 1933 nicht ideologisch unbehelligt hatten bleiben können und sich auf einem personell »gesäuberten« und rassistisch-totalitär durchforsteten Buch- und Literaturmarkt bewegten, erwähnte er nicht.

Dabei profitierte Knorr 1943/44 in Zeiten knapper Ressourcen gelegentlich sogar vom Arbeitsregime des NS. Knorr stellte Mitarbeiterinnen aus dem Reichsarbeitsdienst an. Und er griff für die Verladearbeiten der Bücher aus Frankfurt, die aus Reichsbahnwaggons in Transportfahrzeuge um- und in die verschiedenen Depots v. a. in Mitwitz eingelagert werden mussten, offenbar auf 15 italienische Kriegsgefangene zurück, mutmaßlich aus einem Gefangenenlager im oberfränkischen Neustadt bei Coburg.[63] Die fand Knorr noch 1970 rückblickend unzureichend beflissen. Dabei schwang der despektierliche Ton mit, mit dem 1943/44 die NS-Deutschen die italienischen Häftlinge bezichtigt hatten, einer schlappen Verräternation anzugehören. Ihr ›verständlicher Freiheitsdrang‹ – wie Knorr 1970 den machtlosen Widerwillen der Zwangsarbeiter umschrieb – störte sein Effizienzempfinden.[64]

Eigentlich hatten die Bibliotheks-Operationen in Mitwitz 1943/44 hier, wenn auch nur für einen Moment, wohl auch auf Unrechtsstrukturen des NS aufgesattelt. Denn das NS-Regime – nach Mussolinis Sturz 1943 düpiert vom Waffenstillstand des ehemals verbündeten Italien mit den Alliierten – hatte die ita-

---

62 FAZ, 31.5.2022, S. 34 (Seiten zum Stolpern); Magel, Nazi-Beute; generell Jörg Räuber, Die Suche nach der »Spur der Bücher« in der Deutschen Bücherei Leipzig. Ein Werkstattbericht, in: Regine Dehnel (Hg.), Jüdischer Buchbesitz als Raubgut. Zweites Hannoversches Symposium, Frankfurt a. M. 2006, S. 335-340; Babendreier, Textur der Diaspora, S. 555-571.

63 Knorr, Bibliotheken, S. 168. Knorrs Angaben sind nicht eindeutig zu verifizieren. Wahrscheinlich rekrutierten die Mitwitzer Bibliothekare ihre Zwangsarbeiter aus dem Lager des seit 1936/37 aktiven Kabel- und Leitungswerks Neustadt-Coburg AG der Firma Siemens-Schuckert; Rainer Axmann, Neustadt bei Coburg, in: Wolfgang Benz (Hg.), Der Ort des Terrors: Geschichte der nationalsozialistischen Konzentrationslager. Bd. 3. Sachsenhausen, Buchenwald, München 2006, S. 533-534. Es gab aber auch im oberfränkischen Hof seit Herbst 1940 Zwangsarbeiterlager mit zum Teil italienischen Zwangsarbeitern, Albrecht Bald, Ester Neblich, Zwangsarbeiter in Oberfranken, Bayreuth 2008, S. 46-48, 63-65, 69-75 und 135-138; Anton Grossmann, Fremd- und Zwangsarbeiter in Bayern 1939-1945, in: VfZ 34 (1986), S. 481-521, hier S. 515.

64 Knorr, Bibliotheken, S. 170.

lienischen Soldaten seit September 1943 zu etwa 600.000 nach Deutschland deportiert. Bis Oktober 1944 als sogenannte Militärinternierte gehalten, waren sie ohne internationalen Rechtsschutz in Lager und zum Arbeitseinsatz gezwungen worden. Bis zu 50.000 waren beim Einsatz in der deutschen Rüstungsindustrie gestorben.[65] Die Mitwitzer Büchertransporte mochten gemessen daran gut und gerne zum Harmlosesten zählen, was den italienischen Zwangsarbeitern im NS-Deutschland widerfahren konnte. Dass die Geschichte seiner Bibliothek hier aber den Unrechtsalltag des NS im Coburger Land streifte, stand Knorr noch 1970 nicht vor Augen.

Dazu passte, wie Knorr sich im gleichen Rückblick von 1970 auch zur ebenfalls nach Mitwitz evakuierten Bibliothek des Instituts der Elsaß-Lothringer im Reich äußerte. Seit 1920/21 war es an der Universität Frankfurt angesiedelt und nach 1933 selbst gleichgeschaltet. Knorr fand die Büchersammlung mit ihren knapp 10.000 Bänden vor wie nach 1945 in guter Nachbarschaft zu seinen Frankfurter Beständen.[66] Faktisch hatte das elsaß-lothringische Institut vor 1945 allerdings zur Infrastruktur der radikalisierten völkischen NS-Westforschung gezählt. Man hatte dort, seit 1941 als Publikationsstelle Frankfurt des NS-Reichsministeriums des Innern, eine grenzüberschreitende »Kulturraum«-Forschung betrieben und für Reichsregierung und Wehrmacht Expertisen über alle westeuropäischen Grenzräume Deutschlands für entsprechende Annexionsplanungen bereitgestellt.[67] Noch 1970 hielt Knorr die inzwischen in der Bundesrepublik aufkommende Kritik am Institut als ›hitlerisches Gewächs‹ für »grotesk«.[68]

Der Nachkriegsbibliothekar Knorr, der nie zur Deutschen Bibliothek gehörte, aber Eppelsheimers Stadt- und Universitätsbibliothek vor 1945 mitgeprägt hatte, sprach noch 1970 als Chronist einer systematischen Ausblendung. Sein Votum lässt sich leihen, um den Deutungsraum abzutasten, den belastete Frankfurter Bibliothekare außerhalb der Deutschen Bibliothek nach 1945 entwarfen. Ob sich unterhalb der Leitungsebene in der Deutschen Bibliothek selbst

65 Luigi Cajani, Die italienischen Militärinternierten im nationalsozialistischen Deutschland, in: Ulrich Herbert (Hg.), Europa und der »Reichseinsatz«. Ausländische Zivilarbeiter, Kriegsgefangene und KZ-Häftlinge in Deutschland 1938-1945, Essen 1991, S. 295-316.

66 Knorr, Bibliotheken, S. 177.

67 Wolfgang Freund, Das Wissenschaftliche Institut der Elsaß-Lothringer im Reich an der Universität Frankfurt M. 1920-1945, in: Ulrich Pfeil (Hg.), Deutsch-französische Kultur- und Wissenschaftsbeziehungen im 20. Jahrhundert: Ein institutionengeschichtlicher Ansatz, München 2007, S. 47-71; Jean-Marc Dreyfus, Un symbole disputé: La bibliothèque de l'Institut scientifique des Alsaciens-Lorrains à Francfort après la Seconde Guerre Mondiale, in: Revue d'Allemagne 36.3-4 (2004), S. 399-405.

68 Knorr, Bibliotheken, S. 177.

ab 1946 Mitarbeiter bewegten, die zumindest einen Teil von Knorrs Sichtweisen unterstützt hätten, muss aber völlig offenbleiben.

Anders als im Falle von Knorr gab es schließlich, besonders anschaulich an der Person Wilhelm Gülichs zu erkennen, auch die Figur des belasteten, aber zügig integrierten Bibliothekars. Als Bibliotheksleiter vor 1945 bot Gülich zunächst eine einschlägige Berufsbiographie. Der Ökonom war als Quereinsteiger ohne professionelle bibliothekarische Ausbildung seit 1924 Direktor der Bibliothek am Institut für Weltwirtschaft in Kiel. Das gesamte Institut war während der Zwischenkriegsjahre bis 1933 als sozial- und wirtschaftswissenschaftliche Forschungsfabrik international beachtet und unter anderem von der US-amerikanischen Rockefellerstiftung gefördert worden. Das galt auch für Gülichs interdisziplinäre Fachbibliothek.[69]

In den Diktaturjahren traf der Kieler Bibliotheksdirektor teils Notarrangements, teils beteiligte er sich aktiv am Bibliotheksunrecht im NS. Nach 1933 passte er sich ein in das politische Milieu an Institut und Bibliothek, wo man in die »völkische« Richtung kippte und jüdische Mitarbeiter (wie Hans Neisser oder Gerhard Colm) ins Exil zwang. Auch an der Bibliothek des Deutschen Auslandswissenschaftlichen Instituts in Berlin aktiv, bewegte sich Gülich in Häusern, die einerseits von der NS-Politik auf Linie gebracht wurden und sich andererseits spätestens seit Kriegsbeginn dem Regime mit rassischer Expertise andienten.[70] Die gängigen ideologischen Zensurregeln, die die zuständigen NS-Stellen auch seiner Kieler Bibliothek vorgaben, befolgte er entsprechend aus Pflicht und Neigung.[71]

Symptomatisch für viele deutsche Bibliotheksleiter, profitierte Gülich wiederholt von den kriminellen Bereicherungsdynamiken, die der NS leitenden Bibliothekaren eröffnete. So ging seiner Kieler Institutsbibliothek wohl auch ein 250 Bände umfassender Raubbestand des rassistisch diffamierten Institutsmitarbeiters Rudolf Heberle zu, der selbst Mitte der 1930er Jahre ins amerikanische Exil hatte fliehen müssen.[72] Darüber hinaus unternahm Gülich im Sommer 1940 sogenannte Beschaffungsreisen. Im gerade besetzten Holland und Belgien

---

69 Frieda Otto, Gülich, Wilhelm Johannes Daniel Otto, in: Neue Deutsche Biographie 7, Berlin 1966, S. 256-257.

70 Wilhelm Gülich, Politik und Forschung: Die dynamische Bibliothek als Quelle politischer Erkenntnis, in: Zeitschrift für Politik 31 (1941) S. 3-31, und ders., Neue Arbeiten aus dem Deutschen Auslandswissenschaftlichen Institut, in: ZfP 34 (1944), S. 76.

71 Claudia Thorn, Erst königlich, dann weltbekannt. Entwicklungsetappen der ZBW – Leibniz-Informationszentrum Wirtschaft, Kiel 2018, S. 45-47.

72 Gunnar Take, Forschen für den Wirtschaftskrieg. Das Kieler Institut für Weltwirtschaft im Nationalsozialismus, Berlin u. a. 2019, S. 62; Norman Köhler, Provenienzforschung in der ZBW: Erkenntnisse über die verdächtigen Zugänge zwischen 1933 und 1949, in: Bibliotheksdienst 56.7-8 (2022), S. 445-457; Thorn, Entwicklungsetap-

aquirierte er über 2700 Bände und knapp 150 Karten, und einige weitere in Paris im Frühjahr 1941, von denen die meisten unrechtmäßiges Beutegut gewesen sein dürften. An der Reise eines Beschaffungstrupps nach Rußland ab Mai 1942 nahm Gülich zwar nicht selbst teil, erhielt aber wohl auch vereinzelt Material aus diesem Buchraubzug.[73] Als NS-Behörden 1941 zwei Institutsbibliotheken des relegierten Kirchenhistorikers und Volkskundlers Prälat Georg Schreiber in Münster auflösten, die der widerständige Zentrumspolitiker gegründet hatte, versuchte Gülich, Teilbestände für das Institut für Auslandskunde zu sichern.[74]

Bis 1945 war Gülichs Biographie als leitender deutscher Bibliothekar in ihrer Zeit einschlägig. Gleichzeitig zeugte seine Vita nach 1945 davon, dass führendes Bibliothekspersonal die eigene NS-Vergangenheit bisweilen auch verdrängte, indem es sich umso zielstrebiger in die neuen westdeutschen Wissens-Koordinaten einfügte. Tatsächlich passte er sich nach 1945 zügig in der westdeutschen Demokratie ein. Seinem bibliothekarischen Prestige kam zugute, dass es ihm gelungen war, 1942 die Kieler Buchbestände von deutlich über 100.000 Titeln zu großen Teilen über den Krieg zu retten, indem er sie rechtzeitig einlagerte. Aber Bestandsrettung reichte zur politischen Rekonvaleszenz des Bibliothekars mit NS-Vorgeschichte nicht hin. Entscheidend war, dass sich Gülich behend an den neuen Systembedingungen in der Bundesrepublik orientierte. Noch 1945 trat er der SPD bei, stieg auf und war als Landrat, Bundestagsabgeordneter und kurzzeitig Finanzminister von Schleswig-Holstein mit Fragen der Industriedemontage und der Flüchtlingspolitik in der britischen Zone befasst.[75]

Auch bibliothekspolitisch positionierte sich Gülich schnell. Wieder an der Spitze der Institutsbibliothek in Kiel, prägte er die bibliothekarische Infrastruktur der westdeutschen Demokratie mit. Als man 1949 die Bibliothek des Deutschen Bundestages als nicht-öffentlichen Informationspool und Referenzbibliothek für die Mitglieder des Deutschen Bundestages und ihre demokratische Arbeit in Bonn aufbaute, war Gülichs Expertise gefragt. Er war im Büchereiausschuss des Bundestages zwischen 1949 und 1953 genauso präsent wie beim Auf-

pen, S. 53-56; Elisabeth Flieger, 100 Jahre ZBW-Entwicklungsetappen einer wissenschaftlichen Bibliothek, in: Bibliotheksdienst 53.12 (2019), S. 793-809.

73 Köhler, Provenienzforschung.

74 Rudolf Morsey, Bibliothek in Münster 1939-1942: Himmlers und Rosenbergs Interesse an den beschlagnahmten Instituten von Georg Schreiber, in: Kirchliche Zeitgeschichte 18.1 (2005), S. 68-120, hier S. 109-110.

75 Walter Henkels, Professor Dr. Wilhelm Gülich. Bonner Köpfe, in: FAZ, 12.4.1956, S. 2; FAZ, 19.4.1960, S. 2 (Wilhelm Gülich); Gideon Botsch, Politische Wissenschaft im Zweiten Weltkrieg. Die Deutschen Auslandswissenschaften im Einsatz 1940-1945, Paderborn 2007, S. 141-143; Pressemappe des Hamburgischen Weltwirtschafts-Archivs, https://pm20.zbw.eu/folder/pe/0066xx/006682/about, u.a. Presseartikel 7, 16; Art. Gülich, Wilhelm, in: Habermann, Klemmt, Siefkes, Lexikon, S. 100-101.

bau der Bibliothek des Niedersächsischen Landtags 1948. Gülichs Trumpf war sein Spezialwissen aus Weimarer Zeiten. Dass die Kieler Bibliothek nach deutschen genauso wie nach US-amerikanischen Katalogregeln gearbeitet hatte und dass sie nicht nur Buchhandelspublikationen erfasste, sondern auch aktuellstes Datenmaterial aus Wirtschaft, Politik und Kultur und dabei Gesetzesblätter, Parlaments- und Vereinsprotokolle oder Unternehmensjahrbücher und -statistiken thematisch benutzerfreundlich erschloss, sicherte Gülich jetzt Anerkennung und Aufmerksamkeit. Gülich wusste sie zu nutzen. Seine Bonner Parlamentsbibliothek, so konnte er jetzt vermitteln, machte v. a. sozialwissenschaftliche Wissensbestände optimal vernetzt der Demokratie verfügbar und brachte Forschungsbibliothek und Dokumentationszentrum zusammen.[76] Sein bibliothekarisches Ethos definierte Gülich nach 1945 neu, indem er auf seine Expertise aus den Weimarer Jahren zurückgriff und den NS aussparte.

Der Typus des formal in die Bundesrepublik integrierten leitenden Bibliothekars war freilich schillernd. Parallel, aber nicht identisch, ließe sich etwa eine Figur wie der vielzitierte Hans Peter des Coudres (1905-1977) anlagern. Seit 1930 Parteimitglied und Mitglied der Waffen-SS, in jeder Hinsicht engagierter NS-Bibliothekar an der Spitze der Landesbibliothek Kassel, musste auch der promovierte Jurist des Coudres nach 1945 keinen Karriereknick verkraften, sondern erarbeitete sich eine gediegene Bibliothekarskarriere in der Bundesrepublik. Des Coudres baute die Bibliothek des Bundesgerichtshofs mit auf und konnte ab 1953 die Bibliothek des neuen Max-Planck-Instituts für ausländisches und internationales Recht leiten.[77] Anders als im Falle des vor 1945 international etab-

76 Wilhelm Gülich, Die Einheit der sozialwissenschaftlichen Dokumentation durch bibliothekarische Organisation, in: Nachrichten für Dokumentation 4.1 (1953), S. 16-21; ders., Bibliotheken und Archive, sozialwissenschaftliche, in: Handwörterbuch der Sozialwissenschaften 2, Stuttgart, Tübingen, Göttingen 1959, S. 203-213; Gerhard Hahn, Die historischen Komponenten des Katalogsystems der Bibliothek des Deutschen Bundestages, in: Bibliothek Forschung und Praxis 11.1 (1987), S. 49-72; ders., Wolfgang Dietz, Zur Geschichte der Bibliothek und des Wissenschaftlichen Dienstes des Deutschen Bundestages, Bonn 1989, S. 97-99; ders., Die Funktion der Forschungsbibliothek in der modernen Wirtschaft und Gesellschaft, in: Arbeitsgemeinschaft der technisch-wissenschaftlichen Bibliotheken (Hg.), Bericht über die 7. Tagung in Frankfurt, Essen 1958, S. 17-23.

77 Enderle, Kontinuität, S. 28-29; Manfred Komorowski, Die Auseinandersetzung mit dem nationalsozialistischen Erbe im wissenschaftlichen Bibliothekswesen nach 1945, in: Vodosek, Komorowski, Bibliotheken, Teil 2, S. 273-295, hier S. 281-285; Hans Peter des Coudres, Die Bibliothek des Max-Planck-Instituts für Ausländisches und Internationales Privatrecht in Hamburg: ihr Werden und ihre Stellung innerhalb verwandter Sammlungen, in: Christian Voigt (Hg.), Libris et litteris, Hamburg 1959, S. 49-60; Konrad Wiedemann: NS-Raubgut in der Landesbibliothek Kassel 1933-1945, in: Hessisches Jahrbuch für Landesgeschichte 59 (2009), S. 119-134.

lierten Bibliotheks-Experten und nach 1945 SPD-Politikers Gülich war schwer zu erkennen, ob und in welchem Maße des Coudres auf diesem Weg formaler Integration auch politisch in der Bundesrepublik ankam. Dass es Karrieren wie die zitierten nach 1945 geben konnte, verdankte sich immer auch einem restaurativen Einverständnis in der Zunft, die die Fälle bei entsprechendem politischen Bedarf hätte skandalisieren können.

Schon im Vergleich mit Knorr oder Gülich als anderen Typen des westdeutschen Bibliothekars nach 1945 wird deutlich, dass Eppelsheimers Profil an der Spitze der Deutschen Bibliothek 1946 bis 1959 speziell ausfiel. Das dürfte selbst dann gelten, wenn um der Typologie willen die vielen Schattierungen und Übergänge außer Acht bleiben, die ein noch genauerer Blick auf die Bibliothekseliten nach 1945 zutage förderte. Das Spektrum von biographischen und professionellen Kontinuitäten, so wird auch deutlich, fiel breit aus. Der Typus des politisch Unversehrten ragte heraus. Welches Potenzial sich für die Deutsche Bibliothek von hier aus entfalten ließ, war 1946 freilich noch ganz offen.

3.4 Im bibliothekarischen Feld

Nun war Eppelsheimer nicht nur Direktor der zunächst noch sehr kleinen Deutschen Bibliothek, sondern häufte parallel dazu direkt nach dem Krieg zahlreiche Ämter und Verantwortlichkeiten an, die ihn in der bibliothekarischen Zunft weithin sichtbar machten. Ob die Deutsche Bibliothek über ihren ersten Leiter Eppelsheimer der bibliothekarischen Zunft nach 1945 Impulse geben konnte, war damit aber noch nicht entschieden. Denn so sichtbar die bibliothekarische Figur, so wenig lehnte sich Eppelsheimer programmatisch aus dem Fenster. Wie viele im wissenschaftlichen Bibliothekswesen erging er sich nicht in konzeptionellen Erklärungen, sondern handelte pragmatisch.

Wie er sich nun im bibliothekarischen Feld platzierte, war innerhalb der kleinen Deutschen Bibliothek der frühen Jahre selber kaum zu erkennen. Denn über die Deutsche Bibliothek im bibliothekarischen Nachkrieg wurde intern nicht erkennbar gesprochen. Es braucht deshalb drei Momentaufnahmen, um Eppelsheimers Standort Ende der 1940er und Anfang der 195er Jahre genauer zu bestimmen. Und in einer Phase, in der das Haus klein blieb und Eppelsheimer alle und alles überragte, war das im Grunde auch der Standort der Deutschen Bibliothek. Die erste Momentaufnahme zeigt Eppelsheimer als tendenziell zaghaften frühen Professionalisierer, die zweite um 1949 als zurückhaltenden Diskutanten unter bibliothekarischen Amerikafahrern. In der dritten Momentaufnahme um 1951 schließlich gewinnt Eppelsheimer programmatischere Kontur. Über die drei Diskursstationen hinweg lässt sich eine Art *coming of age* des leitenden Bibliothekars samt seinem Haus beobachten. Denn zunächst schien Eppelsheimer eng umringt von einer vielleicht politisch verunsicherten, jedenfalls tendenziell konservativen Zunft, auf die er Rücksicht nahm. Erst in der dritten Szene um 1951 bezog Eppelsheimer in einer lebendigeren Zunftdiskussion Stellung.

Konservative Professionalisierungsroutinen

In das Professionswissen seiner Zeit mischte sich Eppelsheimer, das legt die erste Momentaufnahme nahe, durchaus ein und koordinierte die ersten neuen Ausbildungslehrgänge der ebenfalls von ihm geleiteten Stadt- und Universitätsbibliothek für den gehobenen und den höheren Bibliotheksdienst. Vieles begann hier freilich unter dem Vorzeichen von Kompromiss und Improvisation. Zuerst ging es um eine Notmaßnahme in einer Phase akuten Regelungsbedarfs auf allen Ebenen. Kaum erklärte das Hessische Ministerium für Kultus und Unterricht Eppelsheimer im Sommer 1946 dafür verantwortlich, das bibliothekarische Ausbildungs- und Prüfungsverfahren für sämtliche wissenschaftliche und öffentliche Volksbibliotheken in Hessen zu leiten,[78] absolvierten schon Anfang Oktober 1946 vier Kandidaten das Verfahren. Sie waren, so hieß es, noch vor Eppelsheimers Zeit zu Kriegsende am Auslagerungsort der damals noch städtischen und Universitäsbibliotheken in Mitwitz unter den Ausnahmebedingungen des Kriegs praktisch »ausgebildet« worden.[79] Das Prozedere nach 1945 wirkte, dem schnellen Bedarf an Fachkräften geschuldet, überstürzt. Jedenfalls sprach daraus nicht die Absicht, den politischen Systemwechsel von 1945 grundsätzlich in das Ausbildungsverfahren einzubuchen und ausdrücklich die Profession des Bibliothekars im Nachkrieg zu bestimmen.

1952 erhielt die Hessische Bibliotheksschule, bis dahin ausschließlich städtisch finanziert und von Eppelsheimer in der Stadt- und Universitätsbibliothek Frankfurt verankert, auch hessische Landesgelder.[80] Die Frankfurter Biblio-

---

78 Rudolf Jung, Die bibliothekarische Ausbildung 1945-1965, in: Leonhard, Vodosek, Die Entwicklung des Bibliothekswesens in Deutschland 1945-1965, Wiesbaden 1993, S. 199-219; Peter Vodosek, Die bibliothekarische Ausbildung in Deutschland von ihren Anfängen bis 1970, in: Lifelong Education and Libraries 2 (2002), S. 1-28; Uwe Jochum, Bildungsgrenzen: Die Ausbildung des Höheren Bibliotheksdienstes in Deutschland, in: Plassmann, Syré, Verein Deutscher Bibliothekare, S. 231-253; Becker, Stadt- und Universitätsbibliothek, S. 42; Fischer, Eppelsheimer.

79 Fritz Fischer, Chronik der Bibliotheksschule in Frankfurt am Main – Fachhochschule für Bibliothekswesen, Frankfurt a.M. 2003, S. 1; Rudolf Jung, Die bibliothekarische Ausbildung 1945-1965, in: Leonhard, Vodosek, Entwicklung, S. 199-219, hier S. 202. Zu den Auslagerungen der Stadt- und Universitätsbibliothek vgl. Kapitel 1.

80 Becker, Stadt- und Universitätsbibliothek S. 43-44; Fischer, Kontinuität, S. 56.

theksschule konnte expandieren, bildete ab 1952 auch überregional aus.[81] Die
Profession nach 1945 neu bestimmen wollte man dort genauso wenig wie etwa
die Westdeutsche Büchereischule in Köln. Die von 1928 bis 1944 als Volksbüche-
reischule aktive Einrichtung reaktivierte man wie viele Ausbildungsorte gleich
1945.[82] Ob man sie auf gleichem Wege auch dazu nutzte, über das Profil der bibliothekarischen Profession nach 1945 nachzudenken, war schwer zu erkennen.
Zwar gab es auch Gegengewichte wie die 1933 zwangsstillgelegte konfessionelle
Bibliotheksschule des Bonner Borromäusvereins, die ebenfalls wieder in Gang
kam.[83] Umgekehrt standen die Zeichen nicht auf Generalüberholung. So blieben
etwa die Ausbildungs- und Prüfungverordnungen für den wissenschaftlichen
Bibliotheksdienst vom 18.8.1938 und für den gehobenen Dienst vom 29.2.1940
verbindlich.[84] Nur strich man einschlägige Passagen, wonach sich für den Bibliotheksdienst NSDAP-Mitglieder mit »Abstammungsnachweis« und »rückhalt-
losem« Einsatz »für den nationalsozialistischen Staat« eigneten.[85]

Hinter solchen Verfahrensweisen stand ein weit verbreitetes Selbstbild der
bibliothekarischen Zunft quer durch viele Häuser und Hierarchien in westdeutschen Nachkriegsbibliotheken. Man war in erster Linie damit beschäftigt,
den desaströsen Zustand von Gebäuden und Beständen zu bejammern. Denn
Kammerton setzte der langjährige Direktor der Universitätsbibliothek Tübin-

81 Fischer, Chronik, S. 2, und ders., Kontinuität, S. 52; Rosemarie Richardt, Zwanzig Jahre bibliothekarische Ausbildung in Frankfurt am Main, in: ZfBB 12 (1965),
   S. 232-237.
82 Siegfried Schmidt, »Dass diese keine größeren Befugnisse hat als die Bonner Schule«:
   Zum Verhältnis der Bibliotheksschule des Borromäusvereins zur Westdeutschen
   Büchereischule bzw. zum Bibliothekar-Lehrinstitut des Landes Nordrhein-Westfalen in der frühen Nachkriegszeit (1946-1952), in: Haike Meinhardt, Inka Tappenbeck (Hgg.), Die Bibliothek im Spannungsfeld: Geschichte – Dienstleistungen –
   Werte, Bad Honnef 2019, S. 79-107; Hermann Corsten (Hg.), Kölner Schule, Köln
   1955; Christiane Hoffrath, Bibliotheksdirektor im Nationalsozialismus: Hermann
   Corsten und die Universitäts- und Stadtbibliothek Köln, Köln 2012; Gerhard Alexander, Aus der Hamburger Bibliotheksschule, in: ZfBB 12 (1965), S. 83-94.
83 Börsenblatt des Deutschen Buchhandels 113.10 (1946), S. 82.
84 Ausbildungs- und Prüfungsordnung für den wissenschaftlichen Bibliotheksdienst,
   in: Jahrbuch der Deutschen Bibliotheken 29 (1938), S. 146-155, und ZfB 55 (1938),
   S. 613-621; Ausbildungs- und Prüfungsordnung (APO) für den gehobenen Bibliotheksdienst bei den wissenschaftlichen Bibliotheken, in: Jahrbuch der Deutschen
   Bibliotheken 31 (1940), S. 230-244.
85 Jung, Ausbildung, S. 203; Günther Pflug, Die Ausbildung des höheren Bibliotheksdienstes nach dem 2. Weltkrieg, in: Gerhard Hacker, Engelbert Plassmann, Torsten
   Seela (Hgg.), Bibliothek leben: das deutsche Bibliothekswesen als Aufgabe für Wissenschaft und Politik, Wiesbaden 2005, S. 80-90.

gen, Georg Leyh (1877-1977).[86] 1947 unterbreitete er einen bis heute auch weit außerhalb der bibliothekarischen Fachwelt vielzitierten Schadensbericht. Leyh malte das Bild in den düstersten Farben. Als redlicher Chronist trat er dabei nicht auf. Denn von der rassistischen NS-Bibliotheks- und Buchpolitik und dem verheerenden Schaden, den sie weit über die Grenzen Deutschlands hinaus hinterlassen hatte, war nicht die Rede.[87] Auch in der Presseöffentlichkeit nickte man diese hermetische Sicht ab.[88]

In diesem Fahrwasser der Selbstviktimisierung blieb die bibliothekarische Klage nach 1945 lange, quer durch die Häuser und quer durch die Hierarchien. Parallel dazu entwarf man eine würdige Professionsgeschichte, in der die Jahre zwischen 1933 und 1945 im politikfernen Raum spielten. Leyh musste nicht mit Widerspruch rechnen, wenn er auf dem Bibliothekartag von Marburg an der Lahn im Frühsommer 1950 bilanzierte, »das weitaus bedeutendste Ereignis der inneren Geschichte der deutschen wissenschaftlichen Bibliotheken des letzten halben Jahrhunderts« sei der »Versuch« gewesen, »mit Hilfe eines gedruckten Gesamtkatalogs die in Verfall geratenen Einzelkataloge aller angeschlossenen Bibliotheken zu ersetzen.«[89] Am Ende der bibliothekarischen Fortschrittsgeschichte stand unbeschadet »der deutsche Bibliothekar«, »selbständig«, »mündig« und zukunftsfroh.[90] Der Bibliothekar der Gegenwart und Zukunft war von der gerade implodierten Diktatur einigermaßen ungetrübt: der humanistisch gebildete Generalist, der letztlich schadlos durch die Jahre zwischen 1933 und Kriegsende gekommen zu sein schien.[91]

86 Michael Labach, Der Verein Deutscher Bibliothekare während des Nationalsozialismus, in: Vodosek, Komorowski, Bibliotheken, Teil 2, S. 151-168, hier S. 163-168; Komorowski, Auseinandersetzung, S. 286; Michael Knoche, »Das Amt niemals in propagandistischem Sinne ausgeübt« – Georg Leyh schreibt Persilscheine (1), in: Aus der Forschungsbibliothek Krekelborn, 1.3.2021, URL:https://biblio.hypotheses.org/2307.
87 Georg Leyh, Die deutschen wissenschaftlichen Bibliotheken nach dem Kriege, Tübingen 1947; Briel, Beschlagnahmt.
88 FAZ, 18.5.1951, S. 4 (Deutsche Bibliotheken heute. Ein Überblick); Neue Frankfurter Presse, 28.8.1954, S. 6 (Wie steht es um die Frankfurter Bibliotheken?).
89 Georg Leyh, Fünzig Jahre Verein Deutscher Bibliothekare, in: Nachrichten für wissenschaftliche Bibliotheken Beiheft 1: Bibliotheksprobleme der Gegenwart. Vorträge auf dem Bibliothekartag des Vereins Deutscher Bibliothekare anläßlich seines 50jährigen Bestehens in Marburg/Lahn vom 30.5. bis 2.6.1950, Frankfurt a.M. 1951, S. 7-28, hier S. 16.
90 Leyh, Verein, S. 27; Georg Leyh, Das neue Berufsideal des Bibliothekars, in: Zentralblatt für Bibliothekswesen 63.3-4 (1949), S. 95-97.
91 Rudolf Juchhoff, Ziele und Wege der bibliothekarischen Bildung, in: Verband der Bibliotheken des Landes Nordrhein-Westfalen, Mitteilungsblatt 2 (1951), S. 30-41; Georg Leyh, Die Bildung des Bibliothekars, Kopenhagen 1952.

Leyhs Sichtweise traf geradewegs auf eine Zunft, die noch lange nicht bereit war, sich mit ihrer allerunmittelbarsten Vergangenheit auseinanderzusetzen. Dabei wäre schon über die NS-angepassten Bibliothekartage selber nach 1945 viel nachzudenken gewesen.[92] Stattdessen ging es den meisten Bibliothekaren aber um einen unbesprochenen Übergang in die Zeit nach 1945 ohne viel biographischen Federlesens. Diese Haltung passte zu jener Sorte Selbstexkulpierung, die viele Deutsche unmittelbar nach Kriegsende betrieben. In den ersten Jahren nach Kriegsende waren die allermeisten Bibliothekare wohl auch nur Mehrheitsdeutsche. Entsprechend vermieden sie, die eigene Biographie vor 1945 und die Rolle zumindest führender Bibliothekare und ihrer Häuser im NS zu besprechen.[93]

So gesehen bewegte sich der erste Direktor der Deutschen Bibliothek auch da, wo er sich für die professionelle Ausbildung engagierte, tendenziell in einer konservativen Zunft. Damit war umgekehrt nicht alles vorentschieden. Dass die Gestaltungsspielräume sich öffnen konnten, zeigten manche von Eppelsheimers Kollegen selbst dann, wenn sie auf ganz andere Biographien zurückblickten als er selbst. In Carl Wehmer (1903-1978) etwa, der Eppelsheimer an der Spitze der Stadt- und Universitätsbibliothek vertrat und der Hessischen Bibliotheksschule vorstand, traf Eppelsheimer – folgte man Wehmers Selbstaussagen – auf den Typus des politisch Bekehrten, tendenziell im Stile Gülichs.[94] Parteimitglied und während der Kriegsjahre mit seiner bibliothekarischen Karriere an der Universität Prag beschäftigt, war Wehmer nach 1945 als »Mitläufer« entnazifiziert und zunächst außer Dienst gestellt worden, bevor er seit Anfang der 1950er Jahre auf hohem Niveau als Leiter der Heidelberger Universitätsbibliothek wieder Fuß fassen sollte. In Frankfurt 1949 an Eppelsheimers Seite konnte Wehmer einerseits als belastet gelten und verkörperte doch gleichzeitig eine Art geläuter-

92 Jan-Pieter Barbian, »Es eröffnet sich eine herrliche Aussicht auf ein reiches Feld geistiger und seelischer Korruption«. Deutsche Bibliothekare und Bibliothekartage während der NS-Diktatur, in: Felicitas Hundhausen, Daniela Lülfing, Wilfried Sühl-Strohmenger (Hgg.), 100. Deutscher Bibliothekartag, Hildesheim, Zürich 2011, S. 57-80; Yorck Alexander Haase, Die Bibliothekartage in der Zeit des Nationalsozialismus, in: Plassmann, Syré, Verein Deutscher Bibliothekare, S. 81-100; Labach, Verein.

93 Jürgen Babendreier, Nationalsozialismus und bibliothekarische Erinnerungskultur, Wiesbaden 2013; Wilfried Enderle, Kontinuität der Krise, Krise der Kontinuität? – Zur Geschichte wissenschaftlicher Bibliotheken im Nationalsozialismus, in: Bibliothek – Forschung und Praxis 41.3 (2017), S. 330-352; Sven Kuttner, »Manches Wiedersehen nach vielen Jahren zu erleben«. Der Nachkriegsbibliothekartag in Rothenburg ob der Tauber 1949, in: Hundhausen, Lülfing, Sühl-Strohmenger, Bibliothekartag, S. 81-98; Sven Kuttner, »Funktionär im Räderwerk des Betriebs«. Bibliothekarisches Berufsbild und Modernekritik in der späten Nachkriegszeit, in: Kuttner, Kempf, Buch und Bibliothek, S. 65-72.

94 Vgl. Kapitel 3.3.

ten Blick auf die Nachkriegsszene. Der »Verlust bürgerlicher Sekurität« saß bei Wehmer tief und stimmte ihn wohl integrationswillig. In der Zunft plädierte er nach 1945 dafür, die bibliothekarischen Dinge nüchtern zu sehen. Auch sollte Wehmer später mit einem besonders wachen Auge auf die Professionalisierung in den USA schauen.[95] Amerikanische Impulse suchte man deshalb aber nicht unbedingt. Die American Library School zum Beispiel, die das Erlanger Amerikahaus seit Ende November 1949 flankierte, blieb exotisch. Sie arbeitete nur kurzzeitig Anfang der 1950er Jahre und blieb von den deutschen Bibliotheksschulen völlig entkoppelt.[96]

Im Umfeld der Ausbildungsinstanzen für den Bibliotheksdienst ergriff auch Eppelsheimer nicht das Wort. Bei aller Distanz zum NS und allem formativen Eifer, den er an den Tag legte, sah man ihn an der Spitze der Deutschen Bibliothek jedenfalls nicht grundsätzlich und ausdrücklich über den Ort der Bibliothekare im Nachkrieg räsonnieren. Wie die neuen Bibliotheksanwärter sattelfest gemacht werden und wie sich die Bibliotheken in der demokratischen Ordnung platzieren wollten, erörterte er jedenfalls nicht ausdrücklich. Das entsprach wohl auch einer zeittypischen westdeutschen Kompromisslogik. Wo allemal der öffentliche Dienst schnell funktionsfähig werden sollte, handelte man die Frage nach der demokratischen Verankerung von Funktionsträgern als vernachlässigenswerte Feinheit ab, für die der arbeitsreiche Gestaltungsmoment keine Spielräume ließ.[97]

95 Carl Wehmer, Prager Bibliotheken, Prag 1944; ders. (Hg.), Zur Praxis der wissenschaftlichen Bibliotheken in den USA, Wiesbaden 1956; Enderle, Kontinuität, S. 28; Knoche, Einstellung, S. 214-215.

96 [Anon.], Notes and Communications, in: Libri 1 (1950), S. 183-189, hier S. 184; Eröffnung der amerikanischen Büchereischule (American Library School) in Erlangen, in: BuB 2 (1950), S. 365; Peter Vodosek, Die »American Library School« in Erlangen. Ein vergessenes Kapitel Ausbildungsgeschichte in Nachkriegsdeutschland, in: Engelbert Plassmann (Hg.), Buch und Bibliothekswissenschaft im Informationszeitalter, München u. a. 1990, S. 82-90.

97 Hanns W. Eppelsheimer, Zur Lage des wissenschaftlichen Bibliothekswesens in der amerikanischen Besatzungszone (Bericht über die Tätigkeit der »Arbeitsgemeinschaft für wissenschaftliche Bibliotheken« im Länderrat der US-Zone), in: Nachrichten für wissenschaftliche Bibliotheken 1.1-2 (1948), S. 6-8; Eric W. Steinhauer, Die Ausbildung der Wissenschaftlichen Bibliothekare und das Laufbahnrecht, in: Bibliotheksdienst 39.5 (2005), S. 654-673, hier S. 660; Hildebert Kirchner, Grundriss des Bibliotheks- und Dokumentationsrechts, Frankfurt a. M. ²1993, S. 265; Günther Pflug, Die wissenschaftlichen Bibliotheken in Deutschland von 1945 bis 1965, in: Leonhard, Vodosek, Die Entwicklung des Bibliothekswesens in Deutschland 1945-1965, Wiesbaden 1993, S. 13-30.

Internationale Horizonte nach 1945?

Eine zweite, eher seltene Momentaufnahme zeigt Eppelsheimer Ende der 1940er und Anfang der 1950er Jahre als vorsichtigen Diskutanten. Er schien ambitioniert mit Augenmaß. Die schwierige Ausgangslage der westdeutschen Bibliotheken nach dem Krieg hatte er vor Augen und sprach gerade deshalb intellektuell geschmeidig. Zugleich trug er der Stimmung in der Zunft Rechnung, in der sich ein angestrengt selektiver Blick auf die eigenen Biographien und Aufbruchserwartungen mischten.

Nichts hinderte Eppelsheimer, bei allem Gestaltungswillen in Frankfurt und Hessen, den bibliothekarischen Blick weit über Deutschland hinaus nach Europa und in die USA zu richten. Von seiner Amerikareise 1949 kehrte er deswegen aber nicht gleich als amerikanisierter Bibliothekar zurück. Dabei konnte er ganz emphatisch über die US-amerikanische Profession berichten, die ihm an der Library of Congress in Washington, in den Bibliotheken an den renommierten Ostküstenuniversitäten Harvard, Yale und Princeton und in den üppigen New Yorker Stadtbibliotheken begegnet war.[98] Er bestaunte die, so schien es ihm damals, schier unerschöpflichen materiellen Ressourcen großer amerikanischer Bibliotheks-Philanthropen wie der Carnegie-Stiftung. Er respektierte die hochgradig ausdifferenzierte und flexible ›Bibliothekstechnik‹ der amerikanischen Kollegen. Er sah sie ständig mit neuen Verfahren experimentieren, um ihre Leser möglichst unmittelbar zu den Büchern vorzulassen, zu buchbestückten Regalen in riesigen Lesesälen und individuellen Arbeitsplätzen.

Aber Eppelsheimer mied es, Freihandbibliotheken diesen Typs auch in westdeutschen wissenschaftlichen Bibliotheken zu fordern – anders als viele seiner Zeitgenossen in den öffentlichen Bibliotheken während der späten 1940er und 1950er Jahre, für die der Blick nach Amerika oft eine Steilvorlage genau dafür bildete.[99] Man solle sich in dieser Hinsicht in Deutschland lieber ›im Eigenen behaupten‹, fand Eppelsheimer stattdessen und bestätigte so die traditionelle Distanz zwischen magaziniertem, gehütetem Bestand und dem Leser und Nutzer.[100]

Es war, für Eppelsheimer ungewöhnlich, eigentlich eine politische Botschaft mehr als eine bibliothekarische, die er 1949 aus den Vereinigten Staaten in die gerade gegründete Bundesrepublik zurückbrachte. Ihm schien, es gelang den Amerikanern, nicht nur in den Kulturmetropolen, sondern in der Breite des riesigen Landes die Bibliotheken als »Stück echter Demokratie« in der Mitte der

98 Hanns W. Eppelsheimer, Eindrücke einer Bibliotheksreise in Amerika, in: Nachrichten für wissenschaftliche Bibliotheken 1 (1950), S. 62-66.

99 Theodor Ostermann, Amerikanische Bibliotheken. Erlebnisse und Eindrücke einer Studienreise, in: Nachrichten für wissenschaftliche Bibliotheken 5 (1951), S. 221-238.

100 Eppelsheimer, Eindrücke, S. 66.

Gesellschaft zu platzieren, mit liberalen Benutzerordnungen und Beständen, die sich am Wissensbedarf der Leser orientierten.[101] In diesen Horizont einer demokratischen Bibliothek stellte sich Eppelsheimer allerdings nur zaghaft. Zum einen wandte er sich mit seinem Reisebericht im Mitteilungsblatt des Vereins deutscher Bibliothekare lediglich an eine kleine Fachöffentlichkeit. Zum anderen zollte er, womöglich gerade deshalb, der kriegsbeschwerten Zunft Tribut: »Amerikas Glaube an das Buch« als gesellschaftlicher Mittler teilte Eppelsheimer am Ende nicht. In Deutschland werde man es anders angehen: Hierzulande pflege man eine »anspruchsvollere«, absichtlich unpragmatischere Einstellung zum Buch, das nicht für eine handlungsorientierte aufklärerische »Zivilisation« stehe, sondern die deutsche »Kultur« repräsentiere.[102] Damit wollte Eppelsheimer nicht auf die »Kultur«-Propaganda zweier Weltkriege schwenken, keine deutschen Überlegenheitsphantasien im Weltmaßstab aufrufen. Mit der Buch-»Kultur« schien er eher einen Grundton seiner Zeit aufzunehmen, in der viele Kollegen 1949/50 noch mit dem Ende einer Vision von deutscher »Kultur« haderten, die vom NS nicht unberührt geblieben war. Es ging Eppelsheimer um ein Zugeständnis, um einen rhetorischen Effekt in versöhnlicher Absicht. Das Lob der amerikanischen Buch-»Demokratie« erhielt damit einen deutschen »Kultur«-Dämpfer.

Eppelsheimers Amerikareise und -deutung war in doppelter Hinsicht symptomatisch. Zum einen passte sie in eine lange, bewegte Tradition transatlantischer Bibliothekskontakte. Die waren von beiden Atlantikseiten aus mit ganz unterschiedlichen Interessen gepflegt worden und hatten immer die weltpolitischen Gemengelagen ihrer Zeit widergespiegelt. Schon im ausgehenden 19. Jahrhundert hatten deutsche Bibliothekare beobachtet, wie große Bibliotheken in den USA entstanden, die als Zentren modernen Wissens üppig ausgestattet und gut organisiert waren. Der Industriekapitalismus hatte dort alle Voraussetzungen geschaffen für ein aus deutscher Sicht gigantisches privates Mäzenatentum, von dem besonders die Bibliotheken renommierter Ivy League-Universitäten, aber auch urbane Zentren vor allem an der Ostküste profitierten.[103] Über den Atlantik zu schauen, hieß nicht, dass die deutschen Beobachter den Kopierstift zückten. Vom schon um die Wende zum 20. Jahrhundert gereiften amerikanischen Konzept der *public library*, die dem Leser niedrigschwellig und unmittelbar Literatur im offenen Buchregal darbot, um ihn entlang bürgerlicher

---

101 Eppelsheimer, Eindrücke, S. 64.

102 Ebd., S. 64 und 66.

103 E. Ryer, Amerikanische Bibliotheken in: Zentralblatt für Bibliothekswesen 3 (1889), S. 121-129; A.B. Meyer, Amerikanische Bibliotheken und ihre Bestrebungen, Berlin 1906; Paul Schwenke [d.i. Direktor der Königlichen Bibliothek zu Berlin], Eindrücke von einer amerikanischen Bibliotheksreise, in: ZfB 29 (1912), S. 485-500; ZfB 30 (1913), S. 1-17 und S. 49-58.

Mittelklassewerte zu bilden, ließ das Gros deutscher Bibliothekare, die ihre Sammlungen eher hüten als exponieren wollten, sich letztlich nicht irritieren.[104] Die Amerikaner umgekehrt beneideten die Europäer und gerade die Deutschen nicht selten um ihre historische Sammlungstiefe, der man sich in den USA näherte, indem man systematisch Altbestände aus Deutschland und Europa erwarb.[105]

Nach dem Ersten Weltkrieg, der sowieso die transatlantischen Kulturgleichgewichte stark zugunsten der USA verschoben hatte, war das deutsche Interesse an Bibliotheksbeziehungen über den Atlantik hinweg enorm gewachsen. Kulturstolz über traditionsreiche Sammlungen und professionalisierte Bibliotheksverwaltungen hatte sich mit der deutschen Gier nach kultureller Anerkennung gemischt.[106] Amerikanische Wiederaufbauhilfen flossen an deutsche und andere europäische Bibliotheken in der Erwartung, dass die Wissensvorräte, die hier abgelegt würden, einer rationalen Politik zugute kamen, die Europa nach dem Ersten Weltkrieg stabilisieren sollte.[107] Der NS hatte die transatlantischen Dynamiken unterbrochen und stattdessen eine ganz andere Sorte von Transnationalität in Richtung benachbarter faschistischer Regime gepflegt. Deutsche würdigten amerikanische Bibliotheken nur noch, wenn sie jenseits deutscher Reichsgrenzen sicher waren.[108]

In gewisser Weise war man ab 1945, nach dem nächsten Weltkrieg und der nächsten, noch totaleren deutschen Niederlage, auf einem ähnlichen Stand wie 1918: zwar richteten sich deutsche Blicke wie der Eppelsheimers auf die USA, aber deutsche Bibliothekare suchten nicht gleich amerikanische Kopiervorlagen, sondern pflegten ein beachtliches Selbstbewusstsein.

Symptomatisch war Eppelsheimers Amerikareisebericht von 1949 zum anderen auch, weil er von einer neuen transatlantischen Beobachtungsdynamik in der westdeutschen Bibliothekswelt seit den frühen 1950er Jahren zeugte. Natürlich waren solche Kontakte weltpolitisch genordet, spürten manche deutsche

104 Wilfried Enderle, Vom Schalter zum Servicepoint – Bibliothek und Benutzer: Störenfried, Bittsteller, König Kunde, mobiler Endabnehmer, in: Ulrich Hohoff, Daniela Lülfing (Hgg.), 100. Deutscher Bibliothekartag in Berlin 2011. Bibliotheken für die Zukunft – Zukunft für die Bibliotheken, Hildesheim, Zürich, New York 2012, S. 178-187.

105 New York Times 3.5.1914, S. C2 (Buys German Library. Anonymous American Purchases Prof. Vahlen's Philological Books); ebd., 26.11.1904, S. 5 (Harvard's Big Library: German Universities … Add to its Collection).

106 Hugo A. Krüss, The Prussian State Library and its Relations to other German and Foreign Libraries, in: American Library Association Bulletin 20 (1926), S. 202-208.

107 More Books for European Libraries, in: Bulletin of the American Library Association 18 (1924), S. 133-134.; Rausch, Akademische Vernetzung, S. 177-179.

108 Hellmut Lehmann-Haupt, Das amerikanische Buchwesen. Buchdruck und Buchhandel, Bibliophilie und Bibliothekswesen in den Vereinigten Staaten von den Anfängen bis zur Gegenwart, Leipzig 1937.

Reisen den Bibliotheksleistungen der ehemaligen Besatzungsmacht nach. Was die Bibliothekare, zurück in Deutschland, damit anfingen, blieb dennoch offen. Wer auf transatlantischen Beobachtungsposten ging wie eine DFG-finanzierte Gruppe 1951, zog wohl in erster Linie Schlüsse, die die eigene Agenda in heimischen Kontexten stützten.[109]

In ganz anderem Stil als Eppelsheimer äußerte sich jedenfalls – um noch einmal Eppelsheimers Votum von 1949 ins Verhältnis zu seiner Zeit zu setzen – auch Gustav Hofmann (1900-1982) über den amerikanischen Bibliotheksfaktor im Nachkrieg. Vor 1945 kein Parteimitglied, und kontinuierlich Bibliothekar an der Bayerischen Staatsbibliothek über Diktatur und Krieg hinweg, war Hofmann inzwischen seit 1947/48 Direktor der Bayerischen Staatsbibliothek und Generaldirektor der Bayerischen Staatlichen Bibliotheken.[110] Mitte der 1950er Jahre charakterisierte er die Amerikareisen westdeutscher Bibliothekare mit einem Unterton, der offenbar von dieser Kontinuität herrührte: Die Bibliothekare und ihre Häuser auf beiden Atlantikseiten bildeten Hofmann zufolge eine »innere menschliche Gemeinschaft«, weil die Deutschen in den USA »das Blut unserer eigenen europäischen Voreltern« wiedererkannten.[111] So formulierte es Hofmann 1956 mehr im Vokabular der Vor- als der Nachkriegsjahre. 1953 zum Vizepräsidenten des Internationalen Verbands der bibliothekarischen Vereine (IFLA) gewählt und zwischen 1958 und 1963 auch ihr Präsident, sprach nichts dafür, dass Hofmann mit den transatlantischen Bibliotheksbeziehungen nach 1945 haderte. Womöglich wollte er sogar den ideologischen Antiamerikanismus deutscher Bibliothekare im NS kompensieren, der die Kontakte in den Kriegsjahren gekappt hatte. Trotzdem wirkte – ein Spiegel der ganz unterschiedlichen Bibliothekarsbiographien, die hinter diesen Voten standen – Hofmanns ungeschickte Gemeinschafts- und Abstammungsrhetorik rückwärtsgewandter als Eppelsheimers pragmatisches Räsonieren über die amerikanische Bibliothekspraxis und die Frage, was davon auch für die westdeutsche Praxis taugte.

Ein definitiver transatlantischer Grundton war jedenfalls mit Eppelsheimers ebensowenig wie mit Hofmanns Amerikabeobachtungen für westdeutsche Bibliothekare verbindlich und war auch in der Deutschen Bibliothek nicht gesetzt. Wer in den kommenden Dekaden auf transatlantischen oder internationalen Beobachtungsposten ging, hatte, je nach eigener Agenda, eben auch ganz Unterschiedliches zu berichten.[112]

109 Ostermann, Amerikanische Bibliotheken.
110 Franz G. Kaltwasser, Gustav Hofmann 1900-1982, in: ZfBB 29 (1982), S. 442-448; Gustav Hofmann, Wiederaufbauprobleme der Bayerischen Staatsbibliothek München, in: Nachrichten für wissenschaftliche Bibliotheken 5.4 (1952), S. 156-167.
111 Gustav Hofmann, Zum Geleit, in: Wehmer, Praxis, o.P.
112 Klaus D. Lehmann, Verbund: Zentren und Bibliotheken, in: Günter Beyersdorff (Hg.), Bibliotheksverbund und lokale Systeme. Bericht über eine Studienreise in die USA vom 24.9. bis 13.10.1984, Berlin 1985, S. 29-68; Gisela von Busse, Gemein-

Das westdeutsche Interesse am bibliothekarischen Geschäft andernorts blieb nach 1945 beständig und breit. Das zentrale westdeutsche Branchenblatt der Bibliothekare berichtete unverdrossen und regelmäßig von Internationalem, mischte eingängigere Berichte mit knappen Notizen bevorzugt aus Paris, London, New York und Moskau.[113] Solange keine Geschichte der internationalen Bibliotheksbeziehungen nach 1945 geschrieben ist, bleibt schwer einzuschätzen, was die Zunft mit solchen Blicken über den westdeutschen Tellerrand programmatisch oder praktisch weiter anfing. Dass etwa auch Frankreich eine neue Wissenschafts- und Forschungsinfrastruktur hochzog, protokollierten die Bibliothekare genauso wie die Problemlagen im internationalen Buchhandel.[114] Der dürre Berichtsstil während der ersten Nachkriegsjahrzehnte strahlte jedenfalls sachlich-kühle Beobachtungsroutinen aus. Nachahmungsemphase fehlte genauso wie nationalistische Abgrenzungsreflexe. Mitunter schwang ein gemessen an den Vorkriegsjahren sprachlich gezügelter nationaler Ehrgeiz mit, gegenüber den internationalen Entwicklungsstandards aufzuholen und die deutschen Bibliotheken und Verlage auf dieser Bühne wieder zu platzieren.[115]

Bibliothekarische Visionen – Eppelsheimer in den Zunft- und Zukunftsgesprächen der 1950er Jahre

Über die 1950er Jahre hinweg begannen »Volksbibliothekare« in den öffentlichen Bibliotheken und verschiedene kultur- und bildungspolitische Akteure in ihrem Umfeld deutlich mehr als die leitenden Bibliothekare in den Universal- und Forschungsbibliotheken der Bundesrepublik das Leitbild zu erörtern, auf das sich die öffentlichen Bibliotheken nach dem Krieg zubewegen sollten.

Den NS-Volksbüchereien alten Zuschnitts, ehedem zentral kontrollierte Propagandastationen des NS, redete niemand das Wort. Eigentümliche Anklänge daran wie bei dem umstrittenen und streitbaren Hamburger Erziehungswissenschaftler und Philosophen Hans Wenke (1903-1971) etwa blieben selten. Wenke wünschte sich noch 1958 provokant, dass öffentliche Bibliotheken vermittelten, wie sehr jeder Einzlne weiterhin »vom politischen Schicksal unseres Volkes …

schaftsunternehmungen amerikanischer Bibliotheken in der Literaturbeschaffung, in: Wehmer, Praxis, S. 148-171.
113 Chronik, in: Zentralblatt für Bibliothekswesen 1 (1947), S. 180-189.
114 Ebd., S. 191.
115 Chronik: Buchproduktion und Buchhandel, in: Zentralblatt für Bibliothekswesen 1 (1947), S. 183; Wolfgang M. Freitag, Kommt es zur Einführung des Referentensystems in amerikanischen Universitätsbibliotheken?, in: Zeitschrift für Bibliothekswesen und Bibliographie 11 (1964), S. 181-185.

abhängig« bleibe.[116] Sie sollten ein »Volk« mit ausbilden, das bei Wenke einigermaßen beziehungslos zur neuen demokratischen Nachkriegsordnung blieb. Daneben gab es Anklänge an die Idee der öffentlichen Bibliotheken aus den Zwischenkriegsjahren, die nach unklar national-konservativen Normen wissenswerte Literatur für ihr Publikum vorselektieren sollten.[117]

Aber solche Erwartungen wurden nicht unkommentiert durchgewunken. Stattdessen gingen die meisten davon aus, dass die Volksbibliotheken alten Stils abgewirtschaftet hatten. Gerade dann erschienen britische oder US-amerikanischen Public Libraries oft als vorbildliches alternatives Ordnungs- und Wissensmodell, weil sie unmittelbar zugänglich waren, keine deutsche »Bildungs-Metaphysik« kannten und sich dem Wissensbedarf der Gesellschaft ihrer Tage öffneten.[118] Wo »Volksbibliothekare« in der Bundesrepublik nach 1945 so argumentierten, waren sie nicht blind dafür, dass auch diese Bibliothekstypen nicht voraussetzungslos funktionierten, dass sie Systematiken des Wissens vorgaben und keine völlig ungelenkte Wissenstotale herstellen konnten. Es war klar, dass auch diese Bibliotheken Literatur-Schwerpunkte bilden und eine Auswahl treffen mussten. Die Freihandaufstellung möglichst großer Teile der Bestände und partizipative Benutzerstrukturen aber, die den Wissensbedarf der Leser bei der Beschaffungspolitik berücksichtigte, galten vielen Bibliothekaren, die solche transnationalen Vergleiche anstellten, als Zielmarke auch für deutsche Häuser.[119] So nahm man die Lage übrigens nicht nur aus westdeutscher Sicht wahr. Wo schweizerische Kollegen Studienreisen zu öffentlichen Bibliotheken in den europäischen Nachbarländern unternahmen, teilten sie oft die Emphase für das liberale Konzept der public libraries nicht nur in England, sondern auch in den skandinavischen Staaten.[120]

In seiner Eigenschaft als Direktor der Universitäts- und Stadtbibliothek, der auch für die Frankfurter Volksbüchereien zuständig war, und als Direktor der

---

116 Hans Wenke, Die öffentliche Bücherei und das Bildungswesen, in: BuB (Bücherei und Bildung. Fachzeitschrift des Vereins Deutscher Volksbibliothekare e.V.) 10.1 (1958), S. 1-9, hier S. 8.

117 Hans Hugelmann, Aufgaben und Ziele unserer Arbeit in: BuB 2 (1949-50), S. 588-592.

118 Joseph Höck, Um die Zukunft des deutschen Büchereiwesens, in: BuB 2.4 (1950), S. 193-195.

119 Rudolf Rödder, Die Büchereien der Amerikahäuser, in: BuB 1. 1-5 (1948-49), S. 275; Luise Kolb, Die Public Library der USA und das Problem der Einheitsbücherei, in: BuB 4.3 (1952), S. 185-196.

120 Magdalena Rahn, Eindrücke von einer Studienreise in skandinavischen und englischen Bibliotheken: Vortrag gehalten an der 51. Jahresversammlung der Vereinigung Schweizerischer Bibliothekare in Winterthur, in: Nachrichten der Vereinigung Schweizerischer Bibliothekare, Schweizerische Vereinigung für Dokumentation 29.1 (1953), S. 5-15.

Deutschen Bibliothek positionierte sich Eppelsheimer diesmal etwas energischer in der Debatte. Den Ton gab er auf dem Kongress der deutschen Bibliothekare 1951 in Münster vor. Dort sprach Eppelsheimer als erster Redner zum Kongressthema Bibliothek und Bildung – programmatisch:[121] Angesichts des Weltkriegs sah Eppelsheimer traditionale Vorstellungen von deutscher »Bildung« diskreditiert. Entsorgen wollte er das Ideal nicht, eher generalüberholen. Nicht traditionell »deutsch« verstanden, sondern universell breit und »europäisch« ausgerichtet konnte »Bildung« auch nach 1945 wieder zum Richtwert deutscher Bibliothekare und ihrer Häuser werden. Sie war geläutert von den »bitteren Erfahrungen der großen Kriege und Katastrophen«, nicht länger bedroht von »totalitären Sekten« und stattdessen ausgerichtet an der »Welt« und »Zeitgenossenschaft« des Nachkriegs.[122]

Im Fachjournal des Vereins Deutscher Volksbibliothekare, das als eines der ersten nach dem Krieg 1948 zustandegekommen war, wurde Eppelsheimers Intervention regelrecht gefeiert. Er hatte demnach »mit eleganter Aggresivität und treffsicherer Ironie« [...] »erfrischend unkonventionell« gesprochen und den im NS ideologisch deformierten Bildungs-Begriff nach allen Regeln der Kunst zu Grabe getragen. Denn als »Sprecher der traditionsgesättigten wissenschaftlichen Bibliothek« vor hochrangigem nationalen und internationalen Publikum aus Bibliotheken und Kulturpolitik hatte Eppelsheimer demnach »radikal mit unserer Bildungstradition« abgerechnet.[123] Egal ob Eppelsheimer so wirklich verstanden werden wollte. Das Journal jedenfalls zog ihn mit auf die selbstkritische Diskursbühne, die sich die bibliothekarische Zunft zu bauen begann.

Eppelsheimers Votum blieb erst einmal insulär. Als sich diese Diskussion in den öffentlichen Bibliotheken der jungen Bundesrepublik bis Ende der 1950er Jahre auch über die Bibliotheksränder hinaus weiter ausdehnte, hörte man ihn genauso wenig wie überhaupt alle wissenschaftlichen Bibliothekare. In die Überlegungen dort mischten sich unterdessen schon publizistische Stimmen, die von jenseits der engeren Bibliothekswelt stammten und auch außerhalb der Profession zu hören waren. 1958 etwa äußerte sich der linkskatholische Intellektuelle und Gesinnungssozialist Walter Dirks (1901-1991) zur Debatte um die künftige Ausrichtung der öffentlichen Bibliotheken Westdeutschlands. Dirks kannte die totalitäre Zudringlichkeit des NS aus biographischer Anschauung. Seit 1934 von NS-Stellen mit Schreibverbot belegt, hatte er nur mit Mühe bei der libera-

---

121 Hanns W. Eppelsheimer, Bibliothek und Bildung, in: Nachrichten für wissenschaftliche Bibliotheken 4.4 (1951), S. 193-197; ders., Carl Jansen, Peter Gehring, Bücherei und Bildung. Drei Vorträge im Rahmen des Kongresses der deutschen Bibliothekare, Münster, in: Bücherei und Bildung 3.6 (1951), S. 5-23.

122 Eppelsheimer, Bibliothek, S. 195.

123 Hans H. Breddin, Kongreß der deutschen Bibliothekare vom 15.-21.5.1951 in Münster, in: BiB 3.6 (1951), S. 523-533.

len *Frankfurter Zeitung* veröffentlicht, bis man sie 1943 zwangsweise stilllegte. Nach 1945 war Dirks aber im neuen Kulturjournalismus der Bundesrepublik wieder auf die Beine gekommen. Er arbeitete als Soziologe, Theologe und Philosoph am wiedereröffneten Institut für Sozialforschung, veröffentlichte dort die Frankfurter Hefte mit und wurde vielfach ausgezeichnet.[124]

In der *Fachzeitschrift der Volksbibliothekare* meldete sich Dirks 1958 mit einem Grundlagentext zur »Funktion der öffentlichen Bücherei« zu Wort. Dirks sprach im Manifest-Stil. Die öffentlichen Bibliotheken wollte er nicht mit ›Weltanschauungen‹ hantieren sehen. Er verpflichtete sie stattdessen im Nachgang des Weltkrieges auf ›humanitäre‹ Werte. Sie sollten eine »Kultur« sichern, die am konstruktiven Wissensaustausch und gesamtgesellschaftlichen »Gespräch« interessiert war. Es ging nicht mehr darum, ein gleichschrittiges »Volk« zu bilden. Bibliotheken, fand Dirks, bildeten ein ›lebendiges, sich immer erneuerndes Gedächtnis der Nation‹ ab, aber eben inmitten einer sozial und politisch »gespaltenen Gesellschaft«. Für die Bibliothekare schied von daher nicht nur die Rolle des Propagandisten, sondern auch die des rein ›technischen Vermittlers‹ aus. Dirks begriff sie als »loyale« Partner der gesprächsbereiten und wissbegierigen Nutzer, in »redlicher Auseinandersetzung« mit dem Leser als ›wachem Zeitgenossen‹.[125]

Dirks' emphatisches Votum illustrierte, wie an die öffentliche Nachkriegsbibliothek auch kulturpolitische Erwartungen und ein Stück weit demokratietheoretische Hoffnungen herangetragen wurden.[126] Es ging darum, die Bibliothek im demokratischen Zusammenhang und in einer dezidiert pluralen Wissensordnung zu platzieren und von dort aus ihre Rolle zu definieren. Gleichzeitig zeigte Dirks' Votum, dass sich in der Diskussion um die öffentlichen Bibliotheken in der Bundesrepublik nach 1945 keine generationell geschlossenen Meinungslager gegenüberstanden. Wenke und Dirks entstammten der gleichen Generation und erwarteten nach 1945 doch so unterschiedliches von den öffentlichen Bibliotheken.

In der Deutschen Bibliothek blieb man zu solchen Dynamiken zunächst eher auf Distanz. Inzwischen etablierter als Kulturspeicher des geteilten Deutschland mit einem ausladend allgemeinen Sammelauftrag verstand man sich immer auch als objektive Instanz jenseits des politischen Streits. Im Blick auf die lebendige Diskussion der öffentlichen Bibliothekare hätte der Eindruck entstehen können, dass die Deutsche Bibliothek damit auch darauf verzichtete, ihren Ort in der

---

124 Benedikt Brunner, Links und jugendbewegt. Walter Dirks, Helmut Gollwitzer und ihre vergangenheitspolitischen Programme, in: Eckart Conze, Susanne Rappe-Weber (Hg.), Die deutsche Jugendbewegung. Historisierung und Selbsthistorisierung nach 1945, Göttingen 2018, S. 179-197.

125 Walter Dirks, Zur Funktion der Öffentlichen Bücherei, in: Bücherei und Bildung 10.2 (1958), S. 49-59.

126 Dirks, ebd.

westdeutschen Demokratie zu markieren. Wie sich weisen sollte, begann sich das allerdings noch in den 1950er Jahren deutlich zu ändern, als das Frankfurter Haus gezwungen war, sich im Wettbewerb um Ressourcen auch kulturpolitisch Gehör zu verschaffen.

4. Sammlungsanfänge im Frankfurter Wissensspeicher

4.1 Amerikanische Weichen für die Frankfurter Kulturvorräte 1945-1949

Der amerikanische Faktor: Stippvisite mit Visitenkarte

Der amerikanische Faktor bestimmte die deutsche Nachkriegszeit schon deutlich bevor 1946 die Deutsche Bibliothek gegründet wurde. Und er war nicht nur in Frankfurt zu fassen. Ihre erste Visitenkarte gaben die Amerikaner bei einem kurzen besatzungspolitischen Intermezzo in Leipzig im Frühsommer 1945 ab. Die eigentümliche Szene veranschaulichte nicht nur deutlich, wie angespannt und restriktiv die ersten transatlantischen Begegnungen zunächst verliefen und wie ungleich die Gewichte zwischen amerikanischen Besatzungskräften und Deutschen verteilt waren. Sie legte auch wie im Schnellschnitt offen, dass über die frühe Bibliothekspolitik auf amerikanischer Seite wesentlich kriegsmobilisierte Kommunikationsexperten entschieden, die deutsche Bestände in erster Linie als prekäre Überreste der Diktatur wahrnahmen, die die Amerikaner kontrollieren mussten. Vom Verständigungston, der einige Monate später die ersten Gespräche vor allem mit dem Börsenverein prägen sollte, lag diese Szene noch deutlich entfernt.

Direkt nach Kriegsende 1945, als sich in Frankfurt noch nicht gleich abzeichnete, dass es Pläne dafür geben würde, eine Westdépendance der Leipziger Bücherei zu gründen, schlugen die Amerikaner nur einen kurzen Moment in der Deutschen Bücherei in Leipzig auf. Gemäß den Zonenprotokollen vom Spätjahr 1944 hielten sie zwischen 19. April und 1. Juli 1945 vorübergehend auch Sachsen besetzt, bevor es den sowjetischen Besatzungskräften übergeben wurde.[1] Dass

---

1 Birgit Horn-Kolditz, Alltag in Trümmern. Leipzig am Ende des Kriegs, in: Ulrich von Hehl (Hg.), Stadt und Krieg, Leipzig 2014, S. 421-460.

der amerikanische Auftritt in Leipzig in die auf erzieherisches Bestrafen ausgerichtete Frühphase der Besatzungspolitik fiel, war schnell offensichtlich.

Die bibliothekarische Branche in den USA hatte sich im Zweiten Weltkrieg massiv patriotisiert. An der Seite vieler amerikanischer Wissenschaftler und ermutigt von der US-Politik wollte man sich jetzt am Kampf gegen die Achsenmächte beteiligen und sich so als politisch wichtige Wissensressource für die Demokratie im Krieg profilieren.[2] Die Library of Congress in Washington entwickelte sich zum Hotspot des Unternehmens. 1800/1801 als enzyklopädische Dienstbibliothek des US-Kongresses im Kapitol eingerichtet, ab Mitte des 19. Jahrhunderts mit Pflichtexemplarrecht massiv aufgestockt, ab dem frühen 20. Jahrhundert im Jefferson Building mit einem bald weltweit prägenden Katalogisierungsschema ausgestattet, war sie das repräsentative Wissenszentrum der Wahl.[3]

Hier richteten der Leiter der Kongressbibliothek, Archibald MacLeish, und US-Kommunikationsexperten Ende 1940 eine Experimental Division for the Study of Wartime Communications ein.[4] Sie sollte systematisch die NS-Feindpropaganda gegen die USA entschlüsseln und den propagandistischen Bedarf der USA klären, die die eigene Bevölkerung gegen den Faschismus immunisieren und für einen Kriegseintritt gewinnen wollten. Man knüpfte sich vor allem die deutschen Massenmedien vor, um den Taktiken und Techniken der NS-Propaganda auf die Spur zu kommen. Damit beherbergte die Kongressbibliothek ein zentrales Forschungsunternehmen, das die US-amerikanische Gegenpropaganda wissenschaftlich unterfüttern und die Bestände feindlichen Wissens möglichst lückenlos dokumentieren sollte.[5]

Parallel dazu begann man, internationale Forschungsdaten zu sammeln. Ein Interdepartmental Committee for the Acquisition of Foreign Publications, das seit 1939 die ausländische Presse für das US-Kriegsministerium auswertete, hin-

---

2 Pamela Spence Richards, Scientific Information in Wartime: the Allied-german Rivalry, 1939-1945, Westport, CT 1994.
3 David C. Mearns, The Story up to now, The Library of Congress, 1800-1946, Washington 1947.
4 Harold D. Laswell, Describing the Contents of Communication. Experimental Division for the Study of Wartime Communication. Doc. N°9, Washington 1941; ders., Describing the Content of Communiations, in: Bruce L. Smith, Harold D. Laswell, Ralph D. Casey (Hgg.), Propaganda. Communication and Public Opinion, Princeton 1946, S. 74-94.
5 Harold D. Lasswell u.a., The Politically Significant Content of the Press: Coding Procedures, in: Journalism Quarterly 19 (1942), S. 12; Christopher Simpson, Science of Coercion: Communication Research and Psychological Warfare, 1945-1960, New York 1994; Pamela Spence Richards, Scientific Information in Wartime; Benno Nietzel, Die Massen lenken. Propaganda, Experten und Kommunikationsforschung im Zeitalter der Extreme, Berlin, Boston 2023, S. 182-198.

terlegte zwischen Sommer 1943 und Juni 1945 zehntausende Publikationen und über mehrere tausend Mikrofilmrollen mit Kopien relevanter Forschungsliteratur aus aller Welt in der Library of Congress. Von hier aus starteten auch Kopiermissionen, die zum Ziel hatten, Rückhaltebecken für kriegsbedrohtes Wissen aus aller Welt in den USA anzulegen. Dazu verfilmte man Material aus ausländischen Bibliotheken, und, besorgt, der Krieg könne auch auf US-Territorium übergreifen, mitunter selbst inländische Bestände.[6]

Die Strategie hielt nach 1945 an und sie blieb als Library of Congress European Mission bei der Washingtoner Kongressbibliothek konzentriert.[7] Man sondierte den deutschen Publikationsmarkt, sammelte einen Teil der konfiszierten NS-Literatur, die zu Forschungszwecken an amerikanische Bibliotheken verschifft werden sollte, ließ Bücher und Kunstwerke, die die Nationalsozialisten zwangsenteignet hatten, an großen Sammelstellen in Offenbach und München zusammentragen und kassierte für amerikanische Bibliotheken einen Teil des Materials, der sich von dort aus nicht restituieren ließ.[8] In der kurzen Zeit, die die Library of Congress Mission 1945 in Leipzig zur Verfügung hatte, erstellte sie Filmkopien von der letzten Version der Deutschen Nationalbibliographie und von der Kartei deutscher Verleger samt der letzten Neuerscheinungen, um sich so einen Überblick über sämtliche Publikationen inner- und außerhalb des deutschen Buchhandels zu verschaffen.[9]

Die Leipziger Bücherei kam den Amerikanern daher zunächst kaum als Traditionsspeicher ins Visier. Die Leipziger Nationalbibliographie und die in Leipzig nach 1933 gesammelten Bestände waren aus US-Sicht 1945 in erster Linie als Diktatur-Relikte interessant, als Kronzeugen des angewandten Kulturrassismus, über den man sich so schnell einen Überblick verschaffte. Und die Library of Congress Mission sicherte, als Verzeichniskopien und Auswahl an NS-Schrifttum, Feindwissen über den NS. Man nahm es mit in die USA, um es in großen Forschungsbibliotheken einzulagern und antifaschistische Expertise-Vorräte in der Demokratie anzulegen.

Die Verfilmungsaktivitäten atmeten ganz den Geist einer neuen US-amerikanischen Modernisierungsemphase im Marschgepäck der Siegermacht. Sie richtete sich keineswegs nur auf Deutschland, sondern auf die Welt. Und sie speiste sich aus der Erwartung, dass spätestens der Zweite Weltkrieg Amerika auf einen uneinholbaren Modernisierungspfad gesetzt hatte, auf dem es im Grunde die

6 Kathy Peiss, Information Hunters. When Librarians, Soldiers and Spies Banded together in World War II Europe, Oxford 2020, S. 40-67.
7 Luther H. Evans, Research Libraries in the War Period, 1939-45, in: The Library Quarterly: Information, Community, Policy 17.4 (1947), S. 241-262.
8 Reuben Peiss, European Wartime Acquisition and the Library of Congress Mission, Frankfurt a. M. 1946; ders., European Wartime Acquisitions and the Library of Congress Mission in: Library Journal 71 (1945), S. 863-876; Peiss, Information Hunters.
9 Rau, Nationalbibliothek, S. 70-71.

»erste« bis »dritte« Welt nachziehen wollte und musste, um im nächsten Jahrtausend anzukommen.[10] Diese Modernisierungsmission war selbstgefälliges Pathos und handfeste Macht- und Interventionspolitik in einem. Anlässlich der Library of Congress Mission in Leipzig begegnete sie nur in einer von vielen parallelen Varianten.[11]

Wenn das Leipziger Intermezzo der Amerikaner etwas zeigte, dann vor allem, dass sich amerikanische und deutsche Akteure in Leipzig unter sehr ungleichen Voraussetzungen begegneten. Die Gewichte zwischen besiegten und in jeder Hinsicht bankrotten Deutschen und Vertretern der siegreichen US-Besatzungsmacht waren äußerst ungleich verteilt.

Mit der Stippvisite in Leipzig hinterließen die Amerikaner zugleich eine Art besatzungspolitische Visitenkarte, die auch in Frankfurt zu Buche schlagen sollte. Denn im Schlepptau der amerikanischen Militärs 1945 kam ein ganzer Troß von hochaktiven US-Kommunikationsexperten nach Deutschland, zu denen sich seit den Kriegsjahren auch Archivare und Bibliothekare wie Douglas Waples zählten. Buch- und Bibliotheks- war strategische Informationspolitik und sollte Kontrolle sichern.[12] In der Information Control Division, die den gesamten Publikationssektor samt Verlagen und Vertrieb im frühen westlichen Nachkriegsdeutschland kontrollieren wollte, betrieben sie eine überaus aktive Bibliothekspolitik.[13] Die trug anfangs ganz die Handschrift des ausgewiesenen Nachrichtendienstlers Brigadegeneral Robert A. McClure, der als ehemaliger Chef der Psychological Warfare Division die Deutschen letztlich kollektiv schuldig fand und zumindest 1945 darauf setzte, dass die Demokratie die Deutschen entweder über amerikanische Publikationen oder gar nicht erreichte.[14]

10 Michael E. Latham, The Right Kind of Revolution. Modernization, Development and U.S. Foreign Policy from the Cold War to the Present, Ithaca, N.Y. 2011.

11 Vannevar Bush, As We May Think, in: ders., Endless Horizons, Washington 1946, S. 16-38; Christiane Heibach, (De)Let(h)e. Über das Problem des Vergessens im Digitalen Zeitalter, in: Uwe Jochum, Achim Schlechter (Hgg.), Das Ende der Bibliothek? Vom Wert des Analogen. Sonderband der Zeitschrift für Bibliothekswesen und Bibliographie, Frankfurt a.M. 2011, S. 53-70.

12 Peiss, Information Hunters.

13 Herbert Goldhor, The Training of Soldier-Librarians in the European Theater, in: The Library Quarterly: Information, Community, Policy 17.3 (1947), S. 171-184.

14 R.A. McClure, Information Services and Democratic Attitudes, in: Information Bulletin, 15.9.1945, und McClures Votum im Kongress, US Congressional Record: Proceedings and Debates of the 79th Congress. First Session 91.5 (7.6.1945 bis 30.6.1945), Washington D.C. 1945, S. 6416; Robert S. Berlin, Schools for Democracy, Part II: The Universities, in: Military Government Weekely Information Bulletin (Office of the Director. OMGUS Reports and Information Branch 21), 15.12.1945, S. 10-22, besonders S. 20.

Publikationskontrolle und/oder Demokratie

Die Deutsche Bibliothek sammelte, was seit dem 8. Mai 1945 in deutscher Sprache veröffentlicht wurde. Was auf diesem Weg als deutsches Kulturwissen im Nachkrieg zusammenkam, wollte sie ausdrücklich nicht definieren, sondern abbilden. Das machte sie, wie die FAZ berichtete, zum »Spiegel unserer Zeit«,[15] zum Spiegelsaal des Publikationsmarkts in der Westzone und der Bundesrepublik. Im Blick hatten die Frankfurter kein Spartenwissen, keine Sonderexpertisen und auch keinen breiten, populären Nutzerbedarf. Gesammelt wurde querfeldein »alles«, von der intellektuellen Höhenkammliteratur über gediegenere oder populäre Belletristik, Fachliteratur unterschiedlichster Sorte und Schriften von Behörden oder Vereinigungen, vom Schulbuch bis hin zu einem breiten Sortiment an Presseerzeugnissen.

Die ersten Rahmendaten für alles, was sich politisch und buchpolitisch in Frankfurt abspielen konnte, setzte seit Kriegsende und bis zur Gründung der Bundesrepublik 1949 die amerikanische Besatzungsmacht. Was in Frankfurt ankam, verzeichnet und eingeordnet wurde, spiegelte zunächst einmal die besatzungspolitischen Reglements und die wirtschaftlichen und technischen Produktionsbedingungen in den Westzonen und der Bundesrepublik mit ab, die Medien- und Kommunktionsverhältnisse und ihre verschiedenen Akteure. So schrieb sich ein amerikanischer und im weiteren Sinne auch alliierter Faktor unweigerlich in die Sammlungs- und Bestandsgeschichte der Deutschen Bibliothek ein.

Die zentrale Vorgabe für alle Anstrengungen, nach 1945 die Deutsche Bibliothek zu gründen und sie arbeitsfähig zu machen, machte die amerikanische Besatzungsmacht mit der sogenannten Umerziehung. Damit fuhren die Amerikaner eine Fundamentalattacke gegen die spätestens seit 1933 vom NS deformierten deutschen Kulturwerte und gegen die ideologische Zwangssozialisation der Deutschen in den einschlägigen NS-Instanzen zwischen 1933 und 1945. Denn beide hatten – nicht nur aus amerikanischer Sicht – maßgeblich den NS ermöglicht und stabilisiert. Die Vorgaben für die amerikanische *reeducation* waren daher zunächst denkbar streng: In der maßgeblichen Direktive JCS vom Mai 1945, die bis Sommer 1947 gelten sollte, wiesen die amerikanischen Stabschefs den Oberbefehlshaber der US-Besatzungstruppen zu einer harten Deutschlandpolitik an.[16] Weil man annahm, dass von Deutschland weiterhin eine totalitäre

---

15 FAZ, 2.1.1950 ADNBF Zeitungsausschnitte 1944-ca. 1963; Karl Zimmermann, Die Deutsche Bibliothek (gekürzt veröffentlicht in der *Süddeutschen Zeitung*, 26.5.1950), ADNBF ebd.

16 Boehling in Junker 593 Direktive der amerikanischen Stabschefs an den Oberbefehlshaber der US-Besatzungstruppen in Deutschland (JCS 1067) (April 1945), in: Rolf Steininger (Hg.), Deutsche Geschichte 1945-1961. Darstellung und Doku-

Gefahr für die Welt ausging, sollte auf die deutsche Bevölkerung, die Wirtschaft und das gesamte öffentliche Leben eisern zugegriffen werden. So, wie sich nazistisches und militaristisches Denken in alle Bereiche hineingefressen zu haben schien, mussten aus US-Sicht die Deutschen im ›besiegten Feindstaat‹ in jeder Hinsicht niedergehalten und entnazifiziert und aktive Unterstützer des Regimes öffentlich abgestraft werden.

Vom Zugriff auf den deutschen Buchmarkt versprachen sich besonders die Amerikaner, letztlich aber alle Alliierten, besonders viel, weil die Deutschen als lesefreudig galten und dementsprechend über Buchinhalte gut erziehbar schienen. Die besatzungspolitischen Erwartungen an die Bücher und Bibliotheken im Nachkriegsdeutschland waren deshalb hoch: Über die drastisch verengten Wissenskanäle würde man die in jeder Hinsicht depravierten Deutschen ideologisch ausräuchern und ihnen anschließend demokratisches Knowhow vermitteln, das sie langfristig vom NS weglenkte. Auf dem Weg zum demokratischen Staatsbürger schien die Kultur- und Wissenskontrolle unverzichtbar.[17] Was veröffentlicht werden sollte, musste, von deutschen Autoren und Verlegern auf amerikanisches Geheiß kleinschrittig überwacht, nach einem Totalverbot sämtlicher Publikationsaktivitäten, einzeln lizenziert werden, während man unerwünschte Titel zensierte.[18] Zensurpolitischer Zugriff und Lizensierungspraxis waren somit eng definiert.[19]

mente in zwei Bänden, Bd. 1, Stuttgart 1983, S. 47-52; The Drive to End Nazism, in: Military Government Weekly Information Bulletin 1 (Juli 1945), S. 10-12.

17 Supreme Headquarters, Allied Expeditionary Force in Germany SHAEF (Hg.), Manual for the Control of German Information Services vom 15.12.1944, Appendix A S. 5, zit nach Bernd R. Gruschka, Der gelenkte Buchmarkt: die amerikanische Kommunikationspolitik in Bayern und der Aufstieg des Verlages Kurt Desch 1945 bis 1950, Frankfurt a.M. 1995, S. 49; Baukhage, What Germany Is Reading, in: The Saturday Review, 23.2.1946, S. 5-6.

18 Licenses for Newspapers and Publishers, in: Military Government Weekly Information Bulletin 1 (Juli 1945), S. 14-15; Edward C. Breitenkamp, The U.S. Information Control Division and its Effect on German Publishers and Writers, 1945 to 1949, Washington 1953; Erwin J. Warkentin, The History of U.S. Information Control in Post-war Germany: The Past Imperfect, Newcastle upon Tyne 2016; Gruschka, Buchmarkt, S. 59.

19 The New York Times, 1.7.1945, S. 46 (Re-educating Germany), ebd., 24.6.1946, S. 51 (Plans for Re-educating Germany); Felix Reichmann, The Reorganization of the Book Trade in Germany, in: The Library Quarterly: Information, Community, Policy 17.3 (1947), S. 185-200; Direktor der IC Robert McClure am 17.9.1946 (Depository Library for German Publications), BArch OMGUS Shipment 15 Box 154-1 Folder 26; Schauer, Bevormundung des Sortiments?, in: Börsenblatt für den Deutschen Buchhandel 20 (1947), S. 396-397.; Christina von Hodenberg, Konsens und Krise. Eine Geschichte der westdeutschen Medienöffentlichkeit 1945-1973, Göttingen 2006.

Die Information Control Division der amerikanischen Militärregierung unter Leitung General Robert McClures, und an der Spitze eines Sonderstabs auch der Bibliothekar und Buchexperte Major Douglas Waples, definierte einschlägige Regularien, die langfristig auch für die Sammlungsanfänge der Frankfurter Deutschen Bibliothek maßgeblich wurden.[20] Eine *Illustrative List of National Socialist and Militarist Literature*, ausdrücklich als ausbaufähig gedachte Richtschnur verstanden, deklassifizierte auf schmalen 28 Seiten neben einschlägigen Publikationen führender Nationalsozialisten und der NS-Regierung und ihren Organisationen exemplarisch 1000 Buchtitel und 35 Zeitschriften. Hinzu kam eine *Black, Grey, and White List for Information Control Purposes of German Authors*, die die Amerikaner seit Oktober 1945 pflegten und ständig erweiterten und die das deutsche Medienpersonal nach NS-Vergangenheiten sortierte. Sie verbot über 600 »schwarze« Autoren für sämtliche Medien einschließlich der Theater, ließ knapp 400 »graue« Autoren knapp passieren und akzeptierte, dass sie auf nachrangigen Stellen weiterarbeiteten; etwa 440 »weiße Autoren« sollten ungehindert publizieren dürfen.[21] Dennoch ließ sich der deutsche Buchmarkt so nicht total kontrollieren. Deutsche und amerikanische Einschätzungen darüber, wann die Zensurbedingungen verletzt schienen und Verstöße abzustrafen waren, kollidierten immer wieder und hingen auch von lokalen Konstellationen zwischen Verlegern und ICD-Personal ab.[22] Auch beurteilten Amerikaner und Briten einzelne Autoren immer wieder unterschiedlich, so dass deutsche Autoren Lizenzierungsschranken auch umgehen konnten, indem sie in eine andere Zone auswichen.[23]

Von dieser allerersten Phase der Publikationskontrolle und Buchentnazifizierung war die Deutsche Bibliothek zuerst nicht direkt betroffen. Als der Alliierte Kontrollrat nach ersten frühen Vorabsprachen schon im Winter 1944 schließlich im Mai 1945 übereinkam, Literatur mit nationalsozialistischen und militaristischen Inhalten in Verlagen, Buchhandel und Bibliotheken einzuziehen und es den Zonen überließ, ob konfisziertes Material zerstört oder für künftige Forschungen einbehalten würde,[24] bahnte sich die Idee, eine Deutsche Bibliothek

20 Felix Reichmann, The Reorganization of the Book Trade in Germany, in: The Library Quarterly: Information, Community, Policy 17.3 (1947), S. 185-200; Riese, Börsenverein, S. 118.

21 Edward C. Breitenkamp, The US Information Control Division and its Effects on German Publishers and Writers 1945 to 1949, Grand Forts 1953; Börsenblatt 2.1946; Peitsch 2009, 53; Illustrative List of National Socialist and Militarist Literature, Military Government 1946, Gruschka, Buchmarkt, S. 145.

22 Gruschka, Buchmarkt, S. 65-67, 151.

23 Peitsch, Nachkriegsliteratur, S. 55-56.

24 Allied Control Authority. Control Council Order No. 4: Confiscation of Literature and Material of a Nazi and Militarist Nature, vom Mai 1946 (NARA RG 250 OMGUS ISD Dir Off 5 244-1 33 Bavaria), abgedruckt in: Stieg, Postwar Purge,

zu gründen, gerade erst an. Weil öffentliche Bibliotheken, Universitäten, Schulen und Verlage ihre Altbestände zu durchforsten hatten, stand allerdings auch der frühe Leiter der Deutschen Bibliothek, Hanns Wilhelm Eppelsheimer, als Direktor der Stadt- und Universitätsbibliothek Frankfurt den Amerikanern gegenüber in der Pflicht. Während die Entnazifizierungspolitik auch Bibliothekare, Verleger und Politiker betraf, wurden diejenigen, die in Frankfurt die ersten Schritte in Richtung Bibliotheksgründung gingen, aber noch keinen eigenen Bestand gebildet hatten, zunächst vor allem Zeugen eines Buch-Purgatoriums.

Gleichwohl zeitigten Zensur und Lizensierung Folgen für den gesamten deutschen Publikationsmarkt, die auch auf die Sammlungsanfänge der Deutschen Bibliothek durchschlugen. Denn was seither erschien und damit in die Deutsche Bibliothek gelangte, hatte die engen Publikationsschleusen der Alliierten und allen voran der Amerikaner zu passieren. Publikationsstop und Konfiszierung begleiteten die Amerikaner, beispielgebend für die britische und französische Zone, mit Publikationskampagnen in besatzungspolitischer Eigenregie. Sie verbreiteten eigens bewilligte, nicht-nationalsozialistische Titel oder beschafften sie aus dem Ausland, ließen sie übersetzen und verbreiteten sie in Deutschland. Ähnlich verfuhren auch Briten und Franzosen.[25]

Die alliierten Zielvorgaben waren nicht für Deutschland reserviert, sie galten ähnlich auch für Österreich, das spätestens seit 1938 in den Propagandaapparat und die Zensurpraktiken des NS einbezogen worden war.[26] Den Zwangsanschluss von 1938 erklärten die Alliierten 1945 für nichtig und legten Wert darauf, eine von der deutschen strikt getrennte Buch- und Verlagslandschaft entstehen zu lassen, faktisch ein separates Mediensystem entlang der auch in Deutschland veranschlagten, für Österreich mitunter gelinde gelockerten Kriterien.[27]

S. 157-158; Befehl Nr 4 vom 13.5.1946. Einziehung von Literatur und Werken nationalsozialistischen und militaristischen Charakters, in: Amtsblatt des Kontrollrats in Deutschland Nr 7, 31.5.1946.

25 Kurt Koszyk, Presse unter alliierter Besatzung, in: Jürgen Wilke (Hg.), Mediengeschichte der Bundesrepublik Deutschland, Bonn 1999; Joseph Jurt, Ein transnationales deutsch-französisches literarisches Feld nach 1945?, in: Patricia Oster, Hans-Jürgen Lüsebrink (Hgg.), Am Wendepunkt, Bielefeld 2008, S. 189-230; Judith Joos, Kontinuität im Neuanfang: Verlagspolitik in der Gründungsphase der Bundesrepublik am Beispiel der Britischen Zone, in: York-Gothart Mix (Hg.), Kunstfreiheit und Zensur in der Bundesrepublik Deutschland, Berlin, Boston 2014, S. 19-42; Clemens Vollnhals (Hg.), Entnazifizierung. Politische Säuberung und Rehabilitierung in den vier Besatzungszonen 1945-1949, Frankfurt a.M. 1991.

26 Uwe Baur, Literarisches System in Österreich 1933/1938-1945. Zensur und Förderung – Literarische Vereine – Anthologien, Wien 2021, S. 26.

27 Liste der gesperrten Autoren und Bücher. Maßgeblich für Buchhandel und Büchereien, hg. vom Bundesministerium für Unterricht, Wien 1946; Gaby Falböck, Norbert P. Feldinger, Vier Zonen, vier Konzepte, Akteure mit Vergangenheit – eine

Beide Phasen, die rigide und punitive des ersten Nachkriegsjahrs und die anschließend erkennbare Lockerung und Kehrtwende in Richtung antikommunistischer Propaganda gegen die Sowjetunion, rahmten nun auch das Büchersammeln und den Bestandsaufbau in Frankfurt. Für die Frankfurter bedeutete die US-Besatzungspolitik also etwas ganz anderes als für die Leipziger Deutsche Bücherei. Denn dort sequestrierten die sowjetischen Besatzer den Kulturvorrat, der den Deutschen trotz Kriegsverlusten geblieben war. An der Deutschen Bücherei in Leipzig war führendes Personal in die Säuberungsaktionen der sowjetischen Stellen involviert und durchkämmte die Altbestände entlang der zwischen 1946 und 1953 mehrfach überarbeiteten und erweiterten Leipziger Liste.[28] In Frankfurt dagegen begleiteten die amerikanischen Publikationskontrolleure die institutionellen Presswehen und Sammlungspraktiken von Beginn an. Bis zur Gründung der Bundesrepublik im Mai 1949 stellten vor allem die Amerikaner, an denen sich britische und französische Besatzungspolitiken bei allen Abweichungen im Kern doch immer orientierten, die entscheidenden Weichen für die Frankfurter Vorräte in der Deutschen Bibliothek. Umgekehrt säumten Widersprüchlichkeiten und manche prekären Arrangements den deutschen Publikationsmarkt im Nachkrieg und damit auch die frühen Bestände in Frankfurt.

4.2 Welches Wissen sammelt die Deutsche Bibliothek? Bestände als Seismographen oder die Bibliothek als Spiegelsaal

Die Deutsche Bibliothek erhielt 1946, orientiert am Sammelstichtag vom 8. Mai 1945, erste Belegexemplare von Verlegern, mit denen sie ihren Grundbestand aufbaute. Der Sammelstart verschwindet bislang hinter der Formel, dass man »alle« deutschen Veröffentlichungen sammelte. Welche Textur der neue Bestand der Deutschen Bibliothek ab 1946 allerdings annahm, ist noch nie genauer beobachtet worden. Dabei erhellen schon exemplarische Probebohrungen für die frü-

---

besondere Geschichte vom Anfang. Die Medienregulierung der Alliierten in Österreich, in: Jan Krone, Tassilo Pellegrini (Hgg.), Handbuch Medienökonomie, Wiesbaden 2016, S. 1-25.

28 Ute Steigers, Die Mitwirkung der Deutschen Bücherei an der Erarbeitung der »Liste der auszusondernden Literatur« in den Jahren 1945 bis 1951, in: ZfBB 38.3 (1991), S. 236-256; Angela Hammer, Aussonderung nationalsozialistischer Literatur in ostdeutschen Bibliotheken nach dem Zweiten Weltkrieg am Beispiel der Universitätsbibliothek der Humboldt-Universität zu Berlin, in: Bibliothek. Forschung und Praxis 37 (2013), S. 331-346.

hen Jahre, wie vielschichtig das war, was man in Frankfurt einlagerte. Zum einen gehorchten die Neuerscheinungen, die in die Behelfsregale im Rothschild-Haus wanderten, den Regeln des Besatzungsregimes: Das neue Kulturwissen musste die Zensur und Lizenzschleusen in der amerikanischen und den alliierten Zonen passiert haben.[29] Zum anderen zeigt ein genauerer Blick auf den Bestandsaufbau, dass das, was dem neuen Frankfurter Kulturvorrat jetzt zugebucht wurde, trotzdem deutlich heterogener ausfiel, als der deklarierte Sammelstart und die alliierte Publikationskontrolle nahelegen konnte.

Zuallererst prägte Kargheit den Sammlungsauftakt. Das erste Heft der Bibliographie der Deutschen Bibliothek, das im März 1947 die Sammlungsaktivitäten seit 1946 dokumentierte, fiel gemessen am Umfang, den spätere Verzeichnisse annehmen sollten, spärlich aus. Die erste Titelliste umfasste knapp 20 Seiten.[30] Bis Jahresende hatte sich der Publikationseingang mindestens verdreifacht, und erst recht ab 1948 wuchs das Verzeichnis an.[31] Zunächst aber herrschte die Mangelwirtschaft aus Kriegszeiten vor. Entsprechend sackte die Buchproduktion zunächst weg. Seit Mai 1945 bis Ende 1946 kamen etwa 8700 Bücher heraus und noch 1948 mit etwa 11.000 Büchern im Jahr nicht einmal ein Drittel der in den Vorkriegsjahren durchschnittlichen Jahresstückzahlen.[32] Unter den Bedingungen allgemeiner Knappheit waren Papierzuteilungen der ICD an deutsche Verlage ein zusätzliches besatzungspolitisches Kontrollinstrument, kamen demnach zunächst auch engmaschig überwachte Publikationen in Frankfurt an.[33] Zu solchen Zugängen zählten nicht zuletzt Drucke amerikanischer Militärgesetze, für die deutsche Verleger Papier erhielten.[34]

29 Frank Möller, Das Buch Witsch. Das schwindelerregende Leben des Verlegers Joseph Caspar Witsch, Köln 2014; David Oels, Rowohlts Rotationsroutine. Markterfolge und Modernisierung eines Buchverlags vom Ende der Weimarer Republik bis in die fünfziger Jahre, Essen 2013; Hansjörg Gehring, Amerikanische Literaturpolitik in Deutschland 1945-1953. Ein Aspekt des Re-Education-Programms, Stuttgart 1976; Reinhard Wittmann, Auf geflickten Straßen. Literarischer Neubeginn in München 1945 bis 1949, München1995.

30 Bibliographie der Deutschen Bibliothek Frankfurt am Main, Frankfurt a.M. 1947, Band 1 Heft 1.

31 Bibliographie der Deutschen Bibliothek Frankfurt am Main, Frankfurt a.M. 1947, Band 2.

32 Estermann, Nachrichten, S. 246, 273; Gruschka, Buchmarkt, S. 158.

33 Georg K. Schauer, Papierausschuß und Papiersekretariat, in: Börsenblatt für den Deutschen Buchhandel 113.3 (1946), S. 22-23; Vittorio Klostermann, Zur Frage des Papierbedarfs der Verlage, in: ebd., S. 23-24.

34 Gesetz zur Befreiung des Nationalsozialismus und Militarismus vom 5.3.1946, Lorch/Württemberg, Stuttgart 1946; Bibliographie der Deutschen Bibliothek Frankfurt am Main, Frankfurt a.M. 1947, Band 1 Heft 1, S. 4.

Umgekehrt konnten findige Altverleger mit politischer Vergangenheit vor 1945 wie Kurt Desch in München die amerikanischen Kontrolleure auch zu ihren Gunsten beeinflussen. Desch inszenierte sich jedenfalls erfolgreich als Widerständler und sicherte sich so die erste Buchverlagslizenz in Bayern und ständig reiche Papierzuteilungen. Dabei war Deschs Publikationserfolg kein Fall, in dem sich die US-Besatzer als tumb vorführen ließen. Denn die amerikanischen Papierzuteilungen verpflichteten Desch umgekehrt zu Gegenleistungen und intensiver Publikationstätigkeit für die amerikanische Sache der *Reeducation*.[35] Entsprechend trafen in den Frankfurter Sammlungsbeständen von Beginn an auffällig zahlreiche Publikationen aus seinem Haus ein. Mit den Europäischen Dokumenten etwa, die tatsächlich den Umerziehungszielen der Amerikaner programmatisch entsprachen, bezog die Frankfurter Bibliothek eine Sorte politisch konformer Literatur, die nicht notwendig Rückschlüsse auf ihren demokratiewilligen Verleger zuließ, sondern eher auf dessen erfolgreiche Aushandlungstaktik gegenüber den Amerikanern.[36]

Dass alliierte Publikationskontrollen und Lizensierungsbarrieren bis 1949 die Publikationskorridore in den Westzonen verengten, spiegelte der Bestand der Deutschen Bibliothek auch an anderen Stellen. Durch die passte allemal die amerikanisch überwachte Lizenzpresse, die sozusagen per Oktroi einem pluralen Politjournalismus aufhelfen wollte. So bezog man in Frankfurt, wenn auch zunächst unvollständig und erst ab den frühen 1950er Jahren steigend, die lizensierte politische Tagespresse,[37] die in Millionenauflage verlegte *Neue Zeitung* genauso wie die *Frankfurter Rundschau*, die Anfang August 1945 als erstes Presseorgan die Lizensierungshürde in Hessen genommen hatte.[38] Ab Mai 1947 begann die Deutsche Bibliothek daneben auch Zeitschriften zu sammeln, die die US-Regierung eigens für den deutschen Markt produzieren ließ, darunter die an

35 Börsenblatt für den Deutschen Buchhandel 113.6 (1946), S. 51; Hannelore Klemm, Zur Biographie des Verlegers Desch, in: FAZ, 28.11.1984, S. 8.

36 Bibliographie der Deutschen Bibliothek Frankfurt am Main, Frankfurt a.M. 1.2 (1947), S. 61.

37 FAZ, 15.4.1952, S. 6 (Deutsches Schrifttum wird gesammelt); Frankfurter Rundschau, 18.2.1952 (Zeitungen auf Mikrofilm), ADNBF Zeitungsausschnitte, Bl. 301; H. Gruber, Das Zeitungsarchiv auf Mikrofilm, in: Die Deutsche Zeitung, März 1953, ADNBF ebd.

38 Sammlungsnachweis in Deutsche Bibliographie. E = Deutsche Bibliographie, hg. u. bearb. Deutsche Bibliothek, Frankfurt a.M. (Zeitschriften-Verzeichnis: in Deutschland erscheinende period. Veröffentlichungen sowie deutschsprachige Periodika Österreichs, d. Schweiz u. anderer Länder, Frankfurt a.M.: ab 1954; Licenses for Newspapers and Publishers, in: Military Government Weekly Information Bulletin 1 (Juli 1945), S. 14; Eva Welsch, Der Kalte Krieg im Spiegel der hessischen Lizenzzeitungen, in: Peter Vodosek, Wolfgang Schmitz (Hgg.), Bibliotheken, Bücher und andere Medien in der Zeit des Kalten Krieges, Wiesbaden 2005, S. 133-143.

ein Bildungspublikum gerichtete *Amerikanische Rundschau* und die *Neue Auslese*, die ein breiteres Mittelschichtenpublikum ansprechen sollte.[39]

Mit der frühen Lizenzpresse nisteten sich auf lange Sicht die besatzungspolitischen Deutungsvorgaben der Alliierten unmittelbar in den Franfurter Kulturvorrat ein. Im Falle der *Frankfurter Rundschau* etwa lagerte die Deutsche Bibliothek ein regelrechtes Parademedium des Kalten Kriegs ein. Denn zuerst sollte die *Rundschau* den antifaschistisch-pluralen Politjournalismus einführen. Zwei Jahre später hatte sich dieser Vorführeffekt aber bereits erledigt, als die US-Besatzungspolitik von der Entnazifizierung auf die Antikommunismuskampagne schwenkte. Wenn die Deutsche Bibliothek die *Frankfurter Rundschau* bezog, sammelte sie ein gewandeltes Blatt: Aus dem breit aufgestellten Redaktionsgremium der *Rundschau* relegierten die Amerikaner 1947 den ehemaligen Buchenwald-Häftling und Kommunisten Emil Carlebach genauso wie den Linkskatholiken Wilhelm Karl Gerst und schmolzen damit das Spektrum zulässiger politischer Meinungen entlang der neuen US-Politik im Kalten Krieg ein.[40] In der Lizenzpresse und ähnlich einschlägigen Medien wie in der massiv amerikanisch lancierten und bis 1957 geheimdienstlich subventionierten, kategorial antikommunistischen Kulturzeitschrift *Der Monat*[41] bildete die Deutsche Bibliothek also auch solche besatzungspolitischen Strategiewechsel mit ab. Wie weit dies freilich bei deutschen Lesern verfing, war mit der bibliographischen Auflistung noch nicht gesagt.

Zum anderen gehörte die Lizenzpresse im frühen Bestand der Deutschen Bibliothek in Frankfurt zu einer schillernd-dynamischen politischen Kultur der frühen Nachkriegsjahre. Sie war aller Kontrollen zum Trotz keine ideologisch durchgesäuberte Demokratieplattform. In der *Neuen Zeitung* beispielsweise – als amerikanisches Lizenzblatt symbolträchtig auf den Rotationsmaschinen des *Völkischen Beobachters* gedruckt und Remigranten wie Hans Habe anvertraut – siebten die Amerikaner noch in den späten 1940er Jahren NS-Belastete aus. Presseoffiziere fischten den belasteten Hans Lehmann aus der Münchner Redaktion[42] und relegierten Ursula von Kardorff im Frühjahr 1948 aus dem Feuilleton, als antisemitische Texte von ihr aus den NS-Jahren ruchbar wurden.[43] Die *Neue Zeitung*

39 Bibliographie der Deutschen Bibliothek Frankfurt am Main, Frankfurt a. M. 2.3 (1947), S. 65-67, u. a. Amerikanische Rundschau, hg. im Auftrag des amerikanischen Informationsdienstes, ab Jahrgang 1 (1945), ebd., S. 67.

40 Dietrich Schroeder, ICD, Quarterly Historical Report for the Period Ending 30 September, S. 1, HStAD Q 4 Nr. 8/154-2/2.

41 Der Monat. Eine internationale Zeitschrift für Politik und geistiges Leben, München ab 1948 (Die Neue Zeitung), in: Deutsche Bibliographie 1.29 (1947), S. 1638.

42 Jessica C.E. Gienow-Hecht, Transmission Impossible: American Journalism as Cultural Diplomacy in Postwar Germany, 1945-1955, Baton Rouge 1999; Hodenberg, Konsens, S. 108.

43 Axel Schildt, Medien-Intellektuelle in der Bundesrepublik. Herausgegeben und mit einem Nachwort versehen von Gabriele Kandzora, Detlef Siegfried, Göttingen 2020, S. 83.

im Bestand der Deutschen Bibliothek illustrierte demnach nicht nur, dass sich NS-Belastete selbst in der kontrollierten Öffentlichkeit hielten, sondern auch, wie hartnäckig die Amerikaner solchem Personal gelegentlich eben doch nachsetzten.

Total griffen die Amerikaner auf die deutsche Pressekultur deswegen aber nicht zu. Lehmann und von Kardorff kamen schnell zurück auf das journalistische Parkett, ähnlich wie mit ihnen manche anderen belasteten Altverleger oder -publizisten, die in der Bundesrepublik seit 1949 wieder journalistisch anlandeten. Dass man sie allerdings aufgegriffen hatte, deklassierte sie öffentlich und zügelte seither ihre öffentlichen Voten. Wenn das ihr Zugeständnis an die antifaschistische Demokratie war, konnten sie langfristig als integriert gelten. Vergleichbares ließ sich etwa im Fall Karl Korn bei der amerikanisch lizensierten *Frankfurter Allgemeinen Zeitung* beobachten oder bei Hans Zehrer von der britisch lizensierten *Welt*, die beide erst von der Lizenzpresse ausgeschlossen wurden und sich zügig wieder im konservativen Journalismus verankerten.[44]

So gesehen verkörperte die Lizenzpresse in der frühen Sammlung der Deutschen Bibliothek nicht nur und ausschließlich eine kupierte Medien- und Meinungskultur und ein alliiertes Verordnungsregime. Sie dokumentierte auch nicht nur, wie sich die US-Propaganda über die Jahre gewandelt hatte. Sie stand auch für deutsche Dynamiken, war in Teilen selbst für NS-Belastete durchlässig, die nach kurzen Karrierebrüchen politisch weitgehend unauffällig, fast ununterbrochen vom Kriegsende aktiv blieben.[45]

Nicht nur im Blick auf die Lizenzpresse, sondern auch auf die frühe Publizistik und Belletristik im weitesten Sinne bildeten Veröffentlichungen, die in den Frankfurter Bibliotheksbestand kamen, weil sie nach dem 8. Mai 1945 publiziert worden waren, einen vielschichtigen Kulturvorrat.[46] Das galt beim Blick auf die Verlage, die die Frankfurter Bibliothek beschickten, ebenso wie auf die Profile und Kernaussagen der verlegten Autoren. Ehedem im NS »arisierte« Altverlage wie der jugendbewegte Eugen Diederichs- oder der erst spät restituierte Ullstein-Verlag gehörten nicht automatisch zu den bis 1948/49 fast 850 deutschen Verlagen, die explosionsartig bis 1949 aktiv waren. Manche dagegen hielten sich, auch als die Verlagswelt unter dem Druck der Währungsreform um knapp ein Drittel zusammenschrumpfte.[47]

44 Schildt, Medienintellektuelle, S. 71-74, 140-143.
45 Markus M. Payk, Der Geist der Demokratie. Intellektuelle Orientierungsversuche im Feuilleton der frühen Bundesrepublik: Karl Korn und Peter de Mendelssohn, München 2008; Peter Hoeres, Zeitung für Deutschland: die Geschichte der FAZ, München, Salzburg 2019, S. 69-108.
46 Bibliographie der Deutschen Bibliothek, Frankfurt am Main, Frankfurt a. M.: Buchhändler-Vereinigung, Bd. 1 (1947) und 2 (1948); Hanns W. Eppelsheimer (Hg.), Das Deutsche Buch: Neuersch. d. dt. Verl., im Auftr. d. Börsenvereins Deutscher Verleger- und Buchhändler-Verbände, Frankfurt a. M.: Buchhändler-Vereinig., 1. 1950.
47 Schildt, Medienintellektuelle.

Der Blick in die zeitgenössischen Zugänge zur Deutschen Bibliothek zeigte aber noch mehr: Von den ersten 1945 neu gegründeten Verlagen ging namentlich der publikationsstarke Wiesbadener Limes-Verlag des entlasteten Altverlegers Max Niedermayer,[48] der im Spätjahr 1945 lizensiert worden war, mit einer nicht untypischen Mehrfachstrategie zu Werke. Man bot zum einen unverfängliche deutsche Klassiker an, um auf diese Weise einen unbescholtenen deutschen Kulturkanon zu erinnern. Zum anderen nahm der Limes-Verlag in einer Mischung aus Anschluss halten und Augenhöhe demonstrieren europäische Höhenkammliteratur ins Programm.[49] Zum dritten brachte der Limes-Verlag Autoren aus dem breiten Feld der sogenannten ›inneren Emigration‹ heraus, gruppiert um die Autoren der Gruppe 47 als ihrer moralischen Leitinstanz.[50] Ende der 1940er Jahre sollte sich das Haus für einen Spagat entscheiden. Es verlegte inzwischen zum einen erste Exilautoren und nach dem Ende seines Publikationsverbots 1948 auch den seines Engagements vor 1945 wegen umstrittenen, in der DDR verpönten, aber in der Bundesrepublik höchst medienaffinen Gottfried Benn.[51] Im Umbruch von der Diktatur zur Demokratie definierten auch Verleger und Autoren die literarische Kultur neu.

Überhaupt kamen erst vereinzelt Publikationen von Exilautoren wie Irmgard Keun[52] in den Frankfurter Bestand, die anfangs freilich auf wenig öffentliche Resonanz stießen.[53] Im Ausland erschienene Exilliteratur gehörte, auch das dokumentierte die Deutsche Bibliographie der Nationalbibliothek übrigens, in den 1940er Jahren nicht erkennbar zu den Schwerpunkten alliierter Publikations-

48 Max Niedermayer, Pariser Hof, Wiesbaden 1965.

49 Johann Wolfgang von Goethe, Die Wahlverwandschaften; Franz Grillparzer, Weh dem, der lügt; Heinrich Heine, Prosaschriften; Christoph Martin Wieland, Der Prozeß um des Esels Schatten; Prosper Merimée, Mateo Falcone; Francois M.A. Voltaire, Candide; Robert Louis Stevenson, The Bottle; ders., Die seltsame Geschichte von Dr. Jekyll und Mr. Hyde, alle Wiesbaden 1946 (Limes-Verlag), in: Deutsche Bibliographie 1 (1947), S.7-9.

50 Hans W. Richter, Deine Söhne, Europa. Gedichte deutscher Kriegsgefangener, München 1947 (Nymphenburger Verlagshandlung), in: Deutsche Bibliographie 2.16 (1948), S. 800; Günter Eich, Abgelegene Gehöfte, Frankfurt a.M. 1948 (Schauer Verlag), in: Deutsche Bibliographie 2.23 (1948), S. 1272; Hans W. Richter, Mittendrin: die Tagebücher 1966-1972, hg.von Dominik Geppert, München 2012; Nicole Weber, Kinder des Krieges, Gewissen der Nation. Moraldiskurse in der Literatur der Gruppe 47, Paderborn 2020, S. 4-31.

51 Gottfried Benn, Trunkene Flut, Wiesbaden 1949 (Limes-Verlag); Gottfried Benn, Statische Gedichte, Wiesbaden (Limes-Verlag) 1948; Werner Bergengruen, Der spanische Rosenstock, Tübingen (Wunderlich-Verlag) 1946.

52 Irmgard Keun, Bilder und Gedichte aus der Emigration, Köln 1947 (Epoche Verlag), und dies., D-Zug Dritter Klasse, Köln 1946 (Epoche Verlag) in: Deutsche Bibliographie 1.9 (1947), S. 232.

53 Estermann, Nachrichten, S. 267-270.

politik. 1945 hatte es Anläufe dazu gegeben, gezielt Exilautoren auf den deutschen Buchmarkt zu holen, deren Werke vor 1945 von Exilverlagen in Schweden, den USA oder in der Schweiz herausgebracht worden waren. Zu den wenigen Initiativen unter diesen vielen anderen, die mangels Interesse scheiterten, gehörte, dass das amerikanische Kriegsministerium im Frühjahr 1947 ein kleines Sonderprogramm auflegte, mit dem die Amerikaner Exilwerke vor allem des S. Bermann Fischer Verlags in Stockholm erwarben und in die amerikanische Zone lenkten.[54] Ursprünglich waren die Bände vor allem für die Amerikahausbibliotheken gedacht. Sie kamen im Dezember 1948 aber auch im Bestand der Deutschen Bibliothek an.[55] Konzertierter unterstützten die Amerikaner die Exilliteratur aber offenbar nicht.

Sicher gab es in Frankfurt Buchzugänge, die davon zeugten, dass das alliierte Publikationsregime nach Kriegsende neue Freiräume eröffnete für ein Schrifttum, das langfristig Grundpfeiler einer pluralen Publizistik in der Öffentlichkeit der frühen Bundesrepublik einrammen sollte. So lagerten die Frankfurter früh zentrale Schlüsseltexte für die Auseinandersetzung der Westdeutschen mit dem NS ein, allen voran von Friedrich Meinecke, Eugen Kogon und Karl Jaspers.[56] Was damit nun eigentlich ins Kulturwissen der Deutschen über den NS absackte, und wann dies womöglich mehrheitlich geschah, war offen. Denn vor allem auf Jaspers' Einlassungen beriefen sich die meisten Westdeutschen bis Ende der 1940er Jahre bevorzugt, um – anders als Jaspers selbst – nicht nur jeden, auch den gar nicht erhobenen, »Kollektivschuld«-Vorwurf zurückzuweisen. Stattdessen arbeiteten sich viele angesichts von Jaspers »Schuldfrage« reflexhaft daran ab, dass sie sich zu Unrecht von den Alliierten bezichtigt fanden, für den Holocaust verantwortlich zu sein. Auf eine Weise, die Jaspers' so nicht beabsichtigt haben konnte, umgingen zumindest viele seiner frühen deutschen Leser eine kritische Selbstbefragung. Dass von Jaspers aus genau diese Frage nach den eigenen, mindestens moralischen Schuldanteilen am NS dringlich wurde, begann die westdeutsche Mehrheitsgesellschaft erst in den 1960er Jahren zu begreifen.[57]

54 Gruschka, Buchmarkt, 83; Thomas Mann, Das Problem der Freiheit, Stockholm 1939, ders., Josef und seine Brüder, Stockholm 1943; ders., Die vertauschten Köpfe, eine indische Legende, Stockholm 1944, ebenso wie Johan Huizinga, Der Mensch und die Kultur, Stockholm 1938, alle S. Berman Fischer Verlag.

55 Bibliographie der Deutschen Bibliothek, Frankfurt a.M. 30.2 (1948), S. 1815.

56 Karl Jaspers, Die Schuldfrage, Heidelberg 1946 (Lambert Schneider Verlag); Friedrich Meinecke, Die deutsche Katastrophe. Betrachtungen und Erinnerungen, Wiesbaden 1946 (Brockhaus Verlag); Eugen Kogon, Der SS-Staat. Das System der deutschen Konzentrationslager, München 1946 (Alber Verlag), nachgewiesen in: Deutsche Bibliographie 1.1 (1947), S. 5 und Deutsche Bibliographie 1.2 (1947), S. 41.

57 Felix Lieb, Ein überschätztes Buch?: Karl Jaspers und »Die Schuldfrage«, in: VfZ 67.4 (2019), S. 565-592, hier S. 577-578.; Dolf Sternberger, Dreizehn politische Ra-

Die Kontrolltendenzen veränderten sich aber noch 1946 parallel zur Entwicklungskonjunktur, die sich generell in der amerikanischen Entnazifizierungspolitik abzeichnete: Schon im Frühling des Jahres, als die Deutsche Bibliothek ihre Verzeichnis- und Sammlungsarbeit aufnahm, ließ der amerikanische Überwachungseifer nach. Als Sinnbild dafür galt das schon erwähnte Gesetz zur Befreiung von Nationalsozialismus und Militarismus vom März 1946. Vom ehemaligen KZ-Häftling und bald prominenten Politikwissenschaftler und Publizisten Eugen Kogon bitter kritisiert, delegierte es die Säuberungsverfahren an deutsche Spruchkammern. Das rigorose Bestrafungsziel der ersten Stunde wich, weil sich die Amerikaner inzwischen auf die Antikommunismuskampagne verlegten, systematischer Nachsicht mit ehedem Belasteten. Diese erhielten die Chance zur Rehabilitierung, um sie integrationswillig zu machen. Um den Preis massiver Schieflagen und Ungleichheiten stellte man die Entnazifizierungspraxis, nachdem sie schon seit 1947 in deutsche Hände wegdelegiert worden war, praktisch ein.[58]

In der US-Zone endete die Vorzensur zwar im Oktober 1945. An der Lizensierungspflicht sollten die Amerikaner aber noch bis Herbst 1949 festhalten. Ähnlich verfuhren die Franzosen, während die Briten die Rechtsregeln schon im Oktober 1947 änderten. Erst dann konnte in der inzwischen gegründeten Bundesrepublik allmählich eine Publikationsöffentlichkeit nach marktwirtschaftlichen Regeln entstehen.[59] In der sowjetisch kontrollierten Zone und der DDR blieb die Zensurpolitik bis 1989 in Kraft.

Die Skizze legt nahe, dass die Sammelanfänge der Deutschen Bibliothek in Frankfurt zwischen 1946 und 1949 die Bibliotheksgründer nicht im publizistischen Würgegriff der Besatzer zeigten. Findige Ausweichbewegungen deutscher Publizisten und Autoren und nachlassender amerikanischer Kontrollelan weichten die Grenzen des Druckbaren mitunter auf.

Das mochte auch daran liegen, dass die Amerikaner selbst die Reeducation-Politik samt Publikationskontrollen 1945 als spannungsreiches Projekt begriffen. Einerseits sollten die Deutschen per Umerziehung aus der zivilisatorischen Unkultur flächendeckender »Gleichschaltung« herausgeführt werden. Die Amerikaner würden sie dem Autoritarismus entwöhnen und der Freiheit und Demokratie nach amerikanischem Vorbild überantworten. Andererseits wollten die Amerikaner diesen Prozess allemal so kurz nach Kriegsende engmaschig

dio-Reden 1946, Heidelberg 1947 (Lambert Schneider Verlag), und Deutsche Bibliographie 1.4/5 (1947), S. 107.

58 Eugen Kogon, Das Recht auf den politischen Irrtum, in: Frankfurter Hefte. Zeitschrift für Kultur und Politik 7.2 (1947), S. 625-736.

59 Adam, Traum, S. 28; Umlauff, Wiederaufbau, Sp. 82, 91; Christina von Hodenberg, Konsens und Krise. Eine Geschichte der westdeutschen Medienöffentlichkeit 1945-1973, Göttingen 2006.

überwachen. Die Kalamitäten dieses Verfahrens standen den Amerikanern vor Augen. Daher wollten amerikanische Stellen tunlichst den Eindruck vermeiden, man imitiere das Diktat »Schwarzer Listen« im NS-Staat und säubere oder zerstöre die deutschen Buchbestände nurmehr unter neuen politischen Vorzeichen.[60]

Schon die alliierte Order vom Mai 1945 hatte in dieser Hinsicht Wellen in der US-amerikanischen Tagespresse geschlagen.[61] Daraufhin beeilten sich Funktionäre der American Library Association und US-Kongressabgeordnete, den Besatzungskräften in Deutschland in der US-amerikanischen Öffentlichkeit aufgeklärte Zurückhaltung und ein durch und durch demokratisches Prozedere zu bescheinigen.[62] Aus diesem Grund waren die amerikanischen Überlegungen noch bis April 1945 in die Richtung gegangen, Bücher aus deutschen Bibliotheken weder zu requirieren noch sie zu zerstören. Das Reizwort »Säuberung« *(purge)* vermied man oder wollte die Frage, wie das Verfahren weiter ausgestaltet werden müsse, an die Deutschen weiterreichen. Als die Franzosen vorschlugen, auch private deutsche Bibliotheken durchsuchen zu lassen, verweigerten sich die amerikanischen Stellen jedenfalls kategorisch.[63] Als Leiter der Publication Section des Office of Military Government of the U.S. erklärte Douglas Waples im Winter 1945, dass in seiner Zone jedenfalls Bücher nicht zerstört würden.[64]

Oft haben übrigens auch deutsche und österreichische Exilwissenschaftler die US-Regierung darauf aufmerksam gemacht, dass das Machtgefälle zwischen besetzten Deutschen und amerikanischen Besatzern die verordnete Demokratieerziehung von Grund auf diskreditieren musste.[65] Auch die zeitgenössische US-Presse der späten 1940er Jahre kommentierte immer wieder skeptisch.[66]

---

60 Jan-Pieter Barbian, Verordneter Kanon. Literarische Kanonbildung während der NS-Diktatur, in: ders., Die vollendete Ohnmacht? Schriftsteller, Verleger und Buchhändler im NS-Staat. Ausgewählte Aufsätze, Essen 2008, S. 59-77; Siegfried Lokatis, Indizierungspraxis und »Schrifttumspolitik« im Nationalsozialismus, in: Schoeps, Treß, Verfemt, S. 211-220.

61 Kathleen McLauglin, Allies to Wipe out all Pro-Nazi Books, in: New York Times, 14.5.1946, S. 1, und New York Times, 15.5.1946, S. 2 (Burning More Books).

62 Order N° 4, in: Library Journal 72 (1 March 1947), S. 372-374.

63 National Archives RG 260/87 Control of German Libraries, 3.4. 1945, zit. nach Stieg, Purge, S. 150-151. und 160.

64 Margaret F. Stieg, The Postwar Purge of German Public Libraries, Democracy, and the American Reaction, in: Libraries & Culture 28.2 (1993), S. 143-164.

65 Report of a Conference on Germany after War. Abstract of the Proceedings of a Conference on Germany after the War, Joint Committee on Post-War Planning, Columbia University, New York City, 29.5-4.6.1944, zit. nach Stifter, Erneuerung und Restauration, S. 203; Stieg, The Postwar Purge.

66 Raymond Daniell (*1901), Are We Making Headway in Germany?: There Is Little Evidence to Show, in: New York Times, 14.12.1947, SM 7.

Mitunter war der Ton regelrecht bitter. Der Journalist Eugene Jolas etwa sah die Lage just in Frankfurt düster. Den deutschen Intellektuellen bescheinigte er in einem Bericht vom zweiten Schriftstellerkongress in Frankfurt Anfang Juli 1948 einen desolaten Zustand. Drei Jahre nach der deutschen Kapitulation feiere dort immer noch das Irrationale fröhliche Urständ. Keinen einzigen deutschen Autor sah Jolas das Vakuum, das der NS hinterlassen hatte, füllen. Der erste deutsche Schriftstellerkongress in Berlin sechs Monate zuvor war ihm noch vital erschienen, als ost- und westdeutsche Autoren aufeinandertrafen.[67] Über den westdeutsch limitierten Frankfurter Kongress war Jolas hingegen völlig desillusioniert. Viele deutsche Literaten mischten selbstgefällig-teutonische Rhetorik mit dumpfem Ressentiment gegen die Besatzungsmächte. Die Schuldeingeständnisse, die Jolas suchte, fand er nicht. Einzig den nach acht Jahren aus den USA remigrierten Expressionisten Fritz von Unruh hörte er in Frankfurt an ein demokratisches Gewissen appellieren.[68] Elisabeth Langgässer dagegen schwadronierte, wie Jolas fand, einigermaßen haltlos über eine neue deutsche Wirklichkeitserfahrung, und Theodor Plievier erging sich in Selbstmitleid.

Schon qualitativ sah Jolas die Deutschen im Rückstand, denn die meisten der 6000 Bücher, die 374 von der ICD der US-Militärregierung lizenzierten Verlage seit Kriegsende veröffentlicht hatten, waren Übersetzungen amerikanischer oder französischer Titel, kaum aber nennenswerte neue Beiträge deutscher Literaten.[69] Gemessen an dieser Zeitdiagnose war die amerikanische Umerziehungsstrategie in Deutschland und Frankfurt vor allem da, wo sie sich auf Bücher, Bibliotheken und Literatur stützte, jedenfalls nicht der Siegeszug, den die amerikanischen Verantwortlichen propagandistisch anvisiert hatten.

67 Waltraud Wende, Der ›erste gesamtdeutsche Schriftstellerkongress‹ nach dem Zweiten Weltkrieg, in: dies. (Hg.), Ein neuer Anfang? Schriftsteller-Reden zwischen 1945 und 1949, Stuttgart 1990, S. 115-143; diese Passage folgt eng Rausch, Bibliotheksgeschichte, S. 354.

68 Waltraud Wende, Die Frankfurter Jahrhundertfeierlichkeiten, Fritz von Unruhs »Rede an die Deutschen« und der Zweite Deutsche Schriftstellerkongress, in: dies., Anfang, S. 187-241; dies., ›Ewige Werte‹ als symbolisches Kapital für einen geistigen Neuanfang: zu den beiden ersten Nachkriegsschriftstellerkongressen der Jahre 1947 und 1948, in: Bernd Busch, Thomas Combrink (Hgg.), Doppelleben: literarische Szenen aus Nachkriegsdeutschland, Bd. 2, Göttingen 2009, S. 151-165; Wilfried Barner, Wo bleibt die junge deutsche Literatur?: die Schriftstellerkongresse 1947 und 1948, in: Gunther Nickel (Hg.), Literarische und politische Deutschlandkonzepte 1938-1949, Göttingen 2004, S. 385-406; Waltraud Wende-Hohenberger, Der Frankfurter Schriftstellerkongreß im Jahr 1948, Frankfurt a.M., Bern, New York, Paris 1989.

69 Eugene Jolas, German Letters in the Ruins: A Report From Frankfurt, in: New York Times 4.6.1948, BR7.

Die Amerikaner selber beurteilten ihre medienpolitischen Entnazifizierungs-erfolge und den Weg zumindest 1949/50 daher auch äußerst vorsichtig.[70] Öffent-lich machten die Kritik freilich nur wenige. Zu ihnen gehörte schon im Früh-jahr 1946 der wendige Liberale und geübte Transatlantiker Shepard Stone. In der *New York Times* skandalisierte er einen Zwischenfall bei der amerikanisch lizen-sierten *Frankfurter Rundschau*. Demnach hatte ein Offizier der US-Militärregie-rung die Rundschau-Redaktion davon abhalten wollen, kritisch über den deut-schen Kandidaten zu berichten, den die US-Militärs für das Amt des Frankfurter Oberbürgermeisters auserkoren hatten. US-Vorgesetzte mussten ihren Offizier abmahnen.[71] Stone illustrierte mit der Frankfurter Episode, wie die Amerikaner hier und andernorts im ständigen Dilemma steckten. Sie mussten damit leben, dass die Demokratie-Kampagne Glaubwürdigkeitslücken aufwies. Das konnte auch für die Publikationskontrollen gelten, die den frühen Bestand der Deut-schen Bibliothek prägten.

4.3 Bestandsdynamiken

Für die Folgephase seit 1949 gilt einmal mehr, dass der Wissensvorrat, den die Deutsche Bibliothek über die Vielzahl eingelagerter Publikationen ab 1946 zu bilden begann, überaus vielschichtig ausfiel, selbst wenn man ganz ausschnitt-haft auf die im weitesten Sinne bildungsbürgerliche Literatur des Nachkriegs sieht.

Sobald die westalliierten Rahmenvorgaben für westdeutsche Veröffentlichun-gen und den Vertrieb 1949 gefallen waren, gab es deutliche Rückkopplungen, die auch im Bestand der Deutschen Bibliothek in Frankfurt ankamen. So drängten in der Bundesrepublik mit aufgestauter Publikationsenergie bislang verbotene Titel auf den Buchmarkt und damit auch in die Büchervorräte nach Frankfurt. Das galt allen voran für nationalrevolutionäre Autoren wie Ernst Jünger, Hans Fallada oder Ernst von Salomon, dessen Alliiertenschelte ab 1951 auflagenstark auf den Meinungsmarkt kam und zügig Leserschaft fand.[72] Zumindest größeren Teilen des bildungsbürgerlichen Publikums in der frühen Bundesrepublik stellte von Salomon die bis dahin jedenfalls nicht so zugespitzt formulierte Denkfigur zur Verfügung, dass die amerikanische Besatzungsherrschaft von der Demokra-tie genauso weit weg liege wie ehedem der NS. Diese Insinuation, die sich denk-

---

70 Hodenberg, S. 138-139.
71 Shepard Stone, Germany in Defeat – and in Ruin, in: The New York Times, 24.3.1946, S. 125.
72 Ernst von Salomon, Der Fragebogen.

bar entfernte vom alliierten Publikationsregime bis 1949, machte von Salomon spektakulär erfolgreich.[73] Waren das neue Wegmarken im westdeutschen Kulturwissen, sobald die Lizenzpolitik endete, kamen andere hinzu. So erschien eine eigene Sorte von Memoiren ehemaliger Nationalsozialisten aus Politik, Militär und Diplomatie. Das Kulturwissen der Westdeutschen, das die Frankfurter entsprechend dokumentierten, entwickelte Eigendynamiken und öffnete sich einer bis dahin unerhörten Rechtfertigungsprosa.[74]

Verschwunden war der NS weder infolge des desaströs verlorenen Krieges noch im Zuge der alliierten Entnazifizierungskampagnen. Nationalsozialistische Welt- und Gesellschaftsbilder blieben in den unterschiedlichsten Härtegraden und unzähligen Varianten weit über 1945 hinweg resistent.[75] So gesehen justierte sich mindestens ein Teil des literarischen Kulturwissens, das die Deutsche Bibliothek seit 1949 einlagerte, neu, kamen Voten hinzu, die die NS-Erfahrung gezielt außerhalb besatzungspolitisch definierter Deutungsgrenzen bearbeiteten. Dazu traten schon Anfang der 1950er Jahre Veröffentlichungen von Autoren, die diese gespannte deutsche Wissensvielfalt längst selbst reflektierten, wie der intellektuelle Remigrant Fritz Stern oder später Kurt Sontheimer.[76]

Gleichzeitig wurden schnell deutsch-deutsche Unterschiede in der Literaturproduktion offensichtlich. Den ostdeutschen Literaturmarkt in der neu gegründeten DDR observierten bis Ende der 1980er Jahre mehrere Zensurinstanzen. Sie überwachten die Sagbarkeitsregeln im sozialistischen »Leseland« und boten Verlegern, Autoren und Lesern kaum Nischen.[77] Demgegenüber mussten die

---

73 Schildt, Medienintellektuelle, S. 364-377.
74 Helmut Peitsch, Deutschlands Gedächtnis in seiner dunkelsten Zeit. Zur Funktion der Autobiographik in den Westzonen Deutschlands und den Westsektoren von Berlin 1945-1949, Berlin 1990, S. 55; Konstantin Götschel, Katalysatoren der Kulturkritik?: konservative Verlage im Westdeutschland der Nachkriegszeit; die DVA als Beispiel, Berlin 2021; Thomas Vordermayer, Bildungsbürgertum und völkische Ideologie: Konstitution und gesellschaftliche Tiefenwirkung eines Netzwerks völkischer Autoren (1919-1959), Berlin, Boston 2016; Jost Hermand, Unbewältigte Vergangenheit: Auswirkungen des Kalten Kriegs auf die Literatur der frühen Bundesrepublik, Wien, Köln, Weimar 2019.
75 Thomas Vordermayer, Bildungsbürgertum und völkische Ideologie.
76 Fritz Stern, Kulturpessimismus als politische Gefahr, Bern, Stuttgart, Wien 1953; Kurt Sontheimer, Antidemokratisches Denken in der der Weimarer Republik, München 1962, 2. Aufl. 1964; Helmut Peitsch, Nachkriegsliteratur 1945-1989, Göttingen 2009.
77 Siegfried Lokatis, Verantwortliche Redaktion. Zensurwerkstätten der DDR, Stuttgart 2019; ders., Martin Hochrein (Hgg.), Die Argusaugen der Zensur. Begutachtungspraxis im Leseland DDR, Stuttgart 2021.

Zensurüberhänge, die es auch in der Bundesrepublik gab, deutlich umgrenzter erscheinen.[78]

In die literarischen Publikationen, die die Deutsche Bibliothek seit dem Ende der westlichen Publikationskontrollen 1949 sammelte, prägten sich auch die Konjunkturen deutsch-deutscher Beziehungen tief ein. Deutsch-deutsche Gegensätze und Abschottungen machten sich bemerkbar. Das hing unter anderem damit zusammen, dass westdeutsche Literaturinstanzen wie die Akademie für Sprache und Dichtkunst in Darmstadt oder die Akademie der Künste in Westberlin in den frühen 1950er Jahren bei allen Autoren und veröffentlichten Titeln, die sie würdigten, ostdeutsche Autoren weitgehend außer Acht ließen. Und vom 1948 wiedergegründeten bundesrepublikanischen P.E.N.-Zentrum Deutschland spaltete sich 1953 ein Deutsches P.E.N.-Zentrum Ost und West in der SBZ/DDR ab, dem kaum Westautoren angehörten.[79] Genau wie in den zwischen Ost und West aufgespaltenen Schriftstellerkongressen drifteten die deutsch-deutschen Literaturwelten und Kulturarsenale an solchen Sollbruchstellen deutlich auseinander.

Zwar hörten die grenzüberschreitenden Kulturkontakte zwischen Schriftstellern und Künstlern, der Verkauf von Lizenzen und Büchern in den jeweils anderen Landesteil und damit auch der deutsch-deutsche Kultur- und Wissensaustausch nie völlig auf und kam entsprechend auch in Frankfurt an.[80] Faktisch brachte aber auch das im Zweifelsfall eher Gegensätze als Gemeinsamkeiten in den Sammelbestand der Deutschen Bibliothek. Die angespannte deutsch-deutsche Literaturlage sprach Günter Grass auf dem Fünften Schriftstellerkongress im Mai 1961 in Ostberlin an. Er legte nahe, dass es inzwischen zwei deutsche Literaturvorräte im Westen und Osten gab, weil man sich gegenseitig so erbit-

---

78 Stephan Buchloh, »Pervers, jugendgefährdend, staatsfeindlich«. Zensur in der Ära Adenauer als Spiegel des gesellschaftlichen Klimas, Frankfurt a.M. 2002; Josef Foschepoth, Postzensur und Telefonüberwachung in der alten Bundesrepublik, in: York-Gothart Mix (Hg.), Kunstfreiheit und Zensur in der Bundesrepublik Deutschland, Berlin 2014, S.43-66.

79 Wilhelm Sternfeld, Die Arbeit des P.E.N.-Clubs, in: Die Neue Zeitung, 4.10.1946; Deutsches Exilarchiv 1933-1945 der Deutschen Nationalbibliothek Frankfurt am Main (DEADNBF) 75/177 A.II.3; Stephan Hermlin, »Die zukünftige Nationalliteratur der Deutschen« (1952), in: Carsten Gansel (Hg.), Erinnerung als Aufgabe?: Dokumentation des II. und III. Schriftstellerkongresses in der DDR 1950 und 1952, Göttingen 2008, S.296-315; Sven Hanuschek, Therese Hoernigk, Christine Malende (Hgg.), Schriftsteller als Intellektuelle. Politik und Literatur im Kalten Krieg, Tübingen 2000; Dorothée Bores, Das ostdeutsche P.E.N.-Zentrum 1951 bis 1998. Ein Werkzeug der Diktatur?, Berlin 2010.

80 FAZ, 21.8.1950, S.6 (Bücher aus der Sowjetzone); Julia Frohn, Literaturaustausch im geteilten Deutschland 1945-1972, Berlin 2014.

tert ignorierte.[81] Immerhin sprach man inzwischen öffentlich davon, dass nicht nur im ostdeutschen Literaturkosmos der Westen nicht vorkam, sondern es umgekehrt auch in der Bundesrepublik, wo der Import von ostdeutscher Literatur strafrechtlich untersagt war, außer Bertolt Brecht keine ostdeutschen Autoren in westliche Verlagsprogramme schafften.[82]

Anfang der 1960er Jahre brachte ein vorübergehender Anflug von kulturpolitischer Lockerung in der DDR westdeutschen Autoren den Zugang zum ostdeutschen Publikationsmarkt, weil der Mauerbau den Osten und seine literarische Kultur innerlich konsolidiert zu haben schien. Parallel dazu erschien mehr Literatur von ostdeutschen Autoren in westdeutschen Verlagen und kam so auch in der Deutschen Bibliothek Frankfurt an.[83] Als Mitte der 1970er Jahre regimekritische Ostdeutsche – wie Wolf Biermann im November 1976 ausgebürgert oder aus freieren Stücken – in den Westen übersiedelten, fanden sie dort auch ihre neuen westdeutschen Verleger, viele bei Luchterhand oder S. Fischer. Die deutsch-deutsche Literaturlandschaft blieb zwar gespalten, zumal die DDR-Regierung Ende der 1970er Jahre, lanciert über den DDR-Schriftstellerverband, wieder einen verhärmten Kurs einschlug. Ostdeutschen Schriftstellern rückte sie mit einem strengen Devisengesetz zu Leibe, das Auslandspublikationen wie die Stefan Heyms mit Geldbußen abstrafte.[84] In der Bundesrepublik aber zielte man zum gleichen Zeitpunkt und bis zur Wiedervereinigung zunehmend darauf ab, die Dissidenten und andere ostdeutsche Literaten in die westdeutsche veröffentlichte Kulturlandschaft einzugemeinden.[85]

81 V. Deutscher Schriftstellerkongress vom 25. bis 27.5.1961, Referate und Diskussionsbeiträge, Berlin 1961; Diskussion über den 5. Schriftsteller-Kongreß in Ost-Berlin (Eva Müthel, Jürgen Rühle, Ralph Giordano), Sendung des NDR am 28.5.1961, 0 Uhr, https://www.ndr.de/geschichte/ndr_retro/Diskussion-ueber-den-5-Schriftsteller-Kongress-in-Ost-Berlin,zonengrenze214.html.

82 Josef Müller-Marein, Theo Sommer (Hgg.), Schriftsteller: Ja-Sager oder Nein-Sager? Das Hamburger Streitgespräch deutscher Autoren aus Ost und West, Hamburg 1961; Wolfdietrich Schnurre, Die Schriftsteller und die Mauer. Vortrag vom Februar 1962, in: ders., Schreibtisch unter freiem Himmel, Polemik und Bekenntnis, Olten, Freiburg 1964, S. 62-95.

83 Anke Jaspers, Suhrkamp und DDR: Literaturhistorische, praxeologische und werktheoretische Perspektiven auf ein Verlagsarchiv, Berlin, Boston 2022, u.a. S. 53-116; Helmut Peitsch, Nachkriegsliteratur 1945-1989, S. 34-42.

84 Hans Mayer, Literatur heute im geteilten Deutschland, in: Werner Link (Hg.), Schriftsteller und Politik in Deutschland, Düsseldorf 1979, S. 115-129; Peitsch, Nachkriegsliteratur, S. 43-48.

85 Julia Frohn, Der DDR-Buchhandel und der Blick nach drüben – eine asymmetrisch verflochtene Parallelgeschichte, in: Christoph Links, Siegfried Lokatis, Klaus G. Saur (Hgg.). Geschichte des deutschen Buchhandels im 19. und 20. Jahrhundert, Bd. 5. Deutsche Demokratische Republik Teil 1. SBZ, Institutionen, Verlage 1, Berlin, Boston 2022, S. 141-172; Jan P. Engelmann, Literaturaustausch? Die gegensei-

Letztlich musste offenbleiben, ob das, was die Deutsche Bibliothek als Vorrat einlagerte, den meisten Nachkriegsdeutschen, würde man sie zeitgenössisch befragt haben, tatsächlich als Substrat deutscher Kultur erscheinen mochte. So war beispielsweise nicht davon auszugehen, dass sich in den zahlreichen Klassiker- und allen voran Goethe-Ausgaben, die in den späten 1940er Jahren in Massen erschienen und auch in ständig neuen Auflagen in der Deutschen Bibliothek hinterlegt wurden,[86] ein Hochkulturbedarf der in jeder Hinsicht ausgebrannten Westdeutschen Bahn brach. Eher war der literarische Goethe-Kult der frühen Nachkriegsjahre, den auch der Frankfurter Bibliotheksbestand widerspiegelt, Ergebnis eines symbolpolitischen Akts. Er sprach Bände darüber, wie man versuchte, die Popularität des Traditionsdichters gegenüber den USA und Europa als literarisches Schmiermittel zu nutzen, und zu demonstrieren, dass die Bundesrepublik kulturell zügig auf Augenhöhe mit dem Westen stand.[87]

Die Textur des Frankfurter Wissensspeichers veränderte sich mit dem wachsenden Publikationsaufkommen der Folgejahre ständig. Das galt auch jenseits der gerade betrachteten Lizenzpresse oder Literatur: So bezogen die Frankfurter seit Anfang der 1950er Jahre auch Amtsdrucksachen aus Behörden und öffentlichen Einrichtungen in ganzen Konvoluten. Damit verinnerlichte die Deutsche Bibliothek, seit der Bund sie 1952 unsütützte, ihre dezidiert nationalbibliothekarische Agenda. Sie verfuhr wie seit den späten 1920er Jahren die Preußische Staatsbibliothek in Berlin und seit den 1930er Jahren die Leipziger Bücherei und wie viele internationale Häuser, die weltweit als Nationalbibliotheken firmierten. Auch die Frankfurter bildeten jetzt mit den amtlichen Druckschriften die gesamte öffentliche Infrastruktur ab und inventarisierten die Bundesrepublik als föderalen Rechtsstaat. Ab 1957/58 setzte man eine eigene Abteilung auf diese Arbeit an und erweiterte sie zur Informationszentrale. Die ging Einrichtungen aktiv an, um ihr Schriftgut anzumahnen, und katalogisierte deren »Rechtsstatus«. Nur »geheime« Dokumente und nicht »staatstragende« Instanzen unterhalb der Regierungsbezirke in den Ländern und Städte von weniger als 100.00 Einwohnern grenzte man aus Sammlungspragmatismus aus.[88]

Selbst wenn die Leiterin der amtlichen Druckschriftenabteilung, Anneliese Budach, 1959 im Festschrift-Ensemble von solchen Kärrnerarbeiten berichtete, blieb der Ton so bürokratisch wie das verzeichnete Material. Dass man mithalf, den neuen westdeutschen Staatsapparat abzubilden, war den Frankfurter Inven-

tige Wahrnehmung literarischer Produktionen in der Bundesrepublik und der DDR, in: Zeitgeschichte-online, Juli 2015, URL: https://zeitgeschichte-online.de/themen/literaturaustausch.

86 Deutsche Bibliographie 1 (1947), S. 57.

87 Schildt, Medienintellektulle, S. 283-284.

88 Anneliese Budach, Amtliche Druckschriften, in: Börsenverein, Bibliographie und Buchhandel, S. 78-85; FAZ, 16.5.1957, S. 10 (auch Sammelstelle amtlicher Drucksachen).

tarisierern im alltäglichen bibliothekarischen Gemenge der 1950er und späteren Jahre keine Emphase wert.[89] In der Presseöffentlichkeit freilich nahm man genau diese Funktion der Bibliothek genau zur Kenntnis. Für die FAZ erbrachte die Deutsche Bibliothek auch an dieser Stelle eine basale »Zivilsations«-Leistung und half mit, die Wissensarsenale für »Forschung«, »Wirtschaft, Technik, soziales und staatliches Leben« in der Bundesrepublik systematisch bereitzuhalten.[90] Hinzu kam eine hochsymbolische zweite Dimension der Amtsdrucksachen: 1953 hatte der Hessische Minister des Innern westliche Behörden, Unternehmen und Institutionen auf einem Hochpunkt der deutsch-deutschen Verwerfungen angewiesen, solche Publikationen ausschließlich in Frankfurt zu deponieren und sie der Leipziger Deutschen Bücherei zu verweigern.[91] Seither firmierten die Amtsschriften als exklusives Westwissen im geteilten Staat. Erst Ende der 1980er Jahre sollte das Bundesministerium des Innern, Verschlusssachen ausgenommen, diese Anweisung ausdrücklich revidieren.[92]

Der kurze Blick auf die außerhalb des regulären Buchhandels veröffentlichten amtlichen Druckschriften verschiedener Behörden lenkt den Blick nicht nur auf eine ganz eigene Materialität von Schriften im Frankfurter Bestand. Sie zeigen auch exemplarisch die Widerstandshürden, die die Deutsche Bibliothek auf dem Weg zur »vollständigen« Sammlung ständig überwinden musste. Vor allem in der frühen Phase taten sich hier auch veritable Kampfzonen kollidierender Sammelansprüche auf, die den »Vollständigkeits«-Anspruch der Frankfurter ständig herausforderten. An Pflichtexemplare von Behörden, Unternehmen, Kirchen, Parteien und Vereinen zu gelangen, erwies sich auch deshalb als zäh, weil entsprechende Stellen die Abgabe von Material oft scheuten, das aus ihrer Sicht internes Knowhow enthielt.[93] Gleichzeitig sah man sich dort und auf kommunaler Ebene mitunter auch einer Eigentradition verpflichtet, vollständige Landessammlungen zu bilden, die Frankfurt nicht noch einmal abbilden müsse. Entsprechend blieb die Abgabepraxis über lange Jahre pointillistisch.

Symptom mancher amerikanischer Halbheiten und erfindungsreicher Beharrlichkeiten deutscher Verleger und Journalisten bei der Entnazifizierung, spiegelte der frühe Bestand der Deutschen Bibliothek in Gehalt und Personal jedenfalls bei aller Kontrolle nicht unbedingt eine völlig entnazifizierte Publikationslandschaft wider. Das galt allemal seit dem Ende des Kontrollregimes 1949.

89 Protokoll der Sitzung des Beirats der Deutschen Bibliothek am 26.1.1961, HHStAW Nr. 6901, Bl. 216-227, hier Bl. 219; Budach, Druckschriften.
90 FAZ, 2.7.1951 (Die »Deutsche Bibliothek Frankfurt«), S. 3.
91 Musterbescheid der Deutschen Bibliothek vom 11.4.1961, BArch B 275/18.
92 Bundesminister des Innern an die Innenminister und -senatoren der Länder, den Senator für Justiz- und Bundesangelegenheiten und die Bundesvereinigung der kommunalen Spitzenverbände, 10.10.1988, ADNBF Deutsche Bibliothek Leipzig ab 1.9.1988.
93 Günther, Sammlung, S. 82-83.

Genau das machte die Deutsche Bibliothek freilich zu einem authentischen Speicher westdeutschen Wissens und westdeutscher Kultur, wie man sie zeitgenössisch definierte: als inhomogenen und mit der Liberalisierung amerikanischer Politik immer pluraleren Vorrat an Veröffentlichungen.

4.4 Im Außenspiegel: Amerikanische Alternativen

Die Amerikaner um Douglas Waples beobachteten die Frankfurter Sammlungsanfänge mehr, als sie jenseits der allgemeinen Reeducation-Regularien und der Lizensierungspolitik zu lenken. Das hing auch damit zusammen, dass den eigentlichen Hotspot amerikanischer Bibliothekspolitik in den Westzonen und der Bundesrepublik nicht westdeutsche Bibliotheken, sondern die Amerikahausbibliotheken der frühen Nachkriegsjahre bildeten, von denen eine auch in der Nachbarschaft der Deutschen Bibliothek entstand. Hier sah man im Grunde die Idealbibliotheken der US-Besatzungsmacht, Kampagnenzentralen und Demokratiemotoren reinsten Wassers.[94] Zwar gab es auch britische und französische Kultur- und Buchmissionare in anderen Besatzungszonen, bis 1947 in über 60 British Council-Bibliotheken oder bis Mitte der 1950er Jahre in immerhin über 50 Bibliotheken der Instituts Français.[95] Zum Teil kamen sie auch nach Frankfurt am Main.[96] Das amerikanische Bibliotheksprojekt allerdings war besonders ambitioniert.

Wie die amerikanische Besatzungsmacht, die Information Control Division und die Publication Branch auf die Deutsche Bibliothek in Frankfurt blickten, erklärt sich also vor allem aus dem erzieherischen Erwartungshorizont, der in ihren Amerikahäusern und deren Bibliotheken zum Ausdruck kam. Dem eigenen pädagogischen Schrifttum traute man, das war deutlich zu erkennen, letztlich mehr Umerziehungspotenzial zu als jeder lizensierten deutschen Veröffentlichung. Genauso illustrierten die Amerikahäuser samt Bibliotheken aber auch, dass die amerikanische Kultur- und Buchpolitik sich unter dem Eindruck des beginnenden Kalten Kriegs mehrfach wandelte. Bis 1947 waren die Amerikahäu-

---

94 Helke Rausch, Bibliotheksgeschichte nach dem Zweiten Weltkrieg: Der amerikanische Faktor in Frankfurt am Main um 1947, in: Zeitschrift für Bibliothekswesen und Bibliographie 68.6 (2021), S. 350-356.

95 Hermann Tiemann, Eindrücke von englischen Bibliotheken, in: ZfB 62 (1948), S. 187; Fritz Redenbacher, Studienreise deutscher Bibliothekare nach Frankreich, in: Nachrichten 6 (1953), S. 110.

96 FAZ, 18.6.1951, S. 4 (Bibliothek der Deutsch-Französischen Gesellschaft); FAZ, 7.11.1951, S. 6 (Ein französisches Studienzentrum in Frankfurt).

ser vor allem Vorposten im engmaschig kontrollierten Publikationsareal. Seit die USA sich allerdings außenpolitisch immer mehr im Kalten Krieg mit der Sowjetunion sahen, wollte man die Amerikahäuser und ihre Bibliotheken verstärkt zu Orten gelebter Demokratie ausbauen. So sollte die Kommunismusprävention, auf die sich die USA zu konzentrieren begannen, bildungspolitisch unterfüttert werden. Das Kalkül ging kaum auf, denn der hysterische Antikommunismus der frühen 1950er Jahre, der zu regelrechten Buchsäuberungen auch im Frankfurter Amerikahaus führte, diskreditierte das amerikanische Werbekonzept und mündete letztlich auch in den Rückbau der Häuser und ihrer Bibliotheken. Von daher waren die Amerikahäuser zeitgenössisch wichtige Referenzpunkte für die amerikanische Buchpolitik, die parallel zum Aufbau der Deutschen Bibliothek in Frankfurt verlief. Sie erwiesen sich allerdings rückblickend selbst aus US-amerikanischer Sicht nicht als die idealen liberalen Bildungszentren und Demokratielabore, als die sie ursprünglich angetreten waren.

Bibliothekspolitik gehörte im amerikanischen Kalkül zu einem globaleren Programm weltumspannender Kulturaußenpolitik. Das erwogen die USA schon seit Jahrzehnten, bis der Eintritt in den Zweiten Weltkrieg solche Überlegungen befeuerte und man nach 1945 beispiellose Kulturoffensiven betrieb. Austausch- und Stipendienprogramme und ein dichtes Netz an Radiostationen in Europa, Asien und Afrika gehörten ebenso dazu wie Übersee-Ausgaben der einschlägigen Tagespresse, riesige Übersetzungs- und Buchverschiffungs-Aktionen – und in diesem Zusammenhang eben auch eine globale Buchpolitik.[97] Die US-Kulturdiplomatie war weder in den USA selber noch an den vielen Orten kulturpolitischer Interventionen unumstritten. Sie war kein Selbstläufer, mit dem sich die Vereinigten Staaten umstandslos in die Herzen und Köpfe der Weltbevölkerung hätten katapultieren können.[98] Unmittelbar nach Kriegsende 1945 allerdings wogen solche Räsonnements noch wenig, und der Sieg über die Achsenmächte hatte den Kampagnenelan der Amerikaner enorm gesteigert.

Noch bevor die Deutsche Bibliothek im Winter 1946 verabredet war, eröffnete die Information Control Division im Mai 1946 das erste westdeutsche Ame-

97 Telling America's Story Abroad, Washington 1951 (The State Department's Information and Educational Exchange Program); Henry Kellerman, Cultural Relations as an Instrument of U.S. Foreign Policy: the Educational Exchange Program between the United States and Germany, 1945-1954, Washington 1978; Elizabeth Borgwardt, Christopher McKnight Nichols, Andrew Preston (Hgg.), Rethinking American Grand Strategy, Oxford 2021.

98 Thomas Borstelman, A Worldly Tale: Global Infleucnes on the Historiography of U.S. Foreign Relations, in: Frank Costigliola, Michale J. Hiogan (Hgg.), America in the World. The Historiography of American Foreign Relations since 1941, Cambridge ²2014, S. 338-360.

rikahaus überhaupt als US-Information Center in der Taunus-Anlage.[99] Dafür zog sie einen schon im Sommer zuvor in Bad Homburg eingerichteten Lesesaal mit knapp 700 Bänden in die Metropole. Aus der Zentrale zur Feindbeobachtung wurde eine öffentliche Bildungseinrichtung mit öffentlicher Leihbibliothek, die weithin sichtbar aus dem grauen Feld der Publikationskontrolle und Lizensierung herausragen sollte. Amerikanische Experten stellten in den Amerikahausbibliotheken handverlesene Literatur über die USA aus und machten sie, so das Konzept, zu Leuchttürmen und Werbestationen der Umerziehung.[100]

Zwischen 1949 und 1955 leitete mit Hans N. Tuch demonstrativ ein jüdischer Exilant das Frankfurter Amerikahaus. Noch fünf Jahre nach Kriegsende und im Jahr der Republikgründung war diese Personalie eindrücklich. Unter amerikanischen Vorzeichen kehrte mit Tuch wie sonst selten auf deutschem Bibliotheksterrain der ehedem verfemte Exilant als liberaler Erzieher der Frankfurter an der Spitze der Amerikahausbibliothek wieder. Und Tuch hielt die bibliothekspolitische Linie und das streng ausgesuchte Buchwissen möglichst niedrigschwellig und in ausleihbaren Freihandbeständen bereit.[101] Das Frankfurter Amerikahaus wechselte im Frühjahr 1948 in eine größere Villa in der Taunusanlage und 1954 in das alte US-Generalkonsulat in der Bockenheimer Anlage und bezog zwei Jahre vor der Deutschen Bibliothek im Mai 1957 einen modernen Neubau in der Staufenstraße.[102]

Mit den Jahren änderte sich allerdings die US-Bibliotheksstrategie unter weltpolitischen Vorzeichen. Spätestens ab Mitte 1947 zeichnete sich nämlich ab, dass das besatzungspolitische Umerziehungsziel einer neuen amerikanischen Vor-

---

99 K. English, American Library in Frankfurt a.M., in: Börsenblatt des Deutschen Buchhandels 113.13 (1946), S. 104; Amerikahaus Frankfurt (Hg.), Das Amerikahaus Frankfurt im Wandel der Zeit, 1946-1996. Eine Ausstellung des Amerika Hauses Frankfurt vom 23. Mai bis 12. Juni 1996, Frankfurt a.M. 1996.

100 William C. Headrick, Occupation of Germany, in: Current History 40.7 (1944), S. 460-467; Henry P. Pilgert, The History of the Development of Information Services through Information Centers and Documentary Films, Historical Division Office of the US High Commissioner for Germany, Mehlem 1951; Hein-Kremer, Kulturoffensive; Karl-Ernst Bungenstab, Entstehung, Bedeutungs- und Funktionswandel der Amerika-Häuser. Ein Beitrag zur Geschichte der amerikanischen Auslandsinformation nach dem 2. Weltkrieg, in: Jahrbuch für Amerikastudien 16 (1971), S. 189-203.

101 Hans N. Tuch, Die amerikanische Kulturpolitik in der Bundesrepublik, in: Detlef Junker (Hg.), Die USA und Deutschland im Zeitalter des Kalten Krieges 1945-1990. Ein Handbuch, Bd. 2, Stuttgart u.a. 2001, S: 420-429; Haynes R. Mahoney, Windows to the West, in: HICOG Information Bulletin (August) 1950, S. 47-50.

102 Gabriele E. Paulix, Das Amerikahaus als Bauaufgabe der Nachkriegszeit in der Bundesrepublik Deutschland: »Architecture makes a Good Ambassador«, Frankfurt a.M. u.a. 2012, S. 372-396.

gabe gewichen war. Die Deutschen sollten jetzt zügig umorientiert werden auf den dezidiert antikommunistischen Kurs, den die USA weit über Deutschland hinaus in ihrem gesamten Einflussgebiet einschlugen. Schon im Zweiten Weltkrieg endgültig als Supermacht etabliert, ging Amerika inzwischen als großer Konkurrent zur Sowjetunion in Stellung. Im Zuge einer ganzen Serie von russisch-amerikanischen Kollisionen zwischen 1945 und 1947 hatten sich bipolare Fronten im frühen Kalten Krieg verhärtet – als die Russen massiv in Osteuropa intervenierten und antiamerikanische Propaganda schürten und als umgekehrt die USA mit der Bizonengründung, der Trumandoktrin und dem propagandistisch extrem aufwendig inszenierten Marschallplan eigene Hegemonialansprüche in der westlichen Hemisphäre samt Westeuropa geltend machten.[103] Es gab jetzt ein neues amerikanisches Interesse am schnellen ökonomischen Aufschwung und einer intensivierten kollektiven Sicherheitspolitik in und mit Europa. So sollten nicht nur die Kosten für das Besatzungsregime wieder erwirtschaftet werden. Mehr noch war das westliche Europa als kapitalistisches und demokratisches Rückhaltebecken gegen den Kommunismus gedacht. Speziell Westdeutschland wollten die USA so zügig wie möglich als politisch verlässliches und prosperierendes Kernland dieses europäischen Westens verbuchen können.[104] Dabei galt als ausgemacht, dass, wie es der ICD-Chef in Frankfurt und amerikanische Bibliothekspolitiker McClure formulierte, ohne ein hinreichendes wirtschaftliches Lebensniveau kein amerikanischer Appell an die demokratische Intuition der Deutschen verfangen werde.[105]

Die strategische Wende der US-Besatzungsmacht von der Umerziehung zur sogenannten Umorientierung in den Westzonen war auch für die bibliothekspolitische Lage in Frankfurt seit Mitte 1947 folgenreich. Sie rückte die Kultur- und Buchpolitik in ein anderes Licht. Hatten die Amerikaner in Frankfurt bis dahin gesäubert, kontrolliert und lizensiert, änderten sie jetzt nicht unbedingt den Zugriff, aber den Ton. Die Deutschen zu strammen Demokraten zu machen, hieß nun weniger, sie zu entnazifizieren, als sie antikommunistisch aufzustellen. Deshalb ging es jetzt verstärkt darum, das anglo-atlantische Ordnungsmodell zu bewerben, parlamentarische, demokratische und rechtsstaatliche Politik, Markt-

---

103 Laura Belmonte, Selling the American Way: US Propaganda and the Cold War, Philadelphia 2008; David Ellwood, The Shock of America: Europe and the Challenge of the Century, Oxford 2012.

104 Michael Hochgeschwender, Was ist der Westen? Zur Ideengeschichte eines politischen Konstrukts, in: Historisch-Politische Mitteilungen 11 (2004), S. 1-30; Riccardo Bavaj, Martina Steber (Hgg.), Germany and the West. The History of a Modern Concept, New York 2015.

105 Hunger called bar to German reform: Gen. McClure Says Teaching of Democracy Is Failure Under Present Conditions, in: New York Times, 26.5.1947, S. 3.

wirtschaft, liberale Kultur und »westliches« Wissen in deutschen Bibliotheken und Büchern weit über den Frankfurter Raum hinaus zu verankern.[106]

Dazu war die Information Control Division seit dem Spätsommer des Jahres erstmals ausdrücklich gehalten, die von 1946 bis Anfang 1947 auf 17 fast verdoppelte Zahl an westdeutschen Amerikahäusern samt ihren Informations- und Leihbibliotheken verstärkt für antikommunistische Informationskampagnen zu nutzen. Pädagogische Leuchttürme neben öffentlichen Medien, Schulen, Universitäten und ähnlichen Bildungseinrichtungen und Kulturinstituten sollten sie ohnehin sein.[107] Auch beim Frankfurter Amerikahaus zählte demzufolge nicht nur die demokratiepolitische Geste. Es sollte jetzt als veritabler Kontrapunkt zum Totalitarismus auch eine dezidiert antikommunistische Informationsofferte unterbreiten. Dabei hatte man in erster Linie die jüngere Generation, zugleich aber auch sämtliche Eliten im Blick, die man für die Vorzüge und Werte des Westens u. a. mit transatlantischen Austauschprogrammen für eine ganze Fülle von Berufsgruppen zu gewinnen hoffte. Man stellte die Segnungen und Qualitäten der US-Demokratie aus, nicht ohne den demonstrativen Hinweis, dass russische Bibliotheken demgegenüber nur Horte aversen Wissens und kommunistischer Infiltration bildeten.[108]

Dieser buchpolitische Ansatz galt seit 1947 in doppelter Hinsicht weit über Frankfurt hinaus. Zum einen betraf er die bis dahin etwa 20 zügig ins Leben gerufenen Amerikahäuser in der US-Zone und Berlin, die allesamt mit eigenen Bibliotheken aufwarteten.[109] Symptomatisch für die US-Hoffnungen, dass Buch-Proliferation das Mittel der propagandistischen Wahl war, kurvten bis 1948 darüber hinaus noch über 20 mobile Amerikabibliotheken durch Hessen und Bayern.[110] Zum anderen bezog sich die amerikanische Buchemphase beileibe nicht nur auf Westdeutschland. Die USA überzogen bis Sommer 1948 neben Deutschland vor allem auch Österreich, Japan und Korea mit einem Netz von insgesamt etwa 60 Informationszentren bzw. Amerikahäusern und entsprechenden Biblio-

---

106 Bungenstab, Amerika-Häuser, S. 195; Axel Schildt, Zwischen Abendland und Amerika. Studien zur westdeutschen Ideenlandschaft der 50er Jahre, München 1999.

107 FAZ 6.5.1950, S. 14 (Amerika-Haus am Wochenende); FAZ, 9.5.1950, S. 10 (Programm im Amerika-Haus); FAZ 5.5.1951, S. 11 (Fünf Jahre Amerika-Haus in Frankfurt).

108 Arthur B. Berthold, Survey of Recent Russian Library Literature, in: The Library Quarterly: Information, Community, Policy 17.2 (1947), S. 138-147; Edsel W. Stroup, The Amerika Häuser and Their Libraries: An Historical Sketch and Evaluation, in: The Journal of Library History 4.3 (1969), S. 239-252.

109 Bungenstab, Amerika-Häuser, S. 198; Schildt in Lüdtke, 206; [Anon.]. Notes and Communications, in Libri 1 (1950), S. 387-392, hier S. 388-389.

110 Antje Bultmann Lemke, Kultur und Bibliothekspolitik der Besatzungsmächte: USA, in Vodosek, Leonhard, Entwicklung, S. 327-338, hier S. 333.

theken, die den einheimischen Bevölkerungen amerikanische Bücher, und nach Schätzung eines *New York Times*-Berichts etwa 75 Magazine und 15 Zeitungen zugänglich machten. Der gleiche Pressebericht rief auch amerikanische Leser dazu auf, das Programm durch Buchspenden an die angegebenen Postadressen, darunter das Frankfurter Information Center, zu erweitern.[111]

Den eigentlichen Höhepunkt sollte diese Sorte Umorientierungspolitik 1950/51 erreichen, als 27 westdeutsche Städte mit eigenen Amerikahäusern und etwa 127 kleinere Kommunen mit Lesebibliotheken ausstaffiert waren, die jährlich etwa 13,9 Mio. Besucher vermeldeten.[112] Immerhin 35 Amerikaner beschäftigte man hier in leitender Position neben 830 Deutschen, von denen man eine kleine, aber wachsende Zahl durch Trainingsprogramme in den USA schleuste, um sie dort nach US-Standards zu professionalisieren.[113] Die Amerikahausbibliotheken, die seit Gründung der Bundesrepublik 1949 nicht länger der ICD und damit der US-Militärregierung in Deutschland (OMGUS), sondern dem amerikanischen State Department zugeordnet waren, bestanden inzwischen aus sorgfältigen *assortments* mit überwiegend amerikanischen und knapp 25 Prozent deutschen Publikationen. An die deutsche Öffentlichkeit verschiedenster Altersstufen wandte man sich darüber hinaus mit Sprachkursen, Vorträgen, Filmvorführungen und ähnlichen Veranstaltungen.[114] Einerseits bewiesen die Amerikaner so – entgegen einem antiamerikanischen Vorurteil, das manche der Besatzer nämlich hart angekommen war –, dass sie sich eben doch auch auf literarische Hochkultur verstanden. Andererseits verbanden die Amerikahausbibliotheken ihre Lektüreangebote mit einem weit über die Bücher hinausreichenden Spektrum an Medien- und Beteiligungsformaten, luden die Deutschen nicht nur zum Lesen, Zuhören und Zuschauen, sondern auch zum Mitdiskutieren als demokratischer Basisübung ein.[115]

111 New York Times, 20.6.1948, BR10.

112 Jean Kinnaird, Information Uncensored, in: Information Bulletin. Monthly Magazine of the Office of US High Commissioner for Germany (Dezember 1951), S. 13-17; Lester K. Born, The Archives and Libraries of Postwar Germany, in: American Historical Review 56 (1950), S. 34-57.

113 Pilgert, History, S. 15.

114 Ebd., S. 22-23; Axel Schildt, Die USA als »Kulturnation«. Zur Bedeutung der Amerikahäuser in den 1950er Jahren, in: Alf Lüdtke, Inge Marßolek, Adelheid von Saldern (Hgg.), Amerikanisierung. Traum und Alptraum im Deutschland des 20. Jahrhunderts, Stuttgart 1996, S. 257-269.

115 Edsel W. Stroup, Amerika Häuser and Their Libraries; Rebecca Boehling, Die amerikanische Kulturpolitik während der Besatzungszeit 1945-1949, in: Detlef Junker, Philipp Gassert u.a. (Hgg.), Die USA und Deutschland im Zeitalter des Kalten Krieges 1945-1990. Ein Handbuch, Bd. 1: 1945-1948, Stuttgart, München 2001, S. 592-600, hier S. 598-599.

Die Amerikahaus-Bühne war gleichzeitig auch ausgewählten deutschen Veranstaltern offen. Es sprach für den positiven Blick der Amerikaner auf den Börsenverein, dass man im März 1951 den Verleger Vittorio Klostermann öffentlich über den deutschen Buchhandel referieren ließ. So konnte Klostermann öffentlich den Börsenverein und seine Buchmessen bewerben – und, jedenfalls wenn der kurze Bericht über den Vortrag in der *Frankfurter Allgemeinen Zeitung* zutraf, die NS-Phase des Börsenvereins als Opfergeschichte erzählen. Die Deutsche Bibliothek vermarktete Klostermann bei dieser Gelegenheit allerdings nicht.[116]

Der amerikanische Inszenierungsaufwand um die US-Modellbibliotheken in Deutschland war bis Anfang der 1950er Jahre zweifellos hoch. Sein Effekt und Erfolg war damit freilich nicht garantiert. Es war nicht nur unklar, ob die Amerikaner in Frankfurt und andernorts überhaupt eine breitere deutsche Öffentlichkeit erreichten. Hinzu kam Anfang der 1950er Jahre noch, dass sich die US-Demokratieexporteure plötzlich in heftigen innenpolitischen Scharmützeln verhedderten. Spätestens dann nahm das Projekt Amerikahausbibliothek als Demokratie-Labor in der Welt und in Deutschland öffentlich Schaden. Nachdem Joseph McCarthys Untersuchungskomitees schon US-amerikanische Bibliotheken ins Visier genommen hatten,[117] knöpften sich die selbsterklärten Kommunistenjäger im Frühjahr 1953 auch die International Information Administration (IIA) des State Department vor. Die IIA war 1948 als zentrale Plattform der US-amerikanischen auswärtigen Kulturpolitik verankert worden, die seither 196 amerikanisch verantwortete Bibliotheken in 64 Ländern mit einem Gesamtbestand von grob geschätzt 2 Mio. Büchern und 36 Mio. Nutzern einschließlich der Amerikahausbibliotheken in Deutschland umschloss.[118] Als McCarthys Leute im Frühjahr 1953 regelrechte Visitationsreisen durchführten und deutsche Amerikahausbibliotheken durchkämmten,[119] schlug ihnen nicht nur deutsches Unverständnis, sondern auch internationale und nicht zuletzt US-amerikanische Kritik entgegen.[120]

---

116 FAZ, 20.3.1951, S.6 (Der Buchhandel); Publishers' Weekly, 18.11.1950, S.2200-2204 (Books Perform Vital Service in »Campaign of Truth« [overseas information program, administered by the Division of libraries and institutes, United States department of state]).

117 James Rorty, The Attack on our Libraries, in: Commentary, 1.1.1955, S.541-549.

118 Dan Lacy, The Overseas Book Program of the United States Government, in: The Library Quarterly 24.1 (1954), S.178-191.

119 Walter Sullivan, U.S. Purges Libraries it Runs in Germany. U.S. Libraries Get Purge in Germany, in: New York Times, 11.6.1953, S.1; New York Times, 12.6.1953, S.26 (U.S. Purge in Germany); New York Times, 28.10.1953, S.27 (Mistake); New York Times, 31.10.1953, S.15 (U.S. Unit Explains Dropping of Books).

120 Howard Mumford Jones, Removal of Books Queried, in: New York Times, 20.6.1953, S.16; New York Times, 20.4.1953, S.7 (2 Mc Carty Aides Queried

Das galt auch für McCarthys Inspekteure, die den Frankfurter Standort offiziell nach kommunistischem Material durchforsteten. Indiz für die gewandelten Sagbarkeitskulturen, war öffentliche deutsche Kritik am amerikanischen Verfahren längst möglich. Sie traf vor allem das Umorientierungspathos, das die Amerikaner dort bisher gerne versprühten. Der Mitherausgeber der *Frankfurter Rundschau* Karl Gerold, der vor 1945 im sozialistischen Widerstand gegen den NS aktiv gewesen und ins Exil geflohen war, mokierte sich anlässlich der Visitation der Frankfurter Amerikahausbibliothek über die antikommunistische Hetzjagd auf Bücher.[121] Die Durchsuchungsaktionen mussten auch deshalb provozieren, weil sie die amerikanische Selbstvermarktung dieser Bibliotheken pervertierten. Noch 1951 hatten sie offiziell als Symbolorte gegolten, an denen die Amerikaner demonstrativ Literatur zugänglich machten, die die Nationalsozialisten zensiert und vernichtet hatten.[122] Jetzt riskierten die Kommunistenjäger, sich von der Buchhetze der Nationalsozialisten fast 20 Jahre zuvor kaum zu unterscheiden.[123] Furienhafte Republikaner, die 1953, wie ihre amerikanischen und deutschen Kritiker nicht selten bissig kommentierten, knapp vor neuen Bücherverbrennungen unter diesmal antikommunistischen Vorzeichen stoppten, erwiesen der demokratischen Bibliotheks-Sache demnach einen Bärendienst.

Von Frankfurt aus gesehen war das Kommunismus-panische Washington aber offenkundig weit. Just 1953 gab es, davon ganz unberührt, sehr einvernehmliche Kontakte zwischen der Deutschen Bibliothek und dem Amerikahaus. Denn dort überreichten Vertreter der US-Hochkommission der Deutschen Bibliothek den Katalog der amerikanischen Kongressbibliothek. Das Frankfurter Amerikahaus hatte sich offenbar sehr für die Schenkung verwendet.[124]

Seit 1953 in der Obhut des USIA-Offiziellen und promovierten amerikanischen Germanisten Robert Carleton Goodell,[125] blieb die Frankfurter Amerika-

Sharply); Louise S. Robbins, The Overseas Libraries Controversy and the Freedom to Read: U.S. Librarians and Publishers Confront Joseph McCarthy, in: Libraries & Culture 36.1 (2001), S. 27-39.

121 Karl Gerold, Hexenjagd eigenen Stils, in: Frankfurter Rundschau, 18.4.1953, abgdruckt in: Das Amerikahaus Frankfurt, S. 64.

122 Pilgert, History, 22.

123 New York Times, 2.7.1953, S. 5 (McCarthy Hit in Germany. Paper Accuses Him of Aping Goebbels Tactics of 1930's. Hamburg *Die Zeit* compares McCarthy and Goebbels' Tactics).

124 Frankfurter Rundschau, 1.10.1953, S. 3, ADNBF Zeitungsausschnitte 1944-ca. 1963; Neues Winterthurer Tageblatt, 3.2.1954 ADNBF ebd., Bl. 243; FAZ, 01.10.1953, S. 8 (Kulturelle Nachrichten).

125 Wm. Marion Miller, American Doctoral Degrees Granted in the Field of Modern Languages in 1951-1952, in: The Modern Language Journal 37.3 (1953), S. 152-158, hier S. 153; Department of State u.a. (Hgg.), The Biographic Register 1957, Washington 1957, S. 257.

Abb. 2   Gerard Shine (links), Beratungsassistent, und Roy Cohn, Chefberater
von Senator McCarthys Untersuchungsausschuss, inspizieren die
Bibliothek des Amerikahauses in Frankfurt am Main nach kommunistischer Literatur, 8. April 1953, Frankfurt a. M.

hausbibliothek über die McCarthy-Episode hinaus zwar aktiv, erhielt aber auf
dem Weg in die 1960er Jahre spürbar weniger öffentliche Aufmerksamkeit. Dazu
trug auch bei, dass man begann, die Amerikahäuser seit Mitte der 1950er Jahre
rückzubauen. Man bezog die Deutschen mehr ein, nahm sie zugleich aber auch
finanziell mehr in die Verantwortung und ließ sie direkt einen handfesten Preis
für die längst deutlich gewachsene kulturpolitische Souveränität zahlen. Die Bibliotheken freilich blieben amerikanisch geprägt.

In den 1960er Jahren kam das Frankfurter Amerikahaus in einer nicht nur
immer robusteren, sondern auch rabiateren westdeutschen Demokratie an. Als
kulturpolitischer Magnet konnte die Buchsammlung da schon kaum mehr gedacht sein, dazu gestalteten sich die westdeutschen Blicke auf Amerika inzwischen zu divers.[126] Die Anti-Vietnamkrieg-Proteste westdeutscher Bewegungen

126 Hedin Bronner, The Amerika-Haus: Germany's Window to the United States,
in: American-German Review 26.3 (1959-1960), S. 4-6; Reinhild Kreis, Orte für
Amerika. Deutsch-Amerikanische Institute und Amerikahäuser in der Bundesrepublik seit den 1960er Jahren, Stuttgart 2012, 176-177; Martin Klimke, The Other
Alliance: Student Protest in West Germany and the United States in the Global

und ein massierter Antiamerikanismus in der linken Szene machten das Amerikahaus zwischenzeitlich zum Randaleobjekt.[127] Seit den 1970er Jahren nutzte man die Amerikahausbibliothek in Frankfurt eher als Bildungskulisse für öffentliche Vorträge. Damit waren die ursprünglichen Cold War Libraries eigentlich abgewickelt.[128]

Blickt man von hier aus noch einmal auf die Sammlunganfänge der Deutschen Bibliothek, zeigt sich ein ganz anderes Bild. Bis 1946, bevor die Amerikaner die Entnazifizierungsverfahren in deutsche Hände legten, überwog ein strenger Zugriff; seither und allemal, seit sich abzeichnete, dass die Amerikaner von der Entnazifizierungspolitik auf eine erbitterte Antikommunismuskampagne umschwenken würden, lockerten sich die Bedingungen, unter denen publiziert werden konnte und änderte sich damit längerfristig auch der Kulturvorrat, den man in Frankfurt anlegte.

Die Frankfurter Bibliotheksanfänge am Untermainkai waren von den Alliierten erst vor allem personalpolitisch mitbestimmt, aber allmählich nur noch von Ferne flankiert. Damit spiegelte sich auf der Frankfurter Bühne wider, was sich breitflächig in der US-Zone vollzog: binnen kurzem war der eher strengpunitive einem liberalisierten Zugriff gewichen. Die Umorientierung ging eher werbend als strafend zu Werke und setzte auf die ökonomisch saturierte Demokratie in Westdeutschland als Schutzwall gegen einen rückständigen, aggressiven Kommunismus im Osten.[129] Vor dem Hintergrund deutlich zunehmender Ost-West-Spannungen 1947, die sich nicht zuletzt in der Bizonengründung Anfang des Jahres und der Truman-Doktrin vom März 1947 widerspiegelte, ordneten die US-Besatzer Entnazifizierung und Reeducation einer Reorientierungskampagne in Deutschland und Westeuropa unter.[130] Der besatzungspolitische Zu-

Sixties, Princeton 2011; Andreas Etges, In guten wie in schlechten Zeiten: Partnerschaft, Kontroversen und Misstrauen in den deutsch-amerikanischen Beziehungen seit dem Ende des Zweiten Weltkriegs, in: VfZ 68.4 (2020), S. 595-609.

127 FAZ, 9.1.1969, S. 1 und 19 (Anschlag auf Amerika-Haus und Brandstiftung im Amerikahaus Frankfurt); FAZ 7.2.1969, S. 37 (Mit Glasmurmeln gegen Fensterscheiben. Wieder Anschläge auf das Amerika-Haus und andere US-Einrichtungen); FAZ 29.7.1970, S. 34 (Wieder Feuer im Amerika-Haus); FAZ, 26.1.1971, S. 20 (Kanister mit Benzin, Streichhölzer und Toilettenpapier. Ein ungeklärter Brandanschlag auf das Amerika-Haus).

128 Gary E. Kraske, Missionaries of the Book. The American Library Profession and the Origins of the United States Cultural Diplomacy, Santa Barbara 1985.

129 Hein-Kremer, Kulturoffensive.

130 Camilo Erlichmann, Christopher Knowles (Hgg.), Transforming Occupation in the Western Zones of Germany. Politics, Everyday Life and Social Interactions, 1945-55, London 2018; Katharina Gerund, Heike Paul (Hgg.), Die amerikanische Reeducation-Politik nach 1945. Interdisziplinäre Perspektiven auf »America's Germany«, Bielefeld 2015.

griff ging seither in einen dezenteren Aggregatzustand über. Der Obsession, jede Zentralisierung zu verweigern und jede Parteizugehörigkeit zu ahnden, war dem neuen antikommunistischen Hauptantrieb gewichen, dem Frankfurter Bibliotheksstandort gegenüber den Leipzigern zu Profil zu verhelfen.

5. Anfang ohne Zauber

Etablierungen

Es war lange völlig ungewiss, ob die Deutsche Bibliothek, mit amerikanischem Segen, aber ohne amerikanisches Geld, von einem eher heterogenen Börsenverein und einer Frankfurter Stadtverwaltung im kulturpolitischen Notbetrieb lanciert, bei schlechter Ausstattung und zunächst wenig öffentlichem Gehör, von Dauer sein würde. Denn die Zukunft des Hauses hing nicht nur von seinem eigenen Potenzialen ab, sondern auch von den Konditionen, die es an vielen Stellen vorfand. Entscheidend war zunächst auch, was die bibliothekarische Zunft in und außerhalb Frankfurts nach 1945 aufbot. Wie gesehen reichten die Formalkriterien, nach denen sich das Bibliothekspersonal entnazifizierungspolitisch durchleuchten ließ, kaum hin, die Profession auf der Ebene ihrer Eliten oder weiter unterhalb einzuschätzen. So blieb unklar, in welchen Zusammenhängen die neue Bibliothek als Sammelinstanz des Westens aktiv werden würde.

5.1 Fluch des Provisoriums – Bibliothek ohne Etat

Was nach den ersten unscheinbaren Gründungsvereinbarungen von 1946/47 folgte, war zunächst eine Serie zäher Aushandlungen und kleinschrittiger Etablierungsversuche einer noch kaum konturierten Deutschen Bibliothek. Die Stadt Frankfurt engagierte sich in schwer kalkulierbaren Sachwerten, mit Räumen und Material,[1] das Land Hessen zierte sich erheblich und delegierte Unterstützungsleistungen an den Bund, die Kulturabteilung im Bundesinnenministerium schließlich tat sich schwer mit einer Deutschen Bibliothek und wünschte sich deren Rolle mal gesamtdeutsch verträglich, mal provokanter ausgerichtet gegen ostdeutsche Anwartschaften auf den Status einer Nationalbibliothek. Die Ge-

---

1 Köster, Bibliothek, S. 30.

mengelage solcher Interessen in der frühen Bundesrepublik war so unausgegoren und verflochten wie der unfertige Weststaat selbst.

Sicher kämpften im Nachkrieg nicht nur die Frankfurter um Ressourcen.
Selbst für traditionsreichere Häuser, nach denen die Frankfurter mitunter schiel-
ten, wie die zunächst behelfsmäßige Westdépendance der nach 1945 geteilten ehemaligen Preußischen Staatsbibliothek wuchsen die Bäume nicht ohne Weiteres in
den Himmel. Improvisieren musste auch diese Westdeutsche Bibliothek in Marburg. Darin lag allerdings für die Frankfurter keinerlei Potenzial, denn die Westdeutsche Bibliothek platzierte sich eher als mächtige Konkurrenz. Erst sah sich
dort das Hessische Kultusministerium finanziell in der Pflicht, dann nahm man
das Haus 1949 in das Königsteiner Abkommen auf. Eine Kommission führender
Bibliotheksdirektoren einschließlich der Bibliotheksleitungen von München und
Marburg wies tatsächlich im Frühjahr 1949 Eppelsheimers Anwartschaft auf eine
Frankfurter »Zentralbibliothek« ausdrücklich zugunsten der Westdeutschen Bibliothek zurück.[2] Es sollte zwar bis Anfang der 1960er Jahre dauern, ehe die Stiftung Preußischer Kulturbesitz dem Haus mehr Sicherheit bot.

Aber zugleich flankierte vor allem die Deutsche Forschungsgemeinschaft gemeinsam mit der Stiftung Volkswagenwerk den Haushalt der Westdeutschen Bibliothek. International sichtbar, mit einem gemessen an den Frankfurter Anfängen
immer noch ausladenden Bestandsvolumen, und vor allem mit dem politisch mo-
tivierten Plan im Rücken, langfristig nach Westberlin transferiert zu werden, war
die in Marburg exilierte Staatsbibliothek selbst unter eingeschränkten Bedingungen in einer ungleich stabileren Lage. Zu deren bibliothekspolitischen Prämissen,
auf geisteswissenschaftliche Sondersammelgebiete und internationale Forschungsliteratur ausgerichtet, passte das Profil der Deutschen Bibliothek demgegenüber
lange Jahre nicht.[3] Kriegsschäden und Teilung reduzierten den Status der ehema-

2 Direktor der Westdeutschen Bibliothek Martin Cremer an den Hessischen Minister
  für Kultus und Unterricht, Aktenvermerk über die Tagung der Bibliotheksdirektoren in Bad Godesberg vom 11.-13.4.1949 und Anlage 1 Entschließung, HHStAW 54
  Nr. 6897, Bl. 66-67; FAZ, 25.8.1956, S. 29 (Westdeutsche Bibliothek in Frankfurt?);
  Dieter E. Zimmer, Die Misere der deutschen Bibliotheken, in: Die Zeit, 20.11.1959,
  ADNBF Zeitungsausschnitte, Bl. 103.
3 Werner Schochow, Hessische Bibliothek, Westdeutsche Bibliothek und Staatsbibliothek Preußischer Kulturbesitz (1946-1991), in: Friedhilde Krause, Paul Raabe (Hgg.),
  Handbuch der historischen Buchbestände in Deutschland, Bd. 14. Berlin, Teil 1, Hil-
  desheim, Zürich, New York 1995, S. 70-73; Fünfjahresbericht der Deutschen Staats-
  bibliothek Berlin 1971-1975, Berlin 1980; Martin Hollender, Das ›Marburger Büchergrab‹: Politische Kontroversen um die beiden Berliner Staatsbibliotheken in Ost und
  West im Kalten Krieg, in: Archiv für Geschichte des Buchwesen 63 (2008), S. 158-220;
  Marie-Luise Heckmann, Von der Staats- über die Universal- zur Forschungsbibliothek
  Preußischer Kulturbesitz, in: Preußenland N.F. 12 (2021), S. 82-113.

ligen Preußischen Staatsbibliothek lange, aber an ihrem anhaltenden historisch-politischen Prestigebonus kamen die Frankfurter nicht vorbei.

Ramponierte Ambitionen

Die Bibliotheksgründer holten mit Frankfurt am Main eine Stadt ins Boot, die nach Kriegsende ihre ganz eigenen Problemlagen hatte. Erstens mochte Frankfurt, seit März 1945 besetzt, einer amerikanisch geprägten Zukunft zugewandt sein, aus den Ruinen hatte man allerdings erst noch aufzuerstehen. Erstmals am 4. Juni 1940 hatten Maschinen der britischen Royal Air Force Bomben abgeworfen, die kaum die anvisierten Industrieanlagen trafen und elf Opfer forderten. Seither war die Stadt, von zahllosen Tieffliegerattacken ganz abzusehen, etwa 33 Mal Luftangriffen ausgesetzt gewesen. Die letzten Großangriffe alliierter Bomberverbände am 18. und 22. März 1944 hatten im Zuge großer Flächenbombardements die östlichen und westlichen Teile der Altstadt endgültig in Schutt und Asche gelegt. Man zählte zu Kriegsende in einer fast um die Hälfte auf 230.000 Einwohner geschrumpften Stadt Zehntausende Bombenopfer und hatte etwa 22.000 tote Soldaten zu beklagen.[4] Von den mindestens 8.000 jüdischen Frankfurtern und mehreren hundert Frankfurter Sinti und Roma, die Nationalsozialisten ermordet hatten, war lange kaum die Rede.[5]

Der Attaché der US-Militärregierung, liberale Intellektuelle und Berater der amerikanischen Ford-Stiftung Shepard Stone stellte angesichts der immensen Zerstörung Frankfurts seine ganz eigenen Überlegungen an. Nur indem die US-Militärregierung dem heimischen Publikum in Amerika das ganze Ausmaß des deutschen Ruins verschwieg, wie es gerade in Frankfurt offenbar wurde, konnte sie versuchen, den US-Konsens für die Demokratisierung Deutschlands aufrechtzuerhalten. Stand 1. Januar 1946 waren für 365.000 Deutsche gerade einmal 136.456 Zimmer in der Stadt verfügbar, von denen 24.000 höchstens im Sommer bewohnbar und weitere 63.000 im Grunde baufällig waren. Aus solchen und anderen Daten schloss Stone, dass die materielle Not die Neuanfänge belasten musste.[6] Dass die allgemeine Mangellage auch eine Bibliotheksgründung beeinträchtigen konnte, war zu erwarten.

4 FAZ, 16.2.2005, Nr. 39, S. 48 (Frankfurt – ein verlorenes Stadtbild); Bendix, Hauptstadt, S. 26; Dieter Rebentisch, Frankfurt im Bombenhagel und Feuersturm – die Zerstörung der Stadt im Zweiten Weltkrieg, in: Bernd Heidenreich, Sönke Neitzel (Hgg.), Der Bombenkrieg und seine Opfer, Wiesbaden 2004, S. 58-70.

5 Tobias Freimüller, Frankfurt und die Juden. Neuanfänge und Fremdheitserfahrungen 1945-1990, Göttingen 2020, S. 28-32.

6 Shepard Stone, Germany in Defeat – and in Ruin, in: The New York Times, 24.3.1946, S. 125.

Zweitens passte das Projekt der Deutschen Bibliothek, von Beginn an mindestens amerikanisch begleitet, durchaus zur amerikanischen Stadt. Dass es damit zum amerikanischen Projekt wurde, zeichnete sich aber nicht automatisch ab. Frankfurt aber diente spätestens seit dem Einmarsch am 29. März 1945 in die Stadt als wichtiger strategischer Interventionspunkt der Besatzungsmacht im Militärdistrikt, auch wenn man die erste hessische Nachkriegsregierung später im Oktober 1945 in Wiesbaden platzierte. Die US-Armee hatte Deutschland sukzessive zwischen September 1944 und Mai 1945 erobert. Seit Juni tarierten die Alliierten die Besatzungszonen aus, und ab August gehörte Hessen zum zweigeteilten, westlichen amerikanischen Militärdistrikt. Mit der bedingungslosen Kapitulation Deutschlands am 8. Mai 1945 verlagerten die USA bis Anfang August 1945 die US Group Control Council (USGCC) weg von Versailles in das I.G.-Farben-Gebäude nach Frankfurt.[7] So mutierte die Stadt für kurze Zeit zum Zentrum der amerikanischen Deutschlandplanungen. Die zentralen US-Instanzen zog man zwar Anfang August 1945 nach Berlin zum Office of Military Government for Germany, das bis Ende September 1949 als oberste Militärbehörde diente. Die Militäradministration für die amerikanische Zone blieb aber in Frankfurt am Main.[8]

Unter dem Eindruck der Bizonenbildung erschien Frankfurt noch einmal strategisch aufgewertet, seit im Mai 1947 ein Zweizonen-Kontrollamt mit vielen hundert Mitarbeitern bestückt die beiden Besatzungspolitiken koordinierte.[9] Welche Gemengelage das für Entscheidungen in der Stadt bedeutete, schien aber eher unklar. Den früheren OMGUS-Mann General Clarence Lionel Adcock an der Spitze des Kontrollrats porträtierte jedenfalls der *Spiegel* im Sommer 1947 ambivalent. Dabei gab sich Adcock partizipatorisch: Man ›werfe‹ jetzt ›den Deutschen den Ball zu‹: »Es liegt an ihnen, ihn aufzuschnappen und damit zu starten.« Die Grenzen für deutsche Handlungsspielräume definierte er gleich mit: man lasse sie gewähren, solange sie »ihre Finger aus der Politik« ließen.[10] So lange Eppelsheimer das Projekt der Deutschen Bibliothek betrieb, standen die Chancen damit gut, denn so vorsichtig, wie er sich im bibliothekarischen Feld bewegte, so dezent trat er auch den amerikanischen Besatzungsstellen gegenüber auf.

Drittens fanden die Börsenvereinsmitglieder und Eppelsheimer 1946/47 in der Frankfurter Stadtpolitik zwar genauso emphatische Neuanfänger wie altgediente

7 General Order Nr. 41 vom 30.7.1945, Henke, Oldenhage, OMGUS, S. 18.
8 Werner Bendix, Die Hauptstadt des Wirtschaftswunders: Frankfurt am Main 1945-1956, Frankfurt a.M. 2002; Petra Weber, Josef Henke, Klaus Oldenhage, Office of Military Government for Germany, in: Christoph Weisz (Hg.): OMGUS-Handbuch: die amerikanische Militärregierung in Deutschland 1945-1949, München 1994, S. 1-142.
9 Werner Abelshauser, Kriegswirtschaft und Wirtschaftswunder. Deutschlands wirtschaftliche Mobilisierung für den Zweiten Weltkrieg und die Folgen für die Nachkriegszeit, in: VfZ 47 (1999), S. 503-538.
10 Der Spiegel, 28.6.1947, S. 1-2 (Reden zum Fenster hinaus. Ein Geschenk der Besatzungsmächte).

Ehemalige vor, die es an der amerikanischen Entnazifizierung der Frankfurter Stadtverwaltung vorbei geschafft hatten, zu bleiben. Aber im einen wie im anderen Fall stießen sie in der Regel auf Interesse an einer Bibliothek, die aller ungelöster Finanzfragen zum Trotz das Kulturprofil der Stadt zu stärken versprach.[11] Das galt gleich zu Beginn auch für den aus amerikanischer Sicht politisch immer stärker angeschlagenen kommissarischen Frankfurter Oberbürgermeister Kurt Blaum.[12] Die Amerikaner hatten ihn im Juli 1945 selbst an der Spitze eines von ihnen bewilligten Frankfurter Ersatz-Bürgerrats aus Kommunisten, Sozialdemokraten, Zentrumsanhängern und Vertretern der bürgerlichen Mitte postiert, und das Bibliotheksprojekt passte für Blaum in den umfassenden Wiederaufbau, der in Frankfurt zu leisten war.[13]

Diese städtische Sichtweise auf die Bibliothek hielt vor, als die erste frei gewählte Stadtverordnetenversammlung im Juli 1946 den Sozialdemokraten Walter Kolb in das höchste Stadtamt (1946-56) wählte. Denn auch Kolb war 1933 als Republikanhänger von den Nationalsozialisten aus dem Staatsdienst relegiert worden und hielt sich jetzt für eine neue Nachkriegspolitik bereit.[14] Mit Rudolf Keller trat für ein Jahr bis Sommer 1946 ein Kulturdezernent ins Bild, dessen nationalsozialistische Vergangenheit erst Ende der 1950er Jahre öffentlich werden sollte.[15] Es waren eher unmerkliche Sprachgesten, in denen deutlich wurde, wie Keller den alten Zeiten verhaftet blieb. Noch im April 1946 betitelte er die Rothschild-Bibliothek in einem offiziellen Schreiben als ›Frühere Bibliothek für Neuere Sprachen und Musik‹.[16] Aber Keller hielt sich in der Bibliotheksfrage neutral.

11 George K. Schueller, Report on the City Administration of Frankfurt a.M., 6871st District Information Services Control Command U.S. Army, Frankfurt Detachment, 21.7.1945, HStAD Q 4 Nr. 17/16-3/11; Hans Etzkorn, Report on the Municipal Administration of Frankfurt a.M.; Bettina Tüffers, Der Braune Magistrat. Personalstruktur und Machtverhältnisse in der Frankfurter Stadtregierung 1933-1945, Frankfurt a.M. 2004.

12 George L. Frenkel (Frankfurt Detachment Publications Section), Speakers for the Opening of the American Library, 23.4.1946, HStAD Q 4 Nr. 8/176-1/21.

13 Kurt Blaum, Wiederaufbau zerstörter Städte, Trümmerbeseitigung, Trümmerverwertung in Frankfurt am Main, Frankfurt a.M. 1946.

14 Werner Bendix, Hauptstadt, S. 65-75; Frolinde Balser, Aus Trümmern zu einem europäischen Zentrum. Geschichte der Stadt Frankfurt am Main 1945-1989, Sigmaringen 1995, S. 9-81; dies., Frankfurt am Main in der Nachkriegszeit und bis 1989, in: Frankfurter Historische Kommission (Hg.), Frankfurt am Main. Die Geschichte der Stadt in neun Beiträgen, Sigmaringen 1991, S. 521-578.

15 Gunter Stemmler, Schuld und Ehrung. Die Kommunalpolitiker Rudolf Keller und Friedrich Lehmann zwischen 1933 und 1960 – ein Beitrag zur NS-Geschichte in Frankfurt am Main, Frankfurt a.M. 2017.

16 Stadtrat Keller an das Großhessische Kultusministerium vom 12.4.1946, HHStAW 504 Nr. 6894.

Für den Versuch der Bibliotheksgründer, die Stadt Frankfurt als Unterstützer und Financier zu gewinnen, spielte viel eher eine Rolle, dass Kolb und der sozialdemokratische Frankfurter Kulturdezernent Heinrich Seliger (SPD) im Magistrat zunehmend nach kulturpolitischem Zugewinn für die Stadt suchten in einer Phase, in der die westdeutschen Metropolen bei aller Aufbauarbeit, die noch lange zu leisten war, schon um Kulturprestige konkurrierten. So witterten Kolb und Seliger kulturpolitischen Schwung für ihre Stadt und die Region von der Bibliothek. Und Eppelsheimer kannte diese Erwartungen und bediente sie, pries den inzwischen eingegangenen britischen Zuspruch zum Bibliotheksprojekt als Signal für die breite kulturpolitische Aufmerksamkeit, die der Bibliothek bald zuteilwerden müsse.[17]

Die Deutsche Bibliothek behielt den städtischen Rückhalt der Stadt Frankfurt selbst in einer Phase massiver stadtpolitischer Krisen. Denn 1948/49 scheiterten die Frankfurter Bemühungen, vorläufige Bundeshauptstadt zu werden. Schon im Spätjahr 1948 war der Parlamentarische Rat von Frankfurt nach Bonn verschoben worden. Am 15. Mai 1949 fiel die lange noch hochumstrittene Entscheidung gegen Frankfurt und für das als politisch unverbraucht gebuchte Bonn, das jetzt als provisorische Hauptstadt des neuen Weststaates firmierte.[18]

Im Vorfeld der Entscheidung hatte man auf Frankfurter Seite die Deutsche Bibliothek auf der kulturpolitischen Habenseite gutgeschrieben, vor allem den Börsenverein als ihren wichtigsten Träger, der sich in Frankfurt allmählich etablierte. Denn der Börsenverein als schnell regenerierte Branchengröße ließ sich gut der vielzitierten Geschichte Frankfurts nicht nur als Stadt des Deutschen Bundes und der Paulskirche zuschreiben, sondern auch als einem Zentrum der Messen und Buchmessen seit dem 16. Jahrhundert.[19] Der Stadt kam gelegen, dass der Hessische Verleger- und Buchhändlerverband im Mai 1948 mit einer »Bücherplatz«-Ausstellung in der Börse den Faden Frankfurter Buchausstellungen aus den 1920er Jahren wiederaufnahm und die Mainmetropole als Buchmarkt der Zukunft bewarb.[20] Das Format verstetigte und vergrößerte sich im September des Folgejahrs, eng koordiniert mit Douglas Waples von der amerikanischen Information Control Division, als die Frankfurter Buchmesse, von großer öffentlicher Aufmerksamkeit begleitet, in der Frankfurter Paulskirche tagte.

17 Walter Kolb an das Grosshessische Staatsministerium, 31.1.1947, HHStAW 54 Nr. 6897, Bl. 9-10; Eppelsheimer an den hessischen Minister für Kultus und Bildungswesen Martin Cremer, 21.6.1947, HHStAW 504 Nr. 6897, Bl. 30; FAZ, 22.01.1952, S. 5 (Sich nicht auf Vater Staat und Mutter Stadt verlassen).

18 Erich Dombrowski, Adenauers saures Bonbon, in: FAZ, 5.11.1949, S. 1; Werner von Lojewski, Bonn und die anderen, in: FAZ, 8.11.1949, S. 2; FAZ, 14.11.1949, S. 9 (Geheimabstimmung verfassungswidrig?), FAZ, 17.11.1949, S. 2 (Hintergründe); Der Spiegel, 26.9.1950 (Bundeshauptstadt. Klug sein und mundhalten).

19 Füssel, Saur, Buchmessen, in: Füssel, Jäger, Staub, Börsenverein, S. 234-247.

20 Füssel, Saur, Buchmessen, in: Füssel, Jäger, Staub, Börsenverein, S. 239-240.

Zuerst waren solche Börsenvereinsinititativen gleichzeitig auch in die Frankfurter Selbstvermarktungsstrategien im Rahmen der Hauptstadtfrage eingebettet, so dass es auch darum ging, Konkurrenzansprüche etwa aus Hamburg, Stuttgart und Leipzig abzuwehren. Seit der Börsenverein die Buchmesse im Oktober 1949 mit einer eigenen Messeabteilung übernahm und ab 1951 zu einem international renommierten Forum auf dem Messegelände ausbauen konnte, verselbständigte sich die Buchmesse zum Filetstück westdeutscher Börsenvereinspolitik und bald auch Forum aufgeregter tagespolitischer Debatten in der Bundesrepublik.[21]

Seither allerdings sank das stadtpolitische Interesse an der Bibliothek. Der öffentliche Haushalt war zwischen 1947 und 1949 stark damit belastet, erst die Infrastruktur für die Bizonenverwaltung bereitzustellen und sie abzuwickeln.[22] Hinzu kam der stadtpolitische Strategiewechsel nach der gescheiterten Hauptstadtkampagne. Sobald sich die Stadt strategisch neu aufstellte und alle Antrengungen darauf richtete, sich als »europäischer Finanzplatz ersten Ranges«, als »Bank- und Börsenplatz« zu positionieren, wog das Kulturkapital, für das die Deutsche Bibliothek stand, weniger.[23] Zwar erholte sich der kommunale Haushalt nach der Währungsreform bis 1951 deutlich.[24] Als Kulturpfand war die Deutsche Bibliothek inzwischen weniger attraktiv, zumal auch die Frage der Landeshauptstadt inzwischen zu Gunsten Wiesbadens entschieden war. Die Stadtpolitik konzentrierte sich eher darauf, den Wirtschaftsstandort Frankfurt mit großen Industrie- und Exportmessen auszubauen.[25] Die Buchmesse hingegen sah man als Projekt des Buchhandels.[26]

21 Börsenblatt für den Deutschen Buchhandel 3.4 (1947), S. 70 (Leipzig ausgeschaltet?); FAZ, 15.9.1951, S. 5 (Wer wird das alles lesen?); Mario Heil de Brentani, Frankfurt wieder Stadt des Buchhandels, in: Frankfurter Rundschau, 19.7.1950, ADNBF Zeitungsausschnitte; Frankfurter Neue Zeitung, 22.9.1950 (Frankfurter Buchmesse), ADNB ebd.; Bruno T. Recke, Die Frankfurter Büchermesse, Frankfurt a.M. 1951; New York Times, 26.9.1954, S. 3 (Frankfurt Book Fair Open); Stephan Füssel, Ein Frankfurter Phoenix – Die Anfänge der Frankfurter Messe und ihre frühe Internationalisierung, in: ders. (Hg.), 50 Jahre Frankfurter Buchmesse 1949-1999, Frankfurt a.M. 1999, S. 12-25.
22 Bendix, Hauptstadt, S. 115-165.
23 FAZ, 11.11.1949, S. 9 (Zweizonen-Verwaltungen sollen Frankfurt verlassen); Oberbürgermeister der Stadt Frankfurt an den Hessischen Minister für Erziehung und Volksbildung am 25.7.1952, HHStAW 504 Nr. 6898a, Bl. 274.
24 Bendix, Hauptstadt, S. 149-155.
25 FAZ, 18.09.1950, S. 2 (Messe-Gespräche).
26 Stephan Füssel, Frankfurter Phoenix.

Zögerliches Land

Bis die deutsche Bibliothek 1969 bundesunmittelbar werden sollte, gehörte sie auch auf die Agenda Hessens. Daher mischte auch der bundesrepublikanische Föderalismus in den ersten beiden Dekaden der Bibliotheksgeschichte mit. Dem Frankfurter Haus bescherte das mehr Verschleppung und Konflikt als demokratische Einbettung oder gar Popularität in der Fläche.

Aus alliierter Sicht hatte man mit dem Föderalismus in den westlichen Zonen und der Bundesrepublik ein antipreußisches, antimilitaristisches Fanal gegen den gleichgeschalteten Zentralstaat der NS-Diktatur verankert. Die westdeutschen Assoziationen mit dem Föderalismus dagegen waren ganz divers, der Föderalismus wurde zur parteipolitischen Kampfarena. Aus konservativer Sicht konnten demokratisch verfasste Länder die westdeutsche Ordnung von unten untermauern und autoritäre Alleingänge des Zentralstaats ausschließen, dagegen stand eine linke unitarische Neigung, derzufolge föderale Strukturen Partikularinteressen beförderten, die am Ende auf Kosten des Gesamtstaats gingen.[27]

Wenn Hessen hier mitmischte, war man auf Alleinstellungsmerkmale aus, und darauf, Projekte nach vorn zu tragen, die das Land kontrollieren konnte. Auf die städtische und vom Börsenverein verantwortete Deutsche Bibliothek hatte das Land als Ko-Financier aber nur beschränkten Zugriff. Zunächst war der hessische Faktor in der Bibliotheksgeschichte aber eher gering, weil man sich, wie alle übrigen Bundesländer auch, überhaupt erst entlang der alliierten Entnazifizierungsvorgaben konstituieren musste. Die Alliierten bestellten die erste Landesregierung, aber im Dezember 1946 wurde ein erster SPD-Ministerpräsident gewählt, den 1950 der SPD-Mann Georg-August Zinn für 16 lange Jahre ablöste.[28] Wenn diese Landesregierungen versuchten, die dringendsten Probleme der Nachkriegsgesellschaft anzugehen, war ihre Agenda stattlich. So wurde eine ganze Weile heftig über Hessens territorialen Zuschnitt gestritten. Zudem wollten die hessischen Landespolitiker im aus vier Regionen zusammengestückelten Hessen auf eine Art neue Landesidentität hinarbeiten, für die man den Klammerbegriff »Großhessen« 1946 wieder verwarf. Hessischen Zusammenhalt, den man angesichts stattlicher Flüchtlings- und Vertriebenenzahlen für geboten hielt, sollte vor allem die Vorstellung liefern, dass man nicht nur über eine beachtliche Wirtschaftskraft verfügte, sondern bis auf die dörfliche Ebene hin-

---

27 Siegfried Weichlein, Föderalismus und Demokratie in der Bundesrepublik, Stuttgart 2019.
28 Ludwig Bergsträsser, Zeugnisse zur Entstehungsgeschichte des Landes Hessen, in: VfZ 5 (1957), S. 397-416; Walter L. Dorn, Zur Entstehungsgeschichte des Landes Hessen, in: VfZ 6 (1958), S. 191-196; Walter Mühlhausen, Demokratischer Neubeginn in Hessen 1945-1949. Lehren aus der Vergangenheit für die Gestaltung der Zukunft, Wiesbaden 2005; Schuster, Entnazifizierung.

unter ein »modernes«, technisch »fortschrittliches« Land sozialdemokratischer Prägung zu werden begann, vorbildlich für den christdemokratisch dominierten Bund. Später in den 1960er Jahren trieb daher eine Serie von »Hessenplänen« die SPD-Landespolitik an, die eher darauf aus waren, das Land in der Fläche auszubauen.[29] Als Teil der hessischen Medienpolitik, die sich ab 1948/49 auf den in Frankfurt am Main neu gegründeten Hessischen Rundfunk richtete, taugte die Deutsche Bibliothek nicht, denn mit dem Wiesbadener Ziel, die Hessenidentität zu befeuern, hatte sie wenig zu tun.[30]

Besonders seit 1949 kreiste die hessische Landespolitik um das Bestreben, die landesweit im Grundgesetz angestrebten einheitlichen Lebensverhältnisse herbeizuführen. Als eher wohlhabenderes Bundesland sorgte sich das SPD-geführte Hessen dabei um seine Finanzautonomie gegenüber der Adenauer-CDU, kämpfte gegen bundespolitische Rahmenvorschriften oder konkurrierte mit anderen Ländern um Zuweisungen vom Bund.[31] Die Landespolitik operierte durchaus erfolgreich, angeführt von Ministerpräsident Zinn, der »Landesvater«-Qualitäten entwickelte, die die Öffentlichkeit ihm parteiübergreifend abnahm. Der erste »Hessenplan« der 1950er Jahre fruchtete und sorgte für einen Wachstumsschub, der dem Land einen soliden Haushalt und überregionalen Respekt eintrug. Hessen hatte also Finanzspielräume und tatsächlich machte sich eine starke SPD-Mehrheit im inzwischen traditionell »roten« Bundesland seit den frühen 1960er Jahren an einen neuen »Großen Hessenplan«, der darauf aus war, die Segnungen der Planungspolitik in die hessische Fläche zu bringen.[32]

Dennoch verhielt sich die hessische Landesregierung in den 1950er und 1960er Jahren zur Deutschen Bibliothek in Frankfurt ambivalent. Ein Stück weit konnte man sich zuständig sehen, weil das Haus in die schwammig arrangierte sogenannte landespolitische Kulturhoheit fiel. Hessische Bibliothekspolitik zielte aber eher auf die Universitätsbibliothek in Marburg und die Westdeutsche Bibliothek, in der die Kriegsauslagerungen der ehemaligen Berliner Preußischen Staatsbibliothek zugänglich gemacht wurden.[33] Letztlich verkämpfte man sich

---

29 Helmut Berding, Hessen in der Ära Zinn: Integrationspolitik und Landesplanung, in: Stean Gerber u.a. (Hgg.), Zwischen Stadt, Staat und Nation. Bürgertum in Deutschland, S. 683-694.

30 FAZ, 12.11.1949, S. 9 (»Es ist heer schwer!« sagt Intendant Beckmann).

31 Georg A. Zinn, Der Bund und die Länder, in: Archiv des Öffentlichen Rechts 36 (1949), S. 291-306; Weichlein, Föderalismus, S. 16-93.

32 Erich Dombrowski, Der große Hessenplan. Das Experiment eines Bundeslandes, in: FAZ, 30.4.1965, S. 5; Dirk van Laak, Mythos »Hessenplan«: Aufstieg und Wandel einer Landesplanung nach dem Zweiten Weltkrieg, in: Wendelin Strubelt, Detlef Briesen (Hgg.), Raumplanung nach 1945. Kontinuitäten und Neuanfänge in der Bundesrepublik Deutschland, Frankfurt a.M., New York 2015, S. 127-149.

33 Direktor der Westdeutschen Bibliothek Martin Cremer an den Hessischen Minister für Erziehung und Volksbildung, 24.3.1950, HHStAW 504 Nr. 6897, Bl. 82; Mar-

in der föderalen Arena ohnedies eher für die Schulpolitik oder Rundfunk und Fernsehen.[34]

Eppelsheimers angestrengte Versuche, sich den Föderalismus zu Nutze zu machen und Hessen auf diesem Weg dafür zu gewinnen, die Deutsche Bibliothek zu unterstützen, verfingen nicht. Eine Art Magnettheorie trieb ihn an. Waren hessische Zusagen erst einmal eingeworben, würden bald Gelder auch aus den »übrigen Ländern[n] im Westen« fließen. Man würde dort mit Hessen gleichziehen und zu einem Bibliotheksprojekt aufschließen wollen, das am Ende die Deutsche Bücherei in Leipzig westdeutsch beantwortete. Erst sollte also der konkurrierende Föderalismus unter den westlichen Bundesländern und dann ein gemeinsames föderales Geltungsbewusstsein gegenüber Ostdeutschland der Bibliothek Rückhalt vermitteln.[35]

Dieses Kalkül ging nicht auf. Im Gegenteil, der Föderalismus bremste Eppelsheimer aus. Zwar kamen seit 1949/50 erste symbolische Zuschüsse der hessischen Landesregierung nach Frankfurt.[36] In Hessen und andernorts witterte man hinter dem Projekt der Deutschen Bibliothek eher kulturpolitischen Zentralisierungswillen, der sich mit der neuen westdeutschen Ordnung nicht vertrug.[37] Auch wurde geunkt, das Frankfurter Projekt könne unversehens mit der geteilten Berliner Staatsbibliothek konkurrieren. Es schien undenkbar, bibliotheks- und kulturpolitische Entscheidungen zu treffen, die die Idee gefährden konnten, die Bestände der ehemaligen Preußischen Staatsbibliothek in einer ferneren Zukunft einmal wieder in Berlin zusammenzuführen.[38] Auch das schränkte Eppelsheimer ein.

burg: Hessische Bibliothek, in: ZfBB 1948, S. 24-27; Die Westdeutsche Bibliothek, in: FAZ, 11.11.1949, S. 5; Wolf von Both, Stand und Probleme des Neuaufbaues bei den zerstörten Bibliotheken in Hessen, in: Nachrichten für wissenschaftliche Bibliotheken Beiheft 1 (1951), S. 38-45.

34 FAZ, 13.4.1951, S. 1 (Anklage gegen den Föderalismus).

35 Hanns W. Eppelsheimer an das Hessische Ministerium für Kultus und Unterricht, 23.7.1947, HHStAW 504, Nr. 6897, Bl. 43; Marburg: Hessische Bibliothek, in: Nachrichten für wissenschaftliche Bibliotheken 1.1-2 (1949), S. 24-27; Hanns W. Eppelsheimer, Das Treffen zu Frankfurt, in: Nachrichten für wissenschaftliche Bibliotheken 1.3 (1948), S. 33-35; ders., Entschließungen der Direktorenkonferenz vom 22.10.1948 in Frankfurt, in: Nachrichten für wissenschaftliche Bibliotheken 1.3 (1948), S. 35-36; Kaltwasser, Bayerische Staatsbibliothek, Rollenverständnis, S. 103-104.

36 Memo für das Hessische Ministerium für Erziehung und Volksbildung vom 6.5.1950, HHStAW 504 Nr. 6897, Bl. 82 RS.

37 Memo an das Hessische Ministerium für Kultus und Unterricht vom 30.4.1949, HHStAW 504 Nr. 9897, Bl. 68; Heinrich Middendorf, Die Tagung der Kommission für eine Zentrale Bibliothek, in: Nachrichten für wissenschaftliche Bibliotheken 2.6 (1949), S. 83-89.

38 Werner Schochow, Bücherschicksale. Die Verlagerungsgeschichte der Preußischen Staatsbibliothek. Auslagerung, Zerstörung, Entfremdung, Rückführung. Dargestellt aus den Quellen, Berlin, New York 2003, S. 220-236.

Föderale Rivalität der Bibliothekshäuser schließlich gehörte, wenn man die Deutsche Bibliothek an dieser Stelle mit der Geschichte der Deutschen Bücherei vor 1945 in Verbindung brachte, seit jeher zur Bibliotheksgeschichte. Spannungen vor allem mit der Preußischen Staatsbibliothek in Berlin zogen sich durch. Sie waren ausschlaggebend dafür gewesen, dass 1912 in Leipzig keine »Reichs«- oder »National-Bibliothek« gegründet worden war, sondern, neutraler, die »Bücherei«.[39] Umgekehrt firmierte die »Nationalbibliographie« der Leipziger seit 1931 unter genau diesem Rubrum, um konkurrierende Anwartschaften auf einen »Deutschen Gesamtkatalog« als eine Art »Reichsbibliothek« im Keim zu ersticken.[40] Säbelrasseln gehörte zum bibliothekarischen Geschäft. Gleichzeitig verlautete aus Leipzig auch immer wieder, dass eine »wahre deutsche Nationalbibliothek« letztlich aus dem Zusammenspiel der beiden Staatsbibliotheken in Berlin und München mit der Leipziger Bücherei erwachse.[41] Auf diese Figur des kooperativen Zusammenspiels sollte man in der Bundesrepublik noch zurückkommen.

5.2 Provisorische Konsolidierung 1952

Es gab so gesehen in Stadt und Land vielfache Gründe, sich der Deutschen Bibliothek gegenüber vorsichtig zu verhalten. Man hatte eigene Agenden und sah die Bibliothek ein Stück weit als besetztes Projekt, als Prestigeunternehmen des Börsenvereins vor allem, dem man das Haus nicht einfach entwinden konnte, um es eigenen Planungen zuzuschlagen. Der Frankfurter Börsenverein umgekehrt ächzte inzwischen unter der Last der neuen verlegerischen Wettbewerbsbedingungen in der Marktwirtschaft. Es war klar, dass er die Bibliothek nicht im Alleingang mit der Stadt weiterfinanzieren konnte. Damit waren die aus Sicht des westlichen Börsenvereins und Eppelsheimers hoffnungsfrohen Anfänge bis Anfang 1947, als man zumindest einmal formale Gründungsschritte vollzog, erst einmal Episode. Was folgte, war stattdessen eine zermürbende Serie ständiger Bittgesuche, die amerikanisch genehmigte und von Frankfurt mitgegründete Bibliothek jetzt auch dauerhaft und substanziell zu finanzieren.[42]

39 Vertrag über die Deutsche Bücherei in Leipzig, in: Zentralblatt für Bibliothekswesen 30 (1913), S. 33-36.
40 Heinrich Uhlendahl, Bibliotheken gestern und heute, Berlin 1932, S. 18-21.
41 Barbian, Der Börsenverein, S. 105.
42 U.a. Eppelsheimer an Ministerialrat Hoffmann im Hessischen Ministerium für Kultus und Unterrricht, 23.7.1947, HHStAW 504 Nr. 6897, Bl. 42; Eppelsheimer an denselben, 11.10.1947, HHStAW ebd., Bl. 46; Vorsitzender des Rechtsausschus-

Abb. 3   Eingang Untermainkai, undatiert.

Aktiv war die Deutsche Bibliothek vor allem im Rahmen ihrer Verzeichnisarbeit. Im April 1950 legten die nicht einmal 30 Mitarbeiter, die mittlerweile das ehemalige Tabakzimmer gegen fünf Arbeitsräume am Untermainkai eingetauscht hatten, erstmals auch ein Zeitschriftenverzeichnis über die Jahre 1945 bis 1949 vor.[43] Eppelsheimer protokollierte, selbst die zusätzlichen neun Mitarbeiter der Stadt- und Universitätsbibliothek, die inzwischen für die Arbeiten in der Deutschen Bibliothek bereitgestellt waren, reichten bei weitem nicht aus für das Arbeitspensum, das in Frankfurt auflief. Im weiten Personalabstand zwischen 48 vorgesehenen Frankfurter und 175 Leipziger Mitarbeiterstellen sah Eppelsheimer aber den akuten Frankfurter Ressourcenrückstand illustriert.[44] Gemessen am Ziel, auf das hin man unterwegs war, nämlich ein Kulturspeicher deutschen Wissens im Nachkrieg zu werden, war das dennoch kein hinreichendes Pensum.

ses des Börsenvereins Deutscher Verleger- und Buchhändlerverbände an den Hessischen Minister für Erziehung und Volksbildung Erwin Stein, 8.3.1950, HHStAW 504 Nr. 6897, Bl. 70.

43 Rolf-Dieter Saevecke, Von der »Deutschen Bücherei des Westens« zur Deutschen Bibliothek als bundesunmittelbare Anstalt des öffentlichen Rechts (1945-1969), in: ders. (Hg.), Die Deutsche Bibliothek, Düsseldorf 1980, S. 24-38, hier S. 26; Köster in Köster, S. 27, 31.

44 Eppelsheimer an das Kulturamt der Stadt Frankfurt am Main, 5.12.1946, ADNBF DBB 1946-52; Eppelsheimer, Die Entwicklung der Deutschen Bibliothek [1950], HHStAW 504 Nr. 6897, Bl. 75-78, hier Bl. 77: Eppelsheimer an den Hessischen Minister für Erziehung und Volksbildung, 6.9.1951, ADNBF; Herbert Haag, Bericht über die Prüfung der Rechnungslegung für die Zeit vom 1.7.1947-31.12.1950 der Deutschen Bibliothek, S. 5, ISG FFM Kulturamt A.41 Nr. 1423.

Die Deutsche Bibliothek im bundespolitischen Echoraum

Seit die Bundesrepublik im Mai 1949 gegründet worden war, veränderte sich daher auch nicht Eppelsheimers Lamento darüber, dass die Bibliothek eine Papiergründung zu bleiben drohte, wohl aber der Echoraum, in den er es in den 1950er Jahren hineinrief. Und jetzt waren erstmals neue Fördererfolge zu verbuchen. Aus ihrer einigermaßen festgefahrenen Situation als regelrecht mittelloses Haus arbeitete sich die Deutsche Bibliothek über die 1950er Jahre hinweg schrittweise heraus. Was folgte, war fast ein Quantensprung: Vor 1952 noch eine private Gründung des Buchhandels und der Stadt Frankfurt, etablierte sich die Deutsche Bibliothek 1952 ein Stück weiter. Zur Stiftung des öffentlichen Rechts ernannt, stand jetzt weiterhin die Stadt Frankfurt am Main, flankiert vom Börsenverein, für sie ein. Hinzu trat nun neuerdings aber auch das Land Hessen, und man gewann den Bund als Unterhaltsträger. Die Beitragslasten sollten zu gleichen Teilen geschultert werden, faktisch gingen aber nach wie vor die Stadt Frankfurt und der Börsenverein in Vorleistung. Denn die Stadt hielt die Bibliothek im Rothschild-Palais frei und sicherte ihr für die Zukunft ein Baugrundstück. Der Börsenverein, der seine Verlags-Mitglieder dazu anhielt, ihre Veröffentlichungen freiwillig an die Deutsche Bibliothek abzugeben, stellte sicher, dass die Bibliotheksbestände anwuchsen.[45]

Die Verhandlungen mit der Stadt Frankfurt, dem Börsenverein, dem Land und erstmals auch dem Bund, die die Bibliothek auf diese neue Verbindlichkeitsstufe führten, waren unübersichtlich und kleinteilig. Unter diesen schwierigen Bedingungen war das Verhandlungsgeschick der Frankfurter und nament-

---

45 Stiftungsurkunde vom 31.7.1952, ADNBF, Stifterurkunde; Satzung der Deutschen Bibliothek vom 31. Juli 1952, ADNBF, ebd.; Staatssekretär a.D. Wende aus dem Bundesministerium des Innern an Eppelsheimer, 12.7.1952, ADNBF, Stifterurkunde ebd.; Satzung für die Deutsche Bibliothek (Abschrift), ISG FFM Kulturamt A.41 Nr. 1423; Köster, Bibliothek, S. 34; Stiftungsurkunde und Satzung der Deutschen Bibliothek vom 31.7.1952; ADNBF Stifterurkunde vom 31.7.1952 (Abschrift); Niederschrift über die abschließenden Verhandlungen betr. die Errichtung der öffentlichen Stiftung »Deutsche Bibliothek« und der Unterzeichnung der Stiftungsurkunde am 31.7.1952 in Frankfurt a.M., Elbestr. 46, ADNBF ebd.; Magistrats-Beschluß Nr. 1560 vom 12.11.1951 betr. Börsenverein und Deutsche Bibliothek, sowie Magistrats-Beschluss Nr. 2492 vom 25.2.1952 betr. Errichtung der »Deutschen Bibliothek« sowie Vortrag vom 21.1.1952 (Dr. Kolb) des Magistrats an die Stadtverordneten-Versammlung Errichtung der Deutschen Bibliothek betr., ADNBF ebd. Die Stiftungsurkunde ist auch abgedruckt in: Hanns W. Eppelsheimer, Die Deutsche Bibliothek. Erinnerungen an eine Gründung, in: Börsenblatt für den Deutschen Buchhandel, Frankfurter Ausgabe, Nr. 32a vom 22.4.1959, S. 13-22, hier S. 20; Bescheid an den Hessischen Ministerpräsidenten vom 17.7.1951, HHStAW 504 Nr. 6897, Bl. 155.

lich Eppelsheimers entscheidend. Den Bund nämlich holte er ins Boot, indem er die Deutsche Bibliothek ins Licht der deutsch-deutschen Teilungsgeschichte und der Konkurrenz zur Deutschen Bücherei in Leipzig rückte. Dafür musste sich Eppelsheimer nicht verbiegen. Aber er musste, anders als in den Vorjahren, überhaupt erst einmal dezidiert politisch werden. So neutral und dezent er sich im bibliothekarischen Feld gegenüber einer überwiegend konservativen Zunft verhalten hatte, so klar war inzwischen, dass die Zukunft seines Hauses davon abhing, es gegenüber den unterschiedlichen deutschen Verhandlungspartnern als sympolpolitisches Kapital interessant zu machen.

Bis in die frühen 1950er Jahre hinein interessierte man sich in der Kulturabteilung des Bundesinnenministeriums in Bonn für die Deutsche Bibliothek kaum. Es war nicht so, dass sich der neue westdeutsche Staat nicht für Bibliotheken interessiert hätte. Es gab durchaus Anzeichen für eine neue kulturpolitische Sensibilität auf Bundesebene für Bibliotheken. Aber sie waren wohl eher Objekte einer ganz vorsichtigen frühen auswärtigen Kulturpolitik. Jedenfalls fand die westdeutsche Regierung wichtig, sich wieder Zugriff auf deutsche Bibliotheken im Ausland zu verschaffen, die inzwischen treuhänderisch verwaltet wurden. Seit 1950 sprach Adenauer bei den Alliierten Hochkommissaren McCloy und François-Poncet vor, um namhafte auswärtige Kulturinstitute samt ihren Bibliotheken wieder der Bundesrepublik zuweisen zu lassen, und fand dafür in der Regel ein offenes Ohr. So ließ man sich unter anderem 1951 von der griechischen Regierung zusichern, dass die Bunderepublik die Bibliothek des Deutschen Archäologischen Instituts in Athen wieder nutzen dürfe.[46] Das galt auch für die traditionsreiche Bibliotheca Hertziana in Rom und die Bibliothek des Kunsthistorischen Insituts in Florenz: Zwischen Winter 1952 und Frühjahr 1953 kulturdiplomatisch mit Italien und den drei Westmächten eingefädelt, erhielt die Bundesrepublik die Bibliotheken einvernehmlich zurück und begann sie als Symbole neuer internationaler Anerkennung wieder in Gang zu setzen.[47]

46 Gesandschaftsrat I. Klasse Knoke, Athen, an das Auswärtige Amt 10.7.1953, in: Akten zur Auswärtigen Politik der Bundesrepublik Deutschland 1953, Bd. I: 1.1.-30.6.1953, herausgegeben im Auftrag des Auswärtigen Amts vom Institut für Zeitgeschichte, München 2001, S. 663-668, hier S. 667.

47 Aufzeichnung des Gesandten I. Klasse a.D. Erich Kordt, 3.1.1950, in: Akten zur Auswärtigen Politik der Bundesrepublik Deutschland, September 1949 bis Dezember 1950, München 1997, S. 49-50; Aufzeichnung des Boschafters Sattler, Rom, am 6.2.1953, in: Akten zur Auswärtigen Politik der Bundesrepublik Deutschland 1953, Bd. I: 1.1.-30.6.1953, herausgegeben im Auftrag des Auswärtigen Amts vom Institut für Zeitgeschichte, München 2001, S. 158-163; Eckard Michels, Zwischen Zurückhaltung, Tradition und Reform: Anfänge westdeutscher auswärtiger Kulturpolitik in den 1950er Jahren am Beispiel der Kulturinstitute in: Johannes Paulmann (Hg.), Auswärtige Repräsentationen: deutsche Kulturdiplomatie nach 1945, Köln, Weimar, Wien 2005, S. 241-258.

Was nun allerdings die Deutsche Bibliothek in Frankfurt anging, galt im Bonner Innenministerium als gesetzt, dass die Leipziger Bücherei, so sehr sie seit 1949 ausschließlich ostdeutsch war, eine Art erwünschte offene Anwartschaft auf gesamtdeutsche Sammlungsaufgaben behielt. Solange man sich nicht von Staats wegen zu Frankfurt äußerte, schien diese stillschweigende Annahme gültig bleiben zu können. Daher machte man sich auf bundespolitischer Ebene erst einmal nicht die Bitten aus Frankfurt zu eigen, der Staat möge als alleiniger Träger der Deutschen Bibliothek auftreten.[48] Eher entzog man sich solchen Begehrlichkeiten auch mit dem Hinweis, damit würde ohne Not einer kulturpolitischen Zweiteilung zwischen Ost und West zugearbeitet, die man gerade vermeiden wollte.[49]

Politisierung als Fundraiser: Rhetoriken des Kalten Kriegs

Für die Deutsche Bibliothek setzte Eppelsheimer doppelt nach. Zum einen bewegte er sich auf Augenhöhe mit den deutschlandpolitischen Vorstellungen der frühen Adenauer-Regierungen. Er bezog sich in einem dezenten, gesamtdeutsch anschlussfähigen Ton auf die Deutsche Bibliothek. Vor der Fachöffentlichkeit gab sich Eppelsheimer in diesem Sinne zurückhaltend. Die Deutsche Bibliothek sei »nicht durch Bibliothekare von Frankfurt oder Leipzig, auch nicht durch die Verleger, sondern ganz einfach durch die Konstituierung der Bundesrepublik« zustande gekommen: »Der Westen ist ein Staat geworden und er braucht – neben eigener Bank, Eisenbahn, Justiz usw. – ein eigenes bibliographisches Institut. Daß es (gegen alle Gepflogenheit) früher da war als der Staat, ist ein Glück.«[50]

Damit entzog sich Eppelsheimer dem zermürbenden Geschacher, zu dem sein Engagement für die Bibliothek bis dahin ständig führte. Fernab davon wurde er, sprachlich gezügelt, aber eben doch ein bißchen visionär: die Bibliothek war, so wie Eppelheimer sie hier haben wollte, eine fast schon überzeitliche Schöp-

---

48 Eppelsheimer, Die Entwicklung der Deutschen Bibliothek, 1947-1949, ADNB DDB 1946-52.

49 Eppelsheimer, Bericht über die Verwaltung der Deutschen Bibliothek für die Zeit vom 1.1.1947 bis 30.6.1950, ADNBF DBB 1946-52 und HHStAW 504 Nr. 6897, Bl. 87-95.

50 Hanns W. Eppelsheimer, Frankfurt a. M.: Deutsche Bibliothek, in: Nachrichten für wissenschaftliche Bibliotheken 4.2 (1951), S. 46-47, hier S. 46.

fung der Geschichte, eine Instanz, die die Bundesrepublik brauchte, um kulturpolitisch vollwertig dazustehen. Das passte zur Politik der Adenauerjahre, die deutschlandpolitisch auf Souveränitätsrückgewinne für die Bundesrepublik ausgerichtet waren. Dem Comment seiner Zeit folgte Eppelheimer auch, indem er die Deutsche Bibliothek hier diskret neutralisierte und technifizierte zum deutsch-deutsch unanstößigen »bibliographischen Institut«. Dann konkurrierte sie, so die unausgesprochene Pointe, auch nicht mit der Leipziger Bücherei und sparte die Frage, wie die Häuser zueinander stehen könnten, einfach aus.

Dahinter schimmerte allerdings eine heimliche Vergleichsfolie durch: die staatlich gegründete Nationalbibliothek nach europäischem Vorbild. Denn die war sein Maßstab, wenn Eppelsheimer hervorhob, dass die Deutsche Bibliothek vorstaatlich gegründet worden war. Die handelsübliche nationalbibliothekarische Chronologie schien im westdeutschen Fall vertauscht, die Deutsche Bibliothek schon drei Jahre vor der Staatsgründung 1949 zustandegekommen. Und das buchte Eppelheimer jetzt offiziell als »Glück«, als Laune der Geschichte. Am Ende zählte die Deutsche Bibliothek zur normalen Grundausstattung der »Bundesrepublik« – eben wie eine Nationalbibliothek im Staat.

Die »»Kindheitsgeschichte‹ der Deutschen Bibliothek« hielt Eppelsheimer damit demonstrativ für abgeschlossen. Mit wem genau sie jetzt als adoleszentes Haus gleichauf stand, ließ er offen und vertraute darauf, dass seine Statusansage von den Kollegen richtig verstanden wurde.[51] Ob beabsichtigt oder nicht, konnte man Eppelsheimer sogar so verstehen, als wolle er die Deutsche Bibliothek auch in den Horizont Adenauer'scher Politik stellen und zeigen, dass sie letztlich zum Primat der Westintegration passte, also helfen konnte, die Bundesrepublik auch in dieser Hinsicht kulturell nah an den Westen zu rücken.[52]

Wenn das die eine Seite der absichtsvollen Politisierung war, die die Deutsche Bibliothek als gesamtdeutsch unanstößigen kulturpolitischen Faktor in die tagespolitische Diskussion bringen sollte, konnte Eppelsheimer bei anderer Gelegenheit auch einen anderen Ton anschlagen. Das hing auch damit zusammen, dass die versöhnliche politische Selbstdeutung, die Eppelseimer vorschlug, der Deutschen Bibliothek zwar geneigte Zustimmung, aber nicht unbedingt adäquate Finanzzusagen eintrug. Denn seit das Frankfurter Haus 1952 eine Stiftung öffentlichen Rechts geworden war, sprang zwar der Bund in die Bresche. Die Stadt Frankfurt und das Land Hessen allerdings erklärten immer kategorischer, für die Frankfurter nicht mehr aufkommen zu können.[53] Und so blieb Eppelsheimer über weite Strecken ständiger Bittsteller und Taktierer.

51 Ebd.
52 Michael Hochgeschwender (Hg.), Epoche im Widerspruch: ideelle und kulturelle Umbrüche der Adenauerzeit, Bonn 2011.
53 Vgl. Kapitel 8.

Unter dem Druck ausbleibender Ressourcen verlegte man sich in Frankfurt darauf, die Bibliotheksfrage noch einmal anders zum deutsch-deutschen und westdeutschen Politikum aufzuwerten. Aus dem rhetorischen Köcher zog Eppelsheimer die Rhetorik des Kalten Kriegs. Bei seinen Kontaken mit dem Bundesinnenministerium in Bonn sprach er, den man auf Frankfurter Terrain so kaum reden hörte, dann in einem antikommunistischen Jargon. Mit diesem Ton ließ sich von Frankfurt aus das Ministerium und seine Kulturabteilung besser erreichen. Denn hier hatte sich wie in der Behördenlandschaft der frühen Bundesrepublik insgesamt ein spezielles politisches Biotop herausgebildet, auf das sich Eppelsheimer zubewegte.

Wie in zahlreichen anderen Bundesbehörden nach 1945 war auch im Bundesinnenministerium der Anteil an ehemaligen NSDAP-Mitgliedern in den Leitungspositionen sehr hoch. Die Amnesie- und Exkulpationspolitik bundesdeutscher Regierungen, die das Profil ihres ministeriellen Personals aus zeitgenössischen Erhebungen seit den 1950er Jahren durchaus gut kannten, beförderte diesen Trend noch. Noch zu Beginn der 1960er Jahre hatte etwa zwei Drittel des Führungspersonals im Ministerium eine NSDAP- und SA-, gelegentlich auch eine SS-Vergangenheit. Sozialdemokraten und andere ehedem Verfolgte tauchten demgegenüber frühestens seit den 1970er Jahren in den Führungsetagen des Ministeriums auf. Die Eintrittskarte in die Ministerialbürokratie für NS-Belastete, viele von ihnen Verwaltungsjuristen, war ein nach 1945 zeittypisches Credo: Funktionsträger qualifizierten sich für das neue Ministerium nicht in erster Linie durch demokratische Lippenbekenntnisse. Stattdessen zählte nach dem Krieg ihre vermeintlich apolitische Sachkenntnis, die sie zwar vor 1945, aber – so die Fiktion – fernab des Politischen, an unterschiedlichster Stelle im NS-Staatsdienst hatten erwerben können.[54] Dass im frühen Bundesinnenministerium viele in leitender Funktion unterkamen, die schon in NS-Ministerien aktiv gewesen waren, schuf aber keinen Nährboden für die Belange der Deutschen Bibliothek. Denn man verfocht in Frankfurt kein Projekt, das mit Nations- oder Kulturvorstellungen des NS sympathisierte.

Im Innenministerium insgesamt und in der Bonner Kulturabteilung erntete der neue Weststaat – mancher anhaltenden Distanz vieler Ministerialer gegenüber der Bundesrepublik zum Trotz – am ehesten antikommunistische Zustimmung. Diese Sichtweise teilte man allen voran mit dem 1949 eingerichteten

---

54 Stefanie Palm, Irina Stange, Vergangenheiten und Prägungen des Personals des Bundesinnenministeriums, in: Frank Bösch, Andreas Wirsching (Hgg.), Hüter der Ordnung. Die Innenministerien in Bonn und Ost-Berlin nach dem Nationalsozialismus, Bonn 2018, S. 122-181; Dominik Rigoll, »Ein Sieg der Ehemaligen«: Beamtenrechtliche Weichenstellungen für »45er« und »131er«, in: ebd., S. 413-441; Stefanie Palm, Auf der Suche nach dem starken Staat. Die Kultur-, Medien- und Wissenschaftspolitik, in: ebd., S. 594-634.

Bundesministerium für Gesamtdeutsche Fragen und mancher anderen Bundes-
behörde in den voranschreitenden 1950er Jahren.[55] Entsprechend erwartete man
im Bundesinnenministerium, dass sich die Bundesrepublik von der DDR klar ab-
grenzte und den Staatssozialismus gezielt konterte.[56] Diese Haltung prägte auch
den Blick auf die Kulturinstitutionen der frühen Republik. Aber sie ging nicht
immer gleich Richtung Frankfurt.

Der erste Referent für Wissenschaftsförderung im Bundesministerium des
Innern, Ernst Schaar, der dorthin als ehemaliger Mitarbeiter im NS-Rüstungs-
ministerium gekommen war und lange Jahre seine NSDAP-Parteimitgliedschaft
verschwieg, orientierte sich anders. Anfang 1950 war für Schaar das Fördersys-
tem der ehemaligen Reichsinstitute vor 1945 maßgeblich.[57] Vor diesem Hintergrund vermisste er in der Bundesrepublik vor allem eine staatlich initiierte
»repräsentative Bundesbibliothek«, die die inzwischen in Ost- und West-Dé-
pendancen zerlegte ehemalige Preußische Staatsbibliothek ersetzen sollte. Dass
westdeutsche Verleger die Deutsche Bücherei in Leipzig mit Belegexemplaren
belieferten, hielt Schaar für problematisch.[58]

Eppelsheimer konnte an solche Reflexe appellieren und fuhr damit in der
Regel nicht schlecht. Seine ständigen Katastrophenbotschaften über den Stand
der Deutschen Bibliographie in Frankfurt versah er mit einem antagonistischen
Unterton: Wenn die Frankfurter Bibliothek hinter die Leipziger Bücherei zu-
rückfiel, drohten »unter dem Druck des sowjetzonalen Wettbewerbs« Symbol-
gewinne für die falsche Seite.[59] Fördere der Bund die Frankfurter nicht, falle der

55 Stefan Creuzberger, Kampf gegen den inneren Feind. Das gesamtdeutsche Mi-
   nisterium und der staatlich gelenkte Antikommunismus in der Bundesrepublik
   Deutschland, in: Creuzberger, Hoffmann, Gefahr, S. 87-104; Siegfried Weichlein,
   Antikommunismus im westdeutschen Katholizismus, in: Norbert Frei (Hg.), Der
   Antikommunismus in seiner Epoche: Weltanschauung und Politik in Deutschland,
   Europa und den USA, Göttingen 2017, S. 124-138.
56 Rüdiger Thomas, Zur Auseinandersetzung mit dem deutschen Kommunismus in
   der Bundeszentrale für Heimatdienst. Eine kritische Sondierung im Umfeld des
   KPD-Verbots, in: Creuzberger, Hoffmann, Gefahr, S. 123-144.
57 Frieder Günther, Jan-Philipp Wölbern, Späte Gerechtigkeit? Wiedergutmachungsgesetzgebung und Wiedergutmachungspraxis, in: Bösch, Wirsching, Hüter der
   Ordnung, S. 442-453, hier S. 444; Palm, Suche, S. 614.
58 Ernst Schaar, Vermerk an den Staatssekretär des Bundesministeriums des Innern,
   9.1.1950, BArch B 106/144, Bl. 4.
59 Eppelsheimer, Die Entwicklung der Deutschen Bibliothek, 1947-1949 [o.D.,1950],
   HHStAW 504 Nr. 504 Nr. 6897, Bl. 75-78, hier Bl. 76; Protokoll der Sitzung des
   Beirats der Deutschen Bibliothek am 12.8.1950, HHStAW 504 Nr. 6897, Bl. 107-
   114, hier Bl. 109; Eppelsheimer an das Hessische Ministerium für Erziehung und
   Volksbildung, 9.4.1953, HHStAW 54 Nr. 6898b, Bl. 389; Eppelsheimer in der Sitzung des Beirats der Deutschen Bibliothek, Protokoll vom 24.9.1952, HHStAW
   504 Nr. 6898a, Bl. 365-368, hier Bl. 367; Eppelsheimer in der Kuratoriumssitzung

»Ostzonen-Regierung unsere geistige Produktion in die Hände [...]: sie könnte davon totschweigen, was sie will, oder durch Verzögerung und andere Willkür [...] unsere literarische, wissenschaftliche und politische Produktion in Unordnung bringen«.[60] Damit bedrohten die DDR und die Leipziger Deutsche Bücherei im Grunde die gesamte westdeutsche Wissensordnung und das Kulturgedächtnis, das die Frankfurter zu sichern versprachen. Die »Bundesregierung« sah Eppelsheimer vom »›gesamtdeutschen‹« Anspruch und der »Aggression« der Leipziger herausgefordert und die Deutsche Bibliothek angesichts Leipziger Stellungskämpfe als »Politikum von Rang«, das der Bund schleunigst verteidigen müsse.[61] Die Deutsche Bibliothek brachte er so als potenziell politisches Kulturkapital in deutsch-deutscher Hinsicht ins ministerielle Gespräch.

In den Bonner Ministerien verfing die Kalter-Krieg-Rhetorik in den frühen 1950er Jahren recht gut. Das Bundesministerium des Innern und das Bundesministerium für gesamtdeutsche Fragen rieten westdeutschen Behörden seit Winter 1952 grundsätzlich davon ab, die Deutsche Bücherei mit amtlichen Druckschriften zu beliefern, weil man damit rechnete, dass deren Inhalt und die Belieferungspolitik selber nur propagandistisch ausgeschlachtet würden. Die Deutsche Bibliothek profitierte von solchen Abgrenzungen, weil sie dann regelmäßig als einzig legitimer Ablieferungsort galt.[62]

Allerdings funktionierte die Frankfurter Deutungsstrategie nicht automatisch. So einschlägig die politischen Gestimmtheiten im Bundesinnenministerium, so wenig ließen sich einfach Pawlow'sche Antikommunismus-Reflexe

der Deutschen Bibliothek am 16.9.1953, Protokoll der Sitzung vom 16.9., HHStAW 54 Nr. 6898b, Bl. 443-449, hier Bl. 447; Eppelsheimer an Kuratoriumsmitglied Georg W. Sante, 24.6.1954, HHStAW 504 Nr. 6898b, Bl. 498-504, v.a. Bl. 498, 503; Ministerialrat Heinrich Kipp aus der Kulturabteilung des Bundesministeriums des Innern, Protokoll der Sitzung des Kuratoriums der Deutschen Bibliothek am 1.7.1954, HHStAW 504 Nr. 6898b, Bl. 507-514, hier Bl. 514 (Votum Eppelsheimer); Eppelsheimer am 15.6.1955 an das Amt für Wissenschaft, Kunst und Volksbildung, betr. »Kulturbericht« – Deutsche Bibliothek, ADNBF DBB 1953-64, Frankfurt a. M., Stadtverwaltung; Eppelsheimer an den Vorsitzenden des Kuratoriums der Deutschen Bibliothek Hübinger, 4.7.1956, ADNBF DBB 1948-65.

60 Eppelsheimer an den Hessischen Minister für Erziehung und Volksbildung Erwin Stein am 13.12.1950, HHStAW 504 Nr. 6897, Bl. 129.

61 Eppelsheimer an Sante, 24.6.1954, HHStAW ebd., Bl. 503.

62 Bundesministerium des Innern am 3.12.1952 an das Innenministerium des Landes Baden-Württemberg und die Arbeitsgemeinschaft der Innenminister der Länder (Abschrift), BArch B 275/17; Sekretariat der Ständigen Konferenz der Kulturminister an die Mitglieder der Kulturminister-Konferenz, Betr. Ablieferung amtlicher Drucksachen an die Deutsche Bücherei in Leipzig und an die Öffentliche Wissenschaftliche Bibliothek in Berlin, 6.1.1953, HHStAW 54 Nr. 12302, Bl. 1-2; Direktor der Westdeutschen Bibliothek Marburg Martin Cremer an den Hessischen Minister für Erziehung und Volksbildung, 27.1.1953, HHStAW ebd., Bl. 4.

auslösen und in bares Fördergeld ummünzen. Der Leiter der Kulturabteilung im Ministerium (1951-53), Erich Wende, beispielsweise entsprach zwar dem ministeriellen Profil seines Hauses weitgehend, indem er vor 1945 nicht Parteimitglied, aber in NS-Organisationen aktiv gewesen war und dennoch nach 1945 schnell im öffentlichen Dienst Fuß gefasst hatte.[63] Wende war Eppelsheimers antikommunistischen Avancen in den frühen 1950er Jahren gegenüber auch aufgeschlossen und ließ sich vielleicht auch deshalb für das Kuratorium der Deutschen Bibliothek anwerben. Sein Haus hielt die Deutsche Bibliothek für »unerlässlich«, um zu verhindern, dass »das Ausland über die deutschen Verhältnisse auf dem Gebiet des Bücherwesens aussschließlich im Sinne der gegenwärtigen Politik der Sowjetzone unterrichtet würde«.[64] Aber deshalb bewilligte das Innenministerium nicht gleich substanzielle Summen für die Bibliothek.[65]

Die Kalter-Krieg-Rhetorik, die bei den Verhandlungen zwischen der Deutschen Bibliothek und dem Bundesinnenministerium gelegentlich durchblitzte, wirkte plakativ. Völlig unbegründet war der kritische Blick auf die diktatorischen Zusammenhänge, in denen sich die Leipziger Bücherei einrichtete und einrichten musste, umgekehrt nicht. Denn es gab ganz offensichtlich Versuche, die bibliographische Arbeit der Leipziger zu kontrollieren.[66] Vor allem das am weitesten verbreitete *Wöchentliche Verzeichnis der Leipziger Nationalbibliographie* wurde wiederholt manipuliert. Bis hin zum Propagandasekretariat des Zentralkomitees der SED mischte sich die DDR-Staatsspitze in die Bibliographie ein. Sie forderte, Titel zu streichen, die ihr systemkritisch erschienen. Diesem Zugriff entzog sich die Leipziger Bücherei-Leitung zum Teil, indem sie vor dem Imageschaden warnte, der mit Leipzig das gesamte Literatursystem der DDR treffen musste, wenn die Bibliographie im Westen in Misskredit geriet und die Leipziger Bücherei nicht mehr mit Westpublikationen beliefert würde. Die Zensur ließ sich damit aber höchstens kosmetisch mildern.[67]

Die Binnenstruktur des Bundesinnenministeriums bot jedenfalls einen besonderen Echoraum, den man aus Frankfurt entsprechend beschallte. Die Vorstellung von der staatssozialistisch genordeten Leipziger Bücherei hatte Feindbildqualitäten, von denen man in Frankfurt zu profitieren verstand. Dass das Ministerium auf diese besondere Weise hellhörig war und man von Frankfurt aus die Konkurrenz mit Leipzig strategisch nutzen konnte, gab der Frankfurter Strategie recht, aus der

63 Palm, Stange, Vergangenheiten, S. 131-134.
64 Referent der Kulturabteilung des Bundesministeriums des Innern Heinrich Kipp an die Kultusminister der Länder, 28.7.1953, HHStAW 504 Nr. 6898b, Bl. 407-8.
65 Stadtrat vom Rath, Amt für Wissenschaft, Kunst und Volksbildung der Stadt Frankfurt a. M. an den Hessischen Minister für Erziehung und Volksbildung, 11.8.1952, HHStAW 504 Nr. 6898a, Bl. 312.
66 Protokoll der Sitzung des Beirats der Deutschen Bibliothek, 12.8.1950, HHStAW 504 Nr. 6897, Bl. 109.
67 Rau, Nationalbibliothek, S. 357-363.

Selbstpolitisierung Kapital zu schlagen. Der Frankfurter Selbstdeutung folgten in der Regel auch die öffentlichen Medien. In einem Porträt, das der Südwestrundfunk 1950 über die Deutsche Bibliothek anfertigte, griff man den Tenor auf und sah die Leipziger Deutsche Bücherei dem »stillen Terror« aus Moskau unterstehen.[68]

Die Haushaltssituation der Deutschen Bibliothek war in diesen Jahren noch ungewiss, aber ihr symbolischer Wert als Hüterin westlicher Kulturgüter wuchs. Wenn das Hessische Ministerium für Erziehung und Volksbildung 1952, fast überraschend, doch einwilligte, gemeinsam mit der Stadt Frankfurt als Stifter der Deutschen Bibliothek in Erscheinung zu treten, spielte eine entscheidende Rolle, dass sich der Bund inzwischen entschlossen hatte, zum Bibliotheksetat regelmäßig beizutragen.[69] Die Bundesgelder waren so gesehen der *game changer* in einer festgefahrenen Verhandlungssituation. Anfangs entfielen auf die Stadt Frankfurt, das Land Hessen und den Bund abzüglich einer festen Etatsumme von 150.000 DM jährlich, die der Börsenverein für die Belegexemplare von Neuveröffentlichungen zahlte, je ein Drittel des anstehenden Finanzbedarfs für die Bibliothek. Seit Ende der 1950er Jahre begann der Bund auf städtisches und landespolitisches Drängen allerdings, die Hälfte des Etats zu schultern.[70]

Der Konsolidierungsschritt, den die Deutsche Bibliothek 1952 vollzog, indem sie sich von der privaten Stiftung in eine von Bund, Land, Stadt und Börsenverein geförderte Stiftung öffentlichen Rechts verwandelte, war auch geprägt vom deutschlandpolitischen Zeitgeist. Sie passte zur Politik der Adenauer-Regierung in den 1950er Jahren, die auf mehr Selbständigkeit der westintegrierten Deutschen und in diesem Fall tatsächlich auch eine gewisse kulturpolitische Vollwertigkeit drang. Umgekehrt war mit dem Schritt von 1952 noch nicht allzu viel erreicht. Denn der Deutschlandvertrag vom Mai 1952, der die Bundesrepublik emanzipieren sollte, blieb bis zu den Pariser Verträgen 1954/55 ein ungedeckter Scheck. Erst dann nämlich sollte die Bundesrepublik eine Souveränitätsstufe weiterkommen, auch wenn sich die Alliierten immer noch substanzielle Vorbehalte im Blick auf den Status Berlins und Deutschlands als Ganzes sicherten.[71] Der Etablierungswille allerdings, mit dem die bundesdeutsche Politik unterlegt war, kam der Deutschen Bibliothek zugute. Für die Frankfurter war das

---

68 Rundfunksendung über die Deutsche Bibliothek im Südwestfunk, 10.5.1950 (Manuskript: Karl Zimmermann), ADNBF.

69 Kabinettsvorlage aus dem Hessischen Ministerium für Erziehung und Volksbildung vom 24.7.1952 betr. Errichtung der Deutschen Bibliothek in Frankfurt als Stiftung öffentlichen Rechts, HHStAW 504 Nr. 6898 a, Bl. 291; FAZ, 30.7.1952, S. 7 (Die Deutsche Bibliothek in Frankfurt).

70 Vermerk des Direktors des Bundesrats Albert Pfitzer betr.: Deutsche Bibliothek in Frankfurt, 19.9.1960, HHStAW 504 Nr. 6901, Bl. 148.

71 Helga Haftendorn, Deutsche Außenpolitik zwischen Selbstbeschränkung und Selbstbehauptung. 1945-2000, Stuttgart, München 2001, S. 17-59; Gregor Schöllgen, Deutsche Außenpolitik. Von 1945 bis zur Gegenwart, München 2013, S. 21-58.

eine günstige Konjunktur, die sich kulturpolitisch nutzen ließ. Dazu allerdings brauchte es Eppelsheimers rhetorische Wendigkeit. Mal als Agentur dezenter westdeutscher Kulturansprüche, mal als westlicher Kontrapunkt gegen die ostdeutsche Leitbibliothek in Leipzig half Eppelsheimer mit, sein Haus im politischen Diskurs der 1950er Jahre zu verankern.

Im Spiegel der Bibliothekstaktik zeigte sich, dass die alte neue Ministerialbürokratie in der frühen Bundesrepublik über die 1950er Jahre hinweg kulturpolitisch doppelt ansprechbar war. In den ganz frühen 1950er Jahren nickte man noch eher zurückhaltende Voten ab; unter dem welt- und deutschlandpolitischen Eindruck erst des Koreakriegs und dann der Niederschlagung des Aufstands in der DDR am 17. Juni 1953 nahmen die antikommunistischen Reflexe – übrigens auch bei Eppelsheimer – bei weitem nicht nur in kulturpolitischen Fragen zu.[72] Parallel dazu zählte, maßgeblich für bundesdeutsche Einrichtungen und Behörden, ein eindrücklicher Antikommunismus zur frühen westdeutschen Staatsräson. Er bewirkte, fernab der Bibliothek, im politischen Tagesgeschäft, nicht zuletzt 1956 das KPD-Verbot und bis dahin und danach eine strafrechtliche Säuberungskampagne, die gleichauf lag mit den Staatsschutz-Maßnahmen gegen NS-Verbrecher.[73]

Für die restlichen 1950er Jahre blieb die Abgrenzung der Deutschen Bibliothek von der Leipziger Bücherei in den westdeutschen Verhandlungen über das Haus ein wichtiger Referenzpunkt. Es gab keine geschliffene Hallstein-Doktrin, keinen bibliothekarischen Alleinvertretungsanspruch der Deutschen Bibliothek. Aber dass ein konsolidiertes Haus in Frankfurt so legitim gesamtdeutsch Publikationen sammelte wie die Bundesrepublik allein für Gesamtdeutschland zu stehen verlangte,[74] ließ sich allemal in der Kulturabteilung des Bonner Bundesministeriums des Innern gut zusammendenken. Man war sich nicht nur in Frankfurt, sondern auch in Wiesbaden und Bonn darüber im Klaren, dass auch die Leipziger seit Gründung der DDR Anfang Oktober 1949 unter neuen Bedingungen operierten – in einer sozialistischen Staatsordnung, in der man entsprechend Moskauer Vorgaben nominell die deutsche Einheit verfocht, spätestens seit dem gewaltsam beendeten Arbeiteraufstand allerdings eine rigide kommunistische Linie verfolgte.

Egal welches rhetorische Register in Frankfurt oder Bonn gezogen wurde, um sich auf die Deutsche Bibliothek zu beziehen, brachten die 1950er Jahre einen

72 Herbert, Geschichte Deutschlands, S. 608-669; Roger Engelmann, Ilko-Sascha Kowalczuk (Hgg.), Volkserhebung gegen den SED-Staat. Eine Bestandsaufnahme zum 17. Juni 1953, Göttingen 2011; Eppelsheimer an den Präsidenten der DFG Ludwig Raiser am 6.7.1953, S. 3, ADNBF DBB 1953-65 A, Ba.

73 Dominik Rigoll, Kampf um die innere Sicherheit: Schutz des Staates oder der Demokratie?, in: Bösch, Wirsching, Hüter der Ordnung, S. 454-497.

74 Anselm Doering-Manteuffel, Deutschlands 20. Jahrhundert im Wandel zeithistorischer Narrative, in: Historische Zeitschrift, 306.1 (2018), S. 97-120.

Politisierungsschub für die Deutsche Bibliothek, der ihr nicht nur finanziell, sondern auch im Blick auf ihr Selbstverständnis voranhelfen konnte. Unmittelbar nach 1946 war sie zunächst weder von denen, die sie bewarben, noch von ihren Skeptikern als Aushängeschild der demokratischen Kultur in der Bundesrepublik nach 1945 erachtet worden. Dabei konnten manche Umstände in der Gründungsgeschichte des Hauses – angefangen mit der starken antifaschistischen amerikanischen Rahmung früher Entscheidungen und der nachweislichen politischen Distanz der Bibliotheksleitung zum NS – diese Deutung durchaus nahelegen.

Erst Mitte der 1950er Jahre, als die Bundesrepublik langsam und konfliktreich begann, sich kulturpolitisch aufzustellen, gab es Anzeichen dafür, dass sich, wesentlich angeleitet von ihrem ersten Direktor, das Selbstbild der Deutschen Bibliothek wandelte. Dann nannte Eppelsheimer die Deutsche Bibliographie der Frankfurter auch schon mal programmatisch »ein Stück unserer Demokratie überhaupt«, weil sie anders als die Leipziger unzensiert einen freien Publikationsmarkt erfasse: »Eine Bibliothek, die alle Erscheinungen ihres Landes sammelt und für jeden bereithält; eine Bibliographie, die zensurfrei, objektiv und vollständig über die Erscheinungen berichtet; sie sind nicht nur der Ausdruck, sondern auch ein wesentliches Stück unserer Demokratie. Wer will uns schelten, wenn wir sie im Lande selbst, in der Bundesrepublik, am sichersten untergebracht sehen?«[75]

Die politisierten Deutungen dieser Art weichten in den 1950er Jahren am ehesten die Mitglieder des Börsenvereins auf. Die meisten westdeutschen Verleger hielten nämlich daran fest, Leipzig mit kostenfreien Belegexemplaren zu beliefern. In der Regel überwogen dabei pragmatische und wirtschaftliche Gründe. Die Leipziger Nationalbibliographie galt auch westdeutschen Verlegern immer noch als verlässlichstes Verzeichnis des aktuellen Publikationsmarktes, das man zu Verkaufs- und Werbezwecken dringend benötigte. Man sah das so an allen weithin bekannten Reglementierungen vorbei, denen die Leipziger zu diesem Zeitpunkt in der DDR bereits ausgesetzt waren. Denn staatliche Stellen durchforsteten die Leipziger Nationalbibliographie auf Titel, die dem sozialistischen Comment widersprachen. In Westdeutschland vertrauten die meisten Verleger

---

75 Hanns W. Eppelsheimer, Warum »Deutsche Bibliothek« in Frankfurt a.M.?, in: Hamburger Anzeiger, 14.3.1953, ADNBF Zeitungsausschnitte, Bl. 257; ders., Unser Sechsjahres-Katalog, Anlage zu einem Brief an den Geschäftsführer des Börsenvereins Ernst Umlauff, 17.6.1952, ADNBF Generaldirektion VIII, Bl. 192-97, später erschienen im Börsenblatt für den Deutschen Buchhandel, 20.6.1952, S. 245, ADNBF ebd. Bl. 191; ders., Die »Deutsche Bibliothek« – ein nationales Anliegen, in: Das Parlament, 19.9.1956, ADNBF Generaldirektrion IX, Bl. 115; ders., Die Deutsche Bibliothek, 1958, ADNBF Generaldirektion II, Bl. 372-373.

allerdings nach wie vor den Leipziger Verzeichnungsroutinen und wollten mithelfen, dass die Leipziger ihre Informationen möglichst verlässlich erhielten.[76]

Die Deutsche Bibliothek blieb immer ein wichtiges Pfund in der Außendarstellung des westdeutschen Börsenvereins. Der trat als Buchhändlerlobby und literaturpolitischer Akteur aber in erster Linie anlässlich der Frankfurter Buchmessen in Erscheinung, die man seit Herbst 1949 lancierte, dazu über den Buchpreis und seit 1950 den Friedenspreis des Deutschen Buchhandels.[77] Bei den intensiven Auslandsaktivitäten und weltweiten Buchausstellungen des Börsenvereins bewarb man, oft unterstützt vom Auswärtigen Amt, weniger die Deutsche Bibliothek als das deutsche Buch.[78] Öffentlich gab sich der Börsenverein dabei gerne zuversichtlich und sah die Bundesrepublik auf dem internationalen Buchmarkt immer besser platziert, der freilich an den Grenzen zu den »Ostblock«-Staaten endete.[79]

Mit der Deutschen Bibliographie, auf die der Börsenverein besonders drängte, war jedenfalls die Verzeichnisarbeit und der Sammelauftrag von Leipzig endgültig verdoppelt. Das trug den realen politischen Konditionen des erst zonal und bald staatsrechtlich geteilten Deutschland Rechnung. Auf beiden Seiten der deutsch-deutschen Grenze hielt man am kulturpolitischen Willen fest, eine gesamtdeutsche Zuständigkeit wahrzunehmen. Es war jetzt klar, dass die Frankfurter, so bescheiden ihre Konditionen sich ausnahmen, dem ostdeutschen Standort die alleinige gesamtnationale Zuständigkeit streitig zu machen versuchten. Sie belieferten Leipzig letztlich vor allem deshalb mit Zweitexemplaren, weil sie so den Frankfurter Status auf dem nationalen Sammlungs- und Wissensterrain zu sichern hofften.

76 Generaldirektor der Leipziger Deutschen Bücherei Heinrich Uhlendahl am 12.6.1947 an den Hessischen Staatsminister für Kultus und Unterricht Martin Cremer, HHStAW 54 Nr. 6897, Bl. 210-211; Rau, Nationalbibliothek, S. 216-217 und S. 346, 355.

77 Klaus G. Saur, Der Friedenspreis des Deutschen Buchhandels, in: Barbara Schneider-Kempf (Hg.), Wissenschaft und Kultur in Bibliotheken, Museen und Archiven, München 2005, S. 175-180; Börsenverein des Deutschen Buchhandels (Hg.), Friedenspreis des deutschen Buchhandels. Reden und Würdigungen 1951-1960, Frankfurt a. M. 1961; Füssel, Frankfurter Phoenix; ders., Buchmessen, in: ders. u. a., Börsenverein, S. 234-247; Ulrike Seyer, Die Frankfurter Buchmesse in den Jahren 1967-1969, in: Stephan Füssel (Hg.), Die Politisierung des Buchmarktes. 1968 als Branchenereignis, Wiesbaden 2007, S. 159-241.

78 Argentinisches Tageblatt, 17.6.1952 (Feierliche Eröffnung der Deutschen Buchausstellung), ADNBF Zeitungsausschnitte Bl. 290; FAZ, 10.12.1952, S. 3; FAZ, 31.10.1953, S. 27 (Bücherschau in Madrid).

79 Siegfred Taubert, Die deutsche Buchausfuhr steigt wieder, in: FAZ, 26.4.1951, S. 8; ders., Der deutsche Buchexport ist stark gestiegen, in: FAZ, 18.4.1952, S. 1.

Zur Konsolidierung gehörte am Ende neben dem neuerdings wachsenden Etat[80] der Deutschen Bibliothek ihr bis dahin ungekanntes Bestandsvolumen. Von den etwa 32.500 verzeichneten Veröffentlichungen 1948 vergrößerte man sich bis ins Jahr 1953, als die Deutsche Bibliothek schon seit einem Jahr vom Status einer Stiftung öffentlichen Rechts profitierte, auf knapp über 133.000 Publikationen.[81] Gemessen an den großen westdeutschen Häusern, etwa an den fast zwei Millionen Bänden, die die Staatsbibliothek München schon 1952 zu ihrem Bestand rechnete, und den über 1,6 Millionen Bänden, über die selbst die nach wie vor stark um verschiedene Depots gestutzte Westdeutsche Bibliothek in Marburg bereits 1950 verfügte,[82] blieben die Frankfurter Anfänge immer noch überaus bescheiden. Aber die Zeichen standen in diesem Rahmen doch auf Expansion.

5.3 Erfolg aus Pragmatismus oder: Dauerbaustelle Bibliothek 1959

Innehalten und plurale Deutungen

Ende der 1950er Jahre sah die Deutsche Bibliothek also vor allem dank der Bundesgelder für eine Weile konsolidiert aus. Jetzt kam auch eine seit den frühen 1950er Jahren anlaufende Bauplanungsgeschichte an ihr Ende. Die Deutsche Bibliothek zog mit über 312.000 Bänden, die man aus dem Gebäudekeller und der Hinterhofbaracke im Rothschild-Palais am Untermainkai und einem seit 1953 zusätzlich genutzten provisorischen Außenlager in einem Griesheimer Bunker zusammentrug, in einen auf städtischem Baugrund entwickelten Neubau an der Zeppelinallee 8, der zum ersten Mal auch über einen eigenen Lesesaal verfügte.[83] Die offiziellen Einweihungsfeierlichkeiten am 24. April 1959 setzten vor aller Öffentlichkeit klare bundespolitische Akzente. Eppelsheimer nutzte die Gunst einer größeren öffentlichen Aufmerksamkeit dafür, auf seine Doppeldeutung

---

80 Haushaltspläne 1949-1967, ISG FFM Börsenverein W2-7 Nr. 265.
81 Zahlenmaterial über die Entwicklung der Bestände und die Arbeiten der Deutschen Bibliothek zu Frankfurt a.M. im letzten Jahr, in: Zeitschrift für Bibliothekswesen und Bibliographie 1 (1954), S. 83; Die Deutsche Zeitung (Bielefeld), März 1953 (Die »Deutsche Bibliothek« in Frankfurt), ADNBF Zeitungsausschnitte; FAZ, 27.9.1952, ebd.
82 Hofmann, Wiederaufbauprobleme, S. 159; Marburg, Westdeutsche Bibliothek, in: Nachrichten für wissenschaftliche Bibliotheken 3.6 (1950), S. 92-94.
83 FAZ, 20.4.1959, S. 12 (Die Deutsche Bibliothek); Köster, Bibliothek.

der Deutschen Bibliothek aus den 1950er Jahren zurückzukommen: Das Haus war dementsprechend beides, Fanal der »freien Demokratie« und Retourkutsche gegen das »östliche Gegenstück« in Leipzig. Kronzeuge für Letzteres war Eppelsheimer zufolge die »Nationalbibliographie« der Leipziger, die im staatssozialistisch überwachten Leipzig so ›parteilich‹ und ›unredlich‹ gefertigt würde, wie es ehedem in ganz Deutschland vor 1945 geschehen sei.[84] Damit war für Eppelsheimer, zumindest bibliographisch gesprochen, das DDR-Regime mit dem NS gleichauf. Die Deutsche Bibliographie der Frankfurter und das Sammelprinzip politisch unverfälschter »Vollständigkeit« bildeten demgegenüber Visitenkarten der »Demokratie« in der Bundesrepublik, Rückhaltebecken des Grundrechts auf »freie« Meinungsäußerung.[85]

Ein bißchen wiegelte Eppelsheimer so viel Bedeutungsüberschuss auch wieder ab. Die Deutsche Bibliothek war schon auch nolens volens ›weltpolitisch‹ geworden. Aber wofür sie stand, duldete keinen Zweifel. Selbst Theodor Heuss, der sich bei der Eröffnung des Neubaus 1959 grandseigneural und launig gab, teilte gegen die Deutsche Bücherei aus, die sowjetisch überformt und ›isoliert‹ dastehe, sodass die Frankfurter Gegengründung unvermeidlich geworden sei.[86]

Der Einweihungsmoment von 1959 war aber noch in anderer Hinsicht aufschlussreich. Denn die unerwartetste Zuschreibung an die Deutsche Bibliothek lieferte der Ministerialdirektor für kulturelle Angelegenheiten im Bundesministerium des Innern, Paul Egon Hübinger (1911-1987). Erst gab er sich – erwartungsgemäß – staatstragend. Dass er die Deutsche Bibliothek als »die Nationalbibliothek der Bundesrepublik Deutschland« titulierte, solange Deutschland geteilt blieb, konnte im Licht der inzwischen geflossenen Bundesgelder kaum überraschen.[87]

Was folgte, schien aber fast aus dem üblichen Deutungsrahmen zu fallen. Die Nationalbibliothek entstand Hübinger zufolge aus dem Zusammenspiel von Stadt, Land, Börsenverein, Bibliotheksbeirat, Bibliothekaren und den Architekten des Baus. Am meisten verdankte sie der »demokratischen Selbstverpflichtung« der Verleger zum freiwilligen Pflichtexemplar, aus dem sich der Grund-

---

84 Eppelsheimer (o.T.), in: Deutsche Bibliothek (Hg.), Drei Ansprachen gehalten aus Anlaß der Einweihung des Neubaus der Deutschen Bibliothek in Frankfurt am Main am 24.4.1959, Frankfurt a.M. 1959, S. 29-35.

85 Epplesheimer, in: Ansprachen; Frankfurter Rundschau, 25./26.4.1959 (Heuss eröffnet Deutsche Bibliothek), ADNBF Zeitungsausschnitte, Bl. 153.

86 Theodor Heuss, Monument und Werkzeug in einem in: Deutsche Bibliothek, Ansprachen, S. 21-26; Monument und Werkstatt in einem. Ansprache des Bundespräsidenten bei der Einweihung der »Deutschen Bibliothek«, in: Bulletin des Presse- und Informationsdienstes der Bundesregierung, 29.4.1959, S.753-754., ADNBF Zeitungsausschnitte, Bl. 145.

87 Hübinger (o.T.), in: Ansprachen, S. 7-18, hier S. 15.

Abb. 4   Einweihung der DB, 24.4.1959, erste Reihe von links Helmut Viebrock (Rektor
der Frankfurter Universität), Georg-August Zinn (Hessischer Ministerpräsident 1950-69), Hanns Wilhelm Eppelsheimer (erster Direktor der Deutschen
Bibliothek 1946-1959), Theodor Heuss (erster Bundespräsident der Bundesrepublik 1949-59), Paul Hübinger (Ministerialdirektor für kulturelle Angelegenheiten im Bundesministerium des Innnern und Vorsitzender des Kuratoriums der Deutschen Bibliothek 1954-59)

stock des Hauses speiste.[88] Selbst die »parlamentarischen Körperschaften«, des
Bundestages, des hessischen Landtages und der Frankfurter Stadtverordneten
rechnete Hübinger zum Rückgrat der demokratischen Kräfte, die hinter der Bibliothek standen. Aus dem Munde des Leiters der ministeriellen Kulturabteilung war das ungewöhnlich. Es schien, wollte man Hübinger beim Wort nehmen, Spuren einer Selbstkorrektur zu zeigen: Eigentlich teilte Hübinger sonst
die Sicht seines Ministeriums. Die Riege der Ehemaligen dort blickte misstrau-
isch auf die föderale Ordnung und ministerielle Gewaltenteilungen und bangte
um die staatliche Autorität des jungen Weststaats. Das galt ursprünglich auch für
den noch 1943 habilitierten Historiker und Staatsarchivrat Hübinger. Die föderale Mitbestimmung der Länder war ihm häufig ein Graus.[89] Noch bis 1959 im

88   Hübinger, S. 9; Mitteilungen der Stadtverwaltung Frankfurt, 2.5.1959, ADNB
     Zeitschriftenausschnitte, Bl. 171-172.
89   Palm, Suche, S. 599.

Amt, war und blieb Hübinger die Staatsautorität immer einen Konflikt mit den Länderkulturministern wert.[90]

Nicht so in der Rede auf die »Nationalbibliothek« zur Einweihung des Neubaus 1959. Stattdessen deklinierte Hübinger förmlich die politische Infrastruktur der Bundesrepublik durch und sah dort das »demokratische« Potenzial für die Bibliothek.[91] Hier zumindest integrierte sich Hübinger öffentlich in das Institutionenensemble der Bundesrepublik. Die Deutsche Bibliothek war dem Ministerialen mit Vergangenheit 1959 immerhin einen kurzen gedanklichen Ausflug zu einer pluraleren Demokratie-Idee wert – vielleicht auch aus den Gründen, die typischerweise in der Bundesrepublik die Integration von Ehemaligen beförderten: Hübinger hatte, entnazifiziert, 1951 die Dozentur erhalten, die man ihm erst verweigert hatte, obwohl er kein Parteimitglied gewesen war, und er war 1954 im Bundesinnenministerum gelandet und aufgestiegen.

So hatte der Apriltag 1959, an dem Hübinger die Bibliothek mit einweihte, etwas von einer schillernden Momentaufnahme. Sie zeigte den Angehörigen einer alten Elite, die sich, voller Selbstwidersprüche und mancher illiberaler Zuckungen zum Trotz, auf die Bundesrepublik zubewegte. Zuletzt tat ausgerechnet Hübinger, was selbst Eppelsheimer unterließ: er sah die Deutsche Bibliothek mit ihrer Spezialsammlung zur Emigrationsliteratur eine Nation abbilden, die sich ›politischem Wahn‹ und ›Terror‹ versagte.[92] Darin lag natürlich auch eine Spitze gegen die DDR, die sich, so war Hübingers Subtext, dem NS-Terror nicht stellte und ihn als Herrschaftsmittel unter anderen Vorzeichen beibehielt. Zum Gestus der Integration gehörte in Hübingers Rede zuletzt aber auch das: seine zentrale Referenzgröße für die Deutsche Bibliothek war gar nicht Leipzig, sondern die Pariser Nationalbibliothek als ferne Idealgröße für Frankfurt.[93] Und so verstanden es auch manche Journalisten, für die die Frankfurter »sachlich« an die Tradition europäischer Nationalbibliotheken anknüpften, ohne damit als »Gehäuse für nüchterne zweckvolle Arbeit« diesen Status womöglich »nationalpatriotisch« einzufordern.[94]

---

90 Ulrich Pfeil, Die »Generation 1910«. Rheinisch-katholische Mediävisten vom »Dritten Reich« zur Bundesrepublik, in: Geschichte im Westen 26 (2011), S. 61-87; Palm, Suche, S. 598-599.

91 Hübinger, Ansprache.

92 Ebd., S. 15.

93 Ebd., S. 15

94 Frankfurter Neue Presse, 24./25.4.1959 (Deutsche Bibliothek in Frankfurt eröffnet), ADNBF Zeitungsausschnitte, Bl. 160; Arianna Giachi, Unsere neue Bücherzentrale. Die »Deutsche Bibliothek« endlich in ihrem neuen Haus, in: Handelsblatt 17./18.4.1959, ADNBF ebd., Bl. 180; Abendpost, 25.-26.4.1959, ADNBF ebd., Bl. 159; Die Welt, 27.4.1959, ADNB ebd., Bl. 152; The Library of Congress Information Bulletin, 29.6.1959, S. 124-126, ADNBF ebd.; Marga Franck, Frankfort [sic]

Neubau im Nachkriegsmodus

Erst 1959 konnte die Deutsche Bibliothek Frankfurt also ein eigenes Gebäude beziehen. Das lag nicht völlig fern vom westdeutschen Trend, denn unmittelbar nach dem Krieg waren auch die großen wissenschaftlichen Bibliotheken in der Bundesrepublik, sofern noch hinreichend Bausubstanz vorhanden war, in der Regel eher restauriert als neu errichtet worden. Selten konnten große Bibliotheken historische Gebäude erhalten wie im Falle der Universitätsbibliothek in Heidelberg oder kamen in anderen historischen Gebäudekomplexen unter wie die Universitätsbibliothek in Mannheim, die das dortige Schloss nachnutzte.[95]

Unmittelbare Referenzgrößen für einen deutsch-deutschen Parallelbau gab es für die Frankfurter in der westdeutschen Bibliothekswelt der 1950er Jahre noch nicht. Die Planungen für eine ebenfalls von ihrem Ostteil getrennte Westberliner Staatsbibliothek begannen erst 1964 und wurden 1978 abgeschlossen. Bevor die Staatsbibliothek in den 1960er Jahren in Westberlin anlandete, hatte sie anders als die Frankfurter eine Geschichte ständiger Zerfaserung und Verlagerung hinter sich. Gestartet war sie 1945 als Hessische Bibliothek, die in Trakten von Universitätsbibliothek und Schloss in Marburg (1946 bis 1949) unterkam und Teilbestände in der Universitätsbibliothek Tübingen deponierte. Zwar war sie mehrfach aufgewertet worden, firmierte im Königsteiner Abkommen 1949 als überregionale Westdeutsche Bibliothek und galt 1962 als Staatsbibliothek (der Stiftung Preußischer Kulturbesitz).[96] Aber erst Mitte der 1960er Jahre nahmen Neubauplanungen Form an, und erst 1978 konnte das zehn Jahre zuvor noch in Staatsbibliothek Preußischer Kulturbesitz umbenannte Haus auch tatsächlich am Potsdamer Platz einziehen. Dorthin holte man die Bestände, die inzwischen allmählich aus den westdeutschen Zwischenlagern zurücktransportiert wurden. Das architektonische Programm der neuen Westberliner Staatsbibliothek war dann, sehr viel mehr als das der Deutschen Bibliothek in Frankfurt am Main, ganz von der Logik des Kalten Kriegs bestimmt. Es ging um ein anti-sozialistisches Fanal, mit dem der Architekt Hans Scharoun auf die Deutsche Staatsbibliothek der DDR in Ostberlin Unter den Linden reagierte. Denn dort nutzte man schon ab Herbst 1946 den wilhelminisch-repräsentativen Ihnebau aus dem 19. Jahrhundert weiter, der nach schweren Kriegsschäden notsaniert worden war. Dieses Ostberliner Bibliotheksgebäude war unweigerlich die entscheidende ästhetische Referenzgröße für das Westberliner Haus. Den Ihnebau fasste man

and Leipzig. Two National Bibliographical Centers Reflect Germany's Political Division, in: Wislon Library Bulletin, 4.12.1959, ADNBF ebd., Bl. 99.

95 Elmar Mittler, Bibliotheksbauten auf dem Prüfstand – Zur Evaluierung von Bibliotheksgebäuden Wissenschaftlicher Bibliotheken in Deutschland, in: Hauke, Werner (Hgg.), Bibliotheken bauen und ausstatten, Bad Honnef 2009, S. 366-399.

96 FAZ, 11.11.1949, S. 5; ebd., 21.3.1958, S. 10.

als kolossal düster, verwinkelt und antidemokratisch auf. Dagegen setzte man bei der Westberliner neuen Staatsbibliothek auf lichte, großzügig-offene, breit gestaffelte Raumterrassen. Hier sollte ein moderner und transparenter Wissensort inszeniert werden.[97]

Für den Frankfurter Neubau der Deutschen Bibliothek von 1959 galten, wie für viele Bibliotheken, die vor allem seit den frühen 1960er Jahren in der Bundesrepublik entstanden, gemessen daran andere Bedingungen. Obwohl es in den Neubautrend der Jahre passte, unterschied sich das Haus in der Zeppelinallee von den meisten neuen Bibliotheksgebäuden. Denn wo andernorts die Lesesäle erweitert und der direkte Zugang zum Buch gemessen an den Vorkriegsjahren deutlich erleichtert wurde, beharrte die Deutsche Bibliothek auf dem Prinzip der archivischen Sammlung und Präsenzbibliothek. Ihre Bestände brachte sie in einem Magazinbücherturm aus Stahlbeton mit anfangs sechs und bis Ende der 1960er Jahre noch einmal sechs weiteren Stockwerken unter. Symbol für die ganz eigenen Kapazitäten, die die Deutsche Bibliothek als bibliographisches Zentrum mit mehreren Redaktionen benötigte, plante man dort einen bald ebenfalls aufgestockten separaten Verwaltungsbau ein.[98]

Zentral und ab 1964 wieder unmittelbar nahe am Neubau der bis dahin ebenfalls umgezogenen Stadt- und Universitätsbibliothek Frankfurt gelegen, fügte sich der neue Bau deutlich in einen achitektonischen Zeitstil ein. Auf die repräsentative Ästethik der Vorkriegsjahre, den nachgenutzte Bibliotheksbauten wie die Münchner Staatsbibliothek mit in die Nachkriegsjahre übernahmen, verzichtete man ganz. Stattdessen dominierte ein funktionales, industrielles Design. Das Gebäude war ganz im Stil der spröden Moderne des Wiederaufbaus gehalten. Im besten Sinne war er zurückgenommen und hielt, wie die architektonische Nachkriegsmoderne insgesamt, Abstand zu allem, was nach klassizistischem Pomp aussah oder der NS-Repräsentationsarchitektur hätte zugerechnet werden können. Auch den Frankfurtern und ihren Architekten Alois Giefer (1908-1982) und Hermann Mäckler (1910-1985) ging es demnach um sachliche, praktische Solidität ohne Effekthascherei.[99]

Ästhetisch erfüllte der Neubau so alle Bedingungen der »Wiedergutmachungsmoderne«.[100] Zugleich passte es zum Erscheinungsbild gängiger Bundesbauten

97 Liselotte Orgel-Köhne, Armin Orgel-Köhne, Staatsbibliothek Berlin, Berlin 1980.

98 Der Neubau der Deutschen Bibliothek in Frankfurt a.M., in: Die Bauzeitung 9 (1959), S. 381-383, ADNBF Zeitungsausschnitte, Bl. 114; Gerhard Liebers (Hg.), Bibliotheksneubauten in der Bundesrepublik, Frankfurt a.M. 1968, S. X, 65, 129-131.

99 Almut Gehebe-Gernhardt, Architektur der 50er Jahre in Frankfurt am Main am Beispiel der Architektengemeinschaft Alois Giefer und Hermann Mäckler, Frankfurt a.M. 2011.

100 Heinrich Klotz, Architektur als Staatsrepräsentation der Bundesrepublik Deutschland, in: Merkur 40 (1986), S. 761-767, hier S. 761; Georg Wagner-Kyora, »Zweifa-

Abb. 5   Deutsche Bibliothek Frankfurt a.M. in der Zeppelinallee 4-8,
die drei oberen Geschosse im Rohbau, 1959 nach dem Umzug

der Republik, die in Bonn am Rhein seit 1949 unter dem Vorbehalt der ungelös-
ten Hauptstadtfrage entstanden. Dort sollte die Anwartschaft auf Berlin als Ka-
pitale eines geeinten Deutschland immer mitschwingen.[101]

Der Bau in der Zeppelinallee war nicht so programmatisch gläsern und trans-
parent wie der deutsche Pavillon auf der Brüssler Weltausstellung aus dem Vor-
jahr. Mit ihm hatte sich die Bundesrepublik erstmals nach Kriegsende wieder
einem großen internationalen Publikum präsentiert und war für diese Sorte ar-
chitektonischer Diplomatie auch gelobt worden.[102] Die Distanz zum NS und die

che Moderne?« Die Architektur der beiden Nachkriegsjahrzehnte in Deutschland,
in: Gerda Breuer (Hg.), Architekturfotografie der Nachkriegsmoderne, Frankfurt a.M. 2012, S. 245-259; Gehebe-Gernhardt, Architektur; Dorothea Steffen,
Tradierte Institutionen, moderne Gebäude. Verwaltung und Verwaltungsbauten
der Bundesrepublik in den frühen 1950er Jahren, Bielefeld 2019.

101 Christian Welzbacher, Monumente der Macht. Eine politische Architekturgeschichte Deutschlands 1920-1960, Berlin 2016.

102 Elisabeth Plessen, Bauten des Bundes 1949-1989. Zwischen Architekturkritik und
zeitgenössischer Wahrnehmung, Berlin 2019.

Tendenz zur improvisierten Vorläufigkeit gehörten gleichwohl auch zum Markenzeichen des Bibliotheksbaus von 1959 in Frankfurt.[103] Verwaltungsbau und Bücherturm waren kaum anders als funktional-nüchtern zu nennen. Aber selbst daraus mochte man intern kein symbolpolitisches Argument machen. Dass »der Bau unter den in der Nachkriegszeit in der Bundesrepublik erstellten grösseren Bibliotheksbauten mit Abstand der billigste« war, reichte zumindest für die Leitungsebene in Frankfurt hin.[104]

Im Licht von Neubau und Einweihung 1959 schien am Ende immer auch auf, wie zäh sich der Weg der Deutschen Bibliothek in die westdeutsche Öffentlichkeit gestaltete. In der *Frankfurter Allgemeinen Zeitung* beispielsweise kam zwar die Formsprache des neuen Hauses gut an. Mit seiner Nüchternheit gab es dem Blatt zufolge auch den Ton für die Eröffnungsveranstaltung vor, in der es nicht um »große Worte« ging, sondern um effiziente Arbeit.[105] Das wiederum sprach dafür, dass man dort die Pointe des Hübinger-Votums überhört hatte oder zumindest nicht aufzugreifen versuchte. Und selbst der 1959 öffentlich wahrgenommene Neubau schützte die Deutsche Bibliothek nicht davor, mitunter übersehen zu werden. Zwar gab es auch Rundfunkbeiträge über die Deutsche Bibliothek.[106] Als man in der Wochenzeitung *Die Zeit* wenige Monate nach der Einweihung eine konzertierte westdeutsche Bibliothekspolitik anmahnte, richtete sich die gesamte Aufmerksamkeit aber auf die in Marburg stationierte ehemalige Preußische Staatsbibliothek. Von den Frankfurtern war in dem Artikel, der nach herkömmlicher Manier das Sammlungsvolumen zum Gradmesser der bedeutsamen Bibliothek erklärte, nicht die Rede.[107]

103 FAZ, 25.4.1959, S. 1 (Die Deutsche Bibliothek im neuen Haus: Eröffnungsfeier mit dem Bundespräsidenten in Frankfurt).

104 Protokoll der Sitzung des Kuratoriums der Deutschen Bibliothek in Frankfurt a. M. am 4.6.1959, HHStAW 504 Nr, 6900, Bl. 35-44, hier Bl. 36.

105 Hans Schwab-Felisch, Einzug in den Turm der Bücher – Keine großen Worte bei der Feierstunde für die Deutsche Bibliothek, in: FAZ, 25.4.1959, S. 17; Gustav Funke, Das Haus der Wabenfenster, in: Frankfurter Neue Presse, April 1959 ADNBF Zeitungsausschnitte, Bl. 187-189.

106 Eine Sendung des Bayerischen Rundfunks über die Deutsche Bibliothek, in: Börsenblatt für den Deutschen Buchhandel, 1.12.1959, ADNBF Zeitungsausschnitte, Bl. 102; Heinrich Waffenschmidt, Feierstunde zur Einweihung der Deutschen Bibliothek am 24.4.1959 in Frankfurt (18'25), 24.4.1959, Hessischer Rundfunk, Erstausstrahlung 1959; Hanns W. Eppelsheimer, Die Deutsche Bibliothek in Frankfurt a. M. (13'45), 14.5.1959, NDR Hannover, Erstausstrahlung 25.5.1959.

107 Dieter E. Zimmer, Die Misere der deutschen Bibliotheken, in: Die Zeit, 20.11.1959, ADNBF Zeitungsausschnitte, Bl. 103.

Permanentes Provisorium

Im bibliothekarischen Alltag der Frankfurter war um 1959 von Konsolidierung wenig zu spüren. Die designierte Präsenzbibliothek konnte anders als die großen Staatsbibliotheken in München und Marburg bzw. Berlin nur eng begrenzte Leseplätze anbieten, 1958 waren knapp 7000 Benutzer gemeldet.[108] Die Mitarbeiterkontingente in einem Bibliotheksetat, der zu vier Fünfteln auf Personalkosten entfiel, ließen sich nur mühsam aufstocken. Die Bibliothek, die im Sommer 1950 gerade einmal 34 Mitarbeiter zur Verfügung hatte,[109] konnte bis 1952 als privatrechtliche Einrichtung des Buchhandels nur Posten im verglichen mit anderen öffentlichen Bibliotheken in der Bundesrepublik unattraktiven Angestellten-Status vergeben.[110] Erst 1952 als Stiftung öffentlichen Rechts ließ sich der Stellenkegel allmählich an die Maßstäbe des öffentlichen Dienstes angleichen. Auf 63 Angestellte war 1954 noch genau eine erste Beamtenstelle gekommen. Bis 1959 verbeamtete man immerhin 16 von 114 Mitarbeitern und bis Mitte der 1960er Jahre über 40 Prozent der ca. 200 Mitarbeiter, die sich entsprechend leichter anwerben ließen und weniger stark fluktuierten als zuvor.[111]

Was an Fluktuation noch blieb, erklärte man sich in den 1960er Jahren vor allem aus dem Umstand, dass die meisten Stellen im gehobenen und mittleren Dienst klassischerweise von Frauen besetzt waren, die ihre Posten häufig »aus familiären Anlässen« aufgaben.[112] Tatsächlich hatte die Deutsche Bibliothek wie die meisten anderen öffentlichen und wissenschaftlichen Bibliotheken in der Bundesrepublik über die allerlängste Zeit hinweg eine genderpolitische Schlagseite. Frauen waren mit überproportional hohem Anteil vor allem auf der unteren und mittleren Ebene beschäftigt, nicht jedoch im Höheren Dienst oder in Leitungspositionen. Die Situation in der Deutschen Bibliothek war damit keinesfalls exotisch, sie passte in die erwerbspolitische Szene. So waren in ganz

108 Köster, Bibliothek, S: 38-39; Börsenverein, Bibliographie und Buchhandel.
109 Eppelsheimer, Bericht über die Verwaltung der Deutschen Bibliothek für die Zeit vom 1.1.1947 bis 30.6.1950, Anlage 3b Personalaufgliederung nach Gehältern (Stand 30.6.1950), HHStAW 504 Nr. 6897, Bl. 100.
110 Organisations- und Geschäftsverteilungsplan (Normalplan) sowie Stellenplan [September 1952], HHStAW 54 Nr. 6898a, Bl. 343-346; Deutsche Bibliothek. Organisations- und Geschäftsverteilungsplan, Anlage 2 zu einem Schreiben Eppelsheimers an den Hessischen Minister für Erziehung und Volksbildung, 6.9.1951, HHStAW 504 Nr. 6897, Bl. 172.
111 Eppelsheimer, Bericht über die Verwaltung der Deutschen Bibliothek für die Zeit vom 1.1.1947 bis 30.6.1950, HHStAW 504 Nr. 6897, Bl. 87-95, hier Bl. 93-94; Köster an Ernst Umlauff, 1.6.1953 und Protokoll, ISG FFM Börsenverein W2-7 Nr. 3052; Protokoll der Sitzung des Beirats der Deutschen Bibliothek am 24.9.1952, ISG FM Börsenverein W2-7 ebd.; Köster, Bibliothek, S. 47, 53 und 189.
112 Köster, Bibliothek, S. 51.

Deutschland selbst einschließlich dem Höheren Bibliotheksdienst in der DDR 1950 gerade einmal 9,1 Prozent aller Stellen von Frauen besetzt. Und nur 6 Prozent von diesen Frauen erreichten 1950 höhere Führungspositionen, gerechnet ab der Gehaltsstufe A15.[113] Bei diesen Werten zählte allerdings bis 1955 der Höhere Dienst der wissenschaftlichen Bibliotheken in Ostdeutschland mit.

In den Spitzenpositionen fiel das Bild gerade im deutsch-deutschen Vergleich noch einschlägiger aus. In der DDR übernahm bereits 1948 mit Helene Benndorf an der Spitze der TH Dresden erstmals eine Frau eine Bibliotheksleitung, in der Bundesrepublik wurde Margarete Rehm erst 1973 Leiterin der Universitätsbibliothek Ulm.[114] Die Deutsche Bibliothek hing solchen Trends noch nach. Sie war schon lange Nationalbibliothek geworden, bis 1999 Elisabeth Niggemann an ihre Spitze trat.

Für flächendeckende nationale und möglicherweise auch internationale Vergleiche auf dem Bibliothekssektor fehlt die Datendecke.[115] Aber die genannten Zahlen spiegelten zumindest eine Eigentümlichkeit bundesrepublikanischer Sozialgeschichte bis in die 1960er Jahre hinein wider: zwar veränderte sich das Rollenverständnis der Geschlechter nach 1945. Allerdings blieb der Wandel zunächst eher auf den Bereich eines privat gedachten, nicht-öffentlichen Familienlebens fernab der Berufswelt beschränkt. Zwar wurden immer mehr Frauen erwerbstätig – stieg der Anteil erwerbstätiger Frauen von 25 Prozent 1950 auf 43 Prozent 1961 – wenn auch parallel zu einem allgemein boomenden Arbeitsmarkt. Die Frauen blieben aber in der Regel überproportional auf schlechter bezahlten Stellen. Das passte auch zu dem Trend, dass in der gleichen Phase Frauen im politischen Tagesgeschäft der Bundesrepublik zwar als Wählerinnen vorkamen, aber kaum als Politikerinnen. Die soziale Wirklichkeit hinkte hier den Absichtserklärungen im Grundgesetz und der Politik hinterher.[116]

Die Deutsche Bibliothek war dabei nicht exotisch. Gediegene Despektierlichkeit bestimmte auch außerhalb ihrer Mauern gelegentlich den öffentlichen Ton. Die *Frankfurter Neue Presse* jedenfalls wusste 1952 aus der Deutschen Bi-

---

113 Carmen Passera, Frauen im wissenschaftlichen Bibliotheksdienst nach 1945, in: Plassmann, Syré, Verein Deutscher Bibliothekare, S. 314-324.

114 Passera, Frauen, S. 319.

115 Susanne Blumesberger, »Frauen haben bewiesen, dass sie im Bibliotheksdienst sehr Gutes leisten können.« Zum Bild der Frau in den Mitteilungen der Vereinigung Österreichischer Bibliothekarinnen und Bibliothekare, in: Mitteilungen der Vereinigung Österreichischer Bibliothekarinnen und Bibliothekare 75.1 (2022), S. 105-127.

116 Kirsten Heinsohn, Gruppenbild ohne Dame. Demokratie in der frühen Bundesrepublik, in: VfZ 69.4 (2021), S. 679-687; Karen Hagemann, Konrad H. Jarausch, Cristina Allemann-Ghionda (Hgg.), Children, Families and States. Time Policies of Child Care, Preschool and Primary Education in Europe, New York 2011; Herbert, Geschichte Deutschlands, S. 681 und 687-688.

bliothek nur von männlicher Professionalität zu berichten: »Vor großen Durch-
schreibebüchern, vor Bergen von Karteikarten, an langen Kartotheken stehen
Männer und Frauen, junge und hübsche Frauen mit dezentem Make up und ge-
fälligen Frisuren, denen man ihre Leidenschaft fürs Papier nicht ansieht. ›Aber
ohne diese Leidenschaft geht es bei uns nicht‹, sagt einer der leitenden Männer
[…].«[117]

Ab Mitte der 1970er Jahre stieg der Frauenanteil in Führungspositionen im höheren Bibliotheksdienst der Bundesrepublik mit zunächst acht Prozent in den Folgejahren kontinuierlich an, bis 1995 20 Prozent erreicht wurden.[118] Bis Mitte der
1990er Jahre hatte sich außerdem der Anteil von Frauen an Stellen im Höheren
Bibliotheksdienst in der Bundesrepublik aber immerhin vervierfacht, besetzten sie
damit rund 36 Prozent aller Stellen. In der Regel galten ensprechende Trends auch
für die berufsständischen Vertretungen.[119] Vergleichbare Schieflagen waren unter
anderem auch in den Mitarbeiterstäben der Bundesministerien zu beobachten. In
den hohen und höheren Vergütungsgruppen der obersten Bundesbehörden waren
Frauen noch nach einer Erhebung von 1968 minimal vertreten.[120]

Andere Provisorien kamen hinzu. So wog für die Deutsche Bibliothek schwer,
dass man schon zum Zeitpunkt des Umzugs 1959 ständig der ambitioniert er-
kämpften Aufgabe des Hauses hinterherhinkte, als Präsenzbibliothek der Bundesrepublik den deutschsprachigen Publikationsausstoß einzulagern. Das Bestandsvolumen der Deutschen Bibliothek sprengte die Kapazitäten des Neubaus
schon 1959. Und so war man eingezogen, um umzubauen.[121] Über die 1960er

117 Frankfurter Neue Presse, 4.6.1952 (Besuch in der Deutschen Bibliothek in Frankfurt), ADNBF Zeitungsausschnitte, Bl. 292.
118 Passera, Frauen, S. 317-318.; Beate Amrhein, Lebens- und Berufssituation von
Bibliothekarinnen. Qualitative Interviews über die Erfahrungen der Nachkriegszeit bis Mitte der 50er Jahr, Hamburg 1989 (Fachhochschule, Dipl.-Arb.); Anne
Schlüter, Barrieren und Karrieren für Frauen im höheren Dienst, in: Bibliothek.
Forschung und Praxis 20.1 (1996), S. 100-107; Stella Schmidt, Zur Situation der Bibliothekarinnen in den USA und der Bundesrepublik Deutschland, in: Buch und
Bibliothek 42.10/11 (1990), S. 838-848.
119 Passera, Frauen S. 316-317; Mariangela Roselli, Die Bibliothek, eine Frauenwelt,
in: Bibliothek. Forschung und Praxis 37.3 (2013), S. 322-330.
120 Deutscher Bundestag 5. Wahlperiode Drucksache V/3236, Der Bundesminister
des Innern, 27.8.1968 an den Herrn Präsidenten des Deutschen Bundestages, betr.:
Weibliche Beamte und Angestellte im höheren Dienst, Bezug: Kleine Anfrage der
Abgeordneten Frau Dr. Diemer-Nicolaus, Frau Funcke, Frau Dr. Heuser und Genossen-Drucksache V/3093.
121 Hamburger Echo, 25.8.1960 (Deutsche Bibliothek: zu klein), Die Welt, 27.8.1960
(Deutsche Bücherei [sic] zu klein), Kölner Stadtanzeiger, 6.9.1960 (Deutsche Bibliothek zu klein), Kölnische Rundschau, 27.8.1960 (Bücherflut in Frankfurt), Stuttgarter Nachrichten, 29.8.1960, Rheinische Post, 26.8.1960 (Deutsche Bibliothek
bereits zu klein), Ruhr-Nachrichten, 26.8.1960 (Deutsche Bibliothek zu klein),

Jahre hinweg belastete den Normalbetrieb, dass ständig Erweiterungen geplant und entsprechend Finanzen eingeworben werden mussten, um den Verwaltungstrakt zu vergrößern, den Bücherturm auf die doppelte Stockwerkzahl hochzuziehen und die Magazinarsenale auszudehnen.[122] Das bibliographische Pensum, das die Frankfurter unter diesen Bedingungen schulterten, war erheblich, aber 1959 brachte das bibliothekarische Kerngeschäft eigentlich nur auf eine neue Stufe des Provisorischen. Der nächste Neubau sollte der Deutschen Bibliothek allerdings erst 1978 bewilligt werden.[123]

Völlig außergewöhnlich war das permanente Raumproblem der Deutschen Bibliothek aber nicht. Um das zu sehen, reicht es, kurz auf die 400-Jahrfeier der Münchner Staatsbibliothek ein Jahr vor dem Frankfurter Umzug zu sehen. Ihr Jubiläum begingen die Münchner 1958 zwar als herausragend ausgestattete, international wahrgenommene und intensiv genutzte Bibliothek mit einem über mehrere Katalogsysteme zugänglichen Bestand von etwa zwei Millionen Bänden, 7500 zu über der Hälfte internationalen Zeitschriften und mehreren Zehntausenden Handschriften, Inkunablen und anderen Raritäten aus einer imposanten Überlieferungsgeschichte des Hauses.[124] Inzwischen gehörten der Staatsbibliothek auch 14 Beamte, 90 Angestellte und 22 Arbeitskräfte an und erlaubte ihr Jahresetat von deutlich über drei Millionen DM, jährlich ungefähr 56.000 Bände zu erwerben. Die Bestände blieben aber in München über drei Gebäudekomplexe versprengt, und so überlagte auch dort die Klage über akute Raumnot manches Pathos.[125]

Der Tagesspiegel, 28.8.1960 (»Deutsche Bibliothek« bereits zu klein), ADNB Zeitungsausschnitte, Bl. 70-75.

122 Programm zu einem geschlossenen Ideenwettbewerb für die Planung eines Neubaus der »Deutschen Bibliothek«, 31.12.1952, HHStAW 504 Nr. 6898b, Bl. 385-388; Köster, Bibliothek, S. 42.

123 Frankfurter Neue Presse, 17.11.1978 (Grünes Licht für Deutsche Bibliothek. Haushaltsausschuß beschließt Neubau), ISG FFM Börsenverein W2-7 Nr 683; FAZ, 2.4.1980 (Bücherberge, wo Wohnhügel geplant waren), ISG FFM Börsenverein W2-7 Nr. 684.; FAZ, 7.-8.2.1981 (Die Deutsche Bibliothek ist im Nordend willkommen), ISG FFM Börsenverein W2-7 ebd.

124 Gustav Hofmann, Die Bayerische Staatsbibliothek, ihre Aufgaben und Baupläne, in: Zeitschrift für Bibliothekswesen und Bibliographie 5 (1958), S. 269-291; 40 Jahre Bayerische Staatsbibliothek, in: FAZ, 28.7.1958, S. 12; Jubiläumsnachlass, München 1958, in: FAZ, 2.1.1959, S. 12.

125 Hofmann, Staatsbibliothek, S. 272; Kurt Dorfmüller, Erwerbung in Zeiten des Wiederaufbaus, in: Klaus Haller, Klaus Kempf (Hgg.), Sammeln und Erwerben an der Bayerischen Staatsbibliothek: in memoriam Emil Gratzl (1877-1957), Wiesbaden 2011, S. 37-42.

6. Exil im westdeutschen Wissensspeicher

Noch in der Gründungsphase der Deutschen Bibliothek in Frankfurt am Main tauchten im Sommer 1948 erste Überlegungen zu einem besonderen Projekt auf. Es zielte darauf, zusätzlich zum Hauptbestand eine separate Bibliothek der Emigrationsliteratur aufzubauen. Vom Ende her gesehen war dieser Sammelweg überaus erfolgreich. Er mündete in das »Deutsche Exilarchiv 1933-1945 der Deutschen Nationalbibliothek in Frankfurt am Main«, das 1969 gesetzlich in der Deutschen Bibliothek mitverankert und 2006 für die gesamtdeutsche Nationalbibliothek bestätigt wurde.[1] Seither ist die Sammlung weiter angewachsen und um Autographen, Nachlässe, Objekte und zuletzt eine eigene Dauerausstellung erweitert worden. Dabei entwickelten sich die Dinge 1948 zunächst schleppend und zäh.[2] Halb als Pendant zur Leipziger Deutschen Bücherei, halb als Konter gegen sie zustandegekommen, versuchte die Deutsche Bibliothek in Frankfurt nach 1945 früh, in einer breiteren Öffentlichkeit eine gesellschaftspolitische Aura zu erwerben. Die Bibliothek der Emigrationsliteratur spielte dabei keine unwichtige Rolle.[3]

1 Gesetz über die Deutsche Nationalbibliothek vom 22.6.2006, DNBG §2, Absatz 2; Sylvia Asmus (Hg.), Exil. Erfahrung und Zeugnis/Exile. Experience and Testimony. Deutsches Exilarchiv 1933-1945 der Deutschen Nationalbibliothek, Göttingen 2019; dies., »Von der Emigrantenbibliothek zum Deutschen Exilarchiv«, in: Claus-Dieter Krohn, Lutz Winckler (Hgg.), Bibliotheken und Sammlungen im Exil, München 2011, S. 166-178; dies., Nachlasserschließung im Deutschen Exilarchiv 1933-1945 unter besonderer Berücksichtigung der Benutzersicht, Diss. Phil. Berlin 2009, S. 75-81.

2 Helke Rausch, Sammeln als politischer Akt. Die Sammlung Exilliteratur der Deutschen Bibliothek und ihre Öffentlichkeit 1965, in: Dialog mit Bibliotheken 34.1 (2022), S. 1-7 bzw. https://blog.dnb.de/sammeln-als-politischer-akt/ (30.3.2022).

3 Asmus, Exil; dies., Brita Eckert, Vermittelte Erinnerung. Zur Geschichte des Deutschen Exilarchivs und seiner Ausstellungen, in: Claus-Dieter Krohn, Lutz Winckler (Hgg.), Gedächtnis des Exils – Formen der Erinnerung, München 2010, S. 35-46.

6.1 Das Frankfurter Projekt

Erinnerungskonkurrenz 1947

Der Leipziger Bücherei gelang es schon 1947, das Thema Exilliteratur mit einer Ausstellung über »Bücher der Emigration« im Frühjahr 1947 symbolisch zu besetzten. Für die Frankfurter Aktivitäten ab 1948 spielte dieser Erstzugriff eigentlich keine ausschlaggebende Rolle. Von der Leipziger Initiative aus gesehen lässt sich das Frankfurter Sammelprojekt aber noch klarer konturieren und in dezidiert westdeutsche Wahrnehmungskontexte einordnen. Öffentliche Ausstellungen waren dabei im einen wie im anderen Fall schon lange ein probates Mittel, eine breitere, kulturpolitisch interessierte Öffentlichkeit auf das Kulturwissen der Bibliothek anzusprechen.[4] Das Rad der Selbstdarstellung hat man weder am einen noch am anderen Ort erfunden.[5]

Die Leipziger Emigrationsausstellung von 1947 war sozialistisch gerahmt. Der SED-nahe Kulturbund hatte die Schau regelrecht politisch angewiesen. Und gekoppelt an die Leipziger Buchmesse erschien sie als Appendix einer Veranstaltungsplattform, die die ostdeutschen Buchhändler bald auf das sozialistische Projekt verpflichten sollte.[6] Entsprechend ging es in Leipzig 1947 darum, die gesellschaftspolitische Deutungshoheit der ostdeutschen Parteiführung in der traditionsreichen Bibliothek zu sichern. Man erwartete vom Bibliotheksdirektorium eine Ausstellung, die zur antifaschistischen Räson der sowjetischen Besatzungszone passte. Sie sollte zeigen, dass genau hier und eben nicht im nach wie

---

4 Uta Raab, Ausstellungen und Ausstellungsgestaltung in Bibliotheken, in: Bibliothek Forschung und Praxis 15.1 (1991), S. 7-30; Helga-Martina Skowera, Ausstellungen als Mittel der Öffentlichkeitsarbeit wissenschaftlicher Bibliotheken, in: Bibliothek Forschung und Praxis 17.1 (1993), S. 56-103; Susanne Ebeling (Hg.), Literarische Ausstellungen von 1949 bis 1985. Bundesrepublik Deutschland, Deutsche Demokratische Republik. Diskussion, Dokumentation, Bibliographie, München, London, New York 1991; Franz G. Kaltwasser, Die Bibliothek als Museum: von der Renaissance bis heute, dargestellt am Beispiel der Bayerischen Staatsbibliothek, Wiesbaden 1999, S. 322-364.
5 Ausgewählte Schriften der Emigration 1933-1945 aus der Ausstellung der Deutschen Bücherei ›Bücher der Emigration‹ März 1947, Leipzig 1947; Heinrich Kunze, Die Ausstellung »Schrifttum des neuen Deutschlands« der Deutschen Bücherei, in: Zentralblatt für Bibliothekswesen 61.5-6 (1947), S. 277-279.
6 Patricia F. Blume, Von Überzeichnungen, Schwerpunkttiteln und Blindbänden. Die Rolle der Leipziger Buchmessen für den Buchhandel der DDR, in: dies., Thomas Keiderling, Klaus G. Saur (Hgg.), Buch Macht Geschichte. Beiträge zur Verlags- und Medienforschung, Berlin, Boston 2016, S. 113-128.

vor nationalsozialistischen Westen der Ort sein müsse, an 36 vom NS verfolgte Literaten zu erinnern und sie unter sozialistischen Vorzeichen zu rehabilitieren.[7]

Wie die Leipziger Exilschriftsammlung als Sammlung Exil-Literatur 1933-1945 in Leipzig ursprünglich zustandegekommen war, kam nicht zur Sprache. Denn es ging faktisch um das politische Vorleben des Leipziger Hauses vor Kriegsende 1945, dem sich der Grundstock der Exilsammlung eigentlich verdankte: Die Deutsche Bücherei in Leipzig war seit 1933 vom Reichsministerium für Propaganda und Volksaufklärung nach totalitärer Manier gekapert worden und hatte sich gleichzeitig dem Regime angedient. Unter diesen Vorzeichen hatte Bibliotheksdirektor Heinrich Uhlendahl 1936 die Weisung der NS-Stellen entgegengenommen, Publikationen von zwangsexilierten Autoren weiter zu sammeln. Sie wurden aber nicht mehr in die Deutsche Nationalbibliographie aufgenommen und ab 1939 nur noch in einem Sonderverzeichnis erfasst und als separierter Spezialbestand für die Nutzung gesperrt.[8]

Nach Kriegsende wollte die Leipziger Bibliotheksführung – weiter unter Uhlendahl, aber in der sowjetischen Besatzungszone politisch neu genordet – offenkundig kompensieren, dass sie dem faschistischen Diktat im eigenen Haus gefolgt war. Sie hatte dazu beigetragen, sämtliche Exilpublikationen wenn nicht zu vernichten, so doch zu neutralisieren. Die rassistische und politisch begründete Bücher-Selektion deuteten die Leipziger nun nach 1945 um. Sie galt jetzt als eine Art Coup der Bestandserhaltung. Eine neue Exilsammlung und ihre demonstrative öffentliche Ausstellung sollten zeigen, dass in Leipzig ein besonderer Fundus an Exilliteratur als Spezialwissen gehütet worden war und nun freigegeben werden konnte.[9] Gleichzeitig äußerte man sich nicht zur Frage, wie die Deutsche Bücherei sich während des NS positioniert hatte. Stattdessen wurde suggeriert, dass Personal und Bibliotheksleitung zwischen 1933 und 1945 Opfer der Umstände waren und inzwischen wieder die sozialistische Kulturbühne betraten. Diesen Geist versprühten offizielle Schriften der Sammlung Exil-Litera-

---

7 Heinrich Uhlendahl, »Bücher der Emigration«. Ansprache zur Eröffnung der Ausstellung der Deutschen Bücherei, in: Zentralblatt für Bibliothekswesen 61.1-2 (1947), S. 32-36; Karl Christ, Bericht über die Ausstellung, in: ebd., S. 36-38; Horst Halfmann, Das Schrifttum der Emigration in der Deutschen Bücherei, in: Deutsche Bücherei: 1912-1962. Festschrift zum fünfzigjährigen Bestehen der Deutschen Nationalbibliothek, Leipzig 1962, S. 197-217.

8 Flachowsky, Zeughaus, Bd. 2, S. 713-745; Wolfgang Herrmann, Prinzipielles zur Säuberung der öffentlichen Büchereien, in: Börsenblatt für den Deutschen Buchhandel 100.112 (1933), S. 356-358.

9 Deutsche Nationalbibliographie. Ergänzung I. Verzeichnis der Schriften, die 1933-1945 nicht angezeigt werden durften. Bearbeitet und herausgegeben von der Deutschen Bücherei in Leipzig. Ergänzung II: Verzeichnis der Schriften, die infolge von Kriegseinwirkungen vor dem 8.5.1945 nicht angezeigt werden konnten. Bearbeitet und herausgegeben von der Deutschen Bücherei in Leipzig, Leipzig 1949.

tur in der Deutschen Bücherei, solange sie bestand.[10] Um der Selbststilisierung willen wurde manches geklittert: den Bestandsaufbau schrieb man gerne »namhaften Verlegern im Exil« zu, die der Deutschen Bücherei ihre Belegexemplare überlassen hätten.[11] Faktisch kamen die der Leipziger Bitte in der Regel kaum nach, so dass das Haus die Titel erwerben musste.[12]

Das Leipziger Ausstellungsverfahren passte in die Deutungslandschaft, die Kulturfunktionäre der SED und Kulturoffiziere der SMAD in der sowjetischen Besatzungszone der späten 1940er Jahre schufen. Auch außerhalb der Leipziger Bücherei fuhren sie große Kulturkampagnen und stellten, wenn auch mit eher geringem öffentlichem Erfolg, bevorzugt ehedem als »entartet« diffamierte Künstler aus.[13] Und dass das Literaturexil einen politischen Mehrwert für die sozialistische Sache hatte, sah man nicht nur in der Leipziger Bücherei. Zurück aus dem Moskauer Exil engagierte sich vielen voran Johannes R. Becher im Berliner Aufbau Verlag dafür, eine Exilliteratur bekannt zu machen, die auf antibürgerliche und »antifaschistische« Neuanfänge setzte, wie sie nur in der sowjetischen Zone möglich schienen.[14]

Grundsätzlich blieben die Bedingungen in Leipzig, das Exilthema zu einem Aushängeschild der Deutschen Bücherei zu machen, völlig andere als in der Westzone und der Bundesrepublik. Schon in der sowjetischen Besatzungszone und allemal in der DDR galt die sozialistische Gesellschaftsordnung als Ausdruck dafür, dass die nationalsozialistische Vergangenheit überwunden war. Politik und veröffentlichte Meinung in der sowjetisch besetzten Zone und der DDR verlagerten die historische Verantwortung für den NS komplett auf das ›kapitalistische‹ Westdeutschland. Damit definierte man auch Antisemitismus und Neonazismus aus dem Osten Deutschlands hinaus. Halböffentliche Nischen für gegenläufige Deutungen blieben demgegenüber eng. Für den Wunsch nach Anerkennung Israels etwa, das die DDR-Führung als Ausgründung des imperialen Kapitalismus wahrnahm, gab es selbst dann keinen Raum, wenn jüdische Remigranten in der DDR ihn äußerten.[15]

10 Helmut Lohse, Host Halfmann, Die Sammlung der Exil-Literatur 1933 bis 1945 der Deutschen Bücherei, Leipzig 1973, S. 23-26.

11 Ebd., S. 23.

12 Jörg Räuber, Bücher von deutschsprachigen Emigranten. Erwerbungspraxis der Deutschen Bücherei in den Jahren 1933 bis 1945 und in der DDR, in: Lokatis, Sonntag, Kiepenheuer, S. 128-133.

13 Karl Trinks, Die Spannung zwischen Volk und Kunst, in: Aufbau 7 (1947), S. 7; Gerd Dietrich, Kulturgeschichte der DDR, Göttingen 2018, S. 9-174.

14 Johannes R. Becher, Abschied. Einer deutschen Tragödie erster Teil 1900-1914, Moskau 1940 bzw. Berlin 1945; Rez. Franz Carl Weiskopf, in: Books Abroad 18.3 (1944), S. 254-255.

15 Jörg Ganzenmüller, Jüdisches Leben in Deutschland und Europa nach der Shoah in erfahrungsgeschichtlicher und transnationaler Perspektive, in: ders. (Hg.), Jüdisches

Wie der NS und der Holocaust insgesamt wurde auch das Exil im Osten Deutschlands nicht tabuisiert. Aber im offiziellen Diskurs ging es darum, den NS, ohne den sich das Exil schwer thematisieren ließ, als Relikt einer kapitalistischen Verirrungsgeschichte des Westens zu behandeln. Diesem Narrativ fügte sich auch die Art, in der Politik und sozialistische Gesellschaft auf die Exilanten blickten: man ordnete sie einer Art guten kommunistischen Tradition des Antifaschismus und eben dem ›besseren Deutschland‹ zu, als das sich die DDR wahrnahm. Mit der Lebenswelt jüdischer Remigranten in der DDR, die dort ganz ähnlichen, mitunter auch antisemitischen Vorbehalten begegneten wie in den westdeutschen Besatzungszonen und der Bundesrepublik der 1950er und 1960er Jahre, sollte dieser Mythos schon bald wenig zu tun haben.[16] Jedenfalls war damit aber der Sagbarkeitsrahmen abgesteckt, in dem sich die Deutsche Bücherei zu bewegen hatte, wenn sie Exilliteratur sammelte.

Eppelsheimer, ungereimt

Es war in erster Linie der »vollständige« Sammelauftrag, der auch die Frankfurter auf deutsche Exilpublikationen verwies, die, zwischen 1933 und 1945 in NS-Deutschland verboten, im Ausland veröffentlicht worden waren. Man definierte deutschsprachige Literatur im Frankfurter Haus ganz in der Leipziger national-bibliographischen Tradition als ureigenstes Sammlungsobjekt und zwar auch dann, wenn sie im Ausland und in diesem speziellen Fall im Exil erschienen war. Umgekehrt lag damit nicht auf der Hand, dass Publikationen aus dem Exil zwischen 1933 und 1945 in die Frankfurter Bestände gehören würden. Denn die Bibliothek sollte, abgestimmt vor allem mit der amerikanischen Besatzungsmacht, sammeln, was nach dem 8. Mai 1945 erschienen war. Dass sie damit quasi automatisch zu einer demokratischen, vom NS geschiedenen Instanz würde, stand gut lesbar zwischen den Zeilen.

Andererseits zeichnete sich sehr schnell ab, dass es bibliothekspolitisch weder möglich noch gewollt war, die vor 1945 außerhalb des NS-Bannkreises erschienene Exil-Literatur den schnell wachsenden Beständen in Frankfurt einfach

Leben in Deutschland und Europa nach der Shoah. Neubeginn – Konsolidierung – Ausgrenzung, Köln 2020, S. 9-20; Jeffrey Herf, Zweierlei Erinnerung. Die NS-Vergangenheit im geteilten Deutschland, Berlin 1997; Norbert Frei, NS-Vergangenheit unter Ulbricht und Adenauer. Gesichtspunkte einer »vergleichenden Bewältigungsforschung«, in: Jürgen Danyel (Hg.), Die geteilte Vergangenheit. Zum Umgang mit Nationalsozialismus und Widerstand in den beiden deutschen Staaten, Berlin 1995, S. 125-132; Alexander Walther, Keine Erinnerung, nirgends? Die Shoah und die DDR, in: Deutschland-Archiv 52, 15.7.2019, www.bpb.de/293937.

16 Jeannette van Laak, Jüdische Remigrant*innen und ihr Refugium in der SBZ/DDR, in: Ganzenmüller, Leben, S. 67-82.

nur stillschweigend zuzuschlagen. Stattdessen ging es bei der Exilliteratur um eine demonstrative Sammlungsgeste. Den Frankfurtern stand vor Augen, dass die Nationalsozialisten die Exilliteratur – nicht nur in der Leipziger Deutschen Bücherei – selektiert und vernichtet, verschachert oder weggeschlossen hatten.[17] Darauf wollte man in Frankfurt nach 1945 demonstrativ mit einer Sammlung antworten, die die ehedem diskreditierten Veröffentlichungen – jedweder politischer Provenienz – eigens würdigte. Sie im Frankfurter Haus als besonderen Bestand aufzubauen, hieß aus dieser Sicht, der Exilliteratur sichtbar einen Ort im Gesamtbestand zuzuerkennen.

Nur wenige Jahre nach Kriegsende war es mit Hanns W. Eppelsheimer vor allem der Gründungsdirektor der Deutschen Bibliothek, der diese Idee einer separaten Sammlung von Exilschriften seit Sommer 1948 in enger Absprache mit dem Schutzverband Deutscher Schriftsteller in der Schweiz entwickelte. Das Projekt barg durchaus auch Konfliktstoff. Denn Motiv und Zugriff der Sammler in Frankfurt und der Schweiz unterschieden sich deutlich. Eppelsheimer warb für das Projekt in sprödem, bürokratischem Ton. Man komme in Deutschland praktisch nicht an Emigrationsliteratur heran und das verhindere einen korrekten Bezug auf die Texte. Hinweise und Zitate aus den Exilwerken blieben fehlerhaft. Auch könne man sich dieses »doch sehr interessant(e) Stück deutscher Literatur« nicht ohne die Originaltexte erschließen. Eppelsheimers Pointe war ebenso bibliothekarisch folgerichtig wie technisch gewendet: die nach 1933 auf Deutsch oder in anderen Sprachen erschienene »Emigrationsliteratur« sollte gezielt gesammelt und »fachmännisch« bibliographisch erschlossen werden, damit sie in der Bibliothek recherchierbar und lesbar würde. Wenn es für Eppelsheimer eine darüber hinausgehende Programmatik gab, bezog sie sich auf den Status der jungen Frankfurter Deutschen Bibliothek: die sei, so Eppelsheimer, »die einzige zentrale Bibliothek in Deutschland«, die als Sammlungsort infrage komme.[18] Natürlich wusste Eppelsheimer vom konkurrierenden Exilliteratur-Unterfangen der Leipziger Deutschen Bücherei, die den gleichen Anspruch von ihrer ostdeutschen Warte aus verfocht. Ganz an der Logik des innerdeutschen Gegensatzes und des gesamtdeutschen Sammelanspruchs der Frankfurter orientiert, beanspruchte er aber ein Frankfurter Vorrecht darauf, die gesamtdeutsche Bibliothek der Emigrationsliteratur zu beherbergen.

---

17 Vgl. Kapitel 1.
18 Hanns W. Eppelsheimer 1949 an den Schutzverband, in: Mitteilung des Schutzverbands der Deutschen Schriftsteller in der Schweiz an Mitglieder und Freunde, November 1949, DEADNBF Kb 2 Schutzverband Deutscher Schriftsteller, zit. nach Brita Eckert (Hg.), 35 Jahre Exilliteratur 1933-1945 in der Deutschen Bibliothek, Frankfurt am Main, 1949-1984: Ein Beitrag zur Geschichte der Exilforschung in der Bundesrepublik Deutschland, Frankfurt a.M. 1984, S. 3-4.

Überhaupt war Eppelsheimers Rolle Ende der 1940er Jahre nicht unumstritten. Seine Idee, eine Emigrantenbibliothek zu gründen, war kein Selbstläufer. Sie stieß, seit er und der Schutzverband sie Ende der 1940er Jahre publik machten, keineswegs auf ungeteilte Zustimmung. Auch aus dem Verband kam Kritik. Manche stießen sich an der Figur Eppelsheimer und fanden, er sei nicht ganz so tadellos aus der NS-Zeit herausgekommen, wie ihm seine Unterstützer bescheinigten. Stattdessen schien ihn zu kompromittieren, dass er vor 1945 als Autor Konzessionen an die Sagbarkeitsregeln des NS gemacht hatte. Im Spätsommer 1933 von den Nationalsozialisten vom Direktorium der Landesbibliothek in Darmstadt suspendiert, hatte Eppelsheimer ein Handbuch zur Weltliteratur veröffentlicht, in dem er im Stil der Zeit das »Schrifttum der Kulturvölker« zusammentrug, Auflagen und Übersetzungen dokumentierte und biographische Handreichungen zu den Autoren zusammenstellte.[19] In dieser Geschichte der Weltliteratur, so warf man ihm vor, hatte er namhafte Exilliteraten wie namentlich Thomas Mann unterschlagen.[20]

Und nicht zuletzt hatte Eppelsheimers Bibliographie »deutscher Bücher« von 1947, die in den Kriegsjahren zwischen 1939 und 1945 erschienene deutsche Veröffentlichungen listete, die Emigrationsliteratur außen vor gelassen.[21] Dass er dort Publikationen erst ab 1939 berücksichtigte, wirkte eigentümlich und zeitigte ein schräges Bild von deutschen Veröffentlichungen im NS, das wie vom Exil bereinigt schien. Das wurde an vielen Stellen sichtbar. So schaffte es zwar der politisch einigermaßen unangefochten Nobelpreisträger und Kernphysiker Werner Heisenberg in Eppelsheimers Bibliographie.[22] Unerwähnt blieb hingegen dessen enge Mitarbeiterin, die Jüdin Lise Meitner. Dass sie noch nach 1933 und vor ihrer Flucht aus Deutschland 1938 einschlägig publiziert hatte,[23] schien für die erste Rechnungslegung im Nachkrieg, die Eppelsheimer vorlegen wollte, nicht relevant.

19 Uwe Jochum, Bibliothekswesen und Bibliographie. Hanns Wilhelm Eppelsheimer, in: Klostermann, Klostermann 1930-2000, S. 68.
20 Hanns W. Eppelsheimer, Weltliteratur: Ein Katalog der Mainzer Stadtbibliothek, Bd. 1, Mainz 1930; ders., Handbuch der Weltliteratur, von den Anfängen bis zum Weltkrieg: Ein Nachschlagewerk, Frankfurt a. M. 1937, überarbeitet erschienen als Handbuch der Weltliteratur, Bd. 2., Neunzehntes und zwanzigstes Jahrhundert, Frankfurt a. M. 1950; Chef der Staatskanzlei des Ministerpräsidenten von Groß-Hessen Hermann L. Brill an den Oberbürgermeister der Stadt Frankfurt, 28.9.1946, NARA RG 260 Box 258 und BArch OMGUS Shipment 15 Box 154-1 Folder 26.
21 Hans W. Eppelsheimer (Hg.), Deutsche Bücher 1939-1945. Eine Auswahl. Unter Mitwirkung zahlreicher Fachgelehrter herausgegeben, Frankfurt a. M. 1947, hier S. 135.
22 Eppelsheimer, Deutsche Bücher, S. 73.
23 Zitierbar gewesen wäre u. a. Lise Meitner, Max Delbrück, Der Aufbau der Atomkerne, Berlin 1935.

Tatsächlich erwies sich Eppelsheimers Bibliographie ›bedeutender‹ deutscher Autoren zwischen 1933 und 1945 als eigentümlicher Index. Er begründete die Veröffentlichung in allererster Linie im amerikanischen Zusammenhang: der Präsident der American Library Association, Harry M. Lydenberg, habe ihn zur Bibliographie ermuntert, ausgerichtet am – unerreichbaren – Vorbild der von der Association 1945 herausgegebenen »Books Published in the United States 1939-1943«. Im freien Amerika habe man sich unter diesem Titel eine intellektuelle Heerschau US-amerikanischer Veröffentlichungen leisten können. Dazu wollte Eppelsheimer nun ein ›improvisiertes‹ Gegenstück vorlegen und mit einer »Auswahl« deutscher Publikationen in Wissenschaft und Kunst ausgerechnet aus den Kriegsjahren aufschließen. Zwar habe vor 1945 der »Ungeist« des NS die deutsche Wissenschaft ›verblendet‹. Doch sei »die Leistung der deutschen Wissenschaft und des deutschen Verlages unter der Herrschaft Hitlers und noch in den dunklen Jahren des Krieges viel bedeutender« gewesen, »als man gemeinhin annimmt.«[24] Es ging Eppelsheimer offenkundig um eine Art stellvertretende intellektuelle Ehrenrettung. Nach welchen Kriterien er seine Buchsynopse ›verblendete‹ von ›bedeutenden‹, sozusagen ideologisch lupenreinen Veröffentlichungen unterschied, erklärte er nicht.

Waren das schon eigentümliche Begründungen, enthielt Eppelsheimers Bücherindex manche anderen Ungereimtheiten. So würdigte er mit Ernst Wiechert einen Oppositionellen, der 1938 mit mehrmonatiger Haft im KZ Buchenwald büßen musste, dass er das Regime kritisiert hatte. Wiechert hatte sich nach 1945 verbittert in die Schweiz zurückgezogen, weil er fand, dass sich die Deutschen ihrer Geschichte nicht stellten.[25] Dann wieder listete Eppelsheimer unter den ›bedeutenden‹ Autoren den Historiker Albert Brackmann,[26] der an der Spitze der 1933 gegründeten Nord- und Ostdeutschen Forschungsgemeinschaft eng an der Seite der NSDAP für eine regimekonforme »völkische« und revisionistische Ost- und Polenforschung gestanden hatte. Freilich war Eppelsheimer dabei dem zeitgenössischen Blick auf Brackmann als scheinbar tadellosen Wissenschaftler gefolgt, der sich erst in den 1990er Jahren deutlich verschob.[27]

An den Wirklichkeiten von Wissenschaft, Kultur und Kunst in der Diktatur zielte Eppelsheimers Bücherliste von 1947 jedenfalls geradewegs vorbei. Denn

24 Eppelsheimer, Deutsche Bücher, S. 135.

25 Ernst Wiechert, Das einfache Leben, München 1939; Eppelsheimer, Deutsche Bücher, S. 68.

26 Eppelsheimer, Deutsche Bücher, S. 16, 18, 41.

27 Ebd., S. 24; Fahlbusch, Wissenschaft im Dienst der nationalsozialistischen Politik, S. 185-212; Weiß, Zentralarchive, S. 68-73; Wolfgang J. Mommsen, Vom »Volkstumskampf« zur nationalsozialistischen Vernichtungspolitik in Europa. Zur Rolle der deutschen Historiker unter dem Nationalsozialismus, in: Winfried Schulze, Otto Gerhard Oexle (Hgg.), Deutsche Historiker im Nationalsozialismus, Frankfurt a.M. 1999, S. 183-214, hier S. 183.

spätestens seit Ausbruch des Zweiten Weltkriegs reichte Wissenschaftlern, Intellektuellen und überhaupt allen Autoren nicht mehr der verbale Kotau vor dem Vokabular des NS-Regimes, wenn sie veröffentlichen wollten. Die NS-Politik nahm die Wissenschaft indienst oder erpresste sich die gewünschte Expertise; genauso oft dienten sich Wissenschaftler den Nationalsozialisten aber auch bereitwillig an. In den engen Grenzen des Sagbaren im Totalitarismus stimmte man sich so ab. In diesem Ressourcen-Arrangement war kein Platz für neutrale Nischen.[28] Wer unter diesen Bedingungen tatsächlich »bedeutsam«, also noch in der inzwischen demokratisch gerahmten Rückschau nach 1945 hätte denken und schreiben können, ohne sich der diktatorischen Enge in Deutschland entweder freiwillig zu entziehen oder vom Regime dazu genötigt zu werden, beschäftigte und erklärte Eppelsheimer nicht und folgte dabei einem lange gepflegten Grundton in der frühen westdeutschen Öffentlichkeit.[29] In diesem Sinne blieb Eppelsheimers Rolle als frühe Leitfigur der Exilliteratursammlung ambivalent.

6.2 Ander(e)s Sammeln?: die Exilanten

Das Projekt einer Exilliteratursammlung gewann dennoch über die Jahre Statur. Ausschlaggebend dafür, dass das Projekt einen gediegenen Schriftenfundus zugrundelegen konnte, waren allerdings die vielen Exilschriftsteller, die der Deutschen Bibliothek eigene Publikationen und Teile ihrer privaten Bibliotheken zur Verfügung stellten. Denn als Ergebnis der rassistischen Buch- und Bibliothekszerstörungen der Nationalsozialisten bis 1945 waren Exilpublikationen in Westdeutschland nach Kriegsende kaum beschaffbar. Dass sich die Exilanten selbst beteiligen würden, war im Zeitkolorit der späten 1940er und 1950er Jahre aber einigermaßen unerwartbar. Denn noch bis deutlich in die 1970er Jahre hinein blieben sie im westdeutschen Literaturbetrieb und den kulturellen Öffentlichkeiten deutlich am Rand. Zu einem Zeitpunkt, als noch völlig offen war, ob es der ständig existenzbedrohten Deutschen Bibliothek überhaupt gelingen konnte, sich als Instanz zu halten, hatten die Exilautoren auch wenig Anreiz, Frankfurt als bedeutendes Sammlungszentrum zu bestücken. Mit diesem Prestige sollten die Frankfurter erst ab etwa Mitte der 1960er Jahre punkten können. Es war von daher völlig offen, ob die Exilanten darauf rechnen konnten, mit der Exilliteratur-Sammlung einen neue und andere Sorte Exil-Gedächtnis und einen kulturpolitischen Vorposten des Exils anzugehen. Bis dahin profitierte die Deutsche Bibliothek im Grunde von einer Art vagem Vertrauensvorschuss und einem stu-

---

28 Flachowsky, Hachtmann, Schmaltz, Ressourcenmobilisierung.
29 Magnus Brechtken (Hg.), Aufarbeitung des Nationalsozialismus, Göttingen 2021.

penden Elan vor allem einzelner Exilliteraten, sich auf eine Kooperation mit offenem Ausgang einzulassen.

Motivlagen

Tatsächlich waren die Anfänge oft genug holprig. An Eppelsheimer und seinem Exilsammlungsprojekt gab es immer wieder Kritik. Skeptisch äußerte sich zum Beispiel die Märchen- und Kinderbuchautorin Lisa Tetzner, die ihrem oppositionellen Mann Kurt Kläber nach 1933 ins schweizerische Exil gefolgt und Mitte der 1930er Jahre erst verboten und dann zwangsweise ausgebürgert worden war. Jetzt zweifelte sie am Frankfurter Sammlungskonzept für die Exilliteratur. Denn das zwinge nicht nur völlig disparate Autoren samt ihrer oft konträren literarischen und politischen Positionen unter das löchrige Dach der »Emigranten«, die eigentlich wenig miteinander verband. Zudem befürchtete Tetzner, dass die Frankfurter Sammlung kontraproduktiv wirken könne. Auch wenn die Emigrantenliteratur jetzt anders als vor 1945 bewahrt werden sollte, werde sie letztlich erneut »in einer Art ›Ghetto‹« gehalten. Tetzner hätte sie viel lieber ganz bewusst in den literarischen Gesamthaushalt der Deutschen Bibliothek eingespeist und damit vollständig und ebenbürtig integriert gesehen.[30]

Kritik richtete sich darüber hinaus auch auf die Rezeptionsvoraussetzungen im Deutschland der 1950er Jahre. Die hatte der in die Schweiz emigrierte Schriftsteller Kurt Kläber im Blick, wenn er fand, Eppelsheimer unterstelle der westdeutschen Öffentlichkeit und Gesellschaft ganz ohne Grund, tatsächlich an einer Bibliothek der Emigrationsliteratur interessiert zu sein. Demgegenüber rechnete Kläber damit, dass die Deutschen letztlich davor zurückscheuten, sich mit der Emigrationsliteratur als einem von vielen unbequemen Relikten des NS wirklich auseinanderzusetzen.[31]

Langfristig führten solche Einwände aber nicht dazu, dass sich die exilierten Schriftsteller dem Projekt auf ganzer Linie entzogen. Der exilierte Schutzverband der Deutschen Schriftsteller schien für die Gründungsgeschichte des späteren Frankfurter Exilarchivs zentral. Erst hatten die Nationalsozialisten den Berufsverband in Deutschland 1933 aufgelöst und im sogenannten Reichsverband Deutscher Schriftsteller gleichgeschaltet. Aber man konnte sich im Spätjahr 1933 im Pariser Exil neu konstituieren. Von hier aus war der Verband schon während der Exiljahre zum Mitinitiator und Kronzeugen erster Sammlungsprojekte im

---

30 Cristina Parau, Tetzner, Lisa, in: Neue Deutsche Biographie 26 (2016), S. 53-55. Lisa Tetzner an Jo Mihaly am 23. April 1950, DEADNBF Autograph 194, 74, zit. nach Asmus, Von der Emigrantenbibliothek, S. 168.

31 Kurt Kläber an Jo Mihaly am 20.4.1950, DEADNBF Autograph, 76, zit. nach Asmus, Von der Emigrantenbibliothek, S. 168.

Milieu der Exilierten geworden. Er unterstützte 1934 die Deutsche Freiheitsbibliothek in Paris, wo vor allem französische, englische und Schweizer Emigranten die NS-Zensur konterten und Zeugnisse und Analysen der Exilanten über Hitler-Deutschland zusammenzutragen begannen. Noch vor Kriegsausbruch hatte der Verband zudem den allerersten Anthologien deutscher Exilliteratur zugearbeitet, die dokumentieren sollten, dass die emigrierten Schriftsteller sich selbst im Exil dem faschistischen Diktat nicht beugten.[32]

Als sich der Schutzverband Deutscher Schriftsteller in der Schweiz am 25. Mai 1945 in Zürich wiedergründete, musste sich erst weisen, welche Rolle er anstrebte.[33] Mit Alfred Kantorowicz, als jüdisches KPD-Mitglied vor dem NS ins Pariser Exil geflohen, war es der Generalsekretär des Schutzverbandes Deutscher Schriftsteller im Exil, der sich federführend beteiligte an den notgedrungen provisorischen, improvisierten Versuchen im frühen Nachkrieg, erste Indizes der vom NS verbotenen Publikationen anzulegen. Das geschah noch unter eher unzureichenden Arbeitsbedingungen und ohne systematischen Zugriff auf die versprengten Autoren und ihre Veröffentlichungen. Entscheidend für solche frühen Initiativen war, dass sich Exilschriftsteller wie Kantorowicz mit ähnlich ambitionierten Verlegern zusammentaten. Im konkreten Fall machte es mit Helmut Kindler ein führender Journalist des Ullstein-Verlags – während des Kriegs im kommunistischen Widerstand aktiv und von den Nationalsozialisten verklagt – nach Kriegsende möglich, schon 1947 Kantorowiczs Kompendium für Exilliteratur vorzulegen. Die frühe Exilliteratur-Geschichte bot nicht nur eine der ersten Synopsen von Autorenbiographien und Werkauszügen. Sie stellte auch das Exil und die sogenannte ›innere Emigration‹ unmittelbar nebeneinander. Kantorowicz stellte unterdessen klar, dass er einen überaus diversen »Querschnitt« anbot. In erster Linie sollten die Schriften diffamierter Autoren angezeigt werden, um sie in den Bildungskanon der heranwachsenden deutschen Nachkriegsgeneration einzutragen.[34]

32 Schutzverband Deutscher Schriftsteller und der Deutschen Freiheitsbibliothek (Hg.), Deutsch für Deutsche, Leipzig 1935.

33 Mitteilung des Schutzverbands Deutscher Schriftsteller in der Schweiz: an Mitglieder und Freunde. Eine Bibliothek der Emigrationsliteratur, Zürich 1948, DEADNBF Kb 2; Korrespondenz zur Begründung der »Emigranten-Bibliothek« in der Deutschen Bibliothek 1949/1950, DEADNBF Autograph 194 Unterlagen des Schutzverbandes Deutscher Schriftsteller in der Schweiz; Schulz, Die Schweiz und die literarischen Flüchtlinge, S. 104-106, 194.

34 Richard Drews, Alfred Kantorowicz (Hgg.), Verboten und verbrannt. Deutsche Literatur – 12 Jahre unterdrückt, Berlin, München 1947; Juliane Berndt, Die Restitution des Ullstein-Verlags (1945-1952). Remigration, Ränke, Rückgabe: der steinige Weg einer Berliner Traditionsfirma, Berlin 2020; Alfred Kantorowicz, Politik und Literatur im Exil. Deutschsprachige Schriftsteller im Kampf gegen den Nationalsozialismus, Hamburg 1978, S. 303.

Der Sammlungsaufruf des Schutzverbandes vom November 1948 zugunsten der neuen Frankfurter Sammlung las sich gemessen daran allerdings wenig emphatisch und eigentümlich unklar. Man schien geschmeichelt von Eppelsheimers Anfrage, sah sich wohl auch zum literarischen Repräsentationszentrum, zur strategischen Mitte des literarischen Exils aufgewertet. Ansonsten war in gedämpftem Ton von einer »Aufgabe« mit ›großer und bleibender Bedeutung‹ die Rede, zu der Autoren, Verleger, Bibliothekare und Antiquare beitragen sollten, indem sie der Sammlung Bücher übereigneten oder sie über Titel informierten.[35]

Den widerständigen, auf Exilautoren spezialisierten Züricher Verleger und Fluchthelfer Emil Oprecht[36] oder den Feuilletonisten Ossip Kalenter (d. i. Johannes Burkhardt) beispielsweise wies Eppelsheimer später wie den Journalisten Walter Max Fabian als seine wichtigsten Kontakte aus, als die Idee zur Sammlung 1948/49 gerade erst geboren war.[37] Schon dieser kleine Kreis an Unterstützern illustrierte zum einen, dass die Motive und Erwartungen der Exilautoren, die die Frankfurter Initiative mittrugen, so vielgestaltig ausfielen wie das publizistische Exil selbst. Zum anderen wird deutlich, wie sich die frühe Geschichte der Emigrantenbibliothek und des späteren Exilarchivs der Deutschen Bibliothek in Richtung Schweiz weitete. Dafür stand etwa der Hannoveraner Jude und Dramaturg Kurt Hirschfeld, der sich, von den Nationalsozialisten 1933 vom Darmstädter Staatstheater wegrelegiert, am Züricher Schauspielhaus mit einem namhaften Emigrantenensemble einer politischen Dramaturgie verschrieb. Ende der 1940er Jahre gehörte auch er nun zu den Unterstützern des Frankfurter Projekts.[38]

Auf Eppelsheimers Gründungsidee ließ sich daneben besonders der jüdische Sozialist Walter Max Fabian ansprechen. Im linken Widerstand gegen die Nationalsozialisten aktiv, war Fabian 1935 gezwungen, aus Berlin zu fliehen. Über Prag war er nach Paris und Marseille und von dort unter dramatischen Umständen 1942 nach Genf und Zürich gekommen. Noch im Exil fasste er schnell verlegerisch Fuß, arbeitete unter anderem für den deutschen P.E.N. und exponierte

35 Hanns W. Eppelsheimer an den Schutzverband, in: Eckert, 35 Jahre Exilliteratur, S. 3-4.
36 Christoph E. Dejung, Emil Oprecht, Verleger der Exilautoren, Zürich 2020; Wittmann, Geschichte des Buchhandels, S. 351.
37 Hanns W. Eppelsheimer, Vorwort, in: Wilhelm Sternfeld, Eva Tiedemann (Hgg.), Deutsche Exil-Literatur 1933-1945: eine Bio-Bibliographie, Heidelberg 1962, S. IX.
38 Kurt Hirschfeld, Dramaturgische Bilanz, in: Therese Giehse u.a. (Hgg.), Theater: Meinungen und Erfahrungen, Affoltern am Albis 1945, S. 11-16; Wendy Arons, Kurt Hirschfeld and the Visionary Internationalism of the Schauspielhaus Zürich, in: Theatre Survey 60.3 (2019), S. 385-413; Raphael Gross, Daniel Wildmann (Hgg.), Weltbühne Zürich: Kurt Hirschfeld und das deutschsprachige Theater im Schweizer Exil, Tübingen 2022.

sich frühzeitig als Präsident des Schutzverbandes Deutscher Schriftsteller.[39] Nach Kriegsende und schon lange bevor er sich 1957 dazu entschließen sollte, in die Bundesrepublik zu remigrieren, verstand sich Fabian wie schon vor 1945 in erster Linie als engagierter Journalist für die Sache der Arbeiterbewegung und der Gewerkschaften, die er politisch und kulturell im Nachkrieg verankert sehen wollte.

Dass er seit 1949 das Projekt Emigrantenbibliothek Eppelsheimer gegenüber mit schulterte und als Postadresse für die Belegexemplare zur Verfügung stand, um deren Spende er 1948 die Exilautoren bat, hatte wesentlich mit Fabians Erwartungen an Nachkriegsdeutschland und an das erzieherische Potenzial einer allmählich freieren öffentlichen Meinung zu tun. Die Besatzungsmächte sorgten dafür, dass die Deutschen auf lange Sicht demokratiefähig würden, aber den Deutschen bescheinigte Fabian zugleich, die kontrollierte Presse und überhaupt jede Chance zur freien Lektüre zu nutzen. Genau hier sah er das Potenzial für »Deutschlands Zukunft« und »für die Zukunft Europas und der ganzen Welt«.[40] Unter diesen Vorzeichen konnte Fabian 1947 gut daran glauben, dass eine Emigrantenbibliothek in Westdeutschland auch öffentlich wahrgenommen würde. In einem Gespräch mit dem späteren Leiter des Exilarchivs der Deutschen Bibliothek, Werner Berthold (1921-2017), gab Fabian fast 20 Jahre später zu Protokoll, Eppelsheimers Idee von 1948, eine Emigrantenbibliothek zusammenzutragen, habe ihn und seine exilierten Kollegen in der Schweiz regelrecht elektrisiert. Denn von Existenzängsten geplagt, nahm man sich damals eher als mittellose, »über alle fünf Erdteile« versprengte Gruppe von leidlich solidarischen Kollegen wahr und wäre kaum jemals auf den Gedanken gekommen, die eigenen Exilschriften systematisch zusammenzutragen.[41]

Dass sich Exilanten wie Ossip Kalenter von einer Exilschriftensammlung in Frankfurt einiges versprachen, lag sicher auch an den problematischen Lebensum-

---

39 Walter Fabian, in: Archiv Bibliographia Judaica (Hg.), Lexikon deutsch-jüdischer Autoren Bd. 6, München 1998, S. 451-462; Anne-Marie Fabian, Detlef Hensche (Hgg.), Mit sanfter Beharrlichkeit: ausgewählte Aufsätze 1924-1991, Frankfurt a. M. 1992, Nachlass Walter Fabian, DEADNBF 87/112; Walter Fabian, Vorwort, in: Deutsche Bibliothek Frankfurt a. M. (Hg.), Die Presse der Sozialistischen Arbeiterpartei Deutschlands im Exil 1933-1939: eine analytische Bibliographie, München, Wien 1981; Elke Suhr, Walter Fabian, in: Reinhard Kühnel, Eckart Spoo (Hgg.), Was aus Deutschland werden sollte – Konzepte des Widerstandes, des Exils und der Alliierten, Heilbronn 1995, S. 70-82.

40 Walter Fabian, Die deutsche Presse 1947, in: Rote Revue: Sozialistische Monatsschrift 12 (1947), S. 442-449.

41 Walter Fabian, Werner Berthold, Exilliteratur in der Deutschen Bibliothek in Frankfurt am Main. Ein Gespräch (17.1.1977), in: Anne-Marie Fabian (Hg.), Arbeiterbewegung, Erwachsenenbildung, Presse, Köln, Frankfurt a. M. 1977, S. 212-227, hier S. 213-214.

ständen, unter denen er und manche Kollegen noch bis in den Nachkrieg in der Schweiz lebten. Kalenter hatte sich, 1933 schon in Italien und Tschechien, 1939 nach Zürich verlagert, konnte dort allerdings unter den Vorzeichen einer rigiden Schweizer Asylpolitik als Flüchtling ohne dauerhaftes Aufenthaltsrecht, und ohne Hilfe vom Schweizerischen Schriftstellerverein, nur illegal und mit wechselnden Pseudonymen schreiben, lektorieren und übersetzen. Kalenter zählte damit zu den mutmaßlich ungefähr 160 Schriftstellern, die aus unterschiedlichen Gründen zwischen 1933 und 1945 Zuflucht in der Schweiz suchten.[42]

Aus den Reihen des Schutzverbands schulterte daneben vor allem die Schriftstellerin Jo Mihaly (d.i. Elfriede Kuhr) das Projekt mit, die Anfang der 1930er Jahre in Gewerkschafts- und Freidenker-Kreisen aktiv, 1933 zusammen mit ihrem jüdischen Mann Leonard Steckel in die Schweiz geflohen und 1934 der KPD beigetreten war.[43] In einer 1941 gebildeten Kulturgemeinschaft der Emigranten, die ihnen spendenfinanziert Freiraum für das literarische Schreiben und halböffentliche Lesungen verschaffen sollte, hatte sich auch Mihaly in erster Linie aus verzweifeltem Ungenügen an der Lage engagiert, in der sich die in der Schweiz exilierten Schriftsteller wiederfanden. Mihaly sah sie dort nicht aufgehoben, nicht befreit von den Zumutungen des deutschen Faschismus, sondern von einem rigiden Schweizer Staat beargwöhnt. Ihr schien, die Emigranten erlagen nur einer neuen, beklemmenden Zensur im Namen der strikten Schweizer »Neutralitäts«-Politik und wurden erneut in die Illegalität gedrängt. Im Exil spiegelte sich für Mihaly die ganze Ambivalenz Schweizer Politik im Umgang mit NS-Deutschland wider.[44]

Den Schutzverband deutscher Schriftsteller in der Schweiz hatte Mihaly daher im Mai 1945, unter anderem mit dem wenig später nach Ostberlin abgewanderten kommunistischen Autor Stefan Hermlin, aus der Defensive heraus in Zürich wiedergegründet. An die Option, gemeinsam mit der Frankfurter Deutschen Bibliothek für eine Sammlung von Exilliteratur einzustehen, knüpfte sie umso größere Hoffnungen. Eppelsheimers Projekt barg für Mihaly die Chance, die Schriftsteller neu zu ermächtigen und als stimmgewaltige und vielstimmigen Gruppe sichtbar zu machen, deren einzige Gemeinsamkeit in ihrem lauten antifaschistischen Votum bestand.[45] So dringlich schien Mihaly die Frankfurter Initiative, dass sie die Netzwerke des Schutzverbandes nutzte, um mehr als 150 Exilverlage und Autoren persönlich um Buchspenden zu bitten.[46]

42 Natascha Fuchs, »Der Feuilletonist lebt auf dem Grunde der Menschheit und nährt sich von Zweitdrucken.« Zum Nachlass von Ossip Kalenter (1900-1976), in: Zeitschrift für Germanistik 22.3 (2012), S. 659-664.

43 Wende, Schriftsteller, S. 294-313.

44 Jo Mihaly, Die Steine, Stuttgart o.J. [1946], ursprünglich Zürich 1943.

45 Wende, Deutschsprachige Schriftsteller, S. 321.

46 Fabian, Berthold, Exilliteratur, S. 216.

In die Gründungsgeschichte der Frankfurter Exilschriftensammlung schrieb sich mit den beteiligten Exilanten daher auch das politische Milieu der Schweiz während der Kriegs- und frühen Nachkriegsjahre ein. Denn der Schutzverband erwies sich wie die Schweiz insgesamt für eine ganze Reihe Verfolgter einerseits als letzter rettender Fluchtort, an dem sie sich dem totalitären Deutschland entzogen.[47] Einen in jeder Hinsicht sicheren Hafen konnten die Schweiz und damit auch der Verband den flüchtigen oder exilierten Autoren andererseits keinesfalls bieten. Denn die Schweiz war seit den mittleren 1930er Jahren und allemal während des Zweiten Weltkriegs von krisenhaften Verunsicherungen erschüttert, umklammert von den Achsenmächten und angespannt bereit zur eidgenössischen Rundumverteidigung. Man machte gegen den deutschen NS im Rahmen einer konservativ nationalistischen »geistigen Landesverteidigung« mobil. Aber das Schweizer Vollmachtenregime der 1930er und 1940er Jahre lavierte, auch unter dem Eindruck eines zunehmend angespannten Arbeitsmarktes, zwischen demokratischen und rigiden xenophoben Maßnahmen. Gemessen daran, dass spätestens seit dem »Anschluss« Österreichs im Frühjahr 1938 zwischenzeitlich deutlich über zehntausend Flüchtlinge in der Schweiz strandeten, gewährte man nur wenigen, im Gesamtzeitraum zwischen 1933 und 1945 wohl 644 Exilanten politisches Asyl. Wer wie Kalenter oder Mihaly nicht in diese Kategorie fiel, wurde zwar vorübergehend toleriert, das aber unter widersprüchlichen Voraussetzungen: solche Ausländer blieben ständig transitpflichtig, ohne angesichts der internationalen politischen Lage wirklich reisefähig zu sein. Obendrein galt ein striktes Erwerbsverbot. Damit stellte die Schweiz unwirtliche Bleibebedingungen.[48]

Nach 1945 kam für die exilierten Schriftsteller hinzu, dass lange keine Schweizer Debatte über die Rolle des Landes im Holocaust zustandekam. Die engen wirtschaftlichen Austauschbeziehungen des Landes zu den Diktaturen thematisierte man dort nicht und hielt am langlebigen zeitgenössischen Trugbild fest, wonach das Land selbst im Krieg moralisch intakt und autark geblieben war.[49] Dass Schriftsteller wie Kalenter darüber nach Kriegsende Verdruss empfanden, lag nahe. Das galt auch dann, wenn tatsächlich vor 1945 wichtige Fluchthilfenetzwerke in der Schweiz stationiert gewesen waren und wenn nach 1945 zügig

47 Kristina Schulz, Einleitung, in: dies. (Hg.), Die Schweiz und die literarischen Flüchtlinge (1933-1945), Berlin 2012, S. 7-22.
48 Martin Dreyfus, »Wo soll ich hin, wenn kalt der Nordsturm brüllt«: vom flüchtigen Exil deutscher Autorinnen und Autoren in der Schweiz, in: Hajo Jahn (Hg.), Wo soll ich hin? Zuflucht Zürich – Fluchtpunkt Poesie, Wuppertal 2007, S. 51-75; Deutschsprachige Schriftsteller im Schweizer Exil 1933-1950. Eine Ausstellung des Deutschen Exilarchivs, Wiesbaden 2002.
49 Jakob Tanner, Geschichte der Schweiz im 20. Jahrhundert, München 2015, S. 292-352; Guido Koller, Fluchtort Schweiz. Schweizerische Flüchtlingspolitik (1933-45) und ihre Nachgeschichte, Stuttgart 2018, S. 25-71.

die ersten Deutschlandhilfen wie das humanitäre Hilfswerk Schweizer Spende zustandekamen, aus dem heraus die Schweizerische Kommission für Bücherhilfe noch im Spätsommer 1945 eine Art kulturelle Deutschlandhilfe der Schweiz lostrat. Etwa eine Million Schweizer Franken flossen an die unterschiedlichsten Bibliotheken in den westlichen Besatzungszonen.[50] Eine Frankfurter Exilsammlung, wie sie Eppelsheimer unterbreitete, stellte dennoch aus Sicht eines Emigranten wie Kalenter eine ganz besondere Form der nachträglichen Anerkennung in Aussicht, die noch um 1948, als die Frankfurter Sammlungsidee verfolgt zu werden begann, in der Schweiz so nicht denkbar schien.[51]

Es waren solche, teils ganz ähnlichen, teils sehr diversen Erfahrungen, die namhafte Exilanten bewogen, das Frankfurter Sammelprojekt für Exilliteratur mitzutragen. Man äußerte sich dabei merklich weniger spröde als Eppelsheimer. Im Frühjahr 1950 machte der Schutzverband deutlich, was man sich politisch von der Emigrantenbibliothek erwartete. Es ging nicht nur um eine »Kundgebung für die in Deutschland 1933-1945 verbannte, verbrannte und unterdrückte Literatur und deren geistige Nachfolge«, also um öffentliche Sichtbarkeit des Exils mitten in Westdeutschland. Mit der Emigrantenbibliothek sah sich der Schutzverband vielmehr eine regelrechte Breitseite abfeuern auf »das sich von neuem erfrechende Nazitum«. Die Exilbücher würden zum »Kampfmittel« in den Händen der Remigranten, die sich im Nachkriegsdeutschland auf unwirtlichem Terrain wiederfanden.[52] Dass sie das Projekt der Emigrantenbibliothek mittrugen, begründeten die Exilschriftsteller im Schutzverband damit ungleich politischer und kritischer als die Frankfurter um Eppelsheimer. Anders als dort machte der Schutzverband keinen Hehl aus seinem Unmut über die angespannte Konfliktlage im Literaturbetrieb der frühen Nachkriegszeit.

Sammelnetzwerke

Dennoch kam das Frankfurter Projekt der Emigrantenbibliothek über lange Jahre hinweg nur zögerlich voran. Dabei fielen durchaus praktische Probleme ins Gewicht. Die meisten Exilanten dürften nach 1945 kaum mehr über Mehrfachexemplare ihrer Schriften verfügt haben, und scheuten sich daher, private

50 Markus Schmitz, Die humanitäre und kulturelle Deutschlandhilfe der Schweiz nach dem Zweiten Weltkrieg, in: Antoine Fleury, Horst Möller, Hans-Peter Schwarz (Hgg.), Die Schweiz und Deutschland 1945-1961, München 2004, S. 213-228, hier S. 221.

51 Schulz, Schweiz.

52 Protokoll der Hauptvorstandssitzung des Schutzverbandes vom 21.2.1950, zit nach Asmus, Von der Emigrantenbibliothek, S. 168; Barbara Stambolis (Hg.), Flucht und Rückkehr: deutsch-jüdische Lebenswege nach 1933, Gießen 2020.

Einzelausgaben – noch dazu als unbezahlte Dauerleihgabe – nach Frankfurt zu geben.[53] Ab September 1950 wurde mühselig ein erster Grundstock der Frankfurter Emigrantenbibliothek zusammengetragen. Gesammelt wurden Bücher, Zeitungen, Zeitschriften und handgeschriebene Veröffentlichungen in deutscher Sprache oder Schriften mit Deutschlandbezug in fremden Sprachen, die von rassisch, politisch oder religiös verfolgten Autoren aus der Zeit zwischen 1933 und 1945 stammten.[54] Die ersten umfangreicheren Eingänge vermittelte vor allem der jüdische Exilant Wilhelm Sternfeld von London aus nach Frankfurt, der in der Sammlungsgeschichte ohnehin eine zentrale Rolle spielen sollte.

Die Kampagne des Schutzverbandes verfing unterdessen nur langsam. Bei Walter Fabian, der die Bücher im Namen des Schutzverbandes in Zürich annehmen sollte, gingen erst ab 1951 die ersten Bände ein. Am erfolgreichsten operierte offenbar Eppelsheimer in Frankfurt, der intensiven Briefkontakt zu denjenigen Emigranten pflegte, die sich auf den Sammlungsaufruf gemeldet hatten, und bis 1951 immerhin etwa 100 Monographien erhielt. Bis 1952 kamen insgesamt knapp 430 Titel zusammen, meist Monographien und zu etwa einem Siebtel auch Zeitschriften.[55] Gemessen an diesen nüchternen Anfängen erlebte die Emigrantenbibliothek Anfang der 1950er Jahre einen ersten wichtigen Schub: Die Sammlungskonditionen änderten sich substanziell, seit die Deutsche Bibliothek 1952 in eine selbstständige Stiftung öffentlichen Rechts überführt und nicht länger nur vom Börsenverein des Deutschen Buchhandels und der Stadt Frankfurt, sondern auch vom Land Hessen und der Bundesrepublik Deutschland finanziert wurde. Eppelsheimer siedelte die Leitung der Bibliothek für Emigrationsliteratur ganz oben, bei seinem Stellvertreter Kurt Köster, an und sicherte ihr damit die entsprechende Aufmerksamkeit des Hauses.[56]

Inzwischen standen die Zeichen auch auf stetigen Zuwachs. 1957, als die Deutsche Bibliothek insgesamt etwa 213.300 Monographien und fast 14.000 Zeitschriftenbände einlagerte, zählte man etwas über 3000 Bestandstitel in der Sammlung Exilliteratur. 1959 kalkulierte die *Frankfurter Allgemeine Zeitung* in einem Kurzbericht mit 5178 Titeln.[57] Eppelsheimer quittierte diesen Samm-

---

53 Asmus, Von der Emigrantenbibliothek, S. 170.

54 Johanna [Hanni] Binder, Umlauf für die Deutsche Bibliothek: Emigrantenbibliothek. Arbeitsanweisung, Frankfurt a. M., 20.9.1950, zit. nach Eckert, 35 Jahre Exilliteratur, S. 32.

55 Statistische Übersicht der Erwebungen der Jahre 1950-1952, zit. nach Eckert, 35 Jahre Exilliteratur, S. 38; Walter Fabian an Otto Zimmermann am 25.4.1952, DEADNBF 87/112 NL Fabian; zit. nach Asmus, Von der Emigrantenbibliothek, S. 169.

56 Eckert, 35 Jahre Exilliteratur, S. 46.

57 Statistische Angaben über die Entwicklung und Arbeiten der Deutschen Bibliothek im Jahre 1957, Anhang zum Haushaltsplan für das Rechnungsjahr 1958, HHStaW 504 Nr. 6899; FAZ, 12.12.1959, S. 53 (Sammelstelle deutscher Exilliteratur).

lungsstand im gleichen Jahr mit betont nüchterner Anerkennung und einer neuen ehrgeizigen Selbstverpflichtung der Deutschen Bibliothek zum Exilwissen: was man 1959 erreicht hatte, war »noch kein großartiges Ergebnis«, beschied Eppelsheimer im Licht international ausladender Sammlungen wie der Londoner Wiener Library, mit der die Frankfurter seit den frühen 1950er Jahren Kontakt hattten, und versprach unermüdliche Recherchen und Beschaffungen.[58] 1962 bezifferte Eppelsheimer den Bestand der Frankfurter Emigrantenbibliothek auf 7200 Titel.[59] Bis 1978 kamen die Frankfurter auf einen Sammlungsumfang von 35.671 Schriften. Gemessen am Gesamtumfang der Deutschen Bibliothek von knapp 2,5 Millionen Titeln im gleichen Jahr[60] entfielen auf das Exilarchiv 1978 nur 1,4 Prozent des Frankfurter Bestands. Im Licht des ursprünglich schleppenden Sammlungsbeginns schien der Schriftenzwachs dennoch bemerkenswert. Zumal die Sammlung seither langfristig über die 1970er und 1980er Jahre hinweg nicht nur dem Titelvolumen nach expandierte, sondern auch in neue dokumentarische Tiefenschichten vordrang. Die Frankfurter begannen nämlich, auch den Einzugsbereich für Exilschriften breiter zu definieren. Sie schlossen allmählich alles ein, was nicht nur an sogenannter Belletristik und politischer Publizistik, an kleinen Druckschriften, grauer Literatur, Flugblättern und kleinen Einzelbeiträgen, sondern auch an wissenschaftlichen Veröffentlichungen im Exil zwischen 1933 und 1945 erschienen war.[61]

Darüber hinaus kam dem Projekt langfristig zugute, dass sich der jüdische Publizist Wilhelm Sternfeld (1888-1973) auf Eppelsheimers Seite stellte. Sternfeld hatte Deutschland direkt 1933 verlassen und war, typisch für die vielen Migrationswege des Exils, über Frankreich und die Tschechoslowakei nach Großbritannien gekommen. In den Kriegsjahren war er dort zum seit 1934 von namhaften Schriftstellern wie Lion Feuchtwanger betriebenen P.E.N.-Zentrum deutschsprachiger Autoren im Ausland gestoßen und blieb bis weit über das Kriegsende hinaus federführend aktiv, als das Zentrum seit 1948 weiteroperierte. Sternfeld war bestens in Londoner Exilantenkreisen vernetzt und bewarb dort das Frankfurter Sammlungsprojekt.[62]

---

58 Hanns W. Eppelsheimer, Die Bibliothek der Emigration, in: Börsenverein, Bibliographie, S. 89-90, hier S. 89; Köster an die Wiener Library London, 22.5.1953, ADNBF DDB 1953-65 L.

59 Hanns W. Eppelsheimer, Vorwort, in: Sternfeld, Tiedemann, Exil-Literatur, S. IX-XII, hier S. X.

60 Rolf-Dieter Saevecke, Die Deutsche Bibliothek in Zahlen, in: ders., Bibliothek, S. 193.

61 Noch 1971 waren es fast 13.000 Publikationen mit etwa 6900 Monografien und gut 6000 Zeitschriftenbänden; Asmus, Von der Emigrantenbibliothek, S. 171.

62 Helmut Peitsch, PEN-Zentrum deutschsprachiger Autoren im Ausland, in: Dorothée Bores, Sven Hanuschek (Hgg.), Handbuch PEN: Geschichte und Gegenwart der deutschsprachigen Zentren, Berlin, Boston 2014, S. 411-447; Werner Berthold

Sternfeld trug nicht nur über zehn Jahre hinweg für die Frankfurter Bibliothek die Emigrationsliteratur zusammen, er verröffentlichte 1962 auch Schriften, Viten und Profile der Exilierten in einer umfangreichen Biobibliographie.[63] Die Exilierten erhielten so Namen und Publikationsprofile und wurden systematischer sichtbar als in den meisten vergleichbaren Darstellungen, die in der Bundesrepublik zu diesem Zeitpunkt erhältlich waren.

Nun war Sternfelds Referenzwerk zur Exilliteratur nicht darauf ausgerichtet, eine breite Öffentlichkeit in der Bundesrepublik zu erreichen. Dazu blieb es als reines Nachschlagewerk auch zu sperrig. In der literaturwissenschaftlichen Fachpresse nahm man es aber genau zur Kenntnis. Sie zollte der Veröffentlichung aber ganz unterschiedlich Respekt. Im anglo-amerikanischen Raum ging man mit manchen Recherchefehlern ins Gericht, die sich in den über 1500 Datensätzen der ersten Auflage von 1962 noch fanden. Aber immer würdigten die Rezensenten die immense Kärrnerarbeit, die die Deutsche Bibliothek in Frankfurt und ihre Bibliothek der Emigration hier begonnen hatte, und schlossen dazu in der Regel produktiv auf.[64] Den Kern der Biobibliographie und gleichzeitig auch der Frankfurter Exilsammlung versuchte unterdessen der deutsche Literaturwissenschaftler und Bibliothekar Paul Raabe herauszupräparieren, als er den Band 1965 besprach. Raabe begutachtete die Veröffentlichung der Exilbiobibliographie zum einen professionell als damaliger Leiter der Bibliothek des Deutschen Literaturarchivs in Marbach. Zum anderen beobachtete er, dass sich hinter den wissenschaftlich-spröden Biographien ›tragische Schicksale‹ und wahres »Elend« verbargen, so dass das »Unmenschliche« an den Exilbiographien vor Augen stand.[65]

Tatsächlich unterfütterte Sternfelds Biobibliographie der Exilierten die Frankfurter Exilschriftensammlung. Es ging dann nicht nur darum, zu Unrecht marginalisiertes Schrifttum wieder demonstrativ in den Kulturvorrat Nachkriegsdeutschlands einzuspeisen. Die nach 1933 Zwangsexilierten sollten jetzt über ihre Publikationen doppelt sichtbar werden: als Kollektiv der Entrechteten, aber

u.a. (Hgg.), Der deutsche PEN-Club im Exil: 1933-1948. Eine Ausstellung der Deutschen Bibliothek Frankfurt am Main, Frankfurt a.M. 1980; ders., Günther Pflug, Walter Jens, Reden zur Eröffnung der Ausstellung »Der Deutsche PEN-Club im Exil 1933-1948«, in: Werner Berthold u.a. (Hgg.), So viele Bücher, so viele Verbote, Frankfurt a.M. 1981.

63 Sternfeld, Tiedemann, Exil-Literatur; Busch, Combrink, Doppelleben.

64 Ulrich Weisstein, Rezension von Sternfeld, Tiedemann, Exil-Literatur, in: Books Abroad 38.1 (1964), S.52-53; Robert E. Cazden, Rezension von Sternfeld, Tiedemann, Exil-Literatur, in: The Library Quarterly: Information, Community, Policy 33.3 (1963), S.283-284.

65 Paul Raabe, Rez. von Sternfeld, Tiedemann, Deutsche Exil-Literatur 1933-1945, Heidelberg 1962, in: Zeitschrift für Bibliothekswesen und Bibliographie 12.2 (1965), S.109-112.

zugleich auch als gewichtige intellektuelle Persönlichkeiten, die über das Kriegsende hinaus dauerhaft bedeutsam blieben.

Entscheidenden Auftrieb verschaffte neben Sternfeld allen voran auch der in Schweden exilierte Hamburger Jude und Literaturwissenschaftler Walter A. Berendsohn dem Frankfurter Sammlungsprojekt. 1953 veräußerte er seine Sammlung von etwa 160 Bänden Exilliteratur an die Frankfurter und stockte sie später um etwa 2000 handschriftliche Dokumente auf.[66] Diese Unterstützung war bares symbolisches Startkapital für ein bis dahin noch ganz unscheinbares Projekt. Denn Berendsohn zählte zu diesem Zeitpunkt schon gut und gerne zu den Doyens des literarischen Exils. Er hatte noch im Krieg die Bestände der Pariser Deutschen Freiheitsbibliothek bibliographisch erschlossen und, was schwerer wog, schon 1946 eine erste Gesamtdarstellung zur Literatur des Exils bei einem Züricher Verlag vorgelegt.[67] Zudem war Berendsohn hervorragend international vernetzt und arbeitete unter anderem im Umfeld des Londoner Royal Institute of International Affairs an den großen Bestandsaufnahmen mit, die dort die Flüchtlingsproblematik dokumentieren sollten.[68] Mit Berendsohns Studie von 1946 war zugleich ein früher, wenn auch nicht unumstrittener Kammerton gesetzt, der in der später entstehenden Exilforschung nachhallte. Das publizistische Exil, so unterschiedlich die einzelnen Autoren sich auch positioniert haben mochten, sahen die Wissenschaftler später mit Berendsohn in einer »humanistischen Front« gegen Hitler und leiteten daraus auch die unhintergehbare historische Würde der Verfolgten ab.

Als zentrale Figur in der Sammelgeschichte der Deutschen Bibliothek illustrierte Berendsohn besonders deutlich, wie ambivalent die Akteursrolle vieler Emigranten im Frankfurter Geschehen blieb. Zum einen verkörperte er beispielhaft, wie die Exilliteratursammlung der Deutschen Bibliothek in Frankfurt im engen Zusammenspiel von Bibliotheksleitung und renommierten Exilliteraten und Exilwissenschaftlern zustandekam. Zeitgenössisch und nachträglich hat man darauf in Frankfurt gerne hingewiesen. Die Emigrantenbibliothek sollte auch öffentlich als partizipatives Projekt gelten. Gedacht war zugleich an eine demonstrative Frankfurter Replik auf Leipzig: Man operierte nicht nur unter ganz anderen politischen Rahmenbedingungen als die Leipziger Deutsche Bücherei. In Frankfurt band man die Exilanten anders als dort auch ein und stauchte die Exilüberlieferung gleichzeitig nicht auf ein staatskonformes, im Osten kom-

---

66 Frank Wende, Die Emigrantenbibliothek, in: Fischer, Kieser, Eppelsheimer, S. 44-50.
67 Walter A. Berendsohn, Fünf Jahre freies deutsches Buch. Gesamtverzeichnis der freien deutschen Literatur 1933-1938, Paris 1938; ders., Die humanistische Front, Teil 1. Von 1933 bis zum Kriegsausbruch 1939, Zürich 1946 und Repr. 1978; Teil 2 Vom Kriegsausbruch 1939 bis Ende 1946, Worms 1976.
68 Claus-Dieter Krohn, Exilforschung, Version: 1.0, in: Docupedia-Zeitgeschichte, 20.12.2012 http://docupedia.de/zg/krohn_exilforschung_v1_de_2012 DOI: http://dx.doi.org/10.14765/zzf.dok.2.253.v1.

Abb. 6   Der Leiter der Exilschriftensammlung der Deutschen
Bibliothek, Werner Berthold, die Exilpublizisten Walter A.
Berendsohn und Wilhelm Sternfeld sowie der Generaldirektor der Deutschen Bibliothek Kurt Köster (v. l. n. r.) vor dem
Bibliotheksgebäude anlässlich der Eröffnung der Ausstellung »Exil-Literatur 1933-1945« am 27. Mai 1965 in der Deutschen Bibliothek, Frankfurt am Main

munistisch definiertes Profil zusammen.[69] Berendsohn handelten die Frankfurter ein Stück weit auch als Gewährsmann für eine eigene westliche Integrität der
Exilliteratursammlung in der Bundesrepublik.

Zum anderen stand Berendsohns Vita allerdings auch für die nach wie vor
sehr engen Grenzen, in denen das Exil jenseits der Frankfurter Sammlung im
breiteren gesellschaftlichen Gesamtklima der jungen Bundesrepublik gewürdigt

69 Werner Berthold, Exil-Literatur der Jahre 1933-1945 in der Deutschen Bibliothek,
Frankfurt a. M., Wiesbaden 1996; Hanns W. Eppelsheimers »Emigrantenbibliothek« in ihrem 25. Jahr, in: ders., Exilliteratur und Exilforschung. Ausgewählte Aufsätze, Vorträge und Rezensionen, Wiesbaden 1996, S. 75-91, hier S. 76; Exil-Literatur Ausstellung 3. Auflage 1967, S. 12.

wurde. Zwar erhielt Berendsohn im gleichen Jahr 1953, in dem er die Frankfurter Sammlungsanfänge mit ermöglichte, seinen akademischen Grad als außerplanmäßiger Professor zurück. Die Nationalsozialisten hatten ihm die akademische Würde direkt 1933 aberkannt – ebenso wie sie sämtliche jüdischen und politisch unerwünschten Bibliothekare, Wissenschaftler und andere Funktionsträger flächendeckend diffamiert und aus ihren Positionen vertrieben hatten.[70] Faktisch hielt man Berendsohn allerdings in der Bundesrepublik trotzdem noch Jahrzehnte lang davon ab, seine akademische Arbeit vor Ort wiederaufzunehmen. Die Universität Hamburg rehabilitierte ihn erst ein Jahr vor seinem Tod in Schweden 1984.[71] Damit blieb, eines von vielen Beispielen missglückter Remigration, einem der wichtigsten Mitinitiatoren der Frankfurter Exilbibliothek lange Jahre eine fachliche und breitere öffentliche Anerkennung in Westdeutschland noch fast 30 Jahre nach Kriegsende weitgehend versagt.

Grenzen

In der frühen Sammelphase stieß die Kooperation, von der die Deutsche Bibliothek entscheidend profitierte, auch an andere Grenzen. Sowohl Berendsohn als auch Sternfeld ließ man nicht immer auf Augenhöhe mitentscheiden. Dass sie wie eine ganze Reihe bedeutender Exilanten der Frankfurter Sammlung dazu verhalfen, in die Gänge zu kommen, vermittelte ihnen kein automatisches Planungsrecht. So trug sich Sternfeld in den 1950er Jahren mit Ideen, die deutlich ausgreifender waren als die frühe Frankfurter Emigrantenbibliothek dieser Jahre. Sternfeld wünschte sich ein »Zentralarchiv der deutschen Emigration«, das als Umschlagplatz einer internationalen Emigrationsexpertise gedacht war und eine globale Emigrationsdynamik vor Augen führen sollte. Akten des Hochkommissariats für Flüchtlingswesen beim Völkerbund, aus den Internierungslagern für Flüchtlinge in Europa und aus der Phase der »Heimkehr« zählte er ausdrücklich hinzu. Daran gemessen betrachtete Sternfeld das Frankfurter Sammlungsmodell durchaus auch skeptisch. Es könne museal und eingekapselt wirken, befürchtete er gelegentlich.[72]

70 Michael Grüttner, Sven Kinas, Die Vertreibung von Wissenschaftlern aus den deutschen Universitäten 1933-1945, in: VfZ 55.1 (2007), S. 123-186; Inge Hansen-Schaberg, Hiltrud Häntzschel (Hgg.), Alma Maters Töchter im Exil: zur Vertreibung von Wissenschaftlerinnen und Akademikerinnen in der NS-Zeit, München 2011.
71 Doerte Bischoff, Die jüdische Emigration und der Beginn einer (trans-)nationalen Exilforschung: Walter A. Berendsohn, in: Rainer Nicolaysen (Hg.), Auch an der Universität – Über den Beginn von Entrechtung und Vertreibung vor 80 Jahren, Hamburg 2014, S. 53-76; Rausch, Sammeln.
72 Wilhelm Sternfeld, Archiv der Emigration, in: Die Neue Zeitung, 25.1.1950, S. 5 (Die amerikanische Zeitung in Deutschland, München), zit. nach Eckert, 35 Jahre Exilliteratur, S. 27.

Langfristig gesehen gab die weitere Entwicklung der Frankfurter Sammlung Sternfelds Kritik nachträglich Recht. Denn in den frühen 1970er Jahren sollte der Leiter des Frankfurter Exilliteraturarchivs in der Deutschen Bibliothek, Werner Berthold, Bestände erwerben, die nicht nur auf das literarische Erbe zielten, sondern auch auf die soziale und politische Lebenswirklichkeit des Exils. Inzwischen dokumentierte man im Exilarchiv auch die Arbeit von internationalen Fluchthilfeorganisationen und verbreitete die Überlieferung damit genau in die Richtung, die Sternfeld fast genau 20 Jahre zuvor schon vorgeschwebt hatte.[73]

Dass es kooperative Grenzen gab, zeigte sich auch mit Blick auf Berendsohn. Denn letztlich rezipierten die Frankfurter auch Berendsohns Initiativen nur halb. Lange schlug man seinen früh geäußerten Plan in den Wind, die Emigrationsliteratur in enger Verbindung mit einer eigens eingerichteten Forschungsstelle zu verbinden. Die Frankfurter um Eppelsheimer blockten die Idee wiederholt ab. Dabei verwiesen sie nicht nur auf fehlende Mittel, sondern auch darauf, dass sich für Exilforschung kein öffentliches Interesse abzeichnete.[74]

Außerhalb der skizzierten Konstellationen arbeiteten Exilanten in der Geschichte der Emigrantenbibliothek nicht nur als gut vernetzte Exilschriftsteller der Deutschen Bibliothek zu. Sie spielten in der frühen Geschichte der Frankfurter Bibliothek für Emigrationsliteratur mitunter auch als Buchhändler und Antiquare eine zentrale Rolle. Zu ihnen zählten, über die Schweiz nach New York geflohen, unter anderem die jüdische Buchhändlerin und Verlegerin Mary (Marie) S. Rosenberg genauso wie der 1933 über die Niederlande nach Israel emigrierte Buchhändler und Antiquar Walter Zadek (1900-1992).[75] Exilpublikationen, -verlage und vor allem Autographen aufzutun, auf den antiquarischen Markt zu bringen, gegenüber Interessenten wie der Frankfurter Exilschriftensammlung zu taxieren und zu verkaufen, entsprach zunächst ihrem wohlverstandenen ökonomischen Interesse. Damit mischte sich zugleich ein besonderes professionelles Selbstbewusstsein. Zadek etwa, der eine unbändige internationale Rechercheaktivität entfaltete, sah sich als Restaurator kriegszerstörter Texte und Manuskripte, wollte Kultur- und Wissensreservoirs sichern, die der jungen Bundesrepublik andernfalls verloren gingen.[76] Diese Rolle spielte er auch, wenn er

73 Vgl. dazu weiter unten in diesem Kapitel.
74 Hanns W. Eppelsheimer an Walter A. Berendsohn am 4.12.1954 und Eppelsheimer an Berendsohn am 18.12.1954, z.T, abgedruckt in: Eckert, 35 Jahre Exilliteratur, S. 62-63 und S. 66-67.
75 Elfi Hartenstein, »Es ist ja nicht so schwierig, wenn man es erst einmal anpackt«. Mary S. Rosenberg, Buchhändlerin, in: dies., Jüdische Frauen im New Yorker Exil. 10 Begegnungen, Dortmund 1999, S. 84-96; Sylvia Asmus, Kathrin Massar, Was kostet Exil? Überlegungen zum Wert und zur Preisgestaltung der Werke und Zeugnisse des Exils 1933-1945, in: Exilforschung 33 (2015), S. 264-284, hier S. 271-276.
76 DEADNBF 87/089 NL Walter Zadek; Benjamin, Uri [d. i. Walter Zadek], Der Antiquar und die Exilliteratur, oder: der noch unentdeckte Anteil des Buchhandels am

während der Buchmesse 1971 sein Frankfurter Bücherlager mit Tausenden von Exilliteratur-Titeln zur Besichtigung öffnete.[77] So operierte eine ganze Gruppe exilierter Antiquare, die sich nach 1945 darauf spezialisierte, die jetzt allmählich wieder gesuchte Exilliteratur im Nachkriegsdeutschland anzubieten, verbotene Exilerfahrung und literarisches Exilwissen wiederzubeschaffen. Sie handelten als Buchexperten und Übermittler der jetzt gesuchten Exilschriften und spürten auch unbekanntere Veröffentlichungen oder Verlage und deren Primärdrucke auf.[78]

Eine besondere Spezies des Emigranten schien dagegen nicht die Frankfurter Emigrantenbibliothek zu beliefern. Die Rede ist vom weithin sichtbaren kommunistischen Buchhändler und Antiquar Theo Pinkus. Pinkus hatte sich 1933 in Berlin vor den Nationalsozialisten in Sicherheit bringen können, indem er nach Zürich ging und dort zu einer schillernden Figur des antiquarischen Buchhandels wurde.[79] Mitunter operierte er in einer Grauzone, in die selbst oder gerade die verfolgten Exilantiquare geraten konnten. Denn Ende der 1930er und in den frühen 1940er Jahren hatte er seine Bestände auch mit sogenanntem Fluchtgut gefüllt, das er jüdischen Eigentümern abkaufte, die sich gezwungen sahen, ihre Bücher im Schweizer Transitland zu veräußern, bevor sie – oft in die USA – weiterflohen.[80] Hier profitierte der Exilant indirekt von den Effekten, die das NS-Verfolgungs- und Enteignungsregime für die Exildrehscheibe Schweiz zeitigte.

Aufbau der seltenen Sammlungen, in: Börsenblatt für den Deutschen Buchhandel 137 (1949), S. 82-84, zit. nach Asmus, Massar, S. 272.

77 Berendsohn, Flüchtlinge, S. 156; Ernst Fischer, Der Buchhandel im deutschsprachigen Exil 1933-1945 (Geschichte des deutschen Buchhandels im 19. und 20. Jahrhundert Bd. 3. Drittes Reich und Exil, Teil 3), Berlin, Boston 2021, zwei Bände, und ders., Verleger, Buchhändler und Antiquare aus Deutschland und Österreich in der Emigration nach 1933: ein biographisches Handbuch, Berlin ²2020 (Geschichte des deutschen Buchhandels im 19. und 20. Jahrhundert B. 3. Drittes Reich und Exil; Teil 3, Supplement Exilbuchhandel).

78 Björn Biester, Deutsch-deutsche Büchergeschäfte 1945-1989. Anmerkungen zur Rolle des Antiquariatsbuchhandels, in: Daniela Lülfing (Hg.), Netzwerk Bibliothek, 95. Deutscher Bibliothekartag in Dresden 2006, Frankfurt a.M. 2007, S. 249-257; Felicitas Grützmann, Jüdische Bibliophilie und deutscher Ordnungssinn, Der Beitrag deutsch-jüdischer Emigranten zum Aufbau eines Archiv- und Bibliothekswesens in Palästina/Israel, in: Kotowski, Kulturerbe, S. 328-336.

79 Studienbibliothek zur Geschichte der Arbeiterbewegung Zürich (Hg.), Erinnern und ermutigen. Hommage für Theo Pinkus, Zürich 1992.

80 Esther Tisa Francini, Anja Heuss, Georg Kreis, Fluchtgut-Raubgut. Der Transfer von Kulturgütern in und über die Schweiz 1933-1945 und die Frage der Restitution, Zürich 2001, 23-28; Anja Heuß, Sebastian Schlegel, ›Fluchtgut‹: eine Forschungskontroverse, in: Franziska Bomski, Hellmuth Th. Seemann, Thorsten Valk (Hgg.), Spuren suchen: Provenienzforschung in Weimar, Göttingen 2018, S. 203-228.

Solche Strategievorteile rettete Pinkus auch über das Kriegsende hinweg. Nach 1945 reaktivierte er schnell seine Vorkriegskontakte zu Buchhändlern, Verlegern und Autoren und konnte das Sortiment zügig für einen international tätigen Versandhandel aufbauen. Was antifaschistische Literaten wie namentlich Anna Seghers oder Egon Erwin Kisch veröffentlichten, interessierte ihn so sehr, dass er weltweite, im konkreten Fall etwa lateinamerikanische Kanäle nutzte, um die Publikationen einzukaufen.[81] Unter anderem als Vertreter des Berliner Aufbau Verlags in der Schweiz verfügte Pinkus, der seit Jahren einen florierenden Büchersuchdienst betrieb und Mitglied des Börsenvereins der Deutschen Buchhändler zu Leipzig war, offenbar auch über besonders gute Kontakte zur Leipziger Deutschen Bücherei. Aus deren Doublettenvorräten erwarb er noch in den späten 1940er Jahren Bücher.[82] Daneben brachte Pinkus von regelrechten Bücherexpeditionen vor allem in die Tschechoslowakei Ende der 1940er Jahre viele hundert Bücher mit, die er in diversen Bücherlagern zwangsenteigneter Juden aufspürte. Zudem gab Pinkus eigene Antiquariatskataloge heraus und erfasste und verlegte bevorzugt sozialistische und kommunistische Schriften. Er trat als Wissensmanager mit ganz eigener politischer Mission auf, für die er in den voranschreitenden 1960er Jahren allemal in der studentischen Linken sein Publikum fand.[83] Ob die Frankfurter Emigrantenbibliothek hier gezielt eine Grenze zog oder sich der Kontakt nicht ergab, scheint unklar.

6.3 Sammeln als politischer Akt

Distanzen

Sammlungstechnisch konnte das Frankfurter Projekt der Emigrantenbibliothek seit den 1950er Jahren Fahrt aufnehmen. Der Aufruf des Schutzverbandes hatte unter einer ganzen Reihe von Exilanten einen Spendenrücklauf erzeugt, und seitdem die Deutsche Bibliothek 1952 als Stiftung öffentlichen Rechts finanziell gesicherter dastand, konnte sie auch zumindest in bescheidenem Umfang Exillite-

---

81 Theo Pinkus, Wiedersehen mit dem deutschen Buchhandel, in: Der Schweizer Buchhandlungsgehilfe 5-6 (1948), S. 144.
82 Abkommen zwischen Büchersuchdienst Pinkus & Co., Zürich und der Leipziger Kommissions- und Großbuchhandels-Ges.m.b.H., in: Börsenblatt für den Deutschen Buchhandel 45 (1948), S. 917; Erich Keller, Theo Pinkus und die Produktion linken Wissens in Europa in der zweiten Hälfte des 20. Jahrhunderts, in: Historische Anthropologie 26.2 (2018), S. 126-148, hier S. 136-138.
83 Theo Pinkus (Hg.), Gespräche mit Herbert Marcuse, Hamburg 1967.

ratur ankaufen.[84] So steigerte man zwischen 1950 und 1960 den Bestand von 155 auf fast 2.500 Bände und von neun auf rund 3770 Zeitschriften.[85] Dem Umfang nach blieb die Sammlung damit gemessen am Gesamtbestand (fast 60.000 Bände 1950 und deutlich über 250.000 Bände 1960) klein. In den 1950er Jahren fiel sie auch nicht wirklich auf. Erst eine Dekade später sollten gesellschaftspolitische Diskursdynamiken und ihr neuer Kurator der Emigrantenbibliothek eine neue öffentliche Sichtbarkeit verleihen.

Dass Köster, was die Emigrantenbibliothek anging, dagegen eher unsichtbar schien, hatte wohl auch mit den gesellschaftspolitischen Stimmungslagen der 1950er Jahre in der Bundesrepublik zu tun. Wie die Westdeutschen sich mehrheitlich der Auseinandersetzung mit dem NS verweigerten, so wollten sie in aller Regel auch nichts vom Exil wissen.[86] Auch musste das Projekt, dessen Bestand lange klein blieb, selbst in Emigrantenkreisen erst Kredibilität anhäufen.

Das scheinen freilich nicht die einzigen Gründe dafür, dass die Emigrantenbibliothek zwischen 1953 und 1958 in der Deutschen Bibliothek nur mitlief und wenig exponiert erschien. Begründet lag das auch in der Person ihres nominell ersten Kurators Kurt Köster (1913-1986). Denn Köster blieb in dieser Hinsicht fast unsichtbar. Wo Eppelsheimer selbst als unter einigen Exilanten anfänglich umstrittene Figur der wichtigste Impulsgeber auf Bibliotheksseite blieb, wuchs Köster in den 1950er Jahren nie so richtig in eine Kuratorenrolle hinein. Dabei spielte sein Weg in den westdeutschen Nachkrieg und in die Deutschen Bibliothek eine wichtige Rolle.

In der Deutschen Bibliothek war Köster 1950 angelandet. Dass er sie ab 1959 und bis 1975 als Eppelsheimers Nachfolger leiten sollte, stand da noch lange nicht fest. Denn zunächst hatte sich Köster seit 1930 an der Pädagogischen Akademie zu Frankfurt am Main zum Volksschullehrer ausbilden lassen und war nach entsprechenden Examen 1932 und 1937 bis 1938/39 im Lehramt geblieben.[87] Zwischen 1939 und 1942 hatte er umgesattelt und in Frankfurt und München Geschichte, Historische Hilfswissenschaften und Germanistik studiert. Vom Militärdienst ab Anfang September 1942 unterbrochen, schloss er am 12. Februar 1944 in Frankfurt seine Promotion an der Universität Frankfurt in mittelalterlicher Geschichte ab. Seine akademische Ausbildung und frühe Karriere absolvierte Köster damit unter den Bedingungen der »völkisch« durch-

84 Berthold, Exil-Literatur, S. 79; Mitteilungen des Schutzverbandes deutscher Schriftsteller in der Schweiz an Mitglieder und Freunde, Zürich, November 1949; photographisch abgedruckt in: Eckert, 35 Jahre Exilliteratur, S. 2-4.

85 Köster, Deutsche Bibliothek, S. 181.

86 Norbert Frei, Vergangenheitspolitik. Die Anfänge der Bundesrepublik und die NS-Vergangenheit, München 2012, S. 7-24.

87 Kurt Köster: Lebenslauf, UAF 4 (Universitätsarchiv Frankfurt a.M., Akten des Rektors), 2512 Kurt Köster 1946-1975, Bl. 95-100.

herrschten Wissenschaft.[88] Dazu passte kaum, dass er nach 1945 geltend machte, den Karrierewechsel aus dem Schuldienst in die Wissenschaft vollzogen zu haben, weil er sich der NS-»Irrlehre« habe entziehen wollen,[89] denn dafür bot auch die Forschung keine Nische. Bei alledem hatte Köster sich angepasst, ohne sich zu exponieren.[90] Das passte auch zur Haltung seines Doktorvaters Paul Kirn in Frankfurt. Der arrangierte sich mit dem NS, spürte mitunter »völkische[m] Fühlen im Mittelalter« nach und suchte den mittelalterlichen Staat auf das Führerprinzip ab. Aber weder trat Kirn aktiv in die Partei ein, noch diente er sich dem Regime mit dem gleichen Ehrgeiz an, den viele seiner Historiker-Kollegen an den Tag legten.[91]

Sobald Köster noch im Juni 1945 aus der Kriegsgefangenschaft freigekommen war, hatte er sich zügig bis 1948 in historischen Hilfswissenschaften habilitiert und versuchte in den unmittelbaren Nachkriegsjahren erfolglos, in der Profession Fuß zu fassen. Dabei war er, wiewohl NSDAP-Mitglied ohne Aufnahmegesuch und Parteibuch seit 1.5.1937 und in seinen Studienjahren Mitglied im NS-Studentenbund 1939 bis 1942, Mitglied in der NS-Volkswohlfahrt 1935 bis 1939 und im NS-Lehrerbund NSLB bis 1939, im Spruchkammerverfahren als entlastet eingestuft und per Zeugenaussagen rehabilitiert worden.[92]

Für die Deutsche Bibliothek, die ihn, ganz ohne bibliothekarische Spezialausbildung, erstmals seit Winter 1950 anstellte, hatte sich Köster zunächst aus ökonomischem Pragmatismus in Zeiten der Knappheit entschieden, nachdem selbst namhafte Fürsprachen ihm jedenfalls am Historischen Seminar der Universität Frankfurt keine dauerhafte Stelle eintrugen. Als Dekan der Philosophischen Fakultät und später Rektor der Universität setzte sich Max Horkheimer 1950 und 1952 wiederholt für einen Lehrauftrag des Privatdozenten Köster ein. Weil Kös-

88 Flachowsky, Hachtmann, Schmaltz, Ressourcenmobilisierung.

89 Urteil der Spruchkammer 132 Frankfurt am Main aufgrund des Gesetzes zur Befreiung vom Nationalsozialismus und Militarismus vom 2.8.1947, UAF 4, 2512, Bl. 104; Kurt Köster: Lebenslauf, UAF 4, 2512, Bl. 96.

90 Kurt Köster an den Staatsarchivdirektor Georg Wilhelm Sante, Mitglied des Kuratoriums der Deutschen Bibliothek, am 15.3.1954, HHStAW 54 Nr. 6898, Bl. 490-491.

91 Carsten Kretschmann, Einsatz für Deutschland? Die Historiker Walter Platzhoff und Paul Kirn im »Dritten Reich, in: Jörn Kobes, Jan-Otmar Hesse (Hgg.), Frankfurter Wissenschaftler zwischen 1933 und 1945, Göttingen 2008, S. 5-32; Heribert Müller, »Im Übrigen trägt er ein sehr weltfremdes Gepräge; er ist unberührt vom Für oder Wider einer politischen Einstellung.« Der Frankfurter Historiker Paul Kirn, in: Evelyn Brockhoff, Bernd Heidenreich, Michael Maaser (Hgg.), Frankfurter Historiker, Göttingen 2017, S. 81-104.

92 Kurt Köster, Meldebogen auf Grund des Gesetzes zur Befreiung vom Nationalsozialismus und Militarismus, 5.3.1946, UAF 4, 2512, Bl. 106; Urteil der Spruchkammer 132 Frankfurt am Main über Kurt Köster aufgrund des Gesetzes zur Befreiung vom Nationalsozialismus und Militarismus vom 2.8.1947, UAF 4, 2512, Bl. 104.

ter lediglich eine schmale »Kriegsbeschädigtenrente« bezog, sollte ihm so aus einer »außerordentlichen Notlage« herausgeholfen werden.[93] Zumindest aus der Sicht seiner akademischen Fürsprecher erschien Kösters Stelle an der Deutschen Bibliothek seit Winter 1950 zunächst eher eine Belastung für den habilitierten Historiker.[94] Tatsächlich blieb Köster die Anbindung an die Universität wichtig, selbst nachdem ihn Eppelsheimer schon kaum zwei Jahre nach seiner Einstellung zu seinem Stellvertreter an die Spitze der Deutschen Bibliothek ernannte. 1955 wurde ihm eine außerplanmäßige Professur zuerkannt, von der er sich freilich, vor allem seit er 1959 Eppelsheimers Nachfolge als Bibliotheks-Direktor übernommen hatte, wiederholt beurlauben ließ.[95]

Wie sich Köster unter diesen Bedingungen in der Deutschen Bibliothek oder noch konkreter im Blick auf die Emigrantenbibliothek aufstellte, gab er nicht ausführlich zu Protokoll. Seine Veröffentlichungen als Repräsentant der Deutschen Bibliothek verrieten darüber nichts.[96] Dagegen fiel in seiner 1947 verfassten kurzen biographischen Studie über den niederländischen Kulturhistoriker Johan Huizinga zweierlei auf.[97] Zum einen ordnete sich Köster damit der Diskussionsplattform Europa-Archiv zu, bei der er zwischen 1946 und 1948 mitarbeitete und in deren Buchreihe die Studie erschien.[98] Wie auch immer Köster vor 1945 zum NS gestanden hatte, bewegte er sich hier jedenfalls in einem Umfeld, in dem man sich vom NS abkehrte. Stattdessen erörterte man dort ausgesprochen europaorientiert und mit fachwissenschaftlichem Anspruch die neuen außenpolitischen Optionen des westlichen Deutschland nach der Dikta-

93 Max Horkheimer an den Hessischen Minister für Erziehung und Volksbildung am 30.11.1950 und Horkheimer an den Hessischen Minister für Erziehung und Volksbildung, 15.12.1950, HHStAW 504 Nr. 10873, Bl. 2 und 3; Empfehlungsschreiben von Kirn für Köster an den Dekan der Philosophischen Fakultät der Universität Frankfurt a. M. vom 1.6.1949, UAF 4, 2512, Bl. 86.

94 Vossler am 25.1.1952 an den Hessischen Minister für Erziehung und Volksbildung, befürwortend weitergereicht von Horkheimer, HHStAW 504 Nr. 10873, Bl. 4; Köster an den Rektor der Universität Frankfurt am 15.12.1950, UAF 4, 2512, Bl. 80.

95 Antragsschreiben des Dekans der Philosophischen Fakultät an den Hessischen Minister für Erziehung und Volksbildung vom Februar 1955, HHStAW 504 Nr. 10873, Bl. 10-12, und Bestätigung des Universitätsrektors vom 1.3.1955, ebd., Bl. 15. 1971 wurde die außerplanmäßige in eine geschichtswissenschaftliche Honorarprofessur umgewandelt, Ernennungsschreiben vom 6.7.1971, HHStAW 504 Nr. 10873, Bl. 28.

96 Bibliographie der Veröffentlichungen von Kurt Köster, in: Günther Pflug (Hg.), Bibliothek, Buch, Geschichte, Frankfurt a. M. 1977, S. 583-596.

97 Kurt Köster, Johan Huizinga (1872-1945). Mit einer Bibliographie, Oberursel i. Taunus 1947 (Bibliographische Reihe des Europa-Archivs), S. 1; Herman Liebaers, Anekdotisches zu Kurt Köster und zur Erwerbung mittelniederländischer Handschriften für die Köngliche Bibliothek Albert I. Brüssel, in: Eckert, Friesenhahn, Pflug, Bibliothek, S. 2-14, hier S. 2.

98 Bibliographie der Veröffentlichungen von Kurt Köster, S. 592.

tur. Hinter der Halbmonatsschrift »Europa-Archiv« stand der großbürgerliche Intellektuelle Wilhelm Cornides, der sich am angloamerikanischen Vorbild renommierter Politikberatungsagenturen und außenpolitischer Think-Tanks orientierte. Das Europa-Archiv sollte auf breiter Dokumentenbasis wissenschaftliche Politikanalysen statt Systempropaganda anbieten. Es ging darum, die deutschen Nachkriegseliten für das europäische »Neuland« anzuwerben, in dem Cornides alternativlos die deutsche Zukunft erkannte. Das Archiv, wohl in erster Linie von Exilanten zur Kenntnis genommen, kam bis 1946/47 auf bescheidene 12.000 Monatsexemplare. Mit überregionalen Tageszeitungen konnte es sich naturgemäß nicht messen und erschien doch lange bevor beispielsweise die *Frankfurter Allgemeine Zeitung* erst im Winter 1949 erstmals vorlag.[99] Allerdings beteiligte sich Köster an den tagespolitischen Debatten über das noch ganz unkonturierte politische Europabewusstsein der Westdeutschen seiner Tage nicht erkennbar.[100]

Im Huizinga-Buch thematisierte Köster zum anderen seinen Protagonisten als einen Autor, der von den nationalsozialistischen Besatzern der Niederlande desavouiert, inhaftiert und der Universität Leiden verwiesen, 1945 noch kurz vor Kriegsende im besetzten Land verstorben war.[101] Freilich blieb Köster dabei ganz defensiv. Er wollte Huizinga ausdrücklich für seine »europäische Kulturverantwortung« würdigen, aber weder kritisch besprechen noch ›einordnen‹.[102] Umgekehrt war Huizinga gerade einmal zwei Jahre nach Weltkriegsende in Deutschland bis dahin so noch nicht gewürdigt worden. Dass Kösters Huizinga-Deutung 1947, so defensiv sie blieb, gegen den Comment konservativer Historiker zu verstoßen schien, sprach dafür, dass Köster vorsichtig eigene Akzente setzte.

Kritik an seinem Buch aus der historischen Nachkriegszunft spiegelte jedenfalls die angespannt national-konservative Grundhaltung der älteren deutschen Kollegen wider. Der Historiker Willy Andreas etwa fand, Köster habe es versäumt, klarzustellen, dass ›deutsche Persönlichkeiten‹ Huizinga geholfen hät-

99 Wilhelm Cornides, Leitfaden für den Leser, in: Europa-Achiv 1 (1946), S. 1-2; ders., Zur Begriffsbestimmung unserer Arbeit, in: ebd. 4 (1947), S. 481-482; Daniel Eisermann, Außenpolitik und Strategiediskussion. Die Deutsche Gesellschaft für Auswärtige Politik 1955-1972, München 1999, S. 21-47.

100 Vanessa Conze, Das Europa der Deutschen. Ideen von Europa in Deutschland zwischen Reichstradition und Westorientierung (1920-1970), München 2005; Axel Schildt, Zwischen Abendland und Amerika, München 1999.

101 Christoph Strupp, Johan Huizinga. Geschichtswissenschaft als Kulturgeschichte, Göttingen 2000.

102 Köster, Huizinga, S. 1; Philippe Cordez, Spiel und Ernst der ›Buchverfremdung‹. Kurt Köster, die Deutsche Bibliothek und die Objekte in Buchform, in: ders., Julia Saviello (Hgg.), Fünfzig Objekte in Buchform. Vom Reliquiar zur Laptoptasche, Emsdetten, Berlin 2020, S. 10-15.

ten, »aus dem Geisellager« zu entkommen.[103] Diese eigentümliche Korrektur erklärte sich wohl eher biographisch als wissenschaftlich. Andreas war schlechter als andere über das Kriegsende hinweggekommen. Da er Mitglied mehrerer nationalsozialistischer Organisationen an der zu ganz überwiegenden Teilen NS-nahen Universität Heidelberg war, hatten ihn die alliierten Besatzungsstellen 1945 von seiner Professur entfernt, obwohl ihm ein Spruchkammerurteil bestätigte, nicht NS-belastet gewesen zu sein.[104] Die biographische Kerbe in seiner Vita schien Andreas' Blick zu lenken. Beim Blick auf Kösters Huizinga-Buch sprach aus Andreas wohl auch der waidwunde ehemalige Ordinarius, der die Beeinträchtigungen kleinredete, für die der NS im besetzten Holland verantwortlich gewesen war. An seiner eigenen Huizinga-Expertise hielt Köster demgegenüber fest.[105]

Es ist nicht zu erkennen, ob sich Köster ausgerechnet damit ab 1950 der Deutschen Bibliothek empfahl. Dabei verlief seine Karriere dort sehr zügig. 1950 begann sein schneller Aufstieg; erst Mitarbeiter, rückte er schon 1952 zum stellvertretenden Direktor auf und leitete das Haus als Nachfolger Eppelsheimers bis 1975 als Generaldirektor.[106] Köster mochte über alledem fest auf Frankfurter Nachkriegsboden stehen. Man sah ihn 1954 »auf Einladung des State-Department vom 16. März bis 20. Mai 1954« die USA bereisen »zum Studium des amerikanischen Bibliotheks- und Hochschulwesens«, und war auch sonst an den internationalen Bibliotheksentwicklungen seiner Zeit interessiert.[107] Auch sollte er später in den 1960er Jahren sehr engagiert die technologischen Neuerungen in der Deutschen Bibliothek verfechten.

Über weite Strecken der 1950er Jahre allerdings war schwer zu erkennen, wie Köster sich eigentlich zur Emigrantenbibliothek verhielt. Er verantwortete sie in den 1950er Jahren nur am Rande mit. Erst neben und eher hinter dem neuen Leiter der Abteilung für Exilliteratur Werner Berthold stand Köster in den 1960er Jahren allmählich mehr für das Exil als einem besonderen Bestand der Deutschen Bibliothek ein.

103 Willy Andreas, Rezension von Kurt Köster: Johan Huizinga (1872-1945). Mit einer Bibliographie, Oberursel i. T. 1947, in: HZ 169.2 (1949), S. 340-342.
104 Eike Wolgast, Andreas, Willy, in: Badische Biographien, Stuttgart 1987, S. 4-7.
105 Johan Huizinga, Geschichte und Kultur. Gesammelte Aufsätze. Ausgewählt und eingeleitet von Kurt Köster, Stuttgart 1954.
106 Hans-Joachim Koppitz, Nachruf auf Kurt Köster, in: Gutenberg-Jahrbuch 62 (1987), S. 367-368; Günther Pflug, Deutsche Bibliothek: Wechsel in der Leitung. Abschied von Prof. Dr. Kurt Köster, in: Börsenblatt für den Deutschen Buchhandel 32 (1976), S. 781-783.
107 Nachricht des Dekanats der Philosophischen Fakultät an den Hessischen Minister für Erziehung und Volksbildung HHStAW 504 Nr. 10873, Bl. 9.

Ostexpertisen

Von Kösters Zurückhaltung hob sich seit 1958/59 der Literaturwissenschaftler und Historiker Werner Berthold deutlich ab. Seine bibliothekarische Biographie brachte die deutsch-deutsche Verflechtungsgeschichte mitten in das Tagesgeschäft der Frankfurter. Berthold erwies sich allemal aus Sicht der Exilschriftensammlung als brain gain der späten 1950er Jahre aus der DDR. Im November 1957 war er, zuvor an der Staatsbibliothek in Ostberlin tätig, nach Frankfurt umgesiedelt. Den Krieg hatte Berthold als Soldat, zwischenzeitlich im Lazarett in der Westukraine und zu Kriegsende als Kriegsgefangener im amerikanisch befreiten, aber seit Sommer 1945 französisch kontrollierten Saarland erlebt.[108] Nach seiner Rückkehr ins erst amerikanisch und dann sowjetisch besetzte Vogtland folgten neue Zugeständnisse, wie Berthold später angab – jetzt an ein anderes Regime: Am Ende seines Studiums von 1946 bis 1950 an der Karl-Marx-Universität Leipzig war Berthold nach dem Staatsexamen 1951 nicht zur Promotion zugelassen, weil er kein Parteimitglied war. Er wurde dennoch 1953 promoviert, indem er sich parallel dazu 1951/52 an der Sächsischen Landesbibliothek in Dresden und 1952/53 an der Öffentlichen Wissenschaftlichen Bibliothek in Ost-Berlin zum wissenschaftlichen Bibliothekar ausbilden ließ.[109]

Berthold äußerte später rückblickend, das wachsende »Mißbehagen« in und an der sozialistischen Meinungsdiktatur habe ihn letztlich, wie tatsächlich viele in den 1950er Jahren mit ihm, außer Landes getrieben. Zum einen mißfiel ihm demnach, dass er als Fachreferent für Germanistik, Ästethik und Philosophie die Selbstzensur der Ostberliner Staatsbibliothek gegenüber ihren Nutzern mittragen musste. Zum anderen trieb Berthold der Eindruck um, dass es nur vor der ostdeutschen Staatsgründung einen kurzen politischen Moment gegeben hatte, in dem das Exil als Bereicherung der Kultur wahrgenommen worden war, bevor die DDR und mit ihr auch die großen ostdeutschen Bibliotheken den Exilierten und ihren Schriften die Anerkennung verweigerten, sofern sie nicht dem sozialistischen Credo folgten.[110]

108 Sammlung Werner Berthold, DEADNBF 2001/70; Rainer Möhler, Entnazifizierung in Rheinland-Pfalz und im Saarland unter französischer Besatzung von 1945 bis 1952, Mainz 1992.

109 Harro Kieser, Brita Eckert, Werner Berthold (1921-2017), Bibliothekar und Exilforscher, in: Mitteldeutsches Jahrbuch für Kultur und Geschichte 26 (2019), S. 236-239; dies., Werner Berthold (1921-2017). Wissenschaftlicher Bibliothekar und Mitbegründer der Exilforschung, in: Exil 36.2 (2017), S. 5-20; Werner Berthold, Hanns W. Eppelsheimer. Erinnerung – Reflexion 1990, in: ders., Exilliteratur und Exilforschung, Wiesbaden 1996, S. 61-69, hier S. 61-62.

110 Werner Berthold, Exil-Literatur der Jahre 1933-1945 in der Deutschen Bibliothek, Frankfurt/Main, in: ders., Exilliteratur und Exilforschung, Wiesbaden 1996, S. 75-

Egal, wie verlässlich Bertholds autobiographische Rückblicke ausfielen: sobald er sich mit dem Gedanken trug, die DDR zu verlassen, bot sich ihm in den 1950er Jahren aller Anlass zu »Mißbehagen«. Schließlich hatte die ostdeutsche Regierung bereits Anfang der 1950er Jahre begonnen, die sogenannte »Republikflucht« zu kriminalisieren und strafrechtlich zu ahnden. Im Jargon der ostdeutschen Fühung wurde der Massenexodus seit 1945 von etwa drei Millionen der insgesamt knapp 19 Millionen Einwohner der SBZ/DDR in den Westen, den erst der Mauerbau im August 1961 stoppen sollte, als Sabotage am sozialistischen Projekt gehandelt. Die unerlaubte Abwanderung begriff der sozialistische Staat spätestens seit Mitte der 1950er Jahre als Substanzverlust zu Lasten der DDR. Die Flüchtigen umgekehrt firmierten als Dissidenten und Oppositionelle, die sich dem Zugriff der ostdeutschen Staatsmacht entzogen.[111] Leichtfertig konnte sich Berthold unter diesen Umständen nicht zur Flucht entschlossen haben. Dass er kein Parteimitglied geworden war, zahlte sich jetzt aus. Denn im Westdeutschland der Adenauerjahre, auf das Berthold 1957 traf, galten – eine Volte des nachhallenden Restnazismus in der frühen Bundesrepublik – strikt antikommunistische Richtlinien. Man hielt seit 1950/51 KPD- bzw. SED-Mitglieder vom öffentlichen Dienst fern bzw. verbot die KPD seit 1956 ganz.[112] An solchen politischen Hürden musste Berthold nun nicht scheitern.

Am westdeutschen Zielpunkt erwarteten Berthold freilich nicht nur grandiose Bedingungen. Seit Winter 1957 an der Frankfurter Deutschen Bibliothek als Assistent des zweiten Direktors Kurt Köster eingestellt, schien Berthold von den bescheidenen Räumlichkeiten und Personalkapazitäten der Frankfurter im Rothschild-Palais anfangs eher schockiert. Dass er schnell aufstieg, veränderte den Blick aber sichtlich. Praktisch schon binnen Jahresfrist auch für die Exilsammlung verantwortlich, schätzte Berthold vor allem die, wie er fand, deutlich liberaleren Spielräume der Frankfurter Kollegen, die wie namentlich Eppelsheimer von »Zensur« nichts hielten. Eppelsheimer begegnete ihm Ende der 1950er Jahre in gemeinsamen Gesprächen mit einer etwas hemdsärmelig vorgetragenen Totalitarismustheorie, die »rote« und »braune« Diktatur im Blick auf ihren ›menschenverachtenden‹ Rassismus ineinssetzte. Zugleich beeindruckte Eppelsheimer als emphatischer ›Europäer‹ den Neuankömmling Berthold tief. An

---

91, hier S. 76; ders., Hanns W. Eppelsheimer. Erinnerung – Reflexion 1990, in: ders., Exilliteratur und Exilforschung, Wiesbaden 1996, S. 63.

111 FAZ, 4.11.1955, S. 4 (Ost-Berlin erschwert die Flucht aus der Zone); FAZ, 12.12.1957, S. 1 (Flucht aus der Zone wird mit Gefängnis bestraft); Damian van Melis, Henrik Bispinck (Hgg.), »Republikflucht«: Flucht und Abwanderung aus der SBZ/DDR 1945 bis 1961, München 2006, S. 37-72.

112 Dominik Rigoll, Staatsschutz in Westdeutschland: von der Entnazifizierung zur Extremistenabwehr, Göttingen 2013, S. 75-140.

der Deutschen Bibliothek insgesamt und der Exilsammlung ganz besonders, war sich Berthold in der Rückschau sicher, war »Parteilichkeit« obsolet.[113]

Vorbehalte gegen den Ostdeutschen nahm Berthold in Frankfurt demzufolge nicht wahr oder wollte sie jedenfalls nicht offiziell erinnern. Dabei hielt der antikommunistische Konsens der Westdeutschen in den Adenauer-Jahren eigentlich recht flächendeckend vor. Und die Deutsche Bibliothek selber, Eppelsheimer voran, spielte zeitgleich auf der Klaviatur antikommunistischer Vorbehalte, um westdeutsche Ministerien auf die Deutsche Bibliothek als kulturpolitische Antwort des Westens auf die Deutsche Bücherei in Leipzig aufmerksam zu machen.[114] Offenbar überwog bei Frankfurter Bibliothekaren und allemal in der Bibliotheksleitung die Einschätzung, dass man, noch im Aufbau begriffen, auf ausgewiesene Experten wie die Bertholds nicht verzichten wollte. Sollte man ihm aus politischen Gründen misstraut haben, schien zumindest professionelle Neutralität möglich, bis sich Berthold ohnehin schnell in das Vertrauen der Bibliotheksdirektion vorarbeitete.[115]

Ob Bertholds eigene Fluchtgeschichte ihn seit den späten 1950er Jahren für die Frankfurter Exilliteratursammlung besonders sensibilisierte, lässt sich nur mutmaßen.[116] Sein Engagement für diesen Bestand war jedenfalls ausgeprägt. Seine bibliothekarische Expertise kam der Frankfurter Bibliothek und der Exilliteratursammlung erkennbar zugute. Er setzte alles daran, die Exilsammlung zum öffentlichen Aushängeschild der Deutschen Bibliothek zu machen und mit einem eindeutigen gesellschaftspolitischen Tenor zu versehen.

Berthold war nicht der einzige Mitarbeiter der Deutschen Bibliothek, der ostdeutsche Professionalität mit an den Main brachte. Auch die Kollegen Anneliese Budach, Liselotte Büttner und Rudolf Blum etwa stießen Ende der 1950er Jahre aus Ostdeutschland zur Deutschen Bibliothek. Wie Berthold hatten sie als Durchgangsstation vorher die seit 1946 per sowjetischem Statut sogenannte Öffentliche Wissenschaftliche Bibliothek durchlaufen. Sie kamen allesamt von jenem nach 1945 im Berliner Osten verbliebenen Teil der ehemaligen Preußischen Staatsbibliothek, der 1954 per Dekret zur zentralen Deutschen Staatsbibliothek der DDR aufgerückt war.[117] So absolvierte auch die Geisteswissenschaftlerin Budach (1922-1980) dort ihr Bibliotheksreferendariat, stieg 1951 zur Wissenschaftlichen Bibliothekarin und 1956 zur Abteilungsdirektorin auf. Auch sie

---

113 Berthold, Eppelsheimer, S. 64-67.
114 Vgl. Kapitel 4.2.
115 Hermann Wentker, Antikommunismus in der frühen Bonner Republik. Dimensionen eines zentralen Elements politischer Kultur im Ost-West-Konflikt, in: Creuzberger, Hoffmann, Gefahr, S. 355-370.
116 Marion Hombach, Der Begriff »Exilliteratur« täuscht Einheit nur vor, in: TAZ, 3.11.1971, ISG FFM S2 Nr. 18562 Berthold, Werner.
117 Peter Kittel, Erinnerungen an die Öffentliche Wissenschaftliche Bibliothek/Deutsche Staatsbibliothek in Berlin Unter den Linden 8, Berlin 2018.

siedelte aber 1957 in die Bundesrepublik über. In den 1960er Jahren verantwortete sie an der Deutschen Bibliothek in Frankfurt erst die Sammlung der amtlichen Druckschriften und trat als Expertin für Katalogisierungsfragen auf den einschlägigen internationalen Tagungen unter Fachkollegen auf.[118]

Ähnlich kam 1957 die spätere Frankfurter Leiterin der sachlichen Allgemeinbibliographien, Lieselotte Büttner (1917-1986), zur Deutschen Bibliothek. Nach einem Studium der Geisteswissenschaften in den Kriegsjahren 1938-1940 im Thüringischen Volksschuldienst, hatte sie 1948 promoviert und sich über ein Bibliothesreferendariat an der Universitätsbibliothek Greifswald seit 1950 an der Öffentlichen Wissenschaftlichen Bibliothek in Ost-Berlin bis zur wissenschaftlichen Oberbibliothekarin weiterqualifiziert, bevor sie 1957 nach Frankfurt kam und 1969 bis zur Bibliotheksdirektorin aufstieg.[119]

Ähnlich wie Berthold hatten damit auch Budach und Büttner die »gesellschaftspolitische« Schulung durchlaufen, die die Ausbildungsordnung an der Ostberliner Bibliothek vorsah, und gehörten zu einer Kohorte von vier Referendarslehrgängen und 66 Absolventen auf dieser Ostberliner Ausbildungsspur.[120] Einer weiteren Karriere an der Deutschen Bibliothek in Frankfurt war diese Station in allen Fällen nicht abträglich. Man integrierte sich in den Jahren vor dem Mauerbau an den schon deutlich gezogenen Systemgrenzen vorbei qua Expertise, die im Westen gesucht war. Gelegentlich wollten die Frankfurter aber doch professionell nachjustieren: seit Sommer 1957 unterzog man mindestens acht Bibliothekarinnnen und einen Kollegen, die seit Januar 1957 aus der »Sowjetzone« beziehungsweise »SBZ« nach Frankfurt gekommen waren, einer zusätzlichen »Eignungsprüfung« als Diplombibliothekare.[121]

Sperriger schien der Weg Rudolf Blums (1909-1998) in die Bundesrepublik und die Deutsche Bibliothek, die er als stellvertretender Generaldirektor zwischen 1959 und 1972 an der Seite von Kurt Köster repräsentieren sollte. Denn als sich Blum als promovierter Berliner Altphilologe im Frühjahr 1934 bei der Preußischen Staatsbibliothek in Berlin beworben hatte, war er, nach der rassistischen

118 Günther Pflug, Anneliese Budach 1922-1980, in: ZfBB 27 (1980), S. 469-470; Anneliese Budach, Amtliche Druckschriften, in: Börsenverein, Bibliographie, S. 78-85; dies., Günter Pflug, Die neuen Regeln für die alphabethische Katalogisierung, in: ZfBB 16.5-6 (1969), S. 375-380; Anneliese Budach, Internationale Vereinheitlichung der formalen Titelbeschreibung, in: ZfBB 17.4-5 (1970), S. 283-288; dies., Bericht der Sektion für Katalogisierung auf der IFLA-Tagung 1979 in Kopenhagen, in: ZfBB 27 (1980), S. 259-262.

119 Habermann, Kittel, Lexikon, S. 24.

120 Deutsche Staatsbibliothek Berlin, Zehn-Jahresbericht der Deutschen Staatsbibliothek 1946-1955, Berlin 1956, S. 18-19.

121 Köster an die Hessische Bibliotheksschule, 5.7.1957, ADNBF DBB 1953-64, Frankfurt/M.; Rudolf Blum an die Hessische Bibliotheksschule Frankfurt, 10.3.1958, ADNBF ebd.

Logik der Nationalsozialisten »Vierteljude«, abgewiesen worden. Damit gehörte er zu einer Gruppe von allein im Einzugsbereich der wissenschaftlichen Bibliotheken etwa 163 Kollegen, die in Deutschland zwischen 1933 und 1945 aus rassischen und politischen Gründen schikaniert wurden.[122] Über Netzwerke wollte sich Blum ausgerechnet im faschistischen Italien eine neue bibliothekswissenschaftliche Existenz an der Universität Florenz aufbauen.[123] Aus dieser Planung riss ihn, dessen »Abstammungs«-Nachweise vernichtet waren, im März 1943 ein Einziehungsbefehl zur Wehrmacht, wo man ihn als Dolmetscher einsetzte.

Mit Kriegsende wurde Blum britischer Kriegsgefangener. Im Januar 1947 zurück in Berlin, kam er als Oberbibliothekar an der Öffentlichen Wissenschaftlichen Bibliothek in den Osten der Stadt. Blum gab später zu Protokoll, zunehmend unter den politischen Schulungen vor Ort gelitten zu haben.[124] So quittierte er dort Ende April 1951 den Dienst, verließ die DDR Richtung Bundesrepublik und konnte schon im Juni des Jahres eine neue Stelle bei der Deutschen Bibliothek antreten.[125] Seither und spätestens acht Jahre später als stellvertretender Bibliotheksleiter hatte Blum Gelegenheit, sich vielfach zu profilieren. Die Arbeiten an und Diskussionen um die Bibliographie, Katalogisierungsfragen und Standardisierung betrieb Blum lange und ständig in internationalen Expertenkreisen.[126] Blums sehr spezielle Exilerfahrung in Italien hallte später in Frankfurt wenig nach. Einer Anfrage aus dem Bundesinnenministerium im Zusammenhang mit dem deutsch-italienischen Kulturabkommen 1968, ob und wie

122 Ulrich Hohoff, Wissenschaftliche Bibliothekarinnen und Bibliothekare als Opfer der NS-Diktatur. Eine Übersicht über 250 Lebensläufe seit dem Jahr 1933, Teil 1: Die Entlassungen, in: o-bib. Das offene Bibliotheksjournal 2 (2015), S. 13 und 20; ders. (Hg.), Wissenschaftliche Bibliothekare als Opfer in der NS-Diktatur. Ein Personenlexikon, Wiesbaden 2017.

123 Rudolf Blum, Als Conservator der Privatbibliothek Landau-Finaly in Florenz (1936-1943), in: Buchhandelsgeschichte 3 (1998), S. B 115-136; ders., Diego Maltese, La Firenze Bibliotecaria e Bibliofila degli Anni 1934-1943 nei Ricordi di un Tedesco non Ariano, in: La Bibliofilía 102.3 (2000), S. 265-297 (Teil 2) und ders., La Firenze Bibliotecaria e Bibliofila degli Anni 1934-1943 nei Ricordi di un Tedesco non Ariano, in: ebd., 102.2 (2000), S. 213-236 (Teil 1); NL Rudolf Blum, DE-ADNBF F.B/038.

124 Blum, Conservator, S. 278.

125 Brita Eckert, Rudolf Blum zum 100. Geburtstag, in: Dialog mit Bibliotheken 2 (2009), S. 46-50; Habermann, Kittel, Lexikon S. 9-11; Werner Schochow, Rudolf Blum – Bibliothekar und Gelehrter, in: ders., Die Berliner Staatsbibliothek und ihr Umfeld: 20 Kapitel preußisch-deutscher Bibliotheksgeschichte, Frankfurt a.M. 2005, S. 301-317.

126 Rudolf Blum, Nationalbibliographie und Nationalbibliothek; Rudolf Blum, Die Deutsche Bibliothek in Frankfurt a.M. als bibliographisches Zentrum, ISG FFM Börsenverein W2-7 Nr. 683; Kurt Nowak, Ein Pionier, in: Börsenblatt für den Deutschen Buchhandel 11 (1998), S. 34.

sich die Beziehungen der Deutschen Bibliothek nach Italien womöglich optimieren ließen, begegnete Blum eher kühl. Man pflege hinreichend »kollegiale Beziehungen«, die nicht unbedingt weiter intensivert werden müssten; der Tausch der Nationalbibliographien mit Florenz reiche aus.[127]

Ob Budach und Büttner als Republikflüchtlinge in Frankfurt ein anderes bibliothekarisches Berufsethos entwickelten als viele ihrer Frankfurter Westkollegen, ist schwer zu erkennen. Und noch unklarer bleibt, wie diese Kohorte von Ostflüchtlingen außer Blum im Rückblick mit ihren NS-Erfahrungen umging. Am stärksten drängt sich diese Frage im Fall von Irmgard Bouvier (1915-1988) auf. Ursprünglich Wiesbadenerin, hatte Bouvier 1938 die Prüfung für den gehobenen Dienst an Wissenschaftlichen Bibliotheken abgelegt und war anschließend von 1938 bis 1942 Diplombibliothekarin an der Preußischen Staatsbibliothek Berlin. An die Deutsche Bibliothek kam sie, zwischenzeitlich ununterbrochen im Bibliothekdienst, 1952 und stieg dort bis 1977 zur Oberbibliotheksrätin auf.[128] Wie sie ihre eigene Rolle im Kreis der Frankfurter wahrnahm, bleibt unklar. Von daher mochte es von weitem gesehen eine Art besondere Ostexpertise im professionellen Apparat der Deutschen Bibliothek geben. Die allerdings blieb in sich ganz heterogen. Und keiner der Bibliothekare, die aus der DDR nach Frankfurt gekommen waren, widmete sich der Sammlung von Exilliteratur so engagiert und programmatisch wie Werner Berthold.

Sammeln als Selbstdemokratisierung 1965/70: Das Frankfurter Programm

Unter Bertholds Regie wurde die Frankfurter Emigrantenbibliothek über die Jahre auch jenseits des Bibliothekskosmos und jenseits von Frankfurt immer öffentlicher. Diese Bemühungen gipfelten am 28. Mai 1965 in der Ausstellung »Exil-Literatur 1933-1945« mit Exponaten, die für gerade einmal fünf Prozent der Sammlung standen.[129]

Im umfangreichen Katalog zur Ausstellung äußerte sich Berthold grundsätzlich. Die Exilsammlung kehrte demnach die historische Rollenverteilung um: sie

127 Blum am 18.6.1968 an Oberregierungsrat Dietrich Bernhard, Bundesministerium des Innern, und Bernhard an Blum am 10.6.1968, ADNBF Generaldirektion VII, Bl. 4 und Bl. 41.

128 Habermann, Kittel, Lexikon, S. 16-17.

129 Werner Berthold (Hg.), Exil-Literatur 1933-1945: Ausstellung der Deutschen Bibliothek, Frankfurt a.M., Mai bis August 1965, Frankfurt a.M. 1965; ders., Die Sondersammlung Exil-Literatur 1933-1945, in: Kurt Köster (Hg.), Die Deutsche Bibliothek 1945-1965: Festgabe für Hanns Wilhelm Eppelsheimer zum 75. Geburtstag, Frankfurt a.M. 1966, S. 136-148.

erinnerte nur kurz an den nationalsozialistischen Ruf nach ideologischer Mono-kultur und rückte im Wesentlichen die unterschiedlichen, aber immer antinazis-tischen Voten der Emigranten in den Mittelpunkt, denen sie biographische und intellektuelle Kontur verlieh. Vor allem sah Berthold die Ausstellung ausdrück-lich nicht als finale Heerschau von Manuskripten, sondern als Aufruf zum öf-fentlichen Dialog, zu Nachträgen und Ergänzungen zu einer noch ganz unabge-schlossenen Sammlung.[130]

Die Frankfurter Ambitionen hinter der Emigrantenbibliothek und späteren Exilschriftensammlung formulierte Berthold etwa später noch einmal besonders deutlich. Er bündelte sie in einem Text 1970 gemeinsam mit dem Bibliothekslei-ter Kurt Köster. Ihre Überlegungen steuerten beide zu einer Festschrift bei, mit der der langjährige Präsident der Jüdischen National- und Universitätsbiblio-thek in Jerusalem, Curt David Wormann, geehrt wurde. Dieser Publikationszu-sammenhang schien symptomatisch. Denn er illustrierte, dass – parallel zu einer neuen deutsch-israelischen Kontaktgeschichte nach 1945 – die Frankfurter mit den israelischen Kollegen gut vernetzt waren.[131] Wormann, 1900 in Berlin gebo-ren und 1933 von den Nationalsozialisten als damals junger Kreuzberger Biblio-thekar entlassen und ins Exil nach Israel gezwungen, sah auf eine lange biblio-thekarische Karriere in Tel Aviv und Jerusalem zurück. Zudem hatte er sich als internationaler Kulturdiplomat einen Namen gemacht und war unter anderem eng vernetzt mit den Bibliotheksexperten der UN.[132] Wormann repräsentierte mit seiner Karriere zugleich einen hartnäckigen deutsch-jüdischen Wissenstrans-fer über die Zäsur von 1933 hinweg. Denn den Repressalien der NS-Diktatur hatte er sich entzogen, um mit seinem Expertenwissen im Exil. Und damit stand Worman nicht allein. Das Projekt einer Jüdischen Nationalbibliothek, bis An-fang der 1920er Jahre ausgereift, hatte vor und mit Wormann nicht zuletzt Hein-rich Loewe (1869-1951) betrieben. 1933 von den Nationalsozialisten aus dem Bi-bliothekarsdienst der Staatsbibliothek zu Berlin entlassen, war er nach Tel Aviv emigriert und betrieb dort die Professionalisierung der jüdischen Bibliothekare

---

130 Werner Berthold, Zur Anlage der Ausstellung und des Katalogs, in: ders., Exil-Literatur 1933-1945. Ausstellung der Deutschen Bibliothek, Frankfurt am Main, Mai bis August 1965, Frankfurt a.M. 1965, S. 8-13.

131 Hanoch Gutfreund, Thomas Stenhauser, Jürgen Renn, A Special Relationship: Turning Points in the History of German-Israeli Scientific Cooperation, Berlin 2017.

132 Kurt Köster, Werner Berthold, Die Sammlung von Exil-Literatur als Aufgabe einer Nationalbibliothek: Dargestellt am Beispiel der Abteilung »Exil-Literatur 1933-1945« der Deutschen Bibliothek in Frankfurt, in: M. Nadav, J. Rothschild (Hgg.) Essays and Studies in Librarianship, Jerusalem 1975, S. 134-145. Der Text stammt den Autoren zufolge von 1970; Silja Behre, Der Bücherdiplomat: Curt Wormanns Nachlass als Quelle für eine globale Bibliotheksgeschichte, in: Jahr-buch des Dubnow-Instituts/Dubnow Institute Yearbook 17 (2018), S. 365-393.

vor Ort.[133] Dass die israelischen Bibliothekare nun anlässlich von Wormanns Ehrung 1970 die Frankfurter Kollegen einluden, an der Festschrift mitzuwirken, zeugte davon, wie Netzwerke vom Format des Exilanten Wormann inzwischen rege deutsch-israelische Kontakte ermöglicht hatten.[134]

Diesen Anlass nutzten Berthold und Köster nun 1970, um sich vor der internationalen Fachwelt ausdrücklich dem renommierten jüdischen Exilbibliothekar zuzurechnen. Zugleich nahmen sie sich ausgerechnet in diesem deutsch-israelischen Forum vor, über die Exilliteratursammlung der Deutschen Bibliothek in Frankfurt und ihre politische Tragweite zu sprechen. Generell, so Berthold und Köster, gelte in der Frankfurter Deutschen Bibliothek, die sie dann eben doch als »Nationalbibliothek« ansprachen, das »Prinzip konsequenter Objektivität«. »Publikationen aller politischen Richtungen« würden hier »unterschiedslos gesammelt, [...] objektiv erschlossen und ohne Einschränkung jedermann zur Verfügung gestellt«.[135] Gemeint war damit zunächst einmal der unter den Bedingungen des alliierten Besatzungsregimes vereinbarte generelle Auftrag der Deutschen Bibliothek, deutsche Publikationen zu sammeln, die seit dem 8. Mai 1945 im von den Alliierten mit abgestecktem Meinungsspektrum des postfaschistischen Nachkriegsdeutschland erschienen sind. Hinter die sonst geltende Zeitmarke ging die Emigrantenbibliothek nun zurück:

> »...in diesem speziellen Fall ... – angesichts der Literatur des Widerstands gegen Hitler – [tritt] der Bibliothekar einmal aus seiner Reserve [heraus], um sowohl die Forschung als auch die breitere Öffentlichkeit seines Landes zu intensiverer Auseinandersetzung mit den von ihm verwalteten Beständen aufzufordern. Es kann ihm nicht gleichgültig bleiben, dass die von ihm zusammengetragene Exil-Literatur vielleicht nur ein geringes Interesse bei seinen Landsleuten findet. Bliebe er passiv, so vernachlässigte er unseres Erachtens seine staatsbürgerliche Pflicht, bei einer gerade sich ihm bietenden Möglichkeit zur demokratischen Bewusstseinsbildung beizutragen.«[136]

133 Felicitas Grützmann, Jüdische Bibliophilie und deutscher Ordnungssinn. Der Beitrag deutsch-jüdischer Emigranten zum Aufbau eines Archiv- und Bibliothekswesens in Palästina/Israel, in: Kotowski, Kulturerbe, S. 328-336; Werner Schochow, Jüdische Bibliothekare aus dem deutschen Sprachraum. Eine erste Bestandsaufnahme, in: Rainer Erb, Michael Schmidt (Hgg.), Antisemitismus und Jüdische Geschichte. Studien zu Ehren von Herbert A. Strauss, Berlin 1987, S. 515-544; Frank Schloeffel, Heinrich Loewe: zionistische Netzwerke und Räume, Berlin 2018, S. 359-373, 394-398.

134 Curt Wormann an Werner Berthold, 5.4.1976, BArch B 275/32.

135 Köster, Berthold, Die Sammlung von Exil-Literatur, S. 144; Werner Berthold, Sammlung und Erschließung deutscher politischer Exil-Literatur, in: Helmut Esters, Herbert Steiner (Hgg.), Widerstand, Verfolgung und Emigration 1933-1945, Bad Godesberg 1967, S. 37-58.

136 Köster, Berthold, Sammlung von Exil-Literatur, S. 144-145.

Diese Erklärung war gleichzeitig unmissverständlich und vage. Mit der Exilliteratursammlung sollte die Frankfurter Bibliothek den angestrengten politischen Neutralismus der bibliothekarischen Zunft aufkündigen. Die Tiefendimension dieser Forderung loteten die beiden Frankfurter allerdings nicht aus. Dass sich vor allem die meisten wissenschaftlichen Bibliothekare dank ihrer apolitischen »Objektivität« erst mit dem NS arrangiert hatten und seit 1945 der Frage nach ihrer politischen Verantwortung entzogen, war nicht ihr Thema. Auch nicht, dass die »Objektivität« nicht dazu hingereicht hatte, sich gegen die Diskriminierung jüdischer oder oppositioneller Kollegen zu verwahren.[137] Der Vergangenheit der Zunft wollte man sich mit diesem Text also nicht stellen.

Und doch war ein neuer energischer Gestus unübersehbar: Es ging bei der Exilliteratur und ihrer Ausstellung 1965 regelrecht um eine gesellschaftspolitische Intervention. Der deutschen und internationalen Öffentlichkeit die Exilliteratur-Bestände vor Augen zu führen, hieß für sie, die »Literatur des Widerstands gegen Hitler« als bislang verschüttete Wissensvorräte, als Arsenal »demokratischen« Denkens in Stellung zu bringen.[138] Die deutsche Nachkriegsgesellschaft ihrerseits würde demokratisch, indem sie den vom NS Diffamierten wieder eine Stimme gab. Denn zum »demokratischen Bewusstsein« gehörte es, die Sichtweise des Exils auf die jüngste deutsche Vergangenheit als neuen Teil des Meinungspluralismus auszuhalten. Damit war auch klar, was es bedeutete, wenn die deutschen Bibliothekare die »Objektivitäts«-Fiktion ad acta legten: sie wurden »demokratisch« verantwortliche »Staatsbürger«. So engagiert war bis dahin noch nie von der Deutschen Bibliothek als Aktivposten der Demokratie inmitten der westdeutschen Gesellschaft ihrer Tage gesprochen worden.

Resonanzen

Dass schon die Ausstellungseröffnung in Frankfurt 1965 nicht auf Augenhöhe mit diesem Deutungsprogramm stand, lag an den politischen Eliten, die sich zur Ausstellung äußerten, weil das Protokoll es verlangte. So bot der Eröffnungsmoment 1965 nicht unbedingt den Echoraum, den sich vor allem Berthold wünschen konnte. Im kleinen Lesesaal der Bibliothek wirkten die politischen Honoratioren, die nach Bibliotheksdirektor Köster und dem Präsidenten des Schutzverbandes und Verleger Edwin Maria Landau das gesammelte Exilwissen ausdrücklich öffentlich machen sollten, wenig leichtgängig.

137 Vgl. Kapitel 1.
138 Köster, Berthold, Sammlung von Exil-Literatur.

Der hessische Kultusminister Ernst Schütte (1904-1972) hielt zum Exilthema diskreten Abstand. Ehedem 1936 an der Universität Leipzig promoviert,[139] war er bis 1940 im Lehramt bis zum Studiendirektor aufgestiegen und von 1940 bis 1945 als Soldat im Krieg gewesen. Nach 1945 sprach man ihn auf diese Lebensphase öffentlich nicht an. Wenn man Kontinuitäten aufrief, dann zum Bildungsideal von Weimar.[140] 1945 hatte er die Hürde des Systemumbruchs recht mühelos genommen und beteiligte sich zügig an den frühen Anläufen zur pädagogischen Selbstdemokratisierung von Gesellschaft und Kirche: Schütte war direkt 1946 an die zur Lehrerausbildung neu gegründete evangelische Pädagogische Akademie Kettwig/Duisburg und spätere PH Ruhr gegangen. Seit 1954 Professor für Geschichte und Soziologie war Schütte als SPD-Mann seit den mittleren 1950er Jahre in die ersten ministerialen Ämter eingerückt.[141] So sprach er 1965 anlässlich der Ausstellungseröffnung in Frankfurt mit einer für die westdeutschen Ministerialen auf Landesebene nicht untypischen politischen Biographie.[142]

Die Brücke zu den davon weit entfernt liegenden Exilbiographien schlug Schütte routiniert. Über die »sachlich wissenschaftliche Bedeutung« der Exilanten könne er nicht sprechen. Aber den Topos des »wahren«, »besseren«, antinazistischen Deutschland, für den die Exilanten standen, bemühte er reflexartig. Auf die Einzelschicksale, von denen die Frankfurter Exponate zeugten, kam er ebenfalls nicht zu sprechen. Aber Goethe, Beethoven, Lessing und Marx sah er an ihrer Seite, als nehme diese Zuordnung sie in einen zeitlosen, zäsurlosen deutschen Bildungs- und Kulturolymp auf, so dass sich der genauere Blick auf die literarischen Details erübrigte. Um den NS schon vor 1945 durchschauen zu können, so erklärte Schütte letztlich die historische Rolle der Exilanten, musste

139 Ernst Schütte, Freiherr Marschall von Bieberstein, ein Beitrag zur Charakterisierung seiner Politik, Berlin 1936, Diss. Phil.

140 FAZ, 11.7.1964, S. 2 (Ernst Schütte 60 Jahre); Ernst Schütte, Reale und humane Bildung, in: Karl Ringshausen (Hg.), Humanistische Bildung in unserer Zeit, Frankfurt a. M. u.a. 1965, S. 4-13.

141 Nina Grunenberg, Professor Dr. Ernst Schütte, Hessen, in: Die Zeit 24.9.1965 (nr 39); Jochen Lengemann, Das Hessen-Parlament 1946-1986, in: Präsident des Hessischen Landtags (Hg.), Biographisches Handbuch des Beratenden Landesausschusses, der Verfassungsberatenden Landesversammlung und des Hessischen Landtags (1.-11. Wahlperiode), Frankfurt a.M. 1986, S. 385-386; Ernst Schütte, Hauptdaten der Weltgeschichte, Kevelaer 1949; ders., Quellen zur Geschichte des 20. Jahrhunderts: Der 1. Weltkrieg, Ausbruch u. Ende, Paderborn 1950; ders., Deutsche Geschichtszahlen, Kevelaer 1950.

142 Wolfgang Helsper, Nationalsozialistische Vergangenheit im Parlament: der Umgang mit Belastung und Entlastung in der hessischen Landespolitik (1945-1966), Marburg 2022; Norbert Kartmann (Hg.), NS-Vergangenheit ehemaliger hessischer Landtagsabgeordneter, Wiesbaden 2014.

man »Opfer« und ›Mitleidender‹ gewesen sein. Diese Rollenverteilung schien eigentümlich. Wo vor allem die vielen ›Mitleidenden‹ in den Jahren vor 1945 standen, die Schütte nur knapp streifte, ohne sich ihnen zuzuordnen, blieb offen.[143] Schüttes Distanz schien symptomatisch. Denn ihr unmittelbares Publikum erreichte die Ausstellung zunächst kaum, besucht wurde sie wenig. Es gab aber durchaus öffentliche Reaktionen. Zum einen würdigten eine ganze Reihe von Exilanten sie in Dankesschreiben an die Deutsche Bibliothek. Dann entfaltete die Ausstellung so etwas wie eine dialogische Kraft. Denn gelegentlich korrigierten die Briefschreiber die Frankfurter Angaben, trugen Details nach oder reichten weitere Dokumente oder Photos ein. Zugleich zeugten solche Rückmeldungen vom wachsenden Prestige der Frankfurter Sammlungen unter den Exilautoren. So suchte Max Horkheimer im November 1965 kurz nach Ende der Exilliteraturausstellung in der Deutschen Bibliothek aus der Schweiz bei Köster darum nach, künftig die *Zeitschrift für Sozialforschung* und andere Veröffentlichungen des 1949 wiedergegründeten Frankfurter Instituts für Sozialforschung in den Sammlungsbestand aufzunehmen. Horkheimer klang nicht nur leicht düpiert, weil er fürchtete, übersehen worden zu sein. Er hatte auch ein ausgeprägtes professionelles Interesse daran, in der Frankfurter Sammlung vertreten zu sein.[144]

Zum anderen berichteten, wenn auch ohne programmatisches Engagement, einige überregionale Zeitungen über die Ausstellung von 1965.[145] Der Versuch, die Öffentlichkeit auf die Exilliteratur als Teil des Frankfurter Kulturspeichers aufmerksam zu machen, verfing dabei nicht immer. Der meinungsfreudige, politisch wenig festgelegte Publizist Rudolf Krämer-Badoni (geb. 1913) beispielsweise begegnete dem Ereignis beschwichtigend. Er warb dafür, den öffentlichen Blick auf die Exilerzeugnisse zu normalisieren. Dagegen schien er zu fürchten, dass die Frankfurter das Exil ein Stück weit sakralisierten. Man würdige es angemessener, fand Krämer-Badoni, wenn man die Exilliteratur einfach als unterschiedliche und unterschiedlich gewichtige Beiträge las, deren besonderer Wert, antifaschistisch gemeint zu sein, unbenommen bleibe.[146]

Am meisten verfing der Vorstoß der Deutschen Bibliothek und ihrer Emigrantenbibliothek wohl in der FAZ. Der Kulturjournalist Peter W. Jansen (1930-2008) würdigte die Ausstellung dort in doppelter Hinsicht. Zum einen ordnete

---

143 Der hessische Kultusminister. Pressereferat, Informationen und Mitteilungen 44.65 vom 31.5.1965, DEADNBF, abgedruckt in Eckert, 35 Jahre Exilliteratur, S. 101-102.

144 Max Horkheimer an Kurt Köster am 9.11.1965, DEADNBF, abgedruckt in Eckert, 35 Jahre Exilliteratur, S. 116.

145 Eckert, 35 Jahre Exilliteratur, S. 110.

146 Rudolf Krämer-Badoni, Feindliche Brüder in der Fremde, »Exil-Literatur 1933-1945« in der Deutschen Bibliothek Frankfurt, in: Die Welt, 16.6.1965, S. 7; Sylvia Asmus, Brita Eckert, Vermittelte Erinnerung. Zur Geschichte des Deutschen Exilarchivs und seiner Ausstellungen, in: Exilforschung 28 (2010), S. 35-46.

er sie mit großer Selbstverständlichkeit in die Bemühungen seit 1945 ein, eine empirisch gedeckte Geschichte der Exilliteratur zu schreiben. Für Jansen liefen hier dokumentarische Vorarbeiten dafür, die literarische Hinterlassenschaft des Exils noch sehr viel näher zu erforschen, als dies bislang geschehen und möglich war. Die zentrale Grundidee der Frankfurter Bibliothekare unterstützte Jansen damit unumwunden.

Das mochte für die Frankfurter ersprießlich sein. Zeitgenössisch viel schwerer wog aber ein anderes Argument. Denn zum anderen avancierte die Deutsche Bibliothek für Jansen im Licht ihrer Exilliteratur-Sammlung überhaupt erst »wahrhaft zu einer Nationalbibliothek«.[147] Das Exilarchiv gab gar nicht erst vor, die »Lücke« zu schließen, die 12 Jahre Diktatur in den Kulturvorrat der Deutschen geschlagen hatten. Das war das besondere Frankfurter Verdienst. Viel verantwortungsvoller und redlicher fand Jansen etwas anderes: dass das Exilarchiv mit seinen ausgewählten Ausstellungsstücken stellvertretend den intellektuellen, persönlichen und literarischen Verlust sichtbar machte, den es für das »literarische Bewusstsein« der Gegenwart bedeuten musste, dass ein großer Teil der Exilliteratur immer noch nicht geborgen war. Mit der Exilliteratur fand Jansen immer auch das Unwiderbringliche ausgestellt. Dass die deutsche Literatur »am 8. Mai 1945« nicht »dort wieder beginnen« konnte, »wo sie am 30. Januar und am 1. Mai 1933 aus Deutschland vertrieben worden war«, war das spezielle deutsche Verlusterbe, das die Ausstellung den Nachkriegsdeutschen präsentierte. Wer es annahm, so bedeutete Jansen, gelangte erst eigentlich in die Nachkriegsnation Deutschland. Das öffentliche Echo mochte, solche ausdrücklichen Voten ausgenommen, also zunächst verhalten bleiben. Offenkundig war allerdings, dass die Exilliteratursammlung und ihre Ausstellung die Deutsche Bibliothek zumindest für diejenigen, die sie betrieben, und für manche, die sie dabei öffentlich beobachteten, als politischen Deutungsort erscheinen ließen.[148]

Rezeptionshürden und enge Echoräume

Ob die Frankfurter und breitere westdeutsche Öffentlichkeit auf lange Sicht bereit dafür waren, sich von der Deutschen Bibliothek mit dem Exil konfrontieren zu lassen, musste sich weisen. Das wird deutlich, sobald man von der Exilliteratursammlung und ihrer ersten öffentlichen Austellung auf die zeitgenössischen Kontexte des Ausstellungsjahres 1965 schwenkt, auf breitere gesellschaftspolitische Debatten in der Bundesrepublik und in Frankfurt. Die Frankfurter NS-Aufarbeitungsprozesse der 1960er Jahre zum einen und die Verleihung des Friedenspreises an Nelly Sachs 1965 zum anderen erweisen sich als wichtige Frankfurter

147 Peter W. Jansen, Denk ich an Deutschland, in: FAZ, 10.6.1965, S. 20.
148 Rausch, Sammeln als politischer Akt.

Momentaufnahmen, in denen das angespannte öffentliche Gesprächsklima anschaulich wird, mit dem die Frankfurter Bibliothek zurande kommen musste.

Während die Exilausstellung im Mai 1965 in der Deutschen Bibliothek eröffnet wurde, stand am Frankfurter Landgericht im Bürgerhaus Gallus ein Verfahren drei Monate vor dem Abschluss, dass die westdeutsche und wohl auch internationale Öffentlichkeit bis dahin seit fast sieben Jahre lang ständig beschäftigt hatte. Nach langen akribischen Vorermittlungen sagten im ersten Frankfurter Auschwitz-Prozess ab 1963 bis zu seinem Ende im August 1965 mehr als 180 Prozesstage lang über 350 Zeugen aus 19 Ländern aus.[149] Dieses Verfahren hatte Vorläufer. Weil hier die hessische Generalstaatsanwaltschaft residierte, waren die Stadt Frankfurt und ihr Landgericht seit Kriegsende wiederholt Schauplätze der ersten Versuche, den Holocaust juristisch aufzuarbeiten. Schon 1946/1947 war dort gegen verantwortliche Mediziner und Pflegekräfte in der Landesheil- und Pflegeanstalt Hadamar bei Wiesbaden ermittelt worden. Im Zuge der sogenannten Euthanasie hatten sie bis zu 15.000 Menschen ermordet.[150] Die Frankfurter und westdeutsche Öffentlichkeit reagierten allerdings wenig. Auch wurden die am Ende ausgesprochenen Todesurteile nie vollstreckt und die verhängten Haftstrafen bis Anfang der 1950er Jahre ausgesetzt. Den hauptangeklagten Arzt von Hadamar, Hans-Bodo Gorgaß, bewahrte der hessische Ministerpräsident Georg-August Zinn noch 1958 vor dem Vollzug der Todesstrafe.[151] Damit konnten die Euthanasie-Verbrechen von der Staatsanwaltschaft am Oberlandesgericht Frankfurt Ende der 1940er Jahre zwar öffentlich gemacht, aber trotz aufwendiger Prozessanstrengungen kaum geahndet werden.[152]

Der erste Frankfurter Auschwitz-Prozess, der das Diskursklima für die erste Exilliteraturausstellung der Deutschen Bibliothek Mitte der 1960er Jahre mitprägte, gehörte zwar in diese Serie, schien aber in mehrfacher Hinsicht neuartig. Zum einen musste Wirkung zeigen, dass über 200 ehemalige Insassen des KZ Auschwitz vom Konzentrations- und Vernichtungslager berichteten, in dem zwischen 1940 und 1945 965.000 Juden und deutlich über 100.000 weitere Op-

149 Raphael Gross, Werner Renz (Hgg.), Der Frankfurter Auschwitz-Prozess (1963-1965). Kommentierte Quellenedition, Frankfurt a.M., New York 2013.
150 Anika Wendelstein, Die Frankfurter NS-»Euthanasie«-Prozesse im Kontext der gesamtdeutschen »Euthanasie«-Rechtsprechung, in: Andreas Jürgens, Jan Erik Schulte (Hg.), Die Frankfurter »Euthanasie«-Prozesse 1946-1948. Geschichte – Gerichte – Gedenken, Berlin 2018, S. 39-52.
151 FAZ, 7.2.1958, S. 5 (Ein Gnadenakt).
152 Der Spiegel, 3.5.1961, S. 35-44 (Die Kreuzelschreiber); ebd., 19.2.1964, S. 28-38 (Handvoll Asche); ebd., 19.2.1964, S. 41-47 (Aus Menschlichkeit töten?); Katharina Rauschenberger, Sybille Steinbacher (Hgg.), Fritz Bauer und »Achtundsechzig«: Positionen zu den Umbrüchen in Justiz, Politik und Gesellschaft, Göttingen 2020; Edith Raum, Justiz zwischen Diktatur und Demokratie. Wiederaufbau und Ahndung von NS-Verbrechen in Westdeutschland 1945-1949, München 2013.

fer ermordet worden waren.[153] Was sie schilderten, konfrontierte die westdeutsche Öffentlichkeit 1963/65 in bis dahin ungekannter Intensität und in allen verstörenden Details mit ihrer jüngsten Gewaltgeschichte. Das Verfahren förderte Detail um Detail der systematischen Misshandlung und maschinellen Vernichtung der Juden zutage, über die bis dahin so noch kaum öffentlich gesprochen worden war. Hinzu kam, dass 1963/65 anders als bei den Prozessen vor dem Internationalen Militärgerichtshof in Nürnberg von November 1945 bis Ende September 1946 nun nicht die Alliierten ermittelten, sondern – ähnlich wie zuvor beim ungleich kleiner dimensionierten Ulmer Einsatzgruppenprozess von 1958 – die deutsche Justiz.[154] Auch gelang es dem hauptverantwortlichen Frankfurter Generalstaatsanwalt Fritz Bauer, als Jude und Sozialdemokrat ehedem selbst von den Nationalsozialisten verfolgt, im Kreis unbelasteter Staatsanwälte zumindest die beschränkten Rechtsmittel der jungen Bundesrepublik auszureizen.

Und doch offenbarten die Frankfurter Verfahren, dass die deutsche Nachkriegsjustiz und das zeitgenössische Strafrecht absichtsvoll unzulänglich blieben. Nur knapp 20 Täter, meist Gestapomitglieder, KZ-Ärzte und Lagerkommandanten, konnten überhaupt angeklagt werden und wurden vergleichsweise milde zu sechs lebenslangen und vielen deutlich kürzeren Zuchthausstrafen verurteilt. Die Angeklagten profitierten von Verjährungsfristen und dem entlastenden »Befehlsnotstand« und mussten sich nicht für Verbrechen gegen die Menschlichkeit verantworten.[155] Der Prozess war demnach alles andere als ein Indiz dafür, dass die westdeutsche Nachkriegsgesellschaft damit zurande gekommen war, den Holocaust auch nur juristisch aufzuarbeiten. Davon zeugte nicht zuletzt der Umstand, dass das Verfahren noch 1965 literarisch und höchst umstritten verarbeitet wurde. Als Peter Weiss den ersten Frankfurter Auschwitz-Prozess in einem Theaterstück thematisierte, das im Oktober 1965 auf 15 deutschen Bühnen gleichzeitig uraufgeführt wurde, löste er eine aufgeregte öffentliche Kontroverse aus.[156]

153 Gross, Renz, Frankfurter Auschwitz-Prozess.
154 Kim C. Priemel, Alexa Stiller (Hgg.), NMT: Die Nürnberger Militärtribunale zwischen Geschichte, Gerechtigkeit und Rechtschöpfung, Hamburg 2013.
155 Norbert Frei, Vergangenheitspolitik. Die Anfänge der Bundesrepublik und die NS-Vergangenheit, München ³2003; Werner Renz, Der 1. Frankfurter Auschwitz-Prozess 1963-1965 und die deutsche Öffentlichkeit. Anmerkungen zur Entmythologisierung eines NSG-Verfahrens, in: Jörg Osterloh, Clemens Vollnhals (Hgg.), NS-Prozesse und deutsche Öffentlichkeit. Besatzungszeit, frühe Bundesrepublik und DDR, Göttingen 2011, S. 349-362.
156 Peter Weiss, Die Ermittlung: Oratorium in 11 Gesängen. Frankfurt a.M. 1965; Christoph Weiß, Auschwitz in der geteilten Welt: Peter Weiss und die »Ermittlung« im Kalten Krieg, St. Ingbert 2000.

Die Exilliteratur-Ausstellung von 1965 kreuzte sich auch zwei Jahre später noch einmal mit den westdeutschen Anläufen zu einer rechtlichen Aufarbeitung des NS in Frankfurt. Während die Deutsche Bibliothek 1967 die dritte überarbeitete Neuauflage ihres Katalogs zur Ausstellung präsentierte, lief der Prozess gegen den früheren Frankfurter SA-Führer und Polizeipräsidenten Adolf-Heinz Beckerle. Man bezichtigte Beckerle, der seit seiner Rückkehr aus sowjetischer Kriesgefangenschaft unbehelligt in Frankfurt gelebt und 1956/57 bereits einen ersten Prozess ausgesessen hatte, schwerer Vergehen mindestens als kommissarischer Polizeipräsident von Litzmannstadt (Lodz/Polen, 1939). Aber Beckerle leugnete sich durch das Verfahren, bis man es 1968 angeblich krankheitshalber einstellte. Er konnte, 1955 noch offiziell empfangen von Oberbürgermeister Kolb, als Frankfurter Lokalmatador 1967 nach wie vor erheblichen öffentlichen Zuspruch generieren.[157]

Im Licht solcher Prozesse blieb das öffentliche Diskursklima zum NS unmittelbar vor der Haustür der Deutschen Bibliothek und ihrer Exilliteratur-Sammlung in Frankfurt zwiespältig. In die gleiche ambivalente Richtung weist ein zweites Schlaglicht auf die öffentliche Rede über das Exil 1965 in Frankfurt und Westdeutschland: Im Oktober 1965 erhielt die jüdische Schriftstellerin Nelly Sachs den Friedenspreis des Deutschen Buchhandels. Das Ereignis, vom deutschen Fernsehen live übertragen, rückte durchaus nahe an die Deutsche Bibliothek heran: Man ehrte Sachs in der Paulskirche nahe der Deutschen Bibliothek. Und mit dem Börsenverein des Deutschen Buchhandels beziehungsweise seinem Stiftungsrat stand der wichtige Mitbegründer der Deutschen Bibliothek für diese Verleihung ein.

Sachs war spät, erst im Mai 1940, von Berlin nach Stockholm geflohen und wie die meisten emigrierten Intellektuellen dauerhaft im Exil geblieben. Die Jury zeichnete Sachs nun dafür aus, dass sie nicht nur das jüdische Martyrium im Holocaust bezeugte, sondern in ihrer Lyrik eine »erlösende Macht […] der Verständigung« entfaltete und »ohne Widerspruch Deutsches und Jüdisches« miteinander ›versöhnte.‹[158]

Sachs nahm in ihrer Dankesrede diese Erwartung ein Stück weit an. Sie warb für die »Eroberung des Friedens« durch Sprache und Literatur. Zugleich zeigte sie sich allerdings, mehr als die nicht-jüdischen Laudatoren, weiterhin »von Ängsten und Zweifeln geplagt«, wenn sie auf die »Opfer« des NS-Terrors blick-

---

157 Irmtrud Wojak, Fritz Bauer 1903-1968. Eine Biographie, München 2009, und Eschenlohe, 2. Auflage 2019, S. 406-416.

158 Nelly Sachs, Ansprachen anläßlich der Verleihung des Friedenspreises des deutschen Buchhandels, Frankfurt am Main, in der Paulskirche am 17.10.1965, hg. vom Börsenverein des Deutschen Buchhandels e.V., Frankfurt a.M. 1965; Rolf Michaelis, Im Weltall der Worte, in: FAZ, 18.10.1965, S. 24; Rausch, Sammeln.

te.[159] Die Versöhnungsaufgabe war eben noch nicht erledigt. Der Genozid an den Juden schuf für Sachs weiterhin ein erdrückendes Gegengewicht, das durch die Preisverleihung nicht einfach aufzuheben war. So stand der Friedenspreis, den der Börsenverein 1965 an Nelly Sachs vergab, eher für eine zeittypisches, teils unbeholfenes, teils ignorantes »Versöhnungsdiktat« der Mehrheitsdeutschen gegenüber den Juden als für einen offenen Dialog zwischen Juden und Nichtjuden im westdeutschen Nachkrieg.[160]

Das »Versöhnungs«-Projekt lag letztlich auch von der alltäglichen Lebenserfahrung der meisten Juden in Deutschland und Frankfurt Mitte der 1960er Jahre noch einigermaßen weit entfernt. Immer noch trafen selbst rückkehrwillige Juden im Nachkriegsdeutschland auf eine im besten Falle befangen-verkrampfte, im schlechteren auf eine verstockte, ablehnende westdeutsche Mehrheitsgesellschaft, die von den Verklärungen in der Paulskirche unbeeindruckt schien.[161]

Wenn die Preisverleihung an Sachs wenige Monate nach Eröffnung der Exilliteratur-Ausstellung in der Deutschen Bibliothek 1965 aber etwas zeigte, dann, dass in die Literaturpolitik der frühen Bundesrepublik Bewegung gekommen war, die auch das Rezeptionsfeld für die Öffentlichkeitsarbeit der Bibliothek leicht öffnete. Für die erste Nachkriegsdekade hatte das nämlich noch nicht gegolten: Zwischen 1945 und 1957 waren gerade einmal ein gutes Drittel der etwa 200 mit verschiedenen Literaturpreisen Geehrten ebenfalls Exilautoren. Die Mehrheit gehörte mindestens zur sogenannten inneren Emigration.[162] Die Darmstädter Akademie etwa war im Spagat verfahren. 1947 hatte sie ihren Büchnerpreis Anna Seghers zugesprochen, die aus Mexiko in die sowjetische Zone remigriert war; 1951 ehrte die Akademie den Mediziner und Literaten Gottfried Benn, der die ambivalente Nähe deutscher Intellektueller zum NS verkörperte.[163] Der deutsche Buchhandel hatte vor Sachs zumindest vereinzelt Exilautoren gewürdigt: Den allerersten Friedenspreis erkannten die deutschen Verleger 1950 dem in Skandinavien exilierten Literaturwissenschaftler, Verlagslektor und

159 Thomas Sparr, Sachs, Nelly, in: Andreas Kilcher (Hg.), Deutsch-jüdische Literatur, Stuttgart, Weimar ²2012, S. 437-438.

160 Irmela von der Lühe, Zwischen Dialogangebot und Versöhnungsdiktat. Jüdischdeutsche Begegnungen in Literatur und Theater der Nachkriegszeit, in: Fischer, Riemer, Schüler-Springorum, Juden und Nichtjuden, S. 129-140.

161 Fischer, Riemer, Schüler-Springorum, Juden; Irmela von der Lühe, Axel Schildt, Stefanie Schüler-Springorum, Einleitung, in: diess. (Hgg.), Auch in Deutschland, Göttingen 2008, S. 9-18, hier S. 17-18; Werner Bergmann, »Wir haben Sie nicht gerufen«. Reaktionen auf jüdische Remigranten in der Bevölkerung und Öffentlichkeit der frühen Bundesrepublik, in: ebd., S. 19-39.

162 Adam, Jahr Null, S. 16.

163 Judith S. Ulmer, Geschichte des Georg-Büchner-Preises. Soziologie eines Rituals, Berlin 2006.

Verständigungsaktivisten Max Tau zu.[164] Seither war der Buchhandelspreis mit Martin Buber 1953, Paul Tillich 1962 und nach Sachs mit Ernst Bloch 1967 an weitere Exilanten gegangen. Dazu ehrte man 1951 auch den deutsch-französischen Pazifisten Albert Schweitzer.[165] In der Summe zeichnete man im Literaturbetrieb bis in die 1960er Jahre hinein deutlich weniger Exilschriftsteller aus als Autoren anderer Provenienz, aber das Exil zu würdigen war kein exotischer Akt mehr.

Die Welle Frankfurter Aufarbeitungsprozese und die neuen Auszeichnungsroutinen im Literaturbetrieb legten auf ganz unterschiedliche Weise nahe, dass die Deutsche Bibliothek auf beträchtliche Rezeptionsgrenzen stieß, wenn sie nicht nur eine Emigrantenbibliothek betrieb, sondern dieses spezielle Segment des Kulturspeichers im Mai 1965 zum ersten Mal auch öffentlich exponierte.[166]

Der tagespolitische Diskurs schien jedenfalls öffentlichen Zuspruch zur Exilsammlung nicht zu erleichtern. Anders als von Berthold und Köster anvisiert, hatte sich die Frankfurter Ausstellung in einem flirrenden, vielstimmigen öffentlichen und wissenschaftlichen Diskussionszusammenhang zu behaupten. Ihr langfristiger Erfolg war hier alles andere als vorgezeichnet. Gemessen daran schien unwahrscheinlich, dass die voraussetzungsreichen programmatischen Erwartungen der Deutschen Bibliothek erfüllbar waren. Eher stand man vor der Herkulesaufgabe, in einem solchen Diskursumfeld mit dem Exilthema öffentlich zu werden.

Mehr als Nachklänge? Auswärtige Ausstellungspolitik

Eine zweite und dritte Auflage des Ausstellungskataloges 1966 und 1967 zeigten allerdings, dass die Ausstellung auf Resonanz stieß. Man nahm darin auch viele Informationen auf, mit denen sich Exilanten bei den Frankfurtern gemeldet hatten.[167] Das mochte Walter Berendsohn vor Augen haben, wenn er der

164 FAZ, 5.6.1950, S. 6 (Der Friedenspreis); Detlef Haberland (Hg.), »Ein symbolisches Leben«. Beiträge anlässlich des 100. Geburtstages von Max Tau (1897-1976), Heidelberg 2000.

165 FAZ, 17.9.1951, S. 4 (Der Friedenspreis. Verleihung an Albert Schweitzer); ebd., 28.9.1953, S. 8 (»Licht des Friedens«); Ingeborg C. Henel, Die Überwindung der Angst, in: ebd., 22.9.1962, S. BuZ4; Iring Fetcher, Ein großer Einzelgänger, in: ebd., 14.1.1967, S. BuZ2; Frankfurter Buchmesse, 13. bis 18.9.1951, ADNBF Zeitungsausschnitte Bl. 304.

166 Hans-Albert Walter, »Öfter als die Schuhe die Länder wechselnd ...« Die deutschen Schriftsteller im Exil, FAZ 3.7.1965, S. BuZ2.

167 Exil-Literatur 1933-1945. Ausstellung der Deutschen Bibliothek Frankfurt am Main, Frankfurt a.M. ²1966 (Sonderveröffentlichungen der Deutschen Bibliothek; Nr. 1,) und 3. erw. u. verb. Auflage 1967.

Ausstellung »Exilliteratur 1933-1945« bescheinigte, für die Rezeption des Exils als Teil deutscher Nachkriegskultur Entscheidendes geleistet zu haben.[168] Vor allem zielte Berendsohn aber darauf ab, dass die Ausstellung in den Folgejahren bundes- und europaweit exportiert wurde. Ihre Botschaft konnte man daher nicht nur in Gestalt des deutschen Katalogs, sondern zusätzlich noch in vielsprachigen Begleitschriften und ganz unmittelbar in Gestalt der schriftlichen und Bild-Exponate selber transnational öffentlich wirken lassen: In der zweiten Hälfte der 1960er Jahre war die Ausstellung noch an 17 anderen westdeutschen und europäischen Orten zu sehen, darunter in Zürich, Amsterdam, Kopenhagen und Brüssel.[169]

Für eine Tour der Frankfurter Exilliteratur-Ausstellung verwendete sich auch die Deutsche UNESCO-Kommission.[170] Sie war schon 1950 in Köln entstanden, noch bevor die Bundesrepublik im Juli 1951 offiziell der 1945/46 in Paris gegründeten UNESCO beitrat. Man wollte sich dort, später hauptsächlich vom Auswärtigen Amt finanziert, für eine Politik der internationalen Verständigung bereithalten, die durch einen angloamerikanisch geprägten internationalen Kulturaustausch auf allen Ebenen einschließlich der Bibliotheken zustandekommen sollte.[171] In diesem Sinne hatte sich auch eine Bibliotheksabteilung der UNESCO Ende der 1940er Jahre frühzeitig dafür eingesetzt, den »internationalen Publikationsaustausch« als festes Instrument in sämtliche kulturelle Abkommen zu übernehmen, zentrale Tauschstellen zu bilden und eigene Bibliographien der zum Tausch vorgesehenen Titel bereitzustellen.[172] Dass das Ausland von den

---

168 Walter A. Berendsohn, Die deutsche Literatur der Flüchtlinge aus dem Dritten Reich und ihre Hintergründe, in: Colloquia Germanica 5 (1971), S. 1-156; ähnlich Heinz L. Arnold, Hans-Albert Walter, Die Exil-Literatur und ihre Erforschung. Ein Gespräch, in: Akzente. Zeitschrift für Literatur 20.6 (1973), S. 481-508, hier S. 486.

169 Eckert, 35 Jahre Exilliteratur, S. 123.

170 Die Deutsche Bibliothek (Selbstdarstellung, 1971), Anlage zu einem Schreiben von Köster an den Bundestagsabgeordneten Berthold Martin, 30.6.1971, S. 4-5, BArch B 275 25.

171 Edward J. Carter, Unesco's Library Programs and Work, in: The Library Quarterly 18.4 (1948), S. 235-244; Julian Behrstock, Free Flow of Information: UNESCO's World Wide Program, in: Journalism & Mass Communication Quarterly 26.4 (1949), S. 453; Walter H.C. Laves, UNESCO and the Achievements of Peace, in: Political Quarterly 22.2 (1951), S. 163-174; Deutschland braucht Büchereien. Eine Denkschrift der Deutschen UNESCO-Kommission, Köln 1952, o.P.; Satzung der Deutschen UNESCO-Kommission, Köln 1968; Chloé Maurel, L'action de l'UNESCO dans la domaine de la reconstruction, in: Histoire & Politique, culture, société 19 (2013), S. 1-15.

172 Direktor der Württembergischen Landesbibliothek Stuttgart Wilhelm Hoffmann an die Arbeitsgemeinschaft für Wissenschaftliche Bibliotheken beim Länderrat Stuttgart, September 1948, HHStAW 504 Nr. 6890; Hanns W. Eppelsheimer, Be-

Abb. 7 Exilanten-Tagung in Luxemburg Eröffnung der Ausstellung *Exil-Literatur* 17.-18.1.1968. Bundesminister des Auswärtigen Willy Brandt (re.) mit dem luxemburgischen Minister für Auswärtiges, Armee und Kultur Pierre Grégoire

Deutschen reflektierte Blicke auf ihre jüngste Vergangenheit erwartete, lag nahe.[173] Die Frankfurter Exilliteraturausstellung schien sich als verständigungspolitisches Exportgut anzubieten.

Das lag wohl auch daran, dass sie der bundesdeutschen Politik erlaubte, sich an der Deutung des Exils offiziell zu beteiligen. Anlässlich der Ausstellungseröffnung in Luxemburg Anfang 1968 beispielsweise nutzte für die Große Koalition in Bonn ihr Bundesminister des Auswärtigen Willy Brandt die Gelegenheit, seine eigene Botschaft mit dem Exilthema zu verbinden. Brandt trat selbst als »Mann des Widerstands« auf und erinnerte daran, wie NS-Deutschland Luxemburg »wie eine Dampfwalze« mit Krieg und Gewaltherrschaft überrollt hatte. Von hier aus blickte er auf die Exilanten und ihre Literatur und sah sie beispielhaft einen »deutschen Humanismus« bezeugen, der in der postfaschistischen Bundesrepublik als Impulsgeber für »Versöhnung« weiterwirkte,

richt über eine Sitzung der Arbeitsgemeinschaft wissenschaftlicher Bibliothekare im kulturpolitischen Ausschuss des Länderrats am 28. Juni 1948, 6.7.1948, HHStAW ebd.

173 Matthias Bode, Expertise mit Weltverstand. Transnationalismus und auswärtige Kulturpolitik der Bundesrepublik in den sechziger und siebziger Jahren, in: Habbo Knoch (Hg.), Bürgersinn mit Weltgefühl. Politische Moral und solidarischer Protest in den sechziger und siebziger Jahren, Göttingen 2007, S. 93-114.

die »freiheitlich-demokratische Grundordnung« sichern und »eine europäische Friedensordnung« begründen half.[174]

Andernorts ließ die wandernde Frankfurter Exilliteraturausstellung auch für die Exilanten Deutungsspielraum: Die Ausstellungsstation Stockholm bespielte besonders Walter Berendsohn. Zu diesem Zeitpunkt baute er bereits seit zwei Jahren vom Deutschen Institut der Universität Stockholm aus ein Forschungszentrum für die deutsche Literatur der Flüchtlinge aus dem Dritten Reich auf.[175] Um die Ausstellung in der Stockholmer Königlichen Bibliothek im April 1968 eröffnen zu lassen, holte Berendsohn nicht nur den Frankfurter Bibliotheksleiter Köster nach Stockholm. Er gab auch seinem Hamburger Kollegen Alfred Kantorowicz das Wort.[176] Dabei sprach Kantorowicz weder nur als ehemaliger Generalsekretär des Schutzverbandes Deutscher Schriftsteller noch als geräuschlos integrierter Exilant. Stattdessen verkörperte Kantorowicz die ganze biographische Sperrigkeit des Exils nach 1945, aus dem er erst in die sowjetische Zone und zuletzt 1957, als unsicherer kommunistischer Kantonist kritisch beobachtet, in die Bundesrepublik übergesiedelt war.[177] Die Ausstellung würdigte Kantorowicz aber unbeirrt als willkommenen Beitrag zu einer Mission: nach den Überresten der Exilliteratur zu fahnden, damit sich die deutsche Nachkriegsgesellschaft moralisch rehabilitieren würde.[178]

Zu den aus westdeutscher Sicht außergewöhnlichsten Stationen zählte 1968 die Ausstellungs-Tour durch Israel. Dort war sie, ebenso wie 1968 anlässlich der IFLA-Tagung in Frankfurt auch 1969 in der Türkei und 1970 in Belgien in Verbindung mit der Ausstellung »Das neue deutsche Buch« zu sehen, mit der der Börsenverein den deutschen Publikationsmarkt international vorstellte und bewarb.[179] Zwischen Oktober und Anfang Dezember 1968 zeigte man die Schau in Tel Aviv, Jerusalem und Haifa.[180] Mit dieser Initiative schrieb sich die Exil-

---

174 Willy Brandt, [Rede ohne Titel], in: Inter Nationes (Hg.), Exil-Literatur 1933-1945, Bad Godesberg, Köln 1968, S. 7-9.

175 Berendsohn, Flüchtlinge, S. 40.

176 Ebd., S. 39-40; Sigrid Thielking, ›Etwas ist ausgeblieben, was alles ins Maß gerückt hätte‹: Alfred Kantorowicz als Vermittler von Exilliteratur nach 1945, in: Dieter Sevin (Hg.), Die Resonanz des Exils: gelungene und mißlungene Rezeption deutschsprachiger Exilautoren, Amsterdam 1992, S. 231-243.

177 Moritz Pfeil, Schon mal bezahlt, in: Der Spiegel, 1.7.1958.

178 Alfred Kantorowicz, Deutsche Literatur im Exil, in: Ost und West. Beiträge zu kulturellen und politischen Fragen der Zeit 4 (1947), S. 51.

179 Programm des IFLA General Council, 34th Session 1968, S. 2, BArch B 275 38; Frankfurt a.M. Börsenverein des Deutschen Buchhandels (Hg.), Das neue deutsche Buch: Eine Ausstellung von 3000 Büchern und Zeitschriften in Tel Aviv, Jerusalem und Haifa 1968, Frankfurt a.M. 1968.

180 Berendsohn, Flüchtlinge, S. 58 und 107; Klaus G. Saur, Israel 1968, in: ders., Traumberuf Verleger, Hamburg 2011, S. 72-77.

literaturausstellung der Frankfurter Deutschen Bibliothek ausdrücklicher in die Geschichte der deutsch-israelischen Kulturbeziehungen ein, als es vergleichbare Unternehmungen bis dahin vermochten. Zwar gab es schon vorher gerade auf Frankfurter Terrain durchaus Projekte, die öffentlich zeigten, wie eng jüdische Bürger seit jeher in der lokalen Wissenskultur der Stadt verwurzelt waren. So hatte sich beispielsweise 1961 eine Sonderausstellung des Frankfurter Stadtarchivs und des Hessischen Landesverbandes für Erwachsenenbildung zur »Geschichte der Frankfurter Juden« verstanden.[181] Im Umfeld einer zögerlichen westdeutschen Vergangenheitsbewältigung und ganz im Lokalkolorit gehalten hatten solche Signale wenig Außenwirkung. Daneben gab es in den voranschreitenden 1960er Jahren auch andere bilaterale deutsch-israelische Initiativen, die auf das Buch und die Bibliothek als Leitmedien und Resonanzräume jüdischen Wissens und jüdischer Kultur zielten. Dafür stand 1967 die »Deutsche Bibliothek« von Tel Aviv, zusammengetragen und eröffnet als privates Versöhnungsprojekt zwischen dem im NS erfolgreichen Drehbuchautor, ehemaligen Bundespressechef und CDU-Bundestagsabgeordneten Felix von Eckardt und dem jüdischen Arzt Walter Hirsch.[182]

Als unter diesen Vorzeichen im Dezember 1968 die Frankfurter Exilliteraturausstellung in Tel Aviv eröffnet wurde, war neben dem Exil auch vom ›neuen deutschen Buch‹ die Rede. Den eigens für Israel ergänzten deutschen Büchern über Israel und das Judentum bescheinigten der ehemalige Börsenvereinsvorsitzende Georgi genauso wie Bibliotheksdirektor Köster intellektuelle Mittlerqualitäten par excellence. Die wechselseitigen Bücherimporte sollten signalisieren, dass sich der deutsch-israelische »Austausch« stabilisierte. Der langjährige Israel-Korrespondent der FAZ Moshe Tavor (d.i. Fritz Tauber, geb. 1903), 1939 aus Prag nach Israel geflohen und Anfang der 1960er Jahre noch Kulturattaché an der israelischen Botschaft in Köln, würdigte die Ausstellung in Tel Aviv über die Maßen. Freilich tat er das an manchen Indizien für eine eher geringe öffentliche Breitenwirkung vorbei in einem überschaubaren Kurzartikel auf Seite 24. Dort musste er zuletzt auch erwähnen, dass die hebräische Presse vom Ereignis wenig Notiz nahm.[183]

In erster Linie bahnte den Frankfurtern den Weg nach Israel, dass drei Jahre zuvor bilaterale Beziehungsgeschichte geschrieben worden war, als Deutschland und Israel am Ende eines langen Anbahnungsprozesses seit dem Luxemburger Abkommen von 1952 offiziell diplomatische Beziehungen aufnahmen.[184] Zu-

181 FAZ, 10.11.1961, S. 34 (Wertvolle Dokumente kamen wieder ans Tageslicht).
182 Moshe Tavor, Deutsche Bibliothek in Tel Aviv, in: FAZ, 6.10.1967, S. 32.
183 FAZ, 10.10.1968, S. 24.
184 Hanoch Gutfreund, Thomas Stenhauser, Jürgen Renn, Special Relationship; Irene Aue-Ben-David, Michael Brenner, Kärin Nickelsen, Deutsch-israelische Annäherungen in Geisteswissenschaften und Kulturpolitik, in: Naharaim 11.1-2 (2017),

gleich erhielten die Frankfurter in Israel Gelegenheit, die Exilliteratur als kommunikativen Verbindungspunkt mit Israel zu markieren. Umgekehrt entstand in der westdeutschen Öffentlichkeit so nicht unbedingt ein positiverer Rezeptionshintergrund für das Exil. Das mochte auch mit anhaltenden vergangenheitspolitischen Ressentiments zusammenhängen.

Daneben wirkten sich aber auch die innenpolitische und die internationale Konfliktlage der späten 1960er Jahre aus, die die Diskussionen in der Bundesrepublik beschäftigten. Der erst schwelende und dann 1967 gewaltsam aufbrechende Nahostkonflikt hatte die offiziellen deutsch-israelischen Näherungen der Vorjahre ein Stück weit perforiert. Denn die westdeutsche Öffentlichkeit und Politik rangen mit ihrer Haltung zur israelischen Politik im Nahostkrieg. Das war allemal in der leidenschaftlich diskussionwütigen studentischen Öffentlichkeit vor Ort in Frankfurt deutlich zu spüren.[185] Eine gediegene Rezeptionsatmosphäre für das Exil gab es in der westdeutschen politischen Öffentlichkeit von daher nicht unbedingt, aber darin spiegelte sich neben anhaltender Skepsis gegenüber dem Exilthema auch wider, dass die westdeutsche Tagespolitik ihre Streitkultur intensiv auslebte.

6.4 Frankfurter Exil-Expertise

Platzierung im Wartestand

Die Exilliteratur-Sammlung der Deutschen Bibliothek war kein Solitär. Sie fand sich seit den frühen 1950er Jahren in einem dynamischen Feld neuer Sammlungsorte von Exilwissen in der Bundesrepublik wieder. Wo solche Einrichtungen ebenfalls Exildokumente sammelten oder diesem Quellensegment nahe kamen, wurden sie von Frankfurt aus in der Regel eher als Kooperationspartner denn als Konkurrenten wahrgenommen. Das hing zum einen damit zusammen, dass die Frankfurter Sammlung personalpolitisch mit angezogenen Armen arbeiten musste und sich lange Jahre Mitarbeiter aus der Benutzungsabteilung der Deutschen Bibliothek lieh.[186] Zum anderen sahen sich die Institutionen, an denen im

S. 5-11; Yeshayahu Jelinek, Deutschland und Israel 1945-1965. Ein neurotisches Verhältnis, München 2004.

185 Zarin Aschrafi, Der Nahe Osten im Frankfurter Westend. Politische Akteure im Deutungskonflikt (1967-1972), in: Zeithistorische Forschungen/Studies in Contemporary History 16.3 (2019), S. 467-494.

186 Werner Berthold, Sammlung und Erschließung deutscher politischer Exil-Literatur, in: Esters, Steiner, Widerstand, S. 45.

frühen Nachkrieg Zeugnisse über das Exil gesammelt wurden, in der Regel eher in der Defensive, denn ihre Initiative wurde öffentlich wenig beachtet und blieb ganz verstreut.

Am meisten schaute man von Frankfurt aus wohl nach Marbach am Neckar zum Deutschen Literaturarchiv. Dass und wie die Frankfurter Deutsche Bibliothek und die Vertreter der Exilschriftensammlung sich hier positionierten, hing vom Marbacher Profil ab. An vielen Stellen unterschieden sich die beiden Häuser zunächst deutlich. Seit 1955/56 über Jahre zu einem zentralen Nachlassarchiv ausgebaut, sattelte das Marbacher Literaturarchiv auf dem nationalliberalen Schillerverein und dem im September 1947 wiedereröffneten Schillermuseum auf. Man hatte damit kulturbürgerliche Traditionsinstanzen aus dem 19. Jahrhundert im Rücken und somit einen gewissen Vorsprung gegenüber Frankfurt. Von den Nachkriegsjahren aus betrachtet hing den Marbachern ihre Institutionenkontinuität allerdings auch nach. Man musste sich nach Kriegsende zu den Jahren zwischen 1933 und 1945 verhalten.[187] Die Marbacher versuchten die Phase in der Regel eher zu überspielen. Sie wiesen darauf hin, dass die Nationalsozialisten eher Schiller-abstinent und dafür umso mehr Goethe- oder Hölderlin-affin gewesen seien und daher viel mehr nach Weimar oder Stuttgart als an den Neckar geschaut hätten. Das sollte nahelegen, dass die Vorgängerinstitutionen in Marbach im NS fast intellektuell wegtauchen konnten. Demgegenüber waren manche Spuren Marbacher Anpassungen an die NS-Propaganda zwischen 1933 und 1945 eigentlich unübersehbar.[188] Im Vergleich dazu ging man in der Frankfurter Deutschen Bibliothek, die als Neugründung fernab von Leipzig einen klaren Zäsurcharakter zu haben schien, mit der Kontinuitätsfrage deutlich entspannter um.

In mancherlei Hinsicht ähnelten sich das Exilarchiv der Deutschen Bibliothek in Frankfurt und das Marbacher Literaturarchiv nach 1945 aber auch. Zum einen brauchte es in beiden Fällen zentrale Nachkriegsfiguren, die den Aufwuchs der Nachlass-Sammlung betrieben. Als eine Art Pendant zu Eppelsheimer in Frankfurt war Archivleiter Bernhard Zeller (1919-2008) dazu gut in die Politik, allemal in das baden-württembergische Kultusministerium Theodor Heuss' und in die literarische Szene vernetzt.[189] Zum anderen spielten auch in Marbach deutschdeutsche Kultur- und Deutungsrivalitäten eine wichtige Rolle. Wo die Frankfurter die Leipziger Deutsche Bücherei beäugten, sahen sich die Marbacher und

---

187 Bernhard Zeller, Bei Schiller in Marbach, in: FAZ, 4.5.1955, S. 10.

188 Bernhard Zeller, Fünf Jahre Deutsches Literaturarchiv in Marbach, in: Ewald Lissberger, Theodor Pfizer (Hgg.), In libro humanitas, Stuttgart 1962, S. 349-384; Jan E. Dunkhase, Provinz der Moderne. Marbachs Weg zum Deutschen Literaturarchiv, Stuttgart 2021, S. 143-167.

189 Bernhard Zeller, Bei Schiller in Marbach. Die Schätze des Nationalmuseums am Geburtsort des Dichters, in: FAZ, 4.5.1955, S. 10.

sahen sich wohl auch westdeutsche Politik und Kultur in unmittelbarer Kultur-
konkurrenz zum Goethe- und Schiller-Archiv in Weimar, je länger die deutsch-
deutsche Teilung andauerte. Denn das Weimarer Haus firmierte, schon Mitte
der 1880er Jahre als fürstliche Stiftung gegründet, seit dem Ersten Weltkrieg mit
über 30 Nachlässen als zentrales Archiv für deutschsprachige Literatur. In den
Kriegsjahren waren viele Bestände eingelagert worden, die relativ unbeschadet
im Nachkrieg ankamen. Das Sammlungsgewicht des Weimarer Archivs schien
massiv. In der DDR wurde das Haus 1953 unter archivarischer Leitung ver-
staatlicht und unter dem Vorzeichen sozialistischer Kultur gebucht.[190] Durchaus ähnlich wie in der Konstellation zwischen Frankfurt und Leipzig, wollte das
Marbacher Literaturarchiv dennoch oder gerade deshalb mindestens für große
Editionsprojekte über die Regimegrenze hinweg mit Weimar kooperieren.[191]
Deutsch-deutsche Konkurrenz und Kooperation mischten sich also nicht nur in
der Geschichte der Frankfurter Bibliothek.

Bei allen Unterschieden und mancherlei Ähnlichkeiten war das Marbacher
Literaturarchiv aus Frankfurter Sicht jedenfalls eine selbstbewusste Sammlungsinstanz in der Bundesrepublik mit ausgewiesenem literarischen Kulturwissen
und seit den 1960er Jahren auch raumgreifenden ideengeschichtlichen Ambitionen.[192] Damit stand Marbach pars pro toto für die Aufgabe der Frankfurter seit
den 1950er Jahren, sich auch auf einem ständig ausladenderen Feld von westdeutschen Institutionen vergleichbaren Zuschnitts zu platzieren. Das geschah
freilich nicht statisch, sondern dynamisch, hing immer auch ab von kultur- und
wissenspolitischen Konjunkturen: Die Frankfurter sahen Marbach insbesondere
für persönliche Nachlässe zuständig und machten sich selbst stattdessen in den
1970er Jahren für die gleich noch anzusprechenden Akten der Exilorganisatio-
nen stark, die sie in das Frankfurter Haus holten.[193]

Entsprechend platzierte sich die Frankfurter Exilschriftensammlung auch neben ganz anders entstandenen und ausgerichteten Sammlungsinstanzen wie dem
1949 gegründeten Institut für Zeitgeschichte in München, dessen Archiv sich vor

---

190 FAZ, 12.11.1959, S. 14 (Theodor Heuss lehrt Friedrich Schiller); ebd., 11.11.1959,
S. 14 (Marxistische Ästetik); Günther Rühle, Arbeit auf dem Schilleracker. Marbach oder: Wie man aus Literatur ein Denkmal macht, in: ebd., 13.9.1980, S. 1 (Bilder und Zeiten); Dunkhase, Provinz, S. 213-216; Volker Wahl, Das Goethe- und
Schiller-Archiv 1949 bis 1958, Erfurt 2010.

191 FAZ, 27.11.1958, S. 12 (43 Bände Schiller).

192 Ulrich Raulff, Ideengeschichte im Literaturarchiv, in: Dallinger, Hofer, Judex, Archive, S. 215-224.

193 Pflug an den Vorsitzenden des Verwaltungsrats der Deutschen Bibliothek, Ministerialdirigent Egon Hölder, 19.4.1982, ADNBF BMI, Allgemeines 1981 f.; Hölder an Pflug am 12.3.1982, ADNBF, ebd.; Asmus, Von der Emigrantenbibliothek,
S. 174.

allem auf Exilzeitschriften spezialisierte,[194] dem Politischen Archiv des Auswärtigen Amtes in Bonn[195] oder der 1954 entstandenen Westberliner Akademie der Künste, die seit 1956 ebenfalls Exilliteratur sammelte.[196]

Noch deutlich bis in die 1960er Jahre hinein konnte der Eindruck entstehen, dass diese ersten Ballungszentren des Exilwissens Nischen blieben. 1965, als die Deutsche Bibliothek in Frankfurt erstmals ihre Exilliteratursammlung ausstellte, äußerte sich der Literaturwissenschaftler Hans-Albert Walter skeptisch, viele Jahre, bevor er selber den ersten Band seiner bald als Standardwerk gehandelten, am Ende vierbändigen Geschichte der Exilliteratur vorlegen sollte.[197] Er fand, dass »die westdeutsche Germanistik diesem Thema bisher so bemüht wie erfolgreich ausgewichen ist.«[198] Und nicht einmal respektable Sammlungsstellen, als die Walter neben der Deutschen Bibliothek die Wiener Library in London[199] aufrief, verfügten über alles wichtige Material.

194 Werner Röder, Quellen zur Geschichte der deutschsprachigen Emigration 1933-1945 im Archiv des Instituts für Zeitgeschichte München (IfZ), in: Jahrbuch für Internationale Germanistik 7.2 (1975), S. 142-170; Werner Röder, Die Dokumentation zur Emigration, in: Internationale wissenschaftliche Korrespondenz zur Geschichte der deutschen Arbeiterbewegung 9 (1972), S. 54-57; Udo Wengst, Das Institut für Zeitgeschichte: ein Beispiel für die Auseinandersetzung mit dem Nationalsozialismus in der Frühgeschichte der Bundesrepublik Deutschland, in: Jürgen Elvert (Hg.), Geschichte jenseits der Universität. Netzwerke und Organisationen in der frühen Bundesrepublik, Stuttgart 2016, S. 41-52; Magnus Brechtgen, Die Gründungswege des Instituts für Zeitgeschichte – eine Aktualisierung, in: ders. (Hg.), Aufarbeitung des Nationalsozialismus, Göttingen 2021, S. 61-101.

195 Christoph Stamm, Quellen zur deutschen Emigration 1933-1945 im Politischen Archiv des Auswärtigen Amts Bonn, in: Nachrichtenbrief/Newsletter, hg. v. Ernst Loewy und der Society for Exile Studies/Gesellschaft für Exilforschung e.V., Frankfurt a.M. 1984, S. 14-19.

196 Walter Huder, Einige Bemerkungen zur Geschichte und Arbeit der Archive, Sammlungen und Bibliotheken der Akademie der Künste, 1.6.1981, Anlage zu einem Brief von Hölder, Bundesministerium des Innern, an Pflug am 12.2.1981, ADNBF, BMI Allgemeines 1981 f.; ders., Dokumente der Exilliteratur in den Archiven, Sammlungen und Bibliotheken der Westberliner Akademie der Künste, in: Jahrbuch für Internationale Germanistik 6.1 (1974), S. 120-126; Brita Eckert, Die Anfänge der Exilforschung in der Bundesrepublik Deutschland bis 1975. Ein Überblick, in: Sabine Koloch (Hg.), 1968 in der deutschen Literaturwissenschaft, Literaturkritik.de: Rezensionsforum für Literatur und für Kulturwissenschaft. Sonderveröffentlichung 2018, https://literaturkritik.de/public/inhalt2.php?ausgabe=51.

197 Hans-Albert Walter, Deutsche Exilliteratur 1933-1950, 4 Bände, Stuttgart 1987-2003.

198 Hans-Albert Walter, Schwierigkeiten beim Schreiben einer Geschichte der deutschen Exil-Literatur, in: FAZ, 12.11.1965, S. 32.

199 Books on Persecution, Terror and Resistance in Nazi Germany: Received up to December 31, 1952, London 1953; Walter Laqueur, Wiener Library Bulletin 1983, S. 3-9 und die gesamte Sonderausgabe.

Seit Ende der 1960er Jahre veränderten sich die Rahmenbedingungen für die Exilschriftensammlung der Deutschen Bibliothek und manche parallelen Sammlungen deutlich. Die sozialen Reformbewegungen seit den frühen 1960er Jahren spielten dabei eine wichtige Rolle. Zwar hatten sie eine breite Protestagenda, mit der man sich weit über den westdeutschen Horizont hinaus einer internationalen Dynamik anschloss. Westdeutsch speziell schien allerdings die angestaute Kritik einer jüngeren Generation an der absichtlichen Geschichtsvergessenheit ihrer Eltern, die sich von den Aufklärungsprozessen über den NS nicht hinreichend wachrütteln ließen und den NS verdrängten. Aufklärung und historische Rechnungslegung wurden jetzt nicht zum ersten Mal, aber doch mit einer neu geballten Energie gefordert.[200]

In der westdeutschen Wissenschaft und Wissenschaftsförderung kam dieser Gestus als Appell an, alle Kräfte zu mobilisieren, der NS-Geschichte auf den Grund zu gehen. Die Auseinandersetzung mit dem Exil als einem von vielen Sinnbildern für das NS-Unrecht schien dabei ein wichtiges Element kritischer Selbstbeforschung.[201] Unter diesen Bedingungen zahlte sich für die Deutsche Bibliothek einmal mehr aus, dass sie mit ihrer Sammlung nicht erst auf den Zeitgeist der Revolte reagierte, sondern längst seit ihren Anfängen Exilliteratur erworben hatte.

Vertiefung

Es war mehr als eine formale Zäsur, wenn im Bundesgesetz über die Deutsche Bibliothek von 1969 noch einmal klargestellt wurde, dass das Frankfurter Haus gesetzlich damit beauftragt war und blieb, die Exilliteratur »zu sammeln, zu inventarisieren und bibliographisch zu verzeichnen«.[202] Die Aufwertung zur bundeseigenen Instanz verschaffte auch der Exilliteratursammlung Auftrieb. In schneller Folge verzeichnete man zwischen 1970 und 1975 namhafte Bestandszuwächse, als die Überlieferung dreier großer deutscher und internationaler Exilhilfe-Organisationen nach Frankfurt kam. In allen drei Fällen ging es um deutlich mehr als reine Bestandsvergrößerung. Faktisch gewann die Frankfurter Exilliteratursammlung damit ihr ganz eigenes Gepräge: Sie fasste das Exil jetzt gleichzeitig auch alltagsweltlicher und politischer, sie illustrierte nicht nur die

---

200 Herbert, Geschichte Deutschlands, S. 833-867.
201 Jeffrey Herf, Die Auseinandersetzung mit der NS-Vergangenheit in Deutschland seit 1945. Anfänge, Hauptmotive und Kritik an der Erinnerungspolitik vonseiten des SED-Regimes und der radikalen Linken in Westdeutschland, in: Brechtgen, Aufarbeitung, S. 38-60; Frei, Vergangenheitspolitik.
202 Gesetz über die Deutsche Bibliothek vom 31.3.1969, in: Bundesgesetzblatt Teil 1, ausgegeben zu Bonn am 2.4.1969, S. 265-268, hier S. 265.

Lebenwirklichkeiten betroffener Exilanten, sondern erschloss auch die internationale Infrastruktur der Exilwelt während und nach dem Zweiten Weltkrieg.

1970 konnte das Exilarchiv mithilfe der Volkswagen-Stiftung[203] die Akten der Deutschen Akademie der Künste und Wissenschaften im Exil von deren Gründer Hubertus Prinz zu Löwenstein erwerben.[204] Damit wuchsen dem Exilarchiv zentrale Dokumente über eine symptomatische Instanz des Exils zu: Löwenstein, 1933 als NS-Gegner aus Deutschland und später Österreich geflohen und seit den mittleren 1930er Jahren Migrant in der angloamerikanischen Welt, hatte die Akademie 1935 als binationale, deutsch-amerikanische Fluchthilfeorganisation für Schriftsteller und Künstler gegründet und namhafte deutsche Intellektuelle wie Thomas Mann und Sigmund Freud als Gutachter für Föderkandidaten gewinnen können.[205]

Die Akademieakten bereicherten den Wissensstand der Frankfurter Exilschriftensammlung aus mindestens vier Gründen substanziell. Erstens schlug sich in ihnen nieder, wie das antifaschistische Exil außerhalb NS-Deutschlands nach 1933 häufig durch private philanthropische Zusammenschlüsse und Fluchthilfeorganisationen wie eben die Deutsche Akademie finanziell aufgefangen wurde und sich geschickter Vernetzungarbeit deutscher Intellektueller vom Schlage Löwensteins verdankte.[206] Zweitens illustrierten die neuen Akten, wie deutschsprachige Kultur und Literatur in Form von Stipendien und Einreiseerlaubnissen für insgesamt etwa 160 geförderte Exilanten aus Europa überhaupt nur transnational und oft genug transatlantisch hatte überdauern können. Es gab auch andernorts Exilhilfen, aber ohne enge Allianzen mit britischen und vor allem US-amerikanischen Fürsprechern war das deutschsprachige Exil letzlich undenkbar: Erst war Löwenstein selber der Misere des Exils dank amerikanischer Unterstützungsgelder des philanthropischen Carnegie Endowment for

203 Birgit Fernengel, Bibliotheksrelevante Förderung der Volkswagen-Stiftung, in: Bibliothek Forschung und Praxis 16.1 (1992), S. 26-39.

204 Klaus Viedebantt, Archiv der deutschen Exilliteratur, in: FAZ, 12.11.1971, S. 59.

205 Aus deutschen Bibliotheken, in: ZfBB 17.6 (1970), S. 408; Hubertus Prinz zu Löwenstein, Mitteilung über die Gründung der »Deutschen Akademie der Künste und Wissenschaften«, Rede auf dem PEN-Congress, Paris 1937, DEADNBF 70/117 Archiv der American Guild for German Cultural Freedom, New York/ Deutsche Akademie im Exil; BArch B 106/58060 Deutsche Bibliothek – Erwerb des Archivs der »American Guild for German Cultural Freedom« für die Sammlung Exilliteratur 1970-71.

206 Volkmar von Zühlsdorff, Von der Gefährdung literarischen Lebens. Die deutsche Akademie im Exil als Beispiel für einen Versuch, deutsche Literatur zu bewahren, in: Die Zeit, 23.10.1959, DEADNBF 70/117; Christiane Schönfeld, Lisa Marie Anderson, Irene Zanol, ›Tat und Arbeit, statt Publicity und Träumerei‹: Ernst Toller and the Americ Guild for German Cultural Freedom, in: German Life and Letters 75.2 (2022), S. 283-297.

International Peace entkommen. Dann machte er die amerikanischen Kontakte über seine eigene Biographie hinaus auch für andere Exilierte fruchtbar. Drittens illustrierten die Akademie-Akten im Frankfurter Exilarchiv, wie die transatlantische Exilkultur in den Kriegsjahren unter zusätzlichen Druck geriet. Sie blieb, weil sie unbezähmbar plural blieb. Der Preis dafür war mitunter hoch: Die Guild hatte sich schon Anfang der 1940er Jahre am politischen Dissens der Exilanten aufgerieben und war zerfallen. Löwenstein hatte sie mit seiner Kritik an den alliierten Deutschlandplanungen, an der er auch nach 1945 noch festhielt,[207] nicht geschlossen hinter sich bringen können. Gerade die Dokumente aus dem Akademie-Bestand, die ihren Gründer Löwenstein betrafen, illustrierten viertens, dass sich im Exil tatsächlich viele konträre Stimmen Gehör verschafften. Löwenstein verkörperte eine spezielle Mischung aus katholischem und anthroposophischem Abendland-Denken und behielt wie viele konservative Emigranten seines Milieus lange einen antipluralistischen Abstand zur Demokratie.[208] 1947 nach Deutschland remigriert, baute Löwenstein ihn als politisch umtriebiges CDU-Mitglied und Journalist unter anderem bei der Wochenzeitung *Die Zeit* erst allmählich ab.[209]

1973 gelang dem Leiter des Exilarchivs der Deutschen Bibliothek mit dem Ankauf der Akten des Emergency Rescue Committee (ERC) ein ähnliches dokumentarischer Coup. Denn damit bekam die Deutsche Bibliothek die Unterlagen einer aufsehenerregenden weiteren Fluchthilfeorganisation, die während des Zweiten Weltkrieges namhafte Exilierte zu schützen versuchte. Das Komitee hatten überwiegend wohlhabende Amerikaner finanziert, um damit zahlreichen europäischen Wissenschaftlern, Künstlern und Intellektuellen zur Flucht zu verhelfen, die nach der deutschen Besetzung Frankreichs im Sommer 1940 aus dem diktatorischen Vichy-Regime nach Südfrankreich ausgewichen waren.[210] Bis in die gouvernementalen Entscheiderzirkel in den USA hinein und namentlich mit der amerikanischen Präsidentengattin Eleanor Roosevelt vernetzt, hatte ein transatlantisches Rettungsteam um US-Publizisten und Wissenschaftler und deutsche Immigranten wie Ingrid Warburg besondere Notvisa ausgehandelt. So

---

207 FAZ, 12.12.1949, S. 3 (Abendländischer Reichsgedanke), und ebd., 17.1.1950, S. 3 (Göttinger Erklärung).

208 Elke Seefried, »A noteworthy contribution in the fight against Nazism«: Hubertus Prinz zu Löwenstein im Exil, in: Anthony Grenville (Hg.), Refugees from the Third Reich in Britain, Amsterdam, New York 2002, S. 1-26.

209 Brita Eckert, Werner Berthold, Die American Guild for German Cultural Freedom und die Deutsche Akademie im Exil, in: John M. Spalek, Konrad Feilchenfeldt, Sandra H. Hawrylchak (Hgg.), Deutschsprachige Exilliteratur seit 1933, Bd. 3.3, Berlin, Boston 2001, S. 495-525.

210 New York Times, 15.8.1940, S. 8 (Group Acts to Save Leaders in Exile).

ermöglichte man den Exilanten die Ausreise von Marseille als dem südfranzö-
sischen Knotenpunkt der europäischen Fluchtrouten in Richtung Amerika.[211]

Ähnlich wie im Fall der Löwenstein-Bestände über die Deutsche Akademie
erweiterten die ECR-Akten den Bestand des Deutschen Exilarchivs deutlich weit
über die literarischen und publizistischen Texte von Exilanten hinaus. Denn das
Notkomitee stand für Einzelinitiativen privater philanthropischer Helferallian-
zen, nicht nur für deutschsprachige Autoren wie Walter Mehring oder Franz
Werfel und Künstler wie Max Ernst. Von daher schuf das Frankfurter Exilarchiv erneut dokumentarischen Raum für die historische Rolle der Fluchthelfer
als internationale Ermöglicher antifaschistischen Schreibens und Denkens. Im
Exilarchiv war seit 1973 der Boden dafür bereitet, an reichem Korrespondenz-
material nachzuvollziehen, dass das Exil vor allem europäische und amerikanische humanitäre Widerständler brauchte, die selbst Verfolgung und Drangsal
riskierten. Und ähnlich wie im Fall der Akademie-Akten wurden das Prekäre
des Exils und die extrem engen Grenzen der zeitgenössischen Exilhilfe sichtbar,
war das ERC doch nach kaum einjähriger Arbeit in sich zusammengebrochen,
auch wenn Partnerorganisationen die Fluchthilfe nach 1941 noch weiterzutrei-
ben versuchten.[212]

Hinzu kam, dass die ERC-Dokumentation, die das Frankfurter Exilarchiv
1973 einlagerte, eine ganz eigene Sorte politisches Kontextwissen über das Exil
und seine zentralen historischen Akteure bereithielt. Das allerdings wurde nicht
gleich 1973 geborgen oder gar öffentlich. Es sollte Jahre, ganze Dekaden brauchen, bis sich abzuzeichnen begann, welche Tiefendimension die Akten des ERC
dem Wissen über das literarische und politische Exil verliehen. Dass die Nationalsozialisten und ihre Kollaborateure in Frankreich die Fluchthelfer kriminali-
siert hatten, konnte man erwarten oder wusste es Anfang der 1970er Jahre auch
schon aus anderen Quellen. Dass die Fluchthelfer allerdings auch in den USA der
frühen 1940er Jahre in Misskredit geraten waren, weil sie Immigrationsquoten
und Kontingentgrenzen unterliefen, war ein Aspekt, der kaum zum öffentlichen
Wissen über das Exil in der Bundesrepublik der 1970er Jahre gehörte.

211 Akten des Emergency Rescue Committee, New York DEADNBF 73/021. Es gibt
daneben eine Reihe anderer Sammlungsorte von ERC-Akten, u.a. im US Holocaust Memorial Museum in Washington D.C. Wolfgang D. Elfe, Das Emergency
Rescue Committee, in: John M. Spalek, Joseph Strelka (Hgg.), Deutschsprachige
Exilliteratur seit 1933. Bd. 1, Kalifornien, Bern, München 1976, S. 214-220; Anne
Klein, Flüchtlingspolitik und Flüchtlingshilfe 1940-1942. Das Varian-Fry-Komitee in Marseille und New York, Berlin 2007; Varian Fry, Auslieferung auf Verlangen: die Rettung deutscher Emigranten in Marseille 1940/41, Frankfurt a.M. 2009;
John F. Sears, The Emergency Rescue Committee, Sumner Welles, and the Obstacles of Rescue, in: Refuge Must Be Given: Eleanor Roosevelt, the Jewish Plight,
and the Founding of Israel, Lafayette 1991, S. 72-92.

212 Klein, Flüchtlingspolitik.

Im Frankfurter Exilarchiv lagerte damit Material, das die USA als ambivalenten Exilort zeigte. Neben der privaten US-Philanthropie für europäische Eliten wurden dort die Effekte des politischen Interessenkalküls der US-Administration sichtbar, die auch in den fortschreitenden Kriegsjahren bei weitem nicht allen oder allen deutschsprachigen Exilanten generös Exil gewähren wollte. Um wie viel mehr musste das Exil vor 1945 den Exilanten als hochgradig bedingte Bergungsofferte auf Zeit erscheinen, als Nadelöhr in Zeiten massiver Bedrängnis. Denn wem die Flucht aus dem quälenden Zustand ständigen Ausharrens in Marseille bis Sommer 1942 nicht gelungen war, als die Komiteeaktivitäten stillgelegt werden mussten, fand, wenn er es nicht noch spät an andere Orte wie in die französische Karibik schaffte, kaum mehr Exil.²¹³

Als das Exilarchiv den ERC-Bestand 1973 übernahm, war zunächst nicht daran zu denken, die noch völlig unerschlossenen Unterlagen direkt öffentlich zugänglich zu machen. Dass man hier eine zentrale Exilüberlieferung einlagerte, wurde aber deutlich, als die Fluchthilfeorganisation auch von anderen Akteuren als wichtiger Katalysator des Exils öffentlich thematisiert wurde. Denn es gab inzwischen andere Wissenskanäle, über die die Geschichte des ECR seit den späten 1980er Jahren zumindest in Teilen der westdeutschen Öffentlichkeit ankam. Zuerst nahm man von den 1986 ins Deutsche übersetzten und als Buch erschienenen autobiographischen Zeugnissen Notiz, die der amerikanische Journalist Varian Fry als Mitgründer des Komitees schon 1945 veröffentlicht hatte.²¹⁴ Und zwei Jahre später kamen zwei Fernsehreportagen zustande, die die Arbeit des ERC dokumentierten. Späte Sendeplätze und wenig Medienresonanz legten freilich nahe, dass diese Exilgeschichten trotzdem im Randbereich der öffentlichen Wahrnehmung blieben.²¹⁵ Gleichzeitig fiel jetzt auf, dass nicht einmal die geretteten Exilanten selber die Fluchthelfer ins Rampenlicht ihrer Exilerfahrung rückten. Langfristig allerdings erwiesen sich die Sonderbestände des Frankfurter

---

213 Shula Marks, Paul Weindling, Laura Wintour, Laura (Hgg.), In Defence of Learning. The Plight, Persecution, and Placement of Academic Refuges, 1933-1980s, Oxford 2011; Eric T. Jennings, Escape from Vichy: The Refugee Exodus to the French Caribbean, Cambridge, Mass. 2019.

214 Varian Fry, Surrender on Demand, New York 1945, dt.: Auslieferung auf Verlangen. Die Rettung deutscher Emigranten in Marseille 1940/41, München 1986; Herfried Münkler, Konspiration aus humanitären Gründen, in: FAZ, 8.9.1986, S. 9; Bernard Noel, Marseille-New York, 1940-1945: A Surrealist Liaison, Montclair (N.J.) 1986.

215 Jens Bundschuh, Villa Air Bel. Varian Fry in Marseille 1940/41, Dokumentarfilm, Estausstrahlung 21.6.1987 (89 Min.); Karin Alles, Das letzte Visum, Passage unbekannt. Fluchtgeschichten anno 1940 – Varian Fry und das Emergency Rescue Committee, Erstausstrahlung am 18.11.1987 (140 Min.); Hans Scherer, Das Verbrechen, Leben zu retten, in: FAZ, 28.6.1988, S. 28; Michael Mönninger, Evakuierung einer ganzen Kultur, ebd., 11.4.1990, S. 34.

Exilarchivs als bedeutsam. Denn inzwischen ist die zentrale Rolle der Fluchthilfenetzwerke in der Forschung zum Internationalismus der Zwischenkriegs- und Kriegsjahre längst angekommen und werden die Frankfurter Bestände beachtet.[216]

In diese Richtung legte die Frankfurter Exilliteratursammlung auch in den folgenden Jahren noch zu und erwarb u.a. das Archiv des Deutschen P.E.N.-Clubs im Exil (1933-1940) und den Nachlass Wilhelm Sternfelds.[217] Es passte zu diesem Aufwuchs mit Tiefendimension, dass die Deutsche Bibliothek im September 1973 einen öffentlichen »Speziallesesaal« für Exilliteratur einrichtete.[218]

Bis in die 1960er Jahre hinein ging es also vor allem darum, die Exilschriften als Zeugnisse des ›anderen‹, ›besseren‹ Deutschland zu bergen und sie ein Stück weit auch den ›inneren Emigranten‹ der westdeutschen Mehrheitsgesellschaft und den europäischen Nachbarn im Westen und Osten als moralisches Objekt vorzulegen. Es schien um eine Art Kompensation der Kultur- und Wissensverluste zu gehen, die man mit dem Exilarchiv in Aussicht stellte, je vollständiger die Exilschriften zusammengetragen würden.

Seit den späten 1960er und frühen 1970er Jahren schob sich daneben und darüber die – gereifte – Absicht, das Exil auch jenseits der eigenen Sammlung systematisch im Wissenshaushalt der Bundesrepublik abzulegen. Das Exilarchiv speiste Material für die Exilforschung ein und arrondierte den Vorrat. Aber es lieferte nicht nur der neuen Exilforschung seit den späten 1960er Jahren zu, sondern prägte umgekehrt durch die neuen Bestände zu den Fluchthilfeorganisationen auch einen dezidiert politischen Blick auf das Exil. Den Hauptgedanken des Exilarchivs musste das nicht verwässern: dass die Deutsche Bibliothek sich eine auf Dauer unkomplette Exilüberlieferung leisten musste, wenn sie als Wissensspeicher Nachkriegsdeutschlands wirken wollte.

Verwissenschaftlichung

Bis Ende der 1960er Jahre war das Exilthema nicht zuletzt in den gesellschaftspolitischen Debatten um die Auseinandersetzung mit dem Nationalsozialismus

---

216 Hans-Albert Walter, Deutsche Exilliteratur 1933-1950. Band 3: Internierung, Flucht und Lebensbedingungen im Zweiten Wellkrieg, Stuttgart 1988; Ulrich Weinzierl, Der allerletzte Zug. Hans-Albert Walters Werk zur »Deutschen Exilliteratur«, in: FAZ, 15.11.1988, S. L7; Helga Schreckenberger (Hg.), Networks of Refugees from Nazi Germany. Continuities, Reorientations, and Collaborations in Exile, Leiden, Boston 2016.
217 Der deutsche PEN-Club im Exil: 1933-1948. Eine Ausstellung der Deutschen Bibliothek Frankfurt am Main, Frankfurt a.M. 1980.
218 Jörg B. Bilke, Lesesaal Exilliteratur, in: FAZ, 4.9.1973, S. 2.

prominent geworden. Von hier aus wurde man auch in der westdeutschen Wissenschaft quer durch die geisteswissenschaftlichen Disziplinen neu aufmerksam. Berthold selber hatte die Exilforschung massiv mit beworben und begann jetzt entsprechend, die Frankfurter Quelleninteressen ausladender zu definieren: Wenn eine dokumentarische, auch auf unpubliziertes Material gestützte Exilforschung das Gebot der Stunde war, war es nur logisch, die Sammelpraxis anzugleichen. Man interessierte sich jetzt auch verstärkt für ungedruckte Dokumente, die in der Exilphase entstanden waren, für Unterlagen, die namhafte deutschsprachige Intellektuelle wie Sigmund Neumann hinterließen, und für Manuskripte von Persönlichkeiten, die sich wie Walter Fabian in der Exilforschung exponiert hatten.[219] Demgegenüber festigte sich beispielsweise das Literaturarchiv Marbach als Hort von Nachlässen expressionistischer Autoren und sicherte diese Expertise seinerseits auch durch öffentliche Ausstellungen ab.[220] Zur germanistischen Exilforschung hielt die Deutsche Bibliothek vor allem über den frühen Unterstützer der Exilliteraturabteilung, Berendsohn, Anschluss.[221] Umtriebig waren aber auch die Frankfurter selbst, allen voran Berthold, der große Forschungstagungen in Stockholm[222] und Kopenhagen mit vorbereitete.[223]

Als die ersten Förderprogramme für Exilforschung der Deutschen Forschungsgemeinschaft (DFG) anliefen, war die Deutsche Bibliothek jedenfalls ein gesetzter Kandidat.[224] Denn man ging davon aus, dass die Kärrnerarbeit der Bibliotheken und Archive, die das Material herorganisierten und systematisch sichtbar und konsultierbar machten, grundlegend wurde. So war die Deutsche Bibliothek vor allem in zwei große Exilforschungsprogramme eingebucht, die die DFG ab 1969 lancierte. Sie zielten darauf ab, vor allem ungedruckte politische

---

219 Asmus, Von der Emigrantenbibliothek, S. 174.

220 Paul Raabe (Hg.), Expressionismus: Literatur und Kunst 1910-1923. Eine Ausstellung des Deutschen Literaturarchivs im Schiller-Nationalmuseum Marbach a. N., München 1960.

221 Doerte Bischoff, Die jüdische Emigration und der Beginn einer (trans-)nationalen Exilforschung: Walter A. Berendsohn, in: Rainer Nicolaysen (Hg.), Auch an der Universität. Über den Beginn von Entrechtung und Vertreibung vor 80 Jahren, Hamburg 2014, S. 53-76.

222 Helmut Müssener, Die Stockholmer Koordinationsstelle zur Erforschung der deutschsprachigen Exilliteratur 1969 bis 1975. Ein Zeitzeuge berichtet, in: Claus-Dieter Krohn, Lutz Winckler (Hgg.), Exilforschungen im historischen Prozess, München 2012, S. 30-50.

223 Werner Berthold, Literatur im Exil. 2. Internationales Symposium zur Erforschung des deutschsprachigen Exils nach 1933 [in Kopenhagen], in: Börsenblatt für den Deutschen Buchhandel 28.95 (1972), S. 2735-2738.

224 Jan Hans, Werner Röder, Emigrationsforschung, in: Akzente. Zeitschrift für Literatur 20.6 (1973), S. 580-591.

und literarische Quellen für die Exilforschung und Mitte der 1970er Jahre besonders die Exilpresse zu erschließen und zu edieren.[225]

Dabei förderte die DFG in den 60er und 70er Jahren die NS- und Exilforschung ohne historische Rechnungslegung in eigener Sache. Hatte sich doch der Vorläufer der DFG – die Notgemeinschaft – zwischen 1933 und 1945 dem NS teils anheischig gemacht und war zu Teilen auch von der Diktatur absorbiert worden. In nicht wenigen Fällen hatte die Notgemeinschaft selbst dazu beigetragen, die Zahl der aus NS-Deutschland und dem besetzten Österreich geflohenen Wissenschaftsexilanten in die Höhe zu treiben. Damit sollte sich die DFG aber erst ab den späten 1990er Jahren systematisch auseinandersetzen.[226] Stattdessen lief auch in ihrer Bibliothekspolitik nach 1945 viele Jahre lang selbst an exponierter Stelle noch Personal aus alten Zeiten mit.[227]

Wenn die DFG, ähnlich wie später mit anderen Akzenten die Volkswagen- und die Fritz Thyssen Stiftung, westdeutsche Bibliotheken seit 1949 erheblich förderte, zitierte sie damit im Grunde ihr Engagement aus den Jahren der Weimarer Republik. Damals hatte sie der deutschen Forschung einschließlich wissenschaftlicher Bibliotheken geholfen, nach dem Ersten Weltkrieg den Anschluss zu internationalen Standards und Beständen wiederherzustellen. Dieses Ziel wurde auch nach dem Zweiten Weltkrieg wieder akut. Jetzt baute die DFG dafür ein bundesweites System überregionaler Literaturversorgung an wissenschaftlichen und Hochschulbibliotheken auf. Ein Sammelplan stellte das Gesamtreservoir an aktuellem Forschungswissen sicher, das per Leihverkehr landesweit verfügbar wurde.[228]

225 Werner Berthold an die DFG, Bericht über das Projekt Ausbau der Exil-Literatur für die Jahre 1973-1976, BArch B 275/32; Briegel, Zur Rolle der Deutschen Forschungsgemeinschaft, in: Krohn, Winckler, Exilforschungen, S. 114-130; ders., Der Schwerpunkt Exilforschung bei der Deutschen Forschungsgemeinschaft, in: Gesellschaft für Exilforschung. Nachrichtenbrief 3 (1984), S. 11-23; Lieselotte Maas, Handbuch der deutschen Exilpresse 1933-1945, Bd. 1: Bibliographie A-K; Bd. 2: Bibliographie L-Z; Bd. 3: Nachträge, Register, Anhang, München 1976-1981 (Sonderveröffentlichungen der Deutschen Bibliothek).

226 Patrick Wagner, Notgemeinschaften der Wissenschaft. Die Deutsche Forschungsgemeinschaft (DFG) in drei politischen Systemen, 1920 bis 1973, Stuttgart 2021, S. 153-353; Katrin Orth, Autonomie und Planung der Forschung. Förderpolitische Strategien der Deutschen Forschungsgemeinschaft 1949-1968, Stuttgart 2011, S. 21-46.

227 Gisela von Busse, Zur Entstehung der Tausch- und Beschaffungsstelle für ausländische Literatur im Jahre 1949, in: Ewald Lissberger, Theodor Pfizer (Hgg.), In libro humanitas, Stuttgart 1962, S. 83-93; Wagner, Notgemeinschaften.

228 Überregionale Literaturversorgung von Wissenschaft und Forschung in der Bundesrepublik Deutschland: Denkschrift. Bibliotheksausschuß der Deutschen Forschungsgemeinschaft, Boppard 1975; Anne Lipp, Auf dem Prüfstand: Das DFG-geförderte System der Sondersammelgebiete wird evaluiert, in: ZfBB 57 (2010),

Die Deutsche Bibliothek in Frankfurt profitierte auch in diesem Rahmen immer mal wieder von DFG-Geldern.[229] Vor allem aber zehrte sie vom DFG-Interesse daran, die Verwissenschaftlichung des Exilthemas in den 1970er Jahren voranzubringen. DFG-Gelder für Mitarbeiterstellen, Reisekosten und Symposien flossen seit 1972/73 in den »Ausbau der Abteilung Exil-Literatur der Deutschen Bibliothek« ebenso wie in John Spaleks Materialsammlung zur deutschen Emigration in den USA.[230] Natürlich konnten die Frankfurter zum einen die Fördermittel gut brauchen, um die Erschließungsarbeiten voranzubringen, Teile ihrer Sammlungen und Nachlässe systematisch zu inventarisieren und in Materialsammlungen veröffentlichen zu lassen. Mindestens ebenso bedeutsam war für sie aber der symbolpolitische Mehrwert dieser Initiative. DFG-gefördert wurde die Exilsammlung der Deutschen Bibliothek einmal mehr zum anerkannten und weithin sichtbaren, grundlegenden Wissensspeicher. Zugleich rückte das Exilarchiv im Rahmen der DFG-geförderten Gemeinschaftsprojekte dicht an die Seite der mitgeförderten Kulturinstitutionen und Erinnerungsspeicher der Bundesrepublik. Es platzierte sich weithin sichtbar neben dem Bundesarchiv Koblenz, dem Institut für Zeitgeschichte oder dem Forschungsinstitut der Friedrich-Ebert-Stiftung und der Akademie der Künste oder dem Marbacher Literaturarchiv.[231]

Damit hatten sich die materiellen Voraussetzungen für diese Sonderabteilung der Deutschen Bibliothek auch durch externe Unterstützung deutlich ver-

S. 235-244, hier S. 236-237; Jürgen Chr. Regge, Forschungsförderung durch private Stiftungen an wissenschaftlichen Bibliotheken, in: Günther Wiegand, Elsa Maria Wischermann (Hgg.), 79. Deutscher Bibliothekartag in Bonn 1989. Reden und Vorträge, Bonn 1990, S. 263-269.

229 DFG-Förderbescheid zum Projekt Zentrale Redaktions- und Koordinierungsstelle (Katalogisierung), 12.9.1974, ADNBF. Externe Gremien, DFG 1982-1997; Pflug an den Vorsitzenden des Verwaltungsrats der Deutschen Bibliothek und Ministerialrat im Bundesministerium des Innern Egon Hölder, 14.3.1980, BArch 275/32; Jochen Briegleb, Bibliotheksreferat der DFG, am 18.8.1978 an Kurt Nowak. BArch ebd.

230 Förderbescheid der DFG an Köster vom 18.6.1973, BArch 275/32; Werner Berthold an das Bibliotheksreferat der DFG am 20.6.1978, BArch ebd.; Berthold an die DFG am 5.6.1978, Barch ebd.; Dieter Oertel an John M. Spalek, Bewilligungsbescheid vom 13.8.1974; Kösters Projektbericht an die DFG vom 26.3.1975, BArch ebd.; Dieter Oertel, Förderbescheid aus dem Bibliotheksreferat der DFG an Köster vom 11.10.1973, BArch ebd.; Verlängerungsantrag für das Forschungsprojekt: Quellen und Materialien zur deutschen Emigration 1933-1945 in den USA vom 27.5.1974, BArch ebd.; Kurt Köster, Bericht über das Projekt Ausbau der Abteilung Exil-Literatur der Deutschen Bibliothek für das Jahr 1974 vom 6.1.1975, BArch ebd. Raphael, Verwissenschaftlichung.

231 Beatrix Wrede-Bouvier, Protokoll der Sitzung vom 5.10.1970, DFG-Ausschuss Exil-Literatur, BArch B 275/32.

bessert. Hinzu kam Bertholds Geschick, enge Kontakte zur interdisziplinären und internationalen Exilforschung aufzubauen und zu halten, die sich seither zu formieren begann. Damit stellte Berthold das Exilarchiv konsequent europäisch und transatlantisch zur Verfügung. Intellektuelle Kontakte nach Amerika bestanden oft zu ausgewanderten Europäern. Manche wie der Literaturwissenschaftler Guy Stern waren selbst jüdische Opfer der NS-Diktatur. Seine Flucht nach Amerika hatte Stern das Leben gerettet, sein Einsatz als Ritchie Boy im US-amerikanischen Militärnachrichtendienst und die Ermordung seiner Familie im Holocaust hatten ihn geprägt. Er nutzte die Spielräume, die das Exil ihm für seine berufliche Existenz eröffnete, und repräsentierte als Germanist eine ganze Kohorte von Mitexilanten, deren Schriften er in Frankfurt und andernorts sichern half und beforschte.[232]

Nicht alle wichtigen Kontakte der Frankfurter Exilschriftensammlung in den USA waren selbst vor 1945 Zwangsmigrierte. John M. Spalek etwa, der von seinem Lehrstuhl für Germanistik an der State University of New York in Albany/New York aus seit Ende der 1960er Jahre die amerikanische Exilforschung vorantrieb, war in Polen in die Wirtschaftskrise hineingeboren, hatte die Kriegsjahre im NS-Deutschland erlebt und war erst 1949 in die USA ausgewandert. Ähnliches galt für manche Kollegen, mit denen Spalek in den USA eng kooperierte, wie für den fast gleichaltrigen, aus Wien gebürtigen Philologen Joseph Peter Strelka, mit dem gemeinsam Spalek in den USA begann, Biobibliographien von Exilanten anzulegen.[233] Strelka war sogar erst 1966 an die Pennsylvania State University gewechselt, nachdem er zuvor im Nachkriegsösterreich seine wissenschaftliche Karriere verfolgt hatte.[234]

Je länger die Forschungskonjunktur anhielt, umso leichter konnte es den Frankfurtern fallen, mit den Wissensvorräten aus erster Hand sichtbar zu werden, die inzwischen zusammengetragen waren.[235] Es blieb Bertholds Ehrgeiz,

232 Sylvia Asmus, »Es ist mir eine große Freude, wenn wir uns über die gemeinschaftliche Arbeit immer wieder ›über den Weg laufen‹.« Guy Sterns Spuren im Deutschen Exilarchiv 1933-1945 der Deutschen Nationalbibliothek, in: Frederick A. Lubich, Marlen Eckl (Hgg.), Von der Exilerfahrung zur Exilforschung: zum Jahrhundertleben eines transatlantischen Brückenbauers. Festschrift zu Ehren von Guy Stern, Würzburg 2022, S. 699-704; Guy Stern, Invisible Ink. A Memoir, Detroit 2020.

233 John M. Spalek, Guide to the Archival Materials of the German-speaking Emigration to the United States after 1933, Charlottesville 1978; Claus-Dieter Krohn, John Spalek, Pionier der Exilforschung, in: Wulf Koepke (Hg.), Preserving the Memory of Exile, Nottingham 2008, S. 10-26.

234 Joseph Strelka, Der Kongress zur Exilforschung in Kopenhagen, in: Colloquia Germanica 7 (1973), S. 171-175.

235 Heinz L. Arnold (Hg.): Deutsche Literatur im Exil 1933-1945, 2 Bde., Frankfurt a. M. 1974; Michael Winkler (Hg.), Deutsche Literatur im Exil 1933-1945. Texte und Dokumente, Stuttgart 1977.

das Exil als zentralen Erinnerungsbestandteil deutscher Kultur zu sichern und es gleichzeitig sichtbar einzuquartieren in die westdeutsche Öffentlichkeit.

Zu den ständigen Kontakten mit den Exilanten gehörte allerdings auch, dass sich das Frankfurter Exilarchiv kritisiert sah. Bei allem Lobpreis auf die Frankfurter bemängelte vor allem Berendsohn 1971 und auch danach immer wieder, dass der Titel der Frankfurter Ausstellung »Exilliteratur 1933-1945« und der Abteilung der Deutschen Bibliothek das Exil künstlich auf das Kriegsende begrenzte. Berendsohn wurde nicht müde, dem entgegenzuhalten, dass das Exil für die Allermeisten noch weit darüber hinausreichte und für viele tatsächlich lebenslang andauern sollte.[236] Die Frankfurter trugen solchen Einwänden zumindest nominell nie Rechnung. Ausschlaggebend für ihre Sammlungsbezeichnung blieb aus ihrer Sicht schlicht die interne bibliographische Sammlungslogik. Man pflegte demnach ein kulturelles Sonderreservoir quer zum allgemeinen Archivierungsauftrag und quer zum sonst für die Deutsche Bibliothek geltenden Sammlungsstart von 1945. Mit dem Bestandstitel »Exil 1933 bis 1945« wollte man nicht das Exil mit Kriegsende kategorisch für beendet erklären. Im Gegenteil bewarb man die Exilschriftensammlung zu einer ständig mitlaufenden, faktisch unabschließbaren öffentlichen Gegenwartsaufgabe.

Am Ende mussten die Frankfurter auch an Wirkgrenzen stoßen. Zum einen blieb es nicht einfach, für die Sammlung öffentliches Interesse zu wecken. Zum anderen war klar, dass die Bestände nur Flucht- und Verlusterfahrungen abbilden, nicht aber kompensieren konnten. Und das Trauma des Buchverlusts blieb stark, bezeugt nicht zuletzt von dem in Berlin geborenen jüdischen Lyriker und politischen Kabarettisten Walter Mehring. 1951 verarbeitete er, unter anderem unterstützt vom ERC ins amerikanische Exil gekommen, mit dem wohl halbautobiographischen Roman »The Lost Library« die Zerstörung der väterlichen Bibliothek.[237] 1933 war Mehring nach Paris und im Jahr darauf nach Wien geflohen. Die Bibliothek seines Vaters konnte er 1938 nur noch in Teilen nach Österreich verbringen. Im gleichen Jahr erneut vor den Nationalsozialisten auf der Flucht, gelang es ihm nicht, sie mit nach Frankreich zu transportieren. Ein zweites Mal ließ sie sich nicht retten. In der literarischen Fiktion erlebte Mehring die totale Gewalt gegen die Bücher als katastrophales Ende einer traditionalen Wissensordnung, hinter deren Untergang kein Weg zurückführte.[238] Für die Exilan-

---

236 Berendsohn, Flüchtlinge, S. 8.

237 Günter, Manuela, Walter Mehring, The Lost Library (1951), deutsch: Die verlorene Bibliothek. Autobiographie einer Kultur (1952), in: Bettina Bannasch, Gerhild Rochus (Hgg.), Handbuch der deutschsprachigen Exilliteratur, Berlin, Boston 2013, S. 449-456.

238 Manula Günter, Das Exil der Bücher. Walter Mehrings »Lebensgeschichte einer Literatur«, in: Krohn, Winckler, Bibliotheken, S. 28-41; Manuela Günter, Walter Mehring, The Lost Library (1951), deutsch: Die verlorene Bibliothek. Autobiographie einer Kultur (1952), in: Bettina Bannasch, Gerhild Rochus (Hgg.), Hand-

ten, das schien explizit wie selten im Bild der verlorenen Bücher bei Mehring auf, mussten das Leid im und am Exil und die Bibliothekszerstörung als Inbegriff der Vernichtungspolitik immer inkommensurabel bleiben. Im Exilarchiv der Deutschen Bibliothek erhoben die Bibliothekare wie namentlich Bertholds Nachfolgerin an der Spitze des Exilarchivs, Brita Eckert, in den 1980er Jahren oder später auch nie den Anspruch, Exilschicksale wiedergutzumachen.[239]

Es ist im Rückblick durchaus bemerkenswert, dass es den Frankfurtern gelang, Exilschriftsteller für ihre Emigrantenbibliothek zu gewinnen. Denn welchen Antrieb die im frühen Nachkriegsdeutschland vielfach missachteten und tabuisierten Exilautoren eigentlich haben sollten: an einem Literaturgedächtnis in Frankfurt mitzuarbeiten, stand lange dahin. In mancherlei Hinsicht fehlte mindestens bis in die Ausstellungsjahre Mitte der 1960er Jahre das westdeutsche Publikum, das den Biographien der Exilautoren und ihrer literarischen Arbeit tatsächlich Rechnung tragen wollte. Der Frankfurter Ambition, den von den Nationalsozialisten ausgesonderten literarischen Beitrag der Exilschriftsteller wieder in den Kulturvorrat der neuen Westgesellschaft einzuspeisen, schien eine Mehrheit der Westdeutschen und westdeutscher Literaten entgegenzustehen. Dass sich die Rezeptionskonjunkturen für das Exil seit Ende der 1950er Jahre deutlich änderten, hing vor allem mit den tagespolitischen Debatten im Umfeld der Großen und dann der sozialliberalen Koalition und mit der Kritik sozialer Bewegungen an der beschwiegenen Vergangenheit zusammen. Aber bis dahin stand die von Eppelsheimer und den Schweizer Exilschriftstellern 20 Jahre zuvor initiierte Sammlung der Deutschen Bibliothek eben auch schon bereit. Erst der weitsichtig begonnene Sammelvorlauf machte sie zum Förderkandidaten der DFG und zur Kontaktinstitution für die internationale Exilforschung.

Jüdische und Exilautoren begriffen das Exilarchiv als eigene Wissensplattform, die man helfen wollte, auszubauen. Dass die Frankfurter vorhatten, die Exilstimmen anders als in der DDR nicht politisch zu norden, sondern als Stimmenvielfalt abzubilden, sagte den Exilanten, die sich mit Leihgaben beteiligten, jedenfalls sehr zu.[240]

buch der deutschsprachigen Exilliteratur, Berlin, Boston 2013, S. 449-456; Günther Stocker, Das Motiv der Bibliothek in der Literatur des 20. Jahrhunderts, in: Weimarer Beiträge 44.4 (1998), S. 554-574.

239 Brita Eckert (Hg.), Die jüdische Emigration aus Deutschland 1933-1941: Die Geschichte einer Austreibung, Ausstellung der Dt. Bibliothek Frankfurt am Main unter Mitwirkung des Leo-Baeck-Instituts, New York, Frankfurt a. M. 1985.

240 Rüdiger Hachtmann, Franka Maubach, Markus Roth (Hgg.), Zeitdiagnose im Exil: zur Deutung des Nationalsozialismus nach 1933, Göttingen 2020; Barbara Stambolis (Hg.), Flucht und Rückkehr: deutsch-jüdische Lebenswege nach 1933, Gießen 2020; Fischer, Riemer, Schüler-Springorum, Juden und Nichtjuden; Bettina Bannasch, Michael Rupp (Hgg.), Rückkehrerzählungen: über die (Un-)Möglichkeit nach 1945 als Jude in Deutschland zu leben, Göttingen 2018; Judith Weißbach,

Aus Sicht der Exilanten wird zudem eine Rolle gespielt haben, dass sie hier eine ganz andere Bühne für ihre literarischen oder politischen Selbsterklärungen fanden als sonst in der Bundesrepublik. Denn wenn Exilanten in den 1950er und 1960er Jahren öffentlich gehört wurden, so am ehesten als Zeugen in den Gerichtsprozessen, die die NS-Verbrechen bearbeiten sollten. Dort ließ man sie aber nicht in erster Linie zu Wort kommen, um eine gesellschaftliche Auseinandersetzung mit dem NS-Regime auf den Weg zu bringen. Stattdessen traten sie in erster Linie auf, um Täter zu identifizieren und den Holocaust als justiziables Gewaltgeschehen strafrechtlich beurteilbar zu machen.[241] Demgegenüber bot die Exilliteratursammlung den Exilautoren eine ganz andere Sorte von Zeugenstand. Er stand selbst in den Phasen ab den 1970er Jahren, als das Exilarchiv sichtbarer wurde, deutlich weniger exponiert vor der allgemeinen Öffentlichkeit als die Gerichtsverfahren. Anders als im Prozessgeschehen mussten sich die Exilanten in den Texten, die sie in Frankfurt hinterlegten und die mitunter in Ausstellungen präsentiert wurden, aber nicht in die Rolle der »Überlebenden« fügen und den Sagbarkeitsregeln des Justiziablen unterwerfen. Als Literaten oder Publizisten äußerten sie sich freier, konnten emotional oder moralisch sprechen oder jedenfalls auch bearbeiten, was aus jedem verfahrenstechnischen Rahmen fiel.

6.5 Im Außenspiegel: Nationalbibliothek und Exil in Österreich

Allemal im Zeithorizont der 1950er bis 1990er Jahre blieb die Exilliteratursammlung der Frankfurter Deutschen Bibliothek speziell. Das klärt schon ein kurzer Seitenblick auf den wohl naheliegendsten Vergleichsfall, die Österreichische Nationalbibliothek und deren Umgang mit dem Exil. Ähnlich wie in Deutschland hatte das politische und literarische Exil auch im öffentlichen Nachkriegsösterreich einen schweren Stand. Die offizielle Selbstdeutung prägte schnell nach

Exilerinnerungen deutschsprachiger Juden an Shanghai 1938-1949, Heidelberg 2017; Thomas Brechenmacher, Michael Wolffsohn, Sprache und Heimat, Heimat und Hölle, in: Kotowski, Kulturerbe, S. 84-99; Atina Grossmann, Juden, Deutsche, Alliierte: Begegnungen im besetzten Deutschland, Göttingen 2012.

241 Katharina Stengel, Die Überlebenden vor Gericht. Auschwitz-Häftlinge als Zeugen in NS-Prozessen (1950-1976), Göttingen 2022, S. 1-14; Regina Fritz, Eva Kovacs, Bela Rasky, Der NS-Massenmord an den Juden. Perspektiven und Fragen der frühen Aufarbeitung, in: diess. (Hgg.), Als der Holocaust noch keinen Namen hatte: zur frühen Aufarbeitung des NS-Massenmordes an den Juden, Wien 2016, S. 7-22.

1945 hinein die Idee, dass Österreich kollektiv der NS-Aggression zum Opfer gefallen war. Die österreichische Tätergeneration brachte sich entsprechend 1957 mit einer Generalamnestie politisch und moralisch in Sicherheit. Dieses Narrativ hielt sich hartnäckig, bis erst Mitte der 1980er Jahre eine erregte Diskussion über die Rolle und Vergangenheit Kurt Waldheims die österreichische Öffentlichkeit, Gesellschaft und Politik dazu zwang, die eigene Geschichte massiv nachzubearbeiten.[242]

Unter diesen Bedingungen unternahmen nur wenige aus Österreich stammende Exilanten nach 1945 den Versuch, in ihr Heimatland zu remigrieren. In den österreichischen Verlagen, die den Krieg überlebt hatten, spielten Exilautoren kaum eine Rolle, während vereinzelte Verlagshäuser, die sich ganz auf Exilschriftsteller zu konzentrieren versuchten, eher marginal blieben.[243] In all dem spiegelten sich eine Fülle von Ähnlichkeiten mit der Entwicklung in Westdeutschland. Das Exil im weitesten Sinne wurde in beiden Fällen auch jenseits des literarischen Feldes geraume Zeit beharrlich nicht zum nationalen Kulturwissen gezählt.

Deutliche Unterschiede fielen allerdings ebenso auf und hatten prompt mit der Deutschen Bibliothek und ihren zentralen Akteuren zu tun. Zum einen schienen in den Kulturbetrieb Nachkriegsösterreichs die meisten der wenigen Remigrierten durchaus einbezogen, solange sie sich innerhalb bestimmter Grenzen des Sagbaren bewegten und die Exilerinnerung in den offiziellen, defensiven Ton einpassten, mit dem Österreich auf die Jahre vor 1945 zurückblickte.[244] Österreichische Literaturpreise in den ersten Nachkriegsjahren berücksichtigten Exilautoren allerdings kaum. Man versuchte in der Regel, die Literatur über

---

242 Heidemarie Uhl, Vom ersten Opfer zum Bekenntnis zur Mitverantwortung. Österreichs Umgang mit der NS-Vergangenheit, in: László Levente Balogh, Christoph Leitgeb (Hgg.), Opfermythen in Zentraleuropa, Wien 2021, S. 185-203; dies., Ljiljana Radonić, Gedächtnis und Erinnerungskultur, in: Marcus Gräser, Dirk Rupnow (Hg.), Österreichische Zeitgeschichte – Zeitgeschichte in Österreich. Eine Standortbestimmung in Zeiten des Umbruchs, Wien, Köln 2021, S. 263-283; Günter Bischof, Peter Ruggenthaler, Österreich und der Kalte Krieg: ein Balanceakt zwischen Ost und West, Graz 2022, S. 56-57.

243 Primus-Heinz Kucher, Exilforschung in Österreich. Rückblick, Zwischenbilanzen und Versuch eines Ausblicks, in: Krohn, Winckler, Exilforschungen, S. 146-165; Evelyn Adunka, Peter Roessler (Hgg.), Die Rezeption des Exils. Geschichte und Perspektiven der österreichischen Exilforschung, Wien 2003; Christina Köstner-Pemsel, Das Vorspiel. Wissenschaftliche Bibliotheken in Österreich zwischen 1933 und 1938, in: Gertrude Enderle-Burcel, Ilse Reiter-Zatloukal (Hgg.), Antisemitismus in Österreich 1933-1938, Göttingen 2018, S. 479-486.

244 Ursula Seeber, Die Österreichische Exilbibliothek im Kontext der österreichischen Exilforschung. Eine Materialsammlung, in: Donald G. Daviau, Herbert Arlt (Hgg.), Geschichte der österreichischen Literatur I, St. Ingbert 1996, S. 187-198.

die Kriegszäsur hinweg in einem politisch konservativen Kontinuum zu zeigen. Ausgezeichnet wurden in erster Linie Autoren, die auch während des Austrofaschismus und unter nationalsozialistischer Herrschaft entweder in der sogenannten inneren Emigration oder im gedeihlichen Arrangement mit beiden Regimen veröffentlicht hatten.[245] Zur exilpolitischen Handschrift, die der Börsenverein im Rahmen seiner Buchpreisverleihungen an Exilautoren zumindest gelegentlich schrieb, gab es insofern über Jahrzehnte hinweg kein österreichisches Pendant.

Zum anderen und wichtiger noch fing man in Österreich erst deutlich später als in Deutschland an, in öffentlichen Einrichtungen systematisch Exilliteratur zusammenzutragen. Nominell 1989 und faktisch ab etwa 1996 vom österreichischen Germanisten Wendelin Schmidt-Dengler (1942-2008) geleitet,[246] entstand mit dem Literaturarchiv an der Österreichischen Nationalbibliothek[247] eine Einrichtung, die quer zur westdeutschen Entwicklung zu liegen schien. Sie glich in vielem eher dem Marbacher Literaturarchiv, schien aber der Anbindung an die Österreichische Nationalbibliothek wegen gleichzeitig auch eine Parallele zum Exilarchiv der Deutschen Bibliothek. Hinter der Wiener Initiative stand aber anders als in der Frankfurter Gründungsgeschichte eine Enquete des österreichischen Bundesministeriums für Wissenschaft und Forschung. Im Wiener Literaturarchiv spezialisierte man sich seither auf die Literatur des 20. Jahrhunderts und begann in diesem Rahmen auch Schriftsteller-Nachlässe vertriebener Österreicher zu sammeln.

Im nationalen Kulturspeicher Österreichs kam die Exilliteratur als Sonderbestand damit erst fast 50 Jahre nach der Frankfurter Exilliteratursammlung zustande. Sie war dann dicht gefolgt von parallelen Unternehmungen, die in den

---

245 Klaus Amann, Vorgeschichten. Kontinuitäten in der österreichischen Literatur von den dreißiger zu den fünfziger Jahren, in: Friedbert Aspetsberger u.a. (Hgg.), Literatur der Nachkriegszeit und der fünfziger Jahre in Österreich, Wien 1984, S. 46-58, hier u.a. S. 47.

246 Wendelin Schmidt-Dengler, Zäsuren? Probleme einer österreichischen Literaturgeschichte nach 1945, in: ders. (Hg.), Probleme und Methoden der Literaturgeschichtsschreibung in Österreich und in der Schweiz, Wien 1997, S. 77-84; Bettina Gruber, Das Österreichische Literaturarchiv in Wien: Ein (viel zu kurzer) Bericht über Forschungsmöglichkeiten, Publikationen und Projekte und eine Erinnerung an den Begründer Wendelin Schmidt-Dengler (Zagreb 1942-Wien 2008), in: Zeitschrift für Germanistik. 19.3 (2009), S. 603-608.

247 Rainer Valenta, Thomas Huber-Frischeis, Hans Petschar, Imperiales Erbe und Nationale Identität. Das Werden der Nationalbibliothek der Republik Österreich: Ein Forschungsvorhaben, in: Bibliothek Forschung und Praxis 44.3 (2020), S. 537-545; Johanna Rachinger (Hg.), Schatzkammer des Wissens: 650 Jahre Österreichische Nationalbibliothek, Wien 2018; Murray G. Hall, Die drittgrößte Bibliothek des Deutschen Reiches. Die Nationalbibliothek Wien 1938-1945, in: Saur, Hollender, Selbstbehauptung, S. 143-149.

1990er Jahren mit österreichischen Bundesgeldern finanziert und damit ausdrücklich auf breiterer Front von der politischen Öffentlichkeit mitgetragen wurden.[248]

Parallel dazu hatte es in Österreich seit den 1960er Jahren wichtige dezentrale Sammlungsinitiativen gegeben. Teils gingen sie von jüdischen Remigranten aus, teils von Vertretern des ›inneren Exils‹. Im Dokumentationsarchiv des österreichischen Widerstandes[249] etwa begann der aus Großbritannien nach Österreich remigrierte Historiker Herbert Steiner 1963 die biographischen und politische Spuren österreichischer Holocaustopfer nachzuzeichnen. Und 1965 baute Viktor Suchy (1912-1997) die Dokumentationsstelle für neuere österreichische Literatur auf. Nach den rassischen Kategorien des NS »Halbjude«, hatte der katholische Germanist Suchy nach 1938 vergebens versucht, den berufsnotwendigen Zugang zur Reichsschrifttumskammer zu erhalten. Nach 1945 beklagte er eindringlich die Ignoranz der österreichischen Germanistik gegenüber dem Exil.[250]

Zum einen erinnerten diese Anfänge von Suchys Dokumentationsstelle an die Frankfurter Emigrantenbibliothek 15 Jahre zuvor. Denn erst 1968 konnte sie eigene Räumlichkeiten beziehen. Zum anderen waren die österreichischen Sammlungsbedingungen noch unwirtlicher als in Westdeutschland. Suchy schrieb sich die Exilliteratur lange gar nicht auf die Fahnen, um politisch unanstößig zu bleiben.[251] Dabei war von Anfang an geplant, die Exilliteratur als künstlich unterdrückten Teil des österreichischen Kulturerbes zu behandeln – in ähnlicher Absicht und in ähnlicher Nähe zu den Emigranten wie in Frankfurt.

Bis Mitte der 1970er Jahre dehnten sich die Handlungsspielräume zwar aus. Dokumentationsarchiv und Dokumentationsstelle konnten im Juni 1975 ein internationales Symposium zur Erforschung des österreichischen Exils in Wien ausrichten. Dennoch war es nicht einfach, von hier aus in die Fachdiskurse

---

248 Volker Kaukoreit, Martin Wedl, Das Österreichische Literaturarchiv der Österreichischen Nationalbibliothek – Aufgaben und Ziele im nationalen und internationalen Kontext, in: Ludger Syré (Hg.), Dichternachlässe. Literarische Sammlungen und Archive in den Regionalbibliotheken von Deutschland, Österreich und der Schweiz, Frankfurt a.M. 2009, S. 91-102; Ingrid Schramm, Das Österreichische Literaturarchiv 1989-1997: Chronik, in: Sichtungen (Archiv, Bibliothek, Literaturwissenschaft) 1 (1998), S. 223-230.

249 Wolfgang Neugebauer, Das Dokumentationsarchiv des österreichischen Widerstandes und die Exilforschung, in: Adunka, Roessler, Rezeption, S. 47-54.

250 Viktor Suchy, Begrüßung, in: Dokumentationsarchiv des österreichischen Widerstandes und der Dokumentationsstelle für neuere österreichische Literatur (Hg.), Österreicher im Exil 1934 bis 1945. Protokoll des Internationalen Symposiums zur Erforschung des österreichischen Exils von 1934 bis 1945. Abgehalten vom 3. bis 6.6.1975 in Wien, Wien 1977, S. 1-2.

251 Heinz Lunzer, Über die Schwierigkeiten des Umgangs mit der Exilliteratur in den 1970er Jahren, in: Adunka, Roessler, Rezeption, S. 101-109.

der österreichischen Wissenschaft oder gar in die öffentliche Diskussion über den NS in Österreich hineinzuwirken. Eklats begleiteten die Initiative. Das Exilthema blieb denkbar konfliktbeladen.[252] Aber es gelang den Protagonisten österreichischer Exilsammlungen mit dem Wiener Symposium 1975, zur internationalen Szene der Exilexperten, Sammlungen und Forscher aus 13 Nationen aufzuschließen. Zumindest vor dieser internationalen Fachöffentlichkeit präsentierte man das österreichische Exil jetzt als Substrat des ›menschlichen‹ antifaschistischen Österreich.[253]

Die Frankfurter Bibliothek und ihre Exilschriftensammlung kamen in diesem österreichischen Etablierungsmoment ständig vor. Wenn Suchy auf dem Wiener Kongress über das österreichische Exil 1975 den Stand der Exilsammlungen und -forschung in Österreich deplorabel fand, hob er die Leistungen der Frankfurter umso mehr hervor.[254] Zudem erhielt Werner Berthold an prominenter Stelle Gelegenheit, in einer von Suchy selbst initiierten Sektion der Tagung zur »Erforschung der österreichischen Exilforschung« Frankfurter Expertenrat anzubieten und Suchy zu unterstützen, wenn er eine systematische dokumentgestützte Grundlagenforschung über das Exil forderte.[255] Es hatte umgekehrt auch für Bertholds Sammlung ein eigenes Gewicht, dass auf dem Wiener Symposium das Frankfurter Haus vor dem internationalen Fachpublikum symbolisch anerkannt wurde.

Freilich geschah das nicht uneingeschränkt. Denn Suchy würdigte demonstrativ auch die »seit 1945 sehr konsequent betriebenen Forschungen in der DDR«.[256] Hier unterlief Suchy den impliziten Anspruch der Frankfurter, die maßgebliche deutsche Sammlungsinstanz zu sein. Dabei sekundierte er der österreichischen Politik seiner Tage. Denn im Windschatten der westdeutschen Ostpolitik unter Willy Brandt und der »friedlichen Koexistenz«-Parole der DDR-Führung war die neutrale Zweite Republik ähnlich wie Schweden, Finnland und die Schweiz seit Anfang der 1970er Jahre diplomatisch auf Ostdeutschland zugegangen. 1975, im Jahr des Exilliteratur-Symposiums, anerkannte Österreich die DDR schließlich offiziell.[257] Die Deutsche Bücherei in Leipzig hatte allerdings keine Vertreter zum Wiener Symposium entsandt.

Ohnedies fiel auf, dass die Beziehung zwischen Frankfurt und Wien kein bilaterales Arrangement blieb. Es waren immer wieder Exilanten, die Schlüsselrollen

252 Hilde Spiel, Die Krise der Exilforschung. Der geplatzte Kongreß: Was wird?, in: FAZ, 22.1.1975, S. 19.
253 Suchy, Begrüßung, S. 1-2.
254 Viktor Suchy, Probleme der Erforschung der Österreichischen Exilliteratur, in: Österreicher im Exil 1934 bis 1945, S. 246-256, hier S. 248.
255 Werner Berthold, Diskussion, in: Österreicher im Exil, S. 258-260.
256 Suchy, Probleme, S. 248.
257 Maximilian Graf, Österreich und die DDR 1949-1990. Politik und Wirtschaft im Schatten der deutschen Teilung, Wien 2016, S. 323-368.

in diesem Prozess der deutsch-österreichischen Expertentreffen übernahmen: Suchy schloss 1975 zu Walter A. Berendsohn und seiner Stockholmer Koordinationsstelle zur Erforschung der deutschsprachigen Exilliteratur auf,[258] der gleichzeitig auch der Frankfurter Exilsammlung wichtige Rückendeckung und transnationale Sichtbarkeit vermittelte.[259]

Die Dokumentationsstelle für neuere österreichische Literatur hielt sich seither beharrlich. 1993 gelang es, eine Österreichische Exilbibliothek im Literaturhaus Wien als Abteilung der Dokumentationsstelle einzurichten. Das neue Gesamtklima hinter diesem Schritt zeigte sich, als klar wurde, dass sie seither mit österreichischen Bundesgeldern gesichert wurde. Man startete damit deutlich später als die Exilschriftensammlung der Frankfurter Deutschen Bibliothek, konnte aber unter anderem auf einem kleinen, in Österreich einzigartigen Bestand von etwa 2500 primären Exilliteratur-Titeln aufsatteln und hatte neben anderem ein mit dem Frankfurter Werk von Sternfeld vergleichbares biobibliographisches Handbuch samt Dokumentationsmaterial zur Hand.

Mindestens für die langjährige Leiterin dieser Exilbibliothek, Ursula Seeber, bezog sich die neue österreichische Exilbibliothek unmittelbar auf das Frankfurter Exilarchiv.[260] Entsprechend ging es darum, einen systematisch gesättigten Wissensvorrat über das österreichische Exil anzulegen, zu dem Übersetzungen exilliterarischer Texte, die Veröffentlichungen von Exilverlagen und eine arrondierende Fachliteratur zum Exil gehörten. Noch Anfang der 1990er Jahre blieb das öffentliche Echo in Österreich auf die neue Exilliteraturbibliothek mitunter skeptisch,[261]

---

258 Suchy, Begrüßung, in: Österreicher im Exil, S. 1-2; Helmut Müssener, Die Stockholmer Koordinationsstelle zur Erforschung der deutschsprachigen Exilliteratur 1969 bis 1975. Ein Zeitzeuge berichtet, in: Claus-Dieter Krohn, Lutz Winckler (Hgg.), Exilforschungen, S. 30-50.

259 Viktor Suchy, Die Nicht-Heimgeholten. Zur Situation der Exil-Literatur in Österreich (1975), in: Heinz Lunzer (Hg.), Studien zur österreichischen Literatur, Wien 1992, S. 161-166; ders., Zehn Jahre Dokumentationsstelle für neuere österreichische Literatur, Wien 1977; Heinz Lunzer, Suchy, Viktor, in: Neue Deutsche Biographie (NDB) 25, Berlin 2013, S. 666-667.

260 Ursula Seeber, Die Österreichische Exilbibliothek im Kontext der österreichischen Exilforschung. Eine Materialsammlung, in: Daviau, Arlt, Geschichte, S. 187-198. Ohne Verweis auf Frankfurt dagegen Klaus Amann, Von der Dauer des Exils. Eröffnungsrede zur Ausstellung ›Die Zeit gibt die Bilder‹ im Literaturhaus Wien am 19.5.1992, in: Zirkular 16 (1992), S. 5-11.

261 Kulturredakteur Hans Haider, Exil als Existenzkampf, in: Die Presse, 16.2.1993, S. 16; Michael Cerha, Der lange Weg der Wörter zurück in die Heimat. 40 Jahre nach Deutschland errichtet auch Österreich eine Bibliothek des Exils, in: Der Standard (Wien), 12.1.1993, S. 9; Desider Stern (Hg.), Werke von Autoren jüdischer Herkunft in deutscher Sprache: eine Bio-Bibliographie, Wien 1969.

bis die Einrichtung auch mit ihrem öffentlichen Ausstellungsprogramm bald Teil einer neuen österreichischen Exilforschungskonjunktur wurde.[262]

Der skizzenhafte Vergleich mit Österreich verdeutlicht noch einmal mehr, wie vergangenheitspolitische Diskurse und die Auseinandersetzung mit dem NS wichtige politische Kontexte für die Exilschriftensammlungen der unterschiedlich aufgestellten nationalen Bibliotheken in der Bundesrepublik und Österreich schufen. Zugleich entstanden nicht zuletzt über die Exilanten selber transnationale Wechselwirkungen zwischen den Bibliothekaren und Sammlern. Sobald man begann, das Exil als Ergebnis einer deutsch-österreichisch verflochtenen Geschichte, Politik und Erfahrung aufzufassen,[263] hatten die Exilsammlungen in beiden Ländern deutlich erhöhte Chancen, sich zu etablieren.

Im Abgleich zeigen sich auch noch einmal die Eigenheiten der Frankfurter Entwicklung. Das Exilarchiv der Deutschen Bibliothek gehörte seit den 1960er Jahren zu den öffentlichkeitsorientiertesten und öffentlichkeitswirksamsten Orten der Deutschen Bibliothek. Es entwickelte sich aus der zeitgeschichtlichen Rückschau gesehen unter angespannten Diskursbedingungen der frühen Bundesrepublik zu einem besonderen Hort deutschen Kulturwissens. Um öffentliche Aufmerksamkeit musste man dennoch ständig ringen.

Dazu passt, dass gegen Ende der 1960er Jahre und vor allem seit den 1970er Jahren auch im breiteren Innenraum der Deutschen Bibliothek ankam, wie sich die westdeutsche Gesellschaft im Zug der sozialen Bewegungen seit den frühen 1960er Jahren politisierte. Die Bibliothek selbst wurde damit nicht zum sozialpolitischen Akteur, aber sie wurde von den gesellschaftspolitischen Dynamiken erreicht, mit denen die Bibliotheksleitungen umzugehen hatten. Denn das Binnenklima in der inzwischen auf deutlich über 200 Mitarbeiter angewachsenen Belegschaft der Frankfurter Bibliothek änderte sich in den 1970er Jahren spürbar. Der Personalrat begann zusehends, im Namen der Mitarbeiter auf den unteren und mittleren Statusebenen mit Forderungen an die Bibliotheksleitung heranzutreten. Es ging um eine breite Palette arbeitsrechtlicher Belange, um Mitbestimmung in Fragen der Besoldung, Arbeitszeitregelungen, Arbeitsbedingungen und -sicherheit – etwa bei der Nutzung von Computern.[264] Gegenüber dem Bibliotheksdirektorat um Köster verbat sich der Personalrat 1973 ausdrücklich und selbstbewusst, lediglich »als Anhängsel« statt »als demokratische Ein-

---

262 Veronika Zwerger (Hg.), Die Österreichische Exilbibliothek 1993-2016: aus den Anfängen einer Institution, Wien 2017; Klaus Amann, Ursula Seeber, Leiterin der Österreichischen Exilbibliothek im Literaturhaus Wien 1993 bis 2016. Eine Würdigung, in: Zwerger, Exilbibliothek, S. 9-19.

263 Katrin Hammerstein, Gemeinsame Vergangenheit – getrennte Erinnerung? Der Nationalsozialismus in Gedächtnisdiskursen und Identitätskonstruktionen von Bundesrepublik Deutschland, DDR und Österreich, Göttingen 2017.

264 Norbert Cobabus für den Personalrat der Deutschen Bibliothek an den Dienststellenleiter der Deutschen Bibliothek, 4.12.1979, BArch B 275/48.

richtung« wahrgenommen zu werden.[265] Genauso fuhr man bekenntnishaft das eigene »Demokratieverständnis« als Hauptgrund dafür auf, dass das Direktorat ›transparenter‹ mit dem Personalrat sprechen solle.[266]

Internes Konfliktpotenzial barg regelmäßig die Frage politischer Meinungsäußerung. 1975 bezichtigte der Personalrat die Bibliotheksleitung nicht ohne spitze Ironie der versuchten »Zensur«: er zeigte sich »befremdet, daß gerade in der Deutschen Bibliothek das Plakat zu einer antifaschistischen Kundgebung eigenmächtig von der Direktion entfernt« worden sei, und ließ nicht gelten, dass Köster für die Bibliotheksleitung den »Betriebsfrieden« gefährdet sah.[267] Auch Pflug tat sich, seit er 1976 ins Direktorenamt kam, mit solchen Dynamiken mitunter schwer. Die Frage, ob Mitarbeiter dazu berechtigt waren, Aushänge in ihren Gemeinschaftsräumen zu platzieren, war ihm einen geharnischten Schlagabtausch mit dem Personalrat wert. Pflug pochte nicht nur auf das Gebot politischer Neutralität in seinem Haus; er quittierte die Beteiligungsforderungen in der Regel auch ausgesprochen widerwillig.[268]

So kategorisch sich der Ton mitunter auf beiden Seiten ausnahm, blieben gleichzeitig andere Anwartschaften des Personalrats verhandelbarer. So willigte Köster Anfang der 1970er Jahre ein, als der Personalrat sich ausbat, bei Einstellungsgsprächen vertreten zu sein.[269] Umgekehrt verzichtete das Gremium gelegentlich darauf, in einem laufenden Einstellungsverfahren Akten einzusehen, obschon es Pflug gegenüber grundsätzlich auf diesem Beteiligungsrecht bestand und es auch wiederholt wahrnahm.[270] Die inneren Reihen konnten sich gelegentlich auch vollends schließen. Als der Deutschen Bibliothek Ende der 1970er

---

265 Ergebnisprotokoll der Sitzung des Personalrats der Deutschen Bibliothek vom 1.11.1974, BArch B 275/4.

266 Barth für den Personalrat an Pflug, 27.7.1978, BArch B 275/47.

267 Protokoll der Verhandlungssitzung zwischen Personalrat und Direktion, 22.10.1975, 14.00 Uhr, BArch B 275/4.

268 Pflug an den Personalrat, 17.9.1976 (Aushang), BArch 275/4; Pflug an den Personalrat am 27.9.1976 (Aushänge am Mitarbeiterbrett); Personalrat an Pflug, 28.1.1976, ebd.; Pflug an den Personalrat, 2.8.1978, BArch 275/47.

269 Protokoll der Sitzung des Personalrats vom 23.11.1973, BArch B 275/4; Mechthild Hahner für den Personalrat der Deutschen Bibliothek an Elke Kobayashi für den Personalrat des Deutschen Musikarchivs, 13.11.1974, BArch B 275/4; Hahner an den Vorsitzenden des Verwaltungsrats der Deutschen Bibliothek und Ministerialdirigenten im Bundesministerium des Innern Egon Hölder, 12.2.1975, BArch B 275/4.

270 Protokoll der Sondersitzung des Personalrats vom 13.9.1974, 14.15 Uhr mit Dr. Berz, BArch B 274/4; Personalrat der Deutschen Bibliothek an Pflug, 13.1.1977 (Beteiligung des Personalrats an Einstellungsverfahren), BArch B275/46; Pflug an den Personalrat am 20.5.1977, BArch ebd.

Jahre Rationalisierungsmaßnahmen nahegelegt wurden, hatte Pflugs Direktion den Personalrat dicht an ihrer Seite.[271]

Ein Stillhalteabkommen ergab sich daraus freilich nicht. Versuchte der Personalrat in den gleichen Jahren, sich einzuschalten, wenn Pflug den Organisationsplan der Bibliothek veränderte, hielt die Direktion kategorisch gegen.[272] Genauso verwahrte sich der Personalrat gegen die »Automation« der Arbeitsabläufe, die die Arbeitsbedingungen der Mitarbeiter unzumutbar belaste. Dazu führte er, ganz auf Augenhöhe mit dem Trend zur Verwissenschaftlichung des Politischen seiner Tage, Expertenliteratur auf, die seine Position stützte.[273]

Seit Anfang 1975 in der Frankfurter Bibliothek und ab März 1976 bis 2009 Personalratsleiter, schrieb Norbert Cobabus solche Konflikte nicht zuletzt dem Umstand zu, dass immer mehr Mitarbeiter der Deutschen Bibliothek der DGB-Gewerkschaft Öffentliche Dienste, Transport und Verkehr (ÖTV) beitraten: 1975 kam Cobabus selbst als 13. Gewerkschaftsmitglied im Haus an, bis Ende 1977 zählte er 100 weitere Kollegen in der ÖTV und sah fast 30 Prozent des festangestellten Bibliothekspersonals gewerkschaftlich organisiert.[274] Dieser Zuwachs passte zur allgemeinen, bald aber wieder abnehmenden Hausse der Gewerkschaften in der Bundesrepublik der zweiten Hälfte der 1970er Jahre. Genauso spielten die Verhandlungserfolge der ÖTV 1974 eine Rolle, als man im offenen Clinch mit dem sozialdemokratischen Bundeskanzler Willy Brandt Lohnerhöhungen von über 12 Prozent ausgehandelt hatte.[275] Bis Anfang der 1980er Jahre blieb die interne Grundstimmung tatsächlich in vielen Belangen konfrontativ, aber gleichzeitig akzeptierten Bibliotheksleitung und gewerkschaftlich organisierte Mitarbeiter die gesetzlichen Verfahren, solchen Streit unter anderem über eine eigens eingerichtete »Einigungsstelle« und über das – freilich unter-

271 Stellungnahme des Gesamtpersonalrats der Deutschen Bibliothek zur Anlage zum Haushaltsplanentwurf, Deutsche Bibliothek, Haushaltsjahr 1978, 19.4.1977, BArch B 275/46.

272 Norbert Cobabus für den Personalrat am 17.5.1977 an Pflug (Änderung der Organisation in der Abt. V), BArch 275/46; Cobabus an Pflug, 24.5.1977, BArch ebd.; Pflug am 14.6.1977; BArch ebd.

273 Cobabus an Pflug, 1.6.1977 (Betr.: Ausbau der Automation in der Deutschen Bibliothek), BArch B275/46; Karl Hax, Personalpolitik der Unternehmung, Reinbek bei Hamburg 1977, S. 79, B 275.

274 Norbert Cobabus, Betriebs-Atmosphären. Meine Erlebnisse in der Bibliothekswelt, Berlin 2012, S. 20, 22-21, 38.

275 Bernhard Gotto, Enttäuschung in der Demokratie. Erfahrung und Deutung von politischem Engagement in der Bundesrepublik Deutschland während der 1970er und 1980er Jahre, Berlin 2018, S. 68; Bernhard Ebbinghaus, Claudia Göbel, Mitgliederrückgang und Organisationsstrategien deutscher Gewerkschaften, in: Wolfgang Schroeder (Hg.), Handbuch Gewerkschaften in Deutschland, Wiesbaden ²2014, S. 207-239.

schiedlich ausgelegte – Personalvertretungsgesetz von 1955 beizulegen.[276] Damit war die sozialpolitische Konfliktwirklichkeit der westdeutschen Gesellschaft genauso in der Deutschen Bibliothek angekommen wie die rechtlichen Schlichtungsroutinen, auf die man sich auch im öffentlichen Dienst »konsenskapitalistisch« verständigen konnte.[277]

276 U.a. Pflug an den Personalrat, 15.7.1977, BArch 275/46; Personalrat an Pflug, 16.8.1977, BArch ebd.
277 Alexandra Habermann, Hermann Havekost, Helmut Sontag (Hgg.), Die Wissenschaftliche Bibliothek 1977. Sacherschließung, Arbeitsplatz, Mitbestimmung, Ausbildung. 67. Bibliothekartag in Bremen, Frankfurt a.M. 1977.

7. Musik-Kultur

1970 verzeichnete die Deutsche Bibliothek einen kategorial neuen Zuwachs. Das Deutsche Musikarchiv wurde zum 1. Januar 1970 als Abteilung des Frankfurter Hauses verankert. Damit entstand keine völlig neue Sammlung. Vielmehr übernahmen die Frankfurter die 1961 eingerichtete Deutsche Musikphonothek in Berlin, die das bundesstaatliche Bibliotheksgesetz von 1969 ihnen als »Außenstelle« und neues Musikarchiv fest zuordnete.[1] Die Phonothek von 1961 bildete folglich den älteren Markenkern des Musikarchivs, ausgebildet in ihrer Planungsphase während der späten 1950er Jahre. Entsprechend bekam die Frankfurter Bibliothek von der Phonothek zunächst noch einmal Interessenlagen der 1950er und 60er Jahre mitgeliefert. Freilich passte man solche Erwartungen 1970 einem inzwischen an vielen Stellen veränderten Reflexionsstand an.

Die Deutsche Bibliothek erbte mit der Phonothek von 1961 auch offene Diskussionspunkte und häufig un- oder höchstens halb ausgesprochene Vorverständigungen über die Frage, wie Musik zur neuen westdeutschen (Bibliotheks-) Kultur gehörte, welche Musik sammlungswürdig und welchen Interessen eine solche Sammlung von Tonträgern zuträglich schien. Aber weder im Umfeld der Phonothek 1961 noch in dem des Musikarchivs 1970 finden sich über all diese Jahre konzisere programmatische Äußerungen zu der Frage, wo genau man sich im Kulturhaushalt der Bundesrepublik sah. Dabei waren Phonothek und Musikarchiv voraussetzungsreiche Sammlungsorte.

---

1 Gesetz über die Deutsche Bibliothek, 31.3.1969, Bundesgesetzblatt I (1969), S. 265-268; Heinz Lanzke, Das Deutsche Musikarchiv: Zentrale Musikdokumentation und Nationalbibliothek in Deutschland, in: Fontes Artis Musicae 39.2 (1992), S. 140-143, hier S. 141; Heinz Lanzke, Der Beitrag des Deutschen Musikarchivs zur musikalischen Quellendokumentation. Rückblick und Ausblick, in: Sieghardt von Köckritz, Kurt Nowak (Hgg.), Nationalbibliotheken im Jahr 2000, Frankfurt a.M. 1988, S. 259-264, hier S. 261-262.

7.1 Ambivalentes Klangerbe

Entlastende Klassik?

Die Phonothek in Berlin (1961-1969) als Grundstock des späteren Musikarchivs der Deutschen Bibliothek ab 1970 bildete einen besonderen Bestand. Im September 1961 war sie als rechtsfähige Stiftung des Bürgerlichen Rechts eingerichtet worden, paritätisch finanziert vom Bundesministerium des Innern, dem Land Berlin und – nach einer Kultusministerkonferenz im Sommer 1960 – auch von sämtlichen westlichen Bundesländern. Seither lagerte sie »Musikaufnahmen von historischem Wert« ab der Jahrhundertwende in Form von Schallplatten und historischen Tonträgern ein. Die sammelwürdigen Genres definierte man vor: »Ernste Musik« und »Folklore« sollte dazugehören, daneben »Jazz« und »eine Auswahl der Unterhaltungsmusik«, bereitgehalten für »Forschung und Lehre«.[2]

Letztlich umfasste die Phonothek hauptsächlich Tonträger für klassische Musik. Über etwa zwei Jahre hinweg war sie so geplant und ausgehandelt worden. Ihren Ort in der Musikkultur der jungen Bundesrepublik markierte sie, ähnlich wie das für die Deutsche Bibliothek insgesamt gilt, kaum ausdrücklich. Als man sie in den späten 1950er Jahren einfädelte, schwang allerdings eine eher konservative Musikkulturstimmung mit. Tatsächlich starteten weder Musikwissenschaft noch Laienmusikbewegung, die die Phonothek bewarben, in der Bundesrepublik neu. Sie waren, so spiegelte es die Planungsphase der Phonothek, etwas unausgegoren über das Kriegsende hinweg mitgelaufen und beanspruchten alte Besitzstände.

Natürlich fielen auch Marktinteressen ins Gewicht. Aus Sicht der deutschen Musikindustrie diente die Phonothek als eine Art freiwilliges Schallplatten-Depot. Man hegte hier ähnliche Erwartungen an die Phonothek wie seinerzeit der Börsenverein an die Deutsche Bibliothek: Es ging um Produktionsinteressen in einem expandierenden Segment der Tonträgerindustrie, um Informationsübersicht über den Markt und um Werbeoptionen. Entsprechend standen Schallplattenfirmen, die sich in einer Fachabteilung Phono im Zentralverband der

---

2 Beschluss der Kultusministerkonferenz der Länder über die Beteiligung der Länder an der Finanzierung der Deutschen Musik-Phonothek, Bonn, 30.6.-1.7.1960 ADNBF DMA; Mitteilungen, in: Die Musikforschung 15.1 (1962), S. 103-104; Herbert Schermall, Der Lehre und Nachwelt, in: Fono Forum 4 (1966), S. 43; FAZ, 15.9.1961, S. 28; Heinz Lanzke, Nationalbibliographisches Zentrum für Musik und nationale Musikphonothek: das Deutsche Musikarchiv, in: Forum Musikbibliothek 1 (1980), S. 11-26, hier S. 11-13.

Elektrotechnischen Industrie zusammengetan hatten, ganz besonders für das Musikarchiv ein.[3]

Für die Idee der Phonothek hatte sich unter anderem die 1946 in Kiel gebildete Gesellschaft für Musikforschung erwärmt. In ihren Reihen liefen viele mit, die auch bereits in der Musikwissenschaft vor 1945 aktiv gewesen waren. Lange Jahre stand ihr der Musikwissenschaftler Friedrich Blume (1893-1975) vor, der zwischen 1934 und 1958 einen Lehrstuhl an der Universität Kiel, ab 1939 als Ordinarius bekleidet hatte.[4] Blume war im Musikbetrieb der frühen Bundesrepublik recht sichtbar. Er konnte für sich geltend machen, kein NSDAP-Mitglied gewesen und sogar mit den NS-Behörden in Konflikt geraten zu sein, weil er sich nicht als zuverlässig erwiesen habe. Sein Entnazifizierungsverfahren überstand er, auch wenn er die Musik vor 1945 gelegentlich rassenideologisch eingeordnet hatte.[5] Nach 1945 wusste sich Blume rasch zu platzieren. Die ersten frühen Nachkriegsveröffentlichungen zeigten ihn mindestens formell angepasst, und seine Expertise schien international anerkannt.[6] Von daher stand Blume wie viele andere mit ihm für eine Musikwissenschaft, die in der frühen Bundesrepublik noch ganz wesentlich von Fachvertretern der Disziplin aus den Jahren vor 1945 geprägt blieb.[7]

3 Denkschrift »Die Deutsche Musik-Phonothek« des Deutschen Musikrates. 25 Jahre Deutsche Musik-Phonothek/Deutsches Musikarchiv, in: Musik und Bildung 18 (1986), S. 917; auch in: Musikhandel 37.7 (1986), S. 317; Christian A. Müller, »Die nicht-kreativen Hintergründe liefern«. Tonträgerindustrien in Ost- und Westdeutschland im Strukturwandel der 1950er bis 1980er Jahre, in: Werner Plumpe, André Steiner (Hgg.), Der Mythos von der postindustriellen Welt. Wirtschaftlicher Strukturwandel in Deutschland 1960 bis 1990, S. 120-173; ders., Wirtschaftlicher Strukturwandel in der Tonträgerindustrie der Bundesrepublik zwischen 1951 und 1983, Frankfurt a. M. 2020.

4 Friedrich Blume, 20 Jahre Gesellschaft für Musikforschung, in: Die Musikforschung 20.1 (1967), S. 1.

5 Friedrich Blume, Das Rasseproblem in der Musik. Entwurf zu einer Methodologie musikwissenschaftlicher Rasseforschung, Wolfenbüttel, Berlin 1939; ders., Musikwissenschaft und Gegenwart, in: Melos. Zeitschrift für Neue Musik 14 (1946/47), S. 72-76; ders., Bilanz der Musikforschung, in: Die Musikforschung 1 (1948), S. 3-19; Sebastian Werr, Anspruch auf Deutungshoheit: Friedrich Blume und die musikwissenschaftliche »Rassenforschung«, in: Die Musikforschung 69.4 (2016), S. 361-379.

6 Anon., Un hommage de l' A.I.B.M. au professeur Friedrich Blume, in: Fontes Artis Musicae 9.2 (1962), S. 57.

7 Gerhard Weise, Deutsche Musikforschung. Eine erschütternde Bilanz, in: FAZ, 19.12.1951, S. 10; Anselm Gerhard, Musikwissenschaft – eine verspätete Disziplin, in: ders. (Hg.), Musikwissenschaft – eine verspätete Disziplin? Die akademische Musikforschung zwischen Fortschrittsglauben und Modernitätsverweigerung, Stuttgart, Weimar 2000, S. 1-30.

Die Berliner Musikphonothek von 1961 hatten sich auch andere gewünscht. Dazu gehörte allen voran der Deutsche Musikrat als föderal durchgegliederter Dachverband professioneller Musikpädagogen und Laien-Musiker. Viele in seinen Reihen mochten biographisch ähnlich geprägt sein wie sein langjähriger Generalsekretär: Der Hamburger Musikpädagoge Herbert Sass (1914-2004) war in der Jugendmusikbewegung des NS groß geworden und rückte nach 1945 bald in leitende Positionen ein.[8] Der Musikrat gab Personal wie Blume eine definitorische Bühne, der die »Musik« energisch gegen atonale »Geräusch«- oder »›elektronische‹ Musik« in Schutz nahm.[9] Generell wurden im Musikrat der 1950er Jahre kulturkonservative Bedenken gegen die ›hemmungslose‹ Musikindustrie laut und die »Avantgarde Halbstarker« und ihre populäre Musik verschmäht.[10]

Gleichwohl war der Musikrat seit den 1950er Jahren vielstimmiger. Hier mischten sich unterschiedliche Vergangenheiten: Auf der ersten Generalversammlung in Köln 1954 präsidierte noch der wenig später verstorbene Wilhelm Furtwängler (geb. 1886), der als langjähriger Stardirigent der Berliner Philharmoniker, musikalischer Leiter der Bayreuther Festspiele seit 1931 und ehemaliger Direktor der Berliner Staatsoper vor 1945 an allen Stellen über die Maßen reüssiert hatte. Seine Kritiker sollten ihm nach 1945 zur Last legen, dass er unter anderem in kultursymbolischen Schlüsselmomenten der Diktatur wie beim Beethoven-Konzert zum »Führergeburtstag« 1937 in Berlin mehr als nur keinen Abstand zum Regime gehalten hatte.[11] Umgekehrt fungierte daneben als Vorstand des Musikrats mit Hans Mersmann der habilitierte Musikwissenschaftler und Direktor der Musikhochschule Köln (geb. 1891), den sein Einsatz für die »Neue« zeitgenössische Musik deutscher und internationaler Komponisten wie Carl Orff, Igor Strawinsky, Béla Bartok und Paul Hindemith 1933, so hieß es, das Amt gekostet hatte, weil sie vom NS als bolschewistisch, jüdisch und »entartet« diffamiert wurden. Nach dem Krieg hatte Mersmann seine Aktivitäten direkt wieder aufgenommen.[12]

---

8 Herbert Sass (Hg.), Der Deutsche Musikrat: 1953-1958, Kassel u.a. 1959; ders., Andreas Eckhardt (Hgg.), 40 Jahre Deutscher Musikrat: Auftrag und Verwirklichung, Regensburg 1993.

9 Friedrich Blume, Was ist Musik? Ein Vortrag (Musikalische Zeitfragen. Eine Schriftenreihe im Auftrag des Deutschen Musikrates, Bd. 5), Kassel, Basel 1960, S. 14-21.

10 Vorwort. Die Sorge um die Menschen und die bildende Kraft der Kunst, in: Musikalische Zeitfragen. Eine Schriftenreihe im Auftrag des deutschen Musikrates, Bd. 2: Musik im Wandel von Freizeit und Bildung, Kassel, Basel 1958, S. 7-12, hier S. 9-10.

11 Mitteilungen, in: Die Musikforschung 7.3 (1954), S. 383-384; Esteban Buch, La Neuvième de Beethoven. Une histoire politique, Paris 1999, S. 238.

12 Fritz Schieri, Mersmann, Hans, in: Neue Deutsche Biographie 17 (1994), S. 175-176; Hans Mersmann, Vorwort, in: Deutsche Musik-Phonothek Berlin, Mitteilungen 1 (1965), S. 1, BArch B16 58067 DMA 1967-78.

Zu den unterschiedlichen Vergangenheiten kamen unterschiedliche Rollen, die der Musikrat als Unterstützer der Berliner Musikphonothek im Nachkrieg zu spielen begann. Denn so einseitig er das klassische Musikerbe nach vorn schob, konnte er umgekehrt auch als eine Art Brückenforum zwischen alter und neuer Zeit erscheinen. Seinen westdeutschen Mitgliedern, von denen die meisten bereits vor 1945 aktiv gewesen waren, bot er sich einerseits seit 1953 als »Nationalkomitee« auf dem Gebiet der Musikkultur an. Andererseits stand er zugleich für die Option, das westdeutsche »Musikleben« europäisch und international anzuschließen.

Denn noch im Gründungsjahr 1953 erkannte der Internationale Musikrat der UNESCO den Deutschen Musikrat an. Eine nahezu klassische Kopfgeburt der stark amerikanisch bestimmten UNESCO, sollte der im Januar 1949 gebildete Internationale Musikrat zu einer globalen Musikkulturpolitik des Westens in friedenspolitischer Absicht beitragen. Auf dieses Programm wollte man auch den Deutschen Musikrat verpflichten. Dazu vermittelte man ihm auch das politische Bewusstsein, wie alle nationalen Musikratsmitglieder ein garantiertes Recht auf die eigene deutsche Musikkultur zugesichert zu bekommen.[13]

Von daher vermittelte der Deutsche Musikrat, als »Deutsche Sektion« im Internationalen Musikrat, seit den frühen 1950er Jahren der Musikbewegung und den Verbänden in der Bundesrepublik Anschluss an westliche Strukturen. Er war eingebunden in Kommissionstreffen und Konferenzen der im Juli 1951 in Paris gegründeten Association Internationale des Bibliothèques Musicales, beteiligt an ihren Diskussionen und Veröffentlichungen. So wollte man Schritt halten mit den Entwicklungen im benachbarten Ausland und hoffte darauf, in internationalen Expertenkreisen gehört zu werden. Im musikkulturellen Blick auf die Dinge konnte der Musikrat jedenfalls bei Bedarf auch zu europäischen Themen aufschließen. Konsensfähig war hier allemal, dass es internationale und nationale Anstrengungen gleichzeitig brauchte, um zügig Musiksammlungen und Repertorien anzulegen, die den starken Bestandsschäden aus den Kriegsjahren entgegenwirkten.[14]

---

13 Generalsekretär der Deutschen UNESCO-Kommission Kurt Frey an Hans Mersmann, 1.6.1953, abgedruckt in: Saß, Eckhardt, Musikrat, S. 408-410; Luiz H. Corrêa de Azevedo, UNESCO's Activities in the Field of Music, in: Notes 6.3 (1949), S. 373-378; Anon., International Music Council, in: Music Educators Journal 35.5 (1949), S. 40; Jack Bornoff, UNESCO and Music, in: The World of Music 9.1 (1967), S. 35-39.

14 Friedrich Blume, Nouvelles Musicologiques, in: Revue de Musicologie 35.105-106 (1953), S. 82-84; Harald Heckmann, Ein halbes Jahrhundert, in: Fontes Artis Musicae 48.1 (2001), S. 5-11; Paul Sieber, Weltkongress der Musikbibliotheken und -Museen in Florenz, 27.-30. Oktober 1949, in: Schweizerische Musikzeitung 89 (1949), S. 497-499.

Von dieser Warte aus definierte auch der Leiter der Berliner Musikphonothek und Musikbibliothekar Herbert Schermall die Sammlungsvorstellungen von 1961. Es ging darum, die Musikkultur vor allem der Klassik zu sichern, samt Tonträgern wie Schellack- und Vinylschallplatten, die zur Musiküberlieferung unmittelbar gehörten.[15] So sprach Schermall auch als Mitglied und zwischenzeitlicher Vorstand des traditionsreichen Verbands deutscher Tonkünstler und Musiklehrer, der sich, 1933 von der NS-Reichsmusikkammer geschluckt, nach 1945 wiedergegründet hatte und das deutsche Musikleben nach 1945 mit aufbauen wollte.[16]

Für seinen Grundton und den Akzent auf der sogenannten »ernsten«, Klassischen Musik konnte Schermall auf Zustimmung quer durch die Musikwissenschaft und Musikbewegung seiner Tage rechnen. Denn hier schätzte man, ähnlich wie in weiten Teilen des bildungsbürgerlichen Publikums, die deutsche Musik und allen voran die Kompositionen der »großen Klassiker« wie Beethoven und Bach als eine Art zeitlose urdeutsche Kunst. Die Klassik, so durchdrang es viele zeitgenössische Bestandsaufnahmen aus dieser Richtung, schien den NS in nachgerade magischen Nischen der Innerlichkeit überlebt zu haben, ohne dass die Diktatur darin Spuren hinterließ. Deshalb würden die Deutschen nach 1945 gerade in und mit der klassischen Musik wieder zu sich finden und aus ihrer Kunst heraus regenerieren.[17] Es konnte dieser Selbstdeutung nur zuträglich sein, dass sie bei den ersten Nachkriegskontakten mit internationalen Kollegen häufg durchgewunken wurde.[18]

15 Herbert Schermall, Aufgaben und Ziele der Deutschen Musik-Phonothek. Ein Bericht, in: Deutsche Musik-Phonothek Berlin, Mitteilungen 1 (1965), S. 9-15, BArch B 16 58067 DMA 1967-78; ders., Die Schallplatte im Dienste musikalischer Bildung, in: Musikalische Zeitfragen. Eine Schriftenreihe im Auftrag des deutschen Musikrates, Bd. 2: Musik im Wandel von Freizeit und Bildung, Kassel, Basel 1958, S. 37-45; Ruprecht Langer, Historische Schallplatten im Deutschen Musikarchiv der Deutschen Nationalbibliothek, in: Forum Musikbibliothek 40.1 (2019), S. 23-27; Herbert Schermall, Die Musikbüchereien in Deutschland, in: Fontes Artis Musicae 2.1 (1955), S. 3-7; ders., Die Berliner Musikbibliotheken im Rückblick und in der Gegenwart, in: Jürgen Busch (Hg.), Kleine Beiträge aus der bibliothekarischen Arbeit, Berlin 1959, S. 99-117; ders., Aufgaben und Ziele der Deutschen Musik-Phonothek, in: Deutsche Musik-Phonothek Berlin. Mitteilungen 1 (1965), S. 9-15.

16 Herbert Schermall, Aufgaben und Ziele der Deutschen Musik-Phonothek, in: Deutsche Musik-Phonothek Berlin Mitteilungen 1 (1965), S. 9-15.

17 Fritz Brust, Furtwängler mit den Berliner Philharmonikern, in: FAZ, 26.5.1950, S. 7; Fritz Trümpi, Politisierte Orchester. Die Wiener Philharmoniker und das Berliner Philharmonische Orchester im Nationalsozialismus, Wien 2011.

18 Albrecht Riethmüller, Der deutsche Glauben an musikalische Überlegenheit, in: ders., Lost in Music. Essays zur Perspektvierung von Urteil und Erfahrung, Stuttgart 2015, S. 72-87; Celia Appelgate, Pamela Potter, Music and German National Identity, Chicago 2002.

In der Feier der sogenannten großen Klassiker der Literatur und Musik, 1949 Goethe, 1950 Bach und 1952 Beethoven, waren solche frühen westdeutschen Selbstdeutungen bis in das politische Ritual der Bundesrepublik eingesickert. Frisch gewählt, huldigte Bundespräsident Heuss, der sich ansonsten von Wagner und Bayreuth betont fernhielt, gleich Beethoven in dessen Geburtsstadt.[19] Die ersten Bundesregierungen entfalteten eine regelrechte Musikdiplomatie, die auf den international anerkannten Kulturwert deutscher Klassik setzte. Man suchte so Anschluss an den Westen auf kultureller Augenhöhe.[20]

Dieser Blick schien historisch verkürzt. Denn Musik, notiert oder gehört, als Einspielung auf Vinyl oder im Konzert, war vor 1945 keine unschuldige, apolitische Kultursparte fernab der Diktatur geblieben. Das galt für das nationalsozialistische Deutschland wie für andere autoritäre Regime oder für die besetzten Gebiete, denen NS-Deutschland seine rassistische Kulturnorm aufoktroyiert hatte.[21] Nicht nur die Propaganda- und Militärmusik, sondern auch die Musik, die nach 1933 noch von den Massenmedien verbreitet und auf Konzertbühnen gespielt werden durfte oder an den Schulen und Musikhochschulen vermittelt wurde, war zwischen 1933 und 1945 zwanghaft durch-»germanisiert« worden. Jüdische und kritische Künstler und Musikproduzenten wurden diffamiert, verfolgt oder ins Exil getrieben, »Arisches« von »Entartetem« geschieden.[22] Musik,

19 Jörg Rothkamm, Thomas Schipperges, Einleitung, in: diess. (Hgg.), Musikwissenschaft und Vergangenheitspolitik. Forschung und Lehre im frühen Nachkriegsdeutschland, München 2015, S. 1-26.

20 Michael Custodis, Adenauers Musikdiplomaten. Kulturpolitische Strategien der Berliner Philharmoniker 1948-1955, in: Helmut Rönz, Martin Schlemmer, Maike Schmidt (Hgg.), »Refugium einer politikfreien Sphäre«? Musik und Gesellschaft im Rheinland des 19. und 20. Jahrhunderts, Wien, Köln 2023; Mario Dunkel, Musik in der auswärtigen Kulturpolitik der BRD, in: Dirk Kemper, Natalia Bakshi, Elisabeth Cheauré, Paweł Zajas (Hgg.), Literatur und Auswärtige Kulturpolitik, Paderborn 2020, S. 159-184.

21 David Fanning, Erik Levi (Hgg.), The Routledge Handbook to Music under German Occupation, 1938-1945: Propaganda, Myth and Reality, London, New York 2020; Tobias Reichard, Musik für die ›Achse‹: Deutsch-italienische Musikbeziehungen unter Hitler und Mussolini bis 1943, Münster 2020; Jost Hermand, Zum Problem des ›Politischen‹ in der Musik, in: ders. (Hg.), Mehr als tönende Luft. Politische Echowirkungen in Lied, Oper und Instrumentalmusik, Köln u.a. 2017, S. 7-11; Sven O. Müller, Jürgen Osterhammel, Martin Rempe (Hgg.), Kommunikation im Musikleben. Harmonien und Dissonanzen im 20. Jahrhundert, Göttingen 2015; Myriam Chimènes (Hg.), La vie musical sous Vichy, Brüssel 2001.

22 Sebastian Werr, Musikwissenschaft und Rassenforschung im Nationalsozialismus, München 2020, S. 14-50; Henning G. Bleyl, Klassische Musik als Propaganda-Medium? Zur politischen Funktion der Auslandsreisen der Berliner Philharmoniker für den NS-Staat, in: Carsten Könneker, Arnd Florack, Peter Gemeinhardt (Hgg.), Kultur und Wissenschaft beim Übergang ins »Dritte Reich«, Marburg 2000, S. 29-

ihre Produktion und Künstler, waren in der Diktatur nicht weniger ideologisch kontrolliertes Terrain als Veröffentlichungen anderer Art.[23]

Das Kriegsende 1945 hatte seither die politischen Rahmenbedingungen fundamental geändert. Am Politischen der Musik freilich änderte es nichts. Es stand nicht zu erwarten, dass Krieg und Diktatur spurlos an einer vom Politischen isolierten west- oder ostdeutschen Musik vorbeigegangen waren. Zum vorfaschistischen Zustand der Musikkultur bis 1933, so ambivalent sich der ohnehin gestaltet hatte,[24] war nicht einfach zurückzukehren. Wie tief sich die Spuren des NS eingegraben hatten, war nach 1945 über viele Jahrzehnte hin erst ganz allmählich zu erkennen.[25] Dass es außerdem auch im Musiksektor und in der Musikkultur aller Entnazifizierung zum Trotz NS-Relikte geben würde, stand zu erwarten.[26] Diese Dimension deutscher Klassik sprach man im Umfeld der Musikphonothek nicht an. Und das war repräsentativ für den öffentlichen Diskurs. Denn bis auf wenige Konfliktmomente, wie dem, der zustandekam, als im November 1947 in Wien ehemalige KZ-Häftlinge bei einem Furtwängler-Konzert protestierten,[27] fielen kritische Überlegungen weithin aus.[28]

Die Deutungsspielräume über die Klassik in der frühen Bundesrepublik mochten sich allmählich öffnen. Manche hielten es beispielsweise mit Heuss, der jede Wagner-Mystik mied. Gleichzeitig gab es ein kulturkonservatives Bildungsbürgertum, für das Nachkriegsdeutschland kulturell regelrecht aus den Musikdarbietungen bei den ersten Bayreuther Festspielen nach dem Krieg 1951

46; Fritz Tümpi, Politisierte Orchester. Die Wiener Philharmoniker und das Berliner Philharmonische Orchester im Nationalsozialismus, Wien 2011; Sabine Mecking, Yvonne Wasserloos (Hgg.), Inklusion & Exklusion. »Deutsche Musik« in Europa und Nordamerika 1848-1945, Göttingen 2015.

23 Sven O. Müller, Wie national waren E- und U-Musik im Zweiten Weltkrieg. Musikalische Aufführungen zwischen nationaler Abgrenzung und europäischer Abgleichung, in: Jörg Echternkamp, Hans Hubertus Mack (Hgg.), Geschichte ohne Grenzen? Europäische Dimensionen der Militärgeschichte vom 19. Jahrhundert bis heute, Berlin 2016, S. 185-193; Pamela M. Potter, Christina L. Baade, Roberta Montemorra Marvin (Hgg.), Music in World War II: Coping with Wartime in Europe and the United States, Bloomington 2020.

24 Brendan Fay, Classical Music in Weimar Germany: Culture and Politics before the Third Reich, London u. a. 2020, S. 171-183.

25 Dörte Schmidt, Musikwissenschaft und Vergangenheitspolitik, in: Wolfgang Auhagen u. a. (Hgg.), Musikwissenschaft – Nachkriegskultur – Vergangenheitspolitik, Hildesheim, Zürich, New York 2017, S. 255-263.

26 David Monod, Settling Scores: German Music, Denazification, & the Americans, 1945-1953, Chapel Hill, NC, London 2005, S. 128-166; Matthias Pasdzierny, Wiederaufnahme? Rückkehr aus dem Exil und das westdeutsche Musikleben nach 1945, München 2014.

27 Herbert Haffner, Furtwängler, Berlin 2006, S. 329-362.

28 Fritz Brust, Furtwängler mit den Berliner Philharmonikern, in: FAZ, 26.5.1950, S. 7.

erstand. So gehört, baute die klassische Musik im Zeithorizont nicht automatisch Brücken in Richtung westlicher Zivilisation und in die Demokratie. Sie konnte genauso dazu aufgerufen werden, eine hartnäckige Kontinuität von politisch unverdorbener deutscher Kunst über 1945 hinweg zu verbürgen. Das galt, obschon ausgerechnet die Renaissance der Bayreuther Festspiele nicht vorstellbar gewesen wäre, ohne dass manche Exilanten sie vehement unterstützten.[29]

Von dieser Gemengelage konnte jedenfalls der Musikrat, der das Projekt der Musikphonothek in Berlin maßgeblich seit Ende 1958 betrieben hatte und sich sonst vor allem die Begabtenförderung für Laienmusiker auf die Fahnen schrieb, nur profitieren. Diese Fürsprache wog viel: Sinnbild für die bundespolitische und intellektuelle Vernetzung des Musikrats, veröffentlichte in dessen Institutsjournal zuweilen auch Führungspersonal der bundesdeutschen Politik und Kultur.[30] Und flankierend spach sich im Sommer 1960 auch die Kultusministerkonferenz der Länder für die Musikphonothek aus.[31]

Der Berlin-Faktor

Das zeitgenössische Interessenfeld im Umfeld solcher Planungen war noch vielfältiger, allemal im Blick auf die Kultur- und Wissenschaftspolitik Berlins.[32] Der Berliner Senat etwa befasste sich nicht erst seit Gründung der Musikphonothek, sondern seit den 1950er Jahren und noch lange seither damit, Westberlin zu einem starken Zentrum der Wissenschaft und Kultur auszubauen.[33] Denn schon lange vor dem Mauerbau im August 1961 – in den Jahren also, in denen man eine Phonothek in Westberlin plante – war die politische Lage in der Metropole weithin angespannt. Westliche Währungsreform, sowjetische Moratorien und die Berlin-Blockade, die westalliierte Luftbrücke und Gegenblockaden

29 Pasdzierny, Wiederaufnahme, S. 46-52, 447-511.

30 Kurt G. Kiesinger, Was kann zur Förderung der Schulmusik in der Bundesrepublik geschehen?, in: Deutscher Musikrat – Referate, Informationen 1 (1965), S. 3-8; Heinrich Lübke, Dem musikalischen Analpabethentum wirksam entgegentreten, in: ebd. 2 (1966), S. 4; Theodor W. Adorno, Soziologische Anmerkungen zum deutschen Musikleben, in: ebd. 5 (1967), S. 2-13.

31 Sass, Eckhardt, Musikrat, S. 449.

32 Senator für Wissenschaft und Kunst Berlin am 24.5.1963 an die Geschäftsstelle des Wissenschaftsrats (Plan zur Errichtung eines Deutschen Musikarchivs zu Berlin), BArch B304 Nr. 5392, Bl. 89.

33 Deutscher Bundestag 4. Wahlperiode Drucksache IV/2429 Bundesminister des Innern am 24.6.1964 an den Präsidenten des Deutschen Bundestages, betr.: Ausbau Berlins als Stätte der Bildung, der Wissenschaft und der Kunst (Bericht der Bundesregierung über die Beteiligung des Bundes am Ausbau Berlins als Stätte der Bildung, der Wissenschaft und der Kunst).

machten Westberlin seit 1948/49 zur hermetisch abgeriegelten Westenklave im sowjetischen Machtareal und zum international sichtbaren Hot Spot des Kalten Krieges.[34] Die »doppelte Staatsgründung« von Bundesrepublik und DDR 1949 und der ständige Widerspruch zwischen Wiedervereinigungs-Agenda und faktischer deutscher Teilung befeuerten die Spannungen. Die ostdeutsche Regierung hatte sich demonstrativ in Ostberlin platziert, am besatzungspolitischen und völkerrechtlichen Sonderstatus Berlins vorbei. Damit kollidierte die Strategie der Bundesrepublik, von den Westalliierten ermutigt, ihrerseits demonstrativ am Viermächtestatus Berlins festzuhalten. Von der »Bundeshauptstadt« Bonn aus beanspruchte man Berlin ausdrücklich als gesamtdeutsche Hauptstadt im Wartestand für die Bundesrepublik. Bundesdeutsche Präsenz in Westberlin war gefragt, allemal in westdeutschen Behörden wie dem Bundesministerium für gesamtdeutsche Fragen oder in Forschungseinrichtungen, an denen der Bund beteiligt war. Mit über 80 Einrichtungen oder Abteilungen war die Bundesrepublik in Westberlin sichtbar. Verfassungsorgane wie der Bundestag, von der DDR aus besonders kritisiert, oder die Bundesversammlung tagten regelmäßig in den Berliner Westbezirken.[35] So wollte Bonn im symbolpolitischen Kalten Krieg mithalten.

Dieser westdeutsche Anspruch auf Berlin war mit einem ausdrucksstarken Narrativ unterlegt. Eine Phalanx aus sozialdemokratisch geprägten Remigranten um den Berliner Oberbürgermeister Ernst Reuter und den sehr gewandt auftretenden Kulturmissionar Shepard Stone von der amerikanischen Ford Foundation sprach seit den frühen 1950er Jahren von Westberlin als transatlantisch gesichertem »Vorposten der Freiheit« gegen den Kommunismus, als Schaufenster des Kapitalismus und Inbegriff der ökonomisch gesättigten Demokratie. Das sogenannte Vorposten-Netzwerk strahlte über Stone auch auf die Zentrale der Alliierten Hohen Kommission (HICOG) nach Frankfurt aus.[36]

Zudem wirkten seit Ende der 1950er Jahre kulturpolitische Dynamiken nach, die die Berlinkrisen erzeugten: Die sowjetischen Berlin-Ultimaten sollten den besatzungsrechtlichen Zugriff der Westmächte auf Gesamtdeutschland und

34 Mark Fenemore, Fighting the Cold War in Post-Blockade, Pre-Wall Berlin. Behind Enemy Lines, London, New York 2019; Corine Defrance, Bettina Greiner, Ulrich Pfeil (Hgg.), Die Berliner Luftbrücke. Erinnerungsort des Kalten Krieges, Berlin 2018.

35 Stefan Creuzberger, Psychologische Kriegführung und operatives Einwirken auf die DDR. Das Bundesministerium für gesamtdeutsche Fragen in West-Berlin, in: Michael C. Bienert, Uwe Schaper, Hermann Wentker (Hgg.), Hauptstadtanspruch und symbolische Politik. Die Bundespräsenz im geteilten Berlin 1949-1990, Berlin 2012, S. 221-240; Dieter Mahnke, Berlin im geteilten Deutschland, München 1973, S. 75.

36 Scott H. Krause, Vorposten der Freiheit, Remigranten an der Macht im geteilten Berlin (1940-1972), Frankfurt a.M. 2022, S. 113-135, 145.

Westberlin lockern, westdeutsche Wiedervereinigungserwartungen zurückweisen und der DDR definitiv internationale Anerkennung verschaffen. Westberlin sah sich im sowjetischen Machbereich trotz amerikanischer Unterstützung isoliert.[37] Man argwöhnte demonstrativ, zwangsprovinzialisiert zu werden. Umso wichtiger schien es, Westberlin an seiner misslichen Einengung vorbei mit Initiativen wie den Berliner Festwochen seit 1951 und großen Kulturfestivals seit den 1960er Jahren international kulturelle Sichtbarkeit zu verleihen. Der gegen Ostberlin und die DDR ausgerichtete Aufgalopp in eine metropolitane Kulturszene mit west-nationalem Anspruch war anfangs eine amerikanische Initiative, bevor er ab 1953 vom Land Berlin finanziert wurde. Seit dem Mauerbau 1961 hatten sich solche Ambitionen noch gesteigert und mündeten in eine regelrechte Kulturoffensive.[38] Dass sich auch NS-Propagandexperten vom Schlage des ehedem führenden Filmintendanten im NS Alfred Bauer unter den Gründern der Berlinale fanden, mochte nicht zuletzt dazu beitragen, die antikommunistische Ausrichtung des Unterfangens ständig zu befeuern.[39]

Diesen kulturpolitischen Geist atmete auch das Berlin-Engagement zugunsten der Musikphonothek von 1961. Unter anderem wollte man unbedingt die traditionsreiche Musikabteilung der Deutschen Staatsbibliothek in Ost-Berlin kontern, an der seit 1945 die gesamten Musikalien Ostdeutschlands archiviert wurden.[40]

---

37 Gerhard Wettig, Der Höhepunkt der Berlin-Krise 1961, in: Historisch-Politische Mitteilungen 23.1 (2016), S. 115-138.

38 Heide Fehrenbach, The Berlin International Film Festival: Between Cold War Politics and Postwar Reorientation, in: Studies in European Cinema 17.2 (2020), S. 81-96; Kerstin Decker, Kunst ist Waffe? Die Berliner Festwochen als Spezialfall der Ostpolitik, in: Henrik Adler, Joachim Sartorius (Hgg.), Das Buch der Berliner Festspiele, Berlin 2011, S. 127-139; Jutta Müller-Tamm, Das geteilte Berlin als Katalysator der Internationalisierung des Literaturbetriebs, in: dies. (Hg.), Berliner Weltliteraturen. Internationale literarische Beziehungen in Ost und West nach dem Mauerbau, Berlin, Boston, 2021, S. 1-37.

39 Tobias Hof, Vorstudie über ein historisches Porträt von Dr. Alfred Bauer (1911-1986). Gutachten im Auftrag des Instituts für Zeitgeschichte München–Berlin 2020. file:///C:/Users/User/Downloads/ifz_studie_alfred_bauer_zusammenfassung_september2020.

40 Martina Rebmann, Die Musikabteilung der Staatsbibliothek zu Berlin – Preußischer Kulturbesitz: Ein Kompetenzzentrum für Musik im Nationalbibliothekarischen Zusammenhang, in: Fontes Artis Musicae 58.3 (2011), S. 244-252, hier S. 247.

7.2 Sammeln in der akustischen Erweiterung

Bis 1970, als die Berliner Musikphonothek – nun als Musikarchiv – in der Deutschen Bibliothek aufging, hatte sich die kulturpolitische Gesamtlage gewandelt. Zugleich weitete sich die bisher ausschließlich Frankfurt-zentrierte Geschichte der Deutschen Bibliothek merklich in Berliner Richtung. Das Musikarchiv residierte nie in Frankfurt, sondern blieb in Westberlin, von wo es erst 2010 nach Leipzig umziehen sollte. Etwa 40.000 Tonträger gehörten von da an zum weiter anwachsenden neuen Musikbestand der Deutschen Bibliothek, davon 31.000 Langspielplatten und 9000 Schellackplatten und andere historische Tonträger wie Walzen und Metallplatten.[41] Zu den neuen Musiktonträgerverzeichnissen kamen ab Mitte der 1970er Jahre noch Bibliographien mit Musiknotenausgaben. Ab 1980 verdichtete man die Musikkultursammlung nach, sammelte retrospektiv und füllte Bestandslücken.[42] Spiegelbildlich zur Sammlung gedruckter Materialien nahm das Musikarchiv seit 1970 nun auch Tonaufnahmen und Notenmaterial aus Österreich, der Schweiz und der DDR auf. Wenn deutsche Interpreten und Komponisten involviert waren, sammelte man auch Musik jenseits dieses Radius. Zugleich bezog man jetzt die populäre Musik in die Sammlung ein.[43]

Anders als die Deutsche Bibliothek seinerzeit in Frankfurt fand das Musikarchiv 1970 – auch der schon bestehenden Musikphonothek wegen – leichter Quartier. Es kam in der Westberliner Amerika-Gedenkbibliothek am Blücherplatz unter. Der Ort hatte ursprünglich eine eindeutig amerikanische Handschrift getragen, war 1954 aus US-Geldern errichtet worden, um demonstrativ an die amerikanisch ermöglichte Bewährung Berlins während der russischen Blockade 1948/49 zu erinnern. Von daher klang hier durchaus noch der Kalte Krieg nach.[44] Freilich standen die Zeichen im neuen Musikarchiv auf so schnellen Zuwachs, dass bald Umzüge anfielen. 1978 wechselte das Musikarchiv in die repräsentative Siemens-Villa und residierte seither stattlich im Herrenhaus Correns aus dem frühen 20. Jahrhundert in Berlin-Lankwitz. Das Knowhow der frühen Musikphonothek-Phase konnte die Deutsche Bibliothek sichern: Neben dem Tonträger-Bestand kamen 1970 auch 16 Mitarbeiter dieser Sammlung samt ihrem bisherigen Leiter Herbert Schermall unter die organisatorischen Fittiche

---

41 Lanzke, Das Deutsche Musikarchiv, S. 141; ders., Beitrag des Deutschen Musikarchivs, S. 261-262; ders., Nationalbibliographisches Zentrum.

42 Verzeichnislisten, ADNBF DMA.

43 Lanzke, Nationalbiographisches Zentrum, S. 11-13, 15-16, 21; Martin Elste, Auf dem Weg zu einem Répertoire International des Sources Sonores Musicales?, in: Fontes Artis Musicae 37.4 (1990), S. 302-307.

44 Sean Nowak, Die USA-Sammlung der Musikabteilung der Zentral- und Landesbibliothek Berlin unter besonderer Berücksichtigung der Interalliierten Musik-Leihbibliothek, Berlin 2006.

der Deutschen Bibliothek. Die unterstrich das Forschungspostulat der Sammlung, indem sie den Musikwissenschaftler Heinz Walter Lanzke für die Leitung gewann.[45]

Tonangeber

Bis das Musikarchiv 1970 verankert und der Deutschen Bibliothek zugeordnet wurde, hatten sich die Bedingungen, unter denen 1960 die Berliner Musikphonothek zustande gekommen war, an vielen Stellen verändert. Hatte sie 1960 demonstrativ musikalische Hochkultur im Westberliner »Schaufenster« sichern sollen, so erbte das Musikarchiv von 1970 den Berliner Standort eher, als ihn symbolisch zu betonen. Die Inszenierungsregeln hatten sich zwischenzeitlich ebenso verschoben wie die kulturpolitischen Auseinandersetzungen mit der »Klassischen« Musik.

Das Musikarchiv ließ sich an die Deutsche Bibliothek in Frankfurt koppeln, ohne die Infrastrukturen in Berlin aufgeben zu müssen. Auf diese Lösung hatte vor allem, aber nicht alleine der Bund hingewirkt. Seine zentrale Rolle war schon dadurch vorentschieden, dass er parallel damit befasst war, das Gesetz auf den Weg zu bringen, das 1969 die Deutsche Bibliothek zur Bundesanstalt machte. Auch setzte sich in den Planungen spätestens ab 1967 die Erwartung durch, dass das Musikarchiv an die Deutsche Bibliothek andocken würde. Trotzdem waren die bundespolitischen Handlungsspielräume eng. Man wollte das Musikarchiv nicht als separate Institution einrichten, sondern an bestehende Kulturinstanzen anbinden. Aber nicht einmal gegenüber der 1957 gegründeten Stiftung Preußischer Kulturbesitz, die der Bund gemeinsam mit den westlichen Bundesländern trug, konnte sich Bonn durchsetzen. Finanzkalkül mochte dabei eine Rolle spielen, zumal die Stiftung bereits für die Berliner Staatsbibliothek und das Staatliche Institut für Musikforschung verantwortlich zeichnete.[46] Durchplanen und durchregieren ließ sich hier wenig. Den Punktsieg erbrachte eher, dass der Bund, unterstützt von der Ständigen Konferenz der Kultusminister der Länder, eine Art ständigen Anfragedruck auf die Deutsche Bibliothek in Frankfurt als

---

45 Heinz Lanzke, Nachruf Herbert Schermall, 1908-1994, in: BuB 46.12, S. 952; Ruprecht Langer, 50 Jahre Deutsches Musikarchiv, in: Dialog mit Bibliotheken 1 (2020), S. 7-10.
46 Armin Klein, Kulturpolitik. Eine Einführung, 2005, S. 99ff.; Otto Singer, Kulturpolitik, in: Werner Weidenfeld, Wolfgang Wessels (Hgg.), Jahrbuch der europäischen Integration, Baden-Baden 2014, S. 191-194; Peter Häberle, Kulturhoheit im Bundesstaat – Entwicklungen und Perspektiven, in: Archiv des öffentlichen Rechts 124.4 (1999), S. 549-582; Klaus-Dieter Lehmann, Die Stiftung Preußischer Kulturbesitz als Beispiel kooperativen Föderalismus, in: Jahrbuch für Kulturpolitik 2 (2001), S. 205-210.

zentralen Sammelexperten entfaltete. Nur so gewann Bonn die Frankfurter Bibliotheksleitung und Vorstände dafür, zögerlich zuzustimmen.[47] Es hatte sich allenthalben Handlungspragmatismus breitgemacht. Kosteneffizienz und kulturpolitische Konzentration standen vornan.

Im Bundesministerium des Innern fädelte mit Karl-Ulrich Hagelberg (1909-2004) der Ministerialdirektor und Leiter der Kulturabteilung (1957-1970) die Dinge ein, der gleichzeitig dem Kuratorium der Deutschen Bibliothek schon seit 1956 angehört hatte und ihm von 1960 an vorsaß.[48] Vom antikommunistischen Ton, auf den das Ministerium samt Hagelberg und Kollegen in den frühen 1950er Jahren seiner starken NS-Kontinuitäten wegen besonders ansprechbar schien, war allerdings in den 1960er Jahren nicht mehr viel zu hören.[49]

Das galt auch für den Standortfaktor Westberlin, der Ende der 1960er Jahre für die Musikphonothek noch zentral war. Ende der 1960er Jahre hingegen gab erste Vorboten dafür, dass der Ehrgeiz des Bundes, in Westberlin präsent zu sein, unter den Vorzeichen einer sich ankündigenden Entspannungspolitik erlahmte. Die entscheidenden Symbolschritte standen zwar noch bevor: Erst im Umfeld des Vier-Mächte-Abkommens im Spätsommer 1971 sollte die Bundesrepublik auf westalliierten Druck hin beginnen, ihre provokative Berlinpräsenz abzubauen, zumal sie 1974 diplomatische Beziehungen zur DDR aufnahm. Schon jetzt aber, 1968/70 von den Musikarchiv-Planern zu erkennen, trat die seit 1954 in Westberlin tagende Bundesversammlung 1969 zum letzten Mal in Westberlin zusammen, um dort Bundespräsident Gustav Heinemann zu wählen.[50]

Insofern entließ man, auch wenn das die Verhandlungen um das Musikarchiv Ende der 1960er Jahre erst ganz leise prägte, das Musikarchiv anders als die Phonothek eine Dekade zuvor in eine deutlich entspanntere Situation. Auch die Berliner Inszenierungspolitik wirkte jetzt gedämpfter. Die kulturpolitische Laufrichtung war freilich nicht klar vorgezeichnet. Dass die Berlinale vier Jahre

---

47 Vorsitzender des Ausschusses der Kunst und Erwachsenenbildung in der Ständigen Konferenz der Kultusminister der Länder an das Bundesministerium des Innern, 31.1.1968, BArch B 106 58067 DMA 1967-78.

48 Hagelberg aus dem Bundesinisterium des Innern am 5.9.1967 an die Kulturminister der Länder, BArch B 106 58067 DMA 1967-78; Palm, Suche, S. 604-613, 620-623, 629-633; dies., Stange, Vergangenheiten und Prägungen, in: ebd., S. 122-181; Frank Bösch, Andreas Wirsching, Die deutschen Innenministerien nach dem Nationalsozialismus, in: diess., Hüter der Ordnung, S. 729-749; vgl. Kapitel 4.2.

49 Vermerk über die Besprechung am 25.3.1963 im Bundesministerium des Innern, Bonn, Betr.: Gründung eines Deutschen Musik-Archivs, 18.4.1963 (Abschrift), BArch B 304 Nr. 5392, Bl. 72-78; Hagelberg für das Bundesministerium des Innern am 5.9.1967 an die Kultusminister der Länder, BArch ebd., Bl. 137-39 (Abschrift).

50 Bienert, Schaper, Wentker, Hauptstadtanspruch; Krause, Vorposten der Freiheit, S. 271-291.

später den ersten sowjetischen Filmbeitrag zeigen sollte, konnte 1970 niemand wissen, der sich um die Wirkchancen eines Musikarchivs sorgte.[51]

Zwar war die Entspannungspolitik im Jahr der Musikarchivgründung 1970 noch kulturpolitische Zukunftsmusik. Dennoch: Als man in den späten 1950er Jahren die Berliner Phonothek plante, hatte noch das zeittypische Argument eine Rolle gespielt, eine solche Sammlung müsse just in Westberlin ihren Ort haben. Im Planungsumfeld des Musikarchivs zehn Jahre später begegnete dieses Kalkül nicht mehr. Dass das Musikarchiv in Berlin residierte, verdankte sich 1970 eher der Beharrungskraft bisheriger Sammlungsstrukturen in Gestalt der Phonothek als einer symbolpolitischen Geste gegenüber dem Osten.

Den Gipfelpunkt professionellen Pragmatismus' markierte eigentlich die Deutsche Bibliothek in Frankfurt selbst. Auf der Leitungsebene des Hauses, dem mit dem Musikarchiv ein für westdeutsche Verhältnisse einzigartiger Tonträgerbestand zuwuchs, reagierte man oftmals verhalten. Dabei war der Frankfurter Generaldirektor Köster seit 1961 in die Planungen einbezogen worden und durchaus gerne als beratender Experte aufgetreten.[52]

Noch in der konstituierenden Sitzung des neuen Musikarchiv-Beirates der Deutschen Bibliothek im November 1969 gab sich Köster spröde und zögerlich. Für Visionen nahm er sich keine Zeit. Die Personal- und Raumsituation der Deutschen Bibliothek fand Köster so angespannt, dass er sich um erweiterte Aufgabengebiete nicht riss. Man stimmte nur deshalb zu, ein Musikarchiv als »Außenstelle« der Deutschen Bibliothek mit getrenntem Haushalt einzurichten, weil zuvor sämtliche anderen Pläne, ein Musikarchiv ins Leben zu rufen, gescheitert waren. Köster ließ es sich nicht nehmen, an die Serie von Planungsfehlschlägen zu erinnern, die der Musikarchivgründung von 1970 vorausgegangen waren, als der Bund ergebnislos versucht hatte, die Phonothek an andere Kulturinstitutionen anzudocken. Dabei wirkte Köster fast mäkelig. Der vorgesehene Etat von 35.000 DM werde gerade einmal für eine A15-Leitungsstelle und den Posten einer »Sekretärin« nach BAT VII reichen. Auf A16-Posten, wie sie die übrigen Abteilungsleiter in der Deutschen Bibliothek innehatten, konnte man die Stelle aber nicht anheben. Entsprechend schwierig würde es werden, einen Musikarchivleiter zu rekrutieren.[53]

---

51 Susanne Pötzsch, Die Internationalen Filmfestspiele Berlin – ein Prolog, in: Zeitgeschichte-online, Februar 2012, URL: https://zeitgeschichte-online.de/film/die-internationalen-filmfestspiele-berlin-ein-prolog und https://www.berlinale.de/de/archiv/jahresarchive/1974/01_jahresblatt_1974/01_jahresblatt_1974.html.

52 Aktennotiz Köster betr. Vorbereitende Kommission zur Errichtung eines »Deutschen Musikarchivs«, Dez. 1961, ADNBF DMA Allgemeines bis 1970.

53 Protokoll der konstituierenden Sitzung des Musikbeirats der Bundesanstalt Deutsche Bibliothek am 25.11.1969, S. 4-5, BArch B 106 28740 DMA Beirat Bd. 1, ADNBF DMA Allgemeines bis 1970.

Unter dem Eindruck solcher Lamentos wirkte die Sitzung, die das Musikarchiv 1969 in der Deutschen Bibliothek verankerte, fast beklemmend. Der oberste Frankfurter Bibliothekar jedenfalls war 1969 regelrecht im Krisenmodus. Es ist nicht auszuschließen, dass Köster hier auch eine Rolle spielte, dass er versuchte, hochfahrende Erwartungen des Beirats gleich im Keim zu ersticken. Vielleicht wusste er aber auch ganz einfach nur, wovon er 1970 stellenpolitisch und haushaltstechnisch sprach.

Die Weichen für die Musikarchivsammlung stellte Köster für die Deutsche Bibliothek dennoch deutlich mit. Die Frankfurter Sammlungsregie sollte ab 1970 auch für das Musikarchiv greifen. Dabei ging es um mehr als eine Absorption in die Frankfurter Erschließungsroutinen. Denn dass jetzt auch für das Musikarchiv galt, Notenausgaben und vor allem Tonträger möglichst vollständig und flächendeckend einzulagern, änderte den bisherigen Sammelauftrag der alten Musikphonothek entscheidend: Die frühere Genre-Präferenz hatte sich damit erledigt, die vor allem Klassik und neben Folklore und Jazz nur in begrenzter Auswahl auch Unterhaltungsmusik aufgenommen hatte. Die Frankfurter Sammel-Order erstreckte sich jetzt auch ausdrücklich auf die populäre U-Musik.[54]

Auch westdeutsche Musikwissenschaftler und -pädagogen blieben dem Projekt des Musikarchivs in den späten 1960er Jahren verpflichtet. Zur Musikkultur der Deutschen positionierten sie sich verglichen mit den Voten aus der Planungsphase der Phonothek Ende der 1950er Jahre aber tendenziell dezenter. Das klang bei dem Musikwissenschaftler und Direktor des Staatlichen Instituts für Musikforschung seit 1967, Hans-Peter Reinecke (1926-2003), an. Schon 1959 hatte er die Phonothek von 1961 beworben, 1970 sollte er zum Musikarchiv-Beirat zählen.[55] Reinecke sprach nicht mehr so sehr vom Klangerbe der westdeutschen Musik, sondern sah das Musikarchiv mit Tonträgern und Notenausgaben in erster Linie Material bergen, das völlig neue, experimentelle Forschungsoptionen bot.[56]

Gleichzeitig trug just Reineckes Staatliches Institut für Musikforschung von 1935 Spuren der NS-Vergangenheit, mit denen man sich schlicht nicht beschäftigt hatte. Weder Reinecke selber noch seine Rolle für das Musikarchiv waren

54 Heinz Lanzke, 25 Jahre deutsche Musik-Phonothek/Deutsches Musikarchiv, in: Bibliotheksdienst 20.9 (1986), S. 871-872, hier S. 871.

55 Hans-Peter Reinecke, Wann kommt die Deutsche Phonothek?, in: Musica-Schallplatte 2 (1959), S. 25-26.

56 Hans-Peter Reinecke, Der Eindrucksspielraum von erklingender Musik. Psychometrische Untersuchungen mit Schallplatten, in: Deutsche Musik-Phonothek Berlin. Mitteilungen 1 (1965), S. 16-20, BArch B 16 58067 DMA 1967-78; ders., Experimentelle Beiträge zur Psychologie des musikalischen Hörens, Hamburg 1964; Stellungnahme der Wissenschaftlichen Kommission des Wissenschaftsrates zu der Denkschrift des Deutschen Musikrates über die Errichtung eines Musikarchivs vom 28.1.1964, BArch B 304 Nr. 5392, Bl. 106-109.

dadurch kompromittiert. Aber als Probebohrung in die Gemütslage der westdeutschen Profession schien der Fall aufschlussreich: 1933 hatten die Nationalsozialisten, nur eines von vielen Anzeichen für den rassistischen Zugriff auf die deutsche Musik, einen Zweig des Instituts ›gesäubert‹ und den jüdischen Direktor einer älteren Musikabteilung zwangsrelegiert: Curt Sachs zählte seither zu den vielen Exilanten in der deutschsprachigen Musik und Musikwissenschaft, die sich dem rassistischen NS-Regime entziehen mussten.[57] Es war Sachs gelungen, sich in Sicherheit zu bringen – mit den üblichen US-amerikanischen Hilfsnetzwerken, von denen das Exilarchiv der Deutschen Bibliothek in Frankfurt seit den 1970er Jahren dokumentarisch zeugte.[58] 1933 nämlich hatte ihm ein Stipendium der amerikanischen Rockefellerstiftung geholfen, nach Paris und 1937 nach New York zu entkommen.[59]

Die Zeit war über solche NS-typischen Repressionsmomente hinweggegangen. Nun hatten das Staatliche Institut für Musikforschung, das seit 1962 zur Stiftung Preußischer Kulturbesitz gehörte, vor Reinecke schon andere geleitet, die Sachs hätten erinnern können. Aber als Symptom konnte der Selbsterklärungsrückstand des Instituts im internationalen Vergleich schon auffallen. Denn dort war Sachs' Exilantenschicksal nicht vergessen worden. Schon 1957 hatten in Paris auf einem der ersten Internationalen Kongresse zur Erforschung der jüdischen Musik vor allem exilierte Wissenschaftler zusammengefunden und Sachs wie anderen Verfolgten bei dieser Gelegenheit demonstrativ die Ehre erwiesen.[60] So wenig also Reinecke Musikkultur-Erwartungen bei den Deutschen schürte, wie manche seiner Zunft in den 1950er Jahren, so rasch blitzte hier auf, dass die Profession sich an diesen und vielen anderen Stellen mit den Spuren des NS in den eigenen Reihen erst noch auseinanderzusetzen hatte.[61]

Dabei war es seit den mittleren 1960er Jahren in der Musikpädagogik insgesamt zu einer gewissen Dynamik gekommen, fiel der Blick inzwischen das eine

---

57 Claus-Dieter Krohn u.a. (Hgg.), Kulturelle Räume und ästhetische Universalität: Musik und Musiker im Exil, Berlin, Boston 2021 (Exilforschung 26); Osterhammel, Globale Horizonte, S. 95; David Josephson, The German Musical Exile and the Course of American Musicology, in: Current Musicology 79-80 (2005), S. 9-53.

58 Vgl. Kapitel 6.4.

59 Im 21. Jahrhundert hat das Staatliche Institut für Musiforschung Sachs mehrfach gewürdigt, darunter im Jahr seines 100. Gründungsjubiläums 2017 mit einer Gedenktafel und zwei Forschungsbänden; Wolfgang Behrens, Martin Elste, Frauke Fitzner (Hgg.), Vom Sammeln, Klassifizieren und Interpretieren: die zerstörte Vielfalt des Curt Sachs, Mainz u.a. 2017.

60 Jüdische Musik. Ein Kongreß in Paris, in: FAZ, 29.11.1957, S. 14.

61 Gerhard, Musikwissenschaft; Jörg Rothkamm, Thomas Schipperges, Einleitung, in: diess. (Hgg.), Musikwissenschaft und Vergangenheitspolitik. Forschung und Lehre im frühen Nachkriegsdeutschland, München 2015, S. 1-26; Matthias Pasdzierny, Wiederaufnahme.

oder andere Mal doch auf die NS-Vergangenheit. Damit begannen nicht immer Nachgeborene, sondern durchaus auch ältere Jahrgänge. Sie setzten jetzt die Frage auf die Tagesordnung, ob und wo die westdeutsche Nachkriegsmusik in ihren Strukturen, ihren Vertretern und ihrer Ästhetik Spuren des NS trug. Personaldiskussionen mied man dabei eher, aber man packte gelegentlich NS-Relikte an. Der selbstkritische Blick richtete sich allmählich auf das Liedgut in der westdeutschen Musikpraxis an Schulen und Musik(hoch)schulen, das über das Kriegsende hinweg höchstens grob bereinigt worden war.[62] Ähnlich wie in der professionellen Musikforschung hielt man sich mit Selbstbezichtigungen aber zurück. So gab es unter anderem immer noch Zulauf für die Vorstellung, dass unter anderem die Jugendmusikbewegung vom NS gekapert worden war und man sie inzwischen nach 1945 rehabilitiert habe.[63]

Tonträger

Seit die Pflichtexemplarregelung 1973 griff, waren Musikverleger und -produzenten angewiesen, je zwei Exemplare ihrer Veröffentlichungen in Berlin abzugeben.[64] Um Tonträger – seit 1977 neben den Schallplatten auch Musik-Casetten[65] –, Musikaufnahmen und Musikalien aus Deutschland bzw. Musik und Musikalien von deutschen Komponisten, Musikern und Produzenten möglichst vollständig abzubilden, konzentrierte man sich zuerst auf den aktuellen Publikationsmarkt und verdichtete die Sammlung allmählich nach.[66] Hinzu kamen gebräuchliche und historische, gelegentlich kuriose Abspielgeräte: Grammophone und Phonographen, lochstreifenprogrammierte Klavierrollen für selbstspielende Reproduktionsflügel oder die seit der Wende zum 20. Jahrhundert und zuletzt noch Ende der 1920er Jahre hergestellten Wachswalzen. Dieser heterogene Bestand zeugte von den wechselhaften ökonomischen Bedingungen und der rasanten Entwicklung der Ton- und Aufnahmetechnik in Deutschland und einer zum

62 Thomas Segler, Musik als Schulfach, Braunschweig 1966; Thomas Plebs, Was bedeutet: Aufarbeitung der »Musikerziehung« in NS-Deutschland, in: Niels Knolle (Hg.), Kultureller Wandel und Musikpädagogik, Essen 2000, S. 235-276.

63 Pasdzierny, Wiederaufnahme, S. 525.

64 Erste Verordnung über die Pflichtablieferung von Musiknoten und Musikschallplatten an das Deutsche Musikarchiv der Deutschen Bibliothek, 6.6.1973. Bundesgesetzblatt I, 1973, S. 519.

65 Deutsche Bibliothek. Verwaltungsratssitzung 15.-16.2.1977, S. 3-5, hier S. 9, BArch B 106 5868 (DMA Beirat Bd. 3).

66 Bericht von Herrn Lanzke über das DMA, in: Deutsche Bibliothek. Verwaltungsratssitzung 15.-16.2.1977, S. 3-5, hier S. 4, BArch B 106 5868 (DMA Beirat Bd. 3).

Teil experimentellen Schalltechnik.[67] Bei alledem stand der langjährige Leiter des Musikarchivs für einen ausgeprägten Sammlungs- und Verzeichnispragmatismus. Er wies das Haus 1980 als »nationalbibliographisches Zentrum für Musik« und »Dienstleistungseinrichtung« aus, das landesweit und gegenüber dem Ausland sämtliche Musikpublikationen in Form von Tonträgern und Noten »so umfassend wie möglich« dokumentierte und sicherte.[68]

Mitunter spielte auch hier der Vergleich mit Leipzig eine Rolle. Als er 1976 dafür warb, dem Musikarchiv mehr Stellen zuzuerkennen, ging dessen Leiter Lanzke ausdrücklich mit einem Leipzig-Vergleich ins Rennen. Das westdeutsche Haus solle eine Position halten können, in der man die traditionsreiche Deutsche Bücherei »vermutlich sogar übertroffen« habe. Der rivalisierende Abgleich der Frankfurter mit den Leipzigern gehörte zum Symbolkapital. Das bestätigte auch der Beirat des Musikarchivs, der den Konkurrenzstand in Leipzig ausdrücklich abfragte.[69]

Dass das Musikarchiv ab 1970 Schallplatten und Tonbänder sammelte, war ein Erbe der Berliner Phonothek von 1961. Was dazu Ende der 1950er bewogen hatte, galt auch zehn Jahre später wieder als Argument. Damit hatte sich erstens auch in der Deutschen Bibliothek die zeitgenössische Einsicht durchgesetzt, dass Vinylplatten und Plattenspieler, seit den 1960er Jahren auch Musik-Kassetten, genauso wie vordem Schellackplatten und Grammophone, die Musik in Form eines pulsierenden und ständig wachsenden Markts prägten. Schon Ende der 1950er Jahre hatte der Musikbibliothekar Schermall bei der Diskussion um die Phonothek darauf verwiesen, dass von den geschätzt 57 Millionen Platten, die 1957 in Deutschland produziert wurden, grade einmal 30.000 verstreut und unvollständig von einzelnen Institutionen gesammelt würden. Hier drohte, so Schermalls offenbar auch 1970 wieder schlagkräftiges Argument, eine ganz eigene Medialität der Musik verloren zu gehen, wenn man nicht systematisch nachsammelte.[70]

67 Bodo Mrozek, Schallplatte, in: Daniel Morat, Hans Ziemer (Hgg.), Handbuch Sound, Stuttgart 2018, S. 36-63.

68 Lanzke, Nationalbibliographisches Zentrum; ders., Arbeiten und Arbeitsvorhaben des Deutschen Musikarchivs, in: Buch und Bibliothek 23.10 (1971), S. 10-26; ders., Deutsches Musikarchiv. Erster Jahrgang des Schallplatten-Verzeichnisses, in: Musikbibliothek aktuell 2 (1975), S. 86-88, bzw. in: Fontes Artis Musicae 14 (1993), S. 24-28; Ingo Kolasa, Silke Breslau (Sewing), Das deutsche Musikarchiv Berlin – vollständige Quellensammlung von Musikalien und Tonträgern der Bundesrepublik, in: Musikforum 38.96 (2002), S. 25-29.

69 Bericht von Herrn Lanzke über das DMA, in: Deutsche Bibliothek. Verwaltungsratssitzung 15.-16.2.1977, S. 3-5, hier S. 5, BArch B 106 5868 (DMA Beirat Bd. 3).

70 Herbert Schermall bei der Arbeitstagung des Deutschen Musikrates und der Arbeitsgemeinschaft für Musikerziehung und Musikpflege am 15.11.1958, Tagesordnungspunkt 4 »Deutsche Musik-Phonothek«, zit. nach Silke Sewing, Die Gründung

In den Reihen der Musikwirtschaft, die Ende der 1950er Jahre noch kaum hörbar war, schloss man sich dem zehn Jahre später umso deutlicher an. Und deren Interessen nahm die westdeutsche Kulturpolitik im Spiegel des Musikarchivs mittlerweile auch zusehends ernst.[71] Vertreter des Bundesverbandes der Phonographischen Wirtschaft, die man jetzt auch in den Beirat des Musikarchivs holte, repräsentierten ein inzwischen stattliches Marktsegment in der Bundesrepublik und eine breite Palette von international operierenden Plattenfirmen wie die Deutsche Grammophon bis hin zu kleinsten unabhängigen Labels. Sie erwarteten sich vom Musikarchiv verlässliche Datenübersicht über die Musikproduktion auf einem immer stärker international geprägten Markt und setzten darauf, als Konsumwirtschaftsfaktor eigener Art anerkannt zu werden.[72] Der Verband befürwortete die Musikarchividee auch deshalb, weil vereinzelte Anläufe, Tonträger und -aufnahmen zu sammeln, sich nicht als tragfähig erwiesen hatte. Die Deutsche Grammophon-Gesellschaft etwa hatte sich seit Ende der 1940er Jahre um eine Art musikhistorische Sammlung für sogenannte Alte Musik aus der Zeit bis etwa 1800 bemüht. Auf Dauer ließ sich das Projekt aber nicht etablieren oder deckte höchstens ein von deutschen und internationalen Musikliebhabern geschätztes Raritätensegment ab.[73]

Zu den Stichwortgebern der Musikphonothek gehörten auch erste Audio-Archive in der Bundesrepublik wie das Lautarchiv des Deutschen Rundfunks, das schon 1952 sozusagen vor der Haustür der Deutschen Bibliothek in Frankfurt zustande gekommen war. Freilich hatte das Lautarchiv andere Ursprünge als das Musikarchiv: Die Intendanten der 1950 gegründeten Arbeitsgemeinschaft der öffentlich-rechtlichen Rundfunkanstalten Deutschlands (ARD) aus damals zunächst sechs Bundesländern in Frankfurt a.M. hatten es aus den Rundfunkgebühren als Audio-Archiv des eigenen Hauses gestiftet. Im Laufe der 1950er Jahre

des Deutschen Musikarchivs Berlin und seine Vorgängerinstitution Deutsche Musik-Phonothek, MA-Hausarbeit, Institut für Bibliothekswissenschaft, Humboldt-Universität zu Berlin 2003, S. 6, ADNBF DMA. Ich danke der Verfasserin für die Einsicht in dieses Manuskript, in dem das Musikarchiv ganz anders betrachtet wird als in diesem Buch, und für den Einblick in eine umfangreiche Materialsammlung zur Hausarbeit. Helmut Rösner, Eine nationale Discothek im Aufbau. Das Deutsche Musikarchiv in Berlin, in: Der Jung-Musikhandel. Beilage zum Musikhandel 27 (1976), S. 3.

71 DBF Verwaltungsrat Protokolle 1968-1970. Deutsche Bibliothek-Verwaltungsratssitzung, 11.8.1969, S. 13-14 ADNBF DMA.

72 Christian A. Müller, Wirtschaftlicher Strukturwandel in der Tonträgerindustrie der Bundesrepublik zwischen 1951 und 1983, Frankfurt a.M. 2020; Christian A. Müller, Tonträgerindustrien.

73 Alfred Dürr, Archiv-Produktion des Musikhistorischen Studios der Deutschen Grammophon-Gesellschaft, in: Zeitschrift der Gesellschaft für Musikforschung e.V. 8.1 (1955), S. 88-90; Der Spiegel, 23.1.1966 (Aus der alten Welt).

stießen die Rundfunkanstalten der übrigen Bundesländer zur Gründung hinzu.[74] Wenn der Vorstand des Lautarchivs, Fritz Wilhelm Pauli, schon seit den ausgehenden 1950er Jahren erst die Phonothek und später auch das Musikarchiv begrüßte, sprach er als geschulter Propagandaexperte: Seit 1933 hatte er die Musikabteilung des Norddeutschen Rundfunks geleitet und war während des Krieges zum gleichgeschalteten Zentralen Schallarchiv der NS-Reichsrundfunk-Gesellschaft (RRG) gekommen. So hatte er vor 1945 zur Entourage der NS-Experten in einem Leitmedium der Massenpropaganda gehört.[75] Als das Frankfurter Lautarchiv direkt 1952 begann, die alten RGG-Bestände zu übernehmen, soweit die britische BBC sie erhalten hatte, war Pauli gefragt. Er konnte das Lautarchiv in den 1950er Jahren durch eine Wachstumsphase hindurch leiten. An der Seite des ausgewiesenen NS-Propagandisten und in der Bundesrepublik wieder gefragten Medienarchivars Hans-Joachim Weinbrenner bereitete Pauli die Neuanfänge der Stiftung Deutsches Rundfunkarchiv 1963 als zentrales bundesdeutschen Lautarchiv mit vor.[76]

Dabei schien Pauli die neuen politischen Bedingungen nach 1945 adaptiert zu haben. Jetzt befürwortete er ein Klangarchiv, das nicht die »Volksgemeinschaft« beschwor, sondern zu den europäischen ›Kulturländern‹ aufschloss.[77] In den Ex-

---

74 Jutta Lambrecht, Das Gedächtnis des Rundfunks. Rundfunkarchive und ihre Bedeutung für die Musikwissenschaft, in: Antje Kalcher, Dietmar Schenk (Hgg.), Archive zur Musikkultur nach 1945. Verzeichnis und Texte, München 2016, S. 164-174; Andreas Dan, Deutsches Rundfunkarchiv – Standort Frankfurt, in: Markus Behmer, Birgit Bernard, Bettina Hasselbring (Hgg.), Das Gedächtnis des Rundfunks. Die Archive der öffentlich-rechtlichen Sender und ihre Bedeutung für die Forschung, Wiesbaden 2014, S. 59-69; Deutsches Rundfunkarchiv (Hg.), 20 Jahre Deutsches Rundfunkarchiv. Eine Chronik 1951-1971, Frankfurt a.M. 1971; Lautarchiv des Deutschen Rundfunks (Hg.), Tondokumente zur Zeitgeschichte: Politik und Wirtschaft, 1901-1933, Frankfurt a.M. 1958.

75 Konrad von Brauchitsch, Schallaufnahme und Schallarchiv der Reichs-Rundfunk-Gesellschaft, in: Rufer und Hörer 6 (1934), S. 294-298; Inge Marszolek, »Ganz Deutschland hört den Führer«. Die Beschallung der ›Volksgenossen‹, in: Gerhard Paul, Ralph Schock (Hgg.), Sound des 20. Jahrhunderts. Geräusche, Töne, Stimmen 1889 bis heute, Bonn 2013, S. 186-191.

76 Fritz W. Pauli, Die deutschen Rundfunkbibliotheken – ihre Organisation, ihre internationalen Arbeitsmöglichkeiten, in: Fontes Artis Musicae 3.1 (1956), S. 153-155; Corinna R. Kaiser, Carolyn Birdsall, Der Kardex als archivarisches Hilfsmittel im Lautarchiv des Deutschen Rundfunks, in: Info7. Das Magazin für Medien, Archive und Information 36.2 (2021), S. 50-54; Joachim-Felix Leonhard, Hans-Joachim Weinbrenner (1910-1995), in: Rundfunk und Geschichte 21 (1995), S. 265-267.

77 Fritz W. Pauli, Bericht über die Tagung der Commission Internationale des Phonothèques in Brüssel, in: Fontes Artis Musicae 3.1 (1956), S. 27-29; FAZ, 6.3.1954, S. BuZ4 (Sprach- und Musikdokumente unserer Zeit); Herbert Sass, Musikrat und Arbeitsgemeinschaft: Die beiden Organisationen, ihre Entschließungen auf der

pertendiskurs über phonetische Dokumentation in den 1950er Jahren konnte er sich auf diesem Weg gut einschalten. Das ließ ihm sogar 1954 den Freiraum, in einer Reminiszenz an die ›letzten 15 Jahre‹ ganz beiläufig die Technikerfolge des NS zu erwähnen, und sie in die deutsche Geschichte der Tonaufzeichnungen einzupreisen.[78] So stand Pauli für eine halbherzig in der Demokratie angekommene Medienexpertise. Das Musikarchiv der Deutschen Bibliothek beeinflusste Pauli freilich nicht. Der Zuspruch aus dem Lautarchiv verwies eher auf die ambivalente Zusammensetzung der Medien- und Klangexperten in der Bundesrepublik im Umfeld des neuen Musikarchivs von 1970.

Die Sammelambitionen der Frankfurter aber lagen an ganz anderer Stelle. Mit der schon 1961 beginnenden Tonträgersammlung schloss das Musikarchiv der Deutschen Bibliothek von 1970 in erster Linie zur Musikkulturpraxis ihrer Tage auf. Denn es waren allen voran die Vinyl-Langspielplatten seit Mitte der 1950er Jahre und entsprechende Abspielgeräte, die Musik generell, und besonders die Popmusik, auf einem zügig globalen Massenmusikmarkt verfügbar machten für den individuellen Konsum. So fächerten Schallplatten auch die Vorstellungen von authentischem Hörgenuss aus, denn seit den 60er Jahren konkurrierten Konzertmitschnitte mit Studioaufnahmen und authentische mit fingierten »historische« Aufnahmen. Von daher dokumentierten die Frankfurter Tonträger, wie die westdeutsche Musikkultur individueller und liberaler wurde, weil sie die Musik vom Moment, in dem sie aufgenommen wurde, entkoppelten und den Hörern verfügbar machten.[79]

Überschäumende kulturkonservative Anspielungen, wie sie im Umfeld der Musikphonothek in den späten 1950er Jahren laut geworden waren, klangen im Umfeld der Musikarchivgründung 1970 aber nicht mehr an. In der Rückschau erscheint die Deutsche Bibliothek in Frankfurt selber als Pragmatisierer der Stunde: Kösters nonchalante Haltung zum Musikarchiv als Kostenfaktor war so praxisbezogen wie unemphatisch. Und auch in den Reihen der Musikwirtschaft und Phonoindustrie der Bundesrepublik pflegte man längst eine ausgeprägt ökonomisierte Haltung zur Musikkultur als Konsumprodukt auf einem stark kompetitiven internationalen Markt. Notenausgaben und Tonträger zu sammeln,

Bonner Tagung 1955 und deren erste Ergebnisse, in: Deutscher Musikrat (Hg.), Neue Zusammenarbeit im deutschen Musikleben: Vorträge und Entschließungen der Bonner Tagung 1955, Kassel 1956, S. 58-73; Walter Wiora, Das deutsche Musikleben und die Situation der Zeit, in: ebd., S. 9-18; Fritz W. Pauli, Schallplatten als Bildungsgut. Eine »Deutsche Musikphonothek«, in: FAZ, 20.1.1960, S. 24.

78 Fritz W. Pauli, Phonetische Dokumentation und Musikforschung, in: Wilfried Brennecke, Willi Kahl, Rudolf Steglich (Hgg.), Gesellschaft für Musikforschung. Bericht über den internationalen musikwissenschaftlichen Kongress Bamberg 1953, Kassel, Basel 1954, S. 295-299.

79 Mrozek, Schallplatte.

bibliographisch zu erfassen und damit unter Marktbedingungen sichtbar zu machen, erschien als zentrales Argument solcher Befürworter des Musikarchivs.

Plurale Musikkultur

Zu den kulturpolitischen Dynamiken der 1950er und 60er Jahre in der Bundesrepublik passte der ehedem starke Fokus auf die »Klassik«, der für die Berliner Phonothek 1961 noch maßgeblich war, immer weniger. Seit Kriegsende hatte vor allem die US-Besatzungsmacht im Rahmen ihrer Kulturdiplomatie im Kalten Krieg nicht nur in der Bundesrepublik, sondern in ihrem gesamten westlichen Einflussbereich und oft genug noch deutlich darüber hinaus je länger, umso erfolgreicher auf die Musikkultur der Bundesrepublik in eine Richtung eingewirkt, die von der Klassik weg zur Populärkultur wies.[80] Im regelrechten Produktfeuerwerk, mit dem die USA den Konsumhorizont in der westlichen Welt erhellen wollten, spielte die populäre Musik eine zentrale Rolle.[81] Der zusätzliche Druck, den vor allem die amerikanische Populärmusik entfaltete, wirkte so stark, dass die Sowjetunion in den 1950er und 60er Jahren mit einer angestrengten Vergnügungsoffensive im eigenen Herrschaftsbereich antwortete, in der selbst westliche Populärmusik wie Rock'n'Roll und Jazz, wiewohl eng staatlich kuratiert, nicht fehlten.[82]

Daran änderte letztlich auch die zum Teil unverhohlen antiamerikanische Kritik des kulturkonservativen westdeutschen Publikums wenig. Seine Stilaversionen mischten sich mit einem kompensatorischen Kulturdünkel und der Sorge davor, das Deutungsmonopol über die Hochkultur in der Bundesrepublik zu verlieren. Die geschmähte Populärmusik allerdings drängte nach 1945 massiv

80 Monod, Settling Scores; Andreas Linsenmann, Denazifizierung mit Debussy. Strategien französischer Musikpolitik im Nachkriegsdeutschland, in: Sarah Zalfen, Sven O. Müller (Hgg.), Besatzungsmacht Musik. Zur Musik- und Emotionsgeschichte im Zeitalter der Weltkriege (1914-1949), Bielefeld 2012, S. 129-152; Anja Gallenkamp, Eine deutsche Jazzgeschichte 1945-1949, in: ebd., S. 299-326; Uta G. Poiger, Jazz, Rock, and Rebels. Cold War Politics and American Culture in a Divided Germany, Berkeley 2000.

81 Mario Dunkel, Sina A. Nitzsche, Popular Music and Public Diplomacy, in: diess. (Hgg.), Popular Music and Public Diplomacy Transnational and Transdisciplinary Perspectives, Bielefeld 2018, S. 9-28; Penny M. von Eschen, Satchmo Blows up the World: Jazz Ambassadors Play the Cold War, Cambridge, MA 2004; Danielle Fosler-Lussier, Music in America's Cold War Diplomacy, Berkeley 2015.

82 Michel Abeßer, Den Jazz sowjetisch machen. Kulturelle Leitbilder, Musikmarkt und Distinktion zwischen 1953 und 1970, Köln 2018; Gleb Tsipursky, Socialist Fun. Youth, Consumption, and State-Sponsored Popular Culture in the Soviet Union 1945-1970, Pittsburgh, PA 2016.

und einigermaßen unaufhaltsam auf den westdeutschen Markt. Sie verfing vor allem bei den jüngeren Generationen. Das hatte bei weitem nicht nur mit der Attraktivität der neuen modernen Musikstile Jazz, Beat und Rock zu tun. Mindestens ebenso begehrt machte diese global gemischten, kreolisierten populären Musikgenres, dass sie sich eigneten für die generationellen Grabenkämpfe der 50er und 60er Jahre in der Bundesrepublik. Populärmusik war in diesem Konflikt das symbolische Streitkapital der Jungen. Es half, sich energisch von der Kriegsgeneration abzusetzten, eigene Deutungshoheiten und eine liberalere und pluralere Kultur für sich zu beanspruchen.[83] Damit trug sich in der Bundesrepublik zu, was auch andernorts die Populärmusik zu prägen begann: dass sie in der voranschreitenden Nachkriegszeit nicht nur Musikmarktökonomien oder westliche Stiloktrois abbildete, sondern Aneignungstechniken vor allem der jungen Generationen, die mit den Musikstilen eigene Agenden verbanden.[84]

Deshalb schien der auf Klassik und den eher elitären Jazz konzentrierte Sammelauftrag der Musikphonothek von 1961 zur Musikkultur der Bundesrepublik nicht mehr zu passen. Unter den Bedingungen der modernen und prosperierenden Massendemokratie ließ sich ein Kulturprimat der Klassik, wie auch immer es begründet wurde, nicht mehr halten.

Als man sich im Musikarchiv entschied, Tonaufzeichnungen von Populärmusik zu sammeln, setzte man sich durchaus auch über manche Glaubenssätze in den Kulturdebatten der 1950er und 60er Jahre hinweg. Selbst so wirkmächtige Voten wie die des Musikkritikers und Sozialphilosophen Theodor W. Adorno (1903-1969) schienen damit neutralisiert. Von den Nationalsozialisten verfolgt und zwangsexiliert, war Adorno zu dem Schluss gekommen, dass sich nach 1945 hinter jeder Form von Massenkultur eine durchökonomisierte »Kulturindustrie« verbarg, die er verachtete. Auch den populären Musikkonsum lenkten aus dieser Sicht profitgierige Monopolisten und versklavten so die verführbaren »Massen«. »Hochkultur« schien demgegenüber nicht unbedingt überlegen. Aber zumindest

83 Anne-Sylvie Barthel-Calvet, Targeting New Music in Postwar Europe: American Culural Diplomacy in the Crafting of Art Music Avant Garde Scenes, in: Frédéric Ramel, Cécile Prévost-Thomas (Hgg.), International Relations, Music and Diplomacy: Sounds and Voices on the International Stage, London 2018, S. 65-90; Danielle Fosler-Lussier, Music in America's Cold War Diplomacy, Berkely 2015; Kaspar Maase, Am Ende einer Legende?: die Nachkriegsdeutschen und die »amerikanische Musik«: eingängig und vertraut oder herausfordernd und rebellisch?, in: Michael Fischer, Christofer Jost (Hgg.), Amerika-Euphorie – Amerika-Hysterie: populäre Musik »made in USA« in der Wahrnehmung der Deutschen 1914-2014, Münster 2017.
84 Michel Abeßer, Den Jazz sowjetisch machen; Tobias Becker, Only Rock'n'Roll?: Rock-Musik und die Kulturen des Konservativen, in: VfZ 70.3 (2022), S. 609-634; Christoph Hilgert, Die unerhörte Generation: Jugend im westdeutschen und britischen Hörfunk, 1945-1963, Göttingen 2015, S. 132-152.

folgte sie nicht blind dem quasi-totalitären Kommerz. Denn nur jenseits vom Massenkonsum, fand Adorno, konnte Kunst den »Verblendungszusammenhang« in der kapitalistischen Klassengesellschaft aufdecken. Nur eine autonome, individuelle Ästhetik taugte demnach für eine freie Gesellschaft.[85] Freilich traf Adornos Kritik nicht nur die Populärmusik, sondern auch die seriellen Kompositionsverfahren in der sogenannnten Neuen Musik. Adorno hielt sie, an seinem Ideal Schönberg orientiert, für einen Auswuchs totaler Form, weil sie sich, als aufgeklärt-rationale Kunst angetreten, blind der Herrschaft des Zwölfton-Materials ergebe.[86]

Kulturkritische Dispute dieser Art hob man im Musikarchiv im Grunde auf, indem hier jetzt klassische und populäre Musik gleichermaßen eingingen. Die bildungsbürgerliche Kritik an der Populärmusik, für die Adorno gerne vereinnahmt wurde, machte man sich nicht zu eigen; den kulturrebellischen Gestus mancher Popmusiker und ihrer Hörer freilich genauso wenig. Das Vollständigkeitsprinzip beschwichtigte insofern die Gegensätze. Man bildete die Musikgenres ohne formale Parteinahme ab. In dem Sinn ging es um eine in jeder Hinsicht plurale Musikkultur. Das schloss die Tonträger mit ein, die medientechnische Entwicklungstrends widerspiegelten.[87]

So passten die Frankfurter Bibliothekare, Berliner Phonoarchivare und die Mitbegründer aus Kulturpolitik und Musikwirtschaft den Sammlungsauftrag der Deutschen Bibliothek konsequent an die Bedingungen und Praktiken der musikalischen Massenkultur in der Bundesrepublik der 1970er Jahre an. Nachkriegswohlstand, neue Arbeitsökonomien und die rasante Entwicklung und ständig bessere Verfügbarkeit von Musikmedien hatten es inzwischen ermöglicht, Musik in vielen Spielarten als Massengut zu nutzen. Nie zuvor war populäre Kultur, gleichzeitig amerikanisch und europäisch beeinflusst, so tief und

85 Theodor W. Adorno, Résumé über Kulturindustrie, in: ders., Ohne Leitbild. Parva Aesthetica, Frankfurt a.M. 1967, S. 60-70; Max Horkheimer, Theodor W. Adorno, Dialektik der Aufklärung. Philosophische Fragmente, Frankfurt a.M. ²¹2013; Georg Bollenbeck, Daniel Göcht, Erfolgreiche Wahrheitspolitik in den janusköpfigen 50ern. Adorno und Horkheimer als Virtuosen des Resonanzkalküls, in: Hochgeschwender, Epoche, S. 105-124; Kaspar Maase, Populärkulturforschung: eine Einführung, Bielefeld 2019, S. 44-50.

86 Julia Zupancic, Geehrt, gefürchtet, missverstanden. Theodor W. Adorno im Spiegel der westdeutschen Musikkritik, in: Wolfgang Auhagen, Wolfgang Hirschmann (Hgg.), Beitragsarchiv zur Jahrestagung der Gesellschaft für Musikforschung, Halle a.d. Saale 2015, S. 1-12.

87 FAZ, 1.6.1971, S. 25 (Nicht nur Klassik); Klaus Nathaus, Vom polarisierten zum pluralisierten Publikum. Populärmusik und soziale Differenzierung in Westdeutschland, circa 1950-1985, in: Jürgen Osterhammel, Martin Rempe (Hgg.), Kommunikation im Musikleben. Harmonien und Dissonanzen im 20. Jahrhundert, Göttingen 2015, S. 251-275.

weitreichend in Alltag und Ästethik auch der jungen Bundesrepublik verankert gewesen wie seit den 1950er Jahren.[88] Im Musikarchiv der Deutschen Bibliothek Frankfurt spiegelte sich wider, dass dieser Trend im Kultursegment Musik besonders spürbar und langfristig schien.[89] Man trug damit im Übrigen auch europäisch anschlussfähiges Material zusammen. Denn in den großen benachbarten Phonotheken Europas verfuhr man durchaus ähnlich, lagerte auch hier populäre Musikerzeugnisse ein, weil man in ihnen Spiegel politischer und kultureller Dynamiken in den Nachkriegsgesellschaften erkannte.[90]

Die Schriftbestände der Deutschen Bibliothek seit 1946/47 hatten längst eine Art Spiegelsaal der Kultur zu bilden begonnen, der immer deutlich politische Rahmungen behielt. Für die Notenausgaben und Tonträger, die die Frankfurter seit 1970 dem Kulturvorrat eingemeindeten, sollte das nicht minder gelten.

Mit dem Musikarchiv überschritt die Deutsche Bibliothek mindestens für das eigene Haus eine Sammlungsgrenze. Denn sie bezog sich bis dahin, wenn sie nach 1945 das westdeutsche Kulturwissen sichern wollte, zuallererst auf Textkultur. Publikationen über Musik hatte man im Rahmen des allgmeinen Sammlungsprogramms immer berücksichtigt. Musiknoten lagen nur in Ansätzen, Tonträger hingegen kaum im Blick der Sammler. So hielt man es zunächst nicht nur in Frankfurt, sondern bis vor dem Zweiten Weltkrieg auch an der Leipziger Bücherei und nach 1945 an vielen westdeutschen Wissenschaftlichen und Öffentlichen Bibliotheken.[91]

Wer sich Ende der 1960er Jahre an der Diskussion und den Planungen des Musikarchivs beteiligte, hatte aber in der Regel die europäische Sammelszene

---

88 Kaspar Maase, Grenzenloses Vergnügen. Der Aufstieg der Massenkultur 1850-1970, Frankfurt a.M. 1997, S. 237; Klaus Nathaus, Nationale Produktionssysteme im transatlantischen Kulturtransfer. Zur Amerikanisierung populärer Musik in Westdeutschland und Großbritannien im Vergleich. 1950-1980, in: Werner Abelshauser (Hg.), Kulturen der Weltwirtschaft, Göttingen 2012, S. 202-227.

89 Bodo Mrozek, Jugend-Pop-Kultur: eine transnationale Geschichte, Bonn 2021; Kaspar Maase, Populärkultur, Jugend und Demokratisierung – Westeuropa nach dem Zweiten Weltkrieg, in: Dietmar Hüser (Hg.), Populärkultur transnational: Lesen, Hören, Sehen, Erleben im Europa der langen 1960er Jahre, Bielefeld 2017, S. 275-300; Dietmar Hüser, Westdeutsches »Demokratiewunder« und transnationale Musikkultur – Dimensionen des Politischen im Populärem der langen 1960er Jahre, in: ebd., S. 301-336; Philipp Krohn, Deutsch-deutsche Popkultur. Pop ist ohne Politik nicht denkbar in: FAZ, 20.8.2022, S. 10.

90 Gérôme Guibert, Catherine Rudent (Hgg.), Made in France, Studies in Popular Music, Abingdon, New York 2018; Gillian A. M. Mitchell, Adult Responses to Popular Music and Intergenerational Relations in Britain, c. 1955-1975, London 2019; Harry Liebersohn, Music and the New Global Culture. From the Great Exhibitions to the Jazz Age, Chicago 2019.

91 Kalcher, Schenk.

vor Augen. Solche Referenzpunkte spielten ständig eine Rolle, wenn es darum ging, die Musikarchivgründung zu motivieren.[92] Das galt umso mehr, weil man sich in diesem Fall anders als bei den Überlegungen zu den europäischen »Nationalbibliotheken« nicht mehr nur als westdeutscher Nachzügler sehen musste, sondern gerade im Vergleich eine respektable Sammlungsbilanz zog. Die Musikaliensammlungen an den großen europäischen Nationalbibliotheken galten zwar auch jetzt wieder als Zielmargen. Umso mehr motivierte die deutschen Beobachter der 1960er Jahre, dass Tonträgersammlungen dort oftmals noch fehlten. In Frankreich beispielsweise verzeichnete die Bibliothèque nationale zwar schon seit dem 16. Jahrhundert gedruckte Musiknotenausgaben. Auch kam hier eine Phonothèque Nationale mit Musiktonträgern bereits 1938 zustande.[93] Aber sie rückte erst 1975/77 zu einer Abteilung der Bibliothèque nationale auf.[94] Nach 1945 entfaltete man in der französischen Phonothek übrigens bereits enorme

92 Teilentwurf einer Denkschrift »Das Deutsche Musik-Archiv« (1962), ADNBF DMA Allgemeines bis 1970; Der Senator für Volksbildung, Denkschrift über die Errichtung einer Stiftung öffentlichen Rechts, Deutsches Musikarchiv, Berlin, im Juli 1962, ADNBF DMA Allgemeines bis 1970, und Deutscher Musikrat, Gesellschaft für Musikforschung, deutscher Musikverleger-Verband, Denkschrift Deutsches Musikarchiv, 15.3.1963, ADNBF DMA; Hagelberg für das Bundesministerium des Innern am 5.9.1967 an die Kultusminister der Länder, B 304 Nr. 5392, Bl. 137-39 (Abschrift); Ernst-Ludwig Berz [Bibliothekar DB], Das Deutsche Musikarchiv, in: Kurt Dorfmüller (Hg.), Quellenstudien zur Musik, Frankfurt a. M. u. a., 1972, S. 29-34.

93 Roger Décollogne, Vers La Création d'une Phonothèque Centrale de Prêt, in: Fontes Artis Musicae 3.2 (1956), S. 174-176; ders., La Phonothèque Nationale, in: Bulletin des bibliothèques de France 12.2 (1967), S. 35-60; ders., Les archives sonores et la Phonothèque nationale, in: La Gazette des archives 92 (2017), S. 21-27; Marie-France Calas, Le Département de la Phonothèque nationale et de l'Audiovisuel de la Bibliothèque nationale, in: La Gazette des archives 111 (1980), S. 289-297 ; dies., Le Département de la phonothèque et de l'audiovisuel à la Bibliothèque Nationale, in: Langue Française 93 (1992), S. 120-124; Hasseine Mammeri, Musique et Folklore en Afrique du Nord et en Proche Orient: Le Fonds de La Phonothéque Nationale, in: Arabica 13.3 (1966), S. 295-306; Ouahmi Ould-Braham, Phonogrammes touaregs déposés à la Phonothèque Nationale (Paris), in: Études et Documents Berbères 3 (1987), S. 103-123; Florence Descamps, Éditorial. Pourquoi consacrer un dossier thématique aux archives de l'ethnomusicologie ?, in: Bulletin de l'Association francaise des archives orales sonores et audiovisuelles 46 (2020), S. 4-6; International Commission on Folk Arts and Folklore (Hg.), Collection phonothèque nationale Paris: catalogue établi par la Commission Internationale des Arts et Traditions Populaires (C.I.A.P.), Paris (UNESCO Archives de la musique enregistrée/Archive of recorded music) 1952.

94 Marie-Pierre Bodez, Pierre Pichon, Marguerite Sablonnière, Le Dépôt légal de la musique à la Bibliothèque Nationale de France: Etat des lieux er nouveaux enjeux, in: Fontes Artis Musicae 58.3 (2011), S. 236-243; Nicolas Verdure, Les archives de

Aktivitäten. Zum einen ging es darum, die »Folklore« des metropolitanen Frankreich samt der Überseegebiete zu dokumentieren und als metropolitane Nation samt frankophonem Kulturareal sichtbar zu werden. Französische Verantwortliche sahen die Pariser Phonothek auch Kultur-»Propaganda« in Richtung frankophones Kulturgebiet – und abgrenzend, gegenüber dem übrigen Ausland – betreiben. Die Erschließungsarbeiten waren Teil einer kulturtechnischen Leistungsschau der Frankophonie vor internationalem Publikum. Man stellte aus, was auch nach 1945 als kulturelles Erbe Frankreichs gelten sollte und bewies gleichzeitig das entsprechende tontechnische Knowhow.[95]

Das British Museum als Kern der späteren British Library schließlich betrieb zwar bereits ab Mitte des 19. Jahrhunderts eine Musikabteilung, aber sie blieb lange eine Leihgabe der Royal Music Library und ging an das damalige British Museum erst Ende der 1950er Jahre über.[96] Tonträger sammelte man gerade erst seit 1955 zunächst im British Institute of Recorded Sound. Erst lange nach Gründung des Musikarchivs in der Deutschen Bibliothek 1970 sollte dieses Londoner Insitut, bisher vom British Museum, der BBC und der Royal Academy of Music getragen, 1983 als British Library's Sound Archive zum Grundbestand der Bitish Library kommen.[97]

Der Versuch, sich mit einer vermeintlich nationalen Musikkultur von der internationalen Konkurrenz abzuheben, war nicht neu. Der kulturdiplomatische Wettbewerb auch und gerade in der Musik hatte eine lange Geschichte bei weitem nicht nur in Deutschland.[98] Dabei setzte man sich freilich immer schon darüber hinweg, dass Kompositionen, Aufführungstechniken, Stilmoden oder Klangästhetiken nicht in national abgeschotteten Kammern ausgebrütet wur-

l'enregistrement sonore à la Bibliothèque nationale de France, in: Vingtième Siècle. Revue d'histoire 92 (2006), S. 61-66.

95 Roger Dévigne, Chants et Musiques Folkloriques. La Phonothèque nationale, in: Nouvelle revue des traditions populaires 1.2 (1949), S. 182-185, hier S. 185, und ders., La Phonotèque Nationale, Paris 1949; Charles Seeger, Collection Phonothèque Nationale, in: Notes (Music Library Association) 10.4 (1953), S. 628-629.

96 Richard Chesser, Music in the British Library: The Present and the Future, in: Fontes Artis Musicae 58.3 (2011), S. 325-332.

97 Patrick Saul, The British Institute of Recorded Sound, in: Fontes Artis Musicae 3.2 (1956), S. 170-173.

98 Friedemann Pestel, Performing for the Nation: Perspectives on Musical Diplomacy, in: Klaus Nathaus, Martin Rempe (Hgg.), Musicking in Twentieth-Century Europe. A Handbook, Berlin, Boston 2021, S. 325-346; Jessica C.E. Gienow-Hecht, Sonic History, or Why Music Matters in International History, in: dies. (Hg.), Music and International History in the Twentieth Century, Oxford 2015, S. 1-30; Mario Dunkel, Musik in der auswärtigen Kulturpolitik der BRD, in: Dirk Kemper, Natalia Bakshi, Elisabeth Cheauré, Paweł Zajas (Hgg.), Literatur und Auswärtige Kulturpolitik, Paderborn 2020, S. 159-184.

den, sondern häufig gerade im transnationalen Austausch entstanden waren.[99] Für den nach 1945 schnell internationalisierten Musikmarkt musste das umso mehr gelten.

Dass ab jetzt also neuerdings auch Tonträger zum deutschen Kulturreservoir gehören sollten, erschloss eine neue Dimension von Kultur, die die Deutsche Bibliothek ab jetzt archivierte. Die Musikkultur war schon bis 1970 medial, eigentlich multimedial geworden. Und die neuen und sich ständig verändernden Möglichkeiten, Musik technisch auf Schellack- oder Vinylplatten zu reproduzieren, hatten den Bezug zwischen Musikstücken, Musikern und Musikhörern so massiv und dauerhaft verändert, dass sich das auch in der Sammlung widerspiegeln sollte. Je versierter und mobiler die Abspieltechniken und die Klangqualität dabei wurden, umso mehr musste das die Musikkultur dynamisieren. Je mehr Aufnahmemethoden und Klangspeicher technisch ausreiften, umso niedrigschwelliger und individualisierter war der Zugang zur Musik, den die Tonträger erlaubten. Es hing längst nicht mehr von Aufführungsorten und -momenten ab, sondern stand vielen Hörern im Grunde jederzeit zur Verfügung, jedenfalls zum Gegenwert der Schallplatten und mit dem entsprechenden Abspielgerät. Damit stand nicht erst seit 1945 und auch schon deutlich vor 1970 einem immer größeren Publikum mit ganz unterschiedlichen Musikerwartungen eine rasch steigende Zahl an Musikstilen zur Verfügung, unter denen es wählen konnte. In der neuen Tonträgersammlung des Musikarchivs der Deutschen Bibliothek spiegelte sich dieser zunehmend privatisierte und veralltäglichte Musikkonsum in der demokratischen Massengesellschaft wider, der längst untrennbar zur Musikkultur nicht nur in Deutschland gehörte.[100]

Wenn unter solchen Gesichtspunkten jetzt auch Tonträger eine bibliothekarische Sammlung in nationaler Absicht ergänzten, dann dehnten diese neuen Sammlungsobjekte und die Musik, die sie hörbar machten, indirekt auch das nationale Sammlungsprinzip. Denn die Schallplattenindustrie, zu der sich schon seit der Wende zum 20. Jahrhundert eine ganze Reihe konkurrierender Unternehmen zählten, suchte sich die Musikhörer und Konsumenten auf dem schnell globalen Markt ausdrücklich jenseits nationaler Grenzen. Sie wollte expandieren und begrenzte sich nicht national. Auch deutsche Stammhäuser in der Musikindustrie-Branche gründeten internationale Niederlassungen aus und operierten

99 Martin Rempe, Verflochtene Provinzialisierung. Jazz und Neue Musik, in: Christoph Cornelißen, Dirk van Laak (Hgg.), Weimar und die Welt. Globale Verflechtungen der ersten deutschen Republik, Göttingen 2020, S. 227-246; ders., Jenseits der Globalisierung: Musikermobilität und Musikaustausch im 20. Jahrhundert, in: Boris Barth, Stefanie Gänger, Niels P. Petersson (Hgg.), Globalgeschichten: Bestandsaufnahme und Perspektiven, Frankfurt a. M. 2014, S. 205-228.

100 Sven O. Müller, Martin Rempe, Vergemeinschaftung, Pluralisierung, Fragmentierung. Kommunikationsprozesse im Musikleben des 20. Jahrhunderts, in: diess., Osterhammel, Kommunikation, S. 9-24, hier S. 10-11, 15.

längst im transnationalen Maßstab.[101] Gleichzeitig waren Musikkompositionen, Aufführungspraktiken, Musikästhetiken und -stile in Deutschland nicht erst 1945 und noch viel weniger um 1970 dezidiert deutsche Kulturerzeugnisse. Westdeutsche Musikproduktionen nahmen häufig transnationale Anregungen auf, adaptierten oder variierten sie neu, entwickelten eben eine unüberschaubare Bandbreite und Mischung von mal exklusiverer, mal populärerer musikalischer Kultur, die nicht nur die deutsche Musik kennzeichnete.

101 Osterhammel, Verwandlung, und ders., Globale Horizonte europäischer Kunstmusik, 1860-1930, in: GG 38 (2012), S. 86-132; Müller, Rempe, Vergemeinschaftung, S. 20-21.

8. »Angekommen«?
Die Deutsche Bibliothek um 1969

In der zeithistorischen Rückschau waren die 1960er Jahre eine der prägendsten Phasen, die die Deutsche Bibliothek in der Bundesrepublik durchlief. Hier verdichtete und überlagerte sich vieles. Mit dem Exilarchiv begann sich die Bibliothek an einer der zentralsten Debatten zu beteiligen, die das westliche Nachkriegsdeutschland zu führen hatte. Die DDR hatte den NS deklaratorisch entsorgt und mit einer schrägen Geschichtsklitterung von der Agenda genommen. Entsprechend externalisierte man die Auseinandersetzung mit dem NS. Die Rolle der Leipziger Bücherei zwischen 1933 und 1945, die lange Kontinuität leitenden Bibliothekspersonals nach 1945 oder der einschlägig politisierte Umgang mit dem Exil wurde weder intern noch in der zensierten ostdeutschen Öffentlichkeit ausdrücklich angesprochen.[1] Was die Deutsche Bibliothek in Frankfurt anbelangte, stand man anders da. Man begann immerhin im Spiegel der Exilsammlung, den öffentlichen Umgang mit Exil und NS-Vergangenheit als Manko und gedächtnispolitische Baustelle ersten Ranges zu entdecken. Und man war zunehmend bereit, sich in dieser Frage gesellschaftspolitischer zu betragen, als es die Deutsche Bibliothek üblicherweise tat. Solche Sensibilitäten waren, gemessen am schleppenden Gesamtdiskurs über den NS in der Bundesrepublik, bemerkenswert.

---

1 Dieter Schiller, Alltag, Widerstand und jüdisches Schicksal, in: Werner Bergmann, Rainer Erb, Albert Lichtblau (Hgg.), Schwieriges Erbe. Der Umgang mit Nationalsozialismus und Antisemitismus in Österreich, der DDR und der Bundesrepublik Deutschland, Frankfurt a.M., New York 1995, S. 393-407; Michael Wolffsohn, Die Deutschland-Akte – Juden und Deutsche in Ost und West – Tatsachen und Legenden, München 1995; Bill Niven, Remembering Nazi Anti-Semitism in the GDR, in: ders., Chloe Paver (Hgg.), Memorialization in Germany since 1945, Basingstoke 2009, S. 205-213; dagegen Helmut Peitsch, Antifaschistisches Verständnis der eigenen jüdischen Herkunft in Texten von DDR-SchriftstellerInnen in: Kotowski, Kulturerbe, S. 117-124, und Erica Burgauer, Zwischen Erinnerung und Verdrängung – Juden in Deutschland nach 1945, Reinbek bei Hamburg 1993, S. 202-208.

Das bedeutete freilich nicht, dass die Deutsche Bibliothek der 1960er Jahre, wenn sie sich offiziell darstellte und das eigene Profil öffentlich besprach, just diese Sorte Selbstpolitisierung hervorgehoben hätte. In der Exilsammlung waren die Frankfurter Sensibilitäten hoch. Für die offizielle Außendarstellung der Deutschen Bibliothek als ganze galt das allerdings nicht unbedingt. Das mochte auch daran liegen, dass der spezifische Diskursbeitrag, den das Haus über seine Exilliteratursammlung allmählich geben konnte, erst über die Jahre und letztlich auch erst in der Rückschau kenntlich wurde.

Eine zweite Spur durchzog mit der Diskussion um die Musiksammlung als Bestandteil des nationalen Kulturgutes die Entwicklung der 1960er Jahre. Zugleich wurde für die Frankfurter damit neuerdings Berlin als Kulturstandort unter ganz neuen Vorzeichen bedeutsam. Eigentlich kam diese Koinzidenz zur Unzeit, denn im Mauerbau 1961 hatten sich gerade erst die zugespitzten Ost-West-Spannungen niedergeschlagen. So blieben das Exilarchiv und das Musikarchiv die großen Aktivitätsschwerpunkte der Deutschen Bibliothek in den 1960er Jahren.

Hinzu kam, dass intern bis Ende der 1960er Jahre die Frage der finanziellen Grundsicherung nach wie vor einen erheblichen Teil der Frankfurter Bibliotheksgeschäfte überlagerte. Von daher war es wohl auch schlicht nicht opportun, sich vor allem mit dem Exilarchiv und damit einem ohnehin sensiblen gesellschaftspolitischen Thema zu exponieren. Ressourcenorientiert trug man anderes vor sich her, allem voran die bibliographische Kärrnerarbeit als Raison d'Être der Frankfurter und die technologischen Errungenschaften, mit denen man sich, demonstrativ »modern«, dieser Aufgabe immer effizienter stellte.

Man tat gut an dieser Außendarstellung, denn genau die fragten westdeutsche Politik und Öffentlichkeit in der Regel auch ab. Entsprechende politische und öffentliche Rückfragen ergaben sich beispielsweise im Sommer 1967, als der hessische CDU-Bundestagsabgeordnete und Vorsitzende des Arbeitskreises für Bildung, Wissenschaft und Publizistik der CDU/CSU-Fraktion, Berthold Martin (1913-1973), nach dem Sachstand der großen westdeutschen Bibliotheken fragte.[2] Damit löste er interne Wallung aus. Der seit 1962 amtierende erste Präsident der Stiftung Preußischer Kulturbesitz, Hans-Georg Wormit (1912-1992), und das Bundesministerium des Innern ließen gleich aktuelles Zahlenmatrial zur »Lage der repräsentativen Bibliotheken in der Bundesrepublik« zusammenstellen.[3] Demnach hatte die Deutsche Bibliothek bis Ende Dezember 1965 bei inzwischen 217 Mitarbeitern und einem Buchbestand von 898.000 Titeln und

2 FAZ, 2.2.1967, S. 20 (Eine nationale Einrichtung. Forderungen des Kulturpolitischen Ausschusses).
3 Ministerialrat Carl Gussone aus dem Bundesministerium des Innern an den CDU-Bundestagsabgeordneten Berthold Martin, 31.8.1967, B 106/44475.

21.000 laufenden Zeitschriften[4] gegenüber der ehemaligen Preußischen Staatsbibliothek im Westen mit deren etwa 2,2 Millionen Bänden und 17.000 laufenden Zeitschriften bei über 240 Mitarbeitern ein gutes Stück aufgeholt.[5]

Die Deutsche Bücherei in Leipzig tauchte dabei wie selbstverständlich ebenfalls als Referenzgröße auf, selbst wenn man sich eingestehen musste, dass gesicherte Daten aus Ostdeutschland fehlten. Dass sie 1967 bei geschätzten 400 Mitarbeitern über mutmaßlich 3,3 Millionen Bände und 20.000 laufende Zeitschriften verfügte, ließ sie, genauso wie die Deutsche Staatsbibliothek in Ost-Berlin – mit 2,8 Millionen Bänden bei 480 Mitarbeitern – nach wie vor als leistungsstarkes Haus erscheinen.[6] Für das Interesse an den Leipzigern in westdeutscher Politik und Öffentlichkeit sorgte wohl auch die ostdeutsche Regierung: Der für Kultur zuständige Stellvertretende Vorsitzende des Ministerrats der DDR, Alexander Abusch, sprach die Deutsche Bücherei im Sommer 1967 als »die deutsche Nationalbibliothek« an und sah die Frankfurter Bibliothek vom »Kainsmal der [...] Spaltung Deutschlands« gezeichnet.[7]

Das war zunächst eine von vielen provokanten kulturpolitischen Überlegenheitsgesten, mit denen man den Westen irritieren wollte. Gleichzeitig schwang ostdeutsche Gegenwehr mit. Denn erstens gab es westdeutsche Anläufe, die Frankfurter Deutsche Bibliothek zur Bundeseinrichtung zu erklären. Der CDU-Abgeordnete Martin hatte schon zu Jahresbeginn 1967 ein Übergangsgesetz angeregt, um das Haus ganz gegen den westdeutschen Sprachcomment, den man mehrheitlich pflegte, zur »Nationalbibliothek« zu erheben.[8] Martin wiederum schaute dabei gar nicht unbedingt nur nach Ostdeutschland, sondern positionierte sich auch in einem westdeutschen Binnenkonflikt. Denn zweitens liefen seit Frühjahr 1967 die Planungen für den Neubau im Tiergarten an, der für die bis dahin noch in Marburg ausgelagerte ehemalige Berliner Staatsbibliothek vorgesehen war.[9] Das mochte die ostdeutschen Schutzreflexe des stellvertretenden

4 Bestandsübersicht als Anlage zum Brief des stellvertretenden Generaldirektors der Deutschen Bibliothek Frankfurt a. M. Rudolf Blum an Gussone im Bundesministerium des Innern am 8.8.1956, BArch B 106/44475.

5 Generaldirektor der Staatsbibliothek der Stiftung Preußischer Kulturbesitz Ludwig Borngässer an Gussone, 8.8.1967, BArch B 106/44475.

6 Bestandsübersicht als Anlage zum Brief von Rudolf Blum an Ministerialrat Gussone im Bundesministerium des Innern am 8.8.1956, BArch B 16/44475; Vergleichende Übersicht als Anlage zum Brief von Gussone an Martin vom 31.8., BArch ebd.

7 Dr. Alexander Abusch sprach in der Deutschen Bibliothek, in: Börsenblatt für den Deutschen Buchhandel (Leipziger Ausgabe), 27. Juli 1967, S. 483-484.

8 FAZ, 2.2.1967, S. 20 (Eine nationale Einrichtung. Forderungen des Kulturpolitischen Ausschusses), FAZ 27.7.1967, S. 22 (Förderung deutscher Bibliotheken).

9 FAZ, 17.4.1967, S. 2; FAZ, 12.10.1967, S. 2 (Grundstein für die Staatsbibliothek); Brigitte Beer, Die fehlende Nationalbibliothek. Die Arbeit der Stiftung Preußischer Kulturbesitz, in: FAZ, 5.8.1967, S. BuZ4.

Ministerratsvorsitzenden Abusch für Leipzig genauso auslösen wie die Initiative des hessischen Abgeordneten Martin zugunsten von Frankfurt.

Wie auch immer die deutsch-deutschen und westdeutschen Interessen sich hier kreuzten: Ob und wie sich die Deutsche Bibliothek jenseits des Bestandsvolumens und der bibliographischen Leistungen der Bundesrepublik zuordnete, wurde von westdeutscher Politik und Öffentlichkeit kaum erwogen.

Es hallten also auch Rivalitäten gleichermaßen mit den ostdeutschen und anderen westdeutschen Häusern nach, wenn die Deutsche Bibliothek in Frankfurt am 31. März 1969 mit dem Gesetz über die Deutsche Bibliothek im westdeutschen Kulturhaushalt maximal aufgewertet wurde.[10] Damit übernahm der Bund definitiv die Gesamtverantwortung für das Frankfurter Haus als rechtsfähige bundesunmittelbare Anstalt des öffentlichen Rechts. In den Verwaltungsgremien blieben zwar Börsenverein und Frankfurter Stadtmagistrat vertreten, hinzu kamen aber unter anderem Vertreter der DFG und über den Haushalt entschieden in Zweifelsfällen das Bundesinnen-, Finanz- und Wirtschaftsministerium.[11]

Die bundespolitische Aufwertung hatte zwei zusätzliche Etablierungspointen. Erstens erhielt die Deutsche Bibliothek damit 1969 das Pflichtexemplarrecht zugesprochen. Sämtliche in der Bundesrepublik verlegten Druckwerke mussten seither mit einem Belegstück verpflichtend überstellt werden. Damit war nicht nur die freiwillige Selbstverpflichtung der Börsenvereinsmitglieder abgelöst. Die Neuregelung unterstrich auch definitiv den schon lange verfochtenen überregionalen Sammelanspruch und half, die Bestände zu konsolidieren.[12]

Mit dem Pflichtstückgesetz kam man in Frankfurt deutlich später zur Pflichtablieferung als die Leipziger, denn der Deutschen Bücherei war sie zumindest

---

10 Kurt Köster, Die Deutsche Bibliothek ist Bundesanstalt, in: ZfBB 16.2 (1969), S. 196-198; Gesetz über die Deutsche Bibliotjek vom 31.3.1969, in: Bundesgesetzblatt 28 (1969), S. 265-268.

11 Kurt Köster, Deutsche Bibliothek und Deutsche Bibliographie im Jahre 1968. Bericht des Direktors der Deutschen Bibliothek am 21.9.1968 auf der Hauptversammlung des Börsenvereins, Sonderdruck Börsenblatt für den Deutschen Buchhandel, Oktober 1968, ADNBF Sammlung Blum; Deutscher Bundestag 5. Wahlperiode Drucksache V/3813 Zusammenstellung des Entwurfs eines Gesetzes über die Deutsche Bibliothek — Drucksachen V/3103, V/3733 (neu) — mit den Beschlüssen des Bundestages in zweiter Beratung vom 5.2.1969; Erläuterungen zum Gesetz über die Deutsche Bibliothek vom 31.3.1969, ADNBF, Gesetz und Erläuterungen zum Gesetz über die Deutsche Bibliothek. ISG FFM W2-7 1582 Gesetz über die Deutsche Bibliothek, 1964-1978; ISG FFM W2-7 2420 Deutsche Bibliothek (1966-1969).

12 Deutscher Bundestag 5. Wahlperiode Drucksache V/3733 (neu), Schriftlicher Bericht des Ausschusses für Wissenschaft, Kulturpolitik und Publizistik (8. Ausschuß) über den von den Abgeordneten Frau Freyh, Dr. Huys, Dr. Mühlhan und Genossen eingebrachten Entwurf eines Gesetzes über die Deutsche Bibliothek.

für das Gebiet der DDR bereits 1955 zugesprochen worden.[13] Das Frankfurter Haus zog nun 1969 nach und sicherte sich Pflichtexemplare für alle in Deutschland erscheinenden Veröffentlichungen (bzw. alle Veröffentlichungen auch im Ausland mit deutscher Beteiligung). Die Regelung beruhigte und klärte zugleich aufgeregte Debatten der Vorjahre. Schon seit die Bibliothek ab 1952 als Stiftung öffentlichen Rechts operiert hatte und der Bund als Unterhaltsträger auftrat, drangen vor allem die Buchhändler im Börsenverein ständig darauf, das Pflichtexemplar für Frankfurt einzuführen, wie es in den einzelnen Bundesländern in der Regel längst galt. Solange die Bibliothek allerdings nicht ganz dem Bund unterstellt war, scheiterten solche Forderungen regelmäßig am Vorbehalt der Länder, die auf ihre Kulturhoheit beharrt hatten und eigene, föderale Pflichtexemplarregelungen in Stellung brachten.[14]

In der Beratungsphase zum Gesetz seit 1967 war deutlich geworden, dass sich die Bundesregierung inzwischen voll hinter die Frankfurter Anwartschaft stellte, zentrales Schriftendepot der Bundesrepublik zu werden. Demnach ging es jetzt auch aus Sicht des Bundes in erster Linie darum, zum Status führender Nationalbibliotheken in Westeuropa, den USA und der Sowjetunion aufzuschließen, die das Vollständigkeitsprinzip seit jeher mit einem *Dépot legal* absicherten.[15] Die Deutsche Bibliothek wertete man doppelt auf. Zum einen firmierte sie jetzt ausdrücklich als Baustein der auswärtigen »kulturellen Beziehungen«, nach denen sie sich nicht nur drängte, sondern die verstärkt von außen nachgefragt würden.[16] Zum anderen erfüllte sie, vom Bund bestätigt, die »Aufgabe der nationalen Repräsentation und »geistigen […] Selbstdarstellung eines Volkes.«[17] Mit dieser schwebenden Formel schien die Bibliotheksleitung die Bezeichnung Nationalbibliothek zunächst dennoch eher zu meiden. Der gesamtdeutsche Vertretunganspruch wurde aber klar formuliert. Die Deutsche Bibliothek war jetzt in aller Form beauftragt, wie die »Bundesrepublik bis zur Wiedervereinigung«, die »deutsche Gesamtvertretung« im Bereich des nationalen Kulturwissens zu übernehmen.[18] Den Anspruch unterlegte man politisch: »Vollständigkeit und eine von politischer Tendenz freie Bibliographie« waren nur im »freiheitlich-

13 Rudolf Blum, Die Deutsche Bibliographie – Rückblick und Ausblick, in: Kurt Köster (Hg.), Die Deutsche Bibliothek 1945-1965: Festgabe für Hanns Wilhelm Eppelsheimer zum 75. Geburtstag, Frankfurt a.M. 1966, S. 91-116.

14 Köster, Bibliothek, S. 55.

15 Köster, Bundesanstalt, S. 198.

16 Deutscher Bundestag, 5. Wahlperiode, Drucksache V/2400, Anlage 1 Entwurf eines Gesetzes über die Ablieferung von Pflichtstücken an die Deutsche Bibliothek (Pflichtstückgesetz), 14.12.1967, S. 4; Verordnung über die Pflichtablieferung von Druckwerken an die Deutsche Bibliothek (Pflichtstückverordnung) vom 14.12.1982 (BGBl. I.S. 1739, ADNBF.

17 Ebd.

18 Ebd.

demokratischen Rechtsstaat« zu sichern.[19] Damit sollten die unausgesproche-
nen Begriffe Nationalbibliographie und Nationalbibliothek im weitesten Sinne
demokratisch konnotiert und der Leipziger Bücherei aberkannt werden. Der
Bund bestätigte damit offiziell eine Deutung, die er seit den 1950er Jahren, wenn
auch mitunter halboffiziell, längst mitgetragen hatte. Und das Politikum Bibliographie, seit Jahren rhetorischer Kampfplatz deutsch-deutscher Verwerfungen,
schaffte es bis in die offiziellen Legitimationstexte der Deutschen Bibliothek.

Blieb man auf diese Weise im Haus selbst diskret, wurde die Deutsche Bibliothek seit 1969 gleichwohl oft genug auch ausdrücklich als Nationalbibliothek angesprochen. So verfuhr, mit ungebrochenem Gründerstolz, der Börsenverein allemal seit den Planungen für den nächsten Neubau in den 1980er Jahren.[20] Auch im
Bundesministerium des Innern sprach man die Deutsche Bibliothek nun öfter als
Nationalbibliothek an. Das geschah vor allem dann, wenn Finanzbedarf dringlich
wurde. Warb das Bundesministerium des Innern unter Werner Maihofer (FDP)
also zum Beispiel 1976 bei Bundeskanzler Helmut Schmidt dafür, die Neubauplanungen der Frankurter zu unterstützen, war »die Deutsche Bibliothek [...] für die
Bundesrepublik Deutschland Nationalbibliothek, wie [...] die Deutsche Bücherei
in Leipzig früher für das ganze Deutsche Reich.« Als solche symbolisierte sie ausdrücklich den westdeutschen »Kulturstaat« von Weltrang.[21]

Eine zweite Etablierungspointe kam beim Gesetz von 1969 hinzu. Denn es
band sowohl das Exilarchiv als auch das Musikarchiv als institutionelle und ideelle Pfeiler in seine Sammelarchitektur ein. Was man beiden Instanzen über Jahre
hin ideell und materiell zuordnete, wurde jetzt dem staatlich geschützten Kulturwissen zugeschlagen. Mit dem Exilarchiv schrieben sich die über die Jahre gewachsenen politischen Sensibilitäten für den besonderen Kulturgutcharakter der
Exilliteratur noch einmal nachdrücklich ein. Man nahm jetzt die allmählich ge-
wonnene Einsicht in staatlichen Schutz, dass der Sammelauftrag an dieser Stelle
von 1945 auf 1933 korrigiert werden musste, nicht um eine Vollständigkeits-
Obsession auszuleben, sondern um demonstrativ und im Bewusstsein definitiver Verluste gegen den massiven Kulturschaden anzuarbeiten, den sich die Deutschen mit dem NS eingehandelt hatten.[22] Und mit dem Musikarchiv schloss man
nicht nur mit einem neuen Bewusstsein für die auditive Moderne dezidiert zu
europäischen Sammelinstanzen auf, sondern platzierte die Deutsche Bibliothek,

19 Ebd.
20 Herbert Vogdt, Wie ein Schiff, das im Grundwasser schwimmt, in: Börsenblatt für
    den Deutschen Buchhandel 40.54 (1984), S. 1625-1634; Neubau der Deutschen Bib-
    liothek in Frankfurt am Main. Arbeitspapier der Arbeitsgruppe »Neubau Deutsche
    Bibliothek«, 23.4.1979, BArch B 134/16172.
21 Schreiben des Bundesministers des Innern an den Chef des Bundeskanzleramtes am
    16.12.1976, Betr. Errichtung eines Neubaus für die Deutsche Bibliothek in Frank-
    furt/Main, BArch B 106/83280.
22 Vgl. Kapitel 6.3.

wenn auch vor allem aus pragmatischen Gründen, mit ihrer neuen Westberliner Zweigstelle Musikarchiv selbstbewusst im DDR-nahen Westberlin.[23]

Dass die Deutsche Bibliothek im Frühjahr 1969 offiziell ganz auf Bundesebene aufrückte, verdankte sich nicht urwüchsigen staatszentralistischen Ambitionen. Es ging dabei zum einen um finanzpolitische Konflikte und eine Entwicklung, die sich lange abgezeichnet hatte. Denn zwar engagierte sich der Bund bereits, seit die Bibliothek 1952 eine Stiftung nach hessischem Landesrecht geworden war. So war sie aber in erster Linie Frankfurt und Hessen zugeordnet, während der Bund der Regelung nur beitrat – gemeinsam mit dem Börsenverein, der einen festen regelmäßigen Sockelbetrag von etwa vier Prozent des Gesamtzuschussbedarfs übernahm.[24] Den restlichen Bibliotheksunterhalt hatte der Bund anfangs zu einem Drittel gemeinsam mit Frankfurt und Hessen bestritten. Allerdings musste er sich schon seit 1958 dazu verpflichten, die Hälfte des Bibliothekshaushalts zu stemmen und so die Rückzugsgefechte Frankfurts und Hessens abzufedern. Zuletzt hatte sich die Lage noch einmal zugespitzt, seit Stadt und Land ab Mitte der 1960er Jahre wiederholt anzukündigen begannen, dass sie sich ganz aus der Finanzierung der Deutschen Bibliothek zurückziehen würden:[25] Beide fanden, dass die Deutsche Bibliothek ihrem eigenen Auftrag gemäß so unbändig sammelte, dass ständige Raumnöte und Erweiterungsbedarf zu ihrer zweiten kostenintensiven Natur gerieten. Gleichzeitig bespielte die Deutsche Bibliothek aber Bühnen, die deutlich über den städtischen und landespolitischen Rahmen hinauswiesen, so das defensive Argument Frankfurts und Hessens.[26] Der Bund half wiederholt aus.[27]

23 Vgl. Kapitel 7.

24 Köster, Bundesanstalt.

25 Aktennotiz Köster, 17.7.1967, ADNBF DDB 1966.2.

26 Aktennotiz von Herbert Grundmann (Börsenverein) vom 22.10.1964, ISG FFM Börsenverein W 2-7 Nr. 683; Protokoll der gemeinsamen Sitzung des Ausschusses für Bibliographie- und Bibliotheksfragen vom 27.1. 1966, ISG FFM Börsenverein W2-7 ebd.; Empfehlung des Beirats der Deutschen Bibliothek betr. Trägerschaft der Deutschen Bibliothek, 4.2.1966, ISG FFM Börsenverein W2-7 ebd.; Oberbürgermeister der Stadt Frankfurt Willi Brundert an den Bundesminister der Finanzen Franz Josef Strauß (Betr. Entlassung der Stadt Frankfurt am Main aus den bisherigen finanziellen Verpflichtungen), 22.3.1967, ISG FFM Magistratsakten A.0201 Nr. 2358; Stadtkämmerei, 19.6.1967, Beschluß der Stadtverordnetenversammlung, ISG FFM Magistratsakten ebd., Magistratsbeschluß vom 10.6.1967, ISG FFM Magistratsakten ebd.

27 U.a. Ministerialrat Carl Gussone aus dem Bundesministerium des Innern an die Deutsche Bibliothek, am 28.6.1962, Bundeszuschuß 1962, ADNBF DDB 1962-66; Vermerk des Bundesministerium des Innern vom 29.12.1964, Verwendungsnachweis 1963 der Deutschen Bibliothek, ADNBF ebd.; Erwin Gehrhardt vom Bundesministerium des Innern am 21.10.1966 an die Deutsche Bibliothek, Bundeszuschuß 1966, ADNBF DDB 1966.2.; Gehrhardt an die Deutsche Bibliothek, 28.7.1967, ADNBF ebd.; Gehrhardt an die Deutsche Bibliothek, Bundeszuschuß 1968, 19.6.1968, ADNBF ebd.

Als Schrittmacher eigener Art für das Bibliotheksgesetz von 1969 entpuppten sich aber vor allem breitere gesellschaftspolitische Diskurse in der Bundesrepublik. Hinter den einigermaßen aufgeregten Debatten seit den frühen 1960er Jahren stand ein Wahrnehmungswandel. Wohl auch, weil der Kalte Krieg im Nachgang der Kubakrise 1961/62 und der internationalen Détente für einen Moment beschwichtigt schien, brach sich in sozialliberalen und konsvervativen Milieus der Bundsrepublik gleichermaßen ein aufgestauter Debattenbedarf Bahn. Der kreiste um die Frage, wie Wachstum und Wohlstand aus der Wiederaufbauphase auch für die Zukunft und angesichts internationaler Konkurrenz zu sichern wären. Die Bundesrepublik würde es sich nicht leisten können, weiterhin in Rückstand gegenüber den USA und Westeuropa zu geraten. Es fehlten aber, so die Einschätzung, hinreichend viele Experten, die in der Lage waren, einen modernisierenden Strukturwandel herbeizuführen, den es zur Reform brauchte. Bildung, Forschung und Wissenschaft galten deshalb neben dem Sozialstaat als Modernitätsarsenale schlechthin. Wohlstandssicherung spielte, so unterschiedlich die Meinungen ausfielen, eine zentrale Rolle. Vor dem Hintergrund dieser Einschätzung hatte man 1963/64 den »Bildungsnotstand« ausgerufen und planerischen Ehrgeiz wachgerufen.[28]

Dabei entstand 1964 auch ein Gutachten des Wissenschaftsrats, das die Deutsche Bibliothek in ein neues Licht rückte. 1957 aus Ländervertretern, Wissenschaftsorganisationen und dem Bund gebildet, illustrierte der Wissenschaftsrat, dass die Länder, so sehr sie sonst auf ihre Kulturhoheit pochten, in der Bildungs- und Hochschulpolitik eher enger an den Bund herangerückt waren. 1957 hatte noch eine ganz vom Kalten Krieg gefärbte Debatte über den sowjetischen Erdsatelliten Sputnik nachgewirkt. Man fürchtete, einen uneinholbaren Vorsprung sozialistischer Technologie beobachten zu müssen und dem Osten im Systemwettbewerb hinterherzuhinken. Seit diese Debatte Nachholpanik in Westdeutschland ausgelöst hatte, wünschten sich die Länder mehr bundespolitische Rückendeckung.

Unter diesen Umständen gab es eine Art unitarischen Sog.[29] In den geriet Mitte der 1960er Jahre nun auch die Deutsche Bibliothek. Sie profitierte von der

---

28 Georg Picht, Die deutsche Bildungskatastrophe, Analyse und Dokumentation, Olten, Freiburg i.Br. 1964; Michael Ruck, Planung – Properität – Partizipation. Planende Politikgestaltung in der Bundesrepublik Deutschland, in: Indes 9.3 (2021), S. 77-88; ders., Ein kurzer Sommer der konkreten Utopie. Zur westdeutschen Planungsgeschichte der langen 60er Jahre; in: Schildt, Siegfried, Lammers, Dynamische Zeiten, S. 362-401; Dieter Gosewinkel, Zwischen Diktatur und Demokratie. Wirtschaftliches Planungsdenken in Deutschland und Frankreich: Vom Ersten Weltkrieg bis zur Mitte der 1970er Jahre, in: GuG 34.3 (2008), S. 327-359; Dirk van Laak, Planung. Geschichte und Gegenwart des Vorgriffs auf die Zukunft, in: GuG 34.3 (2008), S. 305-326.

29 Weichlein, Föderalismus, S. 50-117; Olaf Bartz, Der Wissenschaftsrat. Entwicklungslinien der Wissenschaftspolitik in der Bundesrepublik Deutschland 1957-2007, Stuttgart 2007.

neuen Teilkongruenz zwischen Bund und Ländern und von den Wallungen um
die »deutsche Bildungskatastrophe«. Beachtlich genug, schien damit zum ersten Mal auf, dass die Deutsche Bibliothek inzwischen tatsächlich in der Kulturpolitik und Öffentlichkeit des Weststaats angekommen war. Das Gutachten des
Wissenschaftsrats von 1964 nämlich rechnete, von der politischen Tagespresse
abgesegnet, die Deutsche Bibliothek samt den wissenschaftlichen und Universalbibliotheken genau der Infrastruktur des Wissens zu, die jetzt besonders unterfüttert werden sollte.[30]

In der Kulturabteilung des Bundesinnenministeriums hallte der ehedem antikommunistische Ton im Blick auf Leipzig gelegentlich bei ihrem Leiter Karl
Ulrich Hagelberg noch nach.[31] Er erfüllte fast klischeehaft die Grundeigenschaf-
ten des gutsituierten NS-belasteten Ministerialen im Bundesministerium des Innern. Rechts und links von der Bibliotheksfrage versuchte er sich unter anderem
auch in die Belange der NS-Forschung am Institut für Zeitgeschichte in München einzumischen.[32] Umgekehrt trat Personal wie Hagelberg bis in die 1960er
Jahre wendig auf. Als Vorsitzender des Kuratoriums der Deutschen Bibliothek
bewegte sich Hagelberg immer geschmeidiger im bundesrepublikanischen Vokabular. Gegenüber den Medien betonte er ausdrücklich, die Deutsche Bibliothek sei nach wie vor »keine Nationalbibliothek«. Stattdessen teile sie sich deren
Funktionen mit anderen führenden westdeutschen Häusern.[33] Hagelberg beschwichtigte hier föderale Interessen. Es sollte auf keinen Fall der Eindruck entstehen, dass der Bund Frankfurt so aufwertete, dass die großen konkurrierenden
Bibliotheken in den Ländern übervorteilt würden.

Insgesamt orientierte man sich im Verfahren, das in das Bundesgesetz für die
Deutsche Bibliothek mündete, auch an den europäischen Nachbarstaaten und den
USA als Vorbildern für starke staatlich gestützte Bibliotheken. Prägend schien
der neue unitarische Konsens für Planung und Bildungsausgaben. Ihm verdankte
die Deutsche Bibliothek die Empfehlung des Wissenschaftsrats, sie zu konsolidieren. Mit nennenswertem föderalem Widerspruch gegen ein Bundesgesetz für
die Deutsche Bibliothek war im Zuge solcher besonderen Diskurskonjunktu-
ren kaum zu rechnen. Auf so breiter Basis war die Deutsche Bibliothek bis dahin
kaum je politisch unterstützt worden. In dieses Bild passte, dass die Frankfurter

30 Empfehlungen des Wissenschaftsrats zum Ausbau der wissenschaftlichen Einrichtungen Teil II: Wissenschaftliche Bibliotheken, Tübingen 1964, S. 17-25; FAZ,
 26.1.1967, S. 24 (Deutsche Bibliothek braucht Hilfe); Jürgen Eyssen, Falsch gespart.
 Zur Situation der öffentlichen Bibliotheken in Deutschland, in: FAZ, 5.6.1967, S. 2.
31 Hagelberg am 24.10.1963, HHStAW 54 Nr. 6903b, Bl. 196-9. Vgl. Kapitel 5.2.
32 Palm, Suche, S. 620-623.
33 Ministerialdirektor Hagelberg, Bundesministerium des Innern an den Programm-
 direktor des Norddeutschen Rundfunks Franz Reinholz, August 1969, ADNBF
 Generaldirektion VII, Bl. 110; Aktenvermerk über ein Gespräch zwischen Georgi
 (Börsenverein) und Hagelberg am 13.1.1967, ISG FFM Börsenverein W2-7 Nr. 683.

SPD-Abgeordnete Brigitte Freyh (geb. 1924) die angestrengte Begriffsvermeidung des Gesetzgebers unterlief, wohl aus unvorsichtiger Emphase, oder, wie der *Spiegel* meinte, als »eher rechtsorientierte Sozidame.«[34] In einer Bundestagsdebatte im Februar 1969 konnte sie sich vorstellen, die Deutsche Bibliothek im Anklang an Europa und Amerika als »Nationalbibliothek« zu sehen.[35] Damit sprach sie aus, was der gesamtdeutsche Sprachcomment auf offizieller Ebene nicht zuließ.

In Gestalt ihres Exilarchivs politisierte sich die Deutsche Bibliothek in den 1960er Jahren zwar. Das blieb allerdings einer von vielen Entwicklungssträngen des Hauses. Gleichzeitig blieb schwer erkennbar, ob und wo sich ihre Vertreter in die Debatten einmischten, die die sozialen Bewegungen mit ihren Fragen nach der jüngsten deutschen Vergangenheit seit den späten 1950er Jahren auslösten, und die zumindest außerhalb des Frankfurter Hauses auch bis in die bibliothekarische Zunft ausstrahlten.

Es war ein auffälliges Symptom neuer Dynamiken, dass zum 52. Bibliothekartag in Darmstadt 1962 der ehemalige KZ-Buchenwald-Häftling, führende NS-Historiker und politikwissenschaftlich geschulte Publizist der Bundesrepublik Eugen Kogon geladen war.[36] In seiner Festrede konfrontierte Kogon die Bibliothekare mit ihrer nach wie vor gerne übergangenen Vergangenheit.[37] Erst adelte er ihre Profession, weil sie dafür sorgten, dass die Gesellschaft aus dem Material, das sie sammelten, ordneten und verwahrten, zu einem »Gedächtnis« und »Bewusstsein« gelangen konnte, das sie zu »freien Wesen« machte.[38] Mehr noch wies Kogon die Bibliothek als »Kernstück des Wachstumsprozesses zur Fundamentaldemokratisierung« aus.[39]

---

34 Der Spiegel, 27.5.1973 (Erbsen zählen), https://www.spiegel.de/wirtschaft/erbsen-zaehlen-a-7f6ed9cf-0002-0001-0000-000041986684; Oberbürgermeister der Stadt Frankfurt a. M. an Brigitte Frey, 17.7.1968, ISG FFM Magistratsakten A.0201 Nr. 2358; Deutscher Bundestag, 5. Wahlperiode Drucksache V/313. Antrag der Abgeordneten Frey, Huys, Mühlhan und Genossen, ISG FFM Magistratsakten ebd.; Deutscher Bundestag, 91. Sitzung, 2.2.1967, Fragen der Abgeordneten Frau Freyh: Deutsche Bibliothek in Frankfurt (Main), S. 4207, ISG FFM Börsenverein W2-7 Nr. 683.

35 Deutscher Bundestag, 5. Wahlperiode, 215. Sitzung am 12.2.1969, Schriftliche Erklärung der Abgeordneten Freyh (SPD) zu Punkt 17 der Tagesordnung, S. 11693; Frankfurter Rundschau, 26.1.1967 (Bibliothek – Sache des Bundes (»Stiftung Nationalbibliothek«), ISG FFM Börsenverein W2-7 Nr. 683.

36 Eugen Kogon, Bibliotheken und die Freiheit, in: Zeitschrift für Bibliothekswesen und Bibliographie 9.3 (1962), S. 207-224.

37 Sven Kuttner, »Die Freiheit anderseits bekommt nur dem Charakterlosen nicht.«. Eugen Kogon und der Darmstädter Bibliothekartag 1962, in: Irmgard Siebert, Dietmar Haubfleisch (Hgg.), Vom Sinn der Bibliotheken, Wiesbaden 2017, S. 235-241.

38 Kogon, Bibliotheken, S. 207.

39 Ebd., S. 209.

Kogons Kronzeuge für diesen hohen Erwartungshorizont war bezeichnenderweise kein deutscher Bibliothekar, sondern der Leiter der Library of Congress,
Archibald MacLeish, der im ›vollständigen‹ Sammeln den Pluralismus verbürgt
sah, auch wenn die Bibliothek dann nicht nur ›orthodoxes‹ und ›dogmatisches‹
Konsenswissen verwahre, sondern als »Büchse der Pandora« immer auch heterogenes, ›häretisches‹ Wissen ablege. ›Vollständiges‹ wurde bei Kogon folglich zum
›rigoros unbeschränkten‹ Sammeln. Und von dieser Warte aus erinnerte er daran,
wie sich 1933 genau dagegen die Zunft verschlossen, auf ihren Bibliothekartagen
und im Zuge der Bücherverbrennungen selbst nazifiziert und ganz auf ›völkisches‹
Schrifttum eingeschworen hatte.[40] Zur bibliothekarischen Widerstandsfigur erkor
Kogon bezeichnenderweise Eppelsheimer, der sich dem rassistischen Sammeldiktat 1933 entzogen hatte.[41] Die amerikanische Umerziehungspolitik und Publikationskontrollen nach 1945, die den NS ausmerzen sollten, hielt Kogon allerdings für
übertrieben ›repressiv‹. Genau deshalb wollte er die westdeutschen Bibliothekare
1962 weder Sperrmagazine noch Giftschränke anlegen sehen, weil sie andernfalls
ihren Kernauftrag verrieten, »Freiheit und Fortschritt« zu garantieren.[42]

So ausdrücklich hatten westdeutsche Bibliothekare ihre Häuser und ihre Profession bis dato kaum je der Demokratie und einem pluralistischen Sammelethos
zugeordnet. Darüber hinaus boten Kogons Einlassungen zu Eppelsheimer nichts
weniger als zeitgenössischen Stoff für eine dezidiert widerständige, demokratische Selbstdeutung der Deutschen Bibliothek im Namen ihres inzwischen ehemaligen Direktors.

Kogons Rede vor den wissenschaftlichen Bibliothekaren 1962 zeugte von
einem zeitgenössischen Deutungsangebot, das die wenigsten westdeutschen
Kollegen anschließend nutzten. Zum einen deutete wenig darauf hin, dass man
diese Option in Frankfurt beherzt und in größerem Stil genutzt hätte. Zum anderen vermochte Kogon nicht gleich das gesamte Professionsgedächtnis der westdeutschen wissenschaftlichen Bibliothekare zu korrigieren. Auf vielem beharrte
die Zunft. Unter anderem ehrte sie weiterhin Vertreter der Profession öffentlich,
die in den NS-Jahren zumindest eine zweifelhafte Rolle gespielt hatten. Die Elogen auf den ehemaligen Leiter der Frankfurter Stadt- und Universitätsbibliothek
Kirchner beispielsweise hatten sich trotz Kogons Intervention noch bis deutlich
in die 1970er Jahre nicht erledigt.[43] Und das ungerührte Kirchner-Lob stand nur

40 Ebd., S. 215-218.
41 Ebd., S. 219.
42 Ebd., S. 221-223.
43 Rudolf Adolph, Professor Joachim Kirchner 70 Jahre alt, in: Börsenblatt für den
    Deutschen Buchhandel 16 (1960), S. 1521; Süddeutsche Zeitung, 21./22.8.1965, S. 12
    (Joachim Kirchner 75 Jahre); Wilmont Haacke, Joachim Kirchner zum 85. Geburtstag, in: Publizistik 20 (1975), S. 952-954; Kuttner, Der Bibliothekar, S. 84-96.

pars pro toto für die vielen versöhnlichen und diskreten Würdigungen belasteter Bibliothekare in aktuellen einschlägigen Personenlexika der Zunft.[44]

Dabei konnten westdeutsche Bibliothekare durchaus deutlich politisierter auftreten. Das Professionsverständnis wandelte sich allerdings vorerst nur an öffentlichen Bibliotheken, die von jeher ganz andere Sammlungen betrieben. Im Mai 1968 benannte sich der Verein deutscher Volksbibliothekare symbolträchtig in »Verein der Bibliothekare an öffentlichen Bibliotheken« um und tagte diskussionsfreudig zum Thema »Öffentliche Bibliothek und Gesellschaft«.[45] Dabei bekannte man sich im Resolutionsstil dazu, als Bibliothek für »das Bestehen und Gedeihen von Demokratie, Gesellschaft und Wirtschaft in Deutschland« einzustehen. Es ging sicher immer auch um Legitimationsbeschaffung. Man konnte offenkundig darauf spekulieren, für diese Selbstzuordnung Zustimmung zu ernten.

Gleichwohl stand mehr hinter der Rhetorik. Vom Ideal der elitären Bildungsbibliothek hatte man sich längst verabschiedet. Als »Öffentliche Bibliothek« versuchte man, den Bestand an den Interessen und dem Wissens- und Medienbedarf ihrer potenziellen Leser auszurichten. Entsprechend ging das Lektüreangebot zügig weit über die klassischen belletristischen Bestände hinaus. Die öffentlichen Bibliotheken wollten jetzt eine aktuelle Sach- und Fachliteratur anbieten, die sich an den neuen Arbeits- und Freizeitgewohnheiten der prosperierenden westdeutschen Gesellschaft orientierte. Der bildungspädagogische Ansporn blieb, aber er sollte gefälliger und niedrigschwelliger daherkommen. Auf dem Weg in die 1970er Jahre stellte man sich die Häuser vermehrt als einladende, abwechslungsreiche und populäre Bildungsräume vor, die zum unbeschränkten Gang ans offene Bücherregal ebenso einluden wie zur Lektüre und Beratung, später auch »Informationsdienste« und eigenständige Recherchemöglichkeiten vor Ort anboten. Hinzu kam der Ehrgeiz, zusätzliche öffentliche Bildungs- und Informationsofferten zu unterbreiten mit Lesungen, Vorträgen, Vorführungen, Filmprogrammen oder Ausstellungen.[46]

---

44 Alexandra Habermann, Reiner Klemmt, Frauke Siefkes (Hgg.), Lexikon deutscher wissenschaftlicher Bibliothekare 1925-1980, Frankfurt a.M. 1985.

45 P. Baumgartner, Öffentliche Bibliothek und Gesellschaft: zur Jahrestagung der deutschen Volksbibliothekare in Duisburg, 23.-26.5.1968, in: Nachrichten/Vereinigung Schweizerischer Bibliothekare 44.4 (1968), S. 97-98; Peter Vodosek, Öffentliche Bibliotheken, in: ders., Lonhard, Entwicklung, S. 425-428.

46 Hansjörg Süberkrüb, Die Öffentliche Bibliothek. Aufgabe, Politik, Zukunft. Fünf Vorträge, Berlin 1967; Tibor Süle (Hg.), Die gesellschaftliche Rolle der deutschen öffentlichen Bibliothek im Wandel, 1945-1975, Berlin 1976; Wolfram Hennig, Die »68er Generation« im Bibliothekswesen: Neue Ideeen und Konzepte in: Vodosek, Arnold, Informationsgesellschaft, S. 11-25.

9. Die gesetzte Bibliothek

9.1 Planung und Rationalisierung nach dem Boom

Auf dem Weg zum Bundesgesetz von 1969 war die Deutsche Bibliothek auf zuvor ungekannte Weise in gesamtgesellschaftlichen Diskursen der westdeutschen Gesellschaft angekommen. Man identifizierte sie von außen gerade im europäischen und transatlantischen Vergleich als prestigeträchtiges Kulturgut-Arsenal. Die Bundesrepublik würde, so schätzte man es ein, mit der Deutschen Bibliothek kulturpolitisch auf das seit jeher anvisierte Westniveau aufsatteln. Im Spiegel des Exilarchivs schien auf, dass man es sich gleichzeitig auch leistete, das Kulturwissen der Bibliothek nicht nur als symbolisches Kapital zu verbuchen, sondern auf seinen Gehalt und Zuschnitt noch genauer zu sehen und darauf, wie mit der unschließbaren Kulturlücke zwischen 1933 und 1945 umzugehen war.

Im Licht der Bildungsreformdebatten der 1960er fasste man die zeitgenössische Deutsche Bibliothek außerdem verstärkt als modernen Wissensspeicher auf, als inzwischen etabliertes, immer gediegeneres Versatzstück in einer Infrastruktur von systematisch aufbereitetem Schriftwissen, von katalogisierten Daten und bibliographischen Informationen, die die Bundesrepublik ganz im Sinne der Bildungsreformer der 1960er Jahre brauchte, um im Modernitätswettbewerb der modernen Gesellschaften bestehen zu können.

Dieser Grundton lief in den folgenden Jahren weiter mit. Er erhielt allerdings noch einmal eine sehr zeittypische Wendung: Die Deutsche Bibliothek rückte ins Visier der bibliothekarischen Planer. Der Planungsdiskurs der Bibliothekare war in gesamtgesellschaftlichen Dynamiken der mittleren 1960er bis mittleren 1970er Jahre geerdet. Vor dem Hintergrund anhaltender wirtschaftlicher Prosperität und nachdem eine kleine Rezession 1966/67 per staatlicher »Globalsteuerung« aufgefangen worden war, sah man in Politik und Wirtschaft allenthalben die Gestaltungsspielräume wachsen. Steuerungskonzepte kursierten, man wollte rational regieren und verwalten. Die Planungseuphorie schlug Kapriolen, reichte von ressortübergreifenden Großformaten im Bundeskanzleramt und enormen Planungsprojekten in der Wirtschaftspolitik bis hin zu visionären Entwürfen großflächiger Informationsverarbeitung und Verwissenschaftlichung.[1] Die Agenda schien überbordend. Man wollte von den Kommunen bis zum Bund alle denkbaren Akteure in die Pflicht nehmen.[2]

So gesehen kamen im Licht der Bibliothekspläne auch die westdeutschen Bibliothekare mit ins kybernetische Jahrzehnt. Sie ventilierten jetzt neue Dimensionen einer konzertierten Bibliothekspolitik in Modernisierungsabsicht.[3] Sie traten aber nicht als Planungsfront auf. Man bewegte sich überhaupt erst einmal recht verhalten in Richtung größerer Zusammenschlüsse über berufsständische Grenzen hinweg und mit ausgeprägten Partikularinteressen im Aushandlungsgepäck. Erst im Frühjahr 1963 hatten in Marburg die Vorsitzenden der fünf großen bibliothekarischen Verbände der Bundesrepublik zur Deutschen Bibliothekskonferenz zusammengefunden. Ein schlagkräftiger Arm der Profession wurde daraus nicht, wohl auch, weil Ausbildungswege und Laufbahn intern dauerhaft getrennt blieben.[4] Und doch regten sich in der Bibliothekskonferenz die Planer.

Ein erste Planungswelle war an der Deutschen Bibliothek noch vorbeigegangen. Der sogenannte *Bibliotheksplan '69* hatte sich auf öffentliche Bibliotheken konzentriert. Dort nutzte man die Idee von der zeitgenössisch vieldiskutierten »Bildungsexpansion« dazu, den eigenen Ausbau zu fordern.[5] Vier Jahre später setzte nun die Bibliothekskonferenz mit einem zweiten Plan nach. Gedacht war daran, ein landesweites Verbundnetz einzurichten, ein gestuftes System vom örtlichen über das regionale bis zum überregionalen Level. Man vereinbarte Ziele, suchte nach pragmatischen Übereinkünften und fand vor allem Gelegenheit, Bibliotheken zumindest programmatisch als relevante öffentliche Institutionen im

1 Elke Seefried, Dierk Hoffmann, Einleitung, in: diess. (Hgg.), Plan und Planung. Deutsch-deutsche Vorgriffe auf die Zukunft, Berlin 2018, S. 7-34; Gerhard Stoltenberg, Notwendige Zukunftsaufgaben der Wissenschaftspolitik. Maßnahmen der Wissenschaftsförderung und Wissenschaftsplanung, in: Bulletin der Bundesregierung, 8.2.1968, S. 130-134.

2 Matthias Glomb, Politisches Planen und Entscheiden im bundesrepublikanischen Bildungsföderalismus der langen sechziger Jahre. Die Gründung der Bund-Länder-Kommission für Bildungsplanung, in: Thomas Großbölting, Stefan Lehr (Hgg.), Politisches Entscheiden im Kalten Krieg. Orte, Praktiken und Ressourcen in Ost und West, Göttingen 2020, S. 227-248; Ruck, Utopie.

3 Wolfgang Thauer, Peter Vodosek, Geschichte der öffentlichen Bücherei in Deutschland. 2. erw. Aufl., Wiesbaden 1990, S. 164-170.

4 Hans Joachim Kuhlmann, Die Bundesvereinigung Deutscher Bibliotheksverbände und der Deutsche Bibliotheksverband, in: Georg Ruppelt (Hg.), Bibliothekspolitik in Ost und West: Geschichte und Gegenwart des Deutschen Bibliotheksverbandes, Frankfurt a. M. 1998, S. 225-235.

5 Deutscher Büchereiverband (Hg.), Bibliotheksplan. I. Entwurf für ein umfassendes Netz allgemeiner öffentlicher Bibliotheken und Büchereien, Berlin 1969.

kulturpolitischen Gefüge der Bundesrepublik zu platzieren: gegenüber den zuständigen Ministerien auf Länder- und Bundesebene ebenso wie gegenüber den Kommunen und einer breiteren Öffentlichkeit.[6] Das Bundesministerium für Bildung und Wissenschaft unterstützte den Bibliotheksplan finanziell in der reformerischen Planungserwartung, dass es hier darum ging, das »gesamte nationale Kommunikationsgefüge« der Bundesrepublik auf Vordermann zu bringen und einem wachsenden »Informationsbedürfnis« in Wissenschaft und Forschung gerecht zu werden. So rechtfertigte man nicht nur dieses ministerielle Engagement, sondern auch den Umstand, dass Bundesgelder an die Deutsche Bibliothek genauso flossen wie an die Staats- und zentralen Fachbibliotheken.[7]

Die Deutsche Bibliothek ließ sich unterdessen in die politische Planungsbewegung eher eingemeinden, als sie in der eigens gebildeten Kommission Bibliotheksplan, in die man Annelise Budach entsandte, zur Chefsache zu machen.[8] Dort ordnete man die Deutsche Bibliothek zusammen mit den »großen Staats-« und Zentralen Fachbibliotheken ein, die DFG-Gelder für ihre Sondersammelgebietsbibliotheken erhielten. Sie zählte im *Bibliotheksplan '73* zur vierten und höchsten Funktionsstufe, auf der sie überregionale Literatur- und Informationsversorgung gewährleisten sollte.[9] Man honorierte, dass das Frankfurter Haus aller Selbstständigkeit zum Trotz an der gedachten Struktur des Wissens teilhatte, indem es in der Fernleihe kooperierte, wenn andere Pflichtexemplarsammler den Bedarf nicht decken konnten. Die fremdsprachigen Publikationen über Deutschland (Germanica) galten ohnedies als Sondersammelgebiet der Deutschen Bibliothek.[10]

Die Planungskonjunktur schaffte es kaum auf eine Dekade und verebbte wieder. Konkrete Veränderungen hinterließ sie daher in Frankfurt kaum. Zumal die gesamte Planungsdynamik in den Boomjahren der Bundesrepublik 1973/74 abrupt endete und die Zukunft plötzlich nicht mehr planungsoffen schien. Stattdessen trübte jetzt die Weltwirtschaftskrise den allgemeinen Erwartungshori-

---

6 Bibliotheksplan 1973. Entwurf eines umfassenden Bibliotheksnetzes für die Bundesrepublik, Berlin 1973; Dieter Oertel, Bibliotheksplanung in den Bundesländern, in: ZfBB 20.2 (1973), S. 84-102; Konrad Umlauf, Bibliotheksplan 1969 und Bibliotheksplan 1973. Anspruch und Realisierung, in: Vodosek, Arnold, Informationsgesellschaft, S. 27-80; F. A. Schmidt-Künsemüller, Jahresbericht 1970/71 des Vorsitzenden des Vereins Deutscher Bibliothekare, in: Bibliotheksdienst 5.6 (1971), S. 256-273; Hans J. Kuhlmann, Vom Deutschen Büchereiverband zum Deutschen Bibliotheksverband 1949 bis 1973, in: Ruppelt, Bibliothekspolitik, S. 5-32.

7 Antwort des Parlamentarischen Staatssekretärs Engholm auf die mündlichen Anfragen des Abgeordneten Stockleben (SPD), Deutscher Bundestag. Stenographischer Bericht, 98. Sitzung, Bonn, 15.6.1978, Anlage 7, S. 7793-7794.

8 Bibliotheksplan S. 170.

9 Ebd., S. 18.

10 Ebd., S. 19 und 128.

zont erheblich. Man sah sich an den »Grenzen der Machbarkeit« angekommen, witterte weitflächige Krisen.[11]

Auch diese Flaute kam bei den Bibliothekaren an. Der zweite Bibliotheksplan von 1973 war, wie sich jetzt herausstellte, deutlich zu spät gekommen. Die ausgeglichenen Haushalte, von denen er ausgegangen war, fanden die bibliothekarischen Planer nicht mehr vor. Sie wurden im Licht von Konjunktureinbruch und Wachstumsknick bereits zurückgebaut.[12] Damit hatte die Deutsche Bibliothek die Planungskonjunktur eher verpasst. Erst Anfang der 1970er Jahre sprach die Bibliotheksspitze zunächst noch unter Köster mit dem Bundesministerium des Innern und versuchte, den Etat und vor allem die Mitarbeiterstellen in Frankfurt erheblich aufzustocken.[13] Ein Stück weit verfing das Gesuch; Köster konnte für 1972 mit über 300 Planstellen rechnen. Aber als die sozialliberale Koalition unter dem Druck der Ereignisse die Staatsausgaben herunterfuhr, waren die Aushandlungsspielräume schnell geschrumpft.[14]

Die deutlich knapperen öffentlichen Kassen brachten stattdessen das Thema Rationalisierung und Beratung auf die Agenda. Der Bund, erwog, vermittelt über die Deutsche Forschungsgemeinschaft, die Deutsche Bibliothek evaluieren zu lassen. Gedacht war an den Expertenblick von außen, der helfen würde, die professionelle Zukunft der Bibliothek so anzugehen, dass sie ihre finanziellen und infrastrukturellen Ressourcen bestmöglichst ausschöpfte. So sollte sie sich in der westdeutschen Binnenkonkurrenz wie auch im Blick auf große Bibliotheken im europäischen Ausland gut positionieren können.[15] Bis das Gutachten vorlag, ar-

11 Ariane Leendertz, Wencke Meteling (Hgg.), Die neue Wirklichkeit. Semantische Neuvermessungen und Politik seit den 1970er-Jahren, Frankfurt a.M. 2016; Anselm Doering-Manteuffel, Lutz Raphael, Nach dem Boom. Perspektiven auf die Zeitgeschichte seit 1970, Göttingen 2012; Niall Ferguson u.a. (Hgg.), The Shock of the Global. The 1970s in Perspective, Cambridge, MA, London 2010.

12 Konrad Umlauf, Bibliotheksentwicklungsplanung 1966 bis 1973 und Bibliothek 2007, in: Hacker, Seela, Bibliothek, S. 91-113.

13 Referentenbesprechung im BMI betr. Wirtschaftsplan der Deutschen Bibliothek für das Haushaltsjahr 1972, BArch B 275 25.

14 Ergebnisprotokoll der Sitzung der Abteilungsleiter vom 11.1.1973 (Vertraulich), ADNBF Gremien, Protokolle der Abteilungsleitersitzungen; Köster an den Vorsitzenden des Verwaltungsrats der Deutschen Bibliothek und Ministerialrat im Bundesministerium des Innern Marx am 4.4.1973, BArch B 275/76.

15 Hermann von Kortzfleisch, Gutachten über Rationalisierungsmöglichkeiten in wissenschaftlichen Bibliotheken, Bad Godesberg 1967, ADNBF bzw. wieder in: DFG (Hg.), Rationalisierung in wissenschaftlichen Bibliotheken, Bonn 1970, S. 13-84; ders., Rationalisierungsreserven in wissenschaftlichen Bibliotheken: Die wissenschaftliche Bibliothek aus betriebswirtschaftlicher Sicht, in: Zeitschrift für Bibliothekswesen und Bibliographie 15.5/6 (1970), S. 324-339; ders., Die Planung der Innenrevision, in: Josef Ries, Gert von Kortzfleisch (Hgg.), Betriebswirtschaftliche Planung in industriellen Unternehmungen, Berlin 1959.

gumentierten die Bibliotheksprüfer schon im neuen Krisenmodus: es sollte dazu dienen, die Investition von Bundesgeldern in die Bibliothek zu überprüfen, das bibliothekarische Tagesgeschäft auf seine Wirtschaftlichkeit und Effizienz hin zu beurteilen. Letztlich suchte man nach Argumenten dafür, die öffentlichen Ausgaben auch für die Bibliothek zu bremsen.

Kösters Nachfolger ab 1976, Günther Pflug, dem aus seiner Zeit an der Spitze der Universitätsbibliothek Bochum der Ruf vorauseilte, als technikaffiner Bibliotheksmodernisierer mit maximaler »Aufbauintelligenz« an den Start zu gehen, schien der externen Beratung an sich durchaus positiv entgegenzusehen.[16] Sobald das Organisationsgutachten über die Deutsche Bibliothek 1975 vorlag, fanden sich die Frankfurter aber eher in der Ökonomisierungsfalle. Erwarungsgemäß legte es Einsparoptionen nahe und hielt es nicht für angezeigt, dem drängenden Wunsch der Bibliotheksleitung nachzugeben und Haushalt und Personal weiter aufzustocken.[17] Auch als bundeseigene Stiftung, erhielt die Bibliothek damit alles andere als unbegrenzte finanzielle Handlungsoptionen.

Hier taten sich ähnliche Bewertungskonflikte auf, wie sie auch sonst allenthalben entstanden, wo externe Beratungsagenturen die Behörden in der Bundesrepublik berieten.[18] Mit der bibliothekarischen Innenperspektive der Frankfurter waren die Einsparforderungen nicht in Einklang zu bringen. Der, wie man fand, unbarmherzig betriebswirtschaftlichen Perspektive des Gutachtens wollte man nicht folgen. Sie schien dem Haus nicht gerecht zu werden. Denn sie schlug in der Art, wie sie die professionelle Qualität der Deutschen Bibliothek maß, wie sie ausschließlich ökonomische Maßstäbe wie Performanz, Leistungsmessung und Wettbewerbsfähigkeit zugrundelegte, an den eigentlichen Kernaufgaben des Hauses geradewegs vorbeizuurteilen.[19] Der Vorschlag, den Anzeigemodus der wöchentlichen bibliographischen Verzeichnisse zu verschlanken, schien ge-

16 Günther Rühle, Der neue Bibliothekar. Günther Pflug oder: Einübung in die Deutsche Bibliothek, in: FAZ, 21.2.1976, S. 21; Stellungnahme der Deutschen Bibliothek zum Gutachten über die Rationalisierungsmöglichkeiten der Unternehmensberatung Dr. Hermann von Kortzfleisch, BArch, B126/45531.
17 Hermann von Kortzfleisch, Gutachten über Rationalisierungsmöglichkeiten in der Deutschen Bibliothek Frankfurt, 17.12.1975, ADNBF bzw. BArch B 126/72360 und BArch B 106/58056, 58057 Deutsche Bibliothek – Organisation und Geschäftsführung. Gutachten zur Rationalisierung (»Kortzfleisch-Gutachten«).
18 Alina Marktanner, Behördenconsulting. Unternehmensberater in der öffentlichen Verwaltung der Bundesrepublik, 1970er- bis 2000er-Jahre, Berlin 2023, S. 25-60; Margit Szöllösi-Janze, Archäologie des Wettbewerbs. Konkurrenz in und zwischen Universitäten in (West-)Deutschland seit den 1980er Jahren, in: VfZ 69 (2021), S. 241-276; Rüdiger Graf (Hg.), Ökonomisierung. Debatten und Praktiken in der Zeitgeschichte, Göttingen 2019.
19 Rolf-Dieter Saevecke, Gutachten über Rationalisierungsmöglichkeiten in der Deutschen Bibliothek, Frankfurt/Berlin. Ein Bericht, erstattet im Auftrag des General-

nauso befremdlich wie die Forderung, sich das Sammelareal mit der Leizpiger Deutschen Bücherei strikt nach Landesgrenzen aufzuteilen.

In Frankfurt fand man, damit würden professionelle Routinen in den Wind geschlagen, die seit Jahren symbolpolitisch aufgeladen waren, nicht zuletzt der gesamtdeutsche Sammelauftrag des Frankfurter Hauses. Das Gutachten reduzierte aus der bibliothekarischen Innensicht die Bibliographie über Gebühr auf ein Marktprodukt. Dem ökonomisierten Blick entging demnach, dass die Parallelbibliographien in Franfurt und Leipzig einen lange geübten Balanceakt in der friedlichen deutsch-deutschen Bibliotheks-Koexistenz ermöglichten und Frankfurt aus politischen Gründen am gesamtdeutschen Sammelauftrag festhielt. In diesen Einwänden klang an, dass es eine Art autonomen Selbstzweck des Sammelns von Kulturwissen gab. Dessen Mehrwert stellte im Grunde der anwachsende Speicher selbst dar, den man professionell aufbereitete und auf die Zukunft hin übergenerationell sicherte.[20]

Das Argument, das bei Frankfurter Kritikern des externen Bibliotheksgutachtens von 1975 mitschwang, ähnelte durchaus der Art, in der sich zeitgleich auch Universitäten und Einrichtungen der sogenannten Grundlagenforschung in der Bundesrepublik der 1970er und 1980er Jahre dagegen verwahrten, von externen Beratern und Gutachtern um, wie sie meinten, die Autonomie der Forschung gebracht zu werden.[21] Ähnlich wie ihnen in der Wissenschaft ging es im Bibliotheksbereich den Frankfurtern darum, die Deutsche Bibliothek als zweckfreien, unmanipulierten, möglichst vollständigen und bewusst heterogenen Wissensspeicher zu sichern, auch gegen staatlichen Zugriff, Nutzerlobbies und die stark interessengeleitete, neoliberal inspirierte Beratung. Gerade darin, so die Frankfurter Volte gegen die Begutachterpraxis, erwies sich die Deutsche Bibliothek am Ende als modern, dass sie den größtmöglichen Wissens- und Kulturfundus auf höchstmöglichem systematischem Erschließungsniveau bereithielt, auf den der

direktors, in: Zeitschrift für Bibliothekswesen und Bibliographie 24.4 (1977), S. 386-392.

20 Stellungnahme der Deutschen Bibliothek zum Gutachten über die Rationalisierungsmöglichkeiten, ADNBF.

21 Heinz A. Staab, Intellektuelle Neugier als Quelle der Forschung. Ansprache des Präsidenten Prof. Dr. Dr. Heinz A. Staab bei der Festversammlung der Max-Planck-Gesellschaft am 10.6.1988 in Heidelberg, in: Max-Planck-Gesellschaft Jahrbuch (1988), S. 15-22; Ariane Leendertz, Die Macht des Wettbewerbs: Die Max-Planck-Gesellschaft und die Ökonomisierung der Wissenschaft seit den 1990er Jahren, in: VfZ 70.2 (2022), S. 235-271; Carola Sachse, Grundlagenforschung: Zur Historisierung eines wissenschaftspolitischen Ordnungsprinzips am Beispiel der Max-Planck-Gesellschaft, 1945-1970, in: Dieter Hoffmann, Birgit Kolboske, Jürgen Renn (Hgg.), »Dem Anwenden muss das Erkennen vorausgehen«. Auf dem Weg zu einer Geschichte der Kaiser-Wilhelm-/Max-Planck-Gesellschaft, Berlin 2014, S. 215-239.

Bibliotheksnutzer frei nach Bedarf zugreifen konnte. Ob damit die großen Probleme moderner Gesellschaften angegangen, Detailexpertisen ausgebaut oder, im Gegenteil, noch ungerichtet weitergearbeitet wurden, sollte und konnte die Bibliothek gerade nicht mitplanen, weil Kulturwissen keinem mechanischen Pfad folgte, schlicht verebben oder eben zu neuem Wissen führen konnte.[22]

In letzter Konsequenz sah man Pflug und seine Deutsche Bibliothek hier aber auf Rückzugsgefechten. Die Sparmaßnahmen griffen, wenn auch gemäßigter als befürchtet, dennoch, und der Bibliothekshaushalt wurde nicht erhöht. Ein Stück weit war damit ein Grundkonflikt ausgestanden, der auf die nächsten Jahre hin in der einen oder anderen Variante ständig wieder die Binnenpolitik der Deutschen Bibliothek prägen sollte.[23] Als im Frühjahr 1982 ein Gutachten des Bundesrechnungshofs vorlag, wies Pflug die empfohlenen Sparmaßnahmen für die Deutsche Bibliothek einmal mehr zurück. Allerdings war inzwischen nicht nur der externe Justierungsdruck erheblich gewachsen, sondern die Bibliotheksführung auch stärker für den offenbar unausweichlichen Regulierungsbedarf sensibilisiert, so dass man organisatorische »Neukonzeptionen« im Arbeitsverfahren verabredete.[24]

Zugleich kündigte sich hier an, was das Haus ab und nach 1990 noch einmal in völlig neuen Dimensionen wieder beschäftigen würde. Denn seit den 1980er Jahren gewannen die marktliberalen Gutachterlogiken an Plausibilität, auch weil sie dem staatlichen Bedarf entgegenkamen, selbst in Prestigeeinrichtungen Ausgabenkontrollen zu betreiben. Das Mantra der Wettbewerbsfähigkeit zog parallel zu Drittmittelakquise und Exzellenzinitiativen in der Forschungspolitik auch in die Binnenpolitik der Deutschen Nationalbibliothek ein.[25]

Dennoch standen die Zeichen in den späten 1970er und frühen 1980er Jahren für die Frankfurter nicht nur auf Permanenz mit eingeschränkten Mitteln. Als Bund und Bibliothek die allfälligen Neubauplanungen für das ständig expandierende Haus angingen, brachte die Frankfurter Leitung dessen bibliothekarisches Profil auf den neuesten gesellschaftspolitischen Debattenstand. Auf den »gesetz-

---

22 Stellungnahme der Deutschen Bibliothek zum Gutachten über die Rationalisierungsmöglichkeiten, ADNBF.

23 Pflug an Sieghardt von Kökritz, Bundesministerium des Innern, 27.8.1981, ADNBF BMI, Allgemeines 1981 f.

24 Die Neukonzeption der Deutschen Bibliographie in gedruckter Form, in: Bibliotheksdienst 18.5 (1984), S. 528-534.

25 Leendertz, Macht des Wettbewerbs; Richard N. Tucker, Deutsche Forschungsgemeinschaft (DFG). Modernisierung und Rationalisierung in wissenschaftlichen Bibliotheken. Zwischenbilanz im DFG-Förderungsprogramm 1988-1993, in: Bibliotheksdienst 29.2 (1995), S. 272-296; Michael Golsch, Ökonomisierung der Bibliothek? Eine Standortbestimmung der SLUB Dresden, in: Irmgard Siebert, Thorsten Lemanski (Hgg.), Bibliothekare zwischen Verwaltung und Wissenschaft. 200 Jahre Berufsbilddbeatte, Frankfurt a. M. 2014, S. 173-204.

lichen Auftrag«, als »nationale Archivbibliothek und nationalbibliographisches Informationszentrum« zu wirken, stützte man sich jetzt mit einem neuen Akzent. Um die Idee, nationale Kultur oder ein Nationsgedächtnis zu sichern, ging es dabei kaum. Stattdessen ordneten die Frankfurter sich der Informationspolitik der Bundesregierung ihrer Tage zu und sprachen die Bibliothek als Agentur modernen Wissens an. Denn sie erschloss und vermittelte »Information« und hielt sie systematisch geordnet »für die gegenwärtige und zukünftige Gesellschaft« bereit.[26] Unter diesem Gesichtspunkt würdigte auch das Bundesministerium für Forschung und Technologie die Deutsche Bibliothek nur en passant als »Kulturinstitution«. Dem studierten Wirtschaftswissenschaftler und SPD-Bundesminister für Forschung und Technologie, Hans Matthöfer, erschien die Deutsche Bibliothek dagegen zuvörderst als »Datenlieferant« für deutsche und europäische »Informationsnetze«. Matthöfer strotzte regelrecht vor Gestaltungseifer und sah die Deutsche Bibliothek schon mit der gerade gegründeten Gesellschaft für Information und Dokumentation zu einem veritablen Hotspot der Informations- und Datenverwaltung verschmelzen.[27]

Solche ausgeprägten Wallungen blieben eine Konjunktur der späten 1970er und frühen 1980er Jahre. Aber sie illustrierten, wie sich sozialliberale und sozialdemokratische Bundespolitik und Deutsche Bibliothek im Licht großer, sozialwissenschaftlich informierter Debatten über die Gesellschaft ihrer Tage mitunter wechselseitig als Ressourcen ausmachten: seit man Politik und Gesellschaft auf dem Weg zur postindustriellen Wissensgesellschaft wähnte und davon ausging, dass computergestütze Informationstechnologien den Weg in eine rasant beschleunigte Daten-Zukunft bahnten,[28] ließ sich der Auftrag der Deutschen Bibliothek, die ein neues Baugrundstück, größere Räumlichkeiten und Planungshilfen brauchte, in Richtung Informationsinfrastruktur verschieben. Ob man sich von der Bibliothek mehr Expertise im Umgang mit den Datenfluten erhoffte oder von ihr erwartete, gerade jetzt traditionale Wissensbestände zu sichern, ließ Pflug für die Bibliothek genauso offen wie die Bundesministerien.[29] Bei den internen Beratungen über die Neubauplanung im Verwaltungsrat der Deutschen

26 Funktion und Aufgabe einer modernen Nationalbibliothek, Internes Papier des Generaldirektors G. Pflug (Neubau für die Deutsche Bibliothek), 31.8.1977, ADNBF Bibliotkneubau Allgemein; Bundesministerium für Forschung und Technologie, Programm der Bundesregierung zur Förderung der Information und Dokumentation (IuD-Programm) 1974-1977, Bonn 1975.

27 Bundesminister für Forschung und Technologie Hans Matthöfer an den Bundesinnenminister Werner Maihofer, 23.8.1977, ADNBF Bibliotheksbau Allgemein.

28 Neubau der Deutschen Bibliothek, 29.9.1977, Anlage zu einem Brief Pflugs an den Vorsitzenden des Verwaltungsrats der Deutschen Bibliothek Egon Hölder, 29.9.1977, ADNBF Bibliotheksbau Allgemein.

29 Gernot Böhme, Nico Stehr (Hgg.), The Knowledge Society. The Growing Impact of Scientifc Knowledge on Social Relations, Reidel, Dordrecht 1986; Christiane

Bibliothek verschliff sich die zwischenzeitliche Technologieemphase zwar. Man brachte dort ausdrücklich den »Kulturstaat« als Referenzgröße zurück. Aber der Technologieakzent blieb, die Deutsche Bibliothek neuerdings ein »international zugänglicher umfassender Datenspeicher« und ein »kulturpolitisch« erstrangiger Faktor als »internationale Zentrale für den Austausch der bibliographischen Daten«.[30]

9.2 Full Circle?
Die neue alte deutsch-deutsche Beziehungsfrage

Deutsch-deutsche Erwartungen seit den 1970er Jahren

Über weite Strecken der 1960er Jahre hatte sich die Deutsche Bibliothek dezidiert als westdeutsches Haus profiliert. Exilarchiv, Musikarchiv und die Tiefausläufer der Planungs- und Beratungsdiskussionen waren Schlüsselmomente in der Geschichte des Hauses in der Bundesrepublik.

Mit der Deutschen Bücherei in Leipzig setzte man sich in Frankfurt unterschwellig immer auseinander. Aber seit den späten 1950er Jahren war die Selbstwahrnehmung der Frankfurter deutlich mehr auf den Westen und die eigene Position in der bundesrepublikanischen Ordnung gerichtet gewesen. Wenn der Blick Richtung Osten seit den mittleren 1970er Jahren wieder wichtiger wurde, kamen eine Reihe von Faktoren zusammen, die die Frankfurter neu auf Leipzig aufmerksam machten, ohne dass die Konstellationen gleich deutlich günstiger erschienen als in der heißen Phase des Kalten Kriegs während der 1950er Jahre.

Erstens beruhigte es die Frankfurter, dass der Bund mit dem Gesetz von 1969 inzwischen definitiv staatsoffizielle Verantwortung für das Haus übernommen hatte. In den 1950er Jahren hatten sie sich nicht nur aus strategischem Kalkül, um von der westdeutschen Politik besser gehört zu werden, fast im Kalten Bibliothekskrieg mit Leipzig gesehen und entsprechend angespannt um Ressourcen gekämpft.[31] Dass die Deutsche Bibliothek im westdeutschen Zusammenhang seit 1969 deutlich aufgewertet war, beschwichtigte.

Reinecke, Wissensgesellschaft und Informationsgesellschaft, Version: 1.0, in: Docupedia-Zeitgeschichte, 11.2.2010, URL: http://docupedia.de/zg/Wissensgesellschaft.

30 Neubau der Deutschen Bibliothek in Frankfurt am Main, Arbeitspapier, erarbeitet in den Sitzungen am 19.9., 26.10. und 6.12.1977, Stand 12.12.1977, ADNBF Bibliotheksbau Allgemein.

31 Vgl. Kapitel 5.

Zweitens hatten sich die deutschlandpolitischen Konstellationen noch einmal verschoben. So wenig die Bibliothekare und ihre Häuser das einfach abspiegelten, so sehr definierte die Politik die politischen und kulturpolitischen Rahmendaten für die deutsch-deutschen Bibliotheksbeziehungen. Eigentlich verbesserten die internationale Détente seit den frühen 1960er Jahren und schließlich vor allem die Ost- und Deutschlandpolitik der sozialliberalen Koalition seit 1969 die Ausgangsbedingungen für Kontakte mit Leipzig.[32] Das galt allemal für den deutsch-deutschen Grundlagenvertrag vom Winter 1972. Zentral auf der ostpolitischen Agenda der Regierung Brandt, zielte der darauf, die deutsch-deutsche Konstellation zu entkrampfen. Er sollte eine Sonderform diplomatischer Nahbeziehungen zwischen »zwei Staaten in Deutschland« ermöglichen, ohne dass die Bundesrepublik die DDR völkerrechtlich ausdrücklich anerkannte und damit auf das Wiedervereinigungsziel verzichtet hätte.[33] Gleichzeitig stieß der Grundlagenvertrag in der Bundesrepublik aber auch auf Kritik, denn er verbesserte die Beziehungen mit der DDR an diktatorischem Regime, Mauer und Schießbefehl vorbei.

Umgekehrt blieb die Lage ambivalent, und zwar weit über den deutsch-deutschen Horizont hinaus, mindestens für ganz Europa. Aus dem KSZE-Prozess, der eigentlich kulturelle Nähe stiften sollte, zog sich die DDR unter anderem zurück, indem sie als Fanal den »Dissidenten« Wolf Biermann auswies. An der Schwelle zum neuen Jahrzehnt 1979/80 schließlich überlagerten sich die sowjetische Afghanistan-Intervention und der NATO-Doppelbeschluss. Damit war die Entspannungsphase im Grunde abgeschlossen.[34]

Drittens befand sich nicht nur die westliche Welt seit 1973/74 im reichlich gedämpften Zustand der Nach-Boom-Phase. Die Club of Rome-Studie über die »Grenzen des Wachstums« von 1972 und das Ende der Prosperität infolge der Wirtschaftskrise 1973/74 dämpften die Erwartungen.[35] Das kam auch im bib-

---

32 Maak Flatten, Scharnierzeit der Entspannungspolitik. Willy Brandt als Außenminister der Großen Koalition (1966-1969), Bonn 2021; Gottfried Niedhart, Durch den Eisernen Vorhang. Die Ära Brandt und das Ende des Kalten Krieges, Darmstadt 2019; Stefan Creuzberger, Kampf für die Einheit. Das gesamtdeutsche Ministerium und die politische Kultur des Kalten Krieges 1949-1969, Düsseldorf 2008.

33 Heike Amos, Die SED-Deutschlandpolitik 1961 bis 1989: Ziele, Aktivitäten und Konflikte, Göttingen 2015, S. 123-161.

34 Morten Reitmayer, Thomas Schlemmer (Hgg.), Die Anfänge der Gegenwart. Umbrüche in Westeuropa nach dem Boom, München 2014.

35 Elke Seefried, Der kurze Traum von der steuerbaren Zukunft. Zukunftsforschung in West und Ost, in: Lucian Hölscher (Hg.), Die Zukunft des 20. Jahrhunderts. Dimensionen einer historischen Zukunftsforschung, S. 179-220; Donella Meadows, Dennis Meadows, Jørgen Randers, Die Grenzen des Wachstums. Bericht des Club of Rome zur Lage der Menschheit. Aus dem Amerik. v. Hans-Dieter Heck, Stuttgart 1972.

liothekarischen Mikrokosmos an. Die Frankfurter jedenfalls konnten in einem politischen Klima, in dem man auf Staatsverschuldung starrte, nicht länger auf stetigen Ausbau und einen steigenden Etat setzen.[36]

Es war also eine ganze Reihe sich überlappender Wandlungsprozesse, in denen sich die Deutsche Bibliothek seit den mittleren 1970er Jahren wiederfand. Nicht alle kamen mit gleicher Wucht in Frankfurt an, aber eine Art generelle Ernüchterung gehörte seither schon mehr zum Grundton als zuvor. Dabei stellte sich allmählich heraus, dass Frankfurt und Leipzig von den Kalamitäten ganz unterschiedlich betroffen waren. Sicher mussten sich die Frankfurter gegen Sparzwänge wappnen. Ungleich andere Dimensionen hatte allerdings die Lage in Leipzig. Deutlicher als in Frankfurt erwartet, zeichnete sich ab, dass sich die finanzielle Lage der Deutschen Bücherei zu verschlechtern begann. Die ökonomische Krise, in der sich die DDR befand, ließ das Interesse der sozialistischen Staatsführung am Haus erlahmen. Dass die sozialistische Moderne in der Deutschen Bücherei bald nicht mehr auf Augenhöhe mit westlichen Standards war, gehörte nicht zur westdeutschen Propaganda, sondern wurde mehr und mehr offensichtlich.[37] Gleichzeitig dürfte dieser Trend umgekehrt ostdeutsche Bibliothekare in Leipzig ermutigt haben, sich an den Defiziten im eigenen Haus vorbei mit den Westkollegen ins Benehmen zu setzen.

Hinzu kam, dass bei aller Wallung um Rationalisierung in den 1970er Jahren das technische »Modernitäts«-Bewusstsein in der Deutschen Bibliothek bis in die Nachboomphase vorhielt. Denn als Mitte der 1960er Jahre erhitzt diskutiert worden war über einen vermeintlichen oder tatsächlichen Bildungs- und Informations-Rückstand westdeutscher Wissensinfrastrukturen gegenüber Westeuropa und den USA, war die Deutsche Bibliothek direkt die maschinelle Datenverarbeitung angegangen. 1966 hatten EDV-gestützte Computerarbeiten in Frankfurt Einzug gehalten. Damit zählte die Deutsche Bibliothek fast zu den bibliothekarischen Pionieren – neben einer Gruppe von Universitätsbibliotheken an den jungen Reformuniversitäten wie Bremen, Bielefeld und Bochum, von woher 1976 später Pflug als Direktor an den Main kommen sollte.[38] Seither verfocht

---

36 Referentenbesprechung im BMI betr. Wirtschaftsplan der Deutschen Bibliothek für das Haushaltsjahr 1972, BArch B 275/25.

37 André Steiner, Abschied von der Industrie? Wirtschaftlicher Strukturwandel in West- und Ostdeutschland seit den 1960er Jahren, in: Plumpe, Steiner, Mythos, S. 15-54; ders., Von Plan zu Plan. Eine Wirtschaftsgeschichte der DDR, Berlin 2007; ders., Bundesrepublik und DDR in der Doppelkrise europäischer Industriegesellschaften: Zum sozialökonomischen Wandel in den 1970er-Jahren, in: Zeithistorische Forschungen 3 (2006), S. 342-362.

38 Günther Pflug, Die Universitätsbibliothek Bochum, in: ZfBB 12 (1965), S. 297; ders., Probleme der elektronischen Datenverarbeitung in Bibliotheken, in: Libri, 15.1-4 (1965), S. 35-49; ders., New Steps in Library Automation in the Federal Republic of Germany, in: Libri 19.1-4 (1969), S. 304-331; Rudolf Frankenberger, Der

man auch in Frankfurt die Einschätzung, dass die Bibliothek nur in der modernen Informationsgesellschaft, in der man sich wiederzufinden glaubte, verankert blieb, wenn sie in der Lage war, ihre Katalogisierung umzustellen, ihre Bestandsdaten zu bündeln und dadurch noch besser verfügbar zu machen. Der Blick nach Amerika, diesmal tatsächlich, um sich am technologischen Vorbild zu orientieren, hatte nicht nur für deutsche Bibliothekare und besonders Pflug eine zentrale Rolle gespielt.[39] Genauso blickte man aber auch auf die europäischen Nachbarn und präsentierte sich auf europäischer Bühne mit der EDV-Expertise.[40] Die computerisierten Arbeitstechniken erlaubten es der Deutschen Bibliothek auch, sich im neuen regionalen Verbundsystem mit anderen westdeutschen Hochschul- und Landesbibliotheken zu vernetzen.

Diese EDV-Initiative der Deutschen Bibliothek schlug jedenfalls während der 1970er Jahre immer mehr zu Buche und beschleunigte die Frankfurter Verzeichnisarbeiten enorm. Und sie machte die Deutsche Bibliothek in der Bundesrepublik zu einem Vorreiter auf dem Feld der elektronischen Titelerfassung in der Deutschen Bibliographie, die auf dem gesamten Sektor wissenschaftlicher Bibliotheken zusätzlichen Standardisierungsdruck entfaltete.[41] Zu diesem Effekt zählte auch, dass sie bis Anfang der 1980er Jahre die Bibliographien eindeu-

Einfluss der IT-Revolution auf die Bibliotheken, in: Hundhausen, Lülfing, Sühl-Strohmeyer, Bibliothekartag, S. 185-197.

39 Günther Pflug (Hg.), Mechanisierung und Automatisierung in amerikanischen Bibliotheken: Eindrücke einer Studienreise deutscher Bibliothekare im Frühjahr 1965, Frankfurt a.M. 1967 [Gutachten für die DFG]; Walter Lingenberg, Mechanisierung und Automatisierung in amerikanischen Bibliotheken, in: ZfBB 15 (1968), S. 142; Franz Steininger, Amerikanische Bibliotheken: Große Aufgaben, neue Mittel, aufwendige Experimente. Eindrücke einer Studienreise September bis Dezember 1969, Wien 1970; Melville Ruggles, Soviet Libraries and Librarianship: Report of a Visit of the Delegation of U.S. Librarians to the Soviet Union, May-June 1961, under the US-Soviet Cultural Exchange Agreement, Chicago 1963.

40 Kurt Köster, Einsatz von Computern bei der Herstellung von Nationalbibliographien, Referat vom 15.9.1966, ISG FFM Magistratsakten A.0201 Nr. 2358; ders., The Use of Computers in Compiling National Bibliographies, illustrated by the Example of the Deutsche Bibliographie, in: Libri 16 (1966), S. 269-281, bzw. ders., L'emploi d'ordinateurs électroniques pour l'édition de bibliographies nationales: L'exemple de la Deutsche Bibliographie, in: Association des Bibliothécaires français. Bulletin d'information 54.1 (1967), S. 11-21; Friedrich Ochsner (Übers.), Rationalisierung der öffentlichen Büchereien Dänemarks: Gutachten des Rationalisierungskomitees des Dänischen Bibliotheksverbandes, Wiesbaden 1967.

41 Klaus Kempf, Die bundesdeutschen Hochschulbibliotheken in den Jahren des »Wirtschaftswunders« zwischen Kontinuität und Aufbruch, in: ders., Kuttner, Buch und Bibliothek, S. 33-38; Siegfried Schmidt, Siegeszug der EDV – Revolutionierung der Bibliotheken, in: Vodosek, Arnold, Informationsgesellschaft, S. 257-584.

tig schneller produzierte als die Leipziger. Die Entwicklung in Ostdeuschland hemmte unterdessen, dass man an die amerikanische Hochtechnologie, die erforderlich war, höchstens über innerdeutsche Handelswege und Spionage herankam.[42] Auch der hohen Kosten wegen dauerte es aber deutlich länger, bis die Mikroelektronik in der Deutschen Bücherei ankam.[43]

Deutsch-deutsche Bibliotheks-Kontakte, eine unstete Diachronie: Bibliothekare, westdeutsche Verleger und (k)eine Achse Frankfurt–Leipzig

Seit 1973/74 überlagerten sich die weltpolitische Krisenlage und eine teils beschwichtigende, teils angespannte deutsch-deutsche Konstellation. In Richtung der 1980er Jahre kam die immer deutlichere ökonomische und technologische Schieflage zwischen West- und Ostdeutschland hinzu. Unter diesen ambivalenten Vorzeichen ging der Frankfurter Generaldirektor seit 1976, Günther Pflug, auf die Deutsche Bücherei zu. Er besuchte gemeinsam mit dem Vorsitzenden des Bibliotheks-Verwaltungsrats und Leiter der Kulturabteilung im Bundesministerium, Egon Hölder, gleich in seinem ersten Amtsjahr die Leipziger Buchmesse und die Deutsche Bücherei.[44]

Solche Initiativen seit 1976 fielen freilich nicht vom Himmel. Sie waren eingebettet in eine unstete Dynamik deutsch-deutscher Bibliothekskontakte zwischen Frankfurt und Leipzig seit den frühen 1960er Jahren, die immer auch von den deutschland- und außenpolitischen Großwetterlagen gerahmt blieben. Mitunter konnte die Systemgrenze zwischen Ost und West dabei als eine stark perforierte Zone erscheinen. Dazwischen fielen Phasen des Stillstands. Dass etwa 40 Jahre später eine Vereinigung mit der Leipziger Bücherei anstehen würde, hatte man noch bis in die späten 1980er Jahre hinein weder in Frankfurt noch in Leizig vorhergesehen. Auf ein Wiedervereinigungsjahr 1990, das bis 1989 im Grunde niemandem vor Augen stehen konnte, steuerten die Zeitgenossen jedenfalls nicht zielstrebig zu. Von daher lässt sich zwar eine Kontaktlinie nachskizzieren, an der

---

42 Jürgen Danyel, Annette Schuhmann, Wege in die digitale Moderne. Computerisierung als gesellschaftlicher Wandel, in: Bösch, Geteilte Geschichte, S. 283-319, hier S. 299.

43 Rau, Nationalbibliothek, S. 590-595; André Wendler, »Weitere Entwicklung ungewiß.« Computer in der Deutschen Bücherei 1966 bis 1990, in: Dialog mit Bibliotheken 3.1 (2018), S. 28-33.

44 Helmut Rötzsch, Die Deutsche Bücherei als Zentrum bibliographischer Literaturinformation, in: von Köckritz, Nowak, Nationalbibliotheken, S. 125-136; Frieder Günter, Rechtsstaat, Justizstaat oder Verwaltungsstaat? Die Verfassungs- und Verwaltungspolitik, in: Bösch, Wirsching, Hüter der Ordnung, S. 381-412, hier 404.

Deutsche Bibliothek und die Deutsche Bücherei seit dem Nachkrieg und west- und ostdeutsche Bibliothekare im weitesten Sinne aufeinandertrafen. Daraus ergab sich allerdings keine lineare Kontaktgeschichte, die teleologisch in den Wiedervereinigungsmoment mündete. Dazu blieben die West-Ost-Verbindungen seit den 1960er Jahren auch weit außerhalb des kulturpolitischen Feldes, auf dem die Bibliotheken standen, viel zu unvorhersehbar und dynamisch.[45] Das zeigt der Blick auf die deutsch-deutsche Konstellation erstens zwischen Bibliothekaren, zweitens zwischen Verlegern und drittens zwischen der Deutschen Bibliothek und der Deutschen Bücherei in Leipzig.

Erstens blieben die bibliothekarische Profession und vor allem die wissenschaftlichen Bibliothekare im öffentlichen Dienst der Bundesrepublik ihren ostdeutschen Kollegen gegenüber lange Jahre einigermaßen reserviert. Seit Mitte der 1950er Jahre nahmen an den westdeutschen Bibliothekartagen keine Kollegen aus der DDR mehr teil. Denn die westdeutsche Zunft zeigte sich auch aus politischen Gründen mehrheitlich abgeneigt, die ostdeutschen Kollegen aufzunehmen. Auf einer Vereinssitzung im Februar 1956 in Marburg sprach sie sich ausdrücklich dagegen aus.[46] Bei dieser Haltung blieb man auch, als ostdeutsche Bibliothekare, die sich, taktisch oder nicht, mit dem Ruf nach einer gesamtdeutschen Standesvertretung kein Gehör hatten verschaffen können, eine ostdeutsche Gegengründung angingen. Es hatte nicht geholfen, den Generaldirektor der Österreichischen Nationalbibliothek in Wien, Josef Sturmvoll, 1955 um Vermittlung zu bitten.[47] Trotzdem kamen zum Bibliothekartag in Westberlin im Mai 1956 148 Kollegen aus Ostberlin und der DDR.[48] Der 1964 gegründete Bibliotheksverband der DDR vermeldete in den späten 1960er Jahren »Arbeitsbeziehungen« zu westdeutschen Bibliotheken und deutsch-deutsche ›offene Aussprachen‹ über das breitere ›kulturell-geistige Leben.‹[49] Damit demonstrierte man aber wohl vor allem ebenbürtiges professionelles Selbstbewusstsein im Gefolge des Mauerbaus von 1961.

Ende der 1960er Jahre waren die Fronten allerdings definitiv wieder verhärtet. 1967 ging der ostdeutsche Bibliotheksverband die Westkollegen mit der Forderung an, den Ostverband gleichberechtigt zu behandeln und damit von der bi-

45 Paul Villaume, Odd Arne Westad (Hgg.), Perforating the Iron Curtain: European Détente, Transatlantic Relations, and the Cold War, 1965-1985, Kopenhagen 2010.

46 Gustav Hofmann, Bericht über die siebente ordentliche Mitgliederversammlung am 1.6.1955 in Düsseldorf, in: ZfBB 2 (1955), S. 225-231.

47 Konrad Marwinski, Der VDB und seine Kontakte zum Bibliothekswesen der DDR zwischen 1953 und 1970, in: Plassmann, Syré, Verein Deutscher Bibliothekare, S. 149-167.

48 Heinrich Roloff, Der Bibliothekartag in Berlin, 22.-26.5.1956, in: Zentralblatt für Bibliothekswesen ZfB 70.11-12 (1956), S. 436-440.

49 Deutscher Bibliotheksverband der DDR. Arbeitsprogramm für das Jahr 1965/66, Berlin 1965, S. 5, zit. nach Pampel, Schriftentausch, S. 41.

bliothekarischen Hallstein-Doktrin im Westen abzurücken.[50] Offenbar waren
die Bibliothekare angewiesen, die parallelen Initiativen des Vorsitzenden des
DDR-Ministerrats Willi Stoph gegenüber Bundeskanzler Kurt Georg Kiesinger
im Sommer 1967 und eine ähnliche Offensive des SED-Staatsratsvorsitzenden
Walter Ulbricht im Dezember 1969 auf Bibliotheksebene zu imitieren.[51] Was
auf Bibliothekarsebene im Frühjahr 1970 folgte, waren grantige Notenwechsel,
in denen der Bibliotheksverband der DDR den Streitpunkt in aller Form zum
Politikum ersten Ranges erklärte: Die bibliothekarischen Ost-West-Kontakte
hingen davon ab, dass die westdeutschen Bibliothekare die DDR völkerrechtlich
anerkannten, hieß es. Der Vorsitzende des westdeutschen Vereins Deutscher Bibliothekare, Friedrich A. Schmidt-Künsemüller, umgekehrt wollte den Affront
unbedingt skandalisieren und veröffentlichte den geharnischten Notenaustausch
kommentarlos in der westdeutschen Fachöffentlichkeit.[52]

Weil sich die westdeutschen Bibliothekare, genau wie das Bundeskanzleramt
nach der Stoph-Offensive, gegen solche Zugeständnisse verwahrten, versiegten
die bibliothekarischen Kommunikationsströme quer über die deutsch-deutsche
Grenze hinweg jäh.[53] In diesem Fall half es nichts, den tiefsitzenden deutsch-
deutschen Anerkennungskonflikt auf eine internationale Diskursbühne auszulagern. Ein Treffen der International Federation of Library Associations and
Institutions in Kopenhagen 1969 reichte nur hin, neue Gesprächstermine zwischen den Verbandspräsidien west- und ostdeutscher Bibliothekare zu verabre-
den, der Gesprächsfaden riss dennoch. Erst ab den 1970er Jahren sollten sich im
Zuge deutsch-deutscher Kulturentspannung ganz allmählich professionelle Ge-
sprächsoptionen ergeben.[54]

---

50 Marwinski, VDB.
51 Schreiben des Ministerpräsidenten Stoph an Bundeskanzler Kiesinger vom 10.5.1967
    und Schreiben des Bundeskanzlers Kiesinger an Ministerpräsident Stoph 13.6.1967,
    beide in: Karl D. Bracher, Hans-Adolf Jacobsen (Hgg.), Dokumente zur Deutsch-
    landpolitik Reihe V, Bd. 1 (1.12.1966-31.12.1967), Frankfurt a.M. 1984, S. 1115 und
    1277; Interview des Ministerpräsidenten Stoph für die Zeitung »Neues Deutsch-
    land« vom 21.6.1967, in: ebd., S. 1341; 82. Kabinettsitzung am 21.6.1967, Stoph-
    Brief, in: Hartmut Weber u.a. (Hgg.), Die Kabinettsprotokolle der Bundesregierung
    Bd. 20: 1967, München 2010, S. 322-323; Vertragsentwurf des DDR-Staatsratsvor-
    sitzenden Ulbricht vom 17.12.1969, in: Klaus Hildebrand, Hans-Peter Schwarz
    (Hgg.), Dokumente zur Deutschlandpolitik Reihe VI Bd. 1 (21.10.1969-31.12.1970),
    München 2002, S. 161.
52 Briefwechsel zwischen dem VDB und dem Deutschen Bibliotheksverband, in: ZfBB
    18.2 (1970), S. 148-151.
53 Marwinski, VDB.
54 Werner Schochow, Persönliche Erinnerungen zum Thema »Innerdeutsche Kon-
    takte zwischen Bibliothekaren 1949-1989«, in: Georg Ruppelt (Hg.), West-östliche

Zweitens entschieden über die Konstellation zwischen der Frankfurter Bibliothek und der Deutschen Bücherei in Leipzig auch die westdeutschen Verleger. Dass sie sich selbst über konfrontative Phasen der deutsch-deutschen Beziehungen hinweg mehrheitlich auf eine neutralistische Position festlegten und die Deutsche Bücherei in Leipzig mit freiwilligen Belegexemplaren belieferten, schränkte die Frankfurter Handlungsspielräume durchaus ein. Denn so lange sie den Osten belieferten und der Leipziger Nationalbibliographie zu handfesten Prestigegewinnen verhalfen, blieb die Position der Deutschen Bibliothek von dieser Seite her symbolisch geschwächt.

Einige westdeutsche Verleger schätzten zunächst wohl auch die Rechtslage falsch ein und nahmen an, damit alliierte Vorschriften zu befolgen. In den 1950er Jahren spielten zudem persönliche Kontakte zwischen Westbuchhändlern und ostdeutschen Kollegen und zu den Direktoren der Deutschen Bücherei, nach Uhlendahls Tod 1954 zu Curt Fleischhack, eine bemerkenswerte Rolle.[55] Ab etwa Mitte der 1950er Jahre, als der innerdeutsche Handel zunahm und man sich über die Leipziger Bibliographie als Werbeanzeige auch Zugang zum Buchhandel in Osteuropa versprach, machte man verstärkt wirtschaftliche Argumente für die Belieferung geltend.[56] Dieses Argument hielt sich hartnäckig bis in die 1980er Jahre.

Der demonstrativ unpolitische Gestus der westdeutschen Verleger musste hochgradig politisch wirken. Denn spätestens seit DDR-Kontrollinstanzen den Zugang zu westdeutscher Literatur auch in der Deutschen Bücherei erheblich reglementierten, wurde unklar, ob westdeutsche Verleger mit ihrer Zulieferpraxis dazu beitrugen, die Zensur zu verschleiern. Jedenfalls ließ sich vom Westen aus schlechterdings nicht einschätzen, wie stark in der Leipziger Bibliographie Staatszensur zu Buche schlug. Ausdrücklich kritisch äußerten sich gleichwohl nur die Westverlage, die über der deutschen Teilung ehemalige Stammhäuser im Osten verloren hatten, als diese zwangsverstaatlicht wurden.[57]

Ab den 1960er Jahren schlossen westdeutsche Verleger mitunter zum wirtschaftspolitischen Kalkül in der Bundesrepublik auf. Sie legten nahe, dass man

Bande: Erinnerungen an interdeutsche Bibliothekskontakte, Frankfurt a. M. 2011, S. 149-154.

55 Rau, Nationalbibliothek, S. 215-218, 360-365.

56 Beirat der Deutschen Bibliothek, Sitzungsprotokoll vom 12.8.1950, ISG FFM W2-7 Nr. 3324; Gottfried Rost, Die Deutsche Bücherei als »Loch in der Mauer«, in: Mark Lehmstedt, Siegfried Lokatis (Hgg.), Das Loch in der Mauer: der innerdeutsche Literaturaustausch, Wiesbaden 1997, S. 132-136; Heinz Sarkowski, Die Anfänge des deutsch-deutschen Buchhandelsverkehrs (1945-55), in: ebd., S. 89-108; Siegfried Lokatis, Verantwortliche Redaktion. Zensurwerkstätten der DDR, Stuttgart 2019; Christine Ferret, Die Zensur in den Bibliotheken der DDR, in: ZfBB 44.4 (1997), S. 387-417.

57 Estermann, Börsenverein, S. 174.

über die Wirtschaftskontakte, zu denen sie die Belieferung der Leipziger Deutschen Bücherei rechneten, Ostdeutschland kulturpolitisch beeinflussen könne. So würde man sich möglicherweise auch für Lockerungen im Osten verwenden können. Mit dieser Haltung setzte sich auch der Frankfurter Börsenverein über den Mauerbau hinweg.[58] Gelegentlich nutzten Verleger den Hinweis auf Leipzig aber auch ganz einfach als Kritik an der lückenhaften Deutschen Bibliographie der Deutschen Bibliothek in Frankfurt.[59]

Im Nachgang der 1960er Jahre schlug der Leipziger Bücherei wohl auch politische Sympathie aus den Reihen der neuen linken Verlage in der Bundesrepublik entgegen, die sich allerdings in der Regel nicht lange hielten.[60] Das breitere Entwicklungsfeld bestimmte ein anderer Trend: Eine jüngere Generation von Westverlegern wie der Suhrkamp-Verlag, der eng mit ostdeutschen Autoren vernetzt war und sie förderte, begann kulturpolitische Näherungen an den Osten zu fordern. Damit nahm sie einen Ton auf, der ab den frühen 1970er Jahren auch aus dem Bundesinnenministerium kam.[61] Seither lief zumindest bei einigen größeren westdeutschen Verlegern die Erwartung mit, dass sich neben den Buchbeschickungskontakten zur Deutschen Bücherei literarische Beziehungen aufbauen ließen. Es sollte nicht mehr darum gehen, kulturpolitischen Einfluss zu nehmen, sondern die deutsch-deutsche »Normalisierung« auszugestalten, von der der Grundlagenvertrag 1972 sprach.[62]

Die Argumentation der westdeutschen Verleger für Leipzig implodierte ein Stück weit auf dem Weg in die 1980er Jahre. Denn inzwischen wurde die wirtschaftliche Schwäche der Leipziger Bücherei zunehmend erkennbar. Somit geriet auch die Nationalbibliographie in Rückstand. Und damit erledigte sich das wohl beharrlichste Argument, mit dem westdeutsche Verleger an der Leipziger Bücherei festgehalten hatten.

Drittens schließlich kam zur deutsch-deutschen Szene unter Bibliothekaren und Verlegern auch der direkte Kontakt zwischen der Deutschen Bibliothek und

---

58 Patricia F. Zeckert, Die Leipziger Buchmesse, die Börsenvereine und der Mauerbau, in: Deutschland-Archiv 3 (2012), S. 470-477.

59 Karl G. Saur, Unzulänglichkeiten und Mängel an den Veröffentlichungen der Deutschen Bibliothek, in: Der Jungbuchhandel: Rundbriefe zur Berufsförderung 16.2 (1962), S. 83-85.

60 Uwe Sonnenberg, Von Marx zum Maulwurf: linker Buchhandel in Westdeutschland in den 1970er Jahren, Göttingen 2016.

61 Anke Jaspers, Suhrkamp und DDR: Literaturhistorische, praxeologische und werktheoretische Perspektiven auf ein Verlagsarchiv, Berlin, Boston 2022, S. 66-96; Klaus Kröger, »Establishment und Avantgarde zugleich«? Siegfried Unseld und der Börsenverein des Deutschen Buchhandels 1967/68, in: Ingrid Gilcher-Holtey (Hg.), Zwischen den Fronten. Positionskämpfe europäischer Intellektueller im 20. Jahrhundert, Berlin 2006, S. 311-331; Seyer, Buchmesse.

62 Rau, Nationalbibliothek, S. 625.

der Deutschen Bücherei in Leipzig. Es mochte dort eigene Beziehungsdynamiken geben, aber auch hier entkoppelte man sich letztlich nicht von den maßgeblichen deutschlandpolitischen Konjunkturen. Vor dem Mauerbau 1961 waren persönliche Kontakte der Bibliotheksleitungen allmählich recht umstandslos möglich. Offiziell kontaktierten sich die beiden Häuser schon erstmals in den späten 1950er Jahren. Als Generaldirektor der Deutschen Bibliothek trafen Kurt Köster und der Stellvertetende Generaldirektor Kurt Nowak auf ihre Ostkollegen, allen voran Helmut Rötzsch (1923-2017), der seit 1953 bei der Leipziger Bücherei arbeitete, 1959 zum Stellvertreter des Direktors, 1961 zum Generaldirektor aufstieg und, wie man später erfuhr, langjähriger Stasi-Spitzel war.[63] Man traf sich in der Regel nicht auf deutschem Terrain, sondern nutzte bevorzugt internationale IFLA-Kongresse im Ausland als neutrale Kontaktzonen. Dabei war Rötzsch wiederholt in Frankfurt. Er kam seit 1957 im Tross weiterer Kollegen der Leipziger Bücherei regelmäßig zur Frankfurter Buchmesse, um dort Kontakt mit westlichen Verlagen zu pflegen und um Pflichtexemplare für Leipzig zu werben. Die Direktoren wählten die Frankfurter Buchmesse symbolbewusst als deutsch-deutschen Literaturknotenpunkt. Denn seit Ende der 1950er Jahre zog sie nicht nur wie schon zuvor ostdeutsche Verleger an, für die freilich die Reiseschranken ab 1961 immer höher lagen. Seit 1958 stellten hier, wiewohl sehr lange wenig beachtet vom westdeutschen Buchhandel, auch ostdeutsche Verlage aus, sofern nicht Rechtsansprüche von Westverlegern in namensgleichen Parallelverlagen zu einem Veto führten. Diese Schranke hob sich allerdings für die allermeisten Ostverlage ab den 1960er Jahren.[64]

In der Frage des amtlichen Schriftenaustauschs allerdings bewegten sich Frankfurt und Leipzig nicht aufeinander zu. Solange die Bundesrepublik im Namen der Hallstein-Doktrin (1955-1969) am Alleinvertretungsanspruch festhielt, gab es für den öffentlichen Bibliotheksdienst im Westen Deutschlands klare Ansagen. Amtliches Schrifttum sollte an den dafür vorgesehenen Stellen in der Bundesrepublik gesammelt werden, allen voran in der Deutschen Bibliothek. Auf keinen Fall war vorgesehen, westdeutsches Schriftgut an ostdeutsche Häuser zu liefern. Für ostdeutsche Bibliotheken samt Leipziger Bücherei griff derweil in umgekehrte Richtung die Vorzensur aller Publikationen aus dem ›kapitalistischen Ausland‹. Zumindest nominell sollte dabei auch westdeutsches amtliches Schrifttum von ostdeutschen Bibliotheken ferngehalten werden.[65]

Es war in erster Linie der selbstgesetzte gesamtdeutsche Sammelauftrag, der die Deutsche Bibliothek seit ihrer Gründung ständig wieder zu Kontakten und

63 Armin Görtz, Stasi-Überraschung zum Jubiläum, in: Leipziger Volkszeitung, 10.12.2012, S. 3; Rau, Nationalbibliothek, S. 12.
64 Rötzsch an Köster, 2.11.1965 und Köster an Rötzsch, ADNBF DBB 1953-65, Saur, Bücherei.
65 Pampel, Schriftentausch, S. 38-39.

Abb. 8   Prof. Günther Pflug
(Generaldirektor der
Deutschen Bibliothek
in Frankfurt a.M. 1976-
1988) und Prof. Helmut
Rötzsch (Generaldirektor
der Deutschen Bücherei
Leipzig 1961-1990) auf
der Frankfurter
Buchmesse 1982

Verabredungen mit der Deutschen Bücherei in Leipzig zwang. Denn die ostdeutschen Neuerscheinungen waren, seit den 1960er Jahren auch wegen zunehmender wirtschaftlicher Probleme in der DDR, nicht umstandslos gesichert. Mitunter bewegte sich Köster, etwa 1973, in der Spätphase seines Frankfurter Direktorats, zum ersten Mal am Rand der Leipziger Messe, auf seinen Leipziger Amtskollegen Rötzsch zu, um die Belieferung mit aktuellen ostdeutschen Neuerscheinungen anzumahnen, die gerade einmal zur Hälfte in Frankfurt ankamen.[66] Pflugs Leipzig-Visite nur drei Jahre später, die eingangs angesprochen wurde, gehörte in die reisediplomatische Serie. Reklamation ausstehender Zulieferung und Kontaktpflege lagen sehr dicht beieinander.

Die Leipziger Belegexemplare für die Frankfurter Bibliothek wurden in den voranschreitenden 1980er Jahren zum kritischen Dauerton der Bibliotheksbeziehungen. Gelegentlich konnte man sich absprechen, verabredete beispielsweise 1980 eine Deutsche Kommission für die Erweiterung des Buchaustauschs.

---

66 Nr. 10 des Zusatzprotokolls zu Art. 7, BArch B 106/126821 Folgeverhandlungen zum Grundvertrag zwischen der Bundesrepublik Deutschland und der DDR; Klaus G. Saur, Die Buchmesse Leipzig von 1946 bis 2019, Leipzig 2020; Patricia F. Blume, Von Überzeichnungen, Schwerpunkttiteln und Blindbänden: Die Rolle der Leipziger Buchmessen für den Buchhandel der DDR, in: dies., Keiderling, Saur, Buch Macht Geschichte, S. 113-128.

Hier verständigte man sich über Regeln, nach denen sich die beiden Bibliotheken in Frankfurt und Leipzig wechselseitig mit Ost- beziehungsweise Westpublikationen beliefern würden, um in beiden Fällen an den gesamtdeutschen Sammelansprüchen festhalten zu können. Beide verpflichteten sich, die Verleger im eigenen Staatsteil erneut dazu anzuhalten, die Bibliothek auf der anderen Seite der Mauer regelmäßig kostenlos zu beliefern.[67]

Wie eng die deutsch-deutschen Bibliothekskontakte von deutschlandpolitischen Konjunkturen abhingen, wurde in den 1980er Jahren erneut deutlich. Als sich mit dem Amtsantritt des neuen sowjetischen Generalsekretärs Gorbatschow im März 1985 die internationalen Beziehungen zu entspannen begannen, schwammen auch die Bibliothekskontakte schnell in diesem Fahrwasser. Jedenfalls wollte die westdeutsche Politik das durchaus so sehen: Im September 1985 fragte eine Parlamentariergruppe bei der Bundesregierung nach dem Stand der deutsch-deutschen Kulturbeziehungen und thematisierte auch die »Zusammenarbeit von Bibliotheken in beiden deutschen Staaten«.[68] Für die Bundesregierung bekannte sich im Antwortschreiben ein Parlamentarischer Staatssekretär zum Kulturaustausch. Er verwies zwar auf die systemischen Grenzen in der reglementierten Gesellschaft der ostdeutschen Diktatur. Aber die deutsch-deutschen Bibliotheksbeziehungen, die er bezeichnenderweise gleich auf die Konstellation zwischen Deutscher Bibliothek und Deutscher Bücherei zuspitzte, nahm er davon aus. Neutralisierend sprach er beide als »zentrale Sammelstellen« an. Deren Beziehungen charakterisierte er als konsensual und kooperativ. Man nehme sich bibliographisch wechselseitig zur Kenntnis und tausche Literatur aus dem jeweils anderen Landesteil; »nennenswerte Probleme« seien nicht bekannt.[69]

1986 versprachen außerdem die Regelungen zu den Bibliotheken im Kulturabkommen Abhilfe. Späte Frucht des Grundlagenvertrags, jetzt mitgetragen und verabschiedet von der seit 1982 amtierenden Kohl-Regierung, sollte der Vertrag beide Häuser noch einmal nachdrücklich dazu ermuntern, Schriften und Informationen auszutauschen und auch sonst zu kooperieren.[70] Für die Deutsche Bi-

---

67 Klaus G. Saur, Deutsche Bücherei und Deutsche Bibliothek 1945 bis 1990, in: Aus dem Antiquariat N.F. 10.3-4 (2012), S. 166-172; ders., Die Buchmesse Leipzig von 1946 bis 2019.

68 Deutscher Bundestag 10. Wahlperiode Drucksache 10/3921 vom 30.9.1985. Kleine Anfrage, S. 2.

69 Deutscher Bundestag 10. Wahlperiode Drucksache 10/4207 vom 11.11.1985, Antwort der Bundesregierung, S. 2.

70 Abkommen zwischen der Regierung der Bundesrepublik Deutschland und der Regierung der Deutschen Demokratischen Republik über kulturelle Zusammenarbeit vom 6.5.1986, in: Bundesministerium für innerdeutsche Beziehungen (Hg.), Innerdeutsche Beziehungen. Die Entwicklung der Beziehungen zwischen der Bundesrepublik Deutschland und der Deutschen Demokratischen Republik 1980-1986. Eine Dokumentation, Bonn 1986, S. 259-263.

bliothek hoffte Pflug, dass die Frankfurter Forderungen so noch einmal zusätzlichen Rückenwind erhielten. Da wurde der Dissens zwischen Frankfurt und Leipzig aber doch wieder sichtbar. Man warf sich wechselseitige mangelnde Belieferungsdisziplin vor. Zumindest fachöffentlich trug Pflug diese Kritik gegen Leipzig auch ausdrücklich vor.[71] Der Börsenverein hingegen unterstützte die neuerliche Initiative des Bundesministeriums des Innern und forderte im Gegenzug die westdeutschen Verlage auf, ihrerseits in vollem Ausmaß Belegexemplare von Neuerscheinungen nach Leipzig zu liefern.[72]

Das Problem blieb über den Direktoratswechsel in Frankfurt hinweg Chefsache. Klaus-Dieter Lehmann, der im Frühjahr 1988 die Leitung der Deutschen Bibliothek übernahm, verhandelte im Sommer des Jahres in Leipzig nach. Vor allem bot er an, Leipzig eng in zentrale bibliographische Arbeitsprozesse einzubinden. Die Zielmarke war hier noch, »die Deutsche Bücherei also über eine vollständige Sammlung der deutschsprachigen Neuerscheinungen des Westens verfügen« zu lassen.[73] Das beschwichtigte die Bibliothekskontakte zunächst, bevor sie ab 1989 in den Sog der deutsch-deutschen Wiedervereinigungsdynamik gerieten.

Die sporadische Kontaktgeschichte, die sich zwischen den Häusern entspann, ließ erkennen, dass einerseits die Systemgrenze zwischen Ost und West seit den frühen 1960er Jahren poröser zu werden schien. Nicht nur die DDR, auch andere sozialistische Regime in Osteuropa engagierten sich generell und weit über den kulturpolitischen Rahmen hinaus in wirtschafts-, handels- und finanzpolitischen Netzwerken westeuropäischer Prägung. Die Beziehungen blieben aber konfliktanfällig.[74] Gleichzeitig beobachtete man von Frankfurt aus, dass die Deutsche Bücherei, je stärker sie in technologischen und wirtschaftlichen Rückstand zu geraten drohte, auf neue Weise an stabilen Verbindungen zur Deutschen Bibliothek interessiert schien. Die Bibliotheksführung in Leipzig konnte sie auch ausbauen, solange sie sich darauf verstand, gegenüber dem DDR-Regime plausi-

71 Günther Pflug an den Vorsitzenden des Verwaltungsrats der Deutschen Bibliothek, Ministerialdirigent Egon Hölder, 10.1.1983, ADNBF, BMI Allgemeines 1981 f.; ders., Verhandlungen mit der DDR über die Entwicklung der kulturellen Zusammenarbeit, 10.1.1983, ADNBF, ebd.; ders., Der Bibliothekartikel des Kulturabkommens zwischen der Bundesrepublik Deutschland und der Deutschen Demokratischen Republik, in: ZfBB 33.1 (1986), S. 39-42.

72 Bundesministerium des Innern und Verleger-Ausschuß mahnen. Belegexemplare nach Leipzig, in: Börsenblatt für den Deutschen Buchhandel, Frankfurter Ausgabe 30 (14.4.1987), S. 1180.

73 Wittstock, Vollständigkeit; Klaus-Dieter Lehmann an Rötzsch, 4.4.1989, ADNBF, Deutsche Bücherei Leipzig.

74 Villaume, Westad, Iron Curtain; Wilfried Loth, Georges-Henri Soutou (Hgg.), The Making of Détente: Eastern and Western Europe in the Cold War, 1965-75, London 2008.

bel zu machen, dass die Westkontakte produktiv und letztlich der ostdeutschen Position zugutekamen.[75] So lag auch in Frankfurt und Leipzig Détente in der Luft, aber wie lange man sie atmen würde, war offen. Mit jedem Kontakt zwischen den Bibliotheken bestand immer gleichzeitig die Chance, die Kontakte aufzulockern und die Gefahr, Spannungen aufzubauen.

Internationale Ersatzbühnen

Dass sich Bibliothekare wie viele Professionen nach dem Zweiten Weltkrieg internationale Austauschforen schufen, auf denen sie sich teils gegenseitig beäugten, teils über ähnliche Problemlagen besprachen, half auch in der deutsch-deutschen Konstellation weiter: Mitunter traf man sich, wie gesehen, auf Ausweichbühnen, bevorzugt auf den Kongressen der Internationalen Vereinigung bibliothekarischer Verbände und Institutionen (IFLA). Die IFLA, der auch schon die Deutsche Bibliothek in Leipzig angehört hatte, stand, 1927 als eine Art typischer Kulturinternationalist gebildet, nach 1945 eng neben der UNESCO. Sie teilte grosso modo deren buchkulturelle Emphase.[76] Man trug sich dort gleich mit mehreren Missionen. Es gab zum einen die Vorstellung, über Bücher, Buchbildung und Buchmärkte eine verständigungsorientierte Rekonvaleszenz des Westens voranzubringen. Daneben begann sich der bibliothekspolitische Ehrgeiz, von »entwicklungs«-politischen Modernisierungstheorien durchzogen, auch auf den globalen Süden zu richten. Und schließlich entstanden hier Laborräume für Kontakte quer über die Systemgrenzen im Ost-West-Konflikt hinweg. Protokoloniale Modernisierungsideologien und westliche Kulturgewissheiten lagen genauso in der Luft wie Spannungen im Kalten Kulturkrieg.[77]

75 Angela Romano, Federico Romero, European Socialist Regimes Facing Globalisation and European Co-operation: Dilemmas and Responses – Introduction, in: European Review of History: Revue européenne d'histoire, 21.2 (2014), S. 157-164.

76 Peter J. Lot, The IFLA [International Federation of Library Associations and Institutions]-UNESCO Partnership, in: IFLA Journal 38.4 (2012), S. 269-282; Flachowsky, Zeughaus Bd. 1, S. 451-460.

77 Margreet Wijnstroom, Report on Activities January-July 1971 by the IFLA General Secretary, BArch B 275/38; H.C. Campbell, The Funding of IFLA's Professional Activities (Draft), BArch ebd.; Paul Kaegbein, IFLA 1979. Kurzberichte, in: ZfBB 27.2 (1980), S. 165-166; Herman Liebaers, Dorothy Anderson, IFLA's Contribution to National Library Associations in Developing Countries, in: The Journal of Library History 7.4 (1972), S. 293-300; Lev I. Vladimirov, The Socialist Countries of Europe in IFLA, in: Willem R.H. Koops, Joachim Wieder (Hgg.), IFLA's First Fifty Years, München 1977; Jeffrey M. Wilhite, 85 years IFLA. A History and Chronology of Sessions 1927-2012, Berlin 2012.

Von daher waren die IFLA-Konvente alles andere als machtfreie Kontakt-
punkte, aber sie erlaubten unter anderem den west- und ostdeutschen Bibliothekaren, als bibliothekarische Experten zusammenzutreffen. Verständigung
war freilich nie garantiert. Köster und Rötzsch begegneten sich in den mittleren
1960er Jahren einigermaßen einvernehmlich,[78] Ende der 1960er Jahre hingegen
halfen die IFLA-Kontakte nicht, deutsch-deutsche Bibliothekarskonflikte abzubauen.[79]

Und doch brachten schon funktionale Erfordernisse die Frankfurter und Leipziger regelmäßig auf diese Kongresse. Denn als Wissensspeicher war der Frankfurter Bibliothek seit ihrer Gründung eine Art intrinsischer Zug zur binnen- und
transnationalen Vernetzung eigen: Die Bibliothekare zu beiden Seiten der deutsch-
deutschen Grenze weit über die Frankfurter Gefilde trieben von jeher gemeinsame
Fragen um: Wie sie ihre Wissensarsenale intern verzeichneten und zur externen
Benutzung anboten und wie sie die zahllosen Publikationen, die Bibliotheken be-
herbergten, präzise Informationen mindestens zu Autor, Titel und Inhalt möglichst leicht auffindbar machten. Es ging hier wie bei allen Katalogisierungs-
bemühungen zum einen darum, den Beständen mit einem Set minimalistischer
Informationen gleichzeitig physisch oder materiell und sachlich oder intellektuell
gerecht zu werden. Nur so waren die Wissensbestände in den Bibliotheken ziel-
genau greifbar oder über abstrakte Suchstrategien zu erschließen. Zum anderen
musste der Deutschen Bibliothek ebenso wie der Deutschen Bücherei daran gelegen sein, bei alledem an internationale Erschließungssysteme anzuknüpfen, um als
Wissensarsenale weithin sichtbar zu sein. Katalogisierungsfragen bildeten demzufolge einen fast unvermeidlichen deutsch-deutschen *common ground* und erzeugten gleichzeitig ein – kompetitives – Interesse west- und ostdeutscher Bibliotheks-
vertreter an internationaler Vernetzung.[80]

Dass Bibliotheken nur mit transparenten Wissensordnungen funktionieren,
musste Klassifikationsverfahren und Katalogisierungen also schon aus pragmatischen Gründen zu einem ganz besonderen Kandidaten erstens für deutsch-
deutsche Absprachen und zweitens für transnationalen Abgleich machen. Ex-
plodierende Publikationsmärkte und expandierende Mediensorten befeuerten
die Problemlage im voranschreitenden 20. Jahrhundert einmal mehr. Über ihre
Wissensarchitektur mussten und wollten sich die Frankfurter daher seit ihrer Gründung im nationalen wie im transnationalen Rahmen verständigen. Die
Verständigungssprache war freilich spröde und technizistisch. Es waren beileibe
nicht nur die Bibliothekare, die sie bestimmten. Kommunikations- und Informa-

---

78 Saur, Bücherei.
79 Schochow, Erinnerungen.
80 Verständnisbrücken für Nichtexperten baut Heidrun Wiesenmüller, u.a. mit dies.,
   Zur Zukunft der Katalogisierung: den Kern erhalten – Qualität an der richtigen
   Stelle, in: Hohoff, Lülfing, Bibliotheken, S. 327-337.

tionswissenschaftler und -techniker gingen seit den 1960er Jahren verstärkt mit computergestützten Klassifizierungsverfahren und einem Spezialjargon in Stellung, der selbst im kleineren Bibliothekskosmos sperrig und verschleiernd wirken konnte. Die Katalogisierungs-Internationale sprach im hermetischen Expertenmodus. Über (kultur-)politische Effekte internationaler Absprachen tauschte man sich dabei nicht aus. Aber nicht zuletzt die Bibliothekspolitiker in der DFG finanzierten zu zwei Drittel die deutsche Kollektivmitgliedschaft in der IFLA – mit bis Ende der 1970er Jahre sechs Bibliothekarsverbänden und mehr als 40 Bibliotheken. Zusammen mit den Direktoren der Deutschen Bibliothek erkannten sie seit den 1970er Jahren in den IFLA-Tagungen die Chance, das Potenzial des Frankfurter Hauses auf internationaler Bühne in Stellung zu bringen.[81]

Mindestens ebenso wie die funktionalen Erfordernisse waren es ähnliche Rückstandssorgen, die west- und ostdeutsche Bibliothekare auch aus dem Frankfurter und Leipziger Haus auf die IFLA-Konferenzen trieben. Denn gleich von welchem Teil Deutschlands aus betrachtet konnten sich Bibliothekare im Blick auf die internationalen Entwicklungen bald nach Kriegsende abgehängt finden: Die Preußischen Instruktionen und die Münchner Katalogisierungsordnung beziehungsweise die Regeln für die alphabetische Katalogisierung (RAK), die bis Ende der 1970er Jahre weitgehend kanonisiert schienen, wirkten aus Sicht der Zeitgenossen gleich in doppelter Hinsicht als retardierende Faktoren: Weder ließ sich von hier aus mühelos zur internationalen Kodifizierungsbewegung aufschließen noch war man unter diesen Bedingungen in West- wie Ostdeutschland gut auf den Übergang zu den EDV-Systemen vorbereitet.[82]

Zur Internationale der Bibliographen und Katalogisierer wollten deutsche Bibliothekare also durchaus in beiden Teilen Deutschlands aufschließen. Und sie fanden sich beide hohem Handlungsdruck ausgesetzt, als eine IFLA-Konferenz

---

81 Protokoll von Dieter Oertel, Bibliotheksreferat der DFG vom 2.3.1970: Deutsche Repräsentanz in der IFLA. Zusammenfassender Bericht über eine Besprechung in der Geschäftsstelle der DFG am 12.2.1970, BArch 275 32; Aktenvermerk von Köster, 20.8.1973, BArch B 275/38; Pflug an die Generalsekretärin der IFLA Wijnstroom, 10.2.1976, BArch B 275/38; Pflug an Ministerialrat Heinz Lachmann im Bundesministerium für Forschung und Technologie, 23.3.1977, Barch ebd.; Ingetraut Dahlberg, Wissensorganisation – Entwicklung, Aufgabe, Anwendung, Zukunft, Würzburg 2014; Harald Kleinschmidt, Vom System zur Ordnung. Bemerkungen zu Bewertungen von Sachkatalogen vornehmlich im 18. und 19. Jahrhundert, in: Libri 37.2 (1987), S. 126-159.

82 Franz G. Kaltwasser, Ein bayerischer »Oberregierungsbibliotheksrat« in der DDR, in: Ruppelt, Bande, S. 71-76; ders., Frühgeschichte der elektronischen Datenverarbeitung in der Bayerischen Staatsbibliothek, in: Bibliothek Forschung und Praxis 10.1-2 (1986), S. 5-19.

1961 die internationalen Katalogisierungsstandards vehement bewarb und forderte.[83]

Die Katalogisierer kamen aus mehr als 50 überwiegend westlichen Ländern und 12 internationalen Organisationen nach Paris. Zwar spielten Ausnahmegestalten wie der indische Bibliothekar und Informationswissenschaftler Shiyali R. Ranganathan (1892-1972) eine prominente intellektuelle Rolle in den Debatten der 50er und 60er Jahre. Den Initiator des Documentation Research and Training Centre im indischen Bangalore, bei Studienaufenthalten in Großbritannien und der Schweiz verwestlicht, trieben dabei ganz eigene Ziele der kulturellen Dekolonisierung an.[84] Dem Gros seiner westlichen Kollegen auf der Konferenz von 1961 ging es stattdessen um eine gemeinsame westlich definierte Informationspolitik. Bei den Paris Principles, die die Konferenz 1961 verabschiedete, überwogen dementsprechend angloamerikanische Leitbilder darüber, wie Publikationen standardisiert formal erfasst werden sollten. Davon zeugten die Anglo-American Cataloguing Rules, auf die man sich, wiewohl mit feinen amerikanischen und britischen Schattierungen, 1967 einigen sollte. Und das legten auch die Regularien wie die International Standard Bibliographic Description nahe, auf die sich bis 1971 die IFLA-Teilnehmerstaaten verständigen sollten.[85]

Der Regulierungsdruck von 1961 in Paris kam mit geringer Zeitverzögerung erst bei west- und dann bei ostdeutschen Bibliothekaren an. Unter dem Eindruck deutsch-deutscher Spannungen sorgte er aber eher für Konkurrenz als für Kooperation. Die politischen Rahmenbedingungen für eine gesamtdeutsche Reaktion waren im Jahr des Mauerbaus 1961 denkbar ungünstig. Daher lösten die IFLA-Initiative und Internationalisierungseffekte von Paris in den beiden deutschen Bibliothekswelten parallele, aber völlig separate Dynamiken aus. Sie sollten der Abgrenzung mehr dienen als der Kooperation. Der westdeutsche Verein Deutscher Bibliothekare befasste seit 1962 eigens eine Kommission mit dem Katalogisierungsproblem, die dafür sorgen sollte, dass die Westdeutschen hier nicht

83 Arthur H. Chaplin, Dorothy Anderson (Hgg.), International Conference on Cataloguing Principles, Paris, October 1961, Report, London 1963; Arthur H. Chaplin, Cataloguing Principles: Five Years after the Paris Conference, in: UNESCO Bulletin for Libraries 21 (1967), S. 140-145; Anna Kasprzik, Vorläufer der Internationalen Katalogisierungsprinzipien, in: Perspektive Bibliothek 3.2 (2014), S. 120-143.

84 Hellmut Braun, Die Internationale Konferenz über Grundsätze der Alphabetischen Katalogisierung (International Conference on Cataloguing Principles), in: ZfBB 9.1 (1962), S. 1-17; Jashu Patel, Krishan Kumar, Libraries and Librarianship in India, Westport, Conn. 2001, S. 11-13, 181-182, 212, 235-236.

85 Jean F. Arnot, International Conference on Cataloguing Principles, Paris 1961, in: The Australian Library Journal 10.3 (1961), S. 113; International Conference on Cataloguing Principles, Paris, 9th-18th October 1961. Preliminary Official Report, in: Libri 12 (1962), S. 61.

den Anschluss verpassten.[86] Dafür warb in der Deutschen Bibliothek an vorderster Front Rudolf Blum. Die Frankfurter sollten sich demnach auch mit dem Ziel internationalisieren, die Deutsche Bibliographie als Aushängeschild des Hauses »in dem freien Teil unseres Landes« unbedingt anschlussfähig zu halten.[87] Mitte der 1960er Jahre zog der gerade erst 1964 gegründete Deutsche Bibliotheksverband der DDR nach.[88] Über die zentrale Frage, wie die bibliothekarischen Wissensordnungen künftig anschlussfähiger reguliert werden müssten, fand man sich faktisch im selben professionellen Boot, wenn auch in beiden Fällen mit klaren Konkurrenzabsichten.

Die Pariser Internationalisierungsofferte beförderte in diesem Fall zunächst einmal eher den Drang zu antagonistischen Gesten. Langfristig beschwichtigte allerdings die deutsch-deutsche Situation, dass der Grundlagenvertrag 1972 die Aufnahme der Bundesrepublik und der DDR im September 1973 in die Vereinten Nationen ermöglichte. Die politischen Anerkennungsgewinne erleichterten auch bibliothekarische Begegnungen im IFLA-Format.[89] Der Deutschen Bibliothek war wichtig, 1974 an der Seite der Münchner und Berliner Staatsbibliotheken sogar im deutschen IFLA-Nationalkomitee anzukommen, und ihr Direktor Günther Pflug stieg 1979 an der Seite der norwegischen IFLA-Präsidentin und Direktorin der norwegischen Öffentlichen und Schulbibliotheken Else Granheim zum Vizepäsidenten der IFLA auf.[90]

86 Kommission für Alphabetische Katalogisierung des Vereins Deutscher Bibliothekare, Stellungnahme zu den Themen der Internationalen Konferenz für Grundsätze der alphabetischen Katalogisierung, in: Zeitschrift für Bibliothekswesen und Bibliographie 7 (1960), S. 380-384; Heinz Höhne, Die internationale Entwicklung auf dem Gebiete der alphabetischen Katalogisierung seit der Internationalen Katalogisierungskonferenz von Paris 1961, München 1961, S. 24-28, 34-61; Opening Address of the President of IFLA, Mr. G. Hofmann, 28th Session in Berne, in: Libri 12.3 (1962), S. 261-271.

87 Rudolf Blum, Die Deutsche Bibliothek und die Pariser Empfehlungen, in: Zeitschrift für Bibliothekswesen und Bibliographie 9 (1962), S. 321-328, hier S. 321.

88 Elena Andreevna Novikova, Die sowjetische alphabetische Katalogisierung und die internationalen Principien der Titelaufnahme, in: Zentralblatt für Bibliothekswesen 77 (1963), S. 97-110.

89 Frank Bösch, Jens Gieseke, Der Wandel des Politischen in Ost und West, in: Bösch, Geteilte Geschichte, S. 44.

90 Clemens Köttelwesch, IFLA 1979, in: Zeitschrift für Bibliothekswesen und Bibliographie 27 (1980), S. 162-163; Die Deutsche Bibliothek (Selbstdarstellung, 1971), Anlage zu einem Schreiben von Köster an den Bundestagsabgeordneten Berthold Martin, 30.6.1971, S. 4, BArch B 275/25; Protokoll über die Sitzung des IFLA-Nationalkomitees am 19./20.1.1976, BArch B 275/39; Köster an Oertel, 7.8.1974 (IFLA-Nationalkomitee), BArch 275/42; Pflug an Friedrich Andrae, Hamburger Öffentliche Bücherhallen, 21.9.1979, BArch B 275/42.

Wie der Bund bei alledem zumindest öffentlich die Deutsche Bibliothek in Frankfurt sah, bekundete der Staatssekretär im Bundesinnenministerium Siegfried Fröhlich anlässlich von Kösters Verabschiedung vom Generaldirektorat 1975. Zwar glich Fröhlich Frankfurt sofort direkt mit der Leipziger Deutschen Bücherei ab. Er sah inmitten des deutsch-deutschen Annäherungsklimas der mittleren 1970er Jahre die beiden Häuser aber im respektvollen Einklang. Fröhlich wies die Deutsche Bibliothek allem voran als »national-bibliografisches Informationszentrum« in der »Informations«-Gesellschaft seiner Tage aus. Das Haus passte demzufolge optimal in die moderne Massendemokratie: Es hielt publiziertes Wissen als »Datenbasis« in »zugänglichen Informationssystemen« für ›alle Interessierten‹ bereit und bewältigte dabei immer rasanter ansteigende Datenmengen. Köster galt hier wie später sein Nachfolger Pflug und der stellvertretende Generaldirektor Kurt Nowak (1934-2021) als Garant eines fortschrittlichen Hauses.[91] Die Speicherleistung der Bibliothek illustrierte Fröhlich mit imposanten, wenn auch isolierten Zahlen. Die Deutsche Bibliothek verdoppelte demnach den Titelbestand innerhalb von nur sieben Jahren auf zwei Millionen und brauchte für die Deutsche Bibliographie inzwischen 33.000 Seiten.[92]

Es war Fröhlich aber wichtig, die Bibliothek nicht nur Schritt halten zu sehen mit den Erfordernissen der Datenmoderne. Er feierte das Haus obendrein als globalen Schrittmacher und »erstes nationalbiographisches Zentrum der Welt« – dank der elekronischen Datenverabreitung nämlich, die Köster seit 1966 eingesetzt hatte und auch dank der beschleunigten Verfahren, mit denen Neuerscheinungen erfasst wurden.[93] Die neuen Datentechnologien bedeuteten für Fröhlich einen Quantensprung, eine gehörige wissenspolitische Schubumkehr: Die Bundesrepublik verfügte demnach mit der Deutschen Bibliothek Mitte der 1970er Jahre über einen international vorrangigen und anerkannten Wissensplayer, der längst nicht mehr deutsche Rückstände nacharbeitete, sondern die Entwicklung nicht nur gegenüber der DDR, sondern auch innerhalb des Westens anführte. Selbst die Internationalisierungsregeln, das kam für Fröhlich noch hinzu, definierte die Deutsche Bibliothek in der Katalogisierungsarbeit der UNESCO und der IFLA mit.[94] Mehr wissens- und kulturpolitischer Aufstieg und gleichrangige Souveränität mit klarer Führungsstärke, so wollte Fröhlich stellvertretend für den Bund verstanden werden, ging nicht.

91 FAZ, 23.2.1980 (Bücher und Datenverarbeitung), ISG FFM S2 Nr. 10722 Nowak, Kurt Oswald 1934-5-18 bis 2021-3-04. Stellvertretender Generaldirektor der Deutschen Bibliothek (1972-1999).

92 Siegfried Fröhlich, Deutsche Bibliothek: Vorbild für die Welt: Staatssekretär Fröhlich über Professor Köster. Bilanz, wie sie für die Beteiligten kaum besser sein könnte, in: Börsenblatt für den Deutschen Buchhandel 31 (1975), S. 1668-1670.

93 Kurt Nowak, Computereinsatz bei der Herstellung einer Nationalbibliographie: Deutsche Bibliographie, in: Libri 21.1-3 (1971), S. 118-129.

94 Fröhlich, Deutsche Bibliothek, ebd.

Indem er die Deutsche Bibliothek so beurteilte, sprach der Staatssekretär stellvertretend für das Bundesministerium des Innern. 1920 geboren und als Offizier im Krieg, aber erst 1945 mit dem Jurastudium zu Ende gekommen, gehörte der parteilose Fröhlich eher am Rande zu den arrivierten Ehemaligen, die wie sein zwischenzeitlicher Vorgesetzter, Bundesinnenminister Hermann Höcherl, das Ministerium zahlreich bevölkerten.[95] Ende der 1950er Jahre war Fröhlich im Bundesministerium des Innern mit den Planungen für den Ausnahmeszustand befasst gewesen, der sich mitunter am Kriegsrecht im Reich seit 1939 orientierte.[96] Mitte der 1970er Jahre musste es dennoch nicht unbedingt ein Nachklang dieser Kohorte sein, wenn Fröhlich sich befriedigt darüber zeigte, dass die Frankfurter inzwischen über handfeste kompetitive Potenziale nicht nur auf deutsch-deutscher Ebene, sondern auch auf europäischer und internationaler Bühne verfügten.

9.3 Wissensspeicher in der Bundesrepublik

Ihr Sammlungsauftrag machte die Deutsche Bibliothek, so stand es in ihrer Gründungsurkunde, nominell zuständig für alles, was nach dem 8. Mai 1945 erschienen war. Demgegenüber verfügten vor allem die traditionelleren Nationalbibliotheken im benachbarten Europa der sehr viel längeren Geschichte ihrer Häuser wegen über viel ältere Bestände, darunter Drucke, Handschriften, Karten und Musikalien aus der ganzen Welt. Das galt für die seit 1920 sogenannte Österreichische Nationalbibliothek in Wien, die nach 1945 zügig wieder ihren Betrieb aufnahm,[97] und noch viel mehr für die Bibliothèque nationale in Paris oder die – erst seit 1973 sogenannte – British Library. Sie lagerten darüber hinaus neben der Literatur des eigenen Landes immer auch wichtige fremdsprachige Veröffentlichungen aus allen Wissensgebieten in internationalem Maßstab ein.[98]

Unumstritten war die Bezeichnung Nationalbibliothek, auf die man im britischen Fall ohnehin ganz verzichtete, allerdings in keinem dieser Fälle. Das gilt allemal für den vielzitierten und frühesten französischen Paradefall. Die französischen Revolutionäre nannten die Bibliothèque du Roi in Paris 1792 Bibliothèque

95 Art. Fröhlich, Siegfried (1920-2012), in: https://www.bundesarchiv.de/cocoon/barch/0000/z/z1960a/kap1_6/para2_97.html.

96 Martin Diebel, Planen für den Ausnahmezustand. Zivilverteidigung und Notstandsrecht, in: Bösch, Wirsching, Hüter der Ordnung, S. 498-535, hier S. 523.

97 Karl Kammel, Das Österreichische Bibliothekswesen 1945-1950, in: Nachrichten für wissenschaftliche Bibliotheken 4.1 (1951), S. 1-4.

98 Hacker, Beiträge; Christian A. Nappo, The Librarians of Congress, Lanham 2016.

nationale, um sie gegen die Monarchie und für das republikanische Volk zu sichern. Während der napoleonischen Herrschaft und im Kaiserreich des frühen 19. Jahrhunderts benannte man das Haus wiederholt monarchisch und imperial um, bis man in der III. Französischen Republik 1871 auf die Bibliothèque nationale zurückkam. Die aufgeregte Namenspolitik im Umfeld der neuen Bibliothek, mit der sich François Mitterand sein präsidiales Denkmal in der Metropole setzte, endete 1993 mit Bibliothèque nationale de France.[99]

Im Blick auf die lange Sammlungstradition standen die Berliner und die Bayerische Staatsbibliothek nach 1945 dem Status europäischer Nationalbibliotheken näher als die Deutsche Bibliothek in Frankfurt – selbst angesichts massiver Kriegsschäden und im Berliner Fall trotz der Teilung des Hauses und zerfaserter, nach den Kriegsauslagerungen verstreuter Besitzstände. Denn beide Berliner Häuser, das eine in Ost-, das andere ab den 1960er Jahren in Westberlin angesiedelt, hatten längst eine gediegene Sammlungsgeschichte im Rücken. Die Berliner Staatsbibliothek war, 1661 als kurfürstliche Hofbibliothek entstanden, mit der Erhebung Preußens zum Königreich 1701 Königliche Bibliothek und nach der Beseitigung der Dynastie 1918 Preußische Staatsbibliothek geworden.[100]

Derweil hatte sich die Münchner Staatsbibliothek, 1558 als fürstliche Hofbibliothek gegründet, um 1803 sogar schon einmal als Stätte des bildungsbürgerlichen Volks »national« genannt. Der bayerische Kurfürst und seit 1806 König strich das Epitheton »national« aber wieder; es schien verdächtig republikanisch. Ähnlich wie im Berliner Fall war das Haus mit Weltkriegsende 1918 zur Bayerischen Staatsbibliothek geworden und hielt sich so über die NS-Diktatur hinweg.[101] Nach 1945 stand zwar auch für die Münchner Staatsbibliothek eine Re-

---

99 Jean Favier, The History of the French National Library, in: Daedalus 125.4 (1996), S. 283-291; Kaltwasser, Bibliothèque du Roi, hier S. 68-69; Emmanuel Le Roy Ladurie, Anita Hocquard, De la BN à la BnF: chronique de la grande bibliothèque (1987-1991): entretiens, Paris 2018.

100 Werner Schochow, Bücherschicksale: die Verlagerungsgeschichte der Preußischen Staatsbibliothek; Auslagerung, Zerstörung, Entfremdung, Rückführung; dargestellt aus den Quellen, Berlin, New York 2003; ders., Die Berliner Staatsbibliothek und ihr Umfeld: 20 Kapitel preußisch-deutscher Bibliotheksgeschichte, Frankfurt a.M. 2005; Gerhard Ihlow, Die Gebäude der Kurfürstlichen Bibliothek, der Königlichen Bibliothek sowie der Preußischen Staatsbibliothek zu Berlin im Spiegel ihrer Zeit 1652 bis 1940: eine dokumentierte Baugeschichte, Berlin 2013.

101 Franz G. Kaltwasser, Von der »Bibliotheque du Roi« in Paris über die »Churfürstliche Hof- und Nationalbibliothek« in München zur »Staatsbibliothek zu Berlin-Preußischer Kulturbesitz«: über die Namen großer Forschungsbibliotheken, in: Daniela Lülfing (Hg.), Tradition und Wandel, Berlin 1995, S. 67-81, bzw. wieder in: ders., Bibliotheksarbeit. Ausgewählte Aufsätze, Wiesbaden 2007, S. 237-250; Heinrich Middendorf, Die Bayerische Staatsbibliothek 1945-1964, in: Hacker, Beiträge, S. 317-362; Saur, Hollender, Selbstbehauptung.

konvaleszenz an. Sie konnte aber anders als im Falle der Staatsbibliothek Berlin, der Preußen als positiver Traditionslieferant zunächst abhanden gekommen war, und anders als die Deutsche Bibliothek nach 1945, auf das gediegene Sonderbewusstsein des Freistaats Bayern aufsatteln. Von den Alliierten vergleichsweise geringfügig territorial verändert, war Bayern aus der Innensicht ein fast unangetasteter Geschichtsraum geblieben. Antipreußische, antizentralistische Bekenntnisse und die Erwartung, dass der neue Föderalismus der Bundesrepublik der bayerischen Eigenstaatlichkeit zuträglich sein sollte, verhalfen der Münchner Staatsbibliothek zu einer selbstbewussten bayerischen Kulturpolitik.[102]

Demgegenüber musste sich die ehemalige Preußische Staatsbibliothek in Westdeutschland, die in dieser Hinsicht als paradigmatische *Cold War Library* westdeutschen Zuschnitts gelten kann, infolge der Teilung Deutschlands und Berlins lange mit Provisorien arrangieren. Weil der Alliierte Kontrollrat im Februar 1947 den Preußischen Staat für aufgelöst erklärte, übergaben die Westalliierten die Restbestände ihrer Collecting Points treuhänderisch an die jeweiligen westdeutschen Länder, so auch die in die US-Zone ausgelagerten Buchbestände der ehemaligen Berliner Staatsbibliothek an Hessen. Unter wechselnden Bibliotheksnamen – bis 1949 als Hessische, danach als ausdrücklich überregional ambitionierte Westdeutsche Bibliothek – wurde der Ausweichstandort Marburg das neue Berliner Buchexil.[103] Erst seit die 1957 gegründete und vieldiskutierte Stiftung Preußischer Kulturbesitz die ehemaligen preußischen Vermögenswerte zusammenzutragen begann, konnten die zerstreuten Bestände einschließlich eines namhaften Tübinger Sammlungsdepots ab 1962 nach Westberlin transferiert werden. Hier war sie jetzt als Staatsbibliothek Preußischer Kulturbesitz angesiedelt, freilich bis 1992 reichlich dezimiert. Denn ein erheblicher Teil ihrer Bestände, der im Ostsektor des seit Herbst 1948 geteilten Berlin lag, blieb, kulturpolitisch immer unerreichbarer, im Osten. Dort gehörten sie der Öffentlichen Wissenschaftlichen Bibliothek im seit Anfang Oktober 1949 zur DDR-Hauptstadt erklärten Ostberlin und firmierten ab 1954 als zentrale Deutsche Staatsbibliothek.[104]

102 Edgar Wolfrum, Geschichtspolitik in Bayern, in: Thomas Schlemmer, Hans Woller (Hgg.), Politik und Kultur im föderativen Staat 1949 bis 1973, München 2004, S. 394-410.

103 Paul Hühnerfeld, Millionen Bücher vegetieren, in: Die Zeit, 20.1.1955, S. 3; Hollender, Büchergrab; Daniel W. Kinney, From a Divided Library in a Divided City to One Library in Two Houses: A Centennial for a Great European Research Library Reunited and Restored, in: International Journal of Librarianship 3.2 (2018), S. 36-52.

104 Zehn-Jahresbericht der Deutschen Staatsbibliothek: 1946-1955, Berlin 1956; Günter Baron, Die Staatsbibliothek zu Berlin – Preußischer Kulturbesitz in zwei Häusern, in: Mitt. SBB (PK) 2 (1993), S. 1-9; Gudrun Voigt, Die kriegsbedingte Aus-

Was die Bestände anlangte, schlossen die Frankfurter mit dem Deutschen Musikarchiv, das seit 1970 zur Deutschen Bibliothek zählte, sowohl zu München und Berlin als auch zu den namhaften Nationalbibliotheken auf, die ihrerseits längst Musikalien und Musiktonträger bezogen. Man kam damit auch dem Charakter der Münchner Universal- als Archivbibliothek näher.

Dass die Deutsche Bibliothek in Frankfurt sich in den 1980er Jahren als saturiert empfunden hätte, lässt sich dennoch kaum sagen. Selbst Beständewachstum, Neubauten und überhaupt die seit 1969 vor allem von der Bundesrepublik beförderte bibliothekarische und bibliothekspolitische Expansion des Frankfurter Hauses lösten keine überbordende kultur- und wissenspolitische Selbstgewissheit aus. Das lag sicher auch an den föderalen Spannungen in Westdeutschland, wo die Berliner Staatsbibliothek und vor allem die Münchner Staatsbibliothek, so sehr man kooperierte, doch dafür sorgten, dass die Frankfurter ständig ihr Terrain abstecken mussten. Sollte es kulturpolitischen Überschwang gegeben haben, sollte man also daran gedacht haben, sich langfristig an den westeuropäischen Traditions-Bibliotheken auszurichten, genügte der schnelle Blick auf Leipzig, um das bibliothekarische Selbstbild der Frankfurter im deutsch-deutschen Spannungskontext zu erden.

Über das Sammlungs- und Verzeichnungsprinzip für ihre Bestände und deren »nationale« Dimensionen dachte die Deutsche Bibliothek in Frankfurt auf Leitungsebene bis in die späten 1980er Jahre hinein durchaus vorsichtig, mitunter skeptisch nach. Noch 1986 äußerte Generaldirekor Günther Pflug, der sein Amt 1976 von Köster übernommen hatte, dass die idealistische Idee einer nationalen Sammlung und Bibliographie eher die Emphase frühmoderner Nationalbewegungen widerspiegelte als die deutlich komplexere internationale Ordnung des fortgeschrittenen 20. Jahrhunderts.[105] Nationalbibliotheken und Nationalbibliographien stießen weltweit immer wieder an handfeste politische Grenzen. Sie trafen auf komplizierte historisch gewachsene Gemengelagen von »Nationen«, in denen Staatsterritorium und kultursprachlicher Einzugsbereich sich weitgehend überlappten, aber nicht völlig übereinstimmten. »Nationale« Sammlungsgebiete fielen für die »Nationalbibliotheken« also in der Regel nicht vom kulturpolitischen Himmel, sondern mussten verabredet und ausgehandelt werden. Patentrezepte, so sah es Pflug, hatten dafür aber auch multiethnische Staatsgebilde wie die Schweiz, Kanada[106] oder auch die UdSSR nicht zu bieten. Mal gab es dort mehrere nach Sprachregionen unterteilte Nationalbiographien, mal

lagerung von Beständen der Preußischen Staatsbibliothek und ihre Rückführung. Eine historische Skizze auf der Grundlage von Archivmaterialien, Hannover 1995.

105 Günther Pflug, Nation und Nationalbibliographie, in: Dieter Schug (Hg.), Der Bibliothekar zwischen Praxis und Wissenschaft, Wiesbaden 1986, S. 44-52.

106 Annika Spenger, Zwischen Druckerpresse und indigenem kulturellem Erbe – Das Bibliothekswesen Kanadas, in: Bibliotheksdienst 55.12 (2021), S. 817-826.

machten die Nationalbiographien verabredungshalber an den jeweiligen Staatsgrenzen halt und ignorierten sämtliche Publikationen, die jenseits des politischen Staatsterritoriums, aber durchaus im sprachkulturellen Einzugsbereich der Nation lagen.[107]

Nationalbibliotheken als Kulturspeicher »nationalen« Wissens und Nationalbiographien, die diesen Kulturvorrat dokumentierten, bargen so gesehen häufiger Probleme, als die vollmundige Bezeichnung nahelegte. Von daher schien Pflug 1986 die deutsch-deutsche Bibliotheksspaltung seit 1945 gar nicht so heikel.[108] Er hätte auch auf globale Parallelen verweisen können. Immerhin zeugten etwa in Korea zwei konkurrierende Nationalbibliotheken und -bibliographien davon, dass das Land infolge des Kalten Kriegs seit 1945/48 in Nord-Süd-Richtung staatspolitisch geteilt und kulturpolitisch zerrissen war.[109]

Das deutsch-deutsche Problem sah Pflug Ende der 1980er Jahre, was die Nationalbibliothek anlangte, aber ohnehin an anderer Stelle: Die Deutsche Bibliothek in Frankfurt musste nicht nur als Folge der Teilung, sondern auch angesichts der westdeutschen Staatsräson im permanenten Schwebezustand verharren: Einerseits war im Schatten des verfassungspolitisch verankerten Wiedervereinigungsgebots an eine deutsche Nationalbibliothek nicht zu denken, solange Deutschland geteilt blieb. Andererseits war das Frankfurter Haus spätestens als westdeutsche Bundesinstitution seit 1969 kulturpolitischer Teil der Vorstellung, dass sie der Bundesrepublik – als Rechtsnachfolger des Deutschen Reichs – als Bibliothek diente, die Publikationen des westlichen wie des östlichen deutschen Nachfolgestaats des Deutschen Reichs sammelte. Sowohl im Gründungsbeschluss von 1947 als auch in der Stiftungsurkunde 1952 und zuletzt im Bundesgesetz von 1969 schwang demnach, wenn »Deutschland« als Sammelgebiet der Frankfurter Deutschen Bibliothek genannt wurde, stets eine Art kulturpolitische Anwartschaft der Frankfurter auf eine gesamtdeutsche Instanz mit. Solange man in der Bundesrepublik qua Grundgesetz der deutschen Wiedervereinigung entgegenwartete, war eine deutsche Nationalbibliothek undenkbar. Umgekehrt sollte die Deutsche Bibliothek in Frankfurt die Publikationen beider deutscher Staatsteile erfassen.

Die Bibliographie der Deutschen Bibliothek wiederum wies über jeden »nationalen« Rahmen hinaus. Schon die Leipziger Nationalbibliographie, auf die sich die Frankfurter bezogen, war im frühen 20. Jahrhundert an der Leipziger Bücherei von ökonomischen und nicht von staatspolitischen Interessen getrieben.

107 Pflug, Nation und Nationalbibliographie.
108 Günther Pflug, Was ist eine Nationalbibliothek? Vortrag im Rahmen der IFLA-Konferenz Brighton 1987, Sektion Nationalbibliotheken, ADNBF Direktoren. Pflug.
109 Hyeonsook Ryu, Examination of Disputes between the National Library of Korea and the National Assembly Library, in: Asian Studies 2.2 (2014), S. 7-40.

Der Deutsche Börsenverein hatte sie vorangebracht, um Verlegern und Buchhandel in Deutschland wie in Österreich und der deutschsprachigen Schweiz zu helfen, Absatzmärkte zu erschließen. Die liberale Marktlogik blieb von allen schwerwiegenden historischen Umbrüchen abgesehen auch in Frankfurt nach 1945 ein starker Motor bibliographischer Anstrengungen. Dabei musste die Deutsche Bibliographie der Frankfurter zu Teilen immer redundant bleiben: Zu über 80 Prozent überschnitt sie sich mit ihrem Leipziger Pendant, durchaus aber auch mit der Österreichischen Nationalbibliographie und entsprechenden Verzeichnissen der deutschsprachigen Schweiz. Zudem hatten sich die Produktionsregime im fortschreitenden 20. Jahrhundert sprunghaft internationalisiert, waren Publikationen in (West-)Deutschland unter den Bedingungen globalisierter Buchmärkte und transnational agierender Verlagshäuser nicht mehr immer national zuzuordnen.[110]

Das Bekenntis zur »Vollständigkeit« blieb ein Kammerton in und aus der Deutschen Bibliothek – das Lamento über Unvollständigkeit nicht minder. Er sollte gar nicht nur durch interne Berichte hallen, sondern laut nach draußen dringen, um den Dauerbedarf an Personal und Finanzen der Deutschen Bibliothek zu bekräftigen. Daran sollte sich zwischen 1945 und 1990 wenig ändern. Die »Lücken«-Rhetorik gehörte sozusagen zum Geschäftsmodell in bester bibliothekarischer Absicht.

Entsprechend fiel auch eine der letzten großen Sammlungsbilanzen der Deutschen Bibliothek 1988 aus. Aus Österreich und der Schweiz erhielten die Frankfurter demnach etwa 80 Prozent der dort erscheinenden deutschsprachigen Werke durch Kauf, Tausch oder Schenkung und genauso viele deutschsprachige Veröffentlichungen aus dem Ausland. Die »Lücke« war an erster Stelle eine deutsch-deutsche, indem man die offiziell genehmigte Literatur der DDR zwar »annähernd vollständig« bezog, aber höchstens 60 Prozent der »Grauen Literatur«. Gleichzeitig ging man davon aus, dass maximal 80 Prozent aller Monographien in der Bundesrepublik in Frankfurt erfasst wurden, weil der Markt der Grauen Literatur außerhalb etablierter Verlage schwer zugängliches Terrain blieb. Man kalkulierte, anhand von über 60 regelmäßig ausgewerteten Nationalbibliographien auf etwa die Hälfte aller fremdsprachigen Germanica im Ausland zugreifen zu können. Aber höchstens ein Drittel der fremdsprachigen Übersetzungen aus dem Deutschen gelangte nach Frankfurt, um dort provisorisch katalogisiert zu werden. Dennoch war der Ton mit reflexhaften Seitenblicken auf ähnliche Problemlagen ›ausländischer Nationalbibliotheken‹ vergleichsweise gelassen. Mit einer völlig neuen Dimension von »Unvollständigkeit«, auch das prägte die Bilanz von 1988, rechnete die Deutsche Bibliothek vor allem im Blick auf die neuen Medien jenseits des Gedruckten. Wie man die seit 1970 mitgesammelten Tonträger und Microformen einspeisen konnte, schien schon unklar, und

---

110 Pflug, Nation und Nationalbibliographie, S. 45-49.

wie digitale Speichermedien und -daten systematisch in die Frankfurter Bestände und Verzeichnisse sollten, schlicht offen.[111]

Zwischen 1945 und 1990 schloss die Deutsche Bibliothek also allmählich zu einer eigentümlich westdeutschen Landschaft des Kulturwissens auf. Dass ihre Bestände stetig anwuchsen und sie für die Deutsche Bibliographie geradestand, brachte sie zusehends auf Augenhöhe mit den großen regionalen Universalbibliotheken in München und Berlin. Genau wie die Frankfurter konnten auch diese beiden traditionsreichen Instanzen keine »nationalen« Einrichtungen werden, weil sie allesamt unter dem Vorbehalt einer gesamtdeutschen Wiedervereinigung standen.

Das machte die westdeutsche Konstellation besonders, aber nicht einzigartig. Als die UNESCO 1960 einen Kongress-Bericht zur Lage der 34 Nationalbibliotheken in 25 europäischen Ländern vorlegte, wurde jedenfalls deutlich, dass zum gleichen Zeitpunkt auch andere Staaten wie Italien mit einer Bibliotheca Nazionale Centrale in Rom und Florenz, die autonomen Sowjetrepubliken neben der Lenin Staatsbibliothek in Moskau[112] oder die jugoslawischen Teilrepubliken nicht die eine zentrale Nationalbibliothek aufwiesen, sondern solche Funktionen auf mehrere Institutionenschultern verteilten.[113] Die Politik des 20. Jahrhunderts diktierte die Konditionen der großen Bibliotheken nicht nur im geteilten Deutschland mit. Tatsächlich war das auch der eher nüchterne Tenor der Profession auf europäischem Level nach 1945: Welche Funktionen genau ein Haus zur Nationalbibliothek machten, schien keineswegs definitiv genormt. Die Bibliotheksstrukturen bildeten bei weitem nicht nur in Deutschland historische und politische Kontingenzen ab, die das Kulturwissen moderner Gesellschaften eben prägten.[114] Zu einem ähnlichen Ergebnis kam eine globale Bestandsaufnahme der IFLA über Bibliotheken weltweit, die unter anderem für Südafrika die South African Public Library in Kapstadt und die Staatsbibliothek in Pretoria listete.[115]

Gleichzeitig war im westdeutschen Fall besonders ersichtlich, dass die Konstellation, die sich zwischen Frankfurt, München und Marburg beziehungsweise

111 Bertold Picard, Zur Fortentwicklung des Bestandsaufbaus an der Deutschen Bibliothek, in: von Köckritz, Nowak, Nationalbibliotheken, S. 195-206.

112 I.P. Kondakov, La bibliothèque nationale en URSS, in: Bulletin bibliothèques France 11.3 (1966), S. 93-104.

113 UNESCO (Hg.), National Libraries: Their Problems and Prospects. Symposium on National Libraries in Europe, Vienna, 8-27 September 1958, Paris 1960.

114 Godfrey Burston, National Libraries: An Analysis, in: International Library Review 5.2 (1973), S. 183-194, hier S. 193-194; K.W. Humphreys, National Library Functions, in: Unesco Bulletin for Libraries, 20.4 (1966), S. 158-169; Line Maurice B., ›Do We Need National Libraries, and if so What Sort?‹, in: Alexandria 2 (1990), S. 27-38.

115 IFLA (Hg.), Libraries in the World: a Long Term Programme for IFLA, Den Haag 1963.

Westberlin abzuzeichnen begann, bei aller professionellen Kooperation ständig Züge der Konkurrenz trug. Föderale Animositäten gab es freilich schon, seit die Leipziger Deutsche Bücherei 1913 ihre Arbeit aufgenommen und den Münchnern und Berlinern mit der Nationalbibliographie ein zentrales Merkmal von Nationalbibliotheken aus der Hand genommen hatte. Im Grunde wiederholten die Frankfurter diesen Anspruch nach 1945 erneut und reklamierten als Börsenvereinsgründung für sich, zumindest ab ihrem Sammlungsbeginn 1945 den gesamten Publikationsausstoß Deutschlands bibliographisch und sammlungstechnisch abzubilden. Bis 1990 brachte das gelegentlich wieder den konkurrierenden Föderalismus auf den Plan.

Nach 1990 schien die Münchner Staatsbibliothek für einen Moment in die Defensive zu geraten gegenüber den beiden großen Hausvereinigungen in Berlin und Frankfurts mit Leipzig.[116] Vielleicht schlug der Direktor der Bayerischen Staatsbibliothek in München, Hermann Leskien (1939-2021), auch deshalb 1995 noch einmal vor, die drei großen Häuser sollten sich auf ihre kooperativen Potenziale besinnen. Bezeichnenderweise verwies er dabei ausgerechnet auf die europäischen Nationalbibliotheken. Nur wählte Leskien jetzt nicht den sonst vielzitierten französischen Fall der großen Zentralbibliothek in Paris, sondern das britische Beispiel als Referenzgröße für Deutschland.[117] Tatsächlich hatten die Briten erst 1973 mehrere große Bibliotheken unter das Dach der British Library in London gebracht, die erst 1998 ein eigenes Haus beziehen sollte.[118]

Für Leskien verfügte Großbritannien über eine gediegene nationalstaatliche Bibliothekstradition, obschon sich die Londoner British Library letztlich aus einer Reihe ›selbständiger Einheiten‹ »unter einem organisatorischen Dach, aber […] nicht an einem Ort« rekrutierte. Die »Frage einer einheitlichen Institution« erklärte Leskien kurzerhand für »sekundär«.[119] Gleichzeitig erwähnte der Leiter der Münchner Staatsbibliothek 1995 zwar die Leipziger Bücherei, aber weder die Deutsche Bibliothek Frankfurt noch »Die Deutsche Bibliothek«, zu der Leipzig und Frankfurt inzwischen seit fünf Jahren fusioniert waren. Von München aus betrachtet zielte Leskiens Kooperationsmodell zuallererst auf Berlin. Daneben schien »Die Deutsche Bibliothek« in Frankfurt und Leipzig, wie sie seit 1990 hieß, als neues nationalbibliographisches Zentrum schwer kartierbar.

116 Hermann Leskien, Die beiden Staatsbibliotheken: Gedanken zu Anspruch und Wahrnehmung gesamtstaatlicher Aufgaben in Berlin und München, in: Daniela Lülfing (Hg.), Tradition und Wandel. Festschrift für Richard Landwehrmeyer, Berlin 1995, S. 141-155.

117 John Feather, The National Libraries of the United Kingdom, in: Alexandria 15.3 (2003), S. 175-181.

118 Philipp Rowland Harris, A History of the British Museum Library, 1753-1973, London 1998, S. 551-686; Arundell Esdaile, The British Museum Library: a Short History and Survey, London 1946 u. ö.

119 Leskien, S. 155.

Trotzdem fanden Anfang des 21. Jahrhunderts die großen Universalbibliotheken in Berlin und München ihre Positionen, als sich abzeichnete, dass die fusionierte Bibliothek in Frankfurt und Leipzig in den Rang einer Nationalbibliothek erhoben würde. Zum einen bestärkten die Häuser in Berlin und München ihre kooperativen Beziehungen.[120] Zum anderen sprach man bibliotheksöffentlich eine neue Rollenverteilung ab, die sich daraus für Berlin und München ergab.[121]

120 Christoph Albers, Berlin und München rücken zusammen. Staatsbibliotheken schließen Kooperationsabkommen, in: Bibliotheks-Magazin 2 (2006), S. 1-2.
121 Rolf Griebel, Elisabeth Niggemann, Barbara Schneider-Kempf, Die Deutsche Nationalbibliothek und die Staatsbibliothek in Berlin und München definieren ihre zukünftige Wahrnehmung nationalbibliothekarischer Aufgaben, in: Zeitschrift für Bibliothekswesen und Bibliographie 53 (2006), S. 304-305.

10. Unvorhergesehen
Ausblick auf 1990

10.1 Fusion

Vor der Fusionsaufgabe standen die Deutsche Bibliothek in Frankfurt und die Deutsche Bücherei in Leipzig vergleichsweise kurzfristig. Gleichzeitig machte sich jetzt bezahlt, dass die beiden Häuser – Spiegelbilder der beiden deutschen Gesellschaften in der zweiten Hälfte des 20. Jahrhunderts im Kleinen – zu keinem Zeitpunkt ihrer Teilungsgeschichte autistisch nebeneinanderher gelaufen waren. Aus einer Serie von ständigen schriftlichen und persönlichen Kontakten und Kommunikationen, die je nach Konjunktur der deutsch-deutschen Beziehungen und Kulturpolitiken mal sporadischer und mal intensiver, mal reglementierter und mal liberaler gerahmt waren, hatte sich über die Jahre eine flexible Begegnungsroutine entwickelt. Die schlug 1989/90 für die Bibliotheken zu Buche und wurde mitunter zum Aushandlungskapital.

1989/90 war Transformation das Gebot der Stunde. Sie sollte das meiste betreffen, was die ehemalige DDR ausgemacht hatte. Dass man darauf hinarbeitete, Deutsche Bibliothek und Deutsche Bücherei institutionell zusammenzuführen, war im großen Wiedervereinigungsbild ein Unterkapitel der deutsch-deutschen Szene. Schon allein auf dem breiteren kultur- und bildungspolitischen Sektor im Umfeld der Bibliotheken taten sich viele institutionelle Baustellen auf. Die ostdeutschen Hochschulen, Universitäten, außeruniversitären Forschungs- und Bildungseinrichtungen samt Schulen beispielsweise sollten zügig in Richtung ihrer westdeutschen Pendants verwandelt werden. Hier wie in anderen Belangen erwarteten manche Westdeutsche und befürchteten vermutlich mindestens genauso viele Ostdeutsche, dass man einigermaßen umstandslos westdeutsche Strukturmodelle in den Osten verlagern würde. Das mochte oft auch so ähnlich ablaufen.[1]

---

1 Zusammenarbeit zwischen Deutscher Bücherei und Deutscher Bibliothek. Ergebnis der Besprechung am 24.1.1990 in Reinhardsbrunn bei Eisenach (DDR), ADNBF Deutsche Bücherei Leipzig.

Wie massiv westdeutsche Wiedervereiniger den Kultur- und Wissensressourcen Ostdeutschlands zuleibe rückten, hing auch davon ab, ob es um Wissenssparten ging, die aus westdeutscher Sicht als staatssozialistisch durchseucht galten. Entsprechend fand an den Universitäten vor allem in den klassischen Gesellschaftswissenschaften, die die ostdeutsche Diktatur besonders auf politische Konformität verpflichtet zu haben schien, personalpolitischer Kahlschlag statt. Dass quer durch die Disziplinen ungefähr 60 Prozent des akademischen Personals abgebaut wurden und bis Mitte der 1990er Jahre über 40 Prozent westdeutscher Kollegen in neue Stellen einrückten, beschrieb statistisch, was die verschiedenen Fachdisziplinen unterschiedlich hart traf.[2]

In solchen Zusammenhängen wurden Leipziger Bücherei und Deutsche Bibliothek auf eine Weise zusammengeführt, die zunächst einmal ins unübersichtliche, offene historische Gesamtbild von 1989/90 passte.[3] Entsprechend waren starke Asymmetrien zugunsten des westlichen Hauses vorgezeichnet. Die Deutsche Bibliothek firmierte ein gutes Stück weit als ökonomisch abgesichertes und nach internationalen Standards der Profession modernes westliches und demokratisches Modell, an dem sich die künftige Bibliotheksordnung in vielem orientieren sollte.[4]

Damit erledigte sich auch hier – genauso wie die von Bürgerrechtlern und postmaterialistischen Strömungen in Westdeutschland geforderte Verfassungsdiskussion am Runden Tisch in der Politik – schnell die Option eines »Drit-

2 Jens Blecher, Jürgen John (Hgg.), Hochschulumbau Ost. Die Transformation des DDR-Hochschulwesens nach 1989/90 in typologisch-vergleichender Perspektive, Stuttgart 2021.

3 Michael Schwartz, Transformationsgesellschaft: DDR-Geschichte im vereinigten Deutschland, in: VfZ 69.2 (2021), S. 346-360; Tim Geiger, Jürgen Lillteicher, Hermann Wentker (Hgg.), Zwei plus Vier. Die internationale Gründungsgeschichte der Berliner Republik, Berlin, Boston 2021; Thomas Großbölting, Wiedervereinigungsgesellschaft. Aufbruch und Entgrenzung in Deutschland seit 1989/90, Bonn 2020.

4 Gesprächsvermerk vom 17.1.1990 nach einem Treffen des Vorsitzenden des Verwaltungsrats der Deutschen Bibliothek, Ministerialdirigent v. Köckritz, und K.D. Lehmann im Bundesministerium des Innern, Thema: Zusammenarbeit Deutsche Bibliothek Frankfurt a.M. und Deutsche Bibliothek Leipzig; ADNBF Deutsche Bücherei Leipzig; Zusammenarbeit zwischen Deutscher Bücherei und Deutscher Bibliothek, ebd.; Frankfurt/Leipzig (Abgleich von Buchzugängen), 8.9.1990, ebd.; Informationsmaterial zu TOP3 der Kuratoriumssitzung am 16.2.1990. Protokoll des Gesprächs im Zentralinstitut für Bibliothekswesen am 26.1.1990 über Möglichkeiten einer künftigen Zusammenarbeit, ebd.; Positionspapier des Bibliotheksverbandes der DDR, in: Zentralblatt für Bibliothekswesen 104.1 (1990), S. 1-3, ebd.; Klaus-Dieter Lehmann, Helmut Rötzsch, Planungsüberlegungen zu einer Zusammenführung von Deutscher Bücherei in Leipzig und Deutscher Bibliothek in Frankfurt a.M., in: Dialog mit Bibliotheken 2.3 (1990), S. 14-20, und wieder in: Jahrbuch der Deutschen Bücherei 26 (1990), S. 11-18.

ten Wegs« auf Halbdistanz zum Leipziger genauso wie zum Frankfurter Haus. Stattdessen stand vor allem aus westdeutscher Sicht die Frage zur Diskussion, was die planwirtschaftliche staatssozialistische Diktatur von der Deutschen Bücherei aus den Jahren vor 1933 übriggelassen hatte und welche Traditionen und Errungenschaften des Leipziger Hauses über 1990 hinaus unter einem gemeinsamen Bibliotheksdach weiterwirken sollten. Eine »Stunde Null« hat es freilich für die Leipziger Bücherei 1989/90 nicht gegeben und genauso wenig eine Matrix der bibliothekarischen Übernahme. Und oft gestaltete sich die zeitgenössische Realität sperrig. Es kollidierten nicht nur Kultur-, Wissens- und Bildungserwartungen zwischen Ost und West, sondern auch innerhalb der alten Bundesrepublik und noch viel mehr auch in der ehemaligen DDR.

Dass die lange Systemtrennung ganz unterschiedliche soziale, politische und Wissenskulturen ausgeprägt hatte, die jetzt vergleichsweise abrupt auch in der bibliothekarischen Breite aufeinandertrafen, zeichnete sich jedenfalls ab. Zugleich lag auf der Hand, dass die Wiedervereinigung den Leipzigern mehr Neuorientierung abverlangen würde als den Frankfurtern.[5] Denn hinzu kam, dass sich nahezu sämtliche Strukturbedingungen, unter denen die beiden Bibliotheken in Frankfurt und Leipzig bestanden hatten, 1989/90 in Ostdeutschland weitreichend änderten. Verlage und Buchhandel mussten sich binnen Kurzem erheblich wandeln. Sinnbildlich dafür standen etwa 80 zensierte Buchverlage der DDR. Bis dahin zu 99 Prozent staats- oder parteieigen und zu Kontrollzwecken seit über 25 Jahren auf diesem Stand eingefroren, wurden sie 1990 zügig privatisiert, ohne technisch und marktstrategisch auf einen raschen Wandel vorbereitet zu sein.[6] Wie konsensual oder kritisch, gestaltungsfroh oder resigniert ostdeutsche Bibliothekare und Mitarbeiter die Fusion der Häuser in Frankfurt und Leipzig begleiteten, war daher offen. Das galt auch dann, wenn die westdeutsche Bibliothekspolitik Ressourcen bereitstellte, die jetzt gebraucht wurden.[7]

5 Axel Schildt, »Berliner Republik« – harmlose Bezeichnung oder ideologischer Kampfbegriff? Zur deutschen Diskursgeschichte der 1990er Jahre, in: Michaela Bachem-Rehm, Claudia Hiepel, Henning Türk (Hg.), Teilungen überwinden. Europäische und internationale Politik im 19. und 20. Jahrhundert, München 2014, S. 21-32.
6 Hanns L. Schütz, Souveränität gesucht. Das deutsch-deutsche Verlagswesen befindet sich im Umbruch, in: FAZ, 19.12.1989, S. 27; Verband der Verlage und Buchhandlungen in Baden-Württemberg, e. V., Stuttgart: Ergebnisprotokoll der Sitzung der »Arbeitsgruppe Know-How-Transfer« für den Buchhandel der DDR am 7.3.1990 in Bonn, ADNBF, Deutsche Bibliothek Leipzig; Christoph Links, Das Schicksal der DDR-Verlage. Die Privatisierung und ihre Konsequenzen, Berlin 2009.
7 DFG, Einbeziehung wissenschaftlicher Bibliotheken der neuen Bundesländer in die Förderung der Deutschen Forschungsgemeinschaft. Empfehlungen des Bibliotheksausschusses, in: ZfBB 38 (1991), S. 182-189; Infrastrukturprogramm der Volkswagenstiftung für die Universitäten der neuen Bundesländer, in: ebd., S. 190-192.

Um den vielen Sichtweisen zeithistorisch auf den Grund zu gehen und ihnen gerecht zu werden, wird es eine eigene Studie brauchen, die sich zur offiziellen Selbstdeutung der wiedervereinigten Nationalbibliothek[8] ins Verhältnis setzt.[9] Der Blick auf parallele Fusionen wie die zwischen den beiden Berliner Staatsbibliotheken oder zwischen der Westberliner Amerika-Gedenkbibliothek und der ehemaligen Stadtbibliothek in Ostberlin kann dabei helfen, auch wenn hier in der Regel noch die Innensicht vorherrrscht.[10]

Formaljuristisch verschmolzen die Deutsche Bibliothek und die Deutsche Bücherei mit dem Einigungsvertrag vom 3.10.1990 zu einer Einrichtung, die als »Die Deutsche Bibliothek« weiterarbeitete.[11] Aus Frankfurter Sicht gewann man mit der Deutschen Bücherei historische Tiefendimension. Denn der Sammlungsstart verlagerte sich jetzt mindestens auf das Gründungsjahr des Leipziger Hauses 1912. Leipziger Sondersammlungen wie das Deutsche Buch- und Schriftmuseum brachten aus Frankfurter Sicht auch die ältere Buchkultur in den gemeinsamen Vorrat ein. Deutschsprachige Werke aus dem Ausland und fremdsprachige Veröffentlichungen über Deutschland erhielt die Nationalbibliothek seither weiterhin freiwillig oder erwarb sie von entsprechenden Verlagen. Seit Januar 1991 erschien die gemeinsame Deutsche Nationalbibliographie.[12]

Erst ab 2006 firmierte das geeinte Haus als bundesunmittelbare öffentlich-rechtliche Anstalt und Nationalbibliothek. Das lag nicht sofort auf der Hand.

8 Deutsche Nationalbibliothek (Hg.), Umbruch, Aufbruch: 1990-2020. 30 Jahre gemeinsam Zukunft leben, Frankfurt a.M. 2020; Klaus-Dieter Lehmann, Die Deutsche Bibliothek – Was bleibt – was wird, in: Hartwig Lohse (Hg.), Bibliotheken in alten und neuen Hochschulen. 82. Deutscher Bibliothekartag in Bochum 1992, Frankfurt a.M. 1993, S. 71-82; ders., Innenansichten, Außenansichten. Deutsche Bücherei und Deutsche Bibliothek nach der Vereinigung, in: BuB 44 (1992), S. 314-322.

9 Marcus Böick, Konjunkturen des Ökonomischen im Umbruch: Retrospektiven auf das lange Schwellenjahr 1990 zwischen enttäuschten Erwartungen und affirmativen Alternativlosigkeiten, in: Jörg Ganzenmüller, Franz-Josef Schlichting (Hgg.), Das demokratische Jahr der DDR. Zwischen Friedlicher Revolution und deutscher Einheit, Weimar 2021, S. 47-72; Schwartz, Transformationsgesellschaft; Geiger, Lillteicher, Wentker, Zwei plus Vier; Kerstin Brückweh, Clemens Villinger, Kathrin Zöller (Hgg.), Die lange Geschichte der »Wende«. Geschichtswissenschaft im Dialog, Berlin 2020.

10 Richard Landwehrmeyer, Die Staatsbibliothek zu Berlin, in: ZfBB (1993), S. 83-95; Claudia Lux, Erinnerungen an die Vereinigung in der Zentral- und Landesbibliothek Berlin, in: Günter Baron, Reimar Riese (Hgg.), Wendezeit – Zeitwende in deutschen Bibliotheken: Erinnerungen aus Ost und West, Berlin 2011.

11 Einigungsvertrag (Anlage I, Kapitel II, Sachgebiet B, Abschnitt II, Nr. 3), geänderte Fassung des Gesetzes über die Deutsche Bibliothek vom 31.3.1969; Erklärung der Börsenvereine Frankfurt am Main und Leipzig zur Fusion der Deutschen Bücherei Leipzig und der Deutschen Bibliothek Frankfurt am Main, in: Dialog mit Bibliotheken 2.3 (1990), S. 20-21, und Jahrbuch der Deutschen Bücherei 26 (1990), S. 19-20.

12 Kaltwasser, Bibliothèque, S. 80.

Man hatte die Bezeichnung anfangs verworfen, auch um einen Affront gegen die Nationalbibliotheken der Schweiz und Österreichs zu vermeiden.[13] »Die Deutsche Bibliothek« schien demgegenüber zu klären, dass es weiterhin nicht um einen Sammlungsanspruch innerhalb deutscher Staatsgrenzen, sondern im deutschen Sprachraum gehen müsse. Das bibliographische Verzeichnis nahm unterdessen die offizielle Hürde als erstes und erschien direkt 1991 wieder als Deutsche National-Bibliographie.

In Teilen der politischen Tagespresse wünschte man sich eine Nationalbibliothek. Die Erwartungshaltung war halb überschäumend, halb historisch geläutert. Zum einen sollte jetzt das »kollektive Selbstbewusstsein« der »Nation« aufbewahrt werden, zum anderen die ersehnte Nationalbibliothek eine ganz besondere »intellektuelle Souveränität« wahren und als Lehre aus der deutschen Kulturgeschichte »Vermögen« und »Unvermögen« des Nationalen gleich mitdenken.[14] Der presseöffentliche Ruf nach der Nationalbibliothek 1990 spiegelte auch aus diesem Grund keinen jähen Kulturnationalismus im ersten Überschwang der Wiedervereinigung. Zumal manche Kulturedaktionen schon im Nachgang zum deutsch-deutschen Kulturabkommen Ende der 1980er Jahre die Chance gesehen hatten, dass Frankfurt und Leipzig als ebenbürtige »Nationalbibliotheken« aufeinander zu gingen, um dem ewigen deutschen »Benjamin«-Status unter den historischen Nationalbibliotheken Europas entgegenzuarbeiten.[15] Die alten kulturpolitischen Rückstandsphobien hatten insofern schon vor 1990 geholfen, Frankfurt und Leipzig bibliothekspolitisch zusammenzudenken.

Gegenüber der 1990 fusionierten Bibliothek sahen sich angesichts dieser Forderung vor allem die föderalen Konkurrenten in Berlin und München in der Defensive. Besonders die Münchner Staatsbibliothek schien die beiden großen Hausvereinigungen in Berlin und Frankfurt/Leipzig skeptisch zu beobachten.[16]

---

13 Schweizerische Landesbibliothek (Hg.), Fünfzig Jahre Schweizerische Landesbibliothek, 1895-1945: La Bibliothèque nationale suisse, un demi-siècle d'activité, Bern 1945; Christian Osterheld, Die Wissenschaftlichen Bibliotheken der Schweiz zwischen Literatur- und Informationsversorgung, Dienstleistungen für Studium, Forschung und Bildung und kulturellem Auftrag: eine Standortbestimmung 2018, in: Alice Keller, Susanne Uhl (Hgg.), Bibliotheken der Schweiz: Innovation durch Kooperation, Berlin, Boston 2018, S. 27-53, hier S. 39-40; Uwe Wittstock, Von der Vollständigkeit der Titel oder Die Kraft der Archive. Auf dem Weg zu neuen deutsch-deutschen Gemeinsamkeiten: Die Nationalbibliotheken in Leipzig und Frankfurt kommen einander näher, in: FAZ, 16.8.1988.
14 Thomas Rietzschel, Die Deutsche Natonalbibliothek ensteht, in: FAZ, 16.8.1990, S. 2.
15 Uwe Wittstock, Vollständigkeit der Titel.
16 Hermann Leskien, Die beiden Staatsbibliotheken: Gedanken zu Anspruch und Wahrnehmung gesamtstaatlicher Aufgaben in Berlin und München, in: Lülfing, Tradition und Wandel, S. 141-155.

Entsprechend sammelten sich, als sich die bibliothekarische Vereinigung abzeichnete, in der deutschen Bibliotheks- und Kulturpolitik um die Wiedervereinigten nicht nur Gratulanten. Ähnlich wie das Münchner Haus musste sich auch die wiedervereinigte Staatsbibliothek in Berlin im Blick auf die neue Nationalbibliothek strategisch positionieren.[17] Noch im Januar 2006 verabredete man sich in München und Berlin auf den unmissverständlichen Anspruch, weiterhin gemeinsam »nationalbibliothekarische Aufgabe(n)« wahrzunehmen.[18] Eine gemeinsame Hauszeitschrift verband seither die beiden Generaldirektionen.[19] Die Bibliotheksjubiläen, die man 2008 in München zum 450. Jubiläum und 2011 in Berlin 350 Jahre nach Gründung beging, unterstrichen diese bibliothekarische Allianz München-Berlin.[20] In diesem Kraftfeld hatte sich jetzt die neue Nationalbibliothek aufzustellen.[21]

10.2 Problemlagen

Unterdessen waren die bibliothekarischen und bibliothekspolitischen Agenden in Frankfurt und Leipzig für die eigene Fusion umfangreich, die Erwartungen unterschiedlich. Schon kurze symptomatische Momentaufnahmen deuten das

17 Barbara Schneider-Kempf, Martin Hollender, »Unendlich viele Verdienste« – Klaus G. Saur und die Staatsbibliothek zu Berlin, in: Sven Fund (Hg.), Klaus G. Saur – Die Berliner Jahre, Berlin, New York 2009, S. 139-147, hier S. 141; Stefan Knoch, Bibliotheken: Anmerkungen zum »Gesetz über die Deutsche Nationalbibliothek« (DNBG)« in: Bibliotheksdienst 41.5 (2007), S. 529-541.

18 Memorandum of Understanding zwischen der Bayerischen Staatsbibliothek und der Staatsbibliothek zu Berlin PK über die Grundlagen ihrer Zusammenarbeit, https://www.bsb-muenchen.de/ueber-uns/kooperationen/kooperation-mit-der-staatsbibliothek-zu-berlin-preussischer-kulturbesitz/.

19 Albers, Berlin und München.

20 Barbara Schneider-Kempf, Martin Hollender, Wettbewerb fördert die Qualität, denn Konkurrenz spornt an. Das Bibliotheksmagazin als gemeinsame Zeitschrift der Staatsbibliotheken München und Berlin, in: Ceynowa, Hermann, Bibliotheken, S. 459-468; Albers, Berlin und München; Rolf Griebel, Elisabeth Niggemann, Barbara Schneider-Kempf, Die Deutsche Nationalbibliothek und die Staatsbibliothek in Berlin und München definieren ihre zukünftige Wahrnehmung nationalbibliothekarischer Aufgaben, in: ZfBB 53 (2006), Heft 6, S. 304-305.

21 Ebd.; Rolf Griebel, Elisabeth Niggemann, Die Staatsbibliothek zu Berlin als Bestandteil der verteilten Deutschen Nationalbibliothek, in: Sonderausgabe der Zeitschrift Bibliotheksmagazin anlässlich des 350. Geburtstages der Staatsbibliothek zu Berlin – Preußischer Kulturbesitz, Berlin 2011, S. 108-113.

an. In den beiden Exilsammlungen in Frankfurt und Leipzig zum Beispiel war man sich eher hölzern begegnet.[22] Und noch 1989 hatten die Frankfurter den eigenen Verzeichnisstand in der Deutschen Bibliothek dokumentiert. Das war der Horizont, in dem man plante.[23] Zu den vielen unerwarteten Transformationseffekten von 1990 gehörte nun unter anderem, dass sich die Exilarchive der neuen Nationalbibliothek im Grunde verdoppelten.[24] In der offiziellen Selbsteinschätzung der vereinigten Bibliothek wurden die beiden unterschiedlichen Sammlungen seither gerne zusammengeblendet.[25] Den diametral unterschiedlichen politischen Horizonten, in denen sie jeweils bis 1990 gestanden hatten, wurde man damit kaum gerecht – schon allein, weil es zum ausdrücklichen »Demokratie«-Bekenntnis der Frankfurter um Berthold seit den 1960er Jahren kein ostdeutsches Pendant hatte geben können.

Die Frankfurter mühten sich daher erkennbar, mit ihrer Exilexpertise nach vorn zu gehen und sich ihrer unter neuen Bedingungen öffentlich zu versichern. Noch in der frühen Transformationsphase der Bibliothekshäuser 1992/93 entschied man, Exponate aus der Überlieferung zur Deutschen Akademie im Exil und der American Guild for German Cultural Freedom auszustellen, die in den 1970er Jahren zur Bibliothek gekommen waren.[26] Ende Februar bis Anfang Juni 1993 wurden sie in der Deutschen Bibliothek unter dem Titel »Deutsche Intellektuelle im Exil« gezeigt und waren danach als Wanderausstellung u.a. in Bonn zu sehen.[27] Man präsentierte damit ein Herzstück der Frankfurter Sammlung.

Im Licht des Presseechos auf die Ausstellung von 1993 kam die Botschaft an. Die Deutungslinie zu vorherigen Ausstellungen des Frankfurter Exilarchivs seit

22 Horst Halfmann, Helmut Lohse, Die Sammlung der Exil-Literatur 1933 bis 1945 der Deutschen Bücherei. Ein Beitrag aus Anlass des 40. Jahrestages der faschistischen Bücherverbrennung am 10.5.1933, Leipzig 1973.

23 Werner Berthold, Brita Eckert, Deutsches Exilarchiv 1933-1945: Katalog der Bücher und Broschüren. Deutsche Bibliothek Frankfurt am Main, Stuttgart 1989.

24 Adolf Fink, Aufgabenteilung mit Leipzig. Neuerwerbungen des Exilarchivs in der Deutschen Bibliothek, in: FAZ, 13.12.1991, S. 61; Deutsche Bibliothek (Hg.), Deutsches Exilarchiv 1933-1945 und Sammlung Exil-Literatur 1933-1945: Katalog der Bücher und Broschüren. Die Deutsche Bibliothek, Leipzig, Frankfurt am Main. Berlin, Stuttgart, Weimar 2003.

25 Jörg Räuber, Exil-Literatur. Die Deutsche Bibliothek Frankfurt a.M. & Leipzig, in: Winold Vogt (Hgg.), Kulturen im Kontext: zehn Jahre Sammlung Deutscher Drucke, Berlin, 1999, S. 142-163.

26 Vgl. Kapitel 6.4.

27 Deutsche Intellektuelle im Exil: ihre Akademie und die ›American Guild for German Cultural Freedom‹. Eine Ausstellung des Deutschen Exilarchivs 1933-1945 der Deutschen Bibliothek, Frankfurt a.M., München 1993; FAZ, 13.2.1993, S. 47 (Ausstellung über deutsche Intellektuelle im Exil); Volkmar von Zühlsdorff, Deutsche Akademie im Exil: der vergessene Widerstand, Berlin 1999; FAZ, 18.1.2000, S. 9.

Ende der 1970er Jahre wurde oft aufgegriffen. Die Kommentatoren fanden, dass Werner Berthold, der den Manuskriptankauf wesentlich mit vorbereitet hattem und Bertholds Nachfolgerin Brita Eckert, die die Schau verantwortete, das deutschsprachige Exil so ›differenziert‹ zeigten wie eh und je. Das blieb tatsächlich im Kern die Leitidee des Frankfurter Exilarchivs: es vergegenwärtigte das Exil als Summe unterschiedlicher, mal mehr, mal minder prominenter kritischer Voten exilierter Zeitgenossen zum NS vor 1945, als eine Art pluralen Antifaschismus, auf den die Nachkriegsdemokratie achten sollte.[28]

Gleichzeitig blieb es auch nach 1990 nicht einfach, öffentlich beachtet zu werden. Noch 1986 war Bibliotheksdirektor Pflug die Herausgeberin der *Zeit*, Marion Gräfin Dönhoff, per Einschreiben angegangen, weil sie behauptet hatte, Deutschland sei den Emigranten einen Ort »schuldig geblieben«, der ihr »Schicksal« erinnerte und würdigte. Pflug verwies einigermaßen indigniert darauf, dass das Exilarchiv tatsächlich regelmäßig in der Tagespresse beachtet wurde, und legte sicherheitshalber Informationsmaterial bei.[29]

Dabei wollten die Frankfurter die Deutungsbühne auch für die »Intellektuellen«-Ausstellung von 1993 gar nicht allein bespielen. In diesem Fall überließ man diese Rolle der westdeutschen Wissenschaftspolitik: Im Sommer 1993 übergab der Literaturwissenschaftler und Präsident der Deutschen Forschungsgemeinschaft, Wolfgang Frühwald, die Ausstellung der Öffentlichkeit.[30] Frühwald würdigte beides, das nach 1945 in der westdeutschen Öffentlichkeit zunächst lange überbetonte introvertierte Geistesexil im »inneren Deutschland« und das aktivistischere, notgedrungen kosmopolitischere Exil derer, die seit 1933 aus NS-Deutschland fliehen mussten. Und er aktualisierte die Botschaft, die die Frankfurter Bestände in der tagespolitischen Gegenwart des Jahres 1993 ausstrahlen konnten. Die Exponate handelten demnach nicht nur von den Jahren vor 1945, sie thematisierten das Exil grundsätzlicher: als Erfahrung »kreatürlicher Angst vor physischer und psychischer Vernichtung«, als Verlust von »Heimat« und »Urvertrauen«. Von hier aus schlussfolgerte Frühwald zügig auf das Jahr 1993: Weder humanitärer ›Öffnungsfanatismus‹ noch xenophober ›Überfüllungsglaube‹, die beide durch die Diskussionen der 1990er Jahre schwirrten, würden dem Exilschicksal gerecht.[31]

28 Neue Zürcher Zeitung, 22.4.1993 (Deutsche Intellektuelle im Exil); Adolf Fink, Deutsche Intellektuelle im Exil, in: FAZ, 25.2.1993, S. 46.
29 Pflug an Gräfin Dönhoff, 17.12.1986, BArch NL 1544/19 v. Zühlsdorff.
30 Wolfgang Frühwald, Meine Heimat ist die Erde, die Welt mein Vaterland. Exilgeschichte als eine Geschichte der Angst, in: FAZ, 5.6.1993, S. 2. Die ausführliche Version erschien später als Wolfgang Frühwald, »...meine Heimat ist die Erde, die Welt mein Vaterland«. Vergessene Exil-Traditionen in Deutschland, in: Mitteilungen der Alexander von Humboldt-Stiftung 62 (1993), S. 3-10.
31 Frühwald, Meine Heimat, FAZ, S. 2.

Damit spielte Frühwald auf eine seit Beginn der 1990er Jahre erhitzt geführte öffentliche Diskussion an: Zwar war die Bundesrepublik schon spätestens seit den 1970er Jahren stark von Einwanderung geprägt. Seit die kommunistische Macht in Osteuropa ab den ausgehenden 1980er Jahren zerfiel, war die internationale Migration allerdings noch deutlich angestiegen. Das in der Wiedervereinigung begriffene Deutschland als jetzt östlichstes der reichen europäischen Länder erreichte sie besonders. Gleichzeitig verfügte die deutsche Regierung dieser Jahre, die die Diskussion um die Realitäten der Zuwanderungsgesellschaft eher gemieden hatte, kaum über geeignete steuerungspolitische Erfahrungen. Entsprechend waren die frühen 1990er Jahre im neu vereinigten Deutschland von erbitterten Auseinandersetzungen zwischen den Parteien um Einwanderung und Asyl bestimmt, von ganzen Serien fremdenfeindlicher Anschläge und Morde und öffentlichen Protestkundgebungen.[32]

Vor diesem Hintergrund las sich Frühwalds Rede anlässlich der Exilarchiv-Ausstellung von 1993 wie eine tagespolitische Intervention. Die Schau des Frankfurter Exilarchivs konnte dazu anleiten, so Frühwald, sich im Licht der ausgestellten Intellektuellen empathisch mit den Einzelschicksalen Exilierter zu befassen.[33] Frühwald setzte die Exilierten vor 1945 nicht mit den Migranten und Asylanten im Deutschland der 1990er Jahre gleich. Er sah die Frankfurter Exil-Schau allerdings auf eine Weise die Würde der Exilbiographie veranschaulichen, die hochaktuell blieb. Er mied es, allzu explizit zu werden, und doch schwang in seiner Rede die Aufforderung mit, sich vom historischen Wissen über das Exil zwischen 1933 und 1945 zumindest sensibilisieren zu lassen für die Erfahrung der Flucht. Die Presse trug diesen Zusammenhang durchaus weiter.[34] Mitunter setzte sie aber auch eigene Akzente und hob beispielsweise darauf ab, dass man in Frankfurt mit dem »konservativen Katholiken« Löwenstein und seinen Exilhilfenetzwerken ganz andere Exilanten würdigte als diejenigen, die bis dato in

---

32 Ulrich Herbert, Geschichte der Ausländerpolitik in Deutschland. Saisonarbeiter, Zwangsarbeiter, Gastarbeiter, Flüchtlinge, Bonn 2003, S. 286-345.

33 Frühwald, Meine Heimat, FAZ.

34 Frankfurter Neue Presse, 27.2.1993, ADNBF Exilarchiv (Hausarchiv). 1993 Pressespiegel; Vera Haase, Im Namen der Freiheit und der Kultur, in: Darmstädter Echo, 15.4.1993, ADNBF ebd.; Börsenblatt für den Deutschen Buchhandel, 14.9.1993, S. 16-20, ADNBF ebd.; Will Schaber, »Gib dem Herrn eine Hand – es ist ein Flüchtling«. Zum Katalog der »American Guild«-Ausstellung in der Deutschen Bibliothek Frankfurt, in: Aufbau (New York), 26.3.1993, ADNBF ebd.; Inka Bohl, Herausgerissene Leben im Zeugenstand, in: Der Literat 3 (1993), o.P.; P. Wallis, »Deutsche Intellektuelle im Exil«. Ausstellung in Frankfurt/Main. Skript der Sendung des Deutschlandfunks vom 19.3.1993, ADNBF ebd.; Neue Zürcher Zeitung, 22.4.1993, ADNBF ebd.; Monika Kappus, Auf Reisen – unfreiwillig. Eine Austellung des Exilarchivs in der Deutschen Bibliothek, in: Frankfurter Rundschau, 19.5.1993, ADNBF ebd.

der DDR erinnert worden waren.[35] Das Frankfurter Exilarchiv rückte man damit nachdrücklich von der Leipziger Exilschriftensammlung ab.

Eine zweite Momentaufnahme legt nahe, dass die Konstellation Frankfurt-Leipzig selbst dann schwierig blieb, wenn man sich formal eng aufeinander zubewegte. 2010 fusionierten das Musikarchiv in Berlin als Abteilung der Deutschen Bibliothek und die Musikalienabteilung der Deutschen Bücherei in Leipzig unmittelbar. Während die Bibliotheksstandorte in Frankfurt und Leipzig nebeneinander weiteroperierten, zog das Musikarchiv aus Berlin jetzt in den vierten Erweiterungsbau der Leipziger Bücherei um. Die deutsch-deutsche Musikkultursammlung verschmolz zum zentralen gesamtdeutschen Musikarchiv in Leipzig, nach 1990 inzwischen zusätzlich angereichert durch das Musikinformationszentrum des Verbandes der Komponisten und Musikwissenschaftler der DDR.[36]

Was formal zusammenkam, war freilich sehr unterschiedlich geprägt und gestimmt. In der DDR waren die Musikbibliotheken einschließlich der Leipziger Sammlung bis 1990 auf die programmatischen Linien verpflichtet, die der Bibliotheksrat und spätere Leiter der Erwerbungsabteilung an der Deutschen Bücherei Leipzig, Hans-Martin Pleßke (1928-2010), 1975 formulierte. Es gehe um »eine den kulturpolitischen Zielen des Arbeiter- und Bauern-Staates entsprechende erzieherische Arbeit«, um die »Erhöhung und gleichzeitig auch die Verbreiterung des musikalischen Niveaus [...] der Werktätigen« und um die Pflege »des progressiven Kulturerbes.«[37] Wo die sozialistische Erfolgsgeschichte getrübt schien, war der Westen schuld. So enthalte die »BRD« der Musikabteilung der Deutschen Staatsbibliothek Berlin Bestände vor, die den Ostdeutschen zustanden, war sich Pleßke sicher.[38] Und das US-Konsulat verweigerte 1968 den Delegierten der »Ländergruppe DDR«, seit Mai 1959 in der Internationalen Vereinigung der Musikbibliotheken (AIBM) vertreten, zu einem AIBM-Kongress in die USA einzureisen. Dass die AIBM im Sommer 1970 in Leipzig tagte, hatte Pleßke umso mehr als internationalen Anerkennungserfolg verbucht.[39] 1992 nun adaptierte Pleßke seine Bilanz leicht. Er justierte das Vokabular so nach, dass es zu

35 Gottfried Borrmann, Noble soziale Gesinnung, in: Allgemeine Zeitung Mainz, 2.3.1993, ADNBF Exilarchiv (Hausarchiv). 1993 Pressespiegel.

36 Christoph Hust, ›Wendestelle‹ – Der Deutsche Verlag für Musik in den Jahren 1989/90, in: Archiv für Musikwissenschaft 72.4 (2015), S. 302-323; Ingo Kolasa, Silke Breslau, Das deutsche Musikarchiv Berlin – vollständige Quellensammlung von Musikalien und Tonträgern der Bundesrepublik, in: Musikforum 38 (2002), S. 25-29.

37 Hans-Martin Pleßke, Zur Entwicklung des Musikbibliothekswesens in der Deutschen Demokratischen Republik, in: Zentralblatt für Bibliothekswesen 89.1 (1975), S. 16-20, hier S. 17, 18 und 20.

38 Pleßke, Entwicklung, S. 17.

39 Pleßke, Entwicklung, S. 18-19.

den neuen politischen Verhältnissen passte.[40] Jetzt unterstrich er, dass die DDR-Ländegruppe im AIBM vom Deutschen Bibliotheksverband aus dem Westen unterstützt worden war. Am Sabotage-Vorwurf gegen das US-Konsulat 1968 hielt Pleßke aber fest.[41]

Es mochte auch das Gespür für solche und viele ähnliche Distanzen zwischen Frankfurt und Leipzig und auf deutsch-deutschem Bibliotheksterrain insgesamt gewesen sein, das Klaus-Dieter Lehmann an der Spitze der Deutschen Bibliothek seit 1988 dazu veranlasste, das 1990 fusionierte Haus einmal mehr in einen europäischen und internationalen Horizont zu stellen.[42] Freilich beurteilte Lehmann die Lage der ›zersplitterten‹ Nationalbibliotheken in Europa generell kritisch. Beliebige, »unverbindliche Vielfalt« mochte hehren Pluralismusansprüchen genügen, aber sobald sich die Nationalbibliotheken darin einrichteten, würden sie intellektuelles Terrain verlieren. Demgegenüber drängte Lehmann darauf, dass sie sich europaweit auf eine gemeinsame »Informationsinfrastruktur« verständigten. Nur so würden ihre älteren und die neu erworbenen Bestände, physisches gedrucktes Material genauso wie digitale Veröffentlichungen, technologisch auf Augenhöhe mit den Erfordernissen ihrer Zeit verfügbar bleiben. Entsprechend bewarb Lehmann Initiativen wie die virtuelle European Library als vernetzten Online-Katalog sämtlicher europäischer Nationalbibliotheken oder das CoBRA-Programm (Computer and Bibliographic Record Actions), das die 1987 aus den Direktoren der Nationalbibliotheken gebildete Konferenz Europäischer Nationabibliotheken (Conference of European National Librarians CENIL) und die Europäische Kommission aufgelegt hatten. Europäische Zusammenarbeit war für Lehmann zugleich nicht ausschließlich eine Frage der Technik. Er bewarb sie vielmehr als einigermaßen alternativlosen Königsweg zu optimaler Sichtbarkeit der deutschen genauso wie benachbarter europäischer Nationalbibliotheken in der »Informationswelt« der Zukunft.[43]

40 Pleßke, Zur Geschichte der AIBM-Ländergruppe DDR (1959-1990), in: Fontes Artis Musicae 39.2 (1992), S. 90-95.

41 Pleßke, Geschichte, S. 92.

42 Klaus-Dieter Lehmann, Wichtiger Aktivposten für die internationale Kooperation. Die Deutsche Bibliothek gehört heute zu den größten Bibliotheken in der Bundesrepublik, in: Börsenblatt für den Deutschen Buchhandel, Frankfurter Ausgabe 46.22 (1990), S. 1006-1011; ders., Bibliotheken auf Europa vorbereiten, in: ZfBB 37.4 (1990), S. 289-306; ders., Zentrale Dienste der Deutschen Bibliothek, in: Regionale und überregionale Katalogisierung. Bestandsnachweis und restrospektive Konversion. Referate beim Sachverständigengespräch im Bundesministerium für Bildung und Wissenschaft Bonn, Berlin 1990, S. 31-48.

43 Minutes of the Third Meeting of the Conference of European National Librarians, held in Madrid, 17.-18.10.1989, ADNBF Europäische Zusammenarbeit CENIL 1986-1990; Klaus-Dieter Lehmann, Bibliotheken und die europäische Informationsinfrastruktur, in: Lüfling, Baron, Tradition, S. 131-140; ders., European National

So richtete die Deutsche Bibliothek 2003 auch das erste IFLA-Expertentreffen aus, das die Vertreter aus fast allen europäischen Staaten samt USA, Großbritannien, Kanada und Australien nach Frankfurt am Main lud.[44] Hier ging es demonstrativ um eine neue Stufe internationaler Konferenzfahrpläne und Absprachen. Die bisherigen Bemühungen, europäisch voranzukommen, sollten noch sichtbarer werden und die Katalogisierungs-Regeln im Zusammenspiel namentlich der europäischen und angloamerikanischen Experten noch mehr vereinheitlicht werden.[45] Erst um die Wende zum neuen Jahrtausend sollten solche Koordinierungsunternehmen aber richtig in Gang kommen, als deutsche Standardisierer sich von den jetzt als überkommen gehandelten RAK-Regeln (Regeln für die alphabetische Katalogisierung) weg auf die neuesten angloamerikanischen Verzeichnungsmethoden zubewegten.[46]

Seit sie als Frankfurter Standort der Nationalbibliothek firmierten, hatten die Frankfurter nicht nur eine reiche Sammlungtradition des Leipziger Hauses geerbt, sondern auch neue Problemlagen, wie sie die ältere Sammlungsgeschichte im deutschen 20. Jahrhundert mit sich brachte. Hier verschob sich aus Frankfurter Sicht die vergangenheitspolitische Perspektive auf deutsche Buchvorräte. Bisher hatte man sich als Kulturspeicher für die Phase ab Mai 1945 gesehen und diese Sammelzäsur nur für die Exilliteratur auf das Jahr 1933 vorverlegt. NS-Publikationen oder NS-affines Material erwartete man daher auch nicht in den eigenen Regalen. Hinzu kam freilich auch, dass sich bis in die 1980er Jahre hinein westdeutsche Bibliotheken die Frage nach möglichem Raubgut in ihren Beständen kaum stellten, auch wenn sie dazu mehr als die erst ab 1946 sammelnden Frankfurter allen Anlass hätten haben müssen.[47] Ab 1990 ließ sich diese Eng-

Libraries and the CoBRA Forum of the EU Libraries Programme, in: Alexandria 8.3 (1996), S. 155-166.

44 Ralph W. Manning, Die Anglo-Amerikanischen Katalogisierungs-Regeln und ihre Zukunft, Paper anlässlich der 64. IFLA-Konferenz August 1998, Amsterdam 1998 https://archive.ifla.org/IV/ifla64/083-126g.html.

45 Barbara B. Tillett, Renate Gömpel, Susanne Oehlschläger (Hgg.), IFLA Cataloguing Principles: Steps towards an In-ternational Cataloguing Code: Report from the 1st IFLA Meeting of Experts on an International Ca-taloguing Code, Frankfurt a.M. 2003, München 2004.

46 Renate Behrens, Jürgen Kett, Vom Regelwerk zum Rahmenstandard – RDA 2018, in: Dialog mit Bibliotheken 2 (2018), S. 4.

47 Manfed Komorowski, Die wissenschaftlichen Bibliotheken im Generalgouvernement Polen (1940-1945), in: Bibliothek Forschung und Praxis 7.1 (1983), S. 69-75; Stefan Alker, Bruno Bauer, Markus Stumpf, NS-Provenienzforschung und Restitution an Bibliotheken, Berlin, Boston 2017; Stephan Kellner, Raub, Recherche, Restitution. Provenienzforschung an der Bayerischen Staatsbibliothek – Zwischenbilanz und Ausblick, in: ZfBB 66.5 (2019), S. 225-234; Constantin Goschler, Zwei Wellen der Restitution: Die Rückgabe des jüdischen Eigentums nach 1945 und 1990, in:

führung kaum mehr aufrechterhalten. Denn mit der Leipziger Bücherei wurde die Frage nach den Effekten nationalsozialistischer Buch- und Bibliothekskampagnen auch für das fusionierte Haus dringlich. Als sich Ende der 1990er Jahre alle öffentlichen Einrichtungen in der Bundesrepublik Deutschland offiziell verpflichteten, Provenienzrecherchen in ihren Häusern durchzuführen und Raubgut zu restituieren, öffnete das auch für die Deutsche Bibliothek bzw. die Nationalbibliothek eine neue Agenda.[48]

Zugleich kam das Thema Raub und Restitution aus einer für Frankfurter Verhältnisse neuen Perspektive auf. Denn nach 1990 drängte sich, jetzt kulturpolitisch entkoppelt vom sowjetischen Hegemonialton, die Frage auf, wie russische Besatzungsmacht und ostdeutsche Verantwortliche die Buchbestände öffentlicher und vor allem wissenschaftlicher Bibliotheken in der ehemaligen DDR nach 1945 umgeschichtet und konfiguriert hatten. Deutsche Bibliothekare und Kulturpolitiker fanden bestätigt, dass die Russische Militäradministration seit Kriegsende 1945 in großem Umfang Bestände völkerrechtswidrig und außerhalb der Reparationsleistungen konfisziert und in die Sowjetunion abgezogen hatte. In einigen Fällen schien das Ausmaß solcher Verlagerungen desaströs. Der Sächsischen Landesbibliothek Dresden beispielsweise hatten die Russen rund 200.000 Bände als Beutegut entzogen und damit fast so viele Bücher, wie bereits im Dresdner Kriegsinferno zerstört worden waren. Im Zuge ihrer Entnazifizierungspolitik hatten sowjetische Kräfte zudem zwischen 1945 und 1951 rund 10.000 Bände aus dem Bestand der Thüringischen Landesbibliothek Weimar vernichtet.[49] Seit den 1990er Jahren war daher auch die Deutsche Bibliothek bzw. Nationalbibliothek in Projekte zur deutsch-russischen Aufarbeitung

Inka Bertz, Michael Dorrmann (Hgg.), Raub und Restitution: Kulturgut aus jüdischem Besitz von 1933 bis heute, Göttingen 2008, S. 30-45.

48 Stephanie Jacobs (Hg.), Tiefenbohrung: eine andere Provenienzgeschichte, Berlin 2022; Emily Löffler, Provenienzforschung an der Deutschen Nationalbibliothek Leipzig, in: Deutsches Zentrum Kulturgutverluste (Hg.), Provenienz & Forschung. Bibliotheken, Dresden 2021, S. 44-48; dies., NS-Raubgut: zum Stand der Provenienzforschung in Sachsen, in: ZfBB 67.1 (2020), S. 73-75.

49 Michael Knoche, Erwerben und abgeben, integrieren und rückabwickeln. Bestandsumschichtungen im wissenschaftlichen Bibliothekswesen der ehemaligen DDR, in: Klaus-Rainer Brintzinger, Ulrich Hohoff (Hgg.), 101. Deutscher Bibliothekartag in Hamburg 2012. Bibliotheken – Tore zur Welt des Wissens, Hildesheim u.a. 2013, S. 327-334; Klaus-Dieter Lehmann, Ingo Kolasa (Hgg.), Restitution von Bibliotheksgut. Runder Tisch deutscher und russischer Bibliothekare in Moskau am 11. und 12. Dezember 1992, Frankfurt a.M. 1993; Roland Bärwinkel, Die Thüringische Landesbibliothek 1919-1968, in: Michael Knoche (Hg.), Herzogin Anna Amalia Bibliothek – Kulturgeschichte einer Sammlung, München 1999, S. 159-200.

und Kooperation involviert, die von den Sowjets abgezogene Leipziger Bestände wieder zugänglich machen sollten.[50]

Am Ende stand und steht die Nationalbibliothek in Frankfurt/Leipzig ständig vor neuen Herausforderungen. Dazu gehört auch die immer wieder zentrale Frage, mit welchem Bestand und unter welchen medialen Vorzeichen man weiter durch das 21. Jahrhundert geht. Der Weg ist mit einer Fülle herausfordernder Probleme gepflastert. Zu den dikursiven Untoten gehört, in vielen Varianten, die »Giftschrank«-Diskussion. Sie erstanden zuletzt wieder im Zusammenhang mit dem digitalen Zeitungsportal der sogenannten Deutschen Digitalen Bibliothek, das die Nationalbibliothek federführend verantwortet.[51] Dass man dort unter vielen retrodigitalisierten Dokumenten nicht die nationalsozialistische Presse zwischen 1933 und 1945 zeigt, hat Kritik herausgefordert. Die Bibliotheken sollten, so der Einwand, für eine aufgeklärte Nation einstehen, die es sich im 21. Jahrhundert leisten müsse, auch ihre Irrwege systematisch offenzulegen. Nach »geltendem Recht« und entlang »ethischer Regeln«, historisch eingeordnet, solle die Nationalbibliothek gemeinsam mit ihren Partnern die NS-Publizistik digital zeigen.[52] Im Licht solcher Debatten spricht viel dafür, dass die Nationalbibliothek auch in Zukunft ständig Gelegenheit erhält, nicht nur ein sehr heterogenes Kulturwissen zu sichern und systematisch zugänglich zu halten, sondern sich auch als dynamischer Wissensspeicher in der demokratischen Debatte der Berliner Republik ihrer Tage zu positionieren.

50 Stephanie Jacobs, Bestände aus Leipzig und Moskau finden im Netz wieder zusammen: Deutsche Nationalbibliothek und Russische Staatsbibliothek unterzeichnen Vertrag zur kooperativen Digitalisierung und Erschließung kriegsbedingt verlagerten Kulturguts, in: ZfBB 67.1 (2020), S. 62; Klaus-Dieter Lehmann, Ingo Kolasa (Hgg.), Die Trophäenkommissionen der Roten Armee: eine Dokumentensammlung zur Verschleppung von Büchern aus deutschen Bibliotheken, Frankfurt a. M. 1996; E.J. Geniewa, Klaus-Dieter Lehmann, Deutsch-russischer Runder Tisch in Moskau, in: Bibliotheksdienst 27.1, 1993, S. 34-36; Briel, Reichstauschstelle https://doi.org/10.1515/bd.1993.27.1.34.

51 https://www.deutsche-digitale-bibliothek.de/; Siegfried Lokatis, Giftschränke im Leseland: die Sperrmagazine der DDR unter besonderer Berücksichtigung der Deutschen Bücherei, in: ZfBB 64.3-4 (2017), S. 133-144.

52 So u.a. Thomas Bürger, NS-Zeitungen in der Deutschen Digitalen Bibliothek? Über Zugänge zu Propagandaquellen und Hindernisse politischer Bildung in Deutschland, in: Markus Stumpf, Hans Petschar, Oliver Rathkolb (Hgg.), Nationalsozialismus digital. Die Verantwortung von Bibliotheken, Archiven und Museen sowie Forschungseinrichtungen und Medien im Umgang mit der NS-Zeit im Netz, Wien 2021, S. 277-292.

Eine Bilanz

1. Als die Deutsche Bibliothek 1946 provisorisch in Frankfurt am Main verabredet wurde, rahmten Kriegsende und US-amerikanisches Besatzungsregime die Szene. Dahinein mischte sich vieles, allem voran das Problem der immensen materiellen Kriegsschäden und der ökonomischen Knappheit vor Ort. Genauso lagerte über dem Gründungsmoment die noch kaum eingestandene moralische Last, die sich mit Krieg, Terror und dem Genozid an den Juden auf die Deutschen, ihre Kultur und Buchkultur gelegt hatte. Auf welche Weise die Deutsche Bibliothek zum Wissensspeicher der Nachkriegsdeutschen würde reifen können, wie es sich ihre Gründer vornahmen, wurde an keinem Nullpunkt regulativ entschieden. Es kristallisierte sich seit 1945 erst allmählich, in einer Serie ständiger Kontakte und Aushandlungen, in Korrespondenzen, Gesprächen und Treffen zwischen alliierten Besatzungskräften und deutschen Bibliothekaren, Verlegern, Börsenvereinsmitgliedern heraus. Mit der Stadt Frankfurt am Main, dem gerade neu gebildeten Land Hessen und am Ende auch dem Bund stießen längerfristig politische Größen aus der frühen Bundesrepublik hinzu, die pralle eigene Nachkriegsagenden hatten, auf denen eine Deutsche Bibliothek in der Regel nicht obenan rangierte.

Die Regie für die Einzelschritte, die in der Phase zwischen Sommer 1945 und Spätsommer 1946 zur Gründung der Deutschen Bibliothek in Frankfurt führte, lag weder ausschließlich auf deutscher noch nur auf amerikanischer Seite. Dazu war die interne Gemengelage auf beiden Seiten viel zu unklar, waren sich etwa die deutschen Verleger völlig uneins über der Frage, wie west- oder gesamtdeutsch sie sich aufstellen wollten, und hatten auch die Amerikaner zwar eine strenge Publikationskontrolle im Visier, aber keinen Vorabplan für eine westdeutsche Bibliothek. Zudem spielten ständig zusätzliche Größen und Ereignisse in die Szene mit hinein, allem voran die sowjetische Besatzungspolitik im besetzten Leipzig und die taktierende Leipziger Bücherei selbst. Die glich ihre Position ständig mit Entwicklungen in der westlichen Zone ab, genau wie die Frankfurter Bibliotheksgründer in spe umgekehrt Richtung Leipzig starrten.

Unter diesen Bedingungen wurde die Deutsche Bibliothek im Winter 1946 mit US-amerikanischem Plazet und massiver Fürsprache des unbelasteten hessischen Bibliothekars Hanns Wilhelm Eppelsheimer zwischen dem Börsenverein und der Stadt Frankfurt am Main verabredet. Damit war die Bibliothek eher unspektakulär und fast beiläufig ausgehandelt. Die Stadt sicherte ihre Unterkunft im Rothschild-Haus und auf die Zukunft hin ein Baugrundstück. Der Börsenverein gewährleistete den Bestandsaufbau, indem er seine Verlags-Mitglieder dazu anhielt, Belegexemplare ihrer Veröffentlichungen freiwillig nach Frankfurt zu liefern.

Nüchterner Pragmatismus prägte auch die restlichen 1940er und frühen 1950er Jahre, als man sich anstrengte, von hier aus weiterzukommen. Was als Konsolidierung gedacht war, trug alle Züge eines mühseligen bibliothekarischen Klein-Klein. Es ging 1946/47 um trippelnde Etablierungsschritte in einer unübersichtlichen Gemengelage unterschiedlicher Interessen. Für ausladende kulturpolitische Visionen war zumindest im Tagesgeschäft dieser frühen Phase wenig Raum.

Die amerikanische Besatzungsmacht war der Idee einer Bibliotheksgründung in Frankfurt aus Kalkül gewogen. Denn deren bibliographische Verzeichnisse und die eingelagerten Veröffentlichungen versprachen zusätzliche Übersicht über den streng überwachten westlichen Publikationsmarkt. Deutsche Akteure bewegten sich zunächst in erster Linie unter dem amerikanischen Entnazifizierungsradar. Der Leipziger Börsenverein, dem die Amerikaner bei einem kurzen besatzungspolitischen Intermezzo in Leipzig im Frühling 1945 begegneten, war als traditionsreicher und ehedem stolzer Gründer der Deutschen Bücherei nach 1945 politisch angeschlagen. Zu seiner Rekonvaleszenz verhalfen ihm ganz wesentlich die Amerikaner, die ihn als Schnittstelle im Publikationssektor brauchten. Sie suchten und fanden in seinen Reihen Personal mit möglichst unbelastetem Profil und warben es für eine Ausgründung des Börsenvereins in Wiesbaden und Frankfurt am Main an. Auf die amerikanische Offerte ließen sich westdeutsche Verleger und Buchhändler in der Erwartung ein, sich so unter neuen Systemvoraussetzungen politisch regenerieren zu können. Der neu installierte Frankfurter Börsenverein sollte zu einer wichtigen Stütze der Bibliotheksgründung werden. Er warb vehement für eine neue Sammelinstanz, die mit ihrer zentralen Bibliographie Verleger und Buchhandel über das Buchmarktgeschehen informieren würde.

2. Als Nachkriegsgründung schien die Deutsche Bibliothek gnädig spät geboren und von den NS-Jahren zunächst einmal deutlich entfernt. Sie bekam, ganz anders als die Deutsche Bücherei in Leipzig, mit ihrem ersten Direktor Eppelsheimer politisch weitgehend unkompromittiertes Führungspersonal. Auch hatte sie, weil der Sammlungsbeginn amerikanisch angeleitet auf den 8. Mai 1945 terminiert war, keine Altbestände zu entnazifizieren. Und doch musste der NS die Erfahrungswelt der ersten Mitarbeiter prägen. Die kleinen Anfänge am Frankfurter Untermainkai 14/15 illustrierten, dass sich die Deutsche Bibliothek in einer über viele Jahre

gewachsenen, weit hinter das Jahr 1933 zurückreichenden, zuletzt aber vor allem vom Krieg gezeichneten Bibliothekskultur zu behaupten hatte, die zwischen 1933 und 1945 massiv nationalsozialistisch überdacht gewesen war.

Den Notarrangements nach Kriegsende geschuldet, teilte sie zwischen 1946 und 1959 mit wenigen Mitarbeitern auf engstem Raum den Standort mit der umquartierten Frankfurter Stadt- und Universitätsbibliothek. Damit erbte die Deutsche Bibliothek keine zweite Institutionengeschichte. Aber so blieb lange mit Händen zu greifen, dass der NS auch in Frankfurt massive buch- und bibliothekspolitische Flurschäden hinterlassen hatte. Man konnte im Blick auf Trümmer und dezimiertes Personal vor Augen haben, dass jüdische oder missliebige Bibliothekare vor 1945 diffamiert und vertrieben, Bücher jüdischen oder sonst oppositionellen Ursprungs separiert, vernichtet und Bestände haltlos zerfleddert und verschachert worden waren. All das hatte sich, repräsentativ für die landesweite NS-Politik, auch in unmittelbarster Nachbarschaft der dann noch gar nicht gegründeten Deutschen Bibliothek zugetragen. Als Institution war sie nicht involviert, aber ihre ersten Mitarbeiter konnten kaum starten, ohne den Spuren von Diktatur und Krieg tagtäglich zu begegnen. Nachkriegsgründung mochte die neue Deutsche Bibliothek also sein. Aber Zerstörung und Behelf diktierten die frühe Phase mehr als alles andere.

Im anfangs provisorisch gedachten und jahrelang ausgebauten Notquartier der Deutschen Bibliothek im Rothschild-Haus am Untermainkai schien noch etwas anderes auf: Die Deutsche Bibliothek entstand zwischen den Zeiten. Ihren ersten eigenen Raum erhielt sie hier an einem doppelt symbolträchtigen Ort. Zum einen war die Rothschild-Bibliothek, deren Räume man zunächst bezog, als Teil der Stadt- und Universitätsbibliotheken Frankfurts massiv von der rassischen Buch- und Bibliothekspolitik des NS beeinträchtigt worden. Sie hatte Bibliothekare und ihren jüdischen Stifternamen verloren, den man ihr erst nach Kriegsende wieder zuerkannte. Zum anderen versinnbildlichte das Rothschild-Haus wie kein anderer Ort in Frankfurt die fundamentale bibliothekarische Schubumkehr in der US-Zone nach Kriegsende. Denn vom Collecting Point im Rothschild-Palais aus, den die Amerikaner Ende 1946 nach Offenbach verlegten, ahndete die US-Besatzungsmacht nun die rassistische Buchauslese der Nationalsozialisten. Von hier aus verschaffte sie den verfemten Kulturgütern und Wissensbeständen rechtlich und praktisch wieder Geltung in einer Ordnung, die schleppend auf dem Weg war, Demokratie zu werden. Kriegsende und Neuordnung der demokratischen Buchwelt unter amerikanischen Vorzeichen kamen also am neuen Sitz der jungen Deutschen Bibliothek zügig an – das Frankfurter Rothschild-Palais spiegelte erst den Zivilisationsbruch zwischen 1933 und 1945 und nach 1945 auch dessen buchpolitische Kompensation.

3. Die Deutsche Bibliothek blieb Teil einer zwiespältigen Rekonstruktion von Verwaltung, Bürokratie und öffentlichem Dienst in der Bundesrepublik nach

1945. Denn die Entnazifizierungspolitik griff hier wie in der Bundesrepublik generell nicht flächendeckend und produzierte Schieflagen. Die vielzitierte Elitenkontinuität war auch auf dem Bibliothekssektor zu beobachten. Darin spiegelte sich abnehmendes US-amerikanisches Interesse an der Entnazifizierung zugunsten der seit 1947 bevorzugten Antikommunismuskampagne genauso wie eine gewiefte »Vergangenheitspolitik« der westdeutschen Politik bis in die 1960er Jahre. Gerade in Spitzenpositionen im öffentlichen Dienst ließ man dort Amnestie vorwalten und befeuerte die Selbstviktimisierung, mit der man sich allenthalben selbst entlastete. Auch bis zu 23 Prozent der fast 40 leitenden Bibliotheksdirektoren in Deutschland hielten sich über 1945 hinweg. Dazu passte, dass auch in der Deutschen Bücherei in Leipzig die vielbeschworene antifaschistische Säuberung der Kommunisten nicht griff. Für die großen Universalbibliotheken und für die Deutsche Bibliothek im Westen allerdings galt das nicht. Die Staatsbibliotheken in München und Berlin erhielten eine neue Leitung. Und in Frankfurt platzierte sich mit Eppelsheimer, amerikanisch durchgewunken, ein professionell und taktisch versierter und politisch weitgehend lupenreiner Bibliothekar und überaus prägender Akteur der ersten Stunde. Im typologischen Abgleich mit den bibliothekarischen Eliten in seinem westdeutschen Umfeld erscheint Eppelsheimer nach 1945 neben zwei anderen Sorten von Bibliotheksleitern: dem ignoranten Belasteten, der seine Karriere mit leichten Einbußen fortsetzten konnte, und dem belasteten, aber nicht belangten Bibliotheksleiter, der sich mindestens formal aktiv in die demokratische Ordnung integrierte. Gemessen daran war Eppelsheimers Direktorat ein politischer Glücksfall für die Deutsche Bibliothek.

Wie viel Kontinuität es im lange Jahre kleinen Mitarbeiterstab der Deutschen Bibliothek unterhalb der Leitungsebene gab, lassen die Akten nur stichprobenartig erkennen. Selbst in den tendenziell wenigen Fällen, in denen Mitarbeiter auf nachgeordneten Positionen schon vor 1945 im Bibliotheksdienst waren, bleibt die Kontinuitätsdiagnose vordergründig, solange nicht nachweisbar ist, dass solches Personal in das buch- und bibliothekspolitische Unrechtsregime des NS handgreiflich involviert war und von dieser Warte aus auch noch nach 1945 die eigene Profession verstand. Die verstreute Empirie legt jedenfalls nahe, dass die Deutsche Bibliothek im vergangenheitspolitischen Trend der frühen Bundesrepublik lag. Selbst angesichts von Kriegsschäden und wachsenden Erkenntnissen darüber, welche Effekte der Buchrassismus des NS gezeigt hatte, beschwieg man das Thema eher und widmete sich umso mehr den bibliothekarischen Alltagsroutinen, dem Sammeln und bibliographischen Verzeichnen nach erst besatzungspolitisch eng gefassten und dann allmählich souveräneren demokratischen Spielregeln.

Außerhalb der Deutschen Bibliothek bewegte sich der ausgemachte Netzwerker Eppelsheimer tendenziell in einem konservativen bibliothekarischen Klima. Man war dort vor allem mit selektiver Nabelschau befasst und erging sich in der Klage über verlorene Bestände und Bibliothekszerstörungen, ohne sich zum NS ins Verhältnis zu setzen. Im Spiegel seiner Amerikareise 1949 zeigte sich Eppelsheimer demgegenüber der Idee aufgeschlossen, Bibliotheken ausdrücklich der demokratischen Infrastruktur zuzuordnen. Aber er kommunizierte den Gedanken in der Zunft seiner Tage zunächst überaus defensiv.

4. Die westalliierte und vor allem amerikanische Besatzungs- und Buchpolitik bestimmte zwischen 1945 und 1949 ganz wesentlich, welche Sammelbestände überhaupt in der Deutschen Bibliothek anlanden konnten. Zwei große Konjunkturen zeichneten sich ab. In der restriktiven Frühphase seit 1945, zu der auch eine US-Mission in Leipzig und die allerersten Kontakte mit den Deutschen in Frankfurt gehörten, nahmen die amerikanischen Stellen in Deutschland Bücher und Bibliotheken in erster Linie als kontaminierte ideelle Überreste des NS wahr. Ihr Augenmerk lag darauf, Verleger, Buchhändler und Buchbestände zu entnazifizieren und den westdeutschen Publikationsmarkt ideologisch bereinigt und engmaschig überwacht in Gang zu setzten. Die allerersten Gründungsschritte der Deutschen Bibliothek, in der man den 8. Mai 1945 als Sammelstart vereinbarte, gehörten in die Ausläufer dieser frühen, eher punitiven Phase. Entsprechend genau schauten die Amerikaner darauf, wer ihnen in Gestalt von Eppelsheimer, dem Börsenverein und in den Reihen der Frankfurter Stadtverwaltung entgegentrat. Daneben restituierten die Amerikaner geraubtes Buchgut und kontrollierten sämtliche Medien. Von Frankfurt aus gesehen interessierten sie sich derweil für die Deutsche Bücherei in Leipzig nicht als traditionsreichen Wissensspeicher, sondern wollten möglichst Teile ihrer verlegerischen und bibliographischen Infrastruktur und Expertisen sichern. Kooperationswillige schöpfte man aber nicht dort, sondern im Börsenverein ab.

Der besatzungspolitische Umschwung 1946/47, der die zunächst amerikanisch betriebene Entnazifizierung an die Deutschen weiterreichte und von der strikten Entnazifizierung auf eine energische Antikommunismusprävention umschwang, änderte den amerikanischen Blick auch auf die Frankfurter Szene. Jetzt erschien es den Amerikanern ratsam, Bibliotheken, Verlagen und Buchhandel zügig auf die Sprünge zu helfen, um sie den amerikanischen Strategiewandel unterstützen zu lassen. Schon die eigentliche Gründung der Deutschen Bibliothek 1947 illustrierte immer mehr das Gesamtklima dieser aus deutscher Sicht liberalisierten besatzungspolitischen Konjunktur, bei der es den Amerikanern verstärkt darum ging, den westdeutschen Publikationsmarkt auf kommunistisches Gedankengut hin zu screenen.

Unter diesen Vorzeichen kam ein heterogener Bestand in die Regale der Deutschen Bibliothek. Die Frankfurter verzeichneten und sammelten wie ein unerbittlicher Seismograph, was das veröffentlichte Kulturwissen der Deutschen nach 1945 hergab. Der besatzungspolitische Rahmen war gesetzt. Aber es kam nicht nur reguliertes, kanalisiertes Kulturgut zusammen, sondern ein vielstimmiger, spannungsreicher Schriftenvorrat, in dem sich widerspiegelte, wie deutsche

Autoren, Verleger und Buchhändler sich mit den neuen Regeln des Publizierens arrangierten. Unter diesen Bedingungen entstand mit der anfänglich noch kleinen Frankfurter Deutschen Bibliothek ein sehr spezieller Vorrat an westdeutschem Kulturwissen. Sie war weder eine lupenreine Cold War Library mit politisch konformer Literatur, die amerikanische Richtlinien verinnerlichten, noch eine exotische deutsche Sammlung, die versehentlich oder absichtsvoll unter dem besatzungspolitischen Radar weggetaucht wäre.

Stattdessen mischte sich im frühen Bestand der Frankfurter Bibliothek zweierlei: Zu Teilen lief eine durchregulierte Literatur auf. In Masse und Gehalt spiegelte sie zugleich das besatzungspolitische Revirement von 1948 ab, den Umschwung von rigider Kontrolle und Entnazifizierung auf die Kommunismusabwehr. Hinzu kamen aber immer wieder auch Veröffentlichungen, die von mancher unkontrollierten und unkontrollierbaren Halbheit des alliierten Zensur- und Lizensierungsverfahrens zeugten. Sie verrieten eher deutsche und deutsch-deutsche Dynamiken, hatten mehr mit der immer gewisseren Teilung des Landes und mit der lange verweigerten deutschen Kernfrage des Nachkriegs zu tun, wie und was deutsche Autoren und Verleger nach Auschwitz eigentlich noch publizieren konnten. So begann die Bibliothek, schillerndes Zeitwissen zu verwalten und einer inneren Wissensarchitektur zuzuordnen. Mit jeder Veröffentlichung mehr entwickelte sie sich zum genauen Seismographen des Druckbaren in den westlichen Zonen und der Bundesrepublik.

Wenn das amerikanische Interesse an der Deutschen Bibliothek ein bestimmtes Maß nie überschritt und unter anderem auch nie zu finanziellen Subventionen führte, lag dies auch an einer unerschütterlichen Präferenz für eigene, amerikanische Bücher und Bibliotheken als Werbeträger und Foren für die Demokratie. Schnelle Demokratisierungseffekte traute man höchstens der deutschen Lizenzpresse zu. Ansonsten bevorzugten die Amerikaner landesweit wie auch in Frankfurt, in der Nähe der Deutschen Bibliothek gut erkennbar, ihre eigene Bibliothek im Amerikahaus. Mit handverlesener Literatur vor allem über die USA ausgestattet, galt sie als Vorposten einer zügig in ganz Westeuropa etablierten Kulturdiplomatie im Kalten Krieg. Das Kampagnenziel war freilich auch in Frankfurt kein Selbstläufer. Schon in den 50er Jahren wirkte ihr demokratisches Ethos angekratzt und erreichte die Westdeutschen deutlich weniger als erhofft.

5. Die alliierte Besatzungspolitik unmittelbar nach Kriegsende mochte durch die Entnazifizierungsmaßnahmen, die Reeducation-Politik und Publikationskontrollen einen rigiden Entwicklungsrahmen für die junge Deutsche Bibliothek setzen. Im konkreten, handfesten Klein-Klein des besatzungspolitischen Alltags schon seit den späten 1940er Jahren allerdings, in dem die Bibliothek in Frankfurt Gestalt anzunehmen begann, gab es auch deutschen Handlungsspielraum. Grenzen setzten der frühen Bibliothek ohnehin nicht nur besatzungspolitische

Statuten, sondern chronischer Geldmangel. Der war symptomatisch: die Bibliothek tat sich schwer damit, kulturpolitisch beachtet zu werden. Das mochte auch mit den zunächst noch unbeeindruckenden, beengten Startbedingungen der Sammlung zu tun haben. Auch musste allen voran Eppelsheimer als ihr wichtigstes Gesicht und Stimme des Hauses erst lernen, sich tagespolitisches Gehör zu verschaffen.

Bis deutlich in die 1960er Jahre hinein waren die Verhandlungen, die die Deutsche Bibliothek mit der Stadt Frankfurt, Hessen und dem Bundesinnenministerium führte, nicht nur Teil der finanziellen Konsolidierung. Sie veranlassten zum einen das Haus selber, sich in der frühen Bundesrepublik zu definieren, und zum anderen seine Beobachter, die Deutsche Bibliothek erstmals kulturpolitisch zu sehen. Parallel dazu entschieden naturgemäß materielle und politische Befindlichkeiten auf allen Strukturebenen mit darüber, ob und wie sich Stadt, Land und Bund auf die Deutsche Bibliothek ansprechen ließen. Die Frankfurter Stadtverwaltung unterstützte die Deutsche Bibliothek seit den allerfrühesten Anfängen ebenso substanziell wie der Börsenverein. Ihre wenn auch bescheidene Erstunterkunft, ihre ersten Bestände und Bibliographien verdankten sich dieser Kooperation. Auf Stadtebene mischte sich über die Jahre allerdings genauso Widerwille in die Fördertätigkeit wie auf der Ebene des hessischen Kultusministeriums, wenn auch aus ganz unterschiedlichen Gründen. Bei knappen Kassen aus den Kriegstrümmern herauskommen mussten sie beide. In Frankfurt kam hinzu, dass man bei der erfolglosen Hauptstadtbewerbung 1948/49 Federn gelassen hatte. Seit Frankfurt stadtpolitisch auf das Konzept der Finanzkapitale am Main umschwenkte, erwartete man dort zunächst weniger symbolischen Mehrwert von der Deutschen Bibliothek für diese städtische Sache. Auf Landesebene waren die fiskalischen Bedingungen des prosperierenden neuen Bundeslandes für eine Bibliotheksförderung zwar bald gut. Aber erstens ging die Stoßrichtung der hessischen Planungspolitik vorrangig in die Erschließung der regionalen Fläche, nicht in den kulturpolitischen Ausbau der Metropolen. Zweitens teilte man im Zweifelsfall die föderale Grundskepsis in der frühen Bundesrepublik gegenüber einem Bibliotheks-Projekt, dem man Zentralisierungsansprüche nachsagte, die womöglich sogar der Sache der versprengten und wiederzuvereinigenden Berliner Staatsbibliothek schadeten.

Seit die Bundesrepublik 1949 gegründet war, dynamisierten die Verhandlungen der Deutschen Bibliothek mit der Kulturabteilung des Bundesministeriums des Innern in Bonn die Finanzentwicklung. Die zeittypischen politischen Gestimmtheiten dort begünstigten eine zunehmend politisierte Sicht auf die Frankfurter Neugründung. Davon lernte die Deutsche Bibliothek nicht nur finanziell, sondern auch symbolisch zu profitieren. Wenn in Bonn konsensual-gesamtdeutsch gedacht wurde, wies man die Deutsche Bibliothek als provisorischen West-Stützpunkt für die von der Bundesrepublik abgeteilte Deutsche Bücherei in Leipzig aus. Ab den frühen 1950er Jahren ließen sich die Bonner Ministerialen vor allem mit Rhetoriken des Kalten Kriegs ansprechen. Die Deutsche Bibliothek präsentierte sich als kulturpolitisches Fanal gegen die kommunistisch überformte Büchersammlung in Leipzig. Auf dem Weg schrieb sich zugleich die Deutsche Bücherei in Leipzig als veritabler Pappkamerad in die Frankfurter Konsolidierungsgeschichte ein. Die deutsch-deutsche Teilung, als Systemkonkurrenz zwischen kapitalistischem Westen und staatssozialistischem Osten aufgefasst, erschien so als formidabler Legitimationsspender für die Deutsche Bibliothek. Als sie 1959 ihren ersten eigenen, im Stil des industriellen »Wiedergutmachungsmoderne« gehaltenen Neubau in der Zeppelinallee beziehen konnte, standen die Zeichen einen Moment auf Konsolidierung, obwohl das Etatproblem anhielt.

6. Über die Exilliteratur gelangte ab 1950, wenn auch lange am Rand des bibliothekarischen Hauptgeschäfts, kategorial eigenes Kulturgut nach Frankfurt. Zu einem Zeitpunkt, als die Deutsche Bibliothek noch lange nicht etabliert schien, ließ sich eine ganze Gruppe von Exilschriftstellern und -publizisten aus dem Schutzverband Deutscher Schriftsteller in der Schweiz auf das neue Projekt ein. Man sprach sich nicht ohne weiteres ab, denn für einen Moment war Eppelsheimer doch nicht ganz unumstrittenen, und nicht immer passten Frankfurter Planungen und die Erwartungen jüdischer Publizisten und Forscher. Das Projekt war den Frankfurtern aber wichtig genug, den Sammlungsstart des Hauses an dieser Stelle auf 1933 vorzuverlegen. Zunächst war daran gedacht, an zentraler Stelle den ehedem Verfehmten intellektuelles und politisches Profil zu geben. In den 1960er Jahren verpasste vor allem Werner Berthold als neuer Frankfurter Kurator der Abteilung der Exilschriftensammlung und mit ihr im Grunde dem gesamten Haus eine Art Selbstpolitisierungsschub, der deutlich vom angestrengt apolitischen Duktus der Frankfurter entfernt lag. Das Exil zu exponieren erschien jetzt als ›staatsbürgerlicher‹ Akt ›demokratischer Bewusstseinsbildung‹.

Derweil mied man in der westdeutschen Öffentlichkeit eine selbstkritische Auseinandersetzung mit dem NS noch immer, selbst anlässlich der bibliotheksnahen Frankfurter Prozesse, die die NS-Verbrechen aufarbeiten sollten. Gleichzeitig gastierte eine Auswahl der Frankfurter Exilschriftensammlung seit Ende der 1960er Jahre bereits als Sonderausstellung im Ausland und schien so ein Stück weit zum neuen Bestandteil auswärtiger Kulturpolitik der reifenden Bundesrepublik zu werden. Sammlung und Ausstellungsaktivitäten erschienen jedenfalls als der Punkt, an dem sich die Deutsche Bibliothek mit am weitesten in Richtung auf eine öffentliche und politische Instanz zubewegte. Sie wurde hier nicht gleich zum Ort für die deliberative Demokratie, denn dazu blieb das Exilarchiv zu wenig dialogisch, stellte zwar aus, aber bot kein Forum für breitere Diskussion. Damit wollte man sich nicht verweigern. Man verstand die eigene Profession als Wissensverwalter aber anders.

Als man in den 1970er Jahren die Bestände u.a. auch um neue Dokumente über internationale Fluchthilfeorganisationen des Exils erweiterte, positionierte sich die Bibliothek mit dem Exilarchiv noch zusätzlich als Kontaktstation für die gerade entstehende Exilforschung. So wollte sie helfen, das gesammelte Exilwissen nicht nur einzulagern, sondern ganz im Geist des Verwissenschaftlichungs-Trends der 1970er Jahre auch entsprechend aufbereitet zu sehen.

Die Exilschriftensammlung musste die Frankfurter Bestandsvorräte substanziell weiten. Seither lagerte im deutschen Kultur- und Wissensvorrat auch die Sicht der Exilierten selbst ein – auf ihre bedrängte Vergangenheit, oft genug noch unwirtliche Gegenwart und erhoffte Zukunft seit 1945 in der Bundesrepublik oder im Blick aus dem Dauerexil auf die westdeutsche Gesellschaft. Abhängig von den unendlich vielen Exil-, Überlebens- und Rückkehrerfahrungen blieb dieser stetig wachsende Vorrat an Exilliteratur in Frankfurt vielschichtig und überaus heterogen, eine Serie ganz unterschiedlicher Reminiszenzen an Leid, Gewalt oder Rettung, an eine erlittene, nicht gewählte Globalität, an ambivalente Rückkehrversuche, Sprachlosigkeit und Scham der nichtjüdischen Westdeutschen oder, selten, erste Zeichen für einen vorsichtigen Dialog.

7. Ab 1970 erweiterte die Deutsche Bibliothek in Frankfurt ihr Sammelrepertoire um Musiknotenausgaben, zeitgenössische Speichermedien und historische und moderne Abspielgeräte und expandierte auf gleichem Wege nach Westberlin. Mit der Musikphonothek von 1961, die man jetzt absorbierte, kamen nicht nur kategorial neuartige Bestandssorten, sondern auch eine voraussetzungsreiche Sammelagenda in der Bibliothek an.

Im Rückblick erscheint die Phonothek von 1961 nicht einfach als Relaisstation auf dem Weg einer voranschreitenden Professionalisierung des Frankfurter Kulturspeichers. Stattdessen kamen mit ihr ganz eigene zeitgenössische Gestimmtheiten in der verbandlichen Musikbewegung und einer vom NS gezeichneten frühen Musikwissenschaft im Frankfurter Bestand an. Ein gutes Stück weit hatte bei den Phonothek-Gründern in den späten 1950er Jahren die kulturkonservative Erwartung mitgeschwungen, Musiknotenausgaben und Tonträger als Zeugen einer singulären deutschen, tendenziell »klassischen« Musikkulturtradition zu bergen. Es ging demnach um eine Art essentiellen Kulturkern der Deutschen nach 1945, den man einigermaßen schadlos an den Diktaturjahren zwischen 1933 und 1945 vorbeigebracht haben wollte. Im Musikrat wie in vielen anderen Instanzen des klassischen Musiklebens in der jungen Bundesrepublik ging man davon aus, dass die klassische Musik politisch unversehrt geblieben war und ganz ohne politische Läuterung auch nach 1945 zum nationalen Kulturvorrat zählte.

Hinzu kam, ebenfalls noch deutlich vom Geist der 1950er Jahre getragen, das ausgemacht politische Kalkül, die Musikphonothek in Westberlin einer demonstrativ antikommunistischen Infrastruktur einzugliedern, einer von Bonn aus betriebenen, dezidiert westlichen Leistungsschau in der »Schaufenster«-Auslage der Hauptstadt im Wartestand.

Bis man nach langen Verhandlungen 1970 die Westberliner Phonothek als Musikarchiv der Frankfurter Deutschen Bibliothek eingliederte, hatte sich vieles von solchen frühen Anmutungen verschliffen. Das Musikarchiv verblieb mehr aus pragmatischen denn aus symbolpolitischen Gründen in Westberlin. Und der Akzent lag jetzt noch stärker auf der schon in der Phonothek angelegten Idee, nicht nur Musiknoten, sondern auch historische und aktuelle Speichermedien und Wiedergabegeräte als Objekte deutscher Musikkultur mit einzurechnen. Die akustische, medientechnische und marktförmige Dimension von Musik sollte noch mehr Raum erhalten.

Zugleich öffnete die Deutsche Bibliothek das Musikarchiv vollständig für das bisher höchstens selektiv berücksichtigte Genre populärer Unterhaltungsmusik. Den kompensatorischen Kulturelitismus der 1950er Jahre ließ das Musikarchiv damit hinter sich. Es schloss mehr als die Phonothek eine Dekade zuvor zur pluraleren Musikkonsumkultur der 1960er und 70er Jahre in der westdeutschen Massendemokratie auf. Das nüchterne »Vollständigkeits«-Prinzip der Frankfurter Bibliothek half, die Musikkultur-Standards im eigenen Bestand zu egalisieren.

8. Wenn die Deutsche Bibliothek in der Bundesrepublik ankam, dann in den 1960er Jahren. Mit dem Exilarchiv bezog man Stellung in einer der zentralsten Nachkriegsdebatten überhaupt und begann gemeinsam mit Exilanten eine immer breitere Exilexpertise für die Öffentlichkeit und die Forschung bereitzustellen. Hier schien der Abstand zur Leipziger Bücherei besonders groß, denn der Staatssozialismus hatte den NS mit einer schrägen Geschichtsklitterung auf den Westen externalisiert oder ganz von der Agenda genommen und das Exil als kulturellen Referenzpunkt weitgehend der Staatsdoktrin zugeschlagen. In Frankfurt hingegen begann man, sich an den Anstrengungen zu beteiligen, das Exil als ambivalentes Erbe des NS und gleichzeitig Potenzial für eine vielstimmige Demokratie in den westdeutschen Kulturhaushalt einzuschreiben. Die internationalen Ausstellungsaktivitäten taten ein Übriges, die Frankfurter Bibliothek mit diesem Thema immer sichtbarer zu exponieren. Und auch mit dem Musikarchiv holte man letztlich den Ertrag der 1960er Jahre in den Frankfurter Speichervorrat, erweiterte das Sammlungsspektrum in Richtung auf ein akustisches Erbe, das ausdrücklich über die zunächst kulturkonservativ eng gefasste Klassik hinaus auf eine plurale und international durchwirkte Populärkultur wies.

Und zuletzt beantwortete man mit dem Gesetz von 1969 die Statusfrage der Deutschen Bibliothek. Als rechtsfähige bundesunmittelbare Anstalt des öffentlichen Rechts wurde sie jetzt verbindlich in der kulturellen Infrastruktur des Bundes verankert. Sie war nicht länger auf freiwillige Belegexemplare angewiesen, sondern konnte den Aufwuchs ihrer Bestände durch ein verbindliches Pflichtexemplarrecht sichern, mit dem sie zugleich zentrale Funktionen einer »Nationalbibliothek« im Wartestand erhielt, die sie auch nach 1969 im geteilten Deutschland blieb.

9. Mit den ausgehenden 1960er Jahren war für einen Moment Planung zum Schlagwort der Bibliotheksentwicklung aufgerückt. Das spiegelte eine schon zuvor angelaufene gesellschaftsweite Debatte wider. Die ungebrochene und scheinbar garantierte wirtschaftlicher Prosperität regte in Politik und Wirtschaft globale Planungsphantasien an. Bis solche Überlegungen allerdings auch in der Deutschen Bibliothek ankamen, waren die Voraussetzungen für die Planungseuphorie eigentlich bereits entfallen. Denn seit den frühen 1970er Jahren drehte sich die Perspektive deutlich. Als Reaktion auf die Ölkrise und auf modernisierungsskeptische Debatten über die »Grenzen des Wachstums« standen die Zeichen auf Defensive und Einsparung. Hochkonjunktur hatten jetzt die Rationalisierer, die auch die Deutsche Bibliothek einer betriebswirtschaftlich informierten Leistungsmessung unterzogen. Die löste intern breite Kritik aus, weil sie, produktfixiert, am Wert des Kulturguts Buch und an der Qualität des Frankfurter Wissensarsenals geradewegs vorbeizuzielen schien. Hier kündigten sich gewandelte politische Erwartungen an die Deutsche Bibliothek an, die sie seither ständig umtreiben sollten.

Gleichzeitig drängte während der 1970er und 80er Jahre die Frage der Bibliotheksbeziehungen zur Deutschen Bücherei in Leipzig und zur deutsch-deutschen Sammlungskonstellation immer prominenter auf die Frankfurter Agenda. Die bibliothekarischen Kontakte waren ungeachtet zwischenzeitlicher Spannungen zu Zeiten von Mauerbau und Hallstein-Doktrin in den Vorjahren auch im Kalten Kulturkrieg nie völlig abgerissen. In den 1970er und 80er Jahren mochte eine Rolle spielen, dass man sich vor ähnlichen Modernisierungsherausforderungen sah, wiewohl sich inzwischen abzeichnete, dass die Leipziger wirtschaftlich und technologisch deutlich hinter den Frankfurter Stand zurückzufallen begannen. Hinzu kamen die Effekte der kulturpolitischen Détente und ostpolitischen Annäherungsstrategie der westdeutschen Regierung, die freilich die Bibliotheksbeziehungen nicht automatisch verbesserten. Dafür gelang es mitunter, Ausweichbühnen für deutsch-deutsche Direktkontakte wie internationale bibliographische Standardisierungs-Kongresse zu nutzen.

10. Erst Ende der 1980er Jahre zeichnete sich ab, dass im Zuge der weltpolitischen Dynamiken und der deutsch-deutschen Wiedervereinigung die Zielgröße Nationalbibliothek angegangen werden konnte. Noch in offiziellen Bestandsaufnahmen der Deutschen Bibliothek von 1986 war davon nicht die Rede gewesen. Bis dahin hatten die Zeichen stets auf deutsch-deutsche Arrangements gestanden. Fertige Transformationspläne lagen von daher auch in Frankfurt nicht in den Schreibtischschubladen. Die deutsch-deutschen Kontaktroutinen, so konfliktbelastet sie mitunter geblieben waren, bildeten jetzt einen entscheidenden Fundus. Gleichzeitig war die Agenda überbordend.

Diese Geschichte der Deutschen Bibliothek in Frankfurt am Main zwischen 1945 und 1990 hat das Bibliotheksgehäuse an vielen Stellen immer wieder in

Richtung Politik und Öffentlichkeit verlassen und biographische Vignetten eingeführt, um gleichzeitig ihre Leitfrage nach dem politischen Ort des Hauses im westdeutschen Nachkrieg aus den zeithistorischen Zusammenhängen zu erarbeiten. Genauso waren vergleichende und assoziative Blicke über den nationalen Tellerrand hinaus nötig, um Punkte zu markieren, an denen die Deutsche Bibliothek zur internationalen Infrastruktur des (bibliothekarischen) Wissens ihrer Tage aufschloss oder sich von ihr unterschied.

Die Geschichte wird nicht nur entlang der Zeitachse weiterzuschreiben sein, über das Jahr 1990 hinaus. Ebenso lohnte, erstens, eine Gesamtschau auf die vielen in diesem Buch nur gestreiften parallelen bibliothekarischen Wissensspeicher im deutschen Nachkrieg: mindestens auf die Staatsbibliotheken in Marburg/Westberlin und München, durchaus aber auch auf andere größere Wissensverwalter wie Archive und Museen, von denen manche über ganz andere Ressourcen und öffentliche Aufmerksamkeitsökonomien verfügten, um eine durchaus ähnliche Agenda abzuarbeiten wie die Frankfurter.

Daneben bräuchte die Geschichte der Deutschen Bibliothek, zweitens, inzwischen allemal europäisch vergleichendes Unterfutter. Es ist nicht ausgemacht, dass sie in einem solchen Setting lediglich das *latecomer*-Klischee der allzu späten und unmöglichen Quasi-Nationalbibliothek mit zeittypisch deutsch-deutschen Kautelen erfüllte. Dazu wäre unter anderem erst einmal zu sehen – um nur ein probates Beispiel zu nennen –, welche bibliothekspolitischen Spuren sich etwa in die Bestände und das bibliothekarische Selbstverständnis der Bibliothèque Nationale in Paris eingruben. Dass dort etwa die Vichy-Jahre und die krisenhafte Dekolonisierung seit den 1960er Jahren auf Ethos und Praxis der metropolitanen Bibliothekswelt durchschlugen, ist jedenfalls anzunehmen. Welcher legitimatorische Kitt mit dem Label Nationalbibliothek tatsächlich verfügbar war, wäre erst noch genauer zu beobachten.

Beide Überlegungen zur deutschen und europäischen Kontextuierung legen am Ende aber auch nahe, dass eine politische Zeitgeschichte der (Deutschen) Bibliothek die Eigenzeit des Hauses anschaulich machen muss, damit sie anknüpfungsfähig und erweiterbar wird.

Anhang

Abkürzungen

ADNBF	Archiv der Deutschen Nationalbibliothek Frankfurt a. M.
BArch	Bundesarchiv Koblenz
BuB	Buch und Bibliothek: Fachzeitschrift
DMA	Deutsches Musikarchiv
EADNBF	Exilarchiv der Deutschen Nationalbibliothek Frankfurt a. M.
HHStAW	Hessisches Hauptstaatsarchiv Wiesbaden
HStAD	Hessisches Staatsarchiv Darmstadt
IFLA	International Federation of Library Associations and Institutions
ISG FFM	Institut für Stadtgeschichte Frankfurt a. M.
OMGUS	Office of Military Government for Germany (U. S.)
UAF	Universitätsarchiv Frankfurt a. M.
UNESCO	The United Nations Educational, Scientific and Cultural Organization
VfZ	Vierteljahrshefte für Zeitgeschichte
ZfBB	Zeitschrift für Bibliothekswesen und Bibliographie

Abbildungen und Bildnachweise

Abb. 1 Foto: Eva Tiedemann. ADNBF Bildarchiv B

Abb. 2 United Archives/Süddeutsche Zeitung Photo Bild-ID: 5.01214656

Abb. 3 Foto: ADNBF Bildarchiv

Abb. 4 Foto: Boris Spahn, ADNBF Bildarchiv C besondere Ereignisse

Abb. 5 Foto: BArch B 145 Bild-F008754-0002 Deutsche Bibliothek Frankfurt am Main(Egon Steiner (20. September 1960).

Abb. 6 EADNBF

Abb. 7 BArch B 145 Bild-F026242-0008/Detlef Gräfingholt

Abb. 8 ADNBF Bildarchiv Teil 1 Personen

Es war trotz intensiver Recherche leider nicht in allen Fällen möglich, die Inhaber der Rechte zu ermitteln. Wir bitten deshalb gegebenenfalls um Mitteilung. Der Verlag ist bereit, berechtigte Ansprüche abzugelten.

Bibliographie

Archivalische Quellen

Hausarchiv der Deutschen Nationalbibliothek Frankfurt a. M. (ADNBF)

Bundearchiv Koblenz (BArch)
BArch B 275 Deutsche Nationalbibliothek
BArch B 106 Bundesministerium des Innern
BArch B 134 Bundesministerium für Raumordnung, Bauwesen und Städtebau
BArch B 304 Konferenz der Kultusminister der Länder der Bundesrepublik Deutschland
BArch NL 1544 Volkmar von Zühlsdorff
BArch OMGUS (Office of Military Government United States 1944-1950) Shipment 15 Box 154-1 OMGUS ISD Publications Branch

Hessisches Hauptstaatsarchiv Wiesbaden (HHStAW)
HHStAW 504 Hessisches Kultusministerium
HHStAW 502 Hessischer Ministerpräsident

Institut für Stadtgeschichte Frankfurt a. M. (ISG FFM)
ISG FFM W2-7 Börsenverein des Deutschen Buchhandels. Sitzungen, Verwaltungsrat: Protokolle und Schriftwechsel 1933-1970
ISG FFM A.41 Kulturamt
ISG FFM A.02.01 Magistratsakten
ISG FFM A.01.02 Stadtverordnetenversammlung: Protokolle
ISG FFM S2 Sammlung Personengeschichte
ISG FFM S7C Stadtbilder
ISG FFM V113 Amerika-Haus Frankfurt

Hessisches Staatsarchiv Darmstadt (HStAD)
HStAD Q 4 OMGUS Amerikanische Militärregierung in Hessen, OMGHE
HStAD O 27 Nachlass Stock

Universitätsarchiv Frankfurt a. M.
UAF 4 Akten des Rektors
UAF 14 Akten des Kurators: Personalhauptakten
UAF 134 Akten der Philosophischen Fakultät

National Archives Washington, D. C. (NARA)
OMGUS RG 260 (Records of U.S. Occupation Headquarters, World War II, 1923-1972. Series: Records Relating to Monuments, Museums, Libraries, Archives, and Fine Arts, 1946-1949)

Gedruckte Quellen

Abkommen zwischen der Regierung der Bundesrepublik Deutschland und der Regierung der Deutschen Demokratischen Republik über kulturelle Zusammenarbeit vom 6.5.1986, in: Bundesministerium für innerdeutsche Beziehungen (Hg.), Innerdeutsche Beziehungen. Die Entwicklung der Beziehungen zwischen der Bundesrepublik Deutschland und der Deutschen Demokratischen Republik 1980-1986. Eine Dokumentation, Bonn 1986, S. 259-263.

Abusch, Alexander, Dr. Alexander Abusch sprach in der Deutschen Bibliothek, in: Börsenblatt für den Deutschen Buchhandel (Leipziger Ausgabe), 27. Juli 1967, S. 483-484.

Adolph, Rudolf, Professor Joachim Kirchner 70 Jahre alt, in: Börsenblatt für den Deutschen Buchhandel 16 (1960), S. 1521.

Adorno, Theodor W., Soziologische Anmerkungen zum deutschen Musikleben, in: Deutscher Musikrat – Referate, Informationen 5 (1967), S. 2-13.

Adorno, Theodor W., Résumé über Kulturindustrie, in: ders., Ohne Leitbild. Parva Aesthetica, Frankfurt a. M. 1967, S. 60-70.

Albers, Christoph, Berlin und München rücken zusammen, in: Bibliotheks-Magazin 2 (2006), S. 1-2.

Alexander, Gerhard, Aus der Hamburger Bibliotheksschule, in: ZfBB 12 (1965), S. 83-94.

Alles, Karin, Das letzte Visum, Passage unbekannt. Fluchtgeschichten anno 1940 – Varian Fry und das Emergency Rescue Committee, Erstausstrahlung am 18.11.1987 (140 Min.).

Amann, Klaus, Von der Dauer des Exils. Eröffnungsrede zur Ausstellung ›Die Zeit gibt die Bilder‹ im Literaturhaus Wien am 19.5.1992, in: Zirkular 16 (1992), S. 5-11.

Andreas, Willy, Rezension von Kurt Köster: Johan Huizinga (1872-1945). Mit einer Bibliographie, Oberursel i. T. 1947, in: Historische Zeitschrift 169.2 (1949), S. 340-342.

Arnold, Heinz L. (Hg.), Deutsche Literatur im Exil 1933-1945, 2 Bde., Frankfurt a. M. 1974.

Arnold, Heinz L., Hans-Albert Walter, Die Exil-Literatur und ihre Erforschung. Ein Gespräch, in: Akzente. Zeitschrift für Literatur 20.6 (1973), S. 481-508.

Arnot, Jean F., International Conference on Cataloguing Principles, Paris 1961, in: The Australian Library Journal, Sydney 10.3 (1961), S. 113.

Barnard, Eunice, In the Classroom and On the Campus, in: New York Times 24.4.1932, S. E7.

Baukhage, What Germany Is Reading, in: The Saturday Review, 23.2.1946, S. 5-6.

Baumgartner, P., Öffentliche Bibliothek und Gesellschaft: zur Jahrestagung der deutschen Volksbibliothekare in Duisburg, 23.-26.5.1968, in: Nachrichten/Vereinigung Schweizerischer Bibliothekare 44.4 (1968), S. 97-98.

Becher, Johannes R., Abschied. Einer deutschen Tragödie erster Teil 1900-1914, Moskau 1940 bzw. Berlin 1945.

Beckmann, Walter, Gaukulturwoche Hessen und Nassau 1937, in: Börsenblatt 104.285 (1937), S. 991.

Beer, Brigitte, Die fehlende Nationalbibliothek. Die Arbeit der Stiftung Preußischer Kulturbesitz, in: FAZ, 5.8.1967, S. BuZ4.

Behrens, Renate, Jürgen Kett, Vom Regelwerk zum Rahmenstandard – RDA 2018 in: Dialog mit Bibliotheken 2 (2018), S. 4.

Behrstock, Julian, Free Flow of Information: UNESCO's World Wide Program, in: Journalism & Mass Communication Quarterly 26.4 (1949), S. 453.

Berelson, Bernard, Douglas Waples, 1893-1978, in: The Library Quarterly 49 (1979), S. 1-2.

Berendsohn, Walter A., Die humanistische Front, Teil 1. Von 1933 bis zum Kriegsausbruch 1939, Zürich 1946 und Repr. 1978.

Berendsohn, Walter A., Die humanistische Front, Teil 2. Vom Kriegsausbruch 1939 bis Ende 1946, Worms 1976.

Berendsohn, Walter A., Die deutsche Literatur der Flüchtlinge aus dem Dritten Reich und ihre Hintergründe, in: Colloquia Germanica 5 (1971), S. 1-156.

Berendsohn, Walter A., Fünf Jahre freies deutsches Buch. Gesamtverzeichnis der freien deutschen Literatur 1933-1938, Paris 1938.

Bergsträsser, Ludwig, Zeugnisse zur Entstehungsgeschichte des Landes Hessen, in: VfZ 5 (1957), S. 397-416.

Berlin, Robert S., Schools for Democracy, Part II. The Universities, in: Military Government Weekly Information Bulletin (Office of the Director. OMGUS Reports and Information Branch 21), 15.12.1945, S. 10-22.

Berthold, Arthur B., Survey of Recent Russian Library Literature, in: The Library Quarterly: Information, Community, Policy 17.2 (1947), S. 138-147.

Berthold, Werner, Hanns W. Eppelsheimer. Erinnerung – Reflexion 1990, in: ders., Exilliteratur und Exilforschung, Wiesbaden 1996, S. 61-69.

Berthold, Werner, Exil-Literatur der Jahre 1933-1945 in der Deutschen Bibliothek, Frankfurt a.M., in: ders., Exilliteratur und Exilforschung, Wiesbaden 1996, S. 75-91.

Berthold, Werner, Günther Pflug, Walter Jens, Reden zur Eröffnung der Ausstellung »Der Deutsche PEN-Club im Exil 1933-1948«, in: Werner Berthold u.a. (Hgg.), So viele Bücher, so viele Verbote, Frankfurt a.M. 1981.

Berthold, Werner u.a. (Hgg.), Der deutsche PEN-Club im Exil: 1933-1948. Eine Ausstellung der Deutschen Bibliothek Frankfurt am Main, Frankfurt a.M. 1980.

Berthold, Werner, Literatur im Exil. 2. Internationales Symposium zur Erforschung des deutschsprachigen Exils nach 1933 [in Kopenhagen], in: Börsenblatt für den Deutschen Buchhandel 28.95 (1972), S. 2735-2738.

Berthold, Werner, Die Sondersammlung Exil-Literatur 1933-1945, in: Köster, Bibliothek, S. 136-148.

Berthold, Werner, Zur Anlage der Ausstellung und des Katalogs, in: Exil-Literatur 1933-1945. Ausstellung der Deutschen Bibliothek, Frankfurt am Main, Mai bis August 1965, Frankfurt a.M. 1965, S. 8-13.

Berz, Ernst-Ludwig, Das Deutsche Musikarchiv, in: Kurt Dorfmüller (Hg.), Quellenstudien zur Musik, Frankfurt a.M. u.a. 1972, S. 29-34.

Besterman, Theodore, International Library Rehabilitation and Planning, in: Journal of Documentation 2.1 (1946), S. 174-180.

Bilke, Jörg B., Lesesaal Exilliteratur, in: FAZ, 4.9.1973, S. 2.

Binder, Johanna [i.e. Hanni], Die Stadtbibliothek 1939-1950, in: Die Stadt- und Universitätsbibliothek 1950-1984, in: Klaus-Dieter Lehmann (Hg.), Bibliotheca Publica Francofurtensis: 500 Jahre Stadt- u. Universitätsbibliothek Frankfurt am Main, Frankfurt a.M. 1984, Bd. 1, S. 209-217.

Blaum, Kurt, Wiederaufbau zerstörter Städte, Trümmerbeseitigung, Trümmerverwertung in Frankfurt am Main, Frankfurt a.M. 1946.

Blum, Rudolf, Nationalbibliographie und Nationalbibliothek. Die Verzeichnung und

Sammlung der nationalen Buchproduktion, besonders der deutschen, von den Anfängen bis zum Zweiten Weltkrieg, Frankfurt a.M. 1990.

Blum, Rudolf, Die Deutsche Bibliographie – Rückblick und Ausblick, in: Köster, Die Deutsche Bibliothek, S. 91-116.

Blum, Rudolf, Die Deutsche Bibliothek und die Pariser Empfehlungen, in: Zeitschrift für Bibliothekswesen und Bibliographie 9 (1962), S. 321-328.

Blum, Rudolf, Die Deutsche Bibliothek in Frankfurt am Main als bibliographisches Zentrum, in: Börsenblatt für den Deutschen Buchhandel, 9.9.1957, S. 15-18.

Blume, Friedrich, 20 Jahre Gesellschaft für Musikforschung, in: Die Musikforschung 20.1 (1967), S. 1.

Blume, Friedrich, Was ist Musik? Ein Vortrag (Musikalische Zeitfragen. Eine Schriftenreihe im Auftrag des Deutschen Musikrates, Bd. 5), Kassel, Basel 1960, S. 14-21.

Blume, Friedrich, Nouvelles Musicologiques, in: Revue de Musicologie, 35.105-106 (1953), S. 82-84.

Blume, Friedrich, Bilanz der Musikforschung, in: Die Musikforschung 1 (1948), S. 3-19.

Blume, Friedrich, Musikwissenschaft und Gegenwart, in: Melos. Zeitschrift für Neue Musik 14 (1946/47), S. 72-76.

Blume, Friedrich, Das Rasseproblem in der Musik. Entwurf zu einer Methodologie musikwissenschaftlicher Rasseforschung, Wolfenbüttel, Berlin 1939.

Bohl, Inka, Herausgerissene Leben im Zeugenstand, in: Der Literat 3 (1993).

Born, Lester K., The Archives and Libraries of Postwar Germany, in: American Historical Review 56 (1950), S. 34-57.

Börsenverein des Deutschen Buchhandels (Hg.), Bibliographie und Buchhandel: Festschrift zur Einweihung des Neubaus der Deutschen Bibliothek Frankfurt am Main, Frankfurt a.M. 1959.

Börsenverein des Deutschen Buchhandels (Hg.), Friedenspreis des deutschen Buchhandels. Reden und Würdigungen 1951-1960, Frankfurt a.M. 1961.

Börsenverein des Deutschen Buchhandels (Hg.), Das Neue deutsche Buch: Eine Ausstellung von 3000 Büchern und Zeitschriften in Tel Aviv, Jerusalem und Haifa 1968, Frankfurt a.M. 1968.

Von Both, Wolf, Stand und Probleme des Neuaufbaues bei den zerstörten Bibliotheken in Hessen, in: Nachrichten für wissenschaftliche Bibliotheken Beiheft 1: Bibliotheksprobleme der Gegenwart. Vorträge auf dem Bibliothekartag des Vereins Deutscher Bibliothekare anläßlich seines 50jährigen Bestehens in Marburg/Lahn vom 30.5. bis 2.6.1950, Frankfurt a.M. 1951, S. 38-45.

Brandt, Willy, [Rede ohne Titel], in: Inter Nationes, Exil-Literatur 1933-1945, Bad Godesberg, Köln 1968, S. 7-9.

Von Brauchitsch, Konrad, Schallaufnahme und Schallarchiv der Reichs-Rundfunk-Gesellschaft, in: Rufer und Hörer 6 (1934), S. 294-298.

Braun, Hellmut, Die Internationale Konferenz über Grundsätze der Alphabetischen Katalogisierung (International Conference on Cataloguing Principles), in: ZfBB 9.1 (1962), S. 1-17.

Breddin, Hans H., Kongreß der deutschen Bibliothekare vom 15.-21.5.1951 in Münster, in: BiB 3.6 (1951), S. 523-533.

Breitenkamp, Edward Carlton, The U.S. Information Control Division and Its Effect on German Publishers and Writers, 1945 to 1949, Washington 1953.

Briefwechsel zwischen dem VDB und dem Deutschen Bibliotheksverband, in: ZfBB 18.2 (1970), S. 148-151.

Bronner, Hedin, The Amerika-Haus: Germany's Window to the United States, in: American-German Review 26.3 (1959-1960), S. 4-6.

Brust, Fritz, Furtwängler mit den Berliner Philharmonikern, in: FAZ, 26.5.1950, S. 7.

Budach, Anneliese, Amtliche Druckschriften, in: Börsenverein des Deutschen Buchhandels (Hg.), Bibliographie und Buchhandel. Festschrift zur Einweihung des Neubaus der Deutschen Bibliothek, Frankfurt a.M., Frankfurt a.M. 1959, S. 78-85.

Budach, Anneliese, Bericht der Sektion für Katalogisierung auf der IFLA-Tagung 1979 in Kopenhagen, in: ZfBB 27 (1980), S. 259-262.

Budach, Anneliese, Internationale Vereinheitlichung der formalen Titelbeschreibung, in: ZfBB 17.4-5 (1970), S. 283-288.

Budach, Anneliese, Günter Pflug, Die neuen Regeln für die alphabethische Katalogisierung, in: ZfBB 16.5-6 (1969), S. 375-380.

Budach, Anneliese, Amtliche Druckschriften, in: Bibliographie und Buchhandel 32a (1959), S. 78-85.

Bürger, Thomas, NS-Zeitungen in der Deutschen Digitalen Bibliothek? Über Zugänge zu Propagandaquellen und Hindernisse politischer Bildung in Deutschland, in: Markus Stumpf, Hans Petschar, Oliver Rathkolb (Hgg.), Nationalsozialismus digital. Die Verantwortung von Bibliotheken, Archiven und Museen sowie Forschungseinrichtungen und Medien im Umgang mit der NS-Zeit im Netz, Wien 2021, S. 277-292.

Bundesministerium des Innern und Verleger-Ausschuß mahnen. Belegexemplare nach Leipzig, in: Börsenblatt für den Deutschen Buchhandel, Frankfurter Ausgabe 30 (14.4.1987), S. 1180.

Bundesministerium für Forschung und Technologie, Programm der Bundesregierung zur Förderung der Information und Dokumentation (IuD-Programm) 1974-1977, Bonn 1975.

Bundschuh, Jens, Villa Air Bel. Varian Fry in Marseille 1940/41, Dokumentarfilm, Erstausstrahlung 21.6.1987 (89 Min.).

Burston, Godfrey, National Libraries: An Analysis, in: International Library Review 5.2 (1973), S. 183-194.

Bush, Vannevar, As we may think, in: ders., Endless Horizons, Washington 1946, S. 16-38.

von Busse, Gisela, Zur Entstehung der Tausch- und Beschaffungsstelle für ausländische Literatur im Jahre 1949, in: Ewald Lissberger, Theodor Pfizer (Hgg.), In libro humanitas, Stuttgart 1962, S. 83-93.

von Busse, Gisela, Gemeinschaftsunternehmungen amerikanischer Bibliotheken in der Literaturbeschaffung, in: Carl Wehmer (Hg.), Zur Praxis der wissenschaftlichen Bibliotheken in den USA, Wiesbaden 1956, S. 148-171.

Calas, Marie-France, Le Département de la Phonothèque nationale et de l'Audiovisuel de la Bibliothèque nationale, in: La Gazette des archives 111 (1980), S. 289-297.

Calas, Marie-France, Le Département de la phonothèque et de l'audiovisuel à la Bibliothèque Nationale, in: Langue Française 93 (1992), S. 120-124.

Carter, Edward J., Unesco's Library Programs and Work, in: The Library Quarterly 18.4 (1948), S. 235-244.

Cazden, Robert E., Rezension von Sternfeld, Tiedemann, Exil-Literatur, in: The Library Quarterly: Information, Community, Policy 33.3 (1963), S. 283-284.

Chaplin, Arthur H., Cataloguing Principles: Five Years after the Paris Conference, in: UNESCO Bulletin for Libraries 21 (1967), S. 140-145.

Chaplin, Arthur H., Dorothy Anderson (Hgg.), International Conference on Cataloguing Principles, Paris, October, 1961, Report, London 1963.

Chesser, Richard, Music in the British Library: The Present and the Future, in: Fontes Artis Musicae 58.3 (2011), S. 325-332.

Christ, Karl, Bericht über die Ausstellung, in: Zentralblatt für Bibliothekswesen 61.1-2 (1947), S. 36-38.

Cobabus, Norbert, Betriebs-Atmosphären. Meine Erlebnisse in der Bibliothekswelt, Berlin 2012.

The Commission on European Jewish Cultural Reconstruction, Tentative List of Jewish Cultural Treasures in Axis-Occupied Countries, in: Jewish Social Studies 8.1 (1946), S. 1-103.

The Commission on European Jewish Cultural Reconstruction, Addenda and Corrigenda to Tentative List of Jewish Cultural Treasures in Axis-Occupied Countries (Supplement to Jewish Social Studies, VIII.1, 1946), in: Jewish Social Studies 10.1 (1948), S. 1-16.

Cornides, Wilhelm, Zur Begriffsbestimmung unserer Arbeit, in: Europa-Achiv 4 (1947), S. 481-482.

Cornides, Wilhelm , Leitfaden für den Leser, in: Europa-Achiv 1 (1946), S. 1-2.

Corrêa de Azevedo, Luiz H., UNESCO's Activities in the Field of Music, in: Notes 6.3 (1949), S. 373-378.

Corsten, Hermann (Hg.), Kölner Schule, Köln 1955.

Daniell, Raymond, Are We Making Headway in Germany?: There Is Little Evidence to Show, in: New York Times, 14.12.1947, SM 7.

Daviau, Donald G., Herbert Arlt (Hgg.), Geschichte der österreichischen Literatur I, St. Ingbert 1996.

Décollogne, Roger, Les archives sonores et la Phonothèque nationale, in: La Gazette des archives 92 (2017), S. 21-27.

Décollogne, Roger, La Phonothèque Nationale, in: Bulletin des bibliothèques de France 12.2 (1967), S. 35-60.

Décollogne, Roger, Vers la Création d'une Phonothèque Centrale de Prêt, in: Fontes Artis Musicae 3.2 (1956), S. 174-176.

Department of State u.a. (Hg.), The Biographic Register 1957, Washington 1957.

Des Coudres, Hans P., Die Bibliothek des Max-Planck-Instituts für Ausländisches und Internationales Privatrecht in Hamburg: ihr Werden und ihre Stellung innerhalb verwandter Sammlungen, in: Christian Voigt (Hg.), Libris et litteris, Hamburg 1959, S. 49-60.

Descamps, Florence, Éditorial. Pourquoi consacrer un dossier thématique aux archives de l'ethnomusicologie?, in: Bulletin de l'Association francaise des archives orales sonores et audiovisuelles 46 (2020), S. 4-6.

Deutsche Bibliothekskonferenz (Hg.), Bibliotheksplan 1973. Entwurf eines umfassenden Bibliotheksnetzes für die Bundesrepublik, Berlin 1973.

Deutsche Bücherei, Deutsche Bücherei des Börsenvereins der Deutschen Buchhändler zu Leipzig, Leipzig 1912.

Deutsche Forschungsgemeinschaft, Einbeziehung wissenschaftlicher Bibliotheken der neuen Bundesländer in die Förderung der Deutschen Forschungsgemeinschaft. Empfehlungen des Bibliotheksausschusses, in: ZfBB 38 (1991), S. 182-189.

Deutsche Nationalbibliothek (Hg.), Umbruch, Aufbruch: 1990-2020. 30 Jahre gemeinsam Zukunft leben, Frankfurt a. M. 2020.

Deutsche Staatsbibliothek (Hg.), Zehn-Jahresbericht der Deutschen Staatsbibliothek: 1946-1955, Berlin 1956.

Deutscher Büchereiverband (Hg.), Bibliotheksplan I. Entwurf für ein umfassendes Netz allgemeiner öffentlicher Bibliotheken und Büchereien, Berlin 1969.

Deutscher Bundestag, 16. Wahlperiode, Drucksache 16/322, Gesetzentwurf der Bundesregierung, Entwurf eines Gesetzes über die Deutsche Nationalbibliothek (DNBG), 23.12.2005, S. 1-20.

Deutscher Bundestag, 10. Wahlperiode, Drucksache 10/4207 vom 11.11.1985, Antwort der Bundesregierung, S. 2.

Deutscher Bundestag, 10. Wahlperiode, Drucksache 10/3921 vom 30.9.1985, Kleine Anfrage, S. 2.

Deutscher Bundestag, Stenographischer Bericht, 98. Sitzung, Bonn, 15.6.1978, Anlage 7: Antwort des Parlamentarischen Staatssekretärs Engholm auf die mündlichen Anfragen des Abgeordneten Stockleben (SPD), S. 7793-7794.

Deutscher Bundestag, 5. Wahlperiode, 215. Sitzung am 12.2.1969, Schriftliche Erklärung der Abgeordneten Freyh (SPD) zu Punkt 17 der Tagesordnung, S. 11693.

Deutscher Bundestag, 5. Wahlperiode, Drucksache V/3813, Zusammenstellung des Entwurfs eines Gesetzes über die Deutsche Bibliothek — Drucksachen V/3103, V/3733 (neu), — mit den Beschlüssen des Bundestages in zweiter Beratung vom 5.2.1969.

Deutscher Bundestag, 5. Wahlperiode, Drucksache V/3733 (neu) Schriftlicher Bericht des Ausschusses für Wissenschaft, Kulturpolitik und Publizistik (8. Ausschuß) über den von den Abgeordneten Frau Freyh, Dr. Huys, Dr. Mühlhan und Genossen eingebrachten Entwurf eines Gesetzes über die Deutsche Bibliothek.

Deutscher Bundestag, 5. Wahlperiode, Drucksache V/3236, Der Bundesminister des Innern, 27.8.1968 an den Herrn Präsidenten des Deutschen Bundestages, betr.: Weibliche Beamte und Angestellte im höheren Dienst, Bezug: Kleine Anfrage der Abgeordneten Frau Dr. Diemer-Nicolaus, Frau Funcke, Frau Dr. Heuser und Genossen-Drucksache V/3093.

Deutscher Bundestag, 5. Wahlperiode, Drucksache V/2400, Anlage 1, Entwurf eines Gesetzes über die Ablieferung von Pflichtstücken an die Deutsche Bibliothek (Pflichtstückgesetz), 14.12.1967, S. 4.

Deutscher Bundestag, 4. Wahlperiode, Drucksache IV/2429, Bundesminister des Innern am 24.6.1964 an den Präsidenten des Deutschen Bundestages, betr.: Ausbau Berlins als Stätte der Bildung, der Wissenschaft und der Kunst (Bericht der Bundesregierung über die Beteiligung des Bundes am Ausbau Berlins als Stätte der Bildung, der Wissenschaft und der Kunst).

Deutsches Rundfunkarchiv (Hg.), 20 Jahre Deutsches Rundfunkarchiv. Eine Chronik 1951-1971, Frankfurt a.M. 1971.

Dévigne, Roger, La Phonotèque Nationale, Paris 1949.

Dévigne, Roger, Chants et Musiques Folkloriques. La Phonothèque nationale, in: Nouvelle revue des traditions populaires 1.2 (1949), S. 182-185.

Dirks, Walter, Zur Funktion der Öffentlichen Bücherei, in: Bücherei und Bildung 10.2 (1958), S. 49-59.

Dobbs, Michael, Epilogue to a Story of Nazi-Looted Books. Library of Congress Trove of War Propaganda Included Many Stolen Jewish Books, in: Washington Post, 5.1.2000, S. C1.

Dombrowski, Erich, Der große Hessenplan. Das Experiment eines Bundeslandes, in: FAZ 30.April 1965, S. 5.

Dombrowski, Erich, Adenauers saures Bonbon, in: FAZ, 5.11.1949, S. 1.

Dorn, Walter L., Zur Entstehungsgeschichte des Landes Hessen, in: VfZ 6 (1958), S. 191-196.

Drews, Richard, Alfred Kantorowicz (Hgg.), Verboten und verbrannt. Deutsche Literatur – 12 Jahre unterdrückt, Berlin, München 1947.

Dürr, Alfred, Archiv-Produktion des Musikhistorischen Studios der Deutschen Grammophon-Gesellschaft, in: Zeitschrift der Gesellschaft für Musikforschung e.V. 8.1 (1955), S. 88-90.

Eckert, Brita, Werner Berthold, Die American Guild for German Cultural Freedom und die Deutsche Akademie im Exil, in: John M. Spalek, Konrad Feilchenfeldt, Sandra H. Hawrylchak (Hgg.), Deutschsprachige Exilliteratur seit 1933, Bd. 3.3, Berlin, Boston 2001, S. 495-525.

Eckert, Brita (Hg.), Die jüdische Emigration aus Deutschland 1933-1941: Die Geschichte einer Austreibung, Ausstellung der Dt. Bibliothek Frankfurt am Main unter Mitwirkung des Leo-Baeck-Instituts, New York, Frankfurt a.M. 1985.

Eckert, Brita (Hg.), 35 Jahre Exilliteratur 1933-1945 in der Deutschen Bibliothek, Frankfurt am Main, 1949-1984: Ein Beitrag zur Geschichte der Exilforschung in der Bundesrepublik Deutschland, Frankfurt a.M. 1984.

Eckert, Brita, Heinz Friesenhahn, Günther Pflug (Hgg.), Bibliothek, Buch, Geschichte, Frankfurt a.M. 1977.

Ehlermann, Erich, Eine Reichsbibliothek in Leipzig (1910), Leipzig 1927.

Eich, Günter, Abgelegene Gehöfte, Frankfurt a.M. 1948 (Schauer Verlag), in: Deutsche Bibliographie 2.23 (1948), S. 1272.

English, K., American Library in Frankfurt a.M., in: Börsenblatt des Deutschen Buchhandels 113.13 (1946), S. 104.

Eppelsheimer, Hanns W., Vorwort, in: Sterrnfeld, Tiedemann, Deutsche Exil-Literatur 1962.

Die Deutsche Bibliothek. Erinnerungen an eine Gründung, in: Bibliographie und Buchhandel. Festschrift zur Einweihung des Neubaus der Deutschen Bibliothek Frankfurt am Main, Frankfurt a.M. 1959.

Eppelsheimer, Hanns W., Die Bibliothek der Emigration, in: Bibliographie und Buchhandel, Frankfurt a.M. 1959.

Eppelsheimer, Hanns W., Die Deutsche Bibliothek in Frankfurt a.M. (13'45), 14.5.1959, NDR Hörfunk Hannover, Erstausstrahlung 25.5.1959.

Eppelsheimer, Hanns W., Frankfurt a.M.: Deutsche Bibliothek, in: Nachrichten für wissenschaftliche Bibliotheken 4.2 (1951), S. 46-47.

Eppelsheimer, Hanns W., Bibliothek und Bildung, in: Nachrichten für wissenschaftliche Bibliotheken 4.4 (1951), S. 193-197.

Eppelsheimer, Hans W., Carl Jansen, Peter Gehring, Bücherei und Bildung. Drei Vorträge im Rahmen des Kongresses der deutschen Bibliothekare, Münster, in: Bücherei und Bildung 3.6 (1951), S. 5-23.

Eppelsheimer, Hanns W., Eindrücke einer Bibliotheksreise in Amerika, in: Nachrichten für wissenschaftliche Bibliotheken 1 (1950), S. 62-66.

Eppelsheimer, Hanns W. (Hg.), Das Deutsche Buch: Neuersch. d. dt. Verl., im Auftr. d. Börsenvereins Deutscher Verleger- und Buchhändler-Verbände, Frankfurt a.M. 1950.

Eppelsheimer, Hanns W., Handbuch der Weltliteratur, von den Anfängen bis zum Weltkrieg: Ein Nachschlagewerk, Frankfurt a.M. 1937, überarbeitet erschienen als

Handbuch der Weltliteratur, Bd. 2, Neunzehntes und zwanzigstes Jahrhundert, Frankfurt a.M. 1950.

Eppelsheimer, Hanns W., Walter Schürmeyer 60 Jahre alt, in: Nachrichten für wissenschaftliche Bibliotheken 2.11 (1949), S. 163-164.

Eppelsheimer, Hanns W., Entschließung der Direktorenkonferenz vom 22.10.1948 in Frankfurt, in: Nachrichten für wissenschaftliche Bibliotheken 1.3 (1948), S. 35-36.

Eppelsheimer, Hanns W., Das Treffen zu Frankfurt, in: Nachrichten für wissenschaftliche Bibliotheken 1.3 (1948), S. 33-35.

Eppelsheimer, Hanns W., Zur Lage des wissenschaftlichen Bibliothekswesens in der amerikanischen Besatzungszone (Bericht über die Tätigkeit der »Arbeitsgemeinschaft für wissenschaftliche Bibliotheken« im Länderrat der US-Zone), in: Nachrichten für wissenschaftliche Bibliotheken 1.1-2 (1948), S. 6-8.

Eppelsheimer, Hanns W. (Hg.), Deutsche Bücher 1939-1945. Eine Auswahl. Unter Mitwirkung zahlreicher Fachgelehrter herausgegeben, Frankfurt a.M. 1947.

Eppelsheimer, Hanns W., Weltliteratur: Ein Katalog der Mainzer Stadtbibliothek. Bd. 1, Mainz 1930.

Erklärung der Börsenvereine Frankfurt am Main und Leipzig zur Fusion der Deutschen Bücherei Leipzig und der Deutschen Bibliothek Frankfurt am Main, in: Dialog mit Bibliotheken 2.3 (1990), S. 20-21, und Jahrbuch der Deutschen Bücherei 26 (1990), S. 19-20.

Esdaile, Arundell, The British Museum Library: a Short History and Survey, London 1946.

Evans, Luther H., Research Libraries in the War Period, 1939-45, in: The Library Quarterly: Information, Community, Policy 17.4 (1947), S. 241-262.

Eyssen, Jürgen, Falsch gespart. Zur Situation der öffentlichen Bibliotheken in Deutschland, in: FAZ, 5.6.1967, S. 2.

Fabian, Walter, Vorwort, in: Deutsche Bibliothek Frankfurt a.M. (Hg.), Die Presse der Sozialistischen Arbeiterpartei Deutschlands im Exil 1933-1939: eine analytische Bibliographie, München, Wien 1981.

Fabian, Walter, Die deutsche Presse 1947, in: Rote Revue: Sozialistische Monatsschrift 12 (1947), S. 442-449.

Fetcher, Iring, Ein großer Einzelgänger, in: FAZ, 14.1.1967, S. BuZ2.

Fink, Adolf, Deutsche Intellektuelle im Exil, in: FAZ, 25.2.1993, S. 46.

Fink, Adolf, Aufgabenteilung mit Leipzig. Neuerwerbungen des Exilarchivs in der Deutschen Bibliothek, in: FAZ, 13.12.1991, S. 61.

Freitag, Wolfgang M., Kommt es zur Einführung des Referentensystems in amerikanischen Universitätsbibliotheken?, in: Zeitschrift für Bibliothekswesen und Bibliographie 11 (1964), S. 181-185.

Friesenhahn, Heinz, Vorwort, in: ders., Arthur Luther (Hgg.), Land und Leute in deutscher Erzählung. Ein bibliographisches Literaturlexikon, Stuttgart 1954, o-P.

Friesenhahn, Heinz, Über die Aufnahme literarischer Schallplatten in der Deutschen Bibliographie, in: Börsenblatt für den Deutschen Buchhandel 64 (1959), S. 945.

Fröhlich, Siegfried, Deutsche Bibliothek: Vorbild für die Welt: Staatssekretär Fröhlich über Professor Köster. Bilanz, wie sie für die Beteiligten kaum besser sein könnte, in: Börsenblatt für den Deutschen Buchhandel 31 (1975), S. 1668-1670.

Frühwald, Wolfgang, Meine Heimat ist die Erde, die Welt mein Vaterland. Exilgeschichte als eine Geschichte der Angst, in: FAZ, 5.6.1993, S. 2.

Frühwald, Wolfgang, »...meine Heimat ist die Erde, die Welt mein Vaterland«. Vergessene Exil-Traditionen in Deutschland, in: Mitteilungen der Alexander von Humboldt-Stiftung 62 (Dezember 1993), S. 3-10.

Geniewa, E.J., Klaus-Dieter Lehmann, Deutsch-russischer Runder Tisch in Moskau, in: Bibliotheksdienst 27.1 (1993), S. 34-36.

Gerold, Karl, Hexenjagd eigenen Stils, in: Frankfurter Rundschau 18.4.1953, abgdruckt in: Das Amerikahaus Frankfurt, S. 64.

Goldhor, Herbert, The Training of Soldier-Librarians in the European Theater, in: The Library Quarterly: Information, Community, Policy 17.3 (1947), S. 171-184.

Görtz, Armin, Stasi-Überraschung zum Jubiläum, in: Leipziger Volkszeitung 10.12.2012, S. 3.

Griebel, Rolf, Elisabeth Niggemann, Die Staatsbibliothek zu Berlin als Bestandteil der verteilten Deutschen Nationalbibliothek, in: Sonderausgabe der Zeitschrift Bibliotheksmagazin anlässlich des 350. Geburtstages der Staatsbibliothek zu Berlin – Preußischer Kulturbesitz, Berlin 2011.

Griebel, Rolf, Elisabeth Niggemann, Barbara Schneider-Kempf, Die Deutsche Nationalbibliothek und die Staatsbibliotheken in Berlin und München definieren ihre zukünftige Wahrnehmung nationalbibliothekarischer Aufgaben, in: ZfBB 6 (2006), S. 304-305.

Grunenberg, Nina, Professor Dr. Ernst Schütte, Hessen, in: Die Zeit, 24.9.1965.

Gülich, Wilhelm, Bibliotheken und Archive, sozialwissenschaftliche, in: Handwörterbuch der Sozialwissenschaften 2, Stuttgart, Tübingen, Göttingen 1959, S. 203-213.

Gülich, Wilhelm, Die Funktion der Forschungsbibliothek in der modernen Wirtschaft und Gesellschaft, in: Arbeitsgemeinschaft der technisch-wissenschaftlichen Bibliotheken (Hg.), Bericht über die 7. Tagung in Frankfurt, Essen 1958, S. 17-23.

Gülich, Wilhelm, Die Einheit der sozialwissenschaftlichen Dokumentation durch bibliotekarische Organisation, in: Nachrichten für Dokumentation 4.1 (1953), S. 16-21.

Gülich, Wilhelm, Neue Arbeiten aus dem Deutschen Auslandswissenschaftlichen Institut, in: ZfP 34 (1944), S. 76.

Gülich, Wilhelm, Politik und Forschung: Die dynamische Bibliothek als Quelle politischer Erkenntnis, in: Zeitschrift für Politik 31 (1941), S. 3-31.

Haacke, Wilmont, Joachim Kirchner zum 85. Geburtstag, in: Publizistik 20 (1975), S. 952-954.

Habermann, Alexandra, Hermann Havekost, Helmut Sontag (Hgg.), Die Wissenschaftliche Bibliothek 1977. Sacherschließung, Arbeitsplatz, Mitbestimmung, Ausbildung. 67. Bibliothekartag in Bremen, Frankfurt a.M. 1977.

Headrick, William C., Occupation of Germany, in: Current History 7.40 (1944), S. 460-467.

Henel, Ingeborg C., Die Überwindung der Angst, in: FAZ, 22.9.1962, S. BuZ4.

Henkels, Walter, Professor Dr. Wilhelm Gülich. Bonner Köpfe, in: FAZ, 12.4.1956, S. 2.

Herrmann, Wolfgang, Prinzipielles zur Säuberung der öffentlichen Büchereien, in: Börsenblatt für den Deutschen Buchhandel 100.112 (1933), S. 356-358.

Heuss, Theodor, Monument und Werkzeug in einem, in: Deutsche Bibliothek (Hg.), Drei Ansprachen gehalten aus Anlaß der Einweihung des Neubaus der Deutschen Bibliothek in Frankfurt am Main am 24.4.1959, Frankfurt a.M. 1959, S. 21-26.

Hirschfeld, Kurt, Dramaturgische Bilanz, in: Therese Giehse u.a. (Hgg.), Theater: Meinungen und Erfahrungen, Affoltern am Albis 1945, S. 11-16.

Höck, Joseph, Um die Zukunft des deutschen Büchereiwesens, in: BuB 2.4 (1950), S. 193-195.

Hölder, Egon, Zur kulturpolitischen Bedeutung der Deutschen Bibliothek in Frankfurt am Main, in: Günther Pflug, Brita Eckert, Heinz Friesenhahn (Hgg.), Bibliothek – Buch – Geschichte, Frankfurt a.M. 1977, S. 15-23.

Hofmann, Gustav, Die Bayerische Staatsbibliothek, ihre Aufgaben und Baupläne, in: Zeitschrift für Bibliothekswesen und Bibliographie 5 (1958), S. 269-291.

Hofmann, Gustav, Zum Geleit, in: Carl Wehmer (Hg.), Zur Praxis der wissenschaftlichen Bibliotheken in den USA, Wiesbaden 1956.

Hofmann, Gustav, Bericht über die siebente ordentliche Mitgliederversammlung am 1.6.1955 in Düsseldorf, in: ZfBB 2 (1955), S. 225-231.

Hofmann, Gustav, Wiederaufbauprobleme der Bayerischen Staatsbibliothek München, in: Nachrichten für wissenschaftliche Bibliotheken 5.4 (1952), S. 156-167.

Höhne, Heinz, Opening Address of the President of IFLA, Mr. G. Hofmann, 28th Session in Berne, in: Libri 12.3 (1962), S. 261-271.

Höhne, Heinz, Die internationale Entwicklung auf dem Gebiete der alphabetischen Katalogisierung seit der Internationalen Katalogisierungskonferenz von Paris 1961, München 1961, S. 24-28 und 34-61.

Horkheimer, Max, Theodor W. Adorno, Dialektik der Aufklärung. Philosophische Fragmente, Frankfurt a.M. [21]2013.

Huder, Walter, Dokumente der Exilliteratur in den Archiven, Sammlungen und Bibliotheken der Westberliner Akademie der Künste, in: Jahrbuch für Internationale Germanistik 6.1 (1974), S. 120-126.

Hühnerfeld, Paul, Millionen Bücher vegetieren, in: Die Zeit, 20.1.1955, S. 3.

Huizinga, Johan, Geschichte und Kultur. Gesammelte Aufsätze. Ausgewählt und eingeleitet von Kurt Köster, Stuttgart 1954.

Hugelmann, Hans, Aufgaben und Ziele unserer Arbeit in: BuB 2 (1949-50), S. 588-592.

Humphreys, K.W., National Library Functions, in: Unesco Bulletin for Libraries 20.4 (1966), S. 158-169.

IFLA (Hg.), Libraries in the World: a Long Term Programme for IFLA, Hague 1963.

Infrastrukturprogramm der Volkswagenstiftung für die Universitäten der neuen Bundesländer, in: ZfBB 38 (1991), S. 190-192.

International Commission on Folk Arts and Folklore (Hg.), Collection phonothèque nationale Paris: Catalogue établi par la Commission Internationale des Arts et Traditions Populaires (C.I.A.P.), Paris (UNESCO Archives de la musique enregistrée/ Archive of recorded music), Paris 1952.

International Conference on Cataloguing Principles, Paris, 9th-18th October 1961. Preliminary Official Report, in: Libri 12 (1962), S. 61.

Jansen, Peter W., Denk ich an Deutschland, in: FAZ, 10.6.1965, S. 20.

Jaspers, Karl, Die Schuldfrage, Heidelberg 1944.

Jolas, Eugene, German Letters in the Ruins: A Report from Frankfurt, in: New York Times, 4.6.1948, S. BR7.

Juchhoff, Rudolf, Ziele und Wege der bibliothekarischen Bildung, in: Verband der Bibliotheken des Landes Nordrhein-Westfalen, Mitteilungsblatt 2 (1951), S. 30-41.

Kaegbein, Paul, IFLA 1979. Kurzberichte, in: ZfBB 27.2 (1980), S. 165-166.

Kammel, Karl, Das Österreichische Bibliothekswesen 1945-1950, in: Nachrichten für wissenschaftliche Bibliotheken 4.1 (1951), S. 1-4.

Kantorowicz, Alfred, Politik und Literatur im Exil. Deutschsprachige Schriftsteller im Kampf gegen den Nationalsozialismus, Hamburg 1978, S. 303.

Kantorowicz, Alfred, Deutsche Literatur im Exil, in: Ost und West. Beiträge zu kulturellen und politischen Fragen der Zeit 4 (1947), S. 51.

Kästner, Erhart, Die Gutenberg-Reichsausstellung Leipzig 1940: ein Vorbericht, in: Leipziger Jahrbuch 1939, S. 29-36.

Kellerman, Henry, Cultural Relations as an Instrument of U.S. Foreign Policy: the Educational Exchange Program between the United States and Germany, 1945-1954, Washington 1978.

Kiesinger, Kurt G., Was kann zur Förderung der Schulmusik in der Bundesrepublik geschehen?, in: Deutscher Musikrat – Referate, Informationen 1 (1965), S. 3-8.

Kinnaird, Jean, Information Uncensored, in: Information Bulletin. Monthly Magazine of the Office of US High Commissioner for Germany (Dezember 1951), S. 13-17.

Klemm, Hannelore, Zur Biographie des Verlegers Desch, in: FAZ, 28.11.1984, S. 8.

Klotz, Heinrich, Architektur als Staatsrepräsentation der Bundesrepublik Deutschland, in: Merkur 40 (1986), S. 761-767.

Klostermann, Vittorio E. (Hg.), Vittorio Klostermann. Frankfurt am Main 1930-2000. Verlagsgeschichte und Bibliographie, Frankfurt a. M. 2000.

Klostermann, Vittorio, Versammlung der Mitglieder der Landesverbände am Sonntag, den 24.9.1950, in der Paulskirche. Bericht des Vorsitzenden des Verleger-Ausschusses, Herrn Vittorio Klostermann, in: Börsenblatt für den Deutschen Buchhandel 6.79 (1950), S. 339-340.

Klostermann, Vittorio, Bericht des Vorsitzenden des Verlegerausschusses, Herrn Vittorio Klostermann, in: Börsenblatt für den Deutschen Buchhandel 5.76 (1949), S. 266-267.

Klostermann, Vittorio, Zur Frage des Papierbedarfs der Verlage, in: Börsenblatt für den Deutschen Buchhandel 113.3 (1946), S. 23-24.

Knecht, Josef, Die Wahrheit und der Friede: 3 Ansprachen anlässlich d. Verleihung d. Friedenspreises des Deutschen Buchhandels an Romano Guardini am 24.9.1952 in der Paulskirche zu Frankfurt a. M., Frankfurt a. M. 1952.

Knorr, Friedrich, Die Frankfurter Bibliotheken in Oberfranken, in: Jahrbuch der Coburger Landesstiftung 15 (1970), S. 161-178.

Köster, Kurt, Werner Berthold, Die Sammlung von Exil-Literatur als Aufgabe einer Nationalbibliothek: Dargestellt am Beispiel der Abteilung »Exil-Literatur 1933-1945« der Deutschen Bibliothek in Frankfurt, in: M. Nadav, J. Rothschild (Hgg.) Essays and Studies in Librarianship, Jerusalem 1975, S. 134-145.

Köster, Kurt, Die Deutsche Bibliothek ist Bundesanstalt, in: ZfBB 16.2 (1969), S. 196-198.

Köster, Kurt, The Use of Computers in Compiling National Bibliographies, illustrated by the Example of the Deutsche Bibliographie, in: Libri 16 (1966), S. 269-281

Köster, Kurt, L'emploi d'ordinateurs électroniques pour l'édition des bibliographies nationales: L'exemple de la Deutsche Bibliographie, in: Association des Bibliothécaires français. Bulletin d'information 54.1 (1967), S. 11-12.

Köster, Kurt (Hg.), Die Deutsche Bibliothek 1945-1965: Festgabe für Hanns Wilhelm Eppelsheimer zum 75. Geburtstag, Frankfurt a. M. 1966.

Köttelwesch, Clemens, IFLA 1979, in: Zeitschrift für Bibliothekswesen und Bibliographie 27 (1980), S. 162-163.

Kogon, Eugen, Bibliotheken und die Freiheit, in: Zeitschrift für Bibliothekswesen und Bibliographie 9.3 (1962), S. 207-224.

Kogon, Eugen, Das Recht auf den politischen Irrtum, in: Frankfurter Hefte. Zeitschrift für Kultur und Politik 7.2 (1947), S. 625-736.

Kolb, Luise, Die Public Library der USA und das Problem der Einheitsbücherei, in: BuB 4.3 (1952), S. 185-196.

Krämer-Badoni, Rudolf, Feindliche Brüder in der Fremde, »Exil-Literatur 1933-1945« in der Deutschen Bibliothek Frankfurt, in: Die Welt, 16.6.1965, S. 7.

Kommission für Alphabetische Katalogisierung des Vereins Deutscher Bibliothekare (Hg.), Stellungnahme zu den Themen der Internationalen Konferenz für Grundsätze der alphabetischen Katalogisierung, in: Zeitschrift für Bibliothekswesen und Bibliographie 7 (1960), S. 380-384.

Kondakov, I.P., La bibliothèque nationale en URSS, in: Bulletin bibliothèques France 11.3 (1966), S. 93-104.

Von Kortzfleisch, Hermann, Rationalisierungsreserven in wissenschaftlichen Bibliotheken: Die wissenschaftliche Bibliothek aus betriebswirtschaftlicher Sicht, in: Zeitschrift für Bibliothekswesen und Bibliographie 15.5/6 (1970), S. 324-339.

Von Kortzfleisch, Hermann, Die Planung der Innenrevision, in: Gert von Kortzfleisch, Josef Ries (Hgg.), Betriebswirtschaftliche Planung in industriellen Unternehmungen, Berlin 1959.

Krohn, Philipp, Deutsch-deutsche Popkultur. Pop ist ohne Politik nicht denkbar in: FAZ, 20.8.2022, S. 10.

Krüss, Hugo A., The Prussian State Library and its Relations to other German and Foreign Libraries, in: American Library Association Bulletin 20 (1926), S. 202-208.

Kunze, Heinrich, Die Ausstellung »Schrifttum des neuen Deutschlands« der Deutschen Bücherei, in: Zentralblatt für Bibliothekswesen 61.5-6 (1947), S. 277-279.

Lacy, Dan, The Overseas Book Program of the United States Government, in: The Library Quarterly 24.1 (1954), S. 178-191.

Landwehrmeyer, Richard, Die Staatsbibliothek zu Berlin, in: ZfBB (1993), S. 83-95.

Langer, Ruprecht, Historische Schallplatten im Deutschen Musikarchiv der Deutschen Nationalbibliothek, in: Forum Musikbibliothek 40.1 (2019), S. 23-27.

Langer, Ruprecht, 50 Jahre Deutsches Musikarchiv, in: Dialog mit Bibliotheken 1 (2020), S. 7-10.

Lanzke, Heinz, Nationalbibliographisches Zentrum für Musik und nationale Musikphonothek: das Deutsche Musikarchiv, in: Forum Musikbibliothek 1 (1980), S. 11-26.

Lanzke, Heinz W., Deutsches Musikarchiv. Erster Jahrgang des Schallplatten-Verzeichnisses, in: Musikbibliothek aktuell 2 (1975), S. 86-88, bzw. in: Fontes Artis Musicae 14.1 (1993), S. 24-28.

Lanzke, Heinz W., Das Deutsche Musikarchiv: Zentrale Musikdokumentation und Nationalbibliothek in Deutschland, in: Fontes Artis Musicae 39.2 (1992), S. 140-143.

Lanzke, Heinz W., Der Beitrag des Deutschen Musikarchivs zur musikalischen Quellendokumentation. Rückblick und Ausblick, in: von Köckritz, Nowak, Nationalbibliotheken, S. 259-264.

Lanzke, Heinz, 25 Jahre deutsche Musik-Phonothek/Deutsches Musikarchiv, in: Bibliotheksdienst 20.9 (1986), S. 871-872.

Lanzke, Heinz, Nachruf Herbert Schermall, 1908-1994, in: BuB 46.12, S. 952.

Lanzke, Heinz, Arbeiten und Arbeitsvorhaben des Deutschen Musikarchivs, in: Buch und Bibliothek 23 (1971), S. 1026.

Lasswell, Harold D., Describing the Content of Communiations, in: Bruce L. Smith, Harold D. Laswell, Ralph D. Casey (Hgg.), Propaganda. Communication and Public Opinion, Princeton 1946, S. 74-94.

Lasswell, Harold D. u.a., The Politically Significant Content of the Press: Coding Procedures, in: Journalism Quarterly 19 (1942), S. 12.

Lasswell, Harold D., Describing the Contents of Communication. Experimental Division for the Study of Wartime Communication. Doc. N°9, Washington 1941.

Lautarchiv des Deutschen Rundfunks (Hg.), Tondokumente zur Zeitgeschichte: Politik und Wirtschaft, 1901-1933, Frankfurt a.M. 1958.

Laves, Walter H.C., UNESCO and the Achievements of Peace, in: Political Quarterly 22.2 (1951), S. 163-174.

Lehmann, Klaus-Dieter, Die Stiftung Preußischer Kulturbesitz als Beispiel kooperativen Föderalismus, in: Jahrbuch für Kulturpolitik 2 (2001), S. 205-210.

Lehmann, Klaus-Dieter, European National Libraries and the CoBRA Forum of the EU Libraries Programme, in: Alexandria. The Journal of National and International Library Information 8.3 (1996), S. 155-166.

Lehmann, Klaus-Dieter, Die Deutsche Bibliothek – Was bleibt – was wird, in: Hartwig Lohse (Hg.), Bibliotheken in alten und neuen Hochschulen. 82. Deutscher Bibliothekartag in Bochum 1992, Frankfurt a.M. 1993, S. 71-82.

Lehmann, Klaus-Dieter, Innenansichten, Außenansichten. Deutsche Bücherei und Deutsche Bibliothek nach der Vereinigung, in: BuB 44 (1992), S. 314-322.

Lehmann, Klaus-Dieter, Wichtiger Aktivposten für die internationale Kooperation. Die Deutsche Bibliothek gehört heute zu den größten Bibliotheken in der Bundesrepublik, in: Börsenblatt für den Deutschen Buchhandel, Frankfurter Ausgabe 46.22 (1990), S. 1006-1011.

Lehmann, Klaus-Dieter, Bibliotheken auf Europa vorbereiten, in: ZfBB 37.4 (1990), S. 289-306.

Lehmann, Klaus-Dieter, Zentrale Dienste der Deutschen Bibliothek, in: Regionale und überregionale Katalogisierung. Bestandsnachweis und restrospektive Konversion. Referate beim Sachverständigengespräch im Bundesministerium für Bildung und Wissenschaft Bonn, Berlin 1990, S. 31-48.

Lehmann, Klaus-Dieter, Verbund: Zentren und Bibliotheken, in: Günter Beyersdorff (Hg.), Bibliotheksverbund und lokale Systeme. Bericht über eine Studienreise in die USA vom 24.9. bis 13.10.1984, Berlin 1985, S. 29-68.

Lehmann, Klaus-Dieter (Hg.), Bibliotheca Publica Francofurtensis: 500 Jahre Stadt- u. Universitätsbibliothek Frankfurt am Main (Textband), Frankfurt a.M. 1984.

Lehmann, Klaus-Dieter, Die Stadt- und Universitätsbibliothek 1950-1984, in: ders., Bibliotheca Publica Francofurtensis, S. 227-282.

Lehmann-Haupt, Hellmut, Das amerikanische Buchwesen. Buchdruck und Buchhandel, Bibliophilie und Bibliothekswesen in den Vereinigten Staaten von den Anfängen bis zur Gegenwart, Leipzig 1937.

Lengemann, Jochen, Das Hessen-Parlament 1946-1986, in: Präsident des Hessischen Landtags (Hg.), Biographisches Handbuch des Beratenden Landesausschusses, der Verfassungsberatenden Landesversammlung und des Hessischen Landtags (1.-11. Wahlperiode), Frankfurt a.M. 1986, S. 385-386.

Leyh, Georg, Die Bildung des Bibliothekars, Kopenhagen 1952.

Leyh, Georg, Fünfzig Jahre Verein Deutscher Bibliothekare, in: Nachrichten für wissenschaftliche Bibliotheken Beiheft 1: Bibliotheksprobleme der Gegenwart. Vorträge auf dem Bibliothekartag des Vereins Deutscher Bibliothekare anläßlich seines 50jährigen Bestehens in Marburg/Lahn vom 30.5. bis 2.6.1950, Frankfurt a.M. 1951, S. 7-28.

Leyh, Georg, Das neue Berufsideal des Bibliothekars, in: Zentralblatt für Bibliotheks-wesen 63.3-4 (1949), S. 95-97.

Leyh, Georg, Die deutschen wissenschaftlichen Bibliotheken nach dem Krieg, Tübin-gen 1947.

Leyh, Georg, Bericht über die Versammlung des VDB in Dresden am 6.6.1936, in: ZfB 53 (1936), S. 529-596.

Leyh, Georg, Bericht über die 29. Versammlung des Vereins Deutscher Bibliothekare in Darmstadt am 8. und 9. Juni 1933, in: Zentralblatt für Bibliothekswesen 50 (1933), S. 501-504.

Liebaers, Herman, Anekdotisches zu Kurt Köster und zur Erwerbung mittelniederlän-discher Handschriften für die Königliche Bibliothek Albert I. Brüssel, in: Eckert, Friesenhahn, Pflug, Bibliothek, S. 2-14.

Liebaers, Herman, Dorothy Anderson, IFLA's Contribution to National Library Asso-ciations in Developing Countries, in: The Journal of Library History 7.4 (1972), S. 293-300.

Line, Maurice B., ›Do We Need National Libraries, and if so What Sort?‹, in: Alexand-ria 2 (1990), S. 27-38.

Lingenberg, Walter, Mechanisierung und Automatisierung in Amerikanischen Biblio-theken, in: ZfBB 15 (1968), S. 142.

Lohse, Helmut, Horst Halfmann, Die Sammlung der Exil-Literatur 1933 bis 1945 der Deutschen Bücherei, Leipzig 1973.

Lot, Peter J., The IFLA [International Federation of Library Associations and Institutions]-UNESCO Partnership, in: IFLA Journal 38.4 (2012), S. 269-282.

Lübke, Heinrich, Dem musikalischen Analphabetentum wirksam entgegentreten, in: Deutscher Musikrat – Referate, Informationen 2 (1966), S. 4.

Maas, Lieselotte (Hg.), Handbuch der deutschen Exilpresse 1933-1945, Bd. 1: Biblio-graphie A–K; Bd. 2: Bibliographie L–Z; Bd. 3: Nachträge, Register, Anhang, Mün-chen 1976–1981.

MacDonald, W. A., Viewpoint on Education, in: New York Times, 5.11.1939, S. 57.

Magel, Eva-Maria, Nazi-Beute in den Regalen, in: FAZ, 23.6.2020, S. 32.

Mahoney, Haynes R., Windows to the West, in: HICOG Information Bulletin (1950), S. 47-50.

Mammeri, Hasseine, Musique et Folklore En Afrique Du Nord et En Proche Orient: Le Fonds de La Phonothéque Nationale, in: Arabica 13.3 (1966), S. 295-306.

Manning, Ralph W., Die Anglo-Amerikanischen Katalogisierungs-Regeln und ihre Zukunft, Paper anlässlich der 64. IFLA-Konferenz August 1998, Amsterdam 1998 https://archive.ifla.org/IV/ifla64/083-126g.htm.

McClure, R. A., Information Services and Democratic Attitudes, in: Information Bulle-tin, 15.9.1945.

McLauglin, Kathleen, Allies to Wipe out all Pro-Nazi Books, in: New York Times, 14.5.1946, S. 1.

Meadows, Donella, Dennis Meadows, Jørgen Randers, Die Grenzen des Wachstums. Bericht des Club of Rome zur Lage der Menschheit. Aus dem Amerik. v. Hans-Dieter Heck, Stuttgart 1972.

Mearns, David C., The Story up to now. The Library of Congress, 1800-1946, Washing-ton 1947.

Meitner, Lise, Max Delbrück, Der Aufbau der Atomkerne, Berlin 1935.

Meyer, A. B., Amerikanische Bibliotheken und ihre Bestrebungen, Berlin 1906.

Michaelis, Rolf, Im Weltall der Worte, in: FAZ, 18.10.1965, S. 24.

Mihaly, Jo, Die Steine, Stuttgart o.J. [1946], urspr. Zürich 1943.

Miller, Marion Wm., American Doctoral Degrees Granted in the Field of Modern Languages in 1951-1952, in: The Modern Language Journal 37.3 (1953), S. 152-158.

Mönninger, Michael, Evakuierung einer ganzen Kultur, in: FAZ, 11.4.1990, S. 34.

Müller-Marein, Josef, Theo Sommer (Hgg.), Schriftsteller: Ja-Sager oder Nein-Sager? Das Hamburger Streitgespräch deutscher Autoren aus Ost und West, Hamburg 1961.

Mumford Jones, Howard, Removal of Books Queried, in: New York Times, 20.6.1953, S. 16.

Münkler, Herfried, Konspiration aus humanitären Gründen, in: FAZ, 8.9.1986, S. 9.

Die Neukonzeption der Deutschen Bibliographie in gedruckter Form, in: Bibliotheksdienst 18.5 (1984), S. 528-534.

Niggemann, Elisabeth, Kontinuität durch Innovation, in: Claus Ceynow, Martin Hermann (Hgg.), Bibliotheken: Innovation aus Tradition. Rolf Giebel zum 65. Geburtstag, Berlin, München, Boston 2014, S. 64-75.

Noel, Bernard, Marseille-New York, 1940-1945: A Surrealist Liaison, Montclair 1986.

Novikova, Elena, Die sowjetische alphabetische Katalogisierung und die internationalen Principien der Titelaufnahme, in: Zentralblatt für Bibliothekswesen 77 (1963), S. 97-110.

Nowak, Kurt, Computereinsatz bei der Herstellung einer Nationalbibliographie: Deutsche Bibliographie, in: Libri 21.1-3 (1971), S. 118-129.

Ochsner, Friedrich (Übers.), Rationalisierung der öffentlichen Büchereien Dänemarks: Gutachten des Rationalisierungskomitees des Dänischen Bibliotheksverbandes, Wiesbaden 1967.

Oertel, Dieter, Bibliotheksplanung in den Bundesländern, in: ZfBB 20.2 (1973), S. 84-102.

Ostermann, Theodor, Amerikanische Bibliotheken. Erlebnisse und Eindrücke einer Studienreise, in: Nachrichten für wissenschaftliche Bibliotheken 5 (1951), S. 221-238.

Ould-Braham, Ouahmi, Phonogrammes touaregs déposés à la Phonothèque Nationale (Paris), in: Études et Documents Berbères 3 (1987), S. 103-123.

Pauli, Fritz W., Schallplatten als Bildungsgut. Eine »Deutsche Musikphonothek«, in: FAZ, 20.1.1960. S. 24.

Pauli, Fritz W., Die deutschen Rundfunkbibliotheken – ihre Organisation, ihre internationalen Arbeitsmöglichkeiten, in: Fontes Artis Musicae 3.1 (1956), S. 153-155.

Pauli, Fritz W., Bericht über die Tagung der Commission Internationale des Phonothèques in Brüssel, in: Fontes Artis Musicae 3.1 (1956), S. 27-29.

Pauli, Fritz W., Phonetische Dokumentation und Musikforschung, in: Wilfried Brennecke, Willi Kahl, Rudolf Steglich (Hgg.), Gesellschaft für Musikforschung. Bericht über den internationalen musikwissenschaftlichen Kongress Bamberg 1953, Kassel, Basel 1954, S. 295-299.

Peiss, Reuben, European Wartime Acquisition and the Library of Congress Mission, Frankfurt a.M. 1946.

Peiss, Reuben, European Wartime Acquisitions and the Library of Congress Mission in: Library Journal 71 (1945), S. 863-876.

Pfeil, Moritz, Schon mal bezahlt, in: Der Spiegel 1.7.1958.

Pflug, Günther, Die Ausbildung des höheren Bibliotheksdienstes nach dem 2. Weltkrieg, in: Gerhard Hacker, Engelbert Plassmann, Torsten Seela (Hgg.), Bibliothek leben: das deutsche Bibliothekswesen als Aufgabe für Wissenschaft und Politik, Wiesbaden 2005, S. 80-90.

Pflug, Günther, Die wissenschaftlichen Bibliotheken in Deutschland von 1945 bis 1965, in: Leonhard, Vodosek, Entwicklung, S. 13-30.

Pflug, Günther, Der Bibliothekartikel des Kulturabkommens zwischen der Bundesrepublik Deutschland und der Deutschen Demokratischen Republik, in: ZfBB 33.1 (1986), S. 39-42.

Pflug, Günther, Anneliese Budach 1922-1980, in: ZfBB 27 (1980), S. 469-470.

Pflug, Günther, New Steps in Library Automation in the Federal Republic of Germany, in: Libri 19.1-4 (1969), S. 304-331.

Pflug, Günther (Hg.), Mechanisierung und Automatisierung in Amerikanischen Bibliotheken: Eindrücke einer Studienreise deutscher Bibliothekare im Frühjahr 1965, Frankfurt a.M. 1967.

Pflug, Günther, Die Universitätsbibliothek Bochum, in: ZfBB 12 (1965), S. 297.

Pflug, Günther, Probleme der elektronischen Datenverarbeitung in Bibliotheken, in: Libri 15.1-4 (1965), S. 35-49.

Picard, Bertold, Zur Fortentwicklung des Bestandsaufbaus an der Deutschen Bibliothek, in: von Köckritz, Nowak, Nationalbibliotheken, S. 195-206.

Picht, Georg, Die deutsche Bildungskatastrophe, Analyse und Dokumentation, Olten, Freiburg i. Br. 1964.

Pilgert, Henry P., The History of the Development of Information Services through Information Centers and Documentary Films, Historical Division Office of the US High Commissioner for Germany, Mehlem 1951.

Pinkus, Theo (Hg.), Gespräche mit Herbert Marcuse, Hamburg 1967.

Pinkus, Theo, Wiedersehen mit dem deutschen Buchhandel, in: Der Schweizer Buchhandlungsgehilfe 5-6 (1948), S. 144.

Pleßke, Hans-Martin, Zur Geschichte der AIBM-Ländergruppe DDR (1959-1990), in: Fontes Artis Musicae 39.2 (1992), S. 90-95.

Pleßke, Hans-Martin, Zur Entwicklung des Musikbibliothekswesens in der Deutschen Demokratischen Republik, in: Zentralblatt für Bibliothekswesen, 89.1 (1975), S. 16-20.

Poste, Leslie Irlyn, Books go Home From the Wars, in: Library Journal 73.21 (1948), S. 1699-1704.

Poste, Leslie I., The Development of U.S. Protection of Libraries and Archives in Europe During World War II, Diss. University of Chicago 1958.

Praesent, Hans, Der 29. Deutsche Bibliothekartag: Gleichschaltung des Vereins Deutscher Bibliothekare, in: Börsenblatt für den Deutschen Buchhandel 100.168 (1933), S. 536-537.

Raabe, Paul, Rez. von Sternfeld, Tiedemann, Deutsche Exil-Literatur 1933-1945, Heidelberg 1962, in: Zeitschrift für Bibliothekswesen und Bibliographie 12.2 (1965), S. 109-112.

Raabe, Paul (Hg.), Expressionismus: Literatur und Kunst 1910-1923. Eine Ausstellung des Deutschen Literaturarchivs im Schiller-Nationalmuseum Marbach a.N., München 1960.

Rahn, Magdalena, Eindrücke von einer Studienreise in skandinavischen und englischen Bibliotheken: Vortrag gehalten an der 51. Jahresversammlung der Vereinigung Schweizerischer Bibliothekare in Winterthur, in: Nachrichten der Vereinigung Schweizerischer Bibliothekare, Schweizerische Vereinigung für Dokumentation 29.1 (1953), S. 5-15.

Rebmann, Martina, Die Musikabteilung der Staatsbibliothek zu Berlin – Preußischer

Kulturbesitz: Ein Kompetenzzentrum für Musik im Nationalbibliothekarischen Zusammenhang, in: Fontes Artis Musicae 58.3 (2011), S. 244-252.

Recke, Bruno T., Die Frankfurter Büchermesse, Frankfurt a.M. 1951.

Redenbacher, Fritz, Studienreise deutscher Bibliothekare nach Frankreich, in: Nachrichten 6 (1953), S. 110.

Regge, Jürgen Chr., Forschungsförderung durch private Stiftungen an wissenschaftlichen Bibliotheken, in: Günther Wiegand, Elsa Maria Wischermann (Hgg.), 79. Deutscher Bibliothekartag in Bonn 1989. Reden und Vorträge, Bonn 1990, S. 263-269.

Reichmann, Felix, The Reorganization of the Book Trade in Germany, in: The Library Quarterly: Information, Community, Policy 17.3 (1947), S. 185-200.

Reinecke, Hans-Peter, Der Eindrucksspielraum von erklingender Musik. Psychometrische Untersuchungen mit Schallplatten, in: Deutsche Musik-Phonothek Berlin, Mitteilungen 1 (1965), S. 16-20.

Reinecke, Hans-Peter, Experimentelle Beiträge zur Psychologie des musikalischen Hörens, Hamburg 1964.

Reinecke, Hans-Peter, Wann kommt die Deutsche Phonothek? in: Musica-Schallplatte 2 (1959), S. 25-26.

Richardt, Rosemarie, Zwanzig Jahre bibliothekarische Ausbildung in Frankfurt am Main, in: ZfBB 12 (1965), S. 232-237.

Richter, Hans W., Deine Söhne, Europa. Gedichte deutscher Kriegsgefangener, München 1947.

Richter, Hans W., Die Bibliographierung des nationalsozialistischen Schrifttums, in: Börsenblatt für den Deutschen Buchhandel 100.127 (1933), S. 401.

Rietzschel, Thomas, Die Deutsche Natonalbibliothek ensteht, in: FAZ, 16.8.1990, S. 2.

Rödder, Rudolf, Die Büchereien der Amerikahäuser, in: BuB 1-5 (1948-49), S. 275.

Rösner, Helmut, Eine nationale Discothek im Aufbau. Das Deutsche Musikarchiv in Berlin, in: Der Jung-Musikhandel. Beilage zum Musikhandel 27 (1976), S. 3.

Rötzsch, Helmut, Die Deutsche Bücherei als Zentrum bibliographischer Literaturinformation, in: von Köckritz, Nowak, Nationalbibliotheken, S. 125-136.

Roloff, Heinrich, Der Bibliothekartag in Berlin, 22.-26.5.1956, in: Zentralblatt für Bibliothekswesen ZfB 70.11-12 (1956), S. 436-440.

Rorty, James, The Attack on our Libraries, in: Commentary 1.1.1955, S. 541-549.

Rost, Gottfried, Die Deutsche Bücherei als »Loch in der Mauer«, in: Lehmstedt, Lokatis, Loch, S. 132-136.

Rost, Gottfried, Tradition auf dem Prüfstand. Die Deutsche Bücherei in den Jahren der DDR, in: Peter Vodosek, Konrad Marwinski (Hgg.), Geschichte des Bibliothekswesens in der DDR, Wiesbaden 1999, S. 133-143.

Ruggles, Melville, Soviet Libraries and Librarianship: Report of a Visit of the Delegation of U.S. Librarians to the Soviet Union, May-June 1961, under the US-Soviet Cultural Exchange Agreement, Chicago 1963.

Rühle, Günther, Arbeit auf dem Schilleracker, Marbach oder: Wie man aus Literatur ein Denkmal macht, in: FAZ, 13.9.1980, S. 1.

Rühle, Günther, Der neue Bibliothekar, Günther Pflug oder: Einübung in die Deutsche Bibliothek, in: FAZ, 21.2.1976, S. 21.

Ryer, E., Amerikanische Bibliotheken in: Zentralblatt für Bibliothekswesen 3 (1889), S. 121-129.

Sachs, Nelly, Ansprachen anläßlich der Verleihung des Friedenspreises des deutschen

Buchhandels, Frankfurt am Main, in der Paulskirche am 17.10.1965, hg. vom Börsenverein des Deutschen Buchhandels, Frankfurt a. M. 1965.

Saevecke, Rolf-Dieter, Gutachten über Rationalisierungsmöglichkeiten in der Deutschen Bibliothek, Frankfurt/Berlin. Ein Bericht, erstattet im Auftrag des Generaldirektors, in: Zeitschrift für Bibliothekswesen und Bibliographie 24.4 (1977), S. 386-392.

Sass, Herbert, Andreas Eckhardt (Hgg.), 40 Jahre Deutscher Musikrat: Auftrag und Verwirklichung, Regensburg 1993.

Sass, Herbert (Hg.), Der Deutsche Musikrat: 1953-1958, Kassel u.a. 1959.

Sass, Herbert, Musikrat und Arbeitsgemeinschaft: Die beiden Organisationen, ihre Entschließungen auf der Bonner Tagung 1955 und deren erste Ergebnisse, in: Deutscher Musikrat (Hg.), Neue Zusammenarbeit im deutschen Musikleben: Vorträge und Entschließungen der Bonner Tagung 1955, Kassel 1956, S. 58-73.

Saul, Patrick, The British Institute of Recorded Sound, in: Fontes Artis Musicae 3.2 (1956), S. 170-173.

Saur, Karl G., Unzulänglichkeiten und Mängel an den Veröffentlichungen der Deutschen Bibliothek, in: Der Jungbuchhandel: Rundbriefe zur Berufsförderung 16.2 (1962), S. 83-85.

Schauer, Georg Kurt, Leipzig – Wiesbaden – Frankfurt. Ein Gespräch mit Professor Dr. Georg

Scherer, Hans, Das Verbrechen, Leben zu retten, in: FAZ, 28.6.1988, S. 28.

Schauer, Kurt G., Bevormundung des Sortiments? in: Börsenblatt für den Deutschen Buchhandel 20 (1947), S. 396-397.

Schauer, Kurt G., Über eine Deutsche Bücherei des Westens in Frankfurt a. M., in: Börsenblatt für den Deutschen Buchhandel 113.9 (1946), S. 73-74.

Schauer, Kurt G., Papierausschuß und Papiersekretariat, in: Börsenblatt für den Deutschen Buchhandel 113.3 (1946), S. 22-23.

Kurt Schauer über die Anfänge des Frankfurter Börsenblattes, in: Börsenblatt für den Deutschen Buchhandel, Frankfurter Ausgabe 60 (1974), S. 1238-1241.

Schermall, Herbert, Aufgaben und Ziele der Deutschen Musik-Phonothek, in: Deutsche Musik-Phonothek Berlin. Mitteilungen 1 (1965), S. 9-15.

Schermall, Herbert, Der Lehre und Nachwelt, in: Fono Forum 4 (1966), S. 43.

Schermall, Herbert, Die Berliner Musikbibliotheken im Rückblick und in der Gegenwart, in: Jürgen Busch (Hg.), Kleine Beiträge aus der bibliothekarischen Arbeit, Berlin 1959, S. 99-117.

Schermall, Herbert, Die Schallplatte im Dienste musikalischer Bildung in: Musikalische Zeitfragen. Eine Schriftenreihe im Auftrag des deutschen Musikrates, Bd. 2: Musik im Wandel von Freizeit und Bildung, Kassel, Basel 1958, S. 37-45.

Schermall, Herbert, Die Musikbüchereien in Deutschland, in: Fontes Artis Musicae 2.1 (1955), S. 3-7.

Schiff, Otto, Frankfurter Bibliothekenführer: Kleine Ausgabe. Die elf wichtigsten Bibliotheken von Frankfurt a. M., Frankfurt a. M. 1913.

Schneider-Kempf, Barbara, Martin Hollender, Wettbewerb fördert die Qualität, denn Konkurrenz spornt an. Das Bibliotheksmagazin als gemeinsame Zeitschrift der Staatsbibliotheken München und Berlin, in: Ceynowa, Hermann, Bibliotheken, S. 459-468.

Schnurre, Wolfdietrich, Die Schriftsteller und die Mauer. Vortrag vom Februar 1962, in: ders., Schreibtisch unter freiem Himmel, Polemik und Bekenntnis, Olten, Freiburg i.Br. 1964, S. 62-95.

Schochow, Werner, Persönliche Erinnerungen zum Thema »Innerdeutsche Kontakte zwischen Bibliothekaren 1949-1989«, in: Ruppelt, Bande, S. 149-154.

Schütte, Ernst, Reale und humane Bildung, in: Karl Ringshausen (Hg.), Humanistische Bildung in unserer Zeit, Frankfurt a. M. u. a. 1965, S. 4-13.

Schütte, Ernst, Quellen zur Geschichte des 20. Jahrhunderts: Der 1. Weltkrieg, Ausbruch und Ende, Paderborn 1950.

Schütte, Ernst, Deutsche Geschichtszahlen, Kevelaer 1950.

Schütte, Ernst, Hauptdaten der Weltgeschichte, Kevelaer 1949.

Schütte, Ernst, Freiherr Marschall von Bieberstein, ein Beitrag zur Charakterisierung seiner Politik, Berlin 1936, Diss.

Schütz, Hanns L., Souveränität gesucht. Das deutsch-deutsche Verlagswesen befindet sich im Umbruch, in: FAZ, 19.12.1989, S. 27.

Schutzverband Deutscher Schriftsteller und der Deutschen Freiheitsbibliothek (Hg.), Deutsch für Deutsche, Leipzig 1935.

Schwab-Felisch, Hans, Einzug in den Turm der Bücher – Keine großen Worte bei der Feierstunde für die Deutsche Bibliothek, in: FAZ, 25.4.1959, S. 17.

Schweizerische Landesbibliothek (Hg.), Fünfzig Jahre Schweizerische Landesbibliothek, 1895-1945: La Bibliothèque nationale suisse, un demi-siècle d'activitè, Bern 1945.

Schwenke, Paul, Eindrücke von einer amerikanischen Bibliotheksreise, in: ZfB 29 (1912), S. 485-500.

Schwenke, Paul, Eine »Reichsbibliothek«?, in: Zentralblatt für Bibliothekswesen 28 (1911), S. 263-266.

Seeger, Charles, Collection Phonothèque Nationale, in: Notes 10.4 (1953), S. 628-629.

Segler, Thomas, Musik als Schulfach, Braunschweig 1966.

Sieber, Paul, Weltkongress der Musikbibliotheken und -Museen in Florenz, 27.-30. Oktober 1949, in: Schweizerische Musikzeitung 89 (1949), S. 497-499.

Sontheimer, Kurt, Antidemokratisches Denken in der der Weimarer Republik, München ²1964.

Spalek, John M., Guide to the Archival Materials of the German-speaking Emigration to the United States after 1933, Charlottesville 1978.

Spiel, Hilde, Die Krise der Exilforschung. Der geplatzte Kongreß: Was wird?, in: FAZ, 22.1.1975, S. 19.

Staab, Heinz A., Intellektuelle Neugier als Quelle der Forschung. Ansprache des Präsidenten Prof. Dr. Dr. Heinz A. Staab bei der Festversammlung der Max-Planck-Gesellschaft am 10.6.1988 in Heidelberg, in: Max-Planck-Gesellschaft. Jahrbuch 1988, S. 15-22.

Steininger, Franz, Amerikanische Bibliotheken: Große Aufgaben, neue Mittel, aufwendige Experimente. Eindrücke einer Studienreise September bis Dezember 1969, Wien 1970.

Stern, Desider (Hg.), Werke von Autoren jüdischer Herkunft in deutscher Sprache: eine Bio-Bibliographie, Wien 1969.

Stern, Fritz, Kulturpessimismus als politische Gefahr, Bern, Stuttgart, Wien 1953.

Sternberg, Dolf, Dreizehn politische Radio-Reden 1946, Heidelberg 1947.

Sternfeld, Wilhelm, Eva Tiedemann (Hgg.), Deutsche Exil-Literatur 1933-1945: eine Bio-Bibliographie, Heidelberg 1962.

Sternfeld, Wilhelm, Die Arbeit des P.E.N.-Clubs, in: Die Neue Zeitung, 4.10.1946.

Stoltenberg, Gerhard, Notwendige Zukunftsaufgaben der Wissenschaftspolitik. Maßnahmen der Wissenschaftsförderung und Wissenschaftsplanung, in: Bulletin der Bundesregierung 8.2.1968, S. 130-134.

Stone, Shepard, Germany in Defeat – and in Ruin, in: New York Times, 24.3.1946, S. 125.

Stoph-Brief (Tagungsordnungspunkt 21.6.1967 TOP2), in: Die Kabinettsprotokolle der Bundesregierung 20: 1967, hg. v. Harmut Weber, bearb. v. Walter Naasner, Christoph Seemann u. a., München 2010, S. 322-323.

Strelka, Joseph, Der Kongress zur Exilforschung in Kopenhagen, in: Colloquia Germanica 7 (1973), S. 171-175.

Studienbibliothek zur Geschichte der Arbeiterbewegung Zürich (Hg.), Erinnern und ermutigen. Hommage für Theo Pinkus, Zürich 1992.

Süberkrüb, Hansjörg, Die Öffentliche Bibliothek. Aufgabe, Politik, Zukunft. Fünf Vorträge, Berlin 1967.

Suchy, Viktor, Begrüßung, in: Österreicher im Exil 1934 bis 1945, in: Dokumentationsarchiv des österreichischen Widerstandes und der Dokumentationsstelle für neuere österreichische Literatur (Hg.), Protokoll des Internationalen Symposiums zur Erforschung des österreichischen Exils von 1934 bis 1945. Abgehalten vom 3. bis 6.6.1975 in Wien, Wien 1977, S. 1-2.

Süle, Tibor (Hg.), Die gesellschaftliche Rolle der deutschen öffentlichen Bibliothek im Wandel, 1945-1975, Berlin 1976.

Sullivan, Walter, U.S. Purges Libraries it Runs in Germany. U.S. Libraries Get Purge in Germany, in: New York Times, 11.6.1953, S. 1.

Taubert, Siegfred, Die deutsche Buchausfuhr steigt wieder, in: FAZ, 26.4.1951, S. 8.

Taubert, Siegfred, Der deutsche Buchexport ist stark gestiegen, in: FAZ, 18.4.1952, S. 1.

Tavor, Moshe Deutsche Bibliothek in Tel Aviv, in: FAZ, 6.10.1967, S. 32.

Tiedemann, Eva, Hanns Wilhelm Eppelsheimer, Curriculum Vitae und Biographischer Bericht, in: Köster, Bibliothek, S. 9-19.

Tiemann, Hermann, Eindrücke von englischen Bibliotheken, in: ZfB 62 (1948), S. 187.

Tillett, Barbara B., Renate Gömpel, Susanne Oehlschläger (Hgg.), IFLA Cataloguing Principles: Steps towards an International Cataloguing Code: Report from the 1st IFLA Meeting of Experts on an International Cataloguing Code, Frankfurt a. M. 2003, München 2004.

Trinks, Karl, Die Spannung zwischen Volk und Kunst, in: Aufbau 7 (1947), S. 7.

Tucker, Richard N., Deutsche Forschungsgemeinschaft (DFG). Modernisierung und Rationalisierung in wissenschaftlichen Bibliotheken. Zwischenbilanz im DFG-Förderungsprogramm 1988-1993, in: Bibliotheksdienst 29.2 (1995), S. 272-296.

Uhlendahl, Heinrich, »Bücher der Emigration«. Ansprache zur Eröffnung der Ausstellung der Deutschen Bücherei, in: Zentralblatt für Bibliothekswesen 61.1-2 (1947), S. 32-36.

Uhlendahl, Heinrich, Bibliotheken gestern und heute, Berlin 1932.

UNESCO (Hg.), National Libraries: Their Problems and Prospects. Symposium on National Libraries in Europe, Vienna, 8th-27th September 1958, Paris 1960.

Viedebantt, Klaus, Archiv der deutschen Exilliteratur, in: FAZ, 12.11.1971, S. 59.

Vladimirov, Lev I., The Socialist Countries of Europe in IFLA, in: Willem R. H. Koops, Joachim Wieder (Hgg.), IFLA's First Fifty Years, München 1977.

Vogdt, Herbert, Wie ein Schiff, das im Grundwasser schwimmt, in: Börsenblatt für den Deutschen Buchhandel 40.54 (1984), S. 1625-1634.

Vorstius, Joris, Die Ausbildung der Anwärter des höheren Dienstes an der Öffentlichen Wissenschaftlichen Bibliothek in Berlin, in: Zentralblatt für Bibliothekswesen 63.3-4 (1949), S. 79-83.

Vorwort. Die Sorge um die Menschen und die bildende Kraft der Kunst, in: Musikalische Zeitfragen. Eine Schriftenreihe im Auftrag des deutschen Musikrates, Bd. 2: Musik im Wandel von Freizeit und Bildung, Kassel, Basel 1958, S. 7-12.

Waffenschmidt, Heinrich, Feierstunde zur Einweihung der Deutschen Bibliothek am 24.4.1959 in Frankfurt (18'25), 24.4.1959, Hessischer Rundfunk, Erstausstrahlung 1959.

Walter, Hans-Albert, Deutsche Exilliteratur 1933-1950, Bd. 3: Internierung, Flucht und Lebensbedingungen im Zweiten Wellkrieg, Stuttgart 1988.

Walter, Hans-Albert, »Öfter als die Schuhe die Länder wechselnd.« Die deutschen Schriftsteller im Exil, in: FAZ, 3.7.1965, S. BuZ2.

Walter, Hans-Albert, Schwierigkeiten beim Schreiben einer Geschichte der deutschen Exil-Literatur, in: FAZ, 12.11.1965, S. 32.

Waples, Douglas (Hg.), Print, Radio, and Film in a Democracy, Chicago 1942.

Waples, Douglas, Bernard Berelson, Franklyn Bradshaw, What Reading Does to People, Chicago 1940/1942.

Waples, Douglas, Harold D. Lasswell, National Libraries and Foreign Scholarship, Chicago 1936.

Weinzierl, Ulrich, Der allerletzte Zug. Hans-Albert Walters Werk zur »Deutschen Exilliteratur«, in: FAZ, 15.11.1988, S. L7.

Weise, Gerhard, Deutsche Musikforschung. Eine erschütternde Bilanz, in: FAZ, 19.12.1951, S. 10.

Weiss, Peter, Die Ermittlung: Oratorium in 11 Gesängen, Frankfurt a.M. 1965.

Weisstein, Ulrich, Rezension von Sternfeld, Tiedemann, Exil-Literatur, in: Books Abroad 38.1 (1964), S. 52-53.

Wenke, Hans, Die öffentliche Bücherei und das Bildungswesen, in: BuB 10.1 (1958), S. 1-9.

Wehmer, Carl (Hg.), Zur Praxis der wissenschaftlichen Bibliotheken in den USA, Wiesbaden 1956.

Wehmer, Carl, Prager Bibliotheken, Prag 1944.

Wiechert, Ernst, Das einfache Leben, München 1939.

Winkler, Michael (Hg.), Deutsche Literatur im Exil 1933-1945. Texte und Dokumente, Stuttgart 1977.

Wiora, Walter, Das deutsche Musikleben und die Situation der Zeit, in Deutscher Musikrat (Hg.), Neue Zusammenarbeit im deutschen Musikleben: Vorträge und Entschließungen, Kassel 1956, S. 9-18.

Wissenschaftsrat (Hg.), Empfehlungen des Wissenschaftsrats zum Ausbau der wissenschaftlichen Einrichtungen Teil II: Wissenschaftliche Bibliotheken, Tübingen 1964, S. 17-25.

Wittstock, Uwe, Von der Vollständigkeit der Titel oder Die Kraft der Archive. Auf dem Weg zu neuen deutsch-deutschen Gemeinsamkeiten: Die Nationalbibliotheken in Leipzig und Frankfurt kommen einander näher, in: FAZ, 16.8.1988, S. 23.

Zeller, Bernhard, Fünf Jahre Deutsches Literaturarchiv in Marbach, in: Ewald Lissberger, Theodor Pfizer (Hgg.), In libro humanitas, Stuttgart 1962, S. 349-384.

Zeller, Bernhard, Bei Schiller in Marbach. Die Schätze des Nationalmuseums am Geburtsort des Dichters, in: FAZ, 4.5.1955, S. 10.

Zinn, Georg A., Der Bund und die Länder, in: Archiv des Öffentlichen Rechts 36 (1949), S. 291-306.

Von Zühlsdorff, Volkmar, Deutsche Akademie im Exil: der vergessene Widerstand, Berlin 1999.

Literatur

Abelshauser, Werner, Kriegswirtschaft und Wirtschaftswunder. Deutschlands wirtschaftliche Mobilisierung für den Zweiten Weltkrieg und die Folgen für die Nachkriegszeit, in: VfZ 47 (1999), S. 503-538.

Abeßer, Michel, Den Jazz sowjetisch machen. Kulturelle Leitbilder, Musikmarkt und Distinktion zwischen 1953 und 1970, Köln 2018.

Adunka, Evelyn, Peter Roessler (Hgg.), Die Rezeption des Exils. Geschichte und Perspektiven der österreichischen Exilforschung, Wien 2003.

Albrecht, Andrea u.a. (Hgg.), Internationale Wissenschaftskommunikation und Nationalsozialismus: akademischer Austausch, Konferenzen und Reisen in Geistes- und Kulturwissenschaften 1933 bis 1945, Berlin, Boston 2022.

Alker, Stefan, Bruno Bauer, Markus Stumpf, NS-Provenienzforschung und Restitution an Bibliotheken, Berlin, Boston 2017.

Amann, Klaus, Vorgeschichten. Kontinuitäten in der österreichischen Literatur von den dreißiger zu den fünfziger Jahren, in: Friedbert Aspetsberger u.a. (Hgg.), Literatur der Nachkriegszeit und der fünfziger Jahre in Österreich, Wien 1984, S. 46-58.

Amann, Klaus, Ursula Seeber, Leiterin der Österreichischen Exilbibliothek im Literaturhaus Wien 1993 bis 2016. Eine Würdigung, in: Zwerger, Exilbibliothek, S. 9-19.

Amedick, Sigrid, »Macht die wissenschaftlichen Bibliotheken zu sozialistischen Einrichtungen!« Bibliotheken, Bibliothekare und Politik in der SBZ und DDR 1945 bis 1965, in: Bibliothek und Wissenschaft 31 (1998) S. 1-127.

Amerikahaus Frankfurt (Hg.), Das Amerikahaus Frankfurt im Wandel der Zeit, 1946-1996. Eine Ausstellung des Amerikahauses Frankfurt vom 23. Mai bis 12. Juni 1996, Frankfurt a.M. 1996.

Amos, Heike, Die SED-Deutschlandpolitik 1961 bis 1989: Ziele, Aktivitäten und Konflikte, Göttingen 2015.

Amrhein, Beate, Lebens- und Berufssituation von Bibliothekarinnen. Qualitative Interviews über die Erfahrungen der Nachkriegszeit bis Mitte der 50er Jahre, Hamburg 1989 (Dipl.-Arb. Fachhochschule).

Appelgate, Celia, Pamela Potter, Music and German National Identity, Chicago 2002.

Aschrafi, Zarin, Jörg Später, Knotenpunkt Offenbach. Oskar Negt, Detlev Claussen, Dan Diner und das Denken nach Auschwitz, in: Mittelweg 36. Zeitschrift des Hamburger Instituts für Sozialforschung, Metamorphosen der Kritischen Theorie 30.3 (2021), S. 41-64.

Aschrafi, Zarin, Der Nahe Osten im Frankfurter Westend. Politische Akteure im Deutungskonflikt (1967-1972), in: Zeithistorische Forschungen/Studies in Contemporary History 16.3 (2019), S. 467-494.

Asmus, Sylvia, »Es ist mir eine große Freude, wenn wir uns über die gemeinschaftliche Arbeit immer wieder, über den Weg laufen'.« Guy Sterns Spuren im Deutschen Exilarchiv 1933-1945 der Deutschen Nationalbibliothek, in: Frederick A. Lubich, Marlen Eckl (Hgg.), Von der Exilerfahrung zur Exilforschung: zum Jahrhundertleben eines transatlantischen Brückenbauers. Festschrift zu Ehren von Guy Stern, Würzburg 2022, S. 699-704.

Asmus, Sylvia (Hg.), Exil. Erfahrung und Zeugnis/Exile. Experience and Testimony. Deutsches Exilarchiv 1933-1945 der Deutschen Nationalbibliothek, Göttingen 2019.

Asmus, Sylvia, Kathrin Massar, Was kostet Exil? Überlegungen zum Wert und zur

Preisgestaltung der Werke und Zeugnisse des Exils 1933-1945, in: Exilforschung 33 (2015), S. 264-284.

Asmus, Sylvia, »Von der Emigrantenbibliothek zum Deutschen Exilarchiv«, in: Claus-Dieter Krohn, Lutz Winckler (Hgg.), Bibliotheken und Sammlungen im Exil, München 2011, S. 166-178.

Asmus, Sylvia, Brita Eckert, »Vermittelte Erinnerung. Zur Geschichte des Deutschen Exilarchivs und seiner Ausstellungen«, in: Claus-Dieter Krohn, Lutz Winckler (Hgg.), Gedächtnis des Exils – Formen der Erinnerung, München 2010, S. 35-46.

Asmus, Sylvia, Brita Eckert, Vermittelte Erinnerung. Zur Geschichte des Deutschen Exilarchivs und seiner Ausstellungen, in: Exilforschung 28 (2010), S. 35-46.

Asmus, Sylvia, Nachlasserschließung im Deutschen Exilarchiv 1933-1945 unter besonderer Berücksichtigung der Benutzersicht, Diss. Phil. Berlin 2009, S. 75-81.

Aue-Ben-David, Irene, Michael Brenner, Kärin Nickelsen, Deutsch-israelische Annäherungen in Geisteswissenschaften und Kulturpolitik, in: Naharaim 11.1-2 (2017), S. 5-11.

Axmann, Rainer, Neustadt bei Coburg, in: Wolfgang Benz (Hg.), Der Ort des Terrors: Geschichte der nationalsozialistischen Konzentrationslager, Bd. 3, Sachsenhausen, Buchenwald. München 2006, S. 533-534.

Babendreier, Jürgen, Die Textur der Diaspora – Zerstreutes Sammeln, Gesammeltes zerstreuen, in: Mitteilungen der VÖB 72.2 (2019), S. 555-571.

Babendreier, Jürgen, Nationalsozialismus und bibliothekarische Erinnerungskultur, Wiesbaden 2013.

Babendreier, Jürgen, Kollektives Schweigen? Die Aufarbeitung der NS-Geschichte im deutschen Bibliothekswesen, in: Sven Kuttner, Bernd Reifenberg (Hgg.): Das bibliothekarische Gedächtnis. Aspekte der Erinnerungskultur an braune Zeiten im deutschen Bibliothekswesen, Marburg 2004, S. 23-53.

Bajohr, Frank, »Arisierung« und wirtschaftliche Existenzvernichtung im Nationalsozialismus, in: Andrea Bambi, Axel Drecoll (Hgg.), Alfred Flechtheim, Raubkunst und Restitution, Berlin, München, Boston 2015, S. 29-36.

Bald, Albrecht, Ester Neblich, Zwangsarbeiter in Oberfranken, Bayreuth 2008.

Balser, Frolinde, Aus Trümmern zu einem europäischen Zentrum. Geschichte der Stadt Frankfurt am Main 1945-1989, Sigmaringen 1995, S. 9-81.

Balser, Frolinde, Frankfurt am Main in der Nachkriegszeit und bis 1989, in: Frankfurter Historische Kommission (Hg.), Frankfurt am Main. Die Geschichte der Stadt in neun Beiträgen, Sigmaringen 1991, S. 521-578.

Bannasch, Bettina, Michael Rupp (Hgg.), Rückkehrerzählungen: über die (Un-)Möglichkeit nach 1945 als Jude in Deutschland zu leben, Göttingen 2018.

Barbian, Jan-Pieter, »Es eröffnet sich eine herrliche Aussicht auf ein reiches Feld geistig und seelischer Korruption«. Deutsche Bibliothekare und Bibliothekartage während der NS-Diktatur, in: Felicitas Hundhausen, Daniela Lülfing, Wilfried Sühl-Strohmenger (Hgg.), 100. Deutscher Bibliothekartag, Hildesheim, Zürich 2011, S. 57-80.

Barbian, Jan-Pieter, Literaturpolitik im NS-Staat: von der Gleichschaltung bis zum Ruin, Frankfurt a. M. 2010.

Barbian, Jan-Pieter, Verordneter Kanon. Literarische Kanonbildung während der NS-Diktatur, in: ders., Die vollendete Ohnmacht? Schriftsteller, Verleger und Buchhändler im NS-Staat. Ausgewählte Aufsätze, Essen 2008, S. 59-77.

Barbian, Jan-Pieter, Der Börsenverein in den Jahren 1933 bis 1945, in: Füssel, Jäger, Staub, Börsenverein, S. 91-117.

Barcus, Thomas R., Verner W. Clapp, Collecting in the National Interest, in: Library Trends 3.4 (1955), S. 337-355.

Barner, Wilfried, Wo bleibt die junge deutsche Literatur? die Schriftstellerkongresse 1947 und 1948, in: Gunther Nickel (Hg.), Literarische und politische Deutschlandkonzepte 1938-1949, Göttingen 2004, S. 385-406.

Barthel-Calvet, Anne-Sylvie, Targeting New Music in Postwar Europe: American Cultural Diplomacy in the Crafting of Art Music Avant Garde Scenes, in: Frédéric Ramel, Cécile Prévost-Thomas (Hgg.), International Relations, Music and Diplomacy: Sounds and Voices on the International Stage, London 2018, S. 65-90.

Bartz, Olaf, Der Wissenschaftsrat. Entwicklungslinien der Wissenschaftspolitik in der Bundesrepublik Deutschland 1957-2007, Stuttgart 2007.

Bärwinkel, Roland, Die Thüringische Landesbibliothek 1919-1968, in: Michael Knoche (Hg.), Herzogin Anna Amalia Bibliothek – Kulturgeschichte einer Sammlung, München 1999, S. 159-200.

Bauerkämper, Arnd, Verflechtung in der Abgrenzung. Ein Paradox als Perspektive der historischen DDR-Forschung, in: Ulrich Mählert (Hg.), Die DDR als Chance. Neue Perspektiven auf ein altes Thema, Berlin 2016, S. 71-78.

Baur, Uwe, Literarisches System in Österreich 1933/1938-1945. Zensur und Förderung – Literarische Vereine – Anthologien, Wien 2021.

Bavaj, Riccardo, Martina Steber (Hgg.), Germany and the West. The History of a Modern Concept, New York 2015.

Beattie, Andrew H., Allied Internment Camps in Occupied Germany. Extrajudicial Detention in the Name of Denazification, 1945-1950, Cambridge, New York 2020.

Becht, Lutz, Frankfurt, in: Julius H. Schoeps, Werner Treß (Hgg.), Orte der Bücherverbrennungen in Deutschland 1933, Hildesheim, Zürich 2008, S. 335-350.

Becker, Gisela, Die heutige Stadt- und Universitätsbibliothek Frankfurt a. M. seit der Gründung der Universität im Jahre 1914. Entwicklung – Aufgabenstellung – Verwaltungsorganisation, Köln 1968.

Becker, Tobias, Only Rock'n'Roll?: Rock-Musik und die Kulturen des Konservativen, in: VfZ 70.3 (2022), S. 609-634.

Beer, Mathias, Melanie Güttler, Jan Ruhkopf, Behördenforschung und NS-Belastung. Vermessung eines Forschungsfeldes, in: Zeitschrift für Geschichtswissenschaft 68.7/8 (2020), S. 632-651.

Behre, Silja, Der Bücherdiplomat: Curt Wormanns Nachlass als Quelle für eine globale Bibliotheksgeschichte, in: Jahrbuch des Dubnow-Instituts/Dubnow Institute Yearbook 17 (2018), S. 365-393.

Behrens, Wolfgang, Martin Elste, Frauke Fitzner (Hgg.), Vom Sammeln, Klassifizieren und Interpretieren: die zerstörte Vielfalt des Curt Sachs, Mainz u. a. 2017.

Belmonte, Laura, Selling the American Way: US Propaganda and the Cold War, Philadelphia 2008.

Bendix, Werner, Die Hauptstadt des Wirtschaftswunders: Frankfurt am Main 1945-1956, Frankfurt a. M. 2002.

Berding, Helmut, Hessen in der Ära Zinn: Integrationspolitik und Landesplanung, in: Stean Gerber u. a. (Hgg.), Zwischen Stadt, nation und Nation. Bürgertum in Deutschland, Göttingen 2014, S. 683-694.

Bergmann, Werner, »Wir haben Sie nicht gerufen«. Reaktionen auf jüdische Remigranten in der Bevölkerung und Öffentlichkeit der frühen Bundesrepublik, in: von der Lühe, Schildt, Schüler-Springorum, Auch in Deutschland, Göttingen 2008, S. 19-39.

Bermejo, Michael, Die Opfer der Diktatur. Frankfurter Stadtverordnete und Magistratsmitglieder als Verfolgte des NS-Staates, Frankfurt a. M. 2006.

Berndt, Juliane, Die Restitution des Ullstein-Verlags (1945-1952). Remigration, Ränke, Rückgabe: der steinige Weg einer Berliner Traditionsfirma, Berlin 2020.

Berthold, Werner, Sammlung und Erschließung deutscher politischer Exil-Literatur, in: Helmut Esters, Herbert Steiner (Hgg.), Widerstand, Verfolgung und Emigration 1933-1945, Bad Godesberg 1967, S. 37-58.

Bienert, Michael C., Uwe Schaper, Hermann Wentker (Hgg.), Hauptstadtanspruch und symbolische Politik. Die Bundespräsenz im geteilten Berlin 1949-1990, Berlin 2012.

Biester, Björn, Deutsch-deutsche Büchergeschäfte 1945-1989. Anmerkungen zur Rolle des Antiquariatsbuchhandels, in: Daniela Lülfing (Hg.), Netzwerk Bibliothek, 95. Deutscher Bibliothekartag in Dresden 2006, Frankfurt a. M. 2007, S. 249-257.

Bille, Thomas, Der Börsenverein der Deutschen Buchhändler zu Leipzig 1945-1948. Aspekte der Verlagspolitik in der sowjetischen Besatzungszone, in: Leipziger Jahrbuch zur Buchgeschichte 2 (1992), S. 165-209.

Bischof, Günter, Peter Ruggenthaler, Österreich und der Kalte Krieg: ein Balanceakt zwischen Ost und West, Graz 2022.

Bischoff, Doerte, Die jüdische Emigration und der Beginn einer (trans-)nationalen Exilforschung: Walter A. Berendsohn, in: Rainer Nicolaysen (Hg.), Auch an der Universität – Über den Beginn von Entrechtung und Vertreibung vor 80 Jahren, Hamburg 2014, S. 53-76.

Blaschke, Olaf, Der 8. Mai 1945 – Stunde Null des Buchhandels? Ergänzende Befunde zur ersten Leserfrage, in: IASLonline-Diskussionsforum: Hans Altenhein, Leserfragen an eine Geschichte des Buchhandels in Deutschland nach dem Zweiten Weltkrieg. file:///C:/Users/User/Downloads/Altenhein_Fragen-1.pdf.

Blecher, Jens, Jürgen John (Hgg.), Hochschulumbau Ost. Die Transformation des DDR-Hochschulwesens nach 1989/90 in typologisch-vergleichender Perspektive, Stuttgart 2021.

Bleyl, Henning G., Klassische Musik als Propaganda-Medium? Zur politischen Funktion der Auslandsreisen der Berliner Philharmoniker für den NS-Staat, in: Carsten Könneker, Arnd Florack, Peter Gemeinhardt (Hgg.), Kultur und Wissenschaft beim Übergang ins »Dritte Reich«, Marburg 2000, S. 29-46.

Blume, Patricia F., Von Überzeichnungen, Schwerpunkttiteln und Blindbänden: Die Rolle der Leipziger Buchmessen für den Buchhandel der DDR, in: dies., Thomas Keiderling, Klaus G. Saur (Hgg.), Buch Macht Geschichte: Beiträge zur Verlags- und Medienforschung, Berlin, Boston 2016, S. 113-128.

Blumesberger, Susanne, »Frauen haben bewiesen, daß sie im Bibliotheksdienst sehr Gutes leisten können.« Zum Bild der Frau in den Mitteilungen der Vereinigung Österreichischer Bibliothekarinnen und Bibliothekare, in: Mitteilungen der Vereinigung Österreichischer Bibliothekarinnen und Bibliothekare 75.1 (2022), S. 105-127.

Bode, Matthias, Expertise mit Weltverstand. Transnationalismus und auswärtige Kulturpolitik der Bundesrepublik in den sechziger und siebziger Jahren, in: Habbo Knoch (Hg.), Bürgersinn mit Weltgefühl. Politische Moral und solidarischer Protest in den sechziger und siebziger Jahren, Göttingen 2007, S. 93-114.

Bodez, Marie-Pierre, Pierre Pichon and Marguerite Sablonnière, Le Dépôt légal de la musique à la Bibliothèque Nationale de France: Etat des lieux er nouveaux enjeux, in: Fontes Artis Musicae 58.3 (2011), S. 236-243.

Boehling, Rebecca, Die amerikanische Kulturpolitik während der Besatzungszeit 1945-

1949, in: Detlef Junker, Philipp Gassert u.a. (Hgg.), Die USA und Deutschland im Zeitalter des Kalten Krieges 1945-1990. Ein Handbuch, Bd. 1: 1945-1948, Stuttgart, München 2001, S. 592-600.

Böhme, Gernot, Nico Stehr (Hgg.), The Knowledge Society. The Growing Impact of Scientifc Knowledge on Social Relations, Reidel, Dordrecht 1986.

Bösch, Frank, Andreas Wirsching, Die deutschen Innenministerien nach dem Nationalsozialismus, in: diess. (Hgg.), Hüter der Ordnung. Die Innenministerien in Bonn und Ost-Berlin nach dem Nationalsozialismus, Göttingen 2018, S. 729-749.

Bösch, Frank, Andreas Wirsching (Hgg.), Hüter der Ordnung. Die Innenministerien in Bonn und Ost-Berlin nach dem Nationalsozialismus, Göttingen 2018.

Bösch, Frank, Andreas Wirsching, Erfahrene Männer. Das Personal der Innenministerien in Bonn und Ost-Berlin, in: Creuzberger, Geppert, Ämter, S. 163-181.

Bösch, Frank, Jens Gieseke, Der Wandel des Politischen in Ost und West, in: Frank Bösch (Hg.), Geteilte Geschichte. Ost- und Westdeutschland 1970-2000, Göttingen 2015.

Bösch, Frank (Hg.), Geteilte Geschichte. Ost- und Westdeutschland 1970-2000, Göttingen 2015.

Böick, Marcus, Konjunkturen des Ökonomischen im Umbruch: Retrospektiven auf das lange Schwellenjahr 1990 zwischen enttäuschten Erwartungen und affirmativen Alternativlosigkeiten, in: Jörg Ganzenmüller, Franz-Josef Schlichting (Hgg.), Das demokratische Jahr der DDR. Zwischen Friedlicher Revolution und deutscher Einheit, Weimar 2021, S. 47-72.

Böick, Marcus, Marcel Schmeer (Hgg.), Im Kreuzfeuer der Kritik. Umstrittene Organisationen im 20. Jahrhundert, Frankfurt a.M., New York 2020.

Bohn, Anna, »Innerlich frischer und wachstumsfähiger Nachwuchs«. Aby Warburg, Edgar Breitenbach und die Netzwerke zu Beginn einer Bibliothekskarriere in der späten Weimarer Republik, in: Bibliothek – Forschung und Praxis 44.2 (2020), S. 250-271.

Bollenbeck, Georg, Daniel Göcht, Erfolgreiche Wahrheitspolitik in den janusköpfigen 50ern. Adorno und Horkheimer als Virtuosen des Resonanzkalküls, in: Michael Hochgeschwender (Hg.), Epoche im Widerspruch. Ideelle und kulturelle Umbrüche der Adenauerzeit, Bonn 2011, S. 105-124.

Bores, Dorothée, Das ostdeutsche P.E.N.-Zentrum 1951 bis 1998. Ein Werkzeug der Diktatur?, Berlin 2010.

Borgwardt, Elizabeth, Christopher McKnight Nichols, Andrew Preston (Hgg.), Rethinking American Grand Strategy, Oxford 2021.

Borin, Jaqueline, Embers of the Soul: The Destruction of Jewish Books and Libraries in Poland during World War II, in: Libraries & Culture 28.4 (1993), S. 445-460.

Borstelman, Thomas, A Worldly Tale: Global Influences on the Historiography of U.S. Foreign Relations, in: Frank Costigliola, Michale J. Hiogan (Hgg.), America in the World. The Historiography of American Foreign Relations since 1941, Cambridge ²2014. S. 338-360.

Botsch, Gideon, »Politische Wissenschaft« im Zweiten Weltkrieg. Die »Deutschen Auslandswissenschaften« im Einsatz 1940-1945, Paderborn 2007.

Brechenmacher, Thomas, Michael Wolffsohn, Sprache und Heimat, Heimat und Hölle, in: Elke-Vera Kotowski (Hg.), Das Kulturerbe deutschsprachiger Juden: Eine Spurensuche in den Ursprungs-, Transit- und Emigrationsländern, Berlin 2015, S. 84-99.

Brechtgen, Magnus (Hg.), Aufarbeitung des Nationalsozialismus, Göttingen 2021.

Brechtgen, Magnus, Die Gründungswege des Instituts für Zeitgeschichte – eine Aktualisierung, in: ders. (Hg.), Aufarbeitung des Nationalsozialismus, Göttingen 2021, S. 61-101.

Briegel, Manfred, Zur Rolle der Deutschen Forschungsgemeinschaft, in: Claus-Dieter Krohn, Lutz Winckler (Hgg.), Exilforschungen im historischen Prozess 2012, S. 114-130.

Briegel, Manfred, Der Schwerpunkt Exilforschung bei der Deutschen Forschungsgemeinschaft, in: Gesellschaft für Exilforschung. Nachrichtenbrief 3 (1984), S. 11-23.

Briel, Cornelia, Beschlagnahmt, erpresst, erbeutet: NS-Raubgut, Reichstauschstelle und Preußische Staatsbibliothek zwischen 1933 und 1945, Berlin 2013.

Briel, Cornelia, Hugo Andres Krüß – preußischer Beamter im NS-Staat, in: Saur, Hollender, Selbstbehauptung, S. 97-120.

Brown, Eileen, War Damage, 1939-1945, and Post-war Reconstruction in Libraries of the Federal German Republic and England: a Comparison, in: Journal of Librarianship 7.4 (1975), S. 292-318.

Brückweh, Kerstin, Clemens Villinger, Kathrin Zöller (Hgg.), Die lange Geschichte der »Wende«. Geschichtswissenschaft im Dialog, Berlin 2020.

Brune, Carlo, Vergessen und Verschieben. Die Bibliothek als »Krypta des Vergessens« bei Platon, Nietzsche, Derrida und Barthes, in: Barbara Sabel (Hg.), Text und Zeit: Wiederholung, Variante und Serie als Konstituenten literarischer Transmission, Würzburg 2004, S. 73-98.

Brunner, Benedikt, Links und jugendbewegt. Walter Dirks, Helmut Gollwitzer und ihre vergangenheitspolitischen Programme, in: Eckart Conze, Susanne Rappe-Weber (Hgg.), Die deutsche Jugendbewegung. Historisierung und Selbsthistorisierung nach 1945, Göttingen 2018, S. 179-197.

Brunner, Detlev, Udo Grashoff, Andreas Kötzing (Hgg.), Asymmetrisch verflochten? Neue Forschungen zur gesamtdeutschen Nachkriegsgeschichte, Berlin 2013.

Buch, Esteban, La Neuvième de Beethoven. Une histoire politique, Paris 1999.

Buchloh, Stephan, »Pervers, jugendgefährdend, staatsfeindlich«. Zensur in der Ära Adenauer als Spiegel des gesellschaftlichen Klimas, Frankfurt a.M. 2002.

Bühler, Hans-Eugen, Edelgard Bühler (Hg.), Der Frontbuchhandel 1939-1945. Organisationen, Kompetenzen, Verlage, Bücher, Frankfurt a.M. 2002.

Bungenstab, Karl-Ernst, Entstehung, Bedeutungs- und Funktionswandel der Amerika-Häuser. Ein Beitrag zur Geschichte der amerikanischen Auslandsinformation nach dem 2. Weltkrieg, in: Jahrbuch für Amerikastudien 16 (1971), S. 189-203.

Burgauer, Erica, Zwischen Erinnerung und Verdrängung – Juden in Deutschland nach 1945, Reinbek bei Hamburg 1993.

Burston, Godfrey, National Libraries: An Analysis, in: International Library Review 5.2 (1973), S. 183-194.

Busch, Bernd, Thomas Combrink (Hgg.), Doppelleben. Literarische Szenen aus Nachkriegsdeutschland. Bd. 2: Materialien zur Ausstellung, Göttingen 2009.

Cajani, Luigi, Die italienischen Militärinternierten im nationalsozialistischen Deutschland, in: Ulrich Herbert (Hg.), Europa und der »Reichseinsatz«. Ausländische Zivilarbeiter, Kriegsgefangene und KZ-Häftlinge in Deutschland 1938-1945, Essen 1991, S. 295-316.

Ceynowa, Klaus, Von der Skandalosität des Sammelns: Bibliothek und »Wahrheit«, in: Bibliotheksmagazin 10.30 (2015), S. 50-55.

Ceynowa, Klaus, Martin Hermann (Hgg.), Bibliotheken: Innovation aus Tradition, München 2015.

Chimènes, Myriam (Hg.), La vie musical sous Vichy, Brüssel 2001.

Conze, Eckart, Anette Weinke, Krisenhaftes Lernen? Formen der Demokratisierung in deutschen Behörden und Ministerien, in: Tim Schanetzky u. a. (Hgg.), Demokratisierung der Deutschen. Errungenschaften und Anfechtungen eines Projekts, Göttingen 2020, S. 87-101.

Conze, Vanessa, Das Europa der Deutschen. Ideen von Europa in Deutschland zwischen Reichstradition und Westorientierung (1920-1970), München 2005.

Cordez, Philippe, Spiel und Ernst der ›Buchverfremdung‹. Kurt Köster, die Deutsche Bibliothek und die Objekte in Buchform, in: ders., Julia Saviello (Hgg.), Fünfzig Objekte in Buchform. Vom Reliquiar zur Laptoptasche, Emsdetten, Berlin 2020, S. 10-15.

Creuzberger, Stefan, Dominik Geppert (Hgg.), Die Ämter und ihre Vergangenheit?, Paderborn 2018.

Creuzberger, Stefan, Dierk Hoffmann (Hgg.), »Geistige Gefahr« und Immunisierung der Gesellschaft. Antikommunismus und politische Kultur in der frühen Bundesrepublik, München 2014.

Creuzberger, Stefan, Dierk Hoffmann, Antikommunismus und politische Kultur in der Bundesrepublik Deutschland: Einleitende Vorbemerkungen, in: diess., Gefahr, S. 1-28.

Creuzberger, Stefan, Kampf gegen den inneren Feind. Das gesamtdeutsche Ministerium und der staatlich gelenkte Antikommunismus in der Bundesrepublik Deutschland, in: Creuzberger, Hoffmann, Gefahr, S. 87-104.

Creuzberger, Stefan, Psychologische Kriegführung und operatives Einwirken auf die DDR. Das Bundesministerium für gesamtdeutsche Fragen in West-Berlin, in: Bienert, Schaper, Wentker, Hauptstadtanspruch, S. 221-240.

Creuzberger, Stefan, Kampf für die Einheit. Das gesamtdeutsche Ministerium und die politische Kultur des Kalten Krieges 1949-1969, Düsseldorf 2008.

Custodis, Michael, Adenauers Musikdiplomaten. Kulturpolitische Strategien der Berliner Philharmoniker 1948-1955, in: Helmut Rönz, Martin Schlemmer, Maike Schmidt (Hgg.), »Refugium einer politikfreien Sphäre«? Musik und Gesellschaft im Rheinland des 19. und 20. Jahrhunderts, Wien, Köln 2023.

Dahlberg, Ingetraut, Wissensorganisation – Entwicklung, Aufgabe, Anwendung, Zukunft, Würzburg 2014.

Dan, Andreas, Deutsches Rundfunkarchiv – Standort Frankfurt, in: Markus Behmer, Birgit Bernard, Bettina Hasselbring (Hgg.), Das Gedächtnis des Rundfunks. Die Archive der öffentlich-rechtlichen Sender und ihre Bedeutung für die Forschung, Wiesbaden 2014, S. 59-69.

Danyel, Jürgen, Annette Schuhmann, Wege in die digitale Moderne. Computerisierung als gesellschaftlicher Wandel, in: Bösch, Geteilte Geschichte, S. 283-319.

Decker, Kerstin, Kunst ist Waffe? Die Berliner Festwochen als Spezialfall der Ostpolitik, in: Henrik Adler, Joachim Sartorius (Hgg.), Das Buch der Berliner Festspiele, Berlin 2011, S. 127-139.

Defrance, Corine, Bettina Greiner, Ulrich Pfeil (Hgg.), Die Berliner Luftbrücke. Erinnerungsort des Kalten Krieges, Berlin 2018.

Dejung, Christoph E., Emil Oprecht. Verleger der Exilautoren, Zürich 2020.

Derrida, Jaques, Genesen, Genealogien, Genres und das Genie. Das Geheimnis des Archivs, Wien 2006.

Dickhaut, Kirsten, Das Paradox der Bibliothek. Metapher, Gedächtnisort, Heterotopie, in: Günter Oesterle (Hg.), Erinnerung, Gedächtnis, Wissen, Göttingen 2005, S. 297-331.

Diebel, Martin, Planen für den Ausnahmezustand. Zivilverteidigung und Notstandsrecht, in: Bösch, Wirsching, Hüter der Ordnung, S. 498-535.

Dietrich, Gerd, Kulturgeschichte der DDR, Göttingen 2018.

Dietz, Wolfgang, Gerhard Hahn, Zur Geschichte der Bibliothek und des Wissenschaftlichen Dienstes des Deutschen Bundestages, Bonn 1989.

Doering-Manteuffel, Anselm, Deutschlands 20. Jahrhundert im Wandel zeithistorischer Narrative, in: Historische Zeitschrift 306.1 (2018), S. 97-120.

Doering-Manteuffel, Anselm, Lutz Raphael, Thomas Schlemmer (Hgg.), Vorgeschichte der Gegenwart. Dimensionen des Strukturbruchs nach dem Boom, Göttingen 2015.

Doering-Manteuffel, Anselm, Lutz Raphael, Nach dem Boom. Perspektiven auf die Zeitgeschichte seit 1970, Göttingen ³2012.

Dorfmüller, Kurt, Erwerbung in Zeiten des Wiederaufbaus, in: Klaus Haller, Klaus Kempf (Hgg.), Sammeln und Erwerben an der Bayerischen Staatsbibliothek: In Memoriam Emil Gratzl (1877-1957), Wiesbaden 2011, S. 37-42.

Dressler, Fridolin, Die Bayerische Staatsbibliothek im Dritten Reich, in: Hacker, Beiträge, S. 285-308.

Dreyfus, Jean-Marc, Un symbole disputé: La bibliothèque de l'Institut scientifique des Alsaciens-Lorrains à Francfort après la Seconde Guerre Mondiale, in: Revue d'Allemagne 36.3-4 (2004), S. 399-405.

Dreyfus, Martin, »Wo soll ich hin, wenn kalt der Nordsturm brüllt«: vom flüchtigen Exil deutscher Autorinnen und Autoren in der Schweiz, in: Hajo Jahn (Hg.), Wo soll ich hin? Zuflucht Zürich – Fluchtpunkt Poesie, Wuppertal 2007, S. 51-75.

Drummer, Heike, Friedrich Krebs, Nationalsozialistischer Oberbürgermeister in Frankfurt am Main; Rekonstruktion eines politischen Lebens, in: Hessisches Jahrbuch für Landesgeschichte 42 (1992), S. 219-253.

Dugall, Berndt, Dagmar Gärtner, Das dezentrale Bibliothekssystem der Goethe-Universität, in: Konstanze Söllner, Wilfried Sühl-Strohmenger (Hgg.), Handbuch der Hochschulbibliothekssysteme. Leistungsfähige Informationsstrukturen für Wissenschaft und Studium, Berlin, Boston 2014, S. 249-260.

Dunkel, Mario, Musik in der auswärtigen Kulturpolitik der BRD, in: Dirk Kemper, Natalia Bakshi, Elisabeth Cheauré, Paweł Zajas (Hgg.), Literatur und Auswärtige Kulturpolitik, Paderborn 2020, S. 159-184.

Dunkel, Mario, Sina A. Nitzsche, Popular Music and Public Diplomacy, in: diess. (Hgg.), Popular Music and Public Diplomacy. Transnational and Transdisciplinary Perspectives, Bielefeld 2018, S. 9-28.

Dunkhase, Jan E., Provinz der Moderne. Marbachs Weg zum Deutschen Literaturarchiv, Stuttgart 2021.

Ebbinghaus, Bernhard, Claudia Göbel, Mitgliederrückgang und Organisationsstrategien deutscher Gewerkschaften, in: Wolfgang Schroeder (Hgg.), Handbuch Gewerkschaften in Deutschland, Wiesbaden ²2014, S. 207-239.

Ebeling, Knut, Das Unbewusste einer Bibliothek. Epistemologie, Apriori und Latenz des Literaturarchivs, in: Dallinger, Hofer, Judex, Archive, S. 103-119.

Ebeling, Susanne (Hg.), Literarische Ausstellungen von 1949 bis 1985. Bundesrepublik Deutschland, Deutsche Demokratische Republik. Diskussion, Dokumentation, Bibliographie, München, London, New York 1991.

Eckel, Jan, Claudia Moisel, Nachgeschichte und Gegenwart des Nationalsozialismus in internationaler Perspektive, in: Dietmar Süß, Winfried Süß (Hgg.), Das »Dritte Reich«. Eine Einführung, München 2008, S. 333-353.

Eckert, Astrid M., Kampf um die Akten. Die Westalliierten und die Rückgabe von deutschem Archivgut nach dem Zweiten Weltkrieg, Stuttgart 2004.

Eckert, Brita, Die Anfänge der Exilforschung in der Bundesrepublik Deutschland bis 1975. Ein Überblick, in: Sabine Koloch (Hg.), 1968 in der deutschen Literaturwissenschaft, Literaturkritik.de: Rezensionsforum für Literatur und für Kulturwissenschaft. Sonderveröffentlichung 2018, https://literaturkritik.de/public/inhalt2.php?ausgabe=51.

Eckert, Brita, Harro Kieser, Werner Berthold (1921-2017). Wissenschaftlicher Bibliothekar und Mitbegründer der Exilforschung, in: Exil 36.2 (2017), S. 5-20.

Eckert, Brita, Rudolf Blum zum 100. Geburtstag, in: Dialog mit Bibliotheken 2 (2009), S. 46-50.

Eichmüller, Andreas, Keine Generalamnestie: Die Strafverfolgung von NS-Verbrechen in der frühen Bundesrepublik, München 2012.

Eichmüller, Andreas, Die Strafverfolgung von NS-Verbrechen durch westdeutsche Justizbehörden seit 1945 – eine Zahlenbilanz, in: VfZ 56 (2008), S. 621-640.

Eisermann, Daniel, Außenpolitik und Strategiediskussion. Die Deutsche Gesellschaft für Auswärtige Politik 1955-1972, München 1999.

Ellwood, David, The Shock of America: Europe and the Challenge of the Century, Oxford 2012.

Elste, Martin, Auf dem Weg zu einem Répertoire International des Sources Sonores Musicales?, in: Fontes Artis Musicae 37.4 (1990), S. 302-307.

Enderle, Wilfried, Kontinuität der Krise, Krise der Kontinuität? – Zur Geschichte wissenschaftlicher Bibliotheken im Nationalsozialismus, in: Bibliothek. Forschung und Praxis 41.3 (2017), S. 330-352.

Enderle, Wilfried, Vom Schalter zum Servicepoint – Bibliothek und Benutzer: Störenfried, Bittsteller, König Kunde, mobiler Endabnehmer, in: Ulrich Hohoff, Daniela Lülfing (Hgg.), 100. Deutscher Bibliothekartag in Berlin 2011. Bibliotheken für die Zukunft – Zukunft für die Bibliotheken, Hildesheim, Zürich, New York 2012, S. 178-187.

Endlich, Stefanie, »Vernichtung«, »Giftschrank«, »zweifelhafte Fälle«: Vorgeschichte und Folgen der Bücherverbrennung für jüdische Autoren, Verleger, Buchhändler und Bibliothekare, Berlin 2007.

Engelmann, Jan P., Literaturaustausch? Die gegenseitige Wahrnehmung literarischer Produktionen in der Bundesrepublik und der DDR, in: Zeitgeschichte-online, Juli 2015, URL: https://zeitgeschichte-online.de/themen/literaturaustausch.

Engelmann, Roger, Ilko-Sascha Kowalczuk (Hgg.), Volkserhebung gegen den SED-Staat. Eine Bestandsaufnahme zum 17. Juni 1953, Göttingen 2011.

Erlichmann, Camilo, Christopher Knowles (Hgg.), Transforming Occupation in the Western Zones of Germany. Politics, Everyday Life and Social Interactions, 1945-55, London 2018.

Von Eschen, Penny M., Satchmo Blows up the World: Jazz Ambassadors Play the Cold War, Cambridge, MA 2004.

Estermann, Monika, Nachrichten aus dem Zwischenreich. Das Neue Buch. Ein Ausstellungskatalog von 1947, in: dies., Ernst Fischer, Reinhard Wittmann (Hgg.), Parallelwelten des Buches: Beiträge zu Buchpolitik, Verlagsgeschichte, Bibliophilie und Buchkunst, Wiesbaden 2008, S. 241-276.

Estermann, Monika, Schauer, Georg Kurt, in: Neue Deutsche Biographie 22 (2005), S. 588-589.

Estermann, Monika, Der Börsenverein in den Westzonen und der Bundesrepublik Deutschland, in: Füssel, Jäger, Staub, Börsenverein, S. 161-191.

Etges, Andreas, In guten wie in schlechten Zeiten: Partnerschaft, Kontroversen und Misstrauen in den deutsch-amerikanischen Beziehungen seit dem Ende des Zweiten Weltkriegs, in: VfZ 68.4 (2020), S. 595-609.

Fabian, Bernhard, Der Staat als Sammler nationalen Schrifttums, in: ders. (Hg.), Buchhandel, Bibliothek, Nationalbibliothek, Wiesbaden 1997, S. 21-52.

Falböck, Gaby, Norbert P. Feldinger, Vier Zonen, vier Konzepte, Akteure mit Vergangenheit – eine besondere Geschichte vom Anfang. Die Medienregulierung der Alliierten in Österreich, in: Jan Krone, Tassilo Pellegrini (Hgg.), Handbuch Medienökonomie, Wiesbaden 2016, S. 1-25.

Fanning, David, Erik Levi (Hgg.), The Routledge Handbook to Music under German Occupation, 1938-1945: Propaganda, Myth and Reality, London, New York 2020.

Faulenbach, Bernd, Franz-Josef Jelich (Hgg.), »Asymmetrisch verflochtene Parallelgeschichte«? Die Geschichte der Bundesrepublik und der DDR in Ausstellungen, Museen und Gedenkstätten, Essen 2005.

Favier, Jean, The History of the French National Library, in: Daedalus 125.4 (1996), S. 283-291.

Fay, Brendan, Classical music in Weimar Germany: Culture and Politics before the Third Reich, London u. a. 2020.

Feather, John, The National Libraries of the United Kingdom, in: Alexandria 15.3 (2003), S. 175-181.

Fedler, Patricia, Anfänge der staatlichen Kulturpolitik in Hessen nach dem Zweiten Weltkrieg (1945-1955): Schule, Erwachsenenbildung, Kunst und Theater im Spannungsfeld zwischen amerikanischer Reeducationpolitik und deutscher Kulturtradition, Wiesbaden 1993.

Fehrenbach, Heide, The Berlin International Film Festival: between Cold War Politics and Postwar Reorientation, in: Studies in European Cinema, 17.2 (2020), S. 81-96.

Fenemore, Mark, Fighting the Cold War in Post-Blockade, Pre-Wall Berlin. Behind Enemy Lines, London, New York 2019.

Ferguson, Niall u. a. (Hgg.), The Shock of the Global. The 1970s in Perspective, Cambridge, MA, London 2010.

Fernengel, Birgit, Bibliotheksrelevante Förderung der Volkswagen-Stiftung, in: Bibliothek Forschung und Praxis 16.1 (1992), S. 26-39.

Ferret, Christine, Die Zensur in den Bibliotheken der DDR, in: ZfBB 44.4 (1997), S. 387-417.

Fischer, Ernst, Der Buchhandel im deutschsprachigen Exil 1933-1945 (Geschichte des deutschen Buchhandels im 19. und 20. Jahrhundert Bd. 3. Drittes Reich und Exil, Teil 3), Berlin, Boston 2021, 2 Bände.

Fischer, Ernst, Verleger, Buchhändler und Antiquare aus Deutschland und Österreich in der Emigration nach 1933: ein biographisches Handbuch, Berlin ²2020 (Geschichte des deutschen Buchhandels im 19. und 20. Jahrhundert Band 3. Drittes Reich und Exil; Teil 3, Supplement Exilbuchhandel).

Fischer, Ernst, Die Emigration der Verleger, Buchhändler und Antiquare aus Deutschland und Österreich nach 1933. Eine Vertreibung und ihre Folgen, in: ders., Verleger, Buchhändler & Antiquare, S. 361-394.

Fischer, Ernst, Reinhard Wittmann, Jan-Pieter Barbian, Geschichte des deutschen Buchhandels im 19. und 20. Jahrhundert. Bd. 3.1 (Drittes Reich), Berlin u.a. 2015.

Fischer, Ernst, Verleger, Buchhändler und Antiquare aus Deutschland und Österreich in der Emigration nach 1933. Ein biographisches Handbuch, Stuttgart 2011.

Fischer, Ernst, Kontinuität und Neubeginn. Die Entwicklung der Stadt- und Universitätsbibliothek Frankfurt am Main 1945-1965 in: Leonhard, Vodosek, Entwicklung, S. 31-126.

Fischer, Franz, Harro Kieser (Hgg.), Hanns W. Eppelsheimer (1890-1972): Bibliothekar, Literaturwissenschaftler, Homme de lettres; eine Ausstellung der Deutschen Bibliothek und der Stadt- und Universitätsbibliothek Frankfurt, Frankfurt a.M. 1990.

Fischer, Franz, Eppelsheimer als Bibliothekar in Darmstadt 1945 und an der Stadt- und Universitätsbibliothek Frankfurt (1946-1958), in: ders., Kieser, Eppelsheimer, S. 33-43.

Fischer, Franz, Die Freiherrlich Carl von Rothschild'sche Bibliothek (Bibliothek für neuere Sprachen und Musik) 1928-1945, in: Jochen Stollberg (Hg.), Die Rothschild'sche Bibliothek in Frankfurt am Main, Frankfurt a.M. 1988, S. 68-100.

Fischer, Fritz, Chronik der Bibliotheksschule in Frankfurt am Main – Fachhochschule für Bibliothekswesen, Frankfurt a.M. 2003.

Fischer, Stefanie, Nathanael Riemer, Stefanie Schüler-Springorum (Hgg.), Juden und Nichtjuden nach der Shoah: Begegnungen in Deutschland, Berlin, Boston 2019.

Fishman, David M., The Book Smugglers: Partisans, Poets, and the Race to Save Jewish Treasures from the Nazis, Lebanon, N.H. 2017.

Flachowsky, Sören, »Zeughaus für die Schwerter des Geistes«. Die Deutsche Bücherei in Leipzig 1912-1945, Göttingen 2018, 2 Bände.

Flachowsky, Sören, Rüdiger Hachtmann, Florian Schmaltz (Hgg.), Ressourcenmobilisierung: Wissenschaftspolitik und Forschungspraxis im NS-Herrschaftssystem, Göttingen 2016.

Flachowsky, Sören, Die Bibliothek der Berliner Universität während der Zeit des Nationalsozialismus, Berlin 2000.

Flatten, Maak, Scharnierzeit der Entspannungspolitik. Willy Brandt als Außenminister der Großen Koalition (1966-1969), Bonn 2021.

Fleckner, Uwe, Max Hollein, Museum im Widerspruch: Das Städel und der Nationalsozialismus, Berlin 2010.

Flieger, Elisabeth, 100 Jahre ZBW-Entwicklungsetappen einer wissenschaftlichen Bibliothek, in: Bibliotheksdienst 53.12 (2019), S. 793-809.

Foschepoth, Josef, Postzensur und Telefonüberwachung in der alten Bundesrepublik, in: York-Gothart Mix (Hgg.), Kunstfreiheit und Zensur in der Bundesrepublik Deutschland, Berlin 2014, S. 43-66.

Fosler-Lussier, Danielle, Music in America's Cold War Diplomacy, Berkeley 2015.

Foucault, Michel, Die Heterotopien. Der utopische Körper. Zwei Radiovorträge, Frankfurt a.M. 2005.

Francini, Esther T., Anja Heuss, Georg Kreis, Fluchtgut-Raubgut. Der Transfer von Kulturgütern in und über die Schweiz 1933-1945 und die Frage der Restitution, Zürich 2001, S. 23-28.

Frei, Norbert, Vergangenheitspolitik. Die Anfänge der Bundesrepublik und die NS-Vergangenheit, München 2012.

Frei, Norbert (Hg.), Nach der Tat. Die Ahndung deutscher Kriegs- und NS-Verbrechen in Europa – eine Bilanz, in: ders. (Hg.), Transnationale Vergangenheitspolitik. Der Umgang mit deutschen Kriegsverbrechern in Europa nach dem Zweiten Weltkrieg, Göttingen 2006, S. 7-36.

Frei, Norbert, NS-Vergangenheit unter Ulbricht und Adenauer. Gesichtspunkte einer »vergleichenden Bewältigungsforschung«, in: Jürgen Danyel (Hg.), Die geteilte Vergangenheit. Zum Umgang mit Nationalsozialismus und Widerstand in den beiden deutschen Staaten, Berlin 1995, S. 125-132.

Freimüller, Tobias, Frankfurt und die Juden. Neuanfänge und Fremdheitserfahrungen 1945-1990, Göttingen 2020, S. 28-32.

Frenzel, Thomas (Hg.), Breitkopf & Härtel. 300 Jahre europäische Musik- und Kulturgeschichte, Wiesbaden 2019.

Freund, Wolfgang, Das Wissenschaftliche Institut der Elsaß-Lothringer im Reich an der Universität Frankfurt a.M. 1920-1945, in: Ulrich Pfeil (Hg.), Deutsch-französische Kultur- und Wissenschaftsbeziehungen im 20. Jahrhundert: Ein institutionengeschichtlicher Ansatz, München 2007, S. 47-71.

Fritz, Regina, Eva Kovacs, Bela Rasky, Der NS-Massenmord an den Juden. Perspektiven und Fragen der frühen Aufarbeitung, in: diess. (Hgg.), Als der Holocaust noch keinen Namen hatte: zur frühen Aufarbeitung des NS-Massenmordes an den Juden, Wien 2016, S. 7-22.

Frohn, Julia, Der DDR-Buchhandel und der Blick nach drüben – eine asymmetrisch verflochtene Parallelgeschichte«, in: Christoph Links, Siegfried Lokatis, Klaus G. Saur (Hg.), Geschichte des deutschen Buchhandels im 19. und 20. Jahrhundert, Bd. 5: Deutsche Demokratische Republik Teil 1. SBZ, Institutionen, Verlage 1, Berlin, Boston 2022, S. 141-172.

Frühwald, Wolfgang, Wie viel Wissen brauchen wir? Politik, Geld und Bildung, Berlin 2007.

Fry, Varian, Auslieferung auf Verlangen: die Rettung deutscher Emigranten in Marseille 1940/41, Frankfurt a.M. 2009.

Fuchs, Natascha, »Der Feuilletonist lebt auf dem Grunde der Menschheit und nährt sich von Zweitdrucken.« Zum Nachlass von Ossip Kalenter (1900-1976), in: Zeitschrift für Germanistik 22.3 (2012), S. 659-664.

Füssel, Stephan, Georg Jäger, Hermann Staub (Hgg.), Der Börsenverein des Deutschen Buchhandels 1825-2000. Ein geschichtlicher Aufriss, Frankfurt a.M. 2000.

Füssel, Stephan, Ein Frankfurter Phoenix – Die Anfänge der Frankfurter Messe und ihre frühe Internationalisierung, in: ders. (Hg.), 50 Jahre Frankfurter Buchmesse 1949-1999, Frankfurt a.M. 1999, S. 12-25.

Gallas, Elisabeth, Anna Holzer-Kawalko, Caroline Jessen, Yfaat Weiss (Hgg.), Contested Heritage. Jewish Cultural Property after 1945, Göttingen 2020.

Gallas, Elisabeth, »Das Leichenhaus der Bücher«. Kulturrestitution und jüdisches Geschichtsdenken nach 1945, Göttingen ²2016.

Gallas, Elisabeth, Theoriebildung und Abwehrkampf während der Katastrophe. Essays on Antisemitism, New York 1942, in: Hans-Joachim Hahn, Olaf Kistenmacher (Hgg.), Beschreibungsversuche der Judenfeindschaft: Zur Geschichte der Antisemitismusforschung vor 1944, Berlin 2015, S. 404-425.

Gallenkamp, Anja, Eine deutsche Jazzgeschichte 1945-1949, in: Sarah Zalfen, Sven Oliver Müller (Hg.), Besatzungsmacht Musik. Zur Musik- und Emotionsgeschichte im Zeitalter der Weltkriege (1914-1949), S. 299-326.

Ganzenmüller, Jörg, Jüdisches Leben in Deutschland und Europa nach der Shoah in erfahrungsgeschichtlicher und transnationaler Perspektive, in: ders. (Hg.), Jüdisches Leben in Deutschland und Europa nach der Shoah. Neubeginn – Konsolidierung – Ausgrenzung, Köln 2020, S. 9-20.

Gehebe-Gernhardt, Almut, Architektur der 50er Jahre in Frankfurt am Main am Beispiel der Architektengemeinschaft Alois Giefer und Hermann Mäckler, Frankfurt a.M. 2011.

Gehring, Hansjörg, Amerikanische Literaturpolitik in Deutschland 1945-1953. Ein Aspekt des Re-Education-Programms, Stuttgart 1976.

Geiger, Tim, Jürgen Lillteicher, Hermann Wentker (Hgg.), Zwei plus Vier. Die internationale Gründungsgeschichte der Berliner Republik, Berlin, Boston 2021.

Gerhard, Anselm, Musikwissenschaft – eine verspätete Disziplin, in: ders. (Hg.), Musikwissenschaft – eine verspätete Disziplin? Die akademische Musikforschung zwischen Fortschrittsglauben und Modernitätsverweigerung, Stuttgart, Weimar 2000, S. 1-30.

Gerund, Katharina, Heike Paul (Hgg.), Die amerikanische Reeducation-Politik nach 1945. Interdisziplinäre Perspektiven auf »America's Germany«, Bielefeld 2015.

Gienow-Hecht, Jessica C.E., Sonic History, or Why Music Matters in International History, in: dies. (Hg.), Music and International History in the Twentieth Century, Oxford 2015, S. 1-30.

Gienow-Hecht, Jessica C.E., Transmission Impossible: American Journalism as Cultural Diplomacy in Postwar Germany, 1945-1955, Baton Rouge 1999.

Glickman, Mark, Stolen Words. The Nazi Plunder of Jewish Books, Philadelphia 2016.

Glomb, Matthias, Politisches Planen und Entscheiden im bundesrepublikanischen Bildungsföderalismus der langen sechziger Jahre. Die Gründung der Bund-Länder-Kommission für Bildungsplanung, in: Thomas Großbölting, Stefan Lehr (Hgg.), Politisches Entscheiden im Kalten Krieg. Orte, Praktiken und Ressourcen in Ost und West, Göttingen 2020, S. 227-248.

Göller, Andreas, NS-Raubgut in Darmstädter Bibliotheken vor und nach 1945, in: Aschkenas: Zeitschrift für Geschichte und Kultur der Juden 26.1 (2016), S. 233-250.

Golsch, Michael, Ökonomisierung der Bibliothek? Eine Standortbestimmung der SLUB Dresden, in: Irmgard Siebert, Thorsten Lemanski (Hgg.), Bibliothekare zwischen Verwaltung und Wissenschaft. 200 Jahre Berufsbilddebatte, Frankfurt a.M. 2014, S. 173-204.

Goschler, Constantin, NS-Altlasten in den Nachkriegsparlamenten. Überlegungen zum Umgang mit der personellen Kontinuitätsfrage, in: Norbert Kartmann, Andreas Hedwig (Hgg.), NS-Vergangenheit ehemaliger hessischer Landtagsabgeordneter, Wiesbaden, Marburg 2014, S. 79-86.

Goschler, Constantin, Josè Brunner (Hgg.), Die Praxis der Wiedergutmachung. Geschichte, Erfahrung und Wirkung in Deutschland und Israel, Göttingen 2009.

Goschler, Constantin, Zwei Wellen der Restitution: Die Rückgabe des jüdischen Eigentums nach 1945 und 1990, in: Inka Bertz, Michael Dorrmann (Hgg.), Raub und Restitution: Kulturgut aus jüdischem Besitz von 1933 bis heute, Göttingen 2008, S. 30-45.

Gosewinkel, Dieter, Zwischen Diktatur und Demokratie. Wirtschaftliches Planungsdenken in Deutschland und Frankreich: Vom Ersten Weltkrieg bis zur Mitte der 1970er Jahre, in: Geschichte und Gesellschaft 34.3 (2008), S. 327-359.

Götschel, Konstantin, Katalysatoren der Kulturkritik? Konservative Verlage im Westdeutschland der Nachkriegszeit; die DVA als Beispiel, Berlin 2021.

Gotto, Bernhard, Enttäuschung in der Demokratie. Erfahrung und Deutung von politischem Engagement in der Bundesrepublik Deutschland während der 1970er und 1980er Jahre, Berlin 2018.

Graf, Maximilian, Österreich und die DDR 1949-1990. Politik und Wirtschaft im Schatten der deutschen Teilung, Wien 2016.

Graf, Rüdiger (Hg.), Ökonomisierung. Debatten und Praktiken in der Zeitgeschichte, Göttingen 2019.

Gregulez, Alexander, Der Beginn der stalinistischen Weichenstellung für das DDR-Bibliothekswesen. Legende und Realität 1945-1949, in: Leonhard, Vodosek, Entwicklung, S. 221-247.

Gross, Raphael, Felix Semmelroth (Hgg.), Erinnerungsstätte an der Frankfurter Großmarkthalle. Die Deportation der Juden 1941-1945, München, London, New York 2016.

Gross, Raphael, Werner Renz (Hgg.), Der Frankfurter Auschwitz-Prozess (1963-1965). Kommentierte Quellenedition, Frankfurt a. M., New York 2013.

Großbölting, Thomas, Wiedervereinigungsgesellschaft. Aufbruch und Entgrenzung in Deutschland seit 1989/90, Bonn 2020.

Grossmann, Anton, Fremd- und Zwangsarbeiter in Bayern 1939-1945, in: VfZ 34 (1986), S. 481-521.

Grossmann, Atina, Juden, Deutsche, Alliierte: Begegnungen im besetzten Deutschland, Göttingen 2012.

Gruber, Bettina, Das Österreichische Literaturarchiv in Wien: Ein (viel zu kurzer) Bericht über Forschungsmöglichkeiten, Publikationen und Projekte und eine Erinnerung an den Begründer Wendelin Schmidt-Dengler (Zagreb 1942—Wien 2008), in: Zeitschrift für Germanistik 19.3 (2009), S. 603-608.

Gruschka, Bernd R., Der gelenkte Buchmarkt: die amerikanische Kommunikationspolitik in Bayern und der Aufstieg des Verlages Kurt Desch 1945 bis 1950, Frankfurt a. M. 1995.

Grüttner, Michael, Sven Kinas, Die Vertreibung von Wissenschaftlern aus den deutschen Universitäten 1933-1945, in: VfZ 55.1 (2007), S. 123-186.

Grützmann, Felicitas, Jüdische Bibliophilie und deutscher Ordnungssinn, Der Beitrag deutsch-jüdischer Emigranten zum Aufbau eines Archiv- und Bibliothekswesens in Palästina/Israel, in: Elke Kotowski (Hg.), Das Kulturerbe deutschsprachiger Juden: Eine Spurensuche in den Ursprungs-, Transit- und Emigrationsländern, Berlin, München, Boston 2015, S. 328-336.

Guibert, Gérôme, Catherine Rudent (Hgg.), Made in France, Studies in Popular Music, Abingdon, New York 2018.

Günter, Manuela, Das Exil der Bücher. Walter Mehrings »Lebensgeschichte einer Literatur«, in: Claus-Dieter Krohn, Lutz Winckler (Hg.), Bibliotheken und Sammlungen im Exil, München 2011 (Exilforschung. Ein internationales Jahrbuch 29), S. 28-41.

Günter, Manuela, Walter Mehring, The Lost Library (1951), deutsch: Die verlorene Bibliothek. Autobiographie einer Kultur (1952), in: Bettina Bannasch, Gerhild Rochus (Hgg.), Handbuch der deutschsprachigen Exilliteratur, Berlin, Boston 2013, S. 449-456.

Günther, Frieder, Die verwaltete Teilung. Behördengeschichte in deutsch-deutscher Perspektive, in: VfZ 69 (2021), S. 321-331.

Günther, Frieder, Jan-Philipp Wölbern, Späte Gerechtigkeit? Wiedergutmachungsgesetzgebung und Wiedergutmachungspraxis, in: Bösch, Wirsching, Hüter, S. 442-453.

Günther, Frieder, Rechtsstaat, Justizstaat oder Verwaltungsstaat? Die Verfassungs- und Verwaltungspolitik, in: Bösch, Wirsching, Hüter, S. 381-412.

Gutfreund, Hanoch, Thomas Stenhauser, Jürgen Renn, A Special Relationship: Turning Points in the History of German-Israeli Scientific Cooperation, Berlin 2017.

Haase, Yorck A., Die Bibliothekartage in der Zeit des Nationalsozialismus, in: Plassmann, Syré, Verein Deutscher Bibliothekare, S. 81-100.

Häberle, Peter, Kulturhoheit im Bundesstaat — Entwicklungen und Perspektiven, in: Archiv des öffentlichen Rechts 124.4 (1999), S. 549-582.

Habermann, Alexandra, Reiner Klemmt, Frauke Siefkes (Hgg.), Lexikon deutscher wissenschaftlicher Bibliothekare 1925-1980, Frankfurt a.M. 1985.

Hachtmann, Rüdiger, Franka Maubach, Markus Roth (Hgg.), Zeitdiagnose im Exil: zur Deutung des Nationalsozialismus nach 1933, Göttingen 2020.

Hacker, Gerhard, Engelbert Plassmann, Torsten Seela (Hgg.), Bibliothek leben: das deutsche Bibliothekswesen als Aufgabe für Wissenschaft und Politik, Wiesbaden 2005.

Hacker, Rupert (Hg.), Beiträge zur Geschichte der Bayerischen Staatsbibliothek, München 2000.

Haffner, Herbert, Furtwängler, Berlin 2006.

Haftendorn, Helga, Deutsche Außenpolitik zwischen Selbstbeschränkung und Selbstbehauptung. 1945-2000, Stuttgart, München 2001.

Hagemann, Karen, Konrad H. Jarausch, Cristina Allemann-Ghionda (Hgg.), Children, Families and States. Time Policies of Child Care, Preschool and Primary Education in Europe, New York 2011.

Hahn, Gerhard, Die historischen Komponenten des Katalogsystems der Bibliothek des Deutschen Bundestages, in: Bibliothek Forschung und Praxis 11.1 (1987), S. 49-72.

Hall, Muray G., Christiane Köstner-Pemsel, Kriegsbergungen der großen Wiener Bibliotheken. Die Nationalbibliothek Wien und die Universitätsbibliothek Wien, in: Pia Schölnberger, Sabine Loitfellner (Hgg.), Bergung von Kulturgut im Nationalsozialismus. Mythen – Hintergründe – Auswirkungen, Wien, Köln, Weimar 2016, S. 307-329.

Hall, Murray G., Die drittgrößte Bibliothek des Deutschen Reiches. Die Nationalbibliothek Wien 1938-1945, in: Selbstbehauptung – Anpassung – Gleichschaltung – Verstrickung: Die Preußische Staatsbibliothek und das deutsche Bibliothekswesen 1933-1945, Frankfurt a.M. 2013, S. 143-149.

Hammer, Angela, Aussonderung nationalsozialistischer Literatur in ostdeutschen Bibliotheken nach dem Zweiten Weltkrieg am Beispiel der Universitätsbibliothek der Humboldt-Universität zu Berlin, in: Bibliothek. Forschung und Praxis 37 (2013), S. 331-346.

Hammerstein, Katrin, Gemeinsame Vergangenheit – getrennte Erinnerung? Der Nationalsozialismus in Gedächtnisdiskursen und Identitätskonstruktionen von Bundesrepublik Deutschland, DDR und Österreich, Göttingen 2017.

Hammerstein, Notker, Die Johann Wolfgang Goethe-Universität Frankfurt am Main, Bd. 1, Neuwied, Frankfurt a.M. 1989.

Hans, Jan, Werner Röder, Emigrationsforschung, in: Akzente. Zeitschrift für Literatur 20.6 (1973), S. 580-591.

Hansen-Schaberg, Inge, Hiltrud Häntzschel (Hgg.), Alma Maters Töchter im Exil: zur Vertreibung von Wissenschaftlerinnen und Akademikerinnen in der NS-Zeit, München 2011.

Hanuschek, Sven, Therese Hoernigk, Christine Malende (Hgg.), Schriftsteller als Intellektuelle. Politik und Literatur im Kalten Krieg, Tübingen 2000.

Happel, Hans-Gerd, Das wissenschaftliche Bibliothekswesen im Nationalsozialismus unter besonderer Berücksichtigung der Universitätsbibliotheken, München u.a. 1989.

Harris, Philipp R., A History of the British Museum Library, 1753-1973, London 1998.

Hartenstein, Elfi, »Es ist ja nicht so schwierig, wenn man es erst einmal anpackt«. Mary S. Rosenberg, Buchhändlerin, in: dies., Jüdische Frauen im New Yorker Exil. 10 Begegnungen, Dortmund 1999, S. 84-96.

Hauschke-Wiklaus, Gabriele, Angelika Amborn-Morgenstern, Erika Jacobs, Fast vergessen: das amerikanische Bücherdepot in Offenbach am Main von 1945 bis 1949, Offenbach am Main 2011.

Heckmann, Harald, Ein halbes Jahrhundert, in: Fontes Artis Musicae 48.1 (2001), S. 5-11.

Heckmann, Marie-Luise, Von der Staats- über die Universal- zur Forschungsbibliothek Preußischer Kulturbesitz, in: Preußenland N.F. 12 (2021), S. 82-113.

Heibach, Christiane, (De)Let(h)e. Über das Problem des Vergessens im Digitalen Zeitalter, in: Uwe Jochum, Achim Schlechter (Hgg.), Das Ende der Bibliothek? Vom Wert des Analogen. Sonderband der Zeitschrift für Bibliothekswesen und Bibliographie, Frankfurt a.M. 2011, S. 53-70.

Hein-Kremer, Maritta, Die amerikanische Kulturoffensive. Gründung und Entwicklung der amerikanischen Information-Centers in Westdeutschland und West-Berlin 1945-1955, Köln u.a. 1996.

Heinsohn, Kirsten, Gruppenbild ohne Dame. Demokratie in der frühen Bundesrepublik, in: VfZ 69.4 (2021), S. 679-687.

Held, Steffen, Die Leipziger Stadtverwaltung und die Deportation der Juden im NS-Staat, Leipzig 2008.

Helsper, Wolfgang, Nationalsozialistische Vergangenheit im Parlament: der Umgang mit Belastung und Entlastung in der hessischen Landespolitik (1945-1966), Marburg 2022.

Henning, Wolfram, Die »68er Generation« im Bibliothekswesen: neue Ideen und Konzepte, in: Vodosek, Arnold, Informationsgesellschaft, S. 11-26.

Herbert, Ulrich, NS-Eliten in der Bundesrepublik, in: ders., Wer waren die Nationalsozialisten?, München 2021, S. 241-261.

Herbert, Ulrich, Geschichte Deutschlands im 20. Jahrhundert, München 2014.

Herbert, Ulrich, Geschichte der Ausländerpolitik in Deutschland. Saisonarbeiter, Zwangsarbeiter, Gastarbeiter, Flüchtlinge, Bonn 2003.

Herbert, Ulrich (Hg.), Wandlungsprozesse in Westdeutschland. Belastung, Integration, Liberalisierung 1945-1980, Göttingen 2002.

Herf, Jeffrey, Zweierlei Erinnerung. Die NS-Vergangenheit im geteilten Deutschland, Berlin 1997.

Herf, Jeffrey, Die Auseinandersetzung mit der NS-Vergangenheit in Deutschland seit 1945. Anfänge, Hauptmotive und Kritik an der Erinnerungspolitik vonseiten des SED-Regimes und der radikalen Linken in Westdeutschland, in: Brechtgen, Aufarbeitung, S. 38-60.

Hermand, Jost, Unbewältigte Vergangenheit: Auswirkungen des Kalten Kriegs auf die Literatur der frühen Bundesrepublik, Wien, Köln, Weimar 2019.

Hermand, Jost, Zum Problem des ›Politischen‹ in der Musik, in: ders. (Hg.), Mehr als tönende Luft. Politische Echowirkungen in Lied, Oper und Instrumentalmusik, Köln u.a. 2017.

Heuberger, Rachel, Die Familie Rothschild in Frankfurt am Main als Mäzene par excellence – Das Beispiel zweier unterschiedlicher Bibliothekstypen, in: Koordinierungsstelle für Kulturgutverluste Magdeburg (Hg.), Sammeln. Stiften. Fördern. Jüdische Mäzene in der deutschen Gesellschaft, Magdeburg 2008, S. 197-222.

Heuberger, Rachel, Aron Freimann und die Wissenschaft des Judentums, Tübingen 2004.

Heuß, Anja, Sebastian Schlegel, ›Fluchtgut‹: eine Forschungskontroverse, in: Franziska Bomski, Hellmuth Th. Seemann, Thorsten Valk (Hgg.), Spuren suchen: Provenienzforschung in Weimar, Göttingen 2018, S. 203-228.

Hilgert, Christoph, Die unerhörte Generation: Jugend im westdeutschen und britischen Hörfunk, 1945-1963, Göttingen 2015, S. 132-152.

Hochgeschwender, Michael (Hg.), Epoche im Widerspruch: ideelle und kulturelle Umbrüche der Adenauerzeit, Bonn 2011.

Hochgeschwender, Michael, Was ist der Westen? Zur Ideengeschichte eines politischen Konstrukts, in: Historisch-Politische Mitteilungen 11 (2004), S. 1-30.

Hodenberg, Christina, Konsens und Krise. Eine Geschichte der westdeutschen Medienöffentlichkeit 1945-1973, Göttingen 2006.

Hof, Tobias, Vorstudie über ein historisches Porträt von Dr. Alfred Bauer (1911-1986). Gutachten im Auftrag des Instituts für Zeitgeschichte München–Berlin 2020. file:///C:/Users/User/Downloads/ifz_studie_alfred_bauer_zusammenfassung_september2020.

Hoffmann, Dieter, »Alle Bücher der Welt in Schnitzel gerissen«. Über den Dichter und Verleger Wilhelm Klemm, in: Marginalien. Zeitschrift für Buchkunst und Bibliophilie 212.4 (2013), S. 40-50.

Hoffrath, Christiane, Provenienzforschung und Provenienzerschließung in Bibliotheken: ein Rück- und Ausblick, in: Bibliotheksdienst 54.10-11 (2020), S. 820-832.

Hoffrath, Christiane, Bibliotheksdirektor im Nationalsozialismus: Hermann Corsten und die Universitäts- und Stadtbibliothek Köln, Köln 2012.

Hohoff, Ulrich (Hg.), Wissenschaftliche Bibliothekare als Opfer in der NS-Diktatur. Ein Personenlexikon, Wiesbaden 2017.

Hohoff, Ulrich, Wissenschaftliche Bibliothekarinnen und Bibliothekare als Opfer der NS-Diktatur. Eine Übersicht über 250 Lebensläufe seit dem Jahr 1933. Teil 1: Die Entlassungen, in: o-bib 2.2 (2015), S. 1-32.

Hohoff, Ulrich; Daniela Lülfing (Hgg.), Bibliotheken für die Zukunft – Zukunft für die Bibliotheken. 100. Deutscher Bibliothekartag in Berlin 2011, Hildesheim, Zürich, New York 2012.

Hollender, Martin, Das »Marburger Büchergrab« – Politische Kontroversen um die beiden Berliner Staatsbibliotheken in Ost und West im Kalten Krieg, in: Archiv für Geschichte des Buchwesens 63 (2008), S. 158-221.

Hollender, Ulrike, Un havre de paix: die Kriegsgefangenen französischen Offiziere an der Preußischen Staatsbibliothek in Berlin 1941-1945, Wiesbaden 2002.

Hoogewoud, Fritz J., The Nazi Looting of Books and Its American ›Antithesis‹. Selected Pictures from the Offenbach Archival Depot's Photographic History and Its Supplement, in: Studia Rosenthaliana 26.1/2 (1992), S. 158-192.

Horn-Kolditz, Birgit, Alltag in Trümmern. Leipzig am Ende des Kriegs, in: Ulrich von Hehl (Hg.), Stadt und Krieg, Leipzig 2014.

Hübinger, Gangolf (Hg.), Europäische Wissenschaftskulturen und politische Ordnungen in der Moderne (1890-1970), München 2014.

Hüser, Dietmar, Westdeutsches »Demokratiewunder« und transnationale Musikkultur – Dimensionen des Politischen im Populären der langen 1960er Jahre, in: ders. (Hg.), Populärkultur transnational: Lesen, Hören, Sehen, Erleben im Europa der langen 1960er Jahre, Bielefeld 2017, S. 301-336.

Hust, Christoph, ›Wendestelle‹ – Der Deutsche Verlag für Musik in den Jahren 1989/90, in: Archiv für Musikwissenschaft 72.4 (2015), S. 302-323.

Ihlow, Gerhard, Die Gebäude der Kurfürstlichen Bibliothek, der Königlichen Bibliothek sowie der Preußischen Staatsbibliothek zu Berlin im Spiegel ihrer Zeit 1652 bis 1940: eine dokumentierte Baugeschichte, Berlin 2013.

Jacobs, Stephanie (Hg.), Tiefenbohrung: eine andere Provenienzgeschichte, Berlin 2022.

Jacobs, Stephanie, Bestände aus Leipzig und Moskau finden im Netz wieder zusammen: Deutsche Nationalbibliothek und Russische Staatsbibliothek unterzeichnen Vertrag zur kooperativen Digitalisierung und Erschließung kriegsbedingt verlagerten Kulturguts, in: ZfBB 67.1 (2020), S. 62.

Jaspers, Anke, Suhrkamp und DDR: Literaturhistorische, praxeologische und werktheoretische Perspektiven auf ein Verlagsarchiv, Berlin, Boston 2022.

Jelinek, Yeshayahu, Deutschland und Israel 1945-1965. Ein neurotisches Verhältnis, München 2004.

Jennings, Eric T., Escape from Vichy: The Refugee Exodus to the French Caribbean, Cambridge, Mass. 2019.

Jochum, Uwe, Bildungsgrenzen: Die Ausbildung des Höheren Bibliotheksdienstes in Deutschland, in: Plassmann, Syré, Verein Deutscher Bibliothekare, S. 231-253.

Jochum, Uwe, Bibliothekswesen und Bibliographie. Hanns Wilhelm Eppelsheimer, in: Vittorio E. Klostermann (Hg.), Vittorio Klostermann 1930-2000, Frankfurt am Main, Frankfurt a.M. 2000, S. 68.

Joos, Judith, Kontinuität im Neuanfang: Verlagspolitik in der Gründungsphase der Bundesrepublik am Beispiel der Britischen Zone, in: York-Gothart Mix (Hg.), Kunstfreiheit und Zensur in der Bundesrepublik Deutschland, Berlin, Boston 2014, S. 19-42.

Josephson, David, The German Musical Exile and the Course of American Musicology, in: Current Musicology 79-80 (2005), S. 9-53.

Jung, Rudolf, Die bibliothekarische Ausbildung 1945-1965, in: Die Entwicklung des Bibliothekswesens in Deutschland 1945-1965, Wiesbaden 1993, S. 199-219.

Jurt, Joseph, Ein transnationales deutsch-französisches literarisches Feld nach 1945?, in: Patricia Oster, Hans-Jürgen Lüsebrink (Hgg.), Am Wendepunkt, Bielefeld 2008, S. 189-230.

Kaiser, Corinna R., Carolyn Birdsall, Der Kardex als archivarisches Hilfsmittel im Lautarchiv des Deutschen Rundfunks, in: Info7. Das Magazin für Medien, Archive und Information 36.2 (2021), S. 50-54.

Kalcher, Antje, Dietmar Schenk (Hgg.), Archive zur Musikkultur nach 1945. Verzeichnis und Texte, München 2016.

Kaltwasser, Franz G., Von der »Bibliotheque du Roi« in Paris über die »Churfürstliche Hof- und Nationalbibliothek« in München zur »Staatsbibliothek zu Berlin-Preußischer Kulturbesitz«: über die Namen großer Forschungsbibliotheken, in: Daniela Lülfing (Hg.), Tradition und Wandel, Berlin 1995, S. 67-81.

Kaltwasser, Franz G., Die Bibliothek als Museum: von der Renaissance bis heute, dargestellt am Beispiel der Bayerischen Staatsbibliothek, Wiesbaden 1999, S. 322-364.

Kaltwasser, Franz G., Ein bayerischer »Oberregierungsbibliotheksrat« in der DDR, in: Ruppelt, Bande, S. 71-76.

Kaltwasser, Franz G., Frühgeschichte der elektronischen Datenverarbeitung in der Bayerischen Staatsbibliothek, in: Bibliothek Forschung und Praxis 10.1-2 (1986), S. 5-19.

Kaltwasser, Franz G., Gustav Hofmann 1900-1982, in: ZfBB 29 (1982), S. 442-448.

Kartmann, Norbert (Hg.), NS-Vergangenheit ehemaliger hessischer Landtagsabgeordneter, Wiesbaden 2014.

Kasperowski, Ira, Claudia Martin-Konle (Hgg.), NS-Raubgut in hessischen Bibliotheken, Gießen 2014.

Kasprzik, Anna, Vorläufer der Internationalen Katalogisierungsprinzipien, in: Perspektive Bibliothek 3.2 (2014), S. 120-143.

Kaukoreit, Volker, Martin Wedl, Das Österreichische Literaturarchiv der Österreichischen Nationalbibliothek – Aufgaben und Ziele im nationalen und internationalen Kontext, in: Ludger Syré (Hg.), Dichternachlässe. Literarische Sammlungen und Archive in den Regionalbibliotheken von Deutschland, Österreich und der Schweiz, Frankfurt a. M. 2009, S. 91-102.

Keller, Erich, Theo Pinkus und die Produktion linken Wissens in Europa in der zweiten Hälfte des 20. Jahrhunderts, in: Historische Anthropologie 26.2 (2018), S. 126-148.

Kellner, Stephan, Raub, Recherche, Restitution. Provenienzforschung an der Bayerischen Staatsbibliothek – Zwischenbilanz und Ausblick, in: ZfBB 66.5 (2019), S. 225-234.

Kempf, Klaus, Die bundesdeutschen Hochschulbibliotheken in den Jahren des »Wirtschaftswunders« zwischen Kontinuität und Aufbruch, in: ders., Sven Kuttner (Hgg.), Buch und Bibliothek im Wirtschaftswunder. Entwicklungslinien, Kontinuitäten und Brüche in Deutschland und Italien während der Nachkriegszeit (1949-1965), Wiesbaden 2018, S. 33-38.

Kempf, Klaus, Sven Kuttner (Hgg.), Buch und Bibliothek im Wirtschaftswunder. Entwicklungslinien, Kontinuitäten und Brüche in Deutschland und Italien während der Nachkriegszeit (1949-1965), Wiesbaden 2018.

Kieser, Harro, Brita Eckert, Werner Berthold (1921-2017), Bibliothekar und Exilforscher, in: Mitteldeutsches Jahrbuch für Kultur und Geschichte 26 (2019), S. 236-239.

Kingreen, Monica (Hg.), »Nach der Kristallnacht«. Jüdisches Leben und antijüdische Politik in Frankfurt am Main 1938-1945, Frankfurt a. M., New York 1999.

Kinney, Daniel W., From a Divided Library in a Divided City to One Library in Two Houses: A Centennial for a Great European Research Library Reunited and Restored, in: International Journal of Librarianship 3.2 (2018), S. 36-52.

Kirchhoff, Markus, Looted Texts: Restituting Jewish Libraries, in: Dan Diner, Gotthart Wunberg (Hgg.), Restitution and Memory: Material Restoration in Europe, New York, Oxford 2007, S. 161-188.

Kirchner, Hildebert, Grundriss des Bibliotheks- und Dokumentationsrechts, Frankfurt a. M. ²1993.

Kittel, Peter, Erinnerungen an die Öffentliche Wissenschaftliche Bibliothek/Deutsche Staatsbibliothek in Berlin Unter den Linden 8, Berlin 2018.

Klein, Anne, Flüchtlingspolitik und Flüchtlingshilfe 1940-1942. Das Varian-Fry-Komitee in Marseille und New York, Berlin 2007.

Klein, Armin, Kulturpolitik. Eine Einführung, Wiesbaden ²2005.

Kleinschmidt, Harald, Vom System zur Ordnung. Bemerkungen zu Bewertungen von

Sachkatalogen vornehmlich im 18. und 19. Jahrhundert, in: Libri 37.2 (1987), S. 126-159.

Klimke, Martin, The Other Alliance: Student Protest in West Germany and the United States in the Global Sixties, Princeton 2011.

Klotz, Heinrich, Architektur als Staatsrepräsentation der Bundesrepublik Deutschland, in: Merkur 40 (1986), S. 761-767.

Knoch, Stefan, Bibliotheken: Anmerkungen zum »Gesetz über die Deutsche National-bibliothek« (DNBG)« in: Bibliotheksdienst 41.5 (2007), S. 529-541.

Knoche, Michael, »Das Amt niemals in propagandistischem Sinne ausgeübt« – Georg Leyh schreibt Persilscheine (1), in: Aus der Forschungsbibliothek Krekelborn 1.3 (2021), URL:https://biblio.hypotheses.org/2307.

Knoche, Michael, »Es ist doch einfach grotesk, dass wir für die Katastrophe mitverant-wortlich gemacht werden« – Die Einstellung von deutschen wissenschaftlichen Bib-liothekaren zu ihrer Vergangenheit im Nationalsozialismus, in: Sven Kuttner, Klaus Kempf (Hgg.), Das deutsche und italienische Bibliothekswesen im Nationalsozialis-mus und Faschismus. Versuch einer vergleichenden Bilanz, Wiesbaden 2013, S. 203-220.

Knoche, Michael, Erwerben und abgeben, integrieren und rückabwickeln. Bestandsum-schichtungen im wissenschaftlichen Bibliothekswesen der ehemaligen DDR, in: Klaus-Rainer Brintzinger, Ulrich Hohoff (Hgg.), 101. Deutscher Bibliothekartag in Hamburg 2012. Bibliotheken – Tore zur Welt des Wissens, Hildesheim u.a. 2013, S. 327-334.

Knoche, Michael, Wolfgang Schmitz (Hgg.), Wissenschaftliche Bibliothekare im Nati-onalsozialismus. Handlungsspielräume, Kontinuitäten, Deutungsmuster, Wiesbaden 2011.

Knoche, Michael, Bibliotheken als Sammlungen, in: Monika Estermann, Ernst Fischer, Reinhard Wittmann (Hgg.), Parallelwelten des Buches. Beiträge zu Buchpolitik, Ver-lagsgeschichte, Bibliophilie und Buchkunst, Wiesbaden 2008, S. 467-472.

Von Köckritz, Sieghardt, Kurt Nowak (Hgg.), Nationalbibliotheken im Jahr 2000, Frankfurt a.M. 1988.

Köstner, Christina, Paul Heigl (1887-1945), in: Karel Hruza (Hg.), Österreichische Historiker 1900-1945, Wien 2008, S. 569-595.

Köstner-Pemsel, Christina, Das Vorspiel. Wissenschaftliche Bibliotheken in Österreich zwischen 1933 und 1938, in: Gertrude Enderle-Burcel, Ilse Reiter-Zatloukal (Hgg.), Antisemitismus in Österreich 1933-1938, Göttingen 2018, S. 479-486.

Kolasa, Ingo, Silke Breslau (Sewing), Das deutsche Musikarchiv Berlin – vollständige Quellensammlung von Musikalien und Tonträgern der Bundesrepublik, in: Musik-forum 38.96 (2002), S. 25-29.

Koller, Guido, Fluchtort Schweiz. Schweizerische Flüchtlingspolitik (1933-45) und ihre Nachgeschichte, Stuttgart 2018.

Komorowski, Manfred, Peter Vodosek (Hgg.), Bibliotheken während des Nationalso-zialismus, Teil 1, Wiesbaden 1989, und Teil 2, Wiesbaden 1992.

Komorowski, Manfred,Die Auseinandersetzung mit dem nationalsozialistischen Erbe im wissenschaftlichen Bibliothekswesen nach 1945, in: Vodosek, Komorowski, Bib-liotheken, Teil 2, S. 273-295.

Komorowski, Manfred, Die wissenschaftlichen Bibliotheken im Generalgouvernement Polen (1940-1945), in: Bibliothek Forschung und Praxis 7.1 (1983), S. 69-75.

Koppitz, Hans-Joachim, Nachruf auf Kurt Köster, in: Gutenberg-Jahrbuch 62 (1987), S. 367-368.

Koßmann, Bernhard, Die Bestandsentwicklung 1943-1984, in: Lehmann, Bibliotheca Publica Francofurtensis, S. 283-326.

Koszyk, Kurt, Presse unter alliierter Besatzung, in: Jürgen Wilke (Hg.), Mediengeschichte der Bundesrepublik Deutschland, Bonn 1999.

Krah, Markus, Ein transnationaler jüdischer Kanon als Verlagsprogramm. Salman Schockens Verlage in Berlin und New York, in: Kerstin Schoor, Werner Treß (Hgg.), Juden und ihre Nachbarn: Die Wissenschaft des Judentums im Kontext von Diaspora und Migration, Berlin, Boston 2022, S. 193-212.

Kraske, Gary E., Missionaries of the Book. The American Library Profession and the Origins of the United States Cultural Diplomacy, Santa Barbara 1985.

Krause, Scott H., Vorposten der Freiheit, Remigranten an der Macht im geteilten Berlin (1940-1972), Frankfurt a.M. 2022.

Kreis, Reinhild, Orte für Amerika. Deutsch-Amerikanische Institute und Amerikahäuser in der Bundesrepublik seit den 1960er Jahren, Stuttgart 2012, S. 176-177.

Kretschmann, Carsten, Einsatz für Deutschland? Die Historiker Walter Platzhoff und Paul Kirn im »Dritten Reich, in: Jörn Kobes, Jan-Otmar Hesse (Hgg.), Frankfurter Wissenschaftler zwischen 1933 und 1945, Göttingen 2008«. S. 5-32.

Kröger, Klaus, »Establishment und Avantgarde zugleich«? Siegfried Unseld und der Börsenverein des Deutschen Buchhandels 1967/68, in: Ingrid Gilcher-Holtey (Hg.), Zwischen den Fronten. Positionskämpfe europäischer Intellektueller im 20. Jahrhundert, Berlin 2006, S. 311-331.

Krohn, Claus-Dieter, John Spalek, Pionier der Exilforschung, in: Wulf Koepke (Hg.), Preserving the Memory of Exile, Nottingham 2008, S. 10-26.

Krohn, Claus-Dieter, Exilforschung, Version: 1.0, in: Docupedia-Zeitgeschichte, 20.12.2012 http://docupedia.de/zg/krohn_exilforschung_v1_de_2012 DOI: http://dx.doi.org/10.14765/zzf.dok.2.253.v1.

Krohn, Claus-Dieter u.a. (Hgg.), Kulturelle Räume und ästhetische Universalität: Musik und Musiker im Exil, Berlin, Boston 2021.

Kucher, Primus-Heinz, Exilforschung in Österreich. Rückblick, Zwischenbilanzen und Versuch eines Ausblicks, in: Krohn, Winckler, Exilforschungen im historischen Prozess, Boston 2012, S. 146-165.

Kugelmann, Cilly, Befreiung – und dann? Zur Situation der Juden in Frankfurt am Main im Jahr 1945, in: Monica Kingreen (Hg.), »Nach der Kristallnacht«. Jüdisches Leben und antijüdische Politik in Frankfurt am Main 1938-1945, Frankfurt a.M., New York 1999, S. 435-456.

Kuhlmann, Hans Joachim, Vom Deutschen Büchereiverband zum Deutschen Bibliotheksverband 1949 bis 1973, in: Ruppelt, Bibliothekspolitik, S. 5-32.

Kuhlmann, Hans J., Die Bundesvereinigung Deutscher Bibliotheksverbände und der Deutsche Bibliotheksverband, in: Ruppelt, Bibliothekspolitik, S. 225-235.

Kuttner, Sven, »Funktionär im Räderwerk des Betriebs«. Bibliothekarisches Berufsbild und Modernekritik in der späten Nachkriegszeit, in: ders., Klaus Kempf (Hgg.), Buch und Bibliothek im Wirtschaftswunder: Entwicklungslinien, Kontinuitäten und Brüche in Deutschland und Italien während der Nachkriegszeit (1949-1965), Frankfurt a.M. 2018, S. 65-72.

Kuttner, Sven, »Die Freiheit anderseits bekommt nur dem Charakterlosen nicht.«. Eugen Kogon und der Darmstädter Bibliothekartag 1962, in: Irmgard Siebert, Dietmar Haubfleisch (Hgg.), Vom Sinn der Bibliotheken, Wiesbaden 2017, S. 235-241.

Kuttner, Sven, Peter Vodosek (Hgg.) Volksbibliothekare im Nationalsozialismus. Handlungsspielräume, Kontinuitäten, Deutungsmuster, Wiesbaden 2017.

Kuttner, Sven, »Manches Wiedersehen nach vielen Jahren zu erleben«. Der Nachkriegs-bibliothekartag in Rothenburg ob der Tauber 1949, in: Felicitas Hundhausen, Daniela Lülfing, Wilfried Sühl-Strohmenger (Hgg.), 100. Deutscher Bibliothekartag, Hildesheim, Zürich, New York 2011, S. 81-98.

Kuttner, Sven, Der weiß-blaue Kreis. Das Sozialprofil des höheren Bibliotheksdienstes der Universitätsbibliothek München im 20. Jahrhundert in: Bibliotheksdienst 44.1 (2010), S. 16-24.

Kuttner, Sven, Der Bibliothekar, die Universität und die Vergangenheit: Joachim Kirchner und die Universitätsbibliothek München, in: ders., Bernd Reifenberg (Hgg.), Das bibliothekarische Gedächtnis. Aspekte der Erinnerungskultur an braune Zeiten im deutschen Bibliothekswesen, Marburg 2004, S. 84-96.

Van Laak, Dirk, Mythos »Hessenplan«: Aufstieg und Wandel einer Landesplanung nach dem Zweiten Weltkrieg, in: Wendelin Strubelt, Detlef Briesen (Hgg.), Raumplanung nach 1945. Kontinuitäten und Neuanfänge in der Bundesrepublik Deutschland, Frankfurt a.M., New York 2015, S. 127-149.

Van Laak, Dirk, Planung. Geschichte und Gegenwart des Vorgriffs auf die Zukunft, in: GuG 34.3 (2008), S. 305-326.

Van Laak, Jeannette, Jüdische Remigrant*innen und ihr Refugium in der SBZ/DDR, in: Jörg Ganzenmüller (Hg.), Jüdisches Leben in Deutschland und Europa nach der Shoah: Neubeginn – Konsolidierung – Ausgrenzung, Köln u.a. 2020, S. 67-82.

Labach, Michael, Der Verein Deutscher Bibliothekare während des Nationalsozialismus, in: Peter Vodosek, Manfred Komorowski (Hgg.), Bibliotheken während des Nationalsozialismus, Bd. 2, Wiesbaden 1992, S. 151-168.

Lambrecht, Jutta, Das Gedächtnis des Rundfunks. Rundfunkarchive und ihre Bedeutung für die Musikwissenschaft, in: Kalcher, Schenk, Archive, S. 164-174.

Latham, Michael E., The Right Kind of Revolution. Modernization, Development and U.S. Foreign Policy from the Cold War to the Present, Ithaca 2011.

Leendertz, Ariane, Die Macht des Wettbewerbs: Die Max-Planck-Gesellschaft und die Ökonomisierung der Wissenschaft seit den 1990er Jahren, in: VfZ 70.2 (2022), S. 235-271.

Leendertz, Ariane, Wencke Meteling (Hgg.), Die neue Wirklichkeit. Semantische Neuvermessungen und Politik seit den 1970er-Jahren, Frankfurt a.M. 2016.

Lehmstedt, Mark, Siegfried Lokatis (Hgg.), Das Loch in der Mauer: der innerdeutsche Literaturaustausch, Wiesbaden 1997.

Lenarz, Michael, Das Rothschild-Palais. Ein jüdischer Ort im 19. und 20. Jahrhundert, in: Mirjam Wenzel, Sabine Kößling, Fritz Backhaus (Hgg.), Jüdisches Frankfurt. Von der Aufklärung bis zur Gegenwart, München 2020, S. 48-55.

Leonhard, Joachim-Felix, Hans-Joachim Weinbrenner (1910-1995), in: Rundfunk und Geschichte 21 (1995), S. 265-267.

Leonhard, Joachim-Felix, Peter Vodosek (Hgg.), Die Entwicklung des Bibliothekswesens in Deutschland 1945-1965, Wiesbaden 1993.

Leonhard, Jörn, Bücher der Nation: Die Entstehung europäischer Nationalbibliotheken als Orte lokalisierter Erinnerung, in: Kirstin Buchinger, Claire Gantet, Jakob Vogel (Hgg.), Europäische Erinnerungsräume, Frankfurt a.M., New York 2009, S. 72-87.

Le Roy Ladurie, Emmanuel, Anita Hocquard, De la BN à la BnF: chronique de la grande bibliothèque (1987-1991), Paris 2018.

Leskien, Hermann, Die beiden Staatsbibliotheken: Gedanken zu Anspruch und Wahrnehmung gesamtstaatlicher Aufgaben in Berlin und München, in: Daniela Lülfing (Hg.), Tradition und Wandel. Festschrift für Richard Landwehrmeyer, Berlin 1995, S. 141-155.

Leßau, Hanne, Janosch Steuwer, Wer ist ein Nazi? Woran erkannt man ihn? Zur Unterscheidung von Nationalsozialisten und anderen Deutschen, in: Mittelweg 36.1 (2014), S. 30-51.

Lieb, Felix, Ein überschätztes Buch? Karl Jaspers und »Die Schuldfrage«, in: VfZ 67.4 (2019), S. 565-592.

Liebers, Gerhard (Hg.), Bibliotheksneubauten in der Bundesrepublik, Frankfurt a. M. 1968.

Liebersohn, Harry, Music and the New Global Culture. From the Great Exhibitions to the Jazz Age, Chicago 2019.

Linsenmann, Andreas, Denazifizierung mit Debussy. Strategien französischer Musikpolitik im Nachkriegsdeutschland, in: Sarah Zalfen, Sven Oliver Müller (Hg.), Besatzungsmacht Musik. Zur Musik- und Emotionsgeschichte im Zeitalter der Weltkriege (1914-1949), Bielefeld 2012, S. 129-152.

Lipp, Anne, Auf dem Prüfstand: Das DFG-geförderte System der Sondersammelgebiete wird evaluiert, in: ZfBB 57 (2010), S. 235-244.

Löffler, Emily, Provenienzforschung an der Deutschen Nationalbibliothek Leipzig, in: Deutsches Zentrum Kulturgutverluste (Hg.), Provenienz & Forschung. Bibliotheken, Dresden 2021, S. 44-48.

Löffler, Emily, NS-Raubgut: zum Stand der Provenienzforschung in Sachsen, in: ZfBB 67.1 (2020), S. 73-75.

Löffler, Emily, Kunstschutz im besetzten Deutschland: Restitution und Kulturpolitik in der französischen und amerikanischen Besatzungszone (1944-1953), Wien, Köln, Weimar 2019.

Lokatis, Siegfried, Martin Hochrein (Hgg.), Die Argusaugen der Zensur. Begutachtungspraxis im Leseland DDR, Stuttgart 2021.

Lokatis, Siegfried, Verantwortliche Redaktion. Zensurwerkstätten der DDR, Stuttgart 2019.

Lokatis, Siegfried, Giftschränke im Leseland: die Sperrmagazine der DDR unter besonderer Berücksichtigung der Deutschen Bücherei, in: ZfBB 64.3-4 (2017), S. 133-144.

Lokatis, Siegfried, Indizierungspraxis und »Schrifttumspolitik« im Nationalsozialismus, in: Julius H. Schoeps, Werner Treß (Hgg.), Verfemt und Verboten. Vorgeschichte und Folgen der Bücherverbrennungen 1933, Hildesheim 2010, S. 211-220.

Loth Wilfried, Georges-Henri Soutou (Hgg.), The Making of Détente: Eastern and Western Europe in the Cold War, 1965-75, London 2008.

Von der Lühe, Irmela, Zwischen Dialogangebot und Versöhnungsdiktat. Jüdisch-deutsche Begegnungen in Literatur und Theater der Nachkriegszeit, in: Fischer, Riemer, Schüler-Springorum, Juden und Nichtjuden, S. 129-140.

Von der Lühe, Irmela, Axel Schildt, Stefanie Schüler-Springorum (Hgg.) »Auch in Deutschland waren wir nicht wirklich zu Hause«: jüdische Remigration nach 1945, Göttingen 2008.

Von der Lühe, Irmela, Axel Schildt, Stefanie Schüler-Springorum, Einleitung, in: diess. (Hgg.), Auch in Deutschland, Göttingen 2008, S. 9-18.

Lunzer, Heinz, Über die Schwierigkeiten des Umgangs mit der Exilliteratur in den 1970er Jahren, in: Adunka, Roessler, Rezeption, S. 101-109.

Lunzer, Heinz, Suchy, Viktor, in: Neue Deutsche Biographie (NDB) 25, Berlin 2013, S. 666-667.

Lütjen, Andreas, Auf dem Bibliothekartag im Braunhemd, in der Bibliotheksleitung unauffällig? Kirchner und die UB München im Nationalsozialismus, in: Sven Kuttner (Hg.), »Die verspätete Bibliothek«. zehn Beiträge zur Geschichte der Universitätsbibliothek der Ludwig-Maximilians-Universität München im 20. Jahrhundert, Wiesbaden 2021, S. 45-55.

Lux, Claudia, Erinnerungen an die Vereinigung in der Zentral- und Landesbibliothek Berlin, in: Günter Baron, Reimar Riese (Hgg.), Wendezeit – Zeitwende in deutschen Bibliotheken: Erinnerungen aus Ost und West, Berlin 2011.

Maase, Kaspar, Am Ende einer Legende? Die Nachkriegsdeutschen und die »amerikanische Musik«: eingängig und vertraut oder herausfordernd und rebellisch?, in: Michael Fischer, Christofer Jost (Hgg.), Amerika-Euphorie-Amerika-Hysterie: populäre Musik »made in USA« in der Wahrnehmung der Deutschen 1914-2014, Münster 2017.

Maase, Kaspar, Populärkultur, Jugend und Demokratisierung – Westeuropa nach dem Zweiten Weltkrieg, in: Dietmar Hüser (Hg.), Populärkultur transnational: Lesen, Hören, Sehen, Erleben im Europa der langen 1960er Jahre, Bielefeld 2017, S. 275-300.

Maase, Kaspar, Populärkulturforschung: eine Einführung, Bielefeld 2019, S. 44-50.

Maase, Kaspar, Grenzenloses Vergnügen. Der Aufstieg der Massenkultur 1850-1970, Frankfurt a.M. 1997.

Mahnke, Dieter, Berlin im geteilten Deutschland, München 1973.

Mahrer, Stefanie, Salman Schocken. Topographie eines Lebens, Berlin 2021.

Marks, Shula, Paul Weindling, Laura Wintour (Hgg.), In Defence of Learning. The Plight, Persecution, and Placement of Academic Refuges, 1933-1980s, Oxford 2011.

Marktanner, Alina, Behördenconsulting. Unternehmensberater in der öffentlichen Verwaltung der Bundesrepublik, 1970er- bis 2000er-Jahre, Berlin 2023.

Marszolek, Inge, »Ganz Deutschland hört den Führer«. Die Beschallung der ›Volksgenossen‹, in: Gerhard Paul, Ralph Schock (Hgg.), Sound des 20. Jahrhunderts. Geräusche, Töne, Stimmen 1889 bis heute, Bonn 2013, S. 186-191.

Marwinski, Konrad, Der VDB und seine Kontakte zum Bibliothekswesen der DDR zwischen 1953 und 1970, in: Plassmann, Syré, Verein Deutscher Bibliothekare, S. 149-167.

Maurel, Chloé, L'action de l'UNESCO dans la domaine de la reconstruction, in: Histoire & Politique, culture, société 19 (2013), S. 1-15.

Mayer, Hans, Literatur heute im geteilten Deutschland, in: Werner Link (Hg.), Schriftsteller und Politik in Deutschland, Düsseldorf 1979, S. 115-125.

Mecking, Sabine, Yvonne Wasserloos (Hgg.), Inklusion & Exklusion. »Deutsche Musik« in Europa und Nordamerika 1848-1945, Göttingen 2015.

Van Melis, Damian, Henrik Bispinck (Hgg.), »Republikflucht«: Flucht und Abwanderung aus der SBZ/DDR 1945 bis 1961, München 2006, S. 37-72.

Mentzel, Walter, Wiener NS-Antiquariate und ihre Rolle im Bücherraub. Oder: Wie Antiquariate von der Judenverfolgung profitierten. Ein Forschungsbericht, in: Bruno Bauer, Christina Köstner-Pemsel, Markus Stumpf (Hgg.), NS-Provenienzforschung an österreichischen Bibliotheken: Anspruch und Wirklichkeit, Graz-Feldkirch 2011, S. 65-82.

Michels, Eckard, Zwischen Zurückhaltung, Tradition und Reform: Anfänge westdeutscher auswärtiger Kulturpolitik in den 1950er Jahren am Beispiel der Kulturinstitute, in: Johannes Paulmann (Hg.), Auswärtige Repräsentationen: deutsche Kulturdiplomatie nach 1945, Köln, Weimar, Wien 2005, S. 241-258.

Middell, Matthias, Wissen und Raum. Zur Stilisierung nationaler Wertezentren – Wertezentren und das Spiel mit den Maßstäben, in: Detlef Altenburg, Lothar Ehrlich, Jürgen John (Hgg.), Im Herzen Europas. Nationale Identitäten und Erinnerungskulturen, Köln 2008, S. 121-149.

Middell, Matthias, La bibliothèque nationale. L'expérience allemande, in: Christophe Charle, Daniel Roche (Hgg.), Capitales culturelles, capitales symboliques. Paris et les expériences européennes: XVIIIe–XXe siècles, Paris 1999, S. 249-262.

Middendorf, Heinrich, Die Bayerische Staatsbibliothek 1945-1964, in: Hacker, Beiträge, S. 317-362.

Minter, Catherine, Academic Library Reform and the Ideal of the Librarian in England, France, and Germany in the Long Nineteenth Century, in: Library and Information History 29.1 (2013), S. 19-37.

Mitchell, Gillian A.M., Adult Responses to Popular Music and Intergenerational Relations in Britain, c. 1955-1975, London 2019.

Mittler, Elmar, Von der Bibliotheksgeschichte zur Bibliothek als Geschichte: Bibliothekshistorische Forschung nach dem Cultural Turn, in: Michael Knoche (Hg.), Die Zukunft des Sammelns an wissenschaftlichen Bibliotheken, Wiesbaden 2017, S. 139-147.

Mittler, Elmar, Historische Bibliotheksforschung. Anthropologisch-kulturwissenschaftliche Ansätze und Methoden. Die digitale Wende, in: Konrad Umlauf, Simone Fühles-Ubach, Michael Seadle (Hgg.), Handbuch Methoden der Bibliotheks- und Informationswissenschaft, Berlin, Boston 2013, S. 483-524.

Mittler, Elmar, Bibliotheksbauten auf dem Prüfstand – Zur Evaluierung von Bibliotheksgebäuden Wissenschaftlicher Bibliotheken in Deutschland, in: Werner Hauke (Hgg.), Bibliotheken bauen und ausstatten, Bad Honnef 2009, S. 366-399.

Mittelstraß, Jürgen, Ulrich Rüdiger (Hgg.), Die Zukunft der Wissensspeicher: Forschen, Sammeln und Vermitteln im 21. Jahrhundert, Konstanz 2016.

Möhler, Rainer, Entnazifizierung in Rheinland-Pfalz und im Saarland unter französischer Besatzung von 1945 bis 1952, Mainz 1992.

Möller, Frank, Das Buch Witsch. Das schwindelerregende Leben des Verlegers Joseph Caspar Witsch, Köln 2014.

Mommsen, Wolfgang J., Vom »Volkstumskampf« zur nationalsozialistischen Vernichtungspolitik in Europa. Zur Rolle der deutschen Historiker unter dem Nationalsozialismus, in: Winfried Schulze, Otto Gerhard Oexle (Hgg.), Deutsche Historiker im Nationalsozialismus, Frankfurt a.M. 1999, S. 183-214.

Monod, David, Settling Scores: German Music, Denazification, & the Americans, 1945-1953, Chapel Hill, NC, London 2005.

Morat, Daniel, Die Entpolitisierung des Politischen. Ernst Jüngers Essayistik der 1950er Jahre, in: Matthias Schöning, Ingo Stöckmann (Hgg.), Ernst Jünger und die Bundesrepublik: Ästhetik – Politik – Zeitgeschichte, Berlin, Boston 2012, S. 163-184.

Morat, Daniel, Von der Tat zur Gelassenheit. Konservatives Denken bei Martin Heidegger, Ernst Jünger, Friedrich Georg Jünger 1920-1960, Göttingen 2007.

Morsey, Rudolf, Bibliothek in Münster 1939-1942: Himmlers und Rosenbergs Interesse an den beschlagnahmten Instituten von Georg Schreiber, in: Kirchliche Zeitgeschichte 18.1 (2005), S. 68-120.

Mrozek, Bodo, Schallplatte, in: Daniel Morat, Hans Ziemer (Hgg.), Handbuch Sound, Stuttgart 2018, S. 36-63.

Mrozek, Bodo, Jugend-Pop-Kultur: eine transnationale Geschichte, Bonn 2021.

Mühlhausen, Walter, Demokratischer Neubeginn in Hessen 1945-1949. Lehren aus der Vergangenheit für die Gestaltung der Zukunft, Wiesbaden 2005.

Müller, Christian A., Wirtschaftlicher Strukturwandel in der Tonträgerindustrie der Bundesrepublik zwischen 1951 und 1983, Frankfurt a.M. 2020.

Müller, Christian A., »Die nicht-kreativen Hintergründe liefern«. Tonträgerindustrien in Ost- und Westdeutschland im Strukturwandel der 1950er bis 1980er Jahre, in: Werner Plumpe, André Steiner (Hgg.), Der Mythos von der postindustriellen Welt. Wirtschaftlicher Strukturwandel in Deutschland 1960 bis 1990, Göttingen 2016, S. 120-173.

Müller, Heribert, »Im Übrigen trägt er ein sehr weltfremdes Gepräge; er ist unberührt vom Für oder Wider einer politischen Einstellung.« Der Frankfurter Historiker Paul Kirn, in: Evelyn Brockhoff, Bernd Heidenreich, Michael Maaser (Hgg.), Frankfurter Historiker, Göttingen 2017, S. 81-104.

Müller, Sven O., Jürgen Osterhammel, Martin Rempe (Hgg.), Kommunikation im Musikleben. Harmonien und Dissonanzen im 20. Jahrhundert, Göttingen 2015.

Müller, Sven O., Wie national waren E- und U-Musik im Zweiten Weltkrieg. Musikalische Aufführungen zwischen nationaler Abgrenzung und europäischer Abgleichung, in: Jörg Echternkamp, Hans Hubertus Mack (Hgg.), Geschichte ohne Grenzen? Europäische Dimensionen der Militärgeschichte vom 19. Jahrhundert bis heute, Berlin 2016, S. 185-193.

Müller, Sven O., Martin Rempe, Vergemeinschaftung, Pluralisierung, Fragmentierung. Kommunikationsprozesse im Musikleben des 20. Jahrhunderts, in: dies., Jürgen Osterhammel (Hgg.), Kommunikation im Musikleben, Göttingen 2015, S. 9-24.

Müller, Tonia S., »Minderwertige« Literatur und nationale Integration: die Deutsche Bücherei Leipzig als Projekt des Bürgertums im Kaiserreich und in der Weimarer Republik, Göttingen 2019.

Müller-Jerina, Alwin, Zwischen Ausgrenzung und Vernichtung. Jüdische Bibliothekare im Dritten Reich, in: Komorowski, Vodosek (Hgg.), Bibliotheken 2, S. 227-242.

Müller-Tamm, Jutta, Das geteilte Berlin als Katalysator der Internationalisierung des Literaturbetriebs, in: dies. (Hg.), Berliner Weltliteraturen. Internationale literarische Beziehungen in Ost und West nach dem Mauerbau, Berlin, Boston 2021, S. 1-37.

Müssener, Helmut, Die Stockholmer Koordinationsstelle zur Erforschung der deutschsprachigen Exilliteratur 1969 bis 1975. Ein Zeitzeuge berichtet, in: Claus-Dieter Krohn, Lutz Winckler (Hgg.), Exilforschungen im historischen Prozess, München 2012, S. 30-50.

Nägele, Reiner, Die Ordnung der Dinge des Wissens. Bibliothekarische Reflexionen, in: Ceynowa, Hermann, Bibliotheken, S. 685-693.

Nappo, Christian A., The Librarians of Congress, Lanham 2016.

Nathaus, Klaus, Vom polarisierten zum pluralisierten Publikum. Populärmusik und soziale Differenzierung in Westdeutschland, circa 1950-1985, in: Jürgen Osterhammel, Martin Rempe (Hgg.), Kommunikation im Musikleben. Harmonien und Dissonanzen im 20. Jahrhundert, Göttingen 2015, S. 251-275.

Nathaus, Klaus, Nationale Produktionssysteme im transatlantischen Kulturtransfer. Zur Amerikanisierung populärer Musik in Westdeutschland und Großbritannien im Vergleich. 1950-1980, in: Werner Abelshauser (Hg.), Kulturen der Weltwirtschaft, Göttingen 2012, S. 202-227.

Neugebauer, Wolfgang, Das Dokumentationsarchiv des österreichischen Widerstandes und die Exilforschung, in: Adunka, Roessler, Rezeption, S. 47-54.

Niedermayer, Max, Pariser Hof: 1945-1965, Wiesbaden 1965.

Niedhart, Gottfried, Durch den Eisernen Vorhang. Die Ära Brandt und das Ende des Kalten Krieges, Darmstadt 2019.

Nietzel, Benno, Die Massen lenken. Propaganda, Experten und Kommunikationsforschung im Zeitalter der Extreme, Berlin, Boston 2023.

Niven, Bill, Remembering Nazi Anti-Semitism in the GDR, in: ders., Chloe Paver (Hgg.), Memorialization in Germany since 1945, Basingstoke 2009, S. 205-213.

Nowak, Sean, Die USA-Sammlung der Musikabteilung der Zentral- und Landesbibliothek Berlin unter besonderer Berücksichtigung der Interalliierten Musik-Leihbibliothek, Berlin 2006.

Oels, David, Rowohlts Rotationsroutine. Markterfolge und Modernisierung eines Buchverlags vom Ende der Weimarer Republik bis in die fünfziger Jahre, Essen 2013.

Olson, Michael P., The Odyssey of a German National Library: A Short History of the Bayerische Staatsbibliothek, the Staatsbibliothek zu Berlin, the Deutsche Bücherei, and the Deutsche Bibliothek, Wiesbaden 1996.

Orgel-Köhne, Liselotte, Armin Orgel-Köhne, Staatsbibliothek Berlin, Berlin 1980.

Orth, Katrin, Autonomie und Planung der Forschung. Förderpolitische Strategien der Deutschen Forschungsgemeinschaft 1949-1968, Stuttgart 2011.

Osterhammel, Jürgen, Globale Horizonte europäischer Kunstmusik, 1860-1930, in: GG 38 (2012), S. 86-132.

Osterhammel, Jürgen, Die Verwandlung der Welt. Eine Geschichte des 19. Jahrhunderts, München 2009.

Osterheld, Christian, Die Wissenschaftlichen Bibliotheken der Schweiz zwischen Literatur- und Informationsversorgung, Dienstleistungen für Studium, Forschung und Bildung und kulturellen Auftrag: eine Standortbestimmung 2018, in: Alice Keller, Susanne Uhl (Hgg.), Bibliotheken der Schweiz: Innovation durch Kooperation, Berlin, Boston 2018, S. 27-53.

Osterheld, Christian, Selbstbehauptung, Anpassung, Gleichschaltung, Verstrickung: Die Preußische Staatsbibliothek und das deutsche Bibliothekswesen 1933-1945, in: Saur, Hollender, Selbstbehauptung, S. 9-34.

Otto, Frieda, Gülich, Wilhelm Johannes Daniel Otto, in: Neue Deutsche Biographie 7, Berlin 1966, S. 256-257.

Ovenden, Richard, Burning the Books. A History of Knowledge under Attack, London 2020.

Palm, Stefanie, Irina Stange, Vergangenheiten und Prägungen des Personals des Bundesinnenministeriums, in: Frank Bösch, Andreas Wirsching (Hgg.), Hüter der Ordnung. Die Innenministerien in Bonn und Ost-Berlin nach dem Nationalsozialismus, Bonn 2018, S. 122-181.

Palm, Stefanie, Auf der Suche nach dem starken Staat. Die Kultur-, Medien- und Wissenschaftspolitik, in: Bösch, Wirsching, Hüter der Ordnung, S. 594-634.

Pampel, Ines, Schriftentausch zwischen Bibliotheken der DDR und der BRD mit einer Nutzeranalyse am Beispiel der SLB Dresden, Berlin 2018.

Parau, Christina, Tetzner, Lisa, in: Neue Deutsche Biographie 26 (2016), S. 53-55.

Passera, Carmen, Frauen im wissenschaftlichen Bibliotheksdienst nach 1945, in: Plassmann, Syré (Hgg.), Verein Deutscher Bibliothekare, S. 314-324.

Pasdzierny, Matthias, Wiederaufnahme? Rückkehr aus dem Exil und das westdeutsche Musikleben nach 1945, München 2014.

Patel, Jashu, Krishan Kumar, Libraries and Librarianship in India, Westport, Conn. 2001.

Patel, Kiran Klaus, Kooperation und Konkurrenz. Die Entstehung der europäischen Wissenschafts- und Forschungspolitik seit 1945, in: VfZ 69.2, S. 183-209.

Paulix, Gabriele G. E., Das Amerikahaus als Bauaufgabe der Nachkriegszeit in der Bundesrepublik Deutschland: »Architecture makes a Good Ambassador«, Frankfurt a. M. u. a. 2012.

Payk, Markus M., Der Geist der Demokratie. Intellektuelle Orientierungsversuche im Feuilleton der frühen Bundesrepublik: Karl Korn und Peter de Mendelssohn, München 2008.

Peiss, Kathy, Information Hunters. When Librarians, Soldiers and Spies Banded together in World War II Europe, Oxford 2020.

Peitsch, Helmut, PEN-Zentrum deutschsprachiger Autoren im Ausland, in: Dorothée Bores, Sven Hanuschek (Hgg.), Handbuch PEN: Geschichte und Gegenwart der deutschsprachigen Zentren, Berlin, Boston 2014, S. 411-447.

Peitsch, Helmut, Antifaschistisches Verständnis der eigenen jüdischen Herkunft in Texten von DDR-SchriftstellerInnen in: Elke-Vera Kotowski (Hg.), Das Kulturerbe deutschsprachiger Juden: Eine Spurensuche in den Ursprungs-, Transit- und Emigrationsländern, Berlin, München, Boston 2015, S. 117-124.

Peitsch, Helmut, Deutschlands Gedächtnis in seiner dunkelsten Zeit. Zur Funktion der Autobiographik in den Westzonen Deutschlands und den Westsektoren von Berlin 1945-1949, Berlin 1990.

Pestel, Friedemann, Performing for the Nation: Perspectives on Musical Diplomacy, in: Klaus Nathaus, Martin Rempe (Hgg.), Musicking in Twentieth-Century Europe. A Handbook, Berlin, Boston 2021, S. 325-346.

Pfeil, Ulrich, Die »Generation 1910«. Rheinisch-katholische Mediävisten vom »Dritten Reich« zur Bundesrepublik, in: Geschichte im Westen 26 (2011), S. 61-87.

Plassmann, Engelbert, Ludger Syré (Hgg.), Verein Deutscher Bibliothekare 1900-2000, Wiesbaden 2000.

Plassmann, Engelbert, Eine »Reichsbibliothek«? Öffentlicher Vortrag, 13.1.1998, Berlin 1998.

Plebs, Thomas, Was bedeutet: Aufarbeitung der »Musikerziehung« in NS-Deutschland, in: Niels Knolle (Hg.), Kultureller Wandel und Musikpädagogik, Essen 2000, S. 235-276.

Plessen, Elisabeth, Bauten des Bundes 1949-1989. Zwischen Architekturkritik und zeitgenössischer Wahrnehmung, Berlin 2019.

Plumpe, Werner, André Steiner (Hgg.), Der Mythos von der postindustriellen Welt. Wirtschaftlicher Strukturwandel in Deutschland 1960 bis 1990, Göttingen 2016.

Poethe, Lothar, Die Deutsche Bücherei, ein »... schlagkräftiges Instrument für die Erfüllung der satzungsmäßigen Aufgaben und der ihr vom Ministerium erteilten Aufträge ...«. Heinrich Uhlendahl in Leipzig, in: Michael Knoche, Wolfgang Schmitz (Hgg.), Wissenschaftliche Bibliothekare im Nationalsozialismus. Handlungsspielräume, Kontinuitäten, Deutungsmuster, Wiesbaden 2011, S. 243-288.

Pohlmann, Richard, Erfüllungsgehilfen? Die Rolle der Bibliotheken im Rahmen der Bücherverbrennungen 1933, in: Perspektive Bibliothek, 1.2 (2012), S. 193-221.

Poiger, Uta G., Jazz, Rock, and Rebels. Cold War Politics and American Culture in a Divided Germany, Berkeley 2000.

Pötzsch, Susanne, Die Internationalen Filmfestspiele Berlin – ein Prolog, in: Zeitgeschichte-online, Februar 2012, URL: https://zeitgeschichte-online.de/film/die-internationalen-filmfestspiele-berlin-ein-prolog und https://www.berlinale.de/de/archiv/jahresarchive/1974/01_jahresblatt_1974/01_jahresblatt_1974.html.

Potter, Pamela M., Christina L. Baade, Roberta Montemorra Marvin (Hgg.), Music in World War II: Coping with Wartime in Europe and the United States, Bloomington 2020.

Priemel, Kim C., Alexa Stiller (Hgg.), NMT: Die Nürnberger Militärtribunale zwischen Geschichte, Gerechtigkeit und Rechtschöpfung, Hamburg 2013.

Raab, Uta, Ausstellungen und Ausstellungsgestaltung in Bibliotheken, in: Bibliothek Forschung und Praxis 15.1 (1991), S. 7-30.

Rachinger, Johanna (Hg.), Schatzkammer des Wissens: 650 Jahre Österreichische Nationalbibliothek, Wien 2018.

Radonić, Ljiljana, Heidemarie Uhl, Gedächtnis und Erinnerungskultur, in: Marcus Gräser, Dirk Rupnow (Hgg.), Österreichische Zeitgeschichte – Zeitgeschichte in Österreich. Eine Standortbestimmung in Zeiten des Umbruchs, Wien, Köln 2021, S. 263-283.

Raim, Edith, Justiz zwischen Diktatur und Demokratie. Wiederaufbau und Ahndung von NS-Verbrechen in Westdeutschland 1945-1949, München 2013.

Raphael, Lutz, Die Verwissenschaftlichung des Sozialen. Wissens- und Sozialordnungen im Europa des 20. Jahrhunderts, in: Raphael, Ordnungsmuster, S. 13-50.

Raphael, Lutz, Ordnungsmuster und Deutungskämpfe: Wissenspraktiken im Europa des 20. Jahrhunderts, Göttingen 2018.

Räuber, Jörg, Bücher von deutschsprachigen Emigranten. Erwerbungspraxis der Deutschen Bücherei in den Jahren 1933 bis 1945 und in der DDR, in: Siegfried Lokatis, Ingrid Sonntag (Hgg.), 100 Jahre Kiepenheuer Verlage, Berlin 2011, S. 128-133.

Räuber, Jörg, Die Suche nach der »Spur der Bücher« in der Deutschen Bücherei Leipzig. Ein Werkstattbericht, in: Regine Dehnel (Hg.), Jüdischer Buchbesitz als Raubgut. Zweites Hannoversches Symposium, Frankfurt a.M. 2006, S. 335-340.

Räuber, Jörg, Exil-Literatur. Die Deutsche Bibliothek Frankfurt a.M. & Leipzig, in: Winold Vogt (Hgg.), Kulturen im Kontext: zehn Jahre Sammlung Deutscher Drucke, Berlin 1999, S. 142-163.

Rau, Christian, Bibliotheksgeschichte als Zeitgeschichte: Die Deutsche Bibliothek seit 1946, in: Dialog mit Bibliotheken 30.2 (2018), S. 16-26.

Rau, Christian, »Nationalbibliothek« im geteilten Land. Die Deutsche Bücherei 1945-1990, Göttingen 2018.

Rauh-Kühne, Cornelia, Die Entnazifizierung und die deutsche Gesellschaft, in: Archiv für Sozialgeschichte 35 (1995), S. 35-70.

Raulff, Ulrich, Ideengeschichte im Literaturarchiv, in: Dallinger, Hofer, Judex, Archive, S. 215-224.

Raum, Edith, Justiz zwischen Diktatur und Demokratie: Wiederaufbau und Ahndung von NS-Verbrechen in Westdeutschland 1945-1949, München 2013.

Rausch, Helke, Sammeln als politischer Akt. Die Sammlung Exilliteratur der Deutschen Bibliothek und ihre Öffentlichkeit 1965, in: Dialog mit Bibliotheken 34.1 (2022), S. 1-7.

Rausch, Helke, Bibliotheksgeschichte nach dem Zweiten Weltkrieg: der amerikanische Faktor in Frankfurt am Main um 1947, in: ZfBB 68.6 (2021), S. 350-357.

Rausch, Helke, Akademische Vernetzung als politische Intervention in Europa. Internationalismus-Strategien US-amerikanischer Stiftungen in den 1920er Jahren, in: Jb. für Universitätsgeschichte 18 (2015), S. 165-188.

Rauschenberger, Katharina, Sybille Steinbacher (Hgg.), Fritz Bauer und »Achtundsechzig«: Positionen zu den Umbrüchen in Justiz, Politik und Gesellschaft, Göttingen 2020.

Rebentisch, Dieter, Frankfurt im Bombenhagel und Feuersturm – die Zerstörung der Stadt im Zweiten Weltkrieg, in: Bernd Heidenreich, Sönke Neitzel (Hgg.), Der Bombenkrieg und seine Opfer, Wiesbaden 2004, S. 58-70.

Reichard, Tobias, Musik für die ›Achse‹: Deutsch-italienische Musikbeziehungen unter Hitler und Mussolini bis 1943, Münster 2020.

Reinecke, Christiane, Wissensgesellschaft und Informationsgesellschaft, Version: 1.0, in: Docupedia-Zeitgeschichte, 11.2.2010, URL: http://docupedia.de/zg/Wissensgesellschaft.

Reitmayer, Morten, Thomas Schlemmer (Hgg.), Die Anfänge der Gegenwart. Umbrüche in Westeuropa nach dem Boom, München 2014.

Rempe, Martin, Verflochtene Provinzialisierung. Jazz und Neue Musik, in: Christoph Cornelißen, Dirk van Laak (Hgg.), Weimar und die Welt. Globale Verflechtungen der ersten deutschen Republik, Göttingen 2020, S. 227-246.

Rempe, Martin, Jenseits der Globalisierung: Musikermobilität und Musikaustausch im 20. Jahrhundert, in: Boris Barth, Stefanie Gänger, Niels P. Petersson (Hgg.), Globalgeschichten: Bestandsaufnahme und Perspektiven, Frankfurt a.M. 2014, S. 205-228.

Renz, Werner, Der 1. Frankfurter Auschwitz-Prozess 1963-1965 und die deutsche Öffentlichkeit. Anmerkungen zur Entmythologisierung eines NSG-Verfahrens, in: Jörg Osterloh, Clemens Vollnhals (Hgg.), NS-Prozesse und deutsche Öffentlichkeit. Besatzungszeit, frühe Bundesrepublik und DDR, Göttingen 2011, S. 349-362.

Reuveni, Gideon, Die Deutsche Nationalbibliothek und die Juden. Anstellungspolitik und Katalogisierung der Deutschen Bücherei in Leipzig als Barometer für den Antisemitismus in der Weimarer Republik, in: Stephan Wendehorst (Hg.), Bausteine zu einer Jüdischen Geschichte der Universität Leipzig, Leipzig 2006, S. 541-561.

Richardson, John V., Douglas Waples (1893-1978), in: Journal of Library History 15.1 (1980), S. 76-83.

Rieber, Angelika, Till Lieberz-Gross (Hgg.), Rettet wenigstens die Kinder. Kindertransporte aus Frankfurt am Main – Lebenswege geretteter Kinder, Frankfurt a.M. 2018.

Riese, Reimar, Der Leipziger Börsenverein und die Entwicklung von Verlags- und Buchhandelsstrukturen in der SBZ, in: Christoph Links, Siegfried Lokatis, Klaus G. Saur (Hgg.), Geschichte des Deutschen Buchhandels im 19. und 20. Jahrhundert. Deutsche Demokratische Republik, Teil 1: SBZ, Institutionen, Verlage 1, Teilband 2, Berlin, Boston 2022, S. 69-106.

Riethmüller, Albrecht, Der deutsche Glauben an musikalische Überlegenheit, in: ders., Lost in Music. Essays zur Perspektivierung von Urteil und Erfahrung, Stuttgart 2015, S. 72-87.

Rigoll, Dominik, »Ein Sieg der Ehemaligen«: Beamtenrechtliche Weichenstellungen für »45er« und »131er«, in: Bösch, Wirsching, Hüter der Ordnung, S. 413-441.

Rigoll, Dominik, Kampf um die innere Sicherheit: Schutz des Staates oder der Demokratie?, in: Bösch, Wirsching, Hüter der Ordnung, S. 454-497.

Rigoll, Dominik, Staatsschutz in Westdeutschland: von der Entnazifizierung zur Extremistenabwehr, Göttingen 2013.

Ritter, Ernst, Das Deutsche Ausland-Institut in Stuttgart 1917-1945. Ein Beispiel deutscher Volkstumsarbeit zwischen den Weltkriegen, Wiesbaden 1976.

Robbins, Louise S., The Overseas Libraries Controversy and the Freedom to Read: U.S. Librarians and Publishers Confront Joseph McCarthy, in: Libraries & Culture 36.1 (2001), S. 27-39.

Röder, Werner, Quellen zur Geschichte der deutschsprachigen Emigration 1933-1945 im Archiv des Instituts für Zeitgeschichte München (IfZ), in: Jahrbuch für Internationale Germanistik 7.2 (1975), S. 142-170.

Röder, Werner, Die Dokumentation zur Emigration, in: Internationale wissenschaftliche Korrespondenz zur Geschichte der deutschen Arbeiterbewegung 9 (1972), S. 54-57.

Romano, Angela, Federico Romero, European Socialist Regimes Facing Globalisation and European Co-operation: Dilemmas and Responses – Introduction, in: European Review of History: Revue européenne d'histoire 21.2 (2014), S. 157-164.

Roselli, Mariangela, Die Bibliothek, eine Frauenwelt, in: Bibliothek Forschung und Praxis 37.3 (2013), S. 322-330.

Roth, Karl H., Karsten Linne, Searching for Lost Archives. New Documentation on the Pillage of Trade Union Archives and Libraries by the Deutsche Arbeitsfront (1938-1941) and on the Fate of Trade Union Documents in the Postwar Era, in: International Review of Social History 38 (1993), S. 163-207.

Rothkamm, Jörg, Thomas Schipperges, Einleitung, in: diess. (Hgg.), Musikwissenschaft und Vergangenheitspolitik. Forschung und Lehre im frühen Nachkriegsdeutschland, München 2015, S. 1-26.

Ruck, Michael, Planung – Prosperität – Partizipation. Planende Politikgestaltung in der Bundesrepublik Deutschland, in: Indes 9.3 (2021), S. 77-88.

Ruck, Michael, Ein kurzer Sommer der konkreten Utopie. Zur westdeutschen Planungsgeschichte der langen 60er Jahre; in: Axel Schildt u.a. (Hgg.), Dynamische Zeiten. Die 60er Jahre in den beiden deutschen Staaten, Hamburg 2003, S. 362-401.

Rupnow, Dirk, Judenforschung im Dritten Reich. Wissenschaft zwischen Politik, Propaganda und Ideologie, Baden-Baden 2011.

Ruppelt, Georg, West-östliche Bande: Erinnerungen an interdeutsche Bibliothekskontakte, Frankfurt a. M. 2011.

Ruppelt, Georg (Hg.), Bibliothekspolitik in Ost und West: Geschichte und Gegenwart des Deutschen Bibliotheksverbandes, Frankfurt a. M. 1998.

Ryu, Hyeonsook, Examination of Disputes between the National Library of Korea and the National Assembly Library, in: Asian Studies 2.2 (2014), S. 7-40.

Sachse, Carola, Grundlagenforschung: Zur Historisierung eines wissenschaftspolitischen Ordnungsprinzips am Beispiel der Max-Planck-Gesellschaft, 1945-1970, in: Dieter Hoffmann, Birgit Kolboske, Jürgen Renn (Hgg.), »Dem Anwenden muss das Erkennen vorausgehen«. Auf dem Weg zu einer Geschichte der Kaiser-Willhelm-/Max-Planck-Gesellschaft, Berlin 2014, S. 215-239.

Saevecke, Rolf-Dieter (Hg.), Die Deutsche Bibliothek, Düsseldorf 1980.

Saevecke, Rolf-Dieter, Von der »Deutschen Bücherei des Westens« zur Deutschen Bibliothek als bundesunmittelbare Anstalt des öffentlichen Rechts (1945-1969), in: ders. (Hg.), Die Deutsche Bibliothek, Düsseldorf 1980, S. 24-38.

Salter, Michael, A Critical Assessment of US Intelligence's Investigation of Nazi Art Looting, in: Journal of International Criminal Justice 13 (2015), S. 257-280.

Sarkowski, Heinz, Die Anfänge des deutsch-deutschen Buchhandelsverkehrs (1945-55), in: Lehmstedt, Lokatis, Loch, S. 89-108.

Saur, Klaus G., Die Buchmesse Leipzig von 1946 bis 2019: wie aus einer Ost-West-Plattform das größte Lesefest Europas wurde, Leipzig 2020.

Saur, Klaus G., Martin Hollender (Hgg.), Selbstbehauptung – Anpassung – Gleichschaltung – Verstrickung. Die Preußische Staatsbibliothek und das deutsche Bibliothekswesen 1933-1945, Frankfurt a. M. 2014.

Saur, Klaus G., Diskriminierung, Verfolgung und Exil unter den Bibliothekarinnen und Bibliothekaren der Preußischen Staatsbibliothek, in: ders., Martin Hollender (Hgg.), Selbstbehauptung – Anpassung – Gleichschaltung – Verstrickung. Die Preußische Staatsbibliothek und das deutsche Bibliothekswesen 1933-1945, Frankfurt a. M. 2014, S. 151-158.

Saur, Klaus G. (Hg.), Verlage im »Dritten Reich«, Frankfurt a. M. 2013.

Saur, Klaus G., Deutsche Bücherei und Deutsche Bibliothek 1945 bis 1990, in: Aus dem Antiquariat N. F. 10.3-4 (2012), S. 166-172.

Saur, Klaus G., Deutsche Verlage im Exil 1933 bis 1945, in: Monika Estermann, Ernst Fischer, Reinhard Wittmann (Hgg.), Parallelwelten des Buches: Beiträge zu Buchpolitik, Verlagsgeschichte, Bibliophilie und Buchkunst, Wiesbaden 2008, S. 211-232.

Saur, Klaus G., Der Friedenspreis des deutschen Buchhandels, in: Barbara Schneider-Kempf (Hg.), Wissenschaft und Kultur in Bibliotheken, Museen und Archiven, München 2005, S. 175-180.

Schäfer, Hartmut, Die Stadtbibliothek von 1884-1942, in: Klaus-Dieter Lehmann (Hg.), Bibliotheca Publica Francofurtensis: 500 Jahre Stadt- u. Universitätsbibliothek Frankfurt am Main, Frankfurt a. M. 1984, Bd. 1, S. 119-204.

Scheibe, Michaela, Vernichtung durch Verteilung: Zum Schicksal geraubter Büchersammlungen, in: Klaus G. Saur, Martin Hollender (Hgg.), Selbstbehauptung – Anpassung – Gleichschaltung – Verstrickung. Die Preußische Staatsbibliothek und das deutsche Bibliothekswesen 1933-1945, Frankfurt a. M. 2014, S. 21-235.

Schenk, Dietmar, Getrennte Welten? Über Literaturarchive und Archivwissenschaft, in: Petra-Maria Dallinger, Georg Hofer, Bernhard Judex (Hgg.), Archive für Literatur: der Nachlass und seine Ordnungen, Berlin, Boston 2018, S. 13-30.

Schidorsky, Dov, Das Schicksal jüdischer Bibliotheken im Dritten Reich, in: Vodosek, Komorowski, Bibliotheken 2, S. 189-222.

Schieri, Fritz, Mersmann, Hans, in: Neue Deutsche Biographie 17 (1994), S. 175-176.

Schildt, Axel, Medien-Intellektuelle in der Bundesrepublik. Herausgegeben und mit einem Nachwort versehen von Gabriele Kandzora, Detlef Siegfried, Göttingen 2020.

Schildt, Axel, »Berliner Republik« – harmlose Bezeichnung oder ideologischer Kampfbegriff? Zur deutschen Diskursgeschichte der 1990er Jahre, in: Michaela Bachem-Rehm, Claudia Hiepel, Henning Türk (Hg.), Teilungen überwinden. Europäische und internationale Politik im 19. und 20. Jahrhundert, München 2014, S. 21-32.

Schildt, Axel, Fünf Möglichkeiten, die Geschichte der Bundesrepublik zu erzählen, in: Frank Bajohr u. a. (Hgg.), Mehr als eine Erzählung. Zeitgeschichtliche Perspektiven auf die Bundesrepublik, Göttingen 2016, S. 15-25.

Schildt, Axel, Detlef Siegfried, Karl Christian Lammers (Hgg.), Dynamische Zeiten. Die beiden deutschen Gesellschaften in den 60er Jahren, Hamburg 2003.

Schildt, Axel, Zwischen Abendland und Amerika. Studien zur westdeutschen Ideenlandschaft der 50er Jahre, München 1999.

Schildt, Axel, Die USA als »Kulturnation«. Zur Bedeutung der Amerikahäuser in den 1950er Jahren, in: Alf Lüdtke, Inge Marßolek, Adelheid von Saldern (Hgg.), Amerikanisierung. Traum und Alptraum im Deutschland des 20. Jahrhunderts, Stuttgart 1996, S. 257-269.

Schiller, Dieter, Alltag, Widerstand und jüdisches Schicksal, in: Werner Bergmann, Rainer Erb, Albert Lichtblau (Hgg.), Schwieriges Erbe. Der Umgang mit Nationalsozialismus und Antisemitismus in Österreich, der DDR und der Bundesrepublik Deutschland, Frankfurt a. M., New York 1995, S. 393-407.

Schivelbusch, Wolfgang, Eine Ruine im Krieg der Geister. Die Bibliothek von Löwen August 1914 bis Mai 1940, München, Wien 1988.

Schloeffel, Frank, Heinrich Loewe: zionistische Netzwerke und Räume, Berlin 2018.

Schlüter, Anne, Barrieren und Karrieren für Frauen im höheren Dienst, in: Bibliothek. Forschung und Praxis 20.1 (1996), S. 100-107.

Schmid Noerr, Gunzelin, Frankfurter Geschichten 1933 – Aus den Akten eines Gleichschalters: das Institut für Sozialforschung und die Frankfurter Volksbüchereien als Horte der »jüdisch-marxistischen Zersetzung«, in: Leviathan. Zeitschrift für Sozialwissenschaft 23.1 (1995), S. 13-26.

Schmidt, Dörte, Musikwissenschaft und Vergangenheitspolitik, in: Wolfgang Auhagen u. a. (Hgg.), Musikwissenschaft – Nachkriegskultur – Vergangenheitspolitik, Hildesheim, Zürich, New York 2017, S. 255-263.

Schmidt, Siegfried, Siegeszug der EDV – Revolutionierung der Bibliotheken, in: Vodosek, Arnhold, Informationsgesellschaft, S. 257-284.

Schmidt, Siegfried, »Dass diese keine größeren Befugnisse hat als die Bonner Schule«: Zum Verhältnis der Bibliotheksschule des Borromäusvereins zur Westdeutschen Büchereischule bzw. zum Bibliothekar-Lehrinstitut des Landes Nordrhein-Westfalen in der frühen Nachkriegszeit (1946-1952), in: Haike Meinhardt, Inka Tappenbeck (Hgg.), Die Bibliothek im Spannungsfeld: Geschichte – Dienstleistungen – Werte, Bad Honnef 2019, S. 79-107.

Schmidt, Stella, Zur Situation der Bibliothekarinnen in den USA und der Bundesrepublik Deutschland, in: Buch und Bibliothek 42.10/11 (1990), S. 838-848.

Schmidt-Dengler, Wendelin, Zäsuren? Probleme einer österreichischen Literaturgeschichte nach 1945, in: ders. (Hg.), Probleme und Methoden der Literaturgeschichtsschreibung in Österreich und in der Schweiz, Wien 1997, S. 77-84.

Schmitz, Markus, Die humanitäre und kulturelle Deutschlandhilfe der Schweiz nach dem Zweiten Weltkrieg, in: Antoine Fleury, Horst Möller, Hans-Peter Schwarz (Hgg.), Die Schweiz und Deutschland 1945-1961, München 2004, S. 213-228.

Schneider-Kempf, Barbara, Martin Hollender, »Unendlich viele Verdienste« – Klaus G. Saur und die Staatsbibliothek zu Berlin, in: Sven Fund (Hg.), Klaus G. Saur – Die Berliner Jahre, Berlin, New York 2009, S. 139-147.

Schochow, Werner, Die Berliner Staatsbibliothek und ihr Umfeld: 20 Kapitel preußisch-deutscher Bibliotheksgeschichte, Frankfurt a. M. 2005.

Schochow, Werner, Rudolf Blum – Bibliothekar und Gelehrter, in: ders., Die Berliner Staatsbibliothek und ihr Umfeld: 20 Kapitel preußisch-deutscher Bibliotheksgeschichte, Frankfurt a. M. 2005, S. 301-317.

Schochow, Werner, Hugo Andres Krüß – Generaldirektor von 1925 bis 1945, in: ders., Die Berliner Staatsbibliothek und ihr Umfeld: 20 Kapitel preußisch-deutscher Bibliotheksgeschichte, Frankfurt a. M. 2005, S. 191-218.

Schochow, Werner, Bücherschicksale. Die Verlagerungsgeschichte der Preußischen Staatsbibliothek. Auslagerung, Zerstörung, Entfremdung, Rückführung. Dargestellt aus den Quellen, Berlin, New York 2003.

Schochow, Werner, Hessische Bibliothek, Westdeutsche Bibliothek und Staatsbibliothek Preußischer Kulturbesitz (1946-1991), in: Friedhilde Krause, Paul Raabe (Hgg.), Handbuch der historischen Buchbestände in Deutschland, Bd. 14. Berlin, Teil 1, Hildesheim, Zürich, New York 1995, S. 70-73.

Schochow, Werner, Jüdische Bibliothekare aus dem deutschen Sprachraum. Eine erste Bestandsaufnahme, in: Rainer Erb, Michael Schmidt (Hgg.), Antisemitismus und Jüdische Geschichte. Studien zu Ehren von Herbert A. Strauss, Berlin 1987, S. 515-544.

Schoeps, Julius H., Werner Treß (Hgg.), Verfemt und verboten: Vorgeschichte und Folgen der Bücherverbrennungen 1933, Hildesheim, Zürich 2010.

Schöllgen, Gregor, Deutsche Außenpolitik. Von 1945 bis zur Gegenwart, München 2013, S. 21-58.

Schönfeld, Christiane, Lisa Marie Anderson, Irene Zanol, ›Tat und Arbeit, statt Publicity und Träumerei‹: Ernst Toller and the American Guild for German Cultural Freedom, in: German Life and Letters 75.2 (2022), S. 283-297.

Schönhoven, Klaus, Fanal der Barbarei: die Bücherverbrennung im Mai 1933, Heidelberg 2003.

Schramm, Ingrid, Das Österreichische Literaturarchiv 1989-1997: Chronik, in: Sichtungen (Archiv, Bibliothek, Literaturwissenschaft) 1 (1998), S. 223-230.

Schreckenberger, Helga (Hg.), Networks of Refugees from Nazi Germany. Continuities, Reorientations, and Collaborations in Exile, Leiden, Boston 2016.

Schroeder, Werner, Die ›Arisierung‹ jüdischer Antiquariate zwischen 1933 und 1942, in: Aus dem Antiquariat N.F. 7.5 (2009), S. 295-320.

Schulz, Gerd, Klemm, Wilhelm, in: Neue Deutsche Biographie 12 (1979), S. 33.

Schulz, Kristina, Einleitung, in: dies., Die Schweiz und die literarischen Flüchtlinge (1933-1945), Berlin 2012, S. 7-22.

Schumann Dirk (Hg.), Forschen im »Zeitalter der Extreme«: Akademien und andere Forschungseinrichtungen im Nationalsozialismus und nach 1945, Göttingen 2020.

Schuster, Armin, Die Entnazifizierung in Hessen 1945-1954. Vergangenheitspolitik in der Nachkriegszeit, Wiesbaden 1999.

Schwartz, Michael, Transformationsgesellschaft: DDR-Geschichte im vereinigten Deutschland, in: VfZ 69.2 (2021), S. 346-360.

Sears, John F., The Emergency Rescue Committee, Sumner Welles, and the Obstacles of Rescue, in: ders., Refuge Must Be Given: Eleanor Roosevelt, the Jewish Plight, and the Founding of Israel, Lafayette 1991, S. 72-92.

Seeber, Ursula, Die Österreichische Exilbibliothek im Kontext der österreichischen Exilforschung. Eine Materialsammlung, in: Donald G. Daviau, Herbert Arlt (Hgg.), Geschichte der österreichischen Literatur I, St. Ingbert 1996, S. 187-198.

Seefried, Elke, »A Noteworthy Contribution in the Fight against Nazism«: Hubertus Prinz zu Löwenstein im Exil, in: Anthony Grenville (Hg.), Refugees from the Third Reich in Britain, Amsterdam, New York 2002, S. 1-26.

Seefried, Elke, Dierk Hoffmann, Einleitung, in: diess. (Hgg.), Plan und Planung, Deutsch-deutsche Vorgriffe auf die Zukunft, Berlin 2018, S. 7-34.

Seefried, Elke, Der kurze Traum von der steuerbaren Zukunft. Zukunftsforschung in West und Ost, in: Lucian Hölscher (Hg.), Die Zukunft des 20. Jahrhunderts. Dimensionen einer historischen Zukunftsforschung, Frankfurt a.M., New York 2017, S. 179-220.

Seemann, Anna M., Parallelverlage im geteilten Deutschland. Entstehung, Beziehungen und Strategien am Beispiel ausgewählter Wissenschaftsverlage, Berlin 2017.

Sewing, Silke, Die Gründung des Deutschen Musikarchivs Berlin und seine Vorgänger-institution Deutsche Musik-Phonothek, MA-Hausarbeit, Institut für Bibliotheks-wissenschaft, Humboldt-Universität zu Berlin 2003.

Seyer, Ulrike, Die Frankfurter Buchmesse in den Jahren 1967-1969, in: Stephan Füssel (Hg.), Die Politisierung des Buchmarktes. 1968 als Branchenereignis, Wiesbaden 2007, S. 159-241.

Simpson, Christopher, Science of Coercion: Communication Research and Psychologi-cal Warfare, 1945-1960, New York 1994.

Singer, Otto, Kulturpolitik, in: Werner Weidenfeld, Wolfgang Wessels (Hgg.), Jahr-buch der europäischen Integration, Baden-Baden 2014, S. 191-194.

Skowera, Helga-Martina, Ausstellungen als Mittel der Öffentlichkeitsarbeit wissen-schaftlicher Bibliotheken, in: Bibliothek Forschung und Praxis 17.1 (1993), S. 56-103.

Sonnenberg, Uwe, Von Marx zum Maulwurf: linker Buchhandel in Westdeutschland in den 1970er Jahren, Göttingen 2016.

Sonntag, Ingrid (Hg.), An den Grenzen des Möglichen. Reclam Leipzig 1945-1991, Berlin 2017.

Sparr, Thomas, Sachs, Nelly, in: Andreas Kilcher (Hg.), Deutsch-jüdische Literatur, Stuttgart, Weimar ²2012, S. 437-438.

Spence Richards, Pamela, Scientific Information in Wartime: the Allied-German Rival-ry, 1939-1945, Westport, CT 1994.

Spenger, Annika, Zwischen Druckerpresse und indigenem kulturellem Erbe – Das Bib-liothekswesen Kanadas, in: Bibliotheksdienst 55.12 (2021), S. 817-826.

Stambolis, Barbara (Hg.), Flucht und Rückkehr: deutsch-jüdische Lebenswege nach 1933, Gießen 2020.

Stammen, Theo (Hg.), Einigkeit und Recht und Freiheit: westdeutsche Innenpolitik 1945-1955, München 1965.

Stegmann, Grit, Die Sammlung Dieterich und ihr Herausgeber Rudolf Marx, in: Sieg-fried Lokatis, Ingrid Sonntag (Hgg.), 100 Jahre Kiepenheuer-Verlage, Berlin 2011, S. 300-308.

Steigers, Ute, Die Mitwirkung der Deutschen Bücherei an der Erarbeitung der »Liste der auszusondernden Literatur« in den Jahren 1945 bis 1951, in: ZfBB 38.3 (1991), S. 236-256.

Steiner, André, Abschied von der Industrie? Wirtschaftlicher Strukturwandel in West-und Ostdeutschland seit den 1960er Jahren, in: ders., Werner Plumpe (Hgg.), Der Mythos von der postindustriellen Welt. Wirtschaftlicher Strukturwandel in Deutsch-land 1960-1990, Göttingen 2016, S. 15-54.

Steiner, André, Von Plan zu Plan. Eine Wirtschaftsgeschichte der DDR, Berlin 2007.

Steiner, André, Bundesrepublik und DDR in der Doppelkrise europäischer Industriege-sellschaften: Zum sozialökonomischen Wandel in den 1970er-Jahren, in: Zeithistori-sche Forschungen 3 (2006), S. 342-362.

Steinhauer, Eric W., Die Ausbildung der Wissenschaftlichen Bibliothekare und das Laufbahnrecht, in: Bibliotheksdienst 39.5 (2005), S. 654-673.

Steffen, Dorothea, Tradierte Institutionen, moderne Gebäude. Verwaltung und Verwal-tungsbauten der Bundesrepublik in den frühen 1950er Jahren, Bielefeld 2019.

Stemmler, Gunter, Schuld und Ehrung. Die Kommunalpolitiker Rudolf Keller und Friedrich Lehmann zwischen 1933 und 1960 – ein Beitrag zur NS-Geschichte in Frankfurt am Main, Frankfurt a. M. 2017.

Stengel, Katharina, Die Überlebenden vor Gericht. Auschwitz-Häftlinge als Zeugen in NS-Prozessen (1950-1976), Göttingen 2022, S. 1-14.

Stieg, Margaret F., The Postwar Purge of German Public Libraries. Democracy, and the American Reaction, in: Libraries & Culture 28.2 (1993), S. 143-164.

Stocker, Günther, Das Motiv der Bibliothek in der Literatur des 20. Jahrhunderts, in: Weimarer Beiträge 44.4 (1998), S. 554-574.

Stollberg, Jochen (Hg.), Die Rothschild'sche Bibliothek in Frankfurt am Main, Frankfurt a.M. 1988.

Strnad, Maximilian, Privileg Mischehe? Handlungsräume »jüdisch versippter« Familien 1933-1949, Göttingen 2021.

Stroup, Edsel W., The Amerika Häuser and Their Libraries: An Historical Sketch and Evaluation, in: The Journal of Library History 4.3 (1969), S. 239-252.

Strupp, Christoph, Johan Huizinga. Geschichtswissenschaft als Kulturgeschichte, Göttingen 2000.

Suhr, Elke, Walter Fabian, in: Reinhard Kühnel, Eckart Spoo (Hgg.), Was aus Deutschland werden sollte – Konzepte des Widerstandes, des Exils und der Alliierten, Heilbronn 1995, S. 70-82.

Szöllösi-Janze, Margit, Archäologie des Wettbewerbs. Konkurrenz in und zwischen Universitäten in (West-)Deutschland seit den 1980er Jahren, in: VfZ 69 (2021), S. 241-276.

Take, Gunnar, Forschen für den Wirtschaftskrieg. Das Kieler Institut für Weltwirtschaft im Nationalsozialismus, Berlin u.a. 2019.

Tanner, Jakob, Geschichte der Schweiz im 20. Jahrhundert, München 2015.

Terbille, Charles I., Competing Models of Library Science: Waples-Berelson and Butler, in: Libraries & Culture 27.3 (1992), S. 296-319.

Thauer, Wolfgang, Peter Vodosek, Geschichte der öffentlichen Bücherei in Deutschland. 2. erw. Aufl. Wiesbaden 1990, S. 164-170.

Thielking, Sigrid, ›Etwas ist ausgeblieben, was alles ins Maß gerückt hätte‹: Alfred Kantorowicz als Vermittler von Exilliteratur nach 1945, in: Dieter Sevin (Hg.), Die Resonanz des Exils: gelungene und mißlungene Rezeption deutschsprachiger Exilautoren, Amsterdam 1992, S. 231-243.

Thomas, Rüdiger, Zur Auseinandersetzung mit dem deutschen Kommunismus in der Bundeszentrale für Heimatdienst. Eine kritische Sondierung im Umfeld des KPD-Verbots, in: Creuzberger Hoffmann, Gefahr, S. 123-144.

Thorn, Claudia, Erst königlich, dann weltbekannt. Entwicklungsetappen der ZBW – Leibnitz-Informationszentrum Wirtschaft, Kiel 2018, S. 45-47.

Treß, Werner (Hg.), »Wider den undeutschen Geist«. Bücherverbrennung 1933, Berlin 2003.

Trümpi, Fritz, Politisierte Orchester. Die Wiener Philharmoniker und das Berliner Philharmonische Orchester im Nationalsozialismus, Wien 2011.

Tsipursky, Gleb, Socialist Fun. Youth, Consumption, and State-Sponsored Popular Culture in the Soviet Union 1945-1970, Pittsburgh 2016.

Tuch, Hans N., Die amerikanische Kulturpolitik in der Bundesrepublik, in: Detlef Junker (Hg.), Die USA und Deutschland im Zeitalter des Kalten Krieges 1945-1990. Ein Handbuch, Bd. 2, Stuttgart u.a. 2001, S. 420-429.

Tüffers, Bettina, Der Braune Magistrat. Personalstruktur und Machtverhältnisse in der Frankfurter Stadtregierung 1933-1945, Frankfurt a.M. 2004.

Uhl, Heidemarie, Vom »ersten Opfer« zum Bekenntnis zur Mitverantwortung. Österreichs Umgang mit der NS-Vergangenheit, in: László Levente Balogh, Christoph Leitgeb (Hgg.), Opfermythen in Zentraleuropa, Wien 2021, S. 185-203.

Ulmer, Judith S., Geschichte des Georg-Büchner-Preises. Soziologie eines Rituals, Berlin 2006.

Umlauf, Konrad, Bibliotheksplan 1969 und Bibliotheksplan 1973. Anspruch und Realisierung, in: Vodosek, Arnold, Informationsgesellschaft, S. 27-80.

Umlauf, Konrad, Bibliotheksentwicklungsplanung 1966 bis 1973 und Bibliothek 2007, in: Hacker, Plassmann, Seela, Bibliothek, S. 91-113.

Umlauff, Ernst, Der Wiederaufbau des Buchhandels: Beiträge zur Geschichte des Büchermarktes in Westdeutschland nach 1945, Frankfurt a.M. 1978.

Valenta, Rainer, Thomas Huber-Frischeis, Hans Petschar, Imperiales Erbe und Nationale Identität. Das Werden der Nationalbibliothek der Republik Österreich: Ein Forschungsvorhaben, in: Bibliothek Forschung und Praxis 44.3 (2020), S. 537-545.

Verdure, Nicolas, Les archives de l'enregistrement sonore à la Bibliothèque nationale de France, in: Vingtième Siècle. Revue d'histoire 92 (2006), S. 61-66.

Vermote, Michel, Patricia Kennedy Grimsted, Documenting Nazi Library Plunder in Occupied Belgium and Limited Postwar Retrieval, 2021 file:///C:/Users/User/Downloads/looted_libraries_be_Part1_Appendix.

Villaume, Paul, Odd Arne Westad (Hgg.), Perforating the Iron Curtain: European Détente, Transatlantic Relations, and the Cold War, 1965-1985, Kopenhagen 2010.

Vodosek, Peter, Volksbibliothekare im Nationalsozialismus in Darstellungen und Selbstzeugnissen, in: ders., Sven Kuttner (Hgg.), Volksbibliothekare im Nationalsozialismus: Handlungsspielräume, Kontinuitäten, Deutungsmuster, Wiesbaden 2017, S. 11-36.

Vodosek, Peter, Werner Arnold (Hgg.), Auf dem Wege in die Informationsgesellschaft. Bibliotheken in den 70er und 80er Jahren des 20. Jahrhunderts, Wiesbaden 2008.

Vodosek, Peter, Öffentliche Bibliotheken, in: ders., Leonhard, Entwicklung, S. 425-428.

Vodosek, Peter, Die bibliothekarische Ausbildung in Deutschland von ihren Anfängen bis 1970, in: Lifelong education and libraries 2 (2002), S. 1-28.

Vodosek, Peter, Die »American Library School« in Erlangen. Ein vergessenes Kapitel Ausbildungsgeschichte in Nachkriegsdeutschland, in: Engelbert Plassmann (Hg.), Buch und Bibliothekswissenschaft im Informationszeitalter, München u.a. 1990, S. 82-90.

Voigt, Gudrun, Die kriegsbedingte Auslagerung von Beständen der Preußischen Staatsbibliothek und ihre Rückführung. Eine historische Skizze auf der Grundlage von Archivmaterialien, Hannover 1995.

Vollnhals, Clemens, Entnazifizierung. Politische Säuberung und Rehabilitierung in den vier Besatzungszonen 1945-1949, München 1991.

Vordermayer, Thomas, Bildungsbürgertum und völkische Ideologie: Konstitution und gesellschaftliche Tiefenwirkung eines Netzwerks völkischer Autoren (1919-1959), Berlin, Boston 2016.

Wagner, Patrick, Notgemeinschaften der Wissenschaft: die Deutsche Forschungsgemeinschaft (DFG) in drei politischen Systemen, 1920 bis 1973, Stuttgart 2021.

Wagner-Kyora, Georg, »Zweifache Moderne?« Die Architektur der beiden Nachkriegsjahrzehnte in Deutschland, in: Gerda Breuer (Hg.), Architekturfotografie der Nachkriegsmoderne, Frankfurt a.M. 2012, S. 245-259.

Waite, Robert G., Returning Jewish Cultural Property: The Handling of Books Looted by the Nazis in the American Zone of Occupation, 1945 to 1952, in: Libraries & Culture 37.3 (2002), S. 213-228.

Waite, Robert G., The Handling of Looted Books in the American Zone of Occupation, 1944-1951, Washington 1997.

Walther, Alexander, Keine Erinnerung, nirgends? Die Shoah und die DDR, in: Deutschland-Archiv 52, 15.7.2019, www.bpb.de/293937

Wanninger, Susanne, Gefragter Bibliothekar oder gefragter Nationalsozialist? Rudolf Buttmann – Generaldirektor der Bayerischen Staatsbibliothek und Bibliotheksfunktionär, in: Klaus G. Saur, Martin Hollender (Hgg.), Selbstbehauptung – Anpassung – Gleichschaltung – Verstrickung. Die Preußische Staatsbibliothek und das deutsche Bibliothekswesen 1933-1945, Frankfurt a.M. 2014, S. 121-142.

Wanninger, Susanne, »Herr Hitler, ich erkläre meine Bereitwilligkeit zur Mitarbeit«: Rudolf Buttmann (1885-1947), Politiker und Bibliothekar zwischen bürgerlicher Tradition und Nationalsozialismus, Wiesbaden 2014.

Warkentin, Erwin J., The History of U.S. Information Control in Post-war Germany: The Past Imperfect, Newcastle upon Tyne 2016.

Weber, Nicole, Kinder des Krieges, Gewissen der Nation. Moraldiskurse in der Literatur der Gruppe 47, Paderborn 2020.

Weber, Petra, Josef Henke, Klaus Oldenhage, Office of Military Government for Germany, in: Christoph Weisz (Hg.), OMGUS-Handbuch: die amerikanische Militärregierung in Deutschland 1945-1949, München 1994, S. 1-142.

Weichlein, Siegfried, Föderalismus und Demokratie in der Bundesrepublik, Stuttgart 2019.

Weichlein, Siegfried, Antikommunismus im westdeutschen Katholizismus, in: Norbert Frei (Hg.), Der Antikommunismus in seiner Epoche: Weltanschauung und Politik in Deutschland, Europa und den USA, Göttingen 2017, S. 124-138.

Weigel, Sigrid, Vor dem Archiv. Inkorporation, Verschwinden und Wiederkehr von Sammlungen und Bibliotheken im Archiv: die Fälle Szeemann, Cohen und Benjamin, in: Falko Schmieder, Daniel Weidner (Hgg.), Ränder des Archivs. Kulturwissenschaftliche Perspektiven auf das Entstehen und Vergehen von Archiven, Berlin 2016, S. 177-204.

Weinke, Annette, Transnationale »Übergangsjustiz« und nationale »Vergangenheitsbewältigung«. Strafverfolgung und Liberalisierungsprozesse in Westdeutschland nach 1945, in: Susanne Buckley-Zistel, Thomas Kater (Hgg.), Nach Krieg, Gewalt und Repression. Vom schwierigen Umgang mit der Vergangenheit, Baden-Baden 2011, S. 113-130.

Weisbrod, Bernd, Die ›Vergangenheitsbewältigung‹ der NS-Prozesse: Gerichtskultur und Öffentlichkeit, in: Eva Schumann (Hg.), Kontinuitäten und Zäsuren. Rechtswissenschaft und Justiz im »Dritten Reich« und in der Nachkriegszeit, Göttingen 2008, S. 247-270.

Weiß, Christoph, Auschwitz in der geteilten Welt: Peter Weiss und die »Ermittlung« im Kalten Krieg, St. Ingbert 2000.

Weiß, Peter U., Deutsche Zentralarchive in den Systemumbrüchen nach 1933 und 1945, Göttingen 2022.

Weißbach, Judith, Exilerinnerungen deutschsprachiger Juden an Shanghai 1938-1949, Heidelberg 2017.

Welsch, Eva, Der Kalte Krieg im Spiegel der hessischen Lizenzzeitungen, in: Peter Vodosek, Wolfgang Schmitz (Hgg.), Bibliotheken, Bücher und andere Medien in der Zeit des Kalten Krieges, Wiesbaden 2005, S. 133-143.

Welzbacher, Christian, Monumente der Macht. Eine politische Architekturgeschichte Deutschlands 1920-1960, Berlin 2016.

Wende, Frank u. a. (Hgg.), Deutschsprachige Schriftsteller im Schweizer Exil 1933-1950 (Katalog zur Ausstellung des Deutschen Exilarchivs 1933-1945 der Deutschen Bibliothek), Wiesbaden 2002.

Wende, Frank, Die Emigrantenbibliothek, in: Fischer, Kieser, Eppelsheimer, S. 44-50.

Wende, Waltraud, Der ›erste gesamtdeutsche Schriftstellerkongress‹ nach dem Zweiten Weltkrieg, in: dies. (Hg.), Ein neuer Anfang? Schriftsteller-Reden zwischen 1945 und 1949, Stuttgart 1990, S. 115-143.

Wende, Waltraud, Die Frankfurter Jahrhundertfeierlichkeiten, Fritz von Unruhs »Rede an die Deutschen« und der Zweite Deutsche Schriftstellerkongress, in: dies. (Hg.), Ein neuer Anfang? Schriftsteller-Reden zwischen 1945 und 1949, Stuttgart 1990, S. 187-241.

Wende, Waltraud, ›Ewige Werte‹ als symbolisches Kapital für einen geistigen Neuanfang: zu den beiden ersten Nachkriegsschriftstellerkongressen der Jahre 1947 und 1948, in: Bernd Busch u. a. (Hgg.), Doppelleben: literarische Szenen aus Nachkriegsdeutschland, Bd. 2, Göttingen 2009, S. 151-165.

Wende-Hohenberger, Waltraud, Der Frankfurter Schriftstellerkongreß im Jahr 1948, Frankfurt a. M., Bern, New York, Paris 1989.

Wendelstein, Anika, Die Frankfurter NS-»Euthanasie«-Prozesse im Kontext der gesamtdeutschen »Euthanasie«-Rechtsprechung, in: Andreas Jürgens, Jan Erik Schulte (Hgg.), Die Frankfurter »Euthanasie«-Prozesse 1946-1948. Geschichte – Gerichte – Gedenken, Berlin 2018, S. 39-52.

Wendler, André, »Weitere Entwicklung ungewiß.« – Computer in der Deutschen Bücherei 1966 bis 1990, in: Dialog mit Bibliotheken 3.1 (2018), S. 28-33.

Wengst, Udo, Das Institut für Zeitgeschichte: ein Beispiel für die Auseinandersetzung mit dem Nationalsozialismus in der Frühgeschichte der Bundesrepublik Deutschland, in: Jürgen Elvert (Hg.), Geschichte jenseits der Universität. Netzwerke und Organisationen in der frühen Bundesrepublik, Stuttgart 2016, S. 41-52.

Wentker, Hermann, Antikommunismus in der frühen Bonner Republik. Dimensionen eines zentralen Elements politischer Kultur im Ost-West-Konflikt, in: Creuzberger, Hoffmann, Gefahr, S. 355-370.

Wentker, Hermann, Udo Wengst (Hgg.), Das doppelte Deutschland. 40 Jahre Systemkonkurrenz, Berlin 2008.

Werr, Sebastian, Musikwissenschaft und Rassenforschung im Nationalsozialismus, München 2020.

Werr, Sebastian, Anspruch auf Deutungshoheit: Friedrich Blume und die musikwissenschaftliche »Rassenforschung«, in: Die Musikforschung 69.4 (2016), S. 361-379.

Wettig, Gerhard, Der Höhepunkt der Berlin-Krise 1961, in: Historisch-Politische Mitteilungen 23.1 (2016), S. 115-138.

Wiede, Wiebke, Rasse im Buch. Antisemitische und rassistische Publikationen in Verlagsprogrammen der Weimarer Republik, München 2011.

Wiedemann, Konrad, NS-Raubgut in der Landesbibliothek Kassel 1933-1945, in: Hessisches Jahrbuch für Landesgeschichte 59 (2009), S. 119-134.

Wiesenmüller, Heidrun, Zur Zukunft der Katalogisierung: den Kern erhalten – Qualität an der richtigen Stelle, in: Ulrich Hohoff, Daniela Lülfing (Hgg.), Bibliotheken für die Zukunft – Zukunft für die Bibliotheken. 100. Deutscher Bibliothekartag in Berlin 2011, Hildesheim, Zürich, New York 2012, S. 327-337.

Wiggershaus, Rolf, Die Frankfurter Schule, München, Wien 1986.

Wilhite, Jeffrey M., 85 years IFLA. A History and Chronology of Sessions 1927-2012, Berlin 2012.

Wittmann, Reinhard, Der Carl Hanser Verlag 1928-2003. Eine Verlagsgeschichte, München 2005.

Wittmann, Reinhard, Auf geflickten Straßen. Literarischer Neubeginn in München 1945 bis 1949, München 1995.

Wojak, Irmtrud , Fritz Bauer 1903-1968. Eine Biographie, Eschenlohe ²2019.

Wolffsohn, Michael, Die Deutschland-Akte – Juden und Deutsche in Ost und West – Tatsachen und Legenden, München 1995.

Wolfrum, Edgar, Geschichtspolitik in Bayern, in: Thomas Schlemmer, Hans Woller (Hgg.), Politik und Kultur im föderativen Staat 1949 bis 1973, München 2004, S. 394-410.

Wolgast, Eike, Andreas Willy, in: Badische Biographien, Stuttgart 1987, S. 4-7.

Zeckert, Patricia F., Die Leipziger Buchmesse, die Börsenvereine und der Mauerbau, in: Deutschland-Archiv 3 (2012), S. 470-477.

Zimmermann, Rüdiger, Berlin–Offenbach–Washington–Bonn: Das Offenbach Archival Depot und die Gewerkschaftsbestände der Bibliothek der Friedrich-Ebert-Stiftung, in: AKMB-News: Informationen zu Kunst, Museum und Bibliothek 8.2 (2002), S. 11-17.

Zupancic, Julia, Geehrt, gefürchtet, missverstanden. Theodor W. Adorno im Spiegel der westdeutschen Musikkritik, in: Wolfgang Auhagen, Wolfgang Hirschmann (Hgg.), Beitragsarchiv zur Jahrestagung der Gesellschaft für Musikforschung, Halle/Saale 2015, S. 1-12.

Zwerger, Veronika (Hg.), Die Österreichische Exilbibliothek 1993-2016: aus den Anfängen einer Institution, Wien 2017.

Sachregister

Alliierte 24, 28, 33, 45, 51, 54f., 57, 65, 71-73, 77, 84, 87, 112-114, 118, 121, 140, 146, 150, 156, 163, 216, 222, 266, 328

Amerikahaus 62, 97, 131-133, 135-140, 354

American Guild for German Cultural Freedom 341

American Library School Erlangen 97

American Library Association ALA 123, 186

Amerikaner/Amerikanisch 19, 21, 23, 25, 27, 29, 33-35, 45, 48-62, 66-69, 72, 75f., 79, 84-86, 89, 91, 97-101, 103, 107-125, 130-140, 143, 145-148, 153, 165, 183, 186, 197, 207-209, 226, 235-238, 243f., 261, 266-268, 273, 279, 281, 297, 311, 323, 346, 349-354

Antiquariat, Antiquar 40f., 50, 56, 190, 201f.

Antikommunismus, antikommunistisch 68, 72, 115, 119, 122, 132, 134f., 138, 140f., 159, 161f., 164, 210f., 267, 270, 295, 352f., 357

Antisemitismus 32, 39, 118, 182f.

Archiv 11f., 17, 20, 22f., 25, 28, 47, 66, 68, 82, 179, 188, 190f., 196f., 200f., 206f., 220, 229, 231-233, 235-240, 242-245, 247-249, 251f., 257-259, 268-273, 275-282, 284f., 287f., 292f., 296, 299, 306f., 329, 341-344, 356-358, 360

Arisierung 44, 50, 119

Auschwitz 74, 221, 354

Ausstellung 55, 74, 148, 166, 173, 179-182, 214f., 217-221, 223-229, 240, 244, 246, 298, 341-343, 356

Beamtengesetz 35, 79

Besatzung 9, 23, 51, 53, 61, 72, 101, 107, 110f., 124, 131, 134, 146, 183, 191, 279, 347, 350f.

Bibliographie 13, 15, 22, 48f., 59-62, 109, 116, 120, 153, 160, 162, 165f., 168, 181, 185f., 197, 212-214, 226, 243, 268, 291f., 304, 310, 314f., 324f., 329-333, 338f., 350, 355

Bibliotheca Hertziana 156

Bibliothekar 9, 13, 17-20, 26, 28, 34-36, 40, 42, 44f., 52f., 65, 67, 75-78, 80f., 83-93, 95-105, 110, 113f., 157, 168, 190, 197, 200, 209, 211-217, 220, 245, 252, 262, 272, 275, 281, 296-300, 302, 308-313, 315, 320-323, 337, 347, 349-352

Bibliothekartag 42, 95f., 296f., 312

Bibliotheksschule 93f., 96f.

Bibliothèque Nationale 283, 326f., 360

Bildung 42, 85, 103f., 163, 189, 216, 218, 229, 288, 294f., 298, 300f., 309, 320, 335, 356

Börsenverein 9f., 18, 20, 24f., 28, 37, 41, 47-61, 63, 65, 71, 79, 107, 137, 143, 148-150, 153, 155, 163, 165f., 168, 195, 203, 223f., 228, 248, 258, 290-293, 315, 319, 331, 333, 349f., 353, 355

British Council 131

British Library 284, 326, 333

Buchhandel, Buchhändler 11, 13, 16, 19, 24, 37, 41, 47, 49f., 52, 54-56, 58-61, 63, 102, 109, 113, 130, 137, 155, 166, 175, 180, 195, 201-203, 223-225, 291, 314, 316, 331, 337, 350, 353f.

Buchmesse 137, 148f., 166, 180, 202, 311, 316f.

Buchraub 27, 38, 90

Buchwissen 26, 38, 40, 44, 133

Bücherverbrennung 27, 37, 138, 297

Bundesministerium des Innern, Bundesinnenministerium 19, 25, 71, 88, 130, 143, 156, 159-162, 164, 168, 170, 213, 258, 270, 288, 292, 295, 302, 315, 319, 325f., 355

Bundestag 90, 169, 266

Carnegie-Stiftung 52, 98, 235

Collecting Point 66, 68, 328, 351

Demokratie, demokratisch 13, 16, 27f., 53, 62, 68, 71, 73, 79, 86, 90f., 97-99, 103, 105f., 108-112, 117, 119f., 122-125, 132, 134-140, 145, 150, 159, 165, 168-170, 183, 187, 191, 193, 216-218, 236, 252,

265 f., 278, 285, 292, 297 f., 336, 341 f.,
348, 351-354, 356, 358

Deutsche Bücherei Leipzig 9, 13 f., 24, 47-
49, 64, 83, 114, 152, 160 f., 163, 168, 181,
183, 198, 211, 231, 250, 275, 289, 292,
311 f., 314, 319, 333, 335, 338, 350, 353,
355 f.

Deutsche Akademie der Künste und Wissenschaften im Exil 235

Deutsche Forschungsgemeinschaft DFG
101, 144, 240-242, 245, 290, 301 f., 322,
342

Diktatur 17, 20 f., 32, 46, 64, 67, 72, 95,
101, 107, 120, 150, 186, 193, 210, 215,
220, 241, 243, 260, 262-264, 318, 327,
336 f., 351

Dokumentationsstelle für neuere österreichische Literatur Wien 249, 251

Emergency Rescue Committee 236

Entnazifizierung 45, 71-74, 81, 83 f., 96,
112-114, 118, 122, 125 f., 130, 134, 140,
143, 147, 150, 170, 259, 264, 347, 350,
352-354

Exil, Emigration 24, 34-36, 39 f., 50, 55,
89, 138, 182 f., 185, 187-192, 194, 196,
198-202, 204, 208 f., 215, 217, 219 f., 223,
225-231, 234-239, 243-252, 263, 287,
341 f., 356, 358

Exilschriftsteller 50, 187, 189, 194, 201,
225, 245, 247, 356

Exilant 132 f., 183, 187, 189, 191-195, 198,
200-202, 204, 207, 216, 218 f., 225, 227 f.,
235-238, 241, 243-247, 250, 252, 265,
273, 343, 358

Flucht, Fluchthilfe(organisation) 184, 190,
201, 210, 235-239, 243 f., 343, 356

Forschung 13, 16-18, 20, 25, 28 f., 38-40,
44, 57, 66, 69, 88, 105, 109, 113, 130, 144,
186, 198, 201, 205, 216, 239, 241, 243,
245, 248-252, 259 f., 266, 269, 272-274,
294 f., 301, 304, 306, 335, 357 f.

Frankfurter Neue Presse 176

Frankfurter Rundschau 117 f., 125, 138

Frankfurter Allgemeine Zeitung FAZ 111,
119, 130, 137, 174, 195, 207, 219, 229

Frauen 35, 45, 175-177

Freihandbibliothek 98

Friedenspreis 166, 220, 223 f.

Föderalismus, föderal 13, 15 f., 19, 24, 48,
129, 150, 152 f., 169, 260, 291, 295, 328 f.,
333, 339, 355

Genozid 67, 224, 349

Gutachten 294 f., 302-305

Hallstein-Doktrin 164, 313, 316, 359

Hauptstadt, Bundeshauptstadt 23, 148 f.,
173, 266, 328, 357

Holocaust 12, 74, 121, 183, 193, 221-223,
243, 246

Index (s. a. Zensur) 37, 48-50, 186

Information Control Division ICD 52,
61-63, 110, 113, 116, 124, 131 f., 134-136,
148

Institut Français 131

Institut für Sozialforschung 38, 40, 105,
219

Institut für Weltwirtschaft 75, 89

Institut zur Erforschung der Judenfrage
39, 66

International Federation of Library Associations IFLA 101, 228, 313, 316, 320-
325, 332, 346

International Information Administration
IIA 137

Jewish Cultural Reconstruction 69

Judaica 34, 38-40, 64, 67

Juden, jüdisch 20, 31, 33-36, 38-44, 50,
54 f., 64, 66-68, 76 f., 83, 89, 133, 145,
182 f., 188 f., 192, 195 f., 200-203, 215-
217, 221-224, 229, 243-245, 249, 260,
263, 273, 349, 351, 356

Judentum 39, 229

Kalter Krieg/Cold War 23, 72, 118, 131 f.,
134, 159, 171, 266, 279, 294, 307, 330,
354, 356

Katalog, Katalogisierung, Katalogisierer
23, 45, 80, 95, 108, 129, 138, 153, 178,
203, 212-214, 223, 225 f., 299, 310, 321-
323, 325, 331, 345 f.

Kommunismus, kommunistisch 38, 67,
134 f., 138, 140, 164, 183, 189, 192, 202 f.,
228, 266, 343, 353, 356

Klassik 262-264, 272, 279f., 358
Kulturwissen 24, 64, 111, 116, 121, 126,
    180, 232, 247, 252, 282, 291f., 299, 304f.,
    332, 348, 353f.
Kunsthistorisches Insitut Florenz 156

Lautarchiv des Deutschen Rundfunks
    276-278
League Internationale de Bibliothèques
    Européennes de Recherche (LIBER) 22
Library of Congress 68f., 98, 108-110, 297
Literaturarchiv 197, 201, 231f., 240, 242,
    248
Lizenz, Lizenzierung 112, 117, 127

Mauer, Berliner Mauer 128, 210, 212, 265,
    267, 288, 308, 312, 315f., 318, 323, 359
Mitarbeiter 17, 19f., 28, 32f., 35, 40, 49,
    63, 68, 76, 79f., 82-85, 87, 89, 146, 154,
    160, 175, 185, 208, 211, 230, 242, 252-
    254, 268, 288f., 302, 337, 350-352
Musikrat 21, 260f., 265, 357

Nationalbibliographie 15, 49, 59-62, 109,
    153, 162, 165, 168, 181, 214, 292, 314f.,
    329-331, 333, 338
Nationalbibliothek 9f., 12, 14-16, 22f.,
    25f., 29, 48, 75, 129, 143, 153, 158, 162,
    168, 170, 176, 179, 215f., 220, 246, 248,
    283, 289, 291f., 295f., 305, 312, 326f.,
    329-334, 338-341, 345-348, 359f.
Nationalsozialismus, NS 32, 34, 36, 38-
    40, 43f., 49, 51, 64., 66f., 69, 71-74, 94,
    109, 113f., 122, 126, 138, 145, 147, 181f.,
    184f., 187-190, 200, 202, 207f., 213, 215,
    222, 231, 237, 239, 244f., 248, 263, 273,
    280, 347f., 351
Nation 12, 14, 48, 105, 170, 284, 330, 339,
    348

Öffentliche Wissenschaftliche Bibliothek
    Ost-Berlin 209, 212
Offenbach Archival Depot 68f.
Opposition 50, 186, 188, 210, 217, 351

P.E.N. 127, 190, 196, 239
Personalrat 252-254
Pflichtexemplar 15, 24, 49, 60, 108, 130,
    168, 274, 290f., 301, 316, 358

Philanthropie, Philanthropen 52, 98, 235,
    237f.
Planung 19f., 24, 28, 55, 88, 146, 151,
    153, 167, 171, 200, 213, 236, 257f., 265,
    269, 271f., 282, 289, 292, 296, 299, 302,
    305ff., 326, 355f., 359
Populärmusik 279-281
Präsenzbibliothek 26, 60, 62, 172, 175,
    177
Public Library 99, 103, 332
Publikationskontrolle 49, 111, 113, 115-
    117, 122, 125, 127, 133, 297, 349, 354

Rationalisierung 50, 254, 299, 302, 309
Raubgut 40, 66f., 87, 346f.
Restitution 66, 68, 70, 347
Rockefeller Foundation 52, 89, 273
Rothschild-Palais, Rothschild-Bibliothek
    21, 31f., 34, 38, 40, 42f., 45f., 61, 64f.,
    66-70, 76f., 80, 116, 147, 155, 167, 210,
    350f.

Säuberung 27, 34, 42, 115, 122f., 132, 164,
    352
Schallplatten, Tonträger 258, 262, 268,
    271f., 274ff., 278, 281-285
Schutzverband Deutscher Schriftsteller in
    der Schweiz 184f., 188-195, 203, 217,
    228, 356
Staatsbibliothek 258, 262, 274f., 278, 285
Stiftung, Mäzen 24, 40, 43, 52, 63, 66, 89,
    98f., 144f., 155, 158, 163, 167, 171, 175,
    195, 203, 232, 235, 241f., 258, 269, 273,
    277, 288, 291, 293, 303, 328

transatlantisch 11, 22, 51, 53-55, 68, 99-
    101, 107, 125, 135, 235f., 243, 266, 299

United Nations Organization for Edu-
    cation and Cultural Reconstruction
    UNESCO 226, 261, 320, 325, 332

Verlag 49f., 52-59, 102, 110, 113f., 116,
    119-121, 124, 128, 182, 186, 189, 198,
    201-203, 247, 314-316, 319, 331, 337f.,
    353
Verleger 19, 28, 50f., 53f., 56-61, 109, 112-
    117, 119f., 126, 128, 130, 137, 148, 157,
    160, 165, 168, 182, 189f., 201, 203, 217,

224, 274, 312, 314-316, 318, 331, 349f., 353f.
Vergangenheitspolitik 17, 24, 73, 230, 252, 346, 352
Vernichtung 35, 38f., 44, 64, 74, 221f., 245, 342
Verfolgung 35f., 41, 202, 237
Volksbücherei 37, 79, 94, 102f.

Weltkrieg 9, 12, 14, 33f., 48, 99f., 104f., 108f., 132, 134, 187, 193, 207, 232, 235f., 241, 282, 320, 327
Wiener Library London 196, 233

Zensur (s.a. Index) 27, 38, 49, 89, 112-114, 116, 122, 126f., 162, 165, 189, 192, 209f., 253, 314, 316, 354

Personenregister

Adcock, Clarence Lionel 146
Adenauer, Konrad 60, 156
Adorno, Theodor W. 40, 280f.
Albrecht, Otto Edwin 53
Auffahrt, F.B. 41

Baer, Joseph Abraham 40f.
Baer, Edwin 40
Bauer, Fritz 74, 222
Baur, Wilhelm 50
Benn, Gottfried 120, 224
Benndorf, Helene 176
Berendsohn, Walter A. 198-201, 225f., 228, 240, 244, 251
Berthold, Werner 191, 199, 201, 208-212, 214-217, 225, 240, 243, 245, 250, 341f., 356
Biermann, Wolf 128, 308
Binder, Hanni 76
Blaum, Kurt 147
Blum, Rudolf 211-214, 324
Blume, Friedrich 259f.,
Bouvier, Irmgard 214
Brackmann, Albert 186
Brandt, Willy 227, 250, 254
Brecht, Berthold 128
Breitenbach, Edgar 34
Budach, Anneliese 129, 211f., 214, 301
Büttner, Liselotte 211f., 214
Buttmann, Rudolf 75

Carlebach, Emil 118
Cobabus, Norbert 254
Cobet, Heinrich 63
Cornides, Wilhlem 207

Des Coudres, Hans-Peter 91f.
Desch, Kurt 117
Diehl, Robert 77
Dirks, Walter 104f.

Eckert, Brita 245, 342
Eppelsheimer, Hanns Wilhelm 13, 20, 28, 31, 37, 45f., 56, 61, 63, 65, 69f., 77-82, 85f., 88, 92f., 96-102, 104, 114, 144, 146, 148, 152-162, 164f., 167-170, 184-188, 190-192, 194-196, 201, 204, 206, 208, 210f., 231, 245, 297, 350, 352f., 355f.

Fabian, Walter Max 190f., 195, 240
François-Poncet, André 156
Freimann, Aron 34
Friesenhahn, Heinz 80f.
Freyh, Brigitte 296
Fröhlich, Siegfried 325f.
Frühwald, Wolfgang 342f.
Fry, Varian 238
Furtwängler, Wilhelm 260, 264

Gerold, Karl 138
Gerst, Wilhelm Karl 118

Giefer, Alois 172
Goethe, Johann Wolfgang von 218, 263
Goodell, Robert C. 138
Grass, Günter 127
Grégoire, Pierre 227
Gülich, Wilhelm 75, 86, 89-92, 96

Habe, Hans 118
Häuser, Rosel 81
Hagelberg, Karl-Ulrich 270, 295
Hanser, Carl 58
Headrick, William Cecil 61f.
Heigl, Paul 75
Heuss, Theodor 168f., 231, 263f.
Heym, Stefan 128
Hirschfeld, Kurt 190
Hölder, Egon 311
Hofmann, Gustav 101
Horkheimer, Max 40, 205, 219
Hübinger, Paul 168-170, 174
Huizinga, Johan 206-208

Jansen, Peter W. 219f.
Jaspers, Karl 121
Jolas, Eugene 124
Jünger, Ernst 57f., 125

Kalenter, Ossip 190-194
Kantorowicz, Alfred 189, 228
Kardorff, Ursula von 118f.
Keller, Rudolf 147
Keun, Irmgard 120
Kiesinger, Kurt Georg 313
Kindler, Helmut 189
Kirchner, Joachim 42f., 45, 76f., 297
Kläber, Kurt 188
Klemm, Wilhelm 54-56
Klostermann, Vittorio 56-58, 61, 63, 137
Knecht, Josef 58
Knorr, Friedrich 45, 76, 86-89, 92
Köster, Kurt 81, 195, 199, 204-210, 212, 215-217, 219, 225, 228f., 252f., 271f., 278, 302f., 316f., 321, 325, 329
Kogon, Eugen 121f., 296f.
Kolb, Walter 147f., 222
Korn, Karl 119
Krämer-Badoni, Rudolf 219
Krebs, Friedrich 32f.

Krüß, Hugo Andreas 75

Langgässer, Elisabeth 124
Lanzke, Walter 269, 275
Lehmann, Hans 118f.
Lehmann, Klaus-Dieter 319, 345
Leo, Ulrich 34
Leskien, Hermann 333
Leyh, Georg 75, 95f.
Loewe, Heinrich 215
Löwenstein, Hubertus Prinz zu 235-237, 343
Lydenberg, Harry 187

MacLeish, Archibald 108, 297
Mäckler, Hermann 172
Maihofer, Werner 292
Matthöfer, Hans 306
Mann, Thomas 185, 234
Martin, Berthold 288-290
McCarthy, Joseph 137-139
McClure, Robert A. 110, 113, 134
McCloy, John 156
Mehne, Erich 82
Mehring, Walter 237, 244f.
Meitner, Lise 185
Mersmann, Hans 260
Mihaly, Jo 192f.
Mitterand, François 327

Niedermayer, Max 120
Niggemann, Elisabeth 177
Nowak, Kurt 316, 321

Oprecht, Emil 190

Pauli, Fritz Wilhelm 277f.
Pflug, Günther 22, 253f., 303, 305f., 309ff., 317, 319, 324f., 329f., 342
Pinkus, Theo 202f.
Pleßke, Hans-Martin 344f.
Plivier, Theodor 124

Raabe, Paul 197
Ranganathan, Shiyali R. 323
Rehm, Margarete 176
Reinecke, Hans-Peter 272f.
Rötzsch, Helmut 316f., 321
Rosenberg, Alfred 39f., 43, 64, 66, 75

Rosenberg, Mary S. 201

Sachs, Kurt 273
Sachs, Nelly 220, 223 f.
Salomon, Ernst von 125 f.
Sass, Herbert 260
Schaar, Ernst 160
Schauer, Georg Kurt 55, 60 f.
Schermall, Hermann 262, 268, 275
Schiff, Otto 34
Schmieder, Wolfgang 77
Schmidt, Helmut 292
Schmidt-Dengler, Wendelin 248
Schmidt-Künsemüller, Friedrich 313
Schürmeyer, Walter 34
Schütte, Ernst 218 f.
Seeber, Ursula 251
Seliger, Heinrich 148
Spalek, John 242 f.
Stern, Fritz 126
Stern, Guy 243
Sternfeld, Wilhelm 195-201, 239, 251
Strelka, Joseph Peter 243
Stone, Shepard 125, 145, 266
Stoph, Willy 313
Suchy, Viktor 249-251

Tau, Max 225
Tavor, Moshe 229
Tetzner, Lisa 188
Tuch, Hans 133

Uhlendahl, Heinrich 48 f., 61, 74 f., 84, 181, 314
Unruh, Fritz von 124
Viebrock, Helmut 169

Waples, Douglas 52-54, 110, 113, 123, 131, 148
Wehmer, Car 96 f.
Weiss, Peter 222
Wende, Erich 162
Wenke, Hans 102 f., 105
Wiechert, Ernst 186
Wormann, Curt David 215 f.

Zadek, Walter 201
Zeller, Bernhard 231
Zinn, Georg-August 150 f., 169, 221